제 3 판

철학의 의미

J.G. 브렌넌 지음
곽 강 제 옮김

博 英 社

새 번역을 내면서

인간의 지적 탐구는 지적 해탈을 추구한다. 이 노력의 과정과 소산이 학문이다. 여러 가지 학문을 만들어내는 지적 욕구와 지적 활동의 본성은 모두 똑같다. 그러나 지적 활동의 소산으로서의 학문들은 추상성과 일반성에 정도의 차이가 있다. 철학은 학문들 가운데서 추상도가 가장 높고 일반성이 가장 넓은 학문이다.

"철학한다"는 것은 이 최고의 지적 추상의 봉우리에 올라 거기서 내려다보이는 일반성의 영지를 확인하는 일이다. 그러므로 "철학에 안내하는 일"은 첫째는 일상의 상식 및 개별 학문들과 철학 사이에 "추상의 사다리"를 놓아 철학에 오르는 길을 마련해주는 일이며, 둘째는 철학의 일반성이 포괄하는 영지의 경관 즉 인간의 지적 활동의 소산인 지식들의 구조적 연관성을 보여줌으로써 스스로 철학하도록 이끄는 일이다. 이 두 가지 일은 상보적으로 진행되면서 수직과 수평 두 방향으로 인간의 지적 한계들과 존재 조건의 한계들을 인식시키고, 마침내 인간의 본성에 대한 자각에 인도한다. 철학하는 일의 근본적 가치는 바로 이 "깨달음"과 "깨닫는 즐거움"이다. 철학에의 안내서는 철학이 지닌 이러한 학문적 특성을 살릴 수 있어야 한다.

브렌넌(J. G. Brennan) 교수의 *The Meaning of Philosophy*를 철학에의 안내서로 소개하는 이유는 이 책이 몇 가지 탁월한 점을 지녔기 때문이다. 먼저 이 책은 제목이 보여주듯이 옛 철학자들의 권위에 매달리거나 그들의 의견에 맹목적으로 골몰하지 않고 철학의 살아 있는 의미를 추구한다. 둘째는 주제의 선정과 설명의 전개에 균형이 잡혀 있다. 열 개의 장은 철학의 중요한 주제들과 각 주제에 관한 문제들 대부분을 소개하고 있으며, 각 장은 그 주제와 관련 있는 고대에서 현대까지의 모든 주요한 철학자의 견해를 주제가 전개되는 맥락에 따라 명확하게 설명한 다음 현대 철학의 관점에서 정확하게 비판하고 있다. 셋째는 각 주제와 견해에 대한 서술이 간명하면서 이해하기 쉬울 뿐만 아니라 최고 철학자들의 원전에서 적절한 대목을 다양하게 인용하여 설명하고 있으므로 내용이 정확하고 풍부하다. 마지막으로 이 책은 무엇보다도 철학하는 즐거움을 느끼게 해준다. 독자는 주제가 전개되어 감에 따라 자신의 사고 수준이 높아지고 사고 영역이 넓어지는 것을 자연스럽게 깨달을 것이다. 요컨대 이 책에 관해 옮긴이가 염려하는 점은 원서의 생기 있고 함축적인 표현들의 의미와 맛이 우리말 문장에 제대로 살아 있는가 하는 것뿐이다.

이번에 이전 책의 모든 문장을 다시 검토하여 정확하지 못하거나 오해의 소지가 있는 문장을 바로잡으면서 읽기 좋게 다듬었다. 그러나 무엇보다 크게 달라진 점은 일본 학자들이 잘못 번역했는데도 우리 철학계가 여전히 사용하고 있는 용어들을 바로잡은 것이다. 아리스토텔레스 논리학의 "syllogism"을 맥락에 따라 "정언 논증" "정언 논법" "정언 논리학"으로, 칸트의 "Verstand" 그리고 로크와 흄의 "understanding"을 "지성"으로, 비트겐슈타인의 *Tractatus Logico-Philosophicus*를 「논리 철학론」으로 옮긴 것이 그런 예다. 이 밖에도 부적절하다고 판단되는 상당수의 용어를 바꾸었다.

정확한 방향 지시와 조언으로 학구 생활을 이끌어 주신 송현주 교수께 다시 한 번 감사드린다. 이번에도 원고를 처음부터 끝까지 읽고 훌륭한 조언을 해준 아내에게 감사드린다. 새로운 책을 만들 기회를 주신 박영사 안종만 회장께 감사드린다.

2006. 6.
옮긴이

지은이의 머리말 [재판]

조웨트 씨는 성 바울의 서한에 대한 주석서의 개정판을 준비하고 있는 저명한 아들 벤저민에 관해서 "나는 그가 명백히 개정이 필요했던 그의 저작을 주의 깊게 개정하고 있는 것 같다고 말하는 것이 기쁘다."고 말한 적이 있다. 「철학의 의미」 초판은 개정이 명백히 필요했다는 점 말고는 어떤 점에서도 저 옥스퍼드 대학의 베일리얼 학장의 저작과 비교될 책은 아니다. 초판이 출간되었을 때에는 비트겐슈타인의 후기 저작은 물론 싸르트르의 후기 저작도 출판되어 나오지 않았었다. 나는 이 재판에 언어 철학과 정신 철학에 관해서 상당한 내용을 보태었고, 현상학과 실존 철학에 관한 설명도 새로이 덧붙였다. 또한 거의 모든 장을 전면적으로 다시 썼다.

이 책에서 언급된 중요한 철학자 대부분에 대한 간략한 전기를 본문의 끝에 추가하였다. 인용한 책이 많은데, 나는 내가 인용한 책을 적은 다음, 그 끝에 널려 이용할 수 있는 보급판을 소개하였다. 이 점은 각 장의 끝에 있는 「더 읽어야 할 책들」의 경우도 마찬가지다. 이 책들 가운데 대부분이 여러 발행자에 의해서 여러 가지로 출판되어 있다. 나는 그저 내가 가지고 있는 책을 소개하였을 뿐이다.

나는 전에 바나드 대학 철학과의 동료였던 브라인 모르 대학의 포터(J. Potter) 교수, 매사추세츠 대학의 톰슨(J. J. Thomson) 교수, 캘리포니아 내학교의 무이(S. Moore) 교수와 가진 많은 우호저 대하를 통해 입은 은혜에 대하여 이 자리를 빌려 사의를 표하고 싶다.

1966. 11.
J. G. B.

지은이의 머리말 [초판]

철학은 오직 하나의 의미로만 이해될 수 있는 것이 아니라 여러 가지 의미로 이해될 수 있다. 이 책은 논리학에서부터 예술 철학에 이르기까지 다양한 문제들을 개관하고 있으므로, 철학의 의미들 가운데 상당수가 드러나게 될 것이다. 이 책은 철학사의 소개가 아니라 철학의 문제들에 독자를 안내함으로써 철학이 드러나도록 노력하였다. 우리 시대의 가장 활발한 철학적 발전이 논리와 언어에 관한 철학에서 이루어지고 있기 때문에, 이 책의 영광스런 자리라고 생각되는 첫 두 장에서 이 두 주제를 다루었다. 그 다음에 지식론이 이어지는데, 철학사에 등장했던 중요한 이론들과 더불어 근래에 큰 반향을 일으키고 있는 새로운 학설도 함께 다루었다. 형이상학은 적당한 경의를 지니고 취급하였다. 형이상학에 반대하는 논의가 많이 제기되고 있음에도 불구하고 생각하기에 따라서는 형이상학이 무의미하다고 볼 필요가 없다는 입장에서 설명하였다. 윤리학과 예술 철학을 각각 독립된 장으로 논의한 다음, 철학자들의 짤막한 전기를 덧붙이고 끝맺었다.

철학을 공부하는 학생이나 일반 독자는 이 책에서 거의 모든 학파에 속하는 철학자의 이름을 골고루 발견하고서 즐거움을 느낄 것이다. 현재 생존해 있는 철학자로는 러셀, 하이데거, 카르납, 위즈덤, 싸르트르를 만날 것이고, 최근에 작고한 훌륭한 철학자로는 화이트헤드, 듀이, 크로체, 산타야나를 만날 것이고, 또 철학의 전통을 이루어 놓은 위대한 옛 철학자로는 플라톤, 아퀴나스, 칸트를 만나게 될 것이며, 이 밖에도 수많은 철학자를 만날 것이다. 요컨대 누구나 자신이 관심을 갖고 있는 것을 얼마쯤은 발견할 것이다.

나는 철학에 대한 이 입문서를 조심스럽게 집필하면서, 나의 스승들인 우즈(I. H. Woods) 교수, 화이트헤드(A. N. Whitehead) 교수, 루이스(C. I. Lewis) 교수, 울프슨(H. A. Wolfson) 교수, 몬테규(W. P. Montague) 교수를 잠시도 잊을 수 없었다. 현재나 이전의 동료 교수들에게서 개인적으로 구체적 도움을 많이 받았다. 지금 예일 대학에 있는 스미스(J. E. Smith) 교수는 원고를 대부분 읽어 보고 유익한 비평을 해주었다. 리츠(G. Rich) 교수는 교정쇄로 이 책을 읽고 귀중한 제안을 해주었다. 파크허스트(H. H. Parkhurst) 교수는 예술 철학에 관한 장을 검토해주었다. 또 나와 같은 대학에 재직하는 로흐(E. Lorch) 교수, 부우스(H. Boorse) 교수, 허스트(G. Hirst) 교수, 그리고 프린스턴 대학에 있는 자스메리(A. Szathmary) 교수가 여러 가지로 도와준 일에 대해서 마땅히 감사드려야 하겠다. 본인의 뜻에 따라 많은 편의를 제공해준 맥퀸(W. McEwen) 교수와 호프스트라 대학에 깊은 감사를 드린다. 집필하는 동안에 자주 있었던 휴식 기간에 환대를 베풀어 즐겁게 해준 아이린 아커스(I. Acres)와 헨리 아커스(H. Acres)에게도 감사드린다.

1953. 4.

J. G. B.

차 례

서 론

서 론

소크라테스, 적절한 나이에 적당히 철학을 한다면 제법 그럴싸한 교양이 되겠네만, 철학에만 지나치게 빠져 있대서야 살아가는 데 도리어 화근이지 않은가.

— Callicles

철학이란 무엇인가?

"철학"(哲學, philosophy)이라는 말이 "지혜(智慧, wisdom)에 대한 사랑"을 뜻하는 그리스어에서 유래한다는 것은 누구나 아는 일이다. 그러나 "지혜"를 정의하기가 "철학"을 정의하기보다 더 어려우므로 "철학은 지혜에 대한 사랑"이라는 정의는 그다지 많은 것을 알려 주지 못한다. 모든 사람이 만족할 만하게 철학을 정의하기는 쉽지 않다. 어떤 사람은 "철학"이라는 말은 진정한 공통 분모를 찾을 수 없는 잡다한 여러 가지 탐구에 그저 붙여보는 이름에 지나지 않는다고 주장한다. 옛날의 철학자들은 철학의 목표를 "인간의 이성이 사물들의 궁극적 원인을 발견하여 사물들에 관한 지식을 그 원인에 의거해서 전반적으로 이루어낼 수 있기만 하다면 바로 그런 지식을 얻는 것"이라고 정의하는 것이 보통이었다. 그러나 현대의 철학자들은 이 정의가 주장하는 목표를 지나치게 야심적인 것으로 여기고 있다. 다른 정의에 의하면 철학은 일상 생활 속에서 옳다고 인정되는 것이든 조직된 지식 체계들이 전제로 하는 것이든 기초 가정이나 제일 원리를 연구하는 학문이라고 주장한다. 사실 전문 철학자들은 사업가들이 "광고의 철학"이니 "교외 거주인의 철학"이니 하는 것에 열을 올리는 것을 보면 아연실색한다. 그러나 "철학"이라는 말의 이런 통속적 사용조차도 기초 전제나 제일 원리와의 관련을 보여주고 있다. "당신의 인생 철학은 무엇인지요?"라는 일상의 물음은 어떤 사람이 행위의 지침으로 삼고 있는 기초 신념들의 체계를 묻고 있다. 역사 철학(歷史 哲學, philosophy of history)은 역사에 대한 어떤 역사가의 해석이 의존하고 있는 근본 가정을 문제 삼을 때 시작된다. 과학 철학(科學 哲學, philosophy of science)은 개별 과학들의 결론보다 훨씬 더 근본적이고 더 일반적인 원리를 설명한다.

철학의 임무에 대한 또 다른 설명은 위에서 언급한 두 번째 정의와 조화를 이룰 수 있는 것인데, 철학은 모든 학문이나 대부분의 학문이 가정하고 있지만 그 학문들 가운데 어느 것에 의해서도 정의되지 않은 관념(觀念, idea)이나 개념(槪念, concept)을 연구한다고 주장한다. 이러한 개념들 가운데에는 예컨대 지식, 의미, 진리성, 확실성, 원인, 대상, 정신, 실존, 정의, 좋음(선) 같은 개념이 포함될 것이다. 철학사를 살펴보면 모든 철학자가 이 모든 주제에 대하여 동시에 관심을 가졌던 것은 아니다. 특정한 시대나 장소에 살 수밖에 없는 철학자 개인이나 철학자 집단은 일련의 특정한 개념이 일으키는 문제들에 의거해서 철학을 정의하고 싶어 할 정도로 특정한 개념에 깊은 관심을 쏟는 수가 있다. 고전 시대로 불리는 그리스 시대에는 많은 철학자가 존재(存在, being)와 좋음(善, good)에 전념하였다. 14세기에는 어떤 철학자들은 신에 골몰하였고, 어떤 철학자들은 논리학에 몰두하였다. 17세기로부터 19세기까지는 지식에 관한 문제들이 이 시대의 철학을 이끌어 온 철학자들의 주의를 끌었다. 우리 시대에는 정신에 관한 문제에 새로이 관심을 보이고 있기는 하지만 언어와 의미에 관한 연구가 뚜렷이 두각을 나타내고 있다.

그런데 문화사의 어떤 시기에는 철학이 과연 어떤 종류의 문제를 다루어야 하는가에 대해서 철학자들의 의견이 일치했기 때문에 그 시대의 철학이 뚜렷하게 드러나 있다. 그러나 어떤 시대 특히 우리 시대처럼 문화적 전환의 시기에는 그 시대의 철학이 도대체 철학자들이 어떤 종류의 문제에 대해서 발언할 권리를 갖는가에 대한 투쟁 기록으로 점철된다. 오늘날은 전문 철학자들 사이에 철학이라는 학문의 의미에 대한 의견의 불일치가 유난히 심각하다. 이 불일치는 개개의 철학적 문제를 해결하기 위해 사용해야 하는 방법에 관한 의견 차이만이 아니다. 이 의견의 불일치는 철학의 고유 임무 바로 그것이 무엇이냐에 대한 싸움이다. 철학의 정의에 대한 이 혼란은 철학을 하는 방식에 적어도 세 가지 다른 방식이 있다는 점과 철학의 고유 임무가 무엇인가에 대한 어떤 철학자의 견해는 그를 철학하도록 만든 일련의 특정한 관심과 동기에 의존하리라는 점에 생각이 미친다면 어느 정도 정리될 수 있을 듯하다. 철학에 접근하는 이 세 가지 기본적 방식을 분석적 방식, 형이상학적 방식, 도덕적 방식으로 부르겠다.

분석적 방식의 연구

많은 사람이 대부분의 사람에 의해 옳다고 인정받고 있는 개념들일지라도 분석과 비판적 반성을 거치는 것이 중요하다고 믿기 때문에 철학을 하게 된다. 이런 사람들은 사고의 엄밀성과 정확성에 매력을 느낀다. 다시 말하면 이들은 사고 과정의 엄격성을 존중한다. 분석 철학자는 "당신은 그것을 어떻게 아셨지요?"라고 자주 묻는데, 이는 그들이 인간의 지식의 종류, 지식을 얻는 방법, 지식의 한계에 관한 문제에 관심을 갖고 있기 때문이다. 또 분석 철학자는 철학의 많은 문제가 그 문제에 관한 논증에 사용되는 용어들의 의미가 확정되면 해결되리라고 확신하기 때문에 "당신의 그 말은 무슨 뜻입니까?"라고 빈번히 묻는다. 오늘날 분석 철학자는 철학적 문제에 대한 분석을 할 때에 대개 현대 논리학의 고도로 발달된 기술을 효과적으로 사용하고 있다. 분석 철학자는 논리학의 기호적 구조와 언어의 규칙의 연관 관계를 탐구하기도 한다. 또 특수 과학의 개념들과 방법론에 흥미를 느끼는 분석 철학자는 "과학 철학"을 구성하는 일에 즐겨 종사하고 있다. 분석적 방식으로 철학을 하는 사람들 가운데에는 강경한 학파를 이루고 있는 사람들이 있는데, 이런 분석 철학자들은 철학이 논리와 언어에 관한 기초 개념과 과학의 기초 개념에 대한 분석에 전념해야 한다고 주장한다. 따라서 이들은 신이나 영혼에 관한 문제, 정신이나 자연에 관한 문제, 인간 실존과 우주 속에서 인간 실존의 위치에 관한 문제를 탐구하는 일은 더 이상 철학의 임무가 아니라고 주장한다. 이들은 이런 문제들이 "형이상학적 문제"라는 이유로 철학에서 추방해버리는 경향이 있다.

형이상학적 방식의 연구

철학자 화이트헤드(A. N. Whitehead, 1861-1947)는 "우리가 살고 있는 이 세계의 일반적 성격을 파악하려는 노력은 인간 지성의 로맨스다."라고 말한 적이 있다. 많은 사람이 모든 것을 포괄하는 우주에 관한 견해 즉 세계관을 찾아서 철학을 하게 된다. 우주관과 세계관은 특수 과학의 용어들이 도저히 미치지 못하는 일반성과 심오성을 지니고 있는 용어들로 사물의 본성을 체계적으로 설명하려고 한다. 형이상학(形而上學, metaphysics)은 흔히 사변 철학(思辨 哲學, speculative philosophy)이라고 하는데, 서양의 사상사에서 거대한 지적 전환점들을 만들어 왔다. 고대 그리스에서는 플라톤(Plato, 427-347 B.C.)이 우리가 감각 기관에 의해 파악하는 세계는 "형상들" 즉 "이데아들"의 영원한 나라에 대한 무상한 모사일 뿐이어서, 모든 개별적 사물이 지닌 제한된 실재성은 이 이데아들에 힘입고 있다고 가르쳤다. 중세 시대에는 아퀴나스(T. Aquinas, 1225-1274)가 신으로부터 낮은 수준의 영적 세계들을 거쳐 인간과 물질적 자연에 이르기까지 모든 사물을 단계적으로 배열한 존재 계층을 기술하였다. 근대에는 헤겔(G. W. Hegel, 1770-1831)이 절대 정신의 역사를 도식화했는데, 헤겔의 절대 정신은 자연을 통하여, 더 정확하게 말하면 자연 속에서 살고 있는 인간의 정신을 통하여 예술, 문화, 종교, 철학을 변증적 과정에 따라 순차로 생성시켜서, 마침내 그 자신이 그 자신으로 충족되어 절대자 자체가 실현될 때까지 움직여 나아가는 힘이다.

형이상학에 반대하는 철학자들은 이처럼 거창한 세계관의 시대는 지나갔다고 주장한다. 이들은 이런 형이상학들이 세계를 있는 그대로 기술하지 않기 때문에 시(詩)에 지나지 않는다고 주장하며, 또 자연 과학만이 기술할 수 있는 사물들에 대하여 이리저리 궁리해보는 과학 이전의 사변이고, 신화적 설명이라고 비판한다. 그러나 형이상학적 경향을 지닌 철학자들은 현대에도 사변 철학의 임무, 그것도 중요한 임무가 있다고 응수한다. 왜냐하면 자연 과학자들은 저들의 일의 성질상 시간 측정, 거리 측정, 그리고 여러 가지 계기에 의한 측정을 통해서 얻어지는 우주에 대한 경험과 그러한 측정이 가능한 우주의 국면만을 다루고 있기 때문이다. 형이상학자의 연구 범위는 훨씬 더 넓어서 경험의 모든 측면 즉 과학적 측면만이 아니라 시적, 종교적, 도덕적 측면을 모두 자신의 연구 영역으로 여길 정도로 포괄적이다. 형이상학자들은 철학의 목적이 우리가 세계라고 부르는 "사물들 전체의 포괄적 체계"가 지니고 있는 궁극적 성격을 이해하도록 해주는 범주들을 명확하게 설명하는 데 있으며, 또 세계의 한 부분으로서 미소하지만 지성을 갖고 있는 인간이 세계 안에서 해야 하는 적절한 역할을 인간에게 부여하는 데 있다고 주장한다.

도덕적 가르침으로서의 철학

여러 가지 가치 가운데서 도덕적 가치와 미적 가치는 예로부터 철학에서 다루어 왔다. 도덕적 가치는 사람의 행위 속의 좋음(선) 즉 인생을 어떻게 살아갈 것인가에 관련된 가치다. 미적 가치는 심미적 경험에 주어지는 좋음(미) 즉 자연이나 예술에서 발견되는 아름다움을 말한다. 많은 사람이 "인간에게 가치 있는 생활은 어떠한 것인가?"라는 물음에 대한 해답을 찾으려고 철학을 하게 된다. 이러한 철학자는 자신의 주된 관심이 도덕에 있으므로 우리에게 "인생 철학" 즉 인간의 본성에 관한 신조, 인생의 바람직한 목표, 사람의 행위를 이끌어줄 수 있는 원리를 제시한다. 흔히 윤리학자는 실천 문제에 관심을 갖고 있다고 하는데, 그것은 "도덕 철학"이나 "윤리학"이 지식보다는 행위와 더 깊은 관련이 있기 때문이다. 공자(孔子, 551-479 B.C.)와 소크라테스(Socrates, 469-399 B.C.)로부터 니이체(F. Nietzsche, 1844-1900)와 듀이(J. Dewey, 1859-1952)에 이르기까지, 도덕 철학은 우주의 궁극적 요인에 대한 사변적 관심이 아니라 인간의 행위와 행동의 기준 및 가치에 대한 관심을 뚜렷하게 보여주고 있다. 고대 그리스와 로마 시대의 스토아 학파와 에피큐로스 학파는 본질적으로 도덕 철학에 종사한 학파다. 우리가 일상 쓰는 "그 사람은 매우 철학적으로 처신한다."는 말은 이성에 따라 살면서 갑작스런 즐거운 일로 의기양양하지도 않고 불행한 일에 낙담하지도 않는 "훌륭한 사람에 대한 스토아 학파의 이상"으로부터 유래한다. 고대의 학생들은 철학이 삶의 지침을 줄 것이라고 기대했었다. 철학자들이 모이는 사교 단체의 이름 "피 배타 카파"(PBK)는 Philosophia biou kubernets—"철학, 삶의 안내자"—라는 그리스어 어구의 첫 세 글자로 만든 이름이다.

형이상학적이면서 윤리적인 경향을 지닌 전통 철학은 종교와 밀접한 관련을 맺어 왔다. 철학을 가르치고 저작도 낸 철학자들 가운데 굉장히 많은 사람이 최소한 생애의 얼마 동안만이라도 종교에 대해 강한 관심을 보였던 사실을 생각해보면 흥미롭다. 이 사실에 놀랄 필요는 없다. 왜냐하면 위에서 말한 그런 철학과 종교는 둘 다 인간의 본성과 운명에 관심을 갖고 있기 때문이다. 철학과 종교의 차이점에 대하여, 종교는 신앙에 기초를 두고 결론을 주장하는 반면에, 철학은 계시, 경전, 교리, 전통을 근거로 삼지 않고 오직 인간의 이성에 의해서 결론을 확립한다는 사실을 지적함으로써 흔히 설명된다. 철학에서는 논증이 자립적이어야 한다. 종교적 신앙에서는 논증이 필요하지 않다. 논증을 필요로 하는 신앙이라면 그것은 더 이상 종교적 신앙이 아니다. 그것은 오히려 철학적 신념이 되어버릴 것이다.

세 가지 연구 성과의 통합

철학에 접근하는 방식을 세 가지 방식 즉 분석적 방식, 형이상학적 방식, 가치론적 방식으로 나누어서 철학이 무엇인가를 설명하는 데에는 명백히 결함이 있다. 이러한 구분은 어떠한 철학이건 이 세 방식 가운데 어느 하나에 의해 만들어진 것으로 확연하게 구별될 수 있다는 인상을 주기 때문이다. 그러나 실제로는 이런 경우가 매우 드물다. 물론 어떤 철학자는 근본적으로 분석에 관심을 갖기도 하고, 또 어떤 철학자는 주로 도덕에 관심을 보이는 경우도 있다. 그러나 많은 철학자가 이 세 가지 방식으로 얻은 성과를 자신의 사상 속에 배합시키고 있다. 이런 사례는 고전 철학에서 흔히 볼 수 있다. 플라톤의 철학을 생각해보라. 철학적 분석에 대한 그의 신뢰는 대화편들을 읽는 어떤 독자에게도 명백하다. 토의되는 주제가 지식, 덕, 미, 정의, 경건 등 무엇이건 플라톤의 철학은 항상 이러한 개념들의 의미(意味, meaning)에 대한 탐구로부터 시작한다. 이것은 제시된 정의가 논리적으로 함의하고 있는 주장들을 추리해내어 분석함으로써 이루어진다. 하지만 플라톤의 명성은 분석 철학자로서의 재능에 대한 것은 아니다. 모든 사람이 플라톤을 커다란 체계를 세운 형이상학자인 동시에 도덕 철학자이자 정치 철학자로 알고 있다. 플라톤뿐만 아니라 서양의 위대한 고전 철학자 대부분이 철학에 대한 세 가지 탐구 내용을 어떻게든 자신의 사상 속에 결합시키는 일을 했었다. 우리는 아리스토텔레스(Aristotle, 384-322 B.C.)의 철학에서도, 스피노자(B. Spinoza, 1632-1677)의 철학에서도, 칸트(I. Kant, 1724-1804)의 철학에서도, 그리고 그 밖의 다른 철학자들의 철학에서도 세 가지 탐구 내용의 통합 즉 비판적 분석과 체계적 세계관과 도덕 이론의 통합을 발견할 수 있다.

따라서 철학은 분석과 형이상학과 가치라는 세 가지 요소를 종합하거나 통합을 지향하는 것으로 보일 것이다. 그러나 이 말도 역시 너무 단순하다. 현대 철학에서는 수십 년 동안 그 경향이 지식, 존재, 미의 탐구에 관하여 전통적 방식의 어떠한 통합에도 충돌을 일으켜 왔다. 오늘날 영미 철학과 유럽 대륙 철학의 차이를 "싸움"이라는 말로 묘사하는 것은 불충분하다. 영국과 유럽 대륙은 지리적으로는 단지 영국해협에 의해 분리되어 있지만, 양쪽 철학자들의 철학하는 방식은 서로 전혀 영향을 주고받지 않는 것처럼 보일 정도로 매우 다르다. 비트겐슈타인(L. Wittgenstein, 1889-1951)의 후기 철학에 강력한 영향을 받은 영국과 미국의 철학자들은 철학의 임무를 언어의 명료화 즉 "철학적 문제"라고 간주되고 있는 특정한 문제들에 관하여 그럴 듯하지만 실은 그릇되게 말하는 뿌리 깊은 습관들에 대한 끈기 있는 교정 작업으로 보고 있다. 그러나 아직도 프랑스와 독일의 철학자들은 영국과 미국의 철학자들의 눈에는 완전히 전통적 방식 즉 "일차 질서 탐구 작업"으로 보이는 방식으로 지식, 존재, 실존에 관한 문제들을 토론하고 있다. 싸르트르(J. P. Sartre, 1905-1980)는 비트겐슈타인을 읽는 일이 자기에게는 오직 지루할 뿐이었다고 고백한 적이 있다.

일차 질서와 이차 질서 — 언어 분석으로서의 철학

우리에게는 동일한 의미의 세계가 아닌 두 개의 세계가 주어져 있다. 하나는 자연적 사실과 사회적 사실이 이루는 세계다. 이것은 우리가 살고 있는 세계다. 다른 하나는 언어의 세계다. 이것은 우리가 만든 세계다. 우리는 자연적 사실과 사회적 사실로 이루어진 세계에 관하여 언급하기 위해서 언어를 사용한다. 그렇지만 이것이 언어의 유일한 용도는 아니다· 우리는 언어에 관하여 언급할 수도 있다. 회사의 간부는 어떤 사업상의 일에 관한 보고서를 작성한다. 그가 자신의 일을 공정하게 수행한다는 것은 중요하다. 그러나 또한 그가 자신의 보고서를 뜻이 명료하게 작성한다는 것도 중요하다. 그 간부 사원이 보고서를 작성하고 있는 사실들은 일차 질서(一次 秩序, first order)를 형성시킨다. 그 간부 사원이 사실들에 관하여 개진하는 진술들은 이차 질서(二次 秩序, second order)를 형성시킨다. 철학의 임무는 세계에 관한 진술을 개진하는 것이어야 할까? 만일 그렇다면 철학은 과학보다 훨씬 더 포괄적인 학문이긴 하겠지만 다른 과학들과 마찬가지로 과학이다. 이것이 철학의 임무에 대한 전통적 견해인데, 아직도 많은 철학자가 이 견해를 주장하고 있다. 이와 반대로 철학이 본질적으로 이차 질서에 대한 연구라면, 철학은 새로운 사실의 발견을 임무로 하는 과학이 아니고, 사실에 관하여 진술하는 새로운 방식의 탐구를 임무로 하는 학문으로 생각될 것이다. 사실들은 일차 질서를 이룬다. 사실을 진술하는 방식들은 이차 질서다. 오늘날 영미 철학을 지배하고 있는 "영국 철학의 20세기 전통"은 이차 질서를 강조하는 입장을 취하고 있어서, 사실에 대한 기술보다는 언어의 명료화를 철학의 주요 임무로 간주하고 있다. 이 때문에 20세기의 이 철학적 전통은 언어 분석 철학(言語分析 哲學, philosophy of linguistic analysis)으로 불리고 있다. 이 전통을 형성시킨 사람들 가운데 한 사람인 무어(G. E. Moore, 1873-1958)는 "나는 지금까지 세계나 과학들이 나에게 어떤 철학적 문제를 제시하였다고 생각하지 않는다. 나에게 철학적 문제를 일으켜 놓는 것은 다른 철학자들이 세계나 과학들에 관하여 언급한 진술들이다."[1]라고 말하였다. 비트겐슈타인은 케임브리지 대학에 재직할 때에 철학은 인간의 지성이 언어로 인해서 미망에 빠지는 일에 대한 투쟁이라고 선언하였다. 요컨대 언어 분석으로서의 철학에 따르면 철학의 임무는 세계의 본성이나 인간 운명의 본성에 관한 진리를 선포하는 일이 아니라 언어의 의미를 명료하게 밝히는 일이다. 철학의 근본적 관심사는 사물의 본성에 대한 탐구가 아니라 우리의 사고나 언어에 대한 분석이어야 한다.

이 책의 주제 구분

이 책은 철학을 하는 언어 분석적 방식과 전통적 방식의 상대적 가치에 관하여 특정한 입장을 취하지 않았다. 그러한 결론은 아직 시기 상조다.

---

1) Schilpp, ed., *The Philosophy of G. E. Moore*, Northwestern University, 1942.

철학하는 두 방식이 반드시 배척해야 하는 것은 아니다. 소크라테스의 방법은 의미와 정의에 대한 탐구였다. 플라톤의 「테아에테투스」는 오늘날 다시 평가되어 비트겐슈타인의 저작들과 같은 정도로 굉장히 빈번히 읽히고 있다. 아리스토텔레스가 참으로 철학의 임무를 새로운 사실의 발견으로 생각한 적이 있는가는 확실하지 않다. 철학이 탐구되는 방식이야 어떻든 동일한 문제들이 계속 음미되어 왔다. 전통적 철학자는 "진리의 본성은 무엇인가?"라고 묻고, 현대의 분석 철학자는 "'옳다'라는 말의 의미는 무엇인가?"라고 묻지만, 놀랍게도 두 토론이 매우 많은 공통점을 갖고 있다. 우리는 언어 분석 학파들에 의해서 철학에 이루어진 공헌을 묵살하거나 "편협하다"고 털어버릴 수 없다. 이들의 공헌으로 인해서 미국과 영국에서는 오래 전에 생기를 잃어버렸던 주제들이 다시 활기를 띠게 되었다. 언어 분석 학파들은 20세기를 철학사에서 가장 풍요롭고 가장 난해한 세기로 만들어 놓았다. 반면에 헤겔의 철학은 서양 사상사에서 가장 터무니없기도 하고 가장 야심적이라고도 할 수 있는 형이상학적 사변으로 이루어져 있는데, 그의 제자 마르크스(K. Marx, 1818-1883)와 마르크스 추종자들의 활동을 통해서 이 세상의 질서를 변화시키도록 영향을 끼쳐 왔다. 이런 일들이 좋은지 나쁜지에 대하여 여기서 판정할 필요는 없다.

철학의 의미에 대한 생각이 서로 매우 다르고, 흔히 서로 대립되는 것이었음에도 불구하고, 고금의 거의 모든 철학자가 한 가지 점에 관해서는 완전히 의견의 일치를 보고 있다. 그것은 철학이 하려는 일이 중요한 가치가 있는 일이며, 또 진지한 자세로 임해야 하는 일이라는 것이다. 칼리클레스(Callicles, 기원 전 5세기 활동) 같은 몇몇 소피스트의 제자들은 철학이 하는 일은 취미나 그저 재미로 하는 피상적인 일이라고 믿었다. 그러나 칼리클레스 자신조차도 철학을 마땅히 그래야 할 만큼 매우 진지하게 취급했으므로, 칼리클레스가 플라톤에 의해서 악의적으로 잘못 표현되었는지도 모른다. 왜냐하면 소크라테스는 소피스트들을 좋지 않게 여겼고, 플라톤은 그러한 소크라테스의 제자였기 때문이다. 요컨대 소피스트들은 소크라테스의 격렬한 경쟁자들이었는데, 소크라테스가 가르침의 대가로 받은 것은 오직 제자들이 대접하는 저녁 식사뿐이었음에 반해서 소피스트들은 가르친 대가로 돈을 받았던 것이다.

철학에 대한 이 개론의 주제 구분은 관례에 따른 편이다. 이 책의 내용은 두 개의 주요 부분으로 나누어지는데, 첫째 부분은 철학의 분석적 측면에 넓게 관련되어 있고, 둘째 부분은 철학의 형이상학적 측면과 가치론적 측면에 관련되어 있다. 분석적인 부분은 다시 한편으로는 논리와 언어에 관한 연구 내용이 차례로 서술되고, 다른 한편으로는 인간의 지식의 본질, 범위, 방법에 관한 문제들을 고찰한 인식론 즉 지식론으로 세분되었다. 이 책의 나머지 반은 먼저 형이상학적 주제들에 대해서 검토한 다음, 가치의 영역에 들어가서 윤리학 즉 좋음(선)을 연구하는 학문을 간명하게 개관하고 나서, 미학 즉 예술 철학을 살피고 끝맺었다.

제1부

논리와 언어

1. 논　리
2. 언　어

1 논 리

반대로, 만일 그랬었다면 그랬을 것이고, 그랬다면 지금쯤
그럴 거야. 허나 그렇잖았으니까 그렇잖은 거지, 뭐.
이게 바로 논리라는 거야.
— Tweedledee in *Through the Looking Glass*

논리학이란 무엇인가?

논리학(論理學, logic)은 고대 그리스 철학자 아리스토텔레스가 맨 처음 체계적으로 설명한 학문이다. 아리스토텔레스 시대 이후 논리학이 철학에서 없어서는 안 되는 부분으로 항상 인정되지는 않았지만 철학과 상당히 밀접하게 관련을 맺어 왔다. 최근 100년 동안에 논리학은 광범위한 발전을 이루었다. 특히 논리학이 수학의 기초에 관련되어 있는 측면이 치밀하게 연구되어 오고 있다. 논리학은 오늘날 분석 철학의 도구로서 아주 중요한 역할을 하고 있다.

논리학 책을 쓰는 많은 사람이 논리학의 고유한 임무에 대해서 다른 의견을 갖고 있다. 어떤 철학자들은 "올바르게 사고하는 방법"을 가르치는 것이 논리학의 목적이라고 주장한다. 만일 이런 학자들에게 논리학을 배우게 되면, 그들은 우리가 올바르게 "추론"하는 방법과 과오를 피하는 방법을 배울 것이라고 주장한다. 논리학에 대한 이 정의는 너무 낙관적이다. "사고"라는 말이 가리키는 인간의 활동 영역은 너무 넓어서 명확하게 규정되지 않는다.

만일 사람들이 올바르게 사고하는 방법을 배울 수 있다면 모든 사람이 좋은 일이라고 생각할 것이다. 만일 "그릇된 사고"를 올바르게 고쳐주는 학문이 있다면 모든 사람이 이 과목을 배우기 위해서 수강신청을 할 것이라고 생각해도 좋을 것이다. 그러나 오늘날까지 이러한 학문은 개발되지 않았다. 논리학은 서양에서 이천 년 이상이나 학문적 교과목으로 인정되어 가르쳐 오긴 했으나, 이 과목을 공부하는 수고를 택한 비교적 소수의 학생에게만 가르쳐 왔다. 그러나 논리학을 배운 사람들도 논리학을 배우지 않은 덜 부지런한 동료들과 마찬가지로, 많은 중요한 유형의 사고에서 전혀 과오에 빠지지 않도록 완전히 면역되지는 못한다는 사실은 잘 알려진 일이다.

논리학은 추리에 관한 학문인가?

19세기 영국의 철학자 존 스튜어트 밀(J. S. Mill, 1806-1873)은 "논리학의 연구 영역은 인간의 지식 가운데서 이미 알려진 진리로부터 추리(推理, inference)에 의해 성립하는 지식에 한정되어야 한다."고 주장하였다.[1] 그러나 논리학의 주제가 추리에 한정된다 하더라도 논리학은 참으로 너무 포괄적인 학문인 셈인데, 그 이유는 인간의 지식으로 통하는 대부분의 생각이 추리에 의해서 이루어지기 때문이다. 밀은 자신의 정의에 따르면 논리학의 연구 범위가 굉장히 넓을 수밖에 없게 된다는 것을 인정하였다. 밀은 "지식의 대부분이 … 과학적 지식은 물론이고 인간의 행위에 관한 지식 등 거의 모든 지식이 명백히 추리에 의한 것이기 때문에 논리학의 권위에 복종해야 한다."고 생각하였다. 논리학이 추리에 관한 학문이라는 밀의 정의가 엄밀하기에는 너무 넓긴 하지만, 추리가 무엇인가를 탐구하는 경우와 두 종류의 추리의 중요한 차이점을 설명하는 동안에는 논리학의 정의로서 잠정적으로 인정해도 괜찮을 것 같다.

---

1) John Stuart Mill, *A System of Logic*, London, Longmans, 1925, p. 5.

추리란 무엇인가?

추리는 이미 알고 있는 것에서 새로운 지식을 찾아내는 사고 과정이다. 이미 알고 있는 것으로부터 그 이상의 어떤 지식으로 넘어가는 일이 이루어질 때에는 언제나 추리 상황이 성립한다. 단순한 추리 상황을 몇 가지 생각해보자.

1. 나는 아침에 일어나서 방 안이 다른 날 그 시각보다 상당히 어둡다는 것을 깨닫는다. 창문 유리의 바깥쪽에 물방울이 흘러내리는 것을 보고, 지붕을 가볍게 두드리는 소리를 듣는다. 이것이 내가 아는 것이다. 나는 비가 오고 있다고 추리한다.

2. 나는 파블로 로페쯔라는 신사를 소개받는다. 나는 그가 스페인계 사람이라고 추리한다.

3. 나는 시험관 속에 약간의 산화수은을 넣는다. 이 시험관을 불이 켜진 버너 위에 올려놓고, 끝이 불꽃은 없지만 빨갛게 타는 나무쪽을 시험관의 열린 끝으로 집어넣는다. 그 나무쪽이 활활 불꽃을 내며 탄다. 나는 산소가 산화수은으로부터 유리되고 있다고 추리한다.

4. 기하학 선생님이 각 A는 각 B와 같고, 또 각 C는 각 B와 같다고 알려주었다. 나는 각 A가 각 C와 같다고 추리한다.

물론 모든 추리가 믿을 만한 것은 아니다. 파블로 로페쯔라는 사람은 이름이 그럴지라도 어쩌면 아일랜드계일는지도 모른다. 현상들이 그럼에도 불구하고 비가 실제로 오고 있지 않을 수도 있다. 이런 경우 추리는 단지 개연적 지식에 이르게 할 뿐이다. 그러나 나는 지금 이 자리에서 믿을 만한 추리와 믿을 수 없는 추리를 구별하는 방법을 설명하지는 않겠다. 그저 추리의 실례를 몇 개 더 살펴보는 것으로 족할 것 같다.

	알려진 것	추리된 것
5.	늘 혈색이 좋고 마음씨 좋은 내 친구가 오늘은 안색이 창백하고 화를 자주 낸다.	그는 어제 저녁에 잠을 충분히 자지 못했거나 몸이 어딘가 불편하다.
6.	반역은 사형에 처하는 죄다. 왕의 명예를 훼손하는 것은 반역이다.	왕의 명예를 훼손하는 것은 사형에 처하는 죄다.
7.	물주전자가 난로 위에서 가열되고 있다.	그 물은 100℃에서 끓을 것이다.
8.	평행하는 두 직선이 한 직선에 의해 절단되었다.	엇각은 서로 같다.
9.	주인이 하품을 하면서 시계를 쳐다 본다.	주인은 내가 집으로 돌아갔으면 하는 눈치다.
10.	뉴욕 시민 가운데 대머리 아닌 사람의 수가 머리카락을 가장 많이 가진 사람의 머리카락 수보다 크다.	머리카락 수가 같은 뉴욕 시민이 적어도 두 사람은 있다.
11.	암실에서 어떤 광물성 물질을 향해 사진 건판을 노출시켰더니 건판에 검은 반점이 생겼다.	그 광물은 방사능 원소를 함유하고 있다.
12.	모든 A의 원소는 B의 원소인데 x는 A의 원소다.	x는 B의 원소다.
13.	그 혐의자는 살인 사건이 일어 난 시간에 피살자가 사는 아파트에 있었다. 그리고 피살자를 쏜 총에서 그의 지문이 발견되었다.	그는 살인죄를 범했다.

형식적 추리와 경험적 추리

추리에 대한 예로서 생각나는 대로 모은 위의 예들은 두 종류로 나누어진다. 위의 예들 가운데 4, 6, 8, 10, 12는 한 종류를 이루는데, 이런 추리는 형식적 추리(形式的 推理, formal inference)나 연역적 추리(演繹的 推理, deductive inference)라고 부른다. 이런 추리는 "알려진 것"이 옳다고 인정되면 오직 그 진술들만을 근거로 하여 "추리된 것"도 옳다고 인정하지 않을 수 없다. 만일 평행하는 두 직선이 하나의 직선에 의하여 절단된다면, 그 엇각들이 서로 같다는 것은 우연히 그렇게 되는 것이 아니다. 유클리드 기하학의 체계 안에서는 필연적으로 그렇게 된다. 마찬가지로 만일 "반역은 사형에 처하는 죄다."와 "왕의 명예를 훼손하는 것은 반역이다."라는 두 문장이 이 두 문장의 의미 이외의 어떤 것과 전혀 관련 없이 옳다고 인정된다면, "왕의 명예를 훼손하는 것은 사형에 처하는 죄다."라는 문장은 확실히 옳다. 형식적 추리가 이러한 특수한 "확실성"(確實性, certainty)을 갖는 이유는 우리가 이런 추리를 두 번째 유형의 추리 1, 2, 3, 5, 7, 9, 11, 13과 비교해보면 명백해진다. 두 번째 유형의 추리는 닥치는 대로 모은 것이기는 하지만 다음과 같은 공통점을 갖고 있다. 이런 추리는 모두 우리 주위의 세계를 형성하는 사물과 사건의 특성과 동태에 관련되어 있다. 사람들이 일상생활에서 사용하는 추리의 대부분은 이런 유형의 것인데, 이런 추리는 경험적 추리(經驗的 推理, empirical inference)나 사실적 추리(事實的 推理, factual inference)라고 부른다.

경험적 추리와 과학적 방법

일상 생활에서는 경험적 추리의 과정이 부주의하고 제멋대로 이루어지는 수가 많고 때로는 바보스러운 경우도 있다. 사람들은 어쩌다 어린이와 개를 귀여워한다고 자랑하는 사람을 만나면 그가 선량한 성격을 가진 사람이라고 추리하는 경향이 있다. 이 추리는 한 사람 즉 우리 주위 세계의 매우 변하기 쉬운 대상의 동태에 관한 추리이므로 분명히 조심성 있는 추리가 아니다. 이런 식의 추리를 "결론으로 비약하는 추리"라고 한다. 왜냐하면 입증 증거가 있다 하더라도 추리의 과정이 결론을 입증하는 증거의 본성에 대하여 조금도 깊이 생각해보지 않고 진행되었기 때문이다. 우리는 자신이 알고 있는 자료에 대해서 반성할 때—자료가 자신이 도달한 결론을 정당화시켜 주는 충분한 근거를 제공하는가를 숙고할 때—경험적 세계에 대하여 더 주의 깊은 추리를 하게 된다. 배심원이 된 양심적인 시민은 피고가 유죄라고 결론을 내리기 전에 "증거를 주의 깊게 살펴보시오!"라는 판사의 주의를 마음에 되새겨야 할 것이다.

매우 조심성 있게 진행되는 경험적 추리 과정이 자연 과학의 방법의 기초를 이루고 있다고 할 수 있다. 세균 학자는 어떤 자료(알려진 것)를 근거로 삼고 문제의 병이 어떤 바이러스(추리된 것)에 의해서 일어났다고 잠정적으로 주장할 수 있다. 위의 진술들 가운데 뒷부분은 관례적으로 가설(假說, hypothesis)이라고 하는데, 시험 조건을 바꾸어 가면서 여러 번의 실험을 통해 시험을 받게 된다. 이 시험은 그 진술에 대한 검증(檢證, verification)의 중요한 부분이다. 그러나 우리는 과학적 방법(科學的 方法, scientific method)이 전적으로 경험적인 것이어서 오로지 "가설"과 "검증" 같은 개념에 의해서만 설명될 수 있는 추리만으로 이루어진다고 생각해서는 안 된다. "과학적 방법"이란 말은 우리가 일상생활 속에서 곰곰이 반성할 때에 사용하는 사고 방식을 뜻하기도 하고, 더 나아가 경험적 추리 즉 사실적 추리와 더불어 형식적 추리도 사용하는 복잡한 사고 방식을 가리키기도 하기 때문이다.

"논리학" 의 넓은 뜻과 좁은 뜻

논리학은 아주 넓은 뜻으로 생각한다면 추리 일반에 관한 연구다. 증거의 유형에 관계없이 증거에서 결론이 도출되는 과정에 관한 체계적 설명은 모두 논리학이라 할 수 있다. 좀더 엄격하게 말하면 논리학은 형식적 추리에 관한 연구다. 르네상스 이후 물리 과학이 확립된 이래 많은 철학자가 줄곧 지식에 대해 분석해 왔다. 이들은 항상 형식 논리학(形式 論理學, formal logic)의 정확성에 견줄 만큼 정확성을 지닌 "과학적 방법의 논리학"을 정립하려고 노력해 왔다. 그러나 이러한 시도는 오늘날까지도 완전히 성공하지는 못했다. 경험적 추리는 형식적 추리가 아니라는 바로 그 이유 때문에 경험 과학의 방법들은 형식 논리학과 같은 체계로 구성되지 못하고 있다. 형식 논리학은 앞으로 알게 되는 바와 같이 바로 이 체계성 때문에 정확성과 체계화의 기준이 된다.

형식적 추리 — 연역적 추리

형식적 추리는 감각 경험을 통해 파악되는 사물들에 관한 추리와 분명히 다르다. 형식적 추리는 산술학과 기하학을 비롯해서 수학의 모든 분야의 연산에서 발견되는 종류의 추리다. 이러한 학문들은 천문학, 물리학, 화학 등을 포함하는 경험 과학(經驗 科學, empirical science)과 구별되어 형식 과학(形式 科學, formal science)이라 부른다. 경험 과학은 형식 과학을 사용하면서도 궁극적으로는 자연 현상에 관련을 맺어야 한다. 예컨대 물리학은 수학을 필수적 도구로 사용하면서도 자연 현상과 관련을 맺고 있다.

형식 과학에서 사용하는 추리 양식을 연역(演繹, deduction)이라 한다. 그런데 "연역"이라는 말은 적어도 세 가지 의미로 이해될 수 있다. 이 말은 통속적으로는 추리에 대한 동의어로서 사용된다. 특히 그저 탐정의 머리 속에서 진행된다고 생각되는 그런 추리를 가리키는 말로 사용된다. 홈즈의 애독자는 홈즈가 "연역"에 관한 논문을 쓴 사실과 홈즈의 친구인 왓슨 박사가 이 글에 대하여 "말도 안 되는 헛소리"라고 비평했던 사실을 기억할 것이다. 이 글에는 왓슨이 의사라는 것과 아프가니스탄에서 육군 장교로 근무하다가 당한 부상 때문에 제대했다는 것을 홈즈가 어떻게 연역했는지 알려주는 추론이 실려 있다.[2] 홈즈는 그 순박한 친구를 깜짝 놀래주기 위해 대단한 "연역" 솜씨를 발휘하여 왓슨의 경력을 구석구석까지 들추어내었다. 그러나 홈즈의 연역이 아무리 굉장하다 하더라도, 그 추리들은 경험적 세계 속에 있는 매우 변하기 쉬운 것들에 관한 추리의 잡동사니에 불과하다. 연역이라는 말을 엄밀한 의미로 이해한다면, 홈즈의 연역에는 특별히 "연역적 추리"라 할 만한 추리는 하나도 없기 때문이다.

"연역"이란 말을 좀더 엄밀하게 사용하는 사람은 연역을 일반적 경험 법칙에 의거해서 어떤 사건을 예측할 때에 사용하는 추리라고 생각한다. "연역"이란 말을 이렇게 이해하는 사람은 흔히 연역을 일반 명제로부터 특수 명제를 끌어내는 추리라고 정의한다. 자연 속의 사건들의 일반적 규칙성에 관한 지식으로부터 우리는 어떤 특수한 사태가 존재한다는 것을 추리할 수 있다. 우리는 포유류가 새끼를 젖으로 키운다는 것을 알고 있기 때문에 고래가 이런 방식으로 새끼를 기를 것이라고 연역적으로 추리해도 좋다. 가스는 가열되면 팽창한다는 법칙이 떠오르면 누구나 불 위의 스튜 냄비 속에서 가열되고 있는 콩깍지에 서둘러 구멍을 낼 것이다. 우리가 특수한 사태를 예측하기 위하여 경험적 일반 법칙에 의존할 수 있다는 사실은 자연 과학의 연구에서 대단히 중요하다. "연역"이란 말은 이런 의미에서 흔히 귀납(歸納, induction) 즉 개개의 실례를 조사하여 이를 근거로 삼고 일반 법칙을 주장하는 경험적 추리의 양식과 대비시켜 사용된다. "부모의 사랑을 흠씬 받은 어린이는 그렇지 못한 어린이보다 더 훌륭하게 성장한다."는 일반 명제는 어린이에 관해서 개개의 실례를 확인하고, 그 결과를 근거로 삼아 귀납적으로 주장된다. 만일 어떤 어머니가 이 일반 명제에 생각이 미쳤기 때문에 자식에게 각별한 사랑을 베풀려고 서둔다면, 이 여성은 연역적 추리에 의거해서 행동하고 있는 셈이다.

"연역"의 가장 엄밀한 뜻은 논리학과 형식 과학에서 일반적으로 인정하고 있는 의미다. 엄밀한 연역은 다음과 같이 정의할 수 있다. 이미 알려져 있는

2) A. Conan Doyle, *A Study in Scarlet*. chap. I.

하나의 진술이나 여러 개의 진술로부터 다른 하나의 진술이나 여러 개의 진술을 필연적으로 끌어낼 수 있을 때 앞의 진술들이 뒤의 진술들을 함의하거나 수반한다고 말하고, 앞의 진술들에서 뒤의 진술들로의 추리를 연역적 추리라고 한다.[3] 우리는 (1) "덕유산은 지리산의 북쪽에 있다." (2) "지리산은 가야산의 서쪽에 있다."라는 두 진술로부터 (3) "덕유산은 가야산의 북서쪽에 있다."고 연역적으로 추리할 수 있다. 마찬가지로 우리는 "$2x+5=x+10$"이라는 진술로부터 "$x=5$"라는 진술을 연역할 수 있다. 그런데 "$x=5$"라는 진술은 우연히 성립하는 진술이 아니다. 처음의 등식을 인정한다면 두 번째 등식은 이런 표현들을 부분으로 포함하고 있는 대수학이라는 형식적 체계 전체로부터 필연적으로 나오는 것이다.

"형식적" 이란 말의 의미 — 진리성과 타당성

앞에서 엄밀한 연역적 추리를 형식적 추리라고 하였다. 일반적으로 말해서 형식(形式, form)은 그 속에 있는 내용이 변하더라도 동일한 것으로 남아 있는 틀이다. 납세 고지서 5040호 서식은 국세청으로부터 납세자에게 발급되는 모든 경우에 동일한 것이지만, 고지서에 적힌 금액은 납세자마다 다를 것이다. 마찬가지로 논리학에서 엄밀하게 연역적 성격을 지닌 것으로 인정하는 추리는 추리 과정에서 사용된 진술들이 실제의 사실에 관해서 언급한다 하더라도, 그 특정한 사실 내용과 전혀 관계가 없다. 형식 논리학자들은 진술들 사이의 관계 구조 즉 형식에만 관심을 갖는다. 다시 앞에서 사용한 엄밀한 연역적 추리의 예를 들어보자.

---

3) "추리"와 "함의"(含意, implication)의 차이에 주의하기 바란다. "*X*는 *Y*의 두 배다"와 "*Y*는 *Z*의 두 배다"라는 두 진술은 "*X*는 *Z*의 네 배다"라는 진술을 함의한다. 처음의 두 진술과 세 번째 진술 사이에는 어떤 사람이 결론을 끌어내든 않든 함의 관계가 존재한다. 하지만 추리는 어떤 사람이 이런 함의 관계를 깨닫고 세 번째 진술을 결론으로 끌어낼 때에 비로소 실제로 이루어진다. 추리는 함의 관계에는 없는 심리적 활동이라는 요소를 포함하고 있다.

덕유산은 지리산의 북쪽에 있다.
지리산은 가야산의 서쪽에 있다.
그러므로 덕유산은 가야산의 북서쪽에 있다.

형식 논리학자는 이 세 진술 하나 하나가 실제로 옳은지 그른지에 관한 문제에는 전혀 관여하지 않는다. 만일 어떤 사람이 "덕유산"의 자리에 "한라산"을 대입한다면 "한라산은 가야산의 북서쪽에 있다."는 결론이 나올 것이다. 이 연역적 추리는 그 결론이 경험적 사실에 관해서는 그른 진술이라 할지라도 논증 형식의 관점에서 보면 아직도 올바른 추리다. 따라서 개별 진술의 진리성(眞理性, truth)과 논증의 타당성(妥當性, validity)을 반드시 구별할 필요가 있다. 위의 연역적 논증은 그 결론이 실제로는 옳지 않다 하더라도 타당한 논증이다. 형식 논리학자는 지리산과 한라산이라는 산이 실제로 있는지 없는지에 대해서는 전혀 관심을 갖지 않는다. 형식 논리학자가 관심을 갖는 것은 형식 즉 논의되고 있는 내용이 담겨 있는 연역의 틀이기 때문이다.

요인 A는 요인 B와 r_1의 방식으로 관계를 맺고 있다.
요인 B는 요인 C와 r_2의 방식으로 관계를 맺고 있다.
그러므로 C에 대한 A의 관계는 r_1과 r_2의 곱 즉 R이다.

위의 추리는 다음과 같이 더 정확하게 적을 수 있다.

$$A\ r_1\ B$$
$$B\ r_2\ C$$
$$\therefore A\ R\ C$$

정언 논리학

아리스토텔레스가 맨 처음 체계적으로 설명한 연역 추리의 타당한 형식인 고전적 정언 논법(定言 論法, syllogism)을 살펴보자. 타당한 정언 논증은 두 개의 정언 진술을 전제(前提, premise)로 제시하고, 이 두 정언 진술로부터 결론(結論, conclusion)인 세 번째 정언 진술을 필연적으로 끌어낸다. 아래 논증은 타당한 정언 논증의 한 예다.

모든 유대류는 새끼를 주머니로 운반한다.
모든 캥거루는 유대류다.
그러므로 모든 캥거루는 새끼를 주머니로 운반한다.

이 정언 논증은 잠깐만 생각해보아도 만일 전제들이 옳다고 인정한다면 전제들이 형식적으로(논리적으로) 결론을 함의한다는 것을 확신할 수 있을 것이다. 이번에는 아래의 정언 논증을 생각해보자.

모든 드래건은 날개를 갖고 있다.
모든 아메바는 드래건이다.
그러므로 모든 아메바는 날개를 갖고 있다.

위의 논증이 보여주는 것처럼 전제들이 그르더라도 결론을 끌어낼 수 있다. 만일 처음 두 진술이 옳다고 인정한다면 위의 연역은 타당하다. 위의 논증은 드래건 같은 것은 없으며 또 아메바는 드래건이 아니라 단세포 동물이라는 반론에 부딪칠 수 있다. 그러나 이 연역의 타당성은 전제와 결론에 사용된 진술들의 진리성에 의존하는 것이 아니라 진술들을 결합시키고 있는 형식에 의존하기 때문에 이런 반론은 초점이 빗나간 엉뚱한 주장일 뿐이다. 위의 논증은 다음과 같은 타당한 형식을 지니고 있다.

모든 a는 b다.
모든 c는 a다.
그러므로 모든 c는 b다.

이제 아래의 정언 논증을 검토해보자.

호남 사람은 한국 사람이다.
전주 시민은 한국 사람이다.
그러므로 전주 시민은 호남 사람이다.

이 논증은 결론이 실제로 옳은 진술일 수 있다 하더라도 분명히 타당한 연역이 아니다. 두 개의 부분 집합이 동일한 집합에 속한다는 사실은 그 두 부분 집합 가운데 한 부분 집합이 다른 부분 집합을 포함한다는 주장의 근거가 전혀 되지 못한다. 물고기가 헤엄치고 제인도 헤엄을 친다. 그렇다고 해서, 그러니까 제인은 물고기라는 주장이 성립하지는 못한다. 다음의 정언 논증도 부당한 논증이다.

박애주의자는 아량이 넓다.
모든 거지는 박애주의자가 아니다.
그러므로 모든 거지는 아량이 넓지 못하다.

어떤 집합 K가 성질 P를 가졌기 때문에 K 이외의 다른 집합이 성질 P를 갖지 못한다는 결론이 필연적으로 성립하지는 못한다.

논리학과 형식 과학

현대 연역 논리학

논리학에 대한 아리스토텔레스의 빛나는 업적은 정언 논증과 그 구성 성분에 대한 분석에 한정된 것이었다. 이천 년도 넘는 기간 동안 형식 논리학의 연구는 거의 전적으로 아리스토텔레스와 스토아 학파가 설정해 놓은 방침에 따라 진행되었다. 중세의 논리학자들은 논리학과 언어의 분석에서 괄목할 만한 분석 기술을 개발하였다. 그러나 그들은 정언 논법의 한계를 넘어서 순수한 형식 논리학의 영역을 눈에 뜨일 정도로 확장하는 일에는 성공하지 못하였다. 17세기에는 독일의 철학자이면서 수학자였던 라이프니쯔(G. W. Leibniz, 1646-1716)가 수학적 개념들에 근거를 두고 보편 인공 언어(普遍

人工 言語, universal symbolic language)를 계획한 적이 있었다. 그러나 19세기 중엽 이후부터 부울(G. Boole, 1815-1864), 프레게(G. Frege, 1848-1925)를 비롯한 많은 논리학자가 아리스토텔레스의 고전적 경계를 넘어서 논리학의 혁명적 확장을 기도하는 책을 펴내기 시작하였다. 논리학은 20세기에 들어와서 굉장한 발전을 이루었다. 1910-1913년에 출판된 화이트헤드와 러셀(B. Russell, 1872-1970)의 기념비적 저서 「수학 원리」(Principia Mathematica)는 이 발전 과정에서 맨 처음 획기적인 전기를 마련한 위대한 업적이다.

지금은 논리학이 옛날의 한계를 훨씬 넘어서 아주 폭넓은 설명력을 지닌 순수한 형식적 연역 체계(形式的 演繹 體系, formal deductive system)로 정립될 수 있다는 사실이 잘 알려져 있다. 일반적으로 이 새롭게 확장된 논리학을 기호 논리학(記號 論理學, symbolic logic)이라 부른다. 그러나 이 이름은 어떤 점에서 오해를 일으키는 이름이다. 현대의 연역 논리학은 그것이 지닌 일반성에서 아리스토텔레스가 세운 고전적 체계와 굉장한 차이가 있기는 하지만, 아리스토텔레스가 다룬 사고의 질서와 완전히 다른 사고의 질서를 다룬다는 뜻에서 고전 논리학과 다른 논리학인 것은 아니다. 그렇긴 해도 새로운 논리학은 고전 논리학보다 훨씬 더 넓은 범위에 걸쳐 정확하게 설명할 수 있고, 이 설명력은 새로운 논리학이 고전 논리학의 기초 개념들보다 훨씬 더 일반성이 넓은 기초 개념들을 사용하고 있기 때문에 발휘할 수 있는 능력이다.

논리학과 수학

오늘날의 논리학자들은 현대적 의미로 파악되고 확장된 형식 논리학이 연역이나 형식적 추리의 일반적 구조를 연구하는 학문이라고 대개 의견의 일치를 보고 있다. 논리학과 수학의 관계에 대해서 널리 인정받고 있는 견해는 산술학, 대수학, 기하학 같은 수학의 여러 분야는 그것들이 문제로 삼고 있는 특수한 형식적 분야의 "고유 개념"(예를 들면 산술학의 "수"나 집합론의 "집합")과 어떤 일반적인 "논리적 개념"이 융합된 특수한 연역 체계라고 주장한 프레게의 논리 연산 이론(論理 演算 理論, logistic theory)에서 유래한다. 다시 말하면 수학의 여러 분야는 논리학의 원리를 전제하거나 가정하고서 성립하며, 그렇기 때문에 수학은 "특수한 것"이 "일반적인 것"에 관련되듯이 논리학과 관련을 맺고 있다는 것이다.

더 나아가 "논리학"이라는 말이 어떤 단 하나의 형식적 연역 체계에만 부여될 수 있는 고유 명칭이 아니라는 것도 널리 의견의 일치를 보고 있다. 오히려 "논리학"이란 이름은 순수하게 형식적이면서 연역적으로 구성되는 모든 체계에 부여될 수 있는 일반 명칭으로 간주되고 있다.

형식 과학의 구조

그렇다면 논리학은 지극히 일반적인 성격을 지닌 형식 과학 즉 연역적 학문(演繹的 學問, deductive science)이다. 논리학의 명제들은 감각적 관찰을 통해서 얻어지지 않고 이미 정립되어 있는 다른 진술들로부터 유도된다. 산술학과 대수학은 논리학과 마찬가지로 연역적 학문이다. 그러나 거의 대부분의 사람이 이런 학문들을 연역적 방식으로 배우지는 않았을 것이다. 우리 누구도 맨 처음 산술을 배우기 시작할 때 선생님에게서 다음과 같은 말을 듣지는 못했을 것이다. "자, 어린이 여러분, 우리는 산술 공부를 수에 대해 정의하는 일을 하고 나서, 산술학의 최초 공리들과 규칙들을 열거한 다음, 여러 가지 흥미로운 정리 가운데 하나인 '2+2=4'를 연역해봅시다." 우리가 산술학을 처음 배우는 방식은 산술학의 바다에 풍덩 빠뜨리고 헤엄치는 법을 배우라는 식이다.4)

4) 적어도 옛날에는 그렇게 가르쳤다. 오늘날 학생들은 기초 개념들을 통해서 산술학을 알려 주려고 노력하는 "현대 수학"을 배운다. 이 "현대 수학"의 어떤 과목에서는 학생들이 비기하학적 공리들과 증명 방법을 검토한다. "현대 수학"의 과목들의 공통점은 산술학을 비롯하여 모든 수학의 분야가 논리학으로부터 유도된다는 주장

그렇지만 중학교에 진학하면 누구나 공리 체계로 정돈된 연역적 체계의 한 실례를 배우게 된다. 그것은 평면 기하학인데, 이 평면 기하학은 우리가 연역적 방식으로 이루어진 체계에 최초로 접하게 되는 대표적인 과목이다. 기하학이 논리적 체계가 어떠해야 하는가에 대하여 잘 이해시켜 줄 수 있다 할지라도, 유클리드(Euclid, 300년경 B.C.)의 고전적 체계는 논리학보다는 일반성이 좁다. 왜냐하면 이 학문은 특별히 기하학적 주제만 다루기 때문이다.

형식적 체계 즉 연역적 체계는 다음과 같은 방식으로 구성된다. 어떤 무정의 개념(無定義 槪念, undefined notion)이 증명 없이 승인되는 일련의 진술과 더불어 제시된다. 이처럼 증명 없이 승인되는 일련의 진술을 공리(公理, axiom)나 공준(公準, postulate)이라 부른다. 그 다음 선택된 정의(定義, definition)가 도입되고, 공준을 전제로 삼고 어떤 연산을 수행할 수 있게 해주는 규칙(規則, rule)이 설정된다. 우리는 공준과 정의와 규칙을 사용함으로써 어떤 진술이 필연적으로 성립한다는 것을 보일 수 있다. 이런 진술들을 그 체계 속의 정리(定理, theorem)라 한다. 어떤 정리의 증명에는 기초적 공준과 정의가 사용될 뿐만 아니라 이미 증명된 정리들도 사용될 수 있다.

분석 진술과 종합 진술

분석 진술(分析 陳述, analytic statement)은 어떠한 진술이고, 종합 진술(綜合 陳述, synthetic statement)과 어떻게 다른가? 아리스토텔레스의 고전 논리학은 하나의 진술이나 명제는 오직 두 개의 명사(名辭, term) 즉 주어 명사(主語 名辭, subject term)와 술어 명사(述語 名辭, predicate term)로 구성된다고 주장하였다. "금은 무거운 금속이다."라는 명제 속에서 '금'은

을 각 과목의 첫머리에 앞세운다는 점이다. 이런 방식의 수학 교육이 적절한가에 관하여 몇몇 수학자가 반론을 제기한 바 있다.

주어 명사이고, '무거운 금속'은 술어 명사다. 그런데 고전 논리학에 따르면 분석 명제의 술어는 형식에서는 반드시 동일하지 않다 하더라도 주어와 일치한다. 다시 말하면 분석 명제 속의 술어는 주어에 대한 정의 비슷한 것이다.

"총각은 미혼의 남자다."라는 문장을 생각해보자. 만일 우리가 주어인 '총각'을 총각의 속성은 무엇인가라는 물음의 답을 찾기 위해 분석한다면 금방 '남자'와 '미혼'이라는 성질을 머리에 떠올릴 것이다. 그런데 우리가 고찰하고 있는 문장에서는 이런 속성이 술어에 의해서 명백하게 언급되어 있다. 이처럼 그 진술의 주어에 대한 분석을 통해서 주어 속에 함축되어 있던 술어를 우리가 발견했기 때문에 "총각은 미혼의 남자다."라는 진술은 분석 진술이다. 오늘날의 논리학자들은 주어-술어 구조를 모든 진술이나 명제의 유일한 논리적 구조로 인정하지 않는다. 현대의 철학자들은 분석 진술을 어떠한 사정 아래서도 항상 옳은 진술—반대 사례나 예외에 의해서 "그른 진술"이 될 수 없는 진술—이라고 정의하는 쪽을 택하고 있다.

어떤 사람이 자기는 결혼한 총각을 최근에 우연히 만났다고 주장하는 경우를 생각해보자. 우리 누구도 "일반 규칙에 대한 얼마나 흥미로운 예외인가! 마치 하얀 캥거루가 발견된 것 같구나!"라고 말하지는 않을 것이다. 오히려 우리 누구나 "당신은 내가 사용하는 방식으로 '총각'이라는 말을 사용하지 않는군요!"라고 말할 것이다. 이 대꾸는 우리가 "총각은 미혼의 남자다."라는 명제가 분석 명제라는 것을 알고 있다는 것과 이런 진술은 경험적 관찰에 의해서 정립되는 것이 아니라 언어의 정확한 사용을 지배하는 어떤 규칙에 의해 정립된다는 것을 알고 있음을 보여주고 있다.

이제 "총각은 미혼의 남자다."라는 진술과 "상자가 계단에서 굴러 떨어졌다."라는 진술을 대조해보자. "상자"라는 말의 정의 속에는 상자가 계단에서 굴러 떨어진다는 지식을 우리에게 알려주는 내용은 아무 것도 없다. 상자는 우연히 굴러 떨어졌다. 그래서 우리는 이 진술을 이 경우에는 우연히 옳다 하더라도 다른 경우에는 "그른 진술"이 될 수도 있는 종합 진술로 분류한다. 경험적 세계 속의 상황이나 동태를 기술하는 이런 문장들이 종합 진술 또는 사실 진술인데, 형식 과학에서 발견되는 분석 진술과 큰 차이가 있음을 알 수 있다.

분석 진술과 형식 과학

논리적 분석가들은 논리학이든 수학이든 형식 과학의 모든 진술이 분석 진술이라는 프레게의 견해에 기울어져 있다. 프레게에 의하면 "2+2=4"는 분석 진술이다. 이 진술은 새가 날아간다든가 병마개가 펑하고 튄다든가 하는 경험적 상황을 기술하지 않는다. "미혼의 남자"가 "총각"을 표현하는 다른 방식인 것과 꼭 마찬가지로, "4"는 "2+2"를 표현하는 또 하나의 방식인 것이다. 그래서 만일 형식 과학의 모든 진술이 분석 진술이라면, 형식 과학의 어떤 정리가 아무리 복잡할지라도 정리는 그 체계의 한 부분이면서 기초 장치인 공리계 속에 함의되어 있는 내용을 해명할 수 있을 뿐이다. 장기의 수는 수학의 많은 정리처럼 매우 복잡할 수 있다. 그러나 장기의 수들은 모두 궁극적으로는 장기의 말들에 부여된 일정한 기능과 장기의 말들을 움직이는 규칙으로부터 나온다. "2+2=4"라는 진술은 흔히 명백한 진리의 예로 인용된다. 그런데 이 진술이 옳다는 말은 무엇을 의미하는가? 엄밀하게 말하면 이 진술이 옳다는 말은 이 진술이 산술학의 정리라는 뜻이다. 다시 말하면 이 진술은 산술학의 기초 개념과 공준과 규칙에 의해 증명된 다른 정리들로부터 연역될 수 있다는 뜻이다. 따라서 "2+2=4"라는 진술에 관한 어떤 주장은 "2+2=4"라는 진술에만 그치지 않고, 산술학 체계 속에 나타나는 다른 진술들과 논리적 진술들에 대해서도 언급하고 있는 셈이다. 그리고 그런 진술들 역시 그 진술들을 포함하고 있는 체계의 구조로부터 진리성을 보증받은 정리라는 점에서 "옳은" 진술이다.

논리학과 형식 과학

아리스토텔레스의 고전 논리학과 현대의 연역 논리학 즉 "기호 논리학"의 차이점은 무엇일까? 지금까지 우리는 이 두 논리학에 관해서 오늘날에는 논리학이 수학을 비롯한 모든 형식 과학의 기초로 간주되고 있으며, 현대 논리학의 개념들이 고전 논리학의 개념들보다 훨씬 더 포괄적인 개념이라고 매우 개략적으로 말해 왔다. 그러나 이 두 논리학의 차이를 더 구체화시킬 수는 없을까? 이 책을 논리학 책으로 바꾸지 않고서는 그러한 세밀한 차이를 밝힐 수는 없다. 그렇지만 「수학 원리」 속의 체계들과 같은 연역적 체계를 구성하는 데 사용되는 기호 표현 체계들 가운데서 단순한 실례를 들어 현대 논리학의 "기호적 성격"의 일단을 보여줄 수는 있다.

집합 논리학

전통적으로 형식 논리학의 정점으로 여겨져 온 아리스토텔레스의 정언 논리학은 현대 논리학에서는 집합 논리학(集合 論理學, calculus of class)이나 부울의 대수(부울의 代數, Boolean algebra)로 알려져 있는 더욱 일반적인 연역 체계의 한 부분으로 인정되고 있을 뿐이다. 독자는 "새 수학"의 여러 분야 모두가 새로운 특징으로 보여주는 것은 "집합론"과 닮은 점이라는 것을 잘 알 것이다. 부울은 "a+b=b+a"와 같은 대수학 공식 속의 문자들이 집합뿐만 아니라 성질을 의미할 수도 있다는 것을 밝혔다. 우리가 집합을 포함하는 연역적 체계를 구성하려 한다고 가정해보자. "고양이" "뚱뚱한 사람" "자동차"라는 세 집합이 있다고 하자. 우리는 개개의 집합을 언급하는 낱말을 사용할 필요가 없다. 이제 a, b, c 같은 기호(記號, symbol)가 모든 집합을 대표하도록 하자. 하나의 집합을 가정하고, 당신이 원한다면 그것이 "모든 고양이"라는 집합이라고 하자. 이것을 다음과 같은 기호로 나타낸다.

a

다른 집합 예컨대 "예의 바른 모든 것"이라는 집합이 있다고 하자. 이 집합은 아래 기호로 나타낸다.

b

따라서 "고양이가 아닌 모든 사물"이라는 집합이 있게 된다. 이 집합은 다음 기호로 나타낸다.

$\bar{a}$ (a 아닌 것)

또 "예의 바르지 못한 모든 것"이라는 집합이 있을 수 있다. 이 집합은 아래 기호로 나타낸다.

$\bar{b}$ (b 아닌 것)

이제 아래의 두 기호 표현 즉 형식 문장(形式 文章, formula)을 생각해 보자.

a×b a+b

첫 번째 표현은 집합 a와 b의 교집합(交集合, product)을 나타낸다. 이 교집합에는 집합 a와 집합 b에 동시에 속하는 원소들이 포함된다. 원래의 말로 바꾸어 표현하면 "a×b"는 "예의 바른 고양이들"을 나타낸다. 두 번째 표현은 집합 a와 b의 합집합(合集合, sum)을 나타낸다. 합집합은 집합 a에 속하거나 집합 b에 속하는 사물들을 포함한다. 원래의 말로 바꾸면 "a+b"는 "모든 고양이"와 "예의 바른 모든 것"을 나타내며, 따라서 "예의 바른 고양이"만을 주장하는 "a×b"보다 훨씬 큰 집합을 나타낸다.

만일 어떤 집합이 다른 집합에 포함되거나 속한다는 것을 기호로 표현하고자 하면 다음과 같이 쓴다.

a⊂b (a는 b에 포함된다.)

원래의 말로 바꾸면 “a⊂b”는 “‘고양이’는 ‘예의 바른 것’이라는 집합의 원소다”를 뜻한다.

원소를 하나도 갖지 않은 집합을 나타내는 기호도 만들 수 있다. 이런 집합은 공집합(空集合, null class)인데, 아래 기호로 표현한다.

$$0$$

모든 것을 다 포함하는 집합은 보편 집합(普遍 集合, universal class)이라 하고, 아래 기호로 나타낸다.

$$1$$

집합에 대한 기호 표기법의 간단한 실례를 보여주기 위해 아리스토텔레스 논리학이 다루는 네 가지 정언 진술 A, E, I, O 진술을 어떻게 표현하는지 예시하겠다.

1. 모든 이탈리아 사람은 음악 애호가다. — A진술

   $a\bar{b}=0$

   “음악 애호가 아닌 이탈리아 사람”이라는 교집합은 원소가 전혀 없는 집합이다.

2. 어떤 스파르타 사람도 겁쟁이가 아니다. — E진술

   $ab=0$

   “겁장이인 스파르타 사람”이라는 교집합은 원소가 전혀 없는 집합이다.

3. 약간의 화식조는 해로운 동물이다. — I진술

   $ab\neq0$

   “해로운 동물인 화식조”라는 교집합은 원소가 없는 집합이 아니다· 최소한 하나의 “해로운 동물인 화식조”가 있다.

4. 합창대의 어떤 소년은 장난꾸러기가 아니다. — O진술

   $a\bar{b}\neq0$

   “합창대의 장난꾸러기 아닌 소년”이라는 교집합은 원소가 없는 집합이

아니다.

집합에 대한 연역 체계는 이 밖의 여러 가지 집합을 포함하는 공준을 설정한 다음, 이 공준으로부터 대수 문제를 푸는 방식과 비슷한 방법으로 정리를 연역해냄으로써 구성될 수 있다.

명제 논리학

명제들에 대한 연역 체계 즉 명제 논리학(命題 論理學, propositional calculus)을 구성하려면, 아래 방법에 따라 기호로 표현되는 다른 기초 개념들을 사용한다.

"코알라는 유칼리 나뭇잎을 좋아 한다."와 같이 명확한 내용을 주장하는 문장 대신에 어떠한 문장이라도 대표하는 문자 기호를 사용한다.

p

다른 문장에 대해는 다른 문자 기호를 사용한다. "그린랜드는 춥다."라는 문장은 다음과 같이 표현될 수 있다.

q

우리는 어떤 문장이 그르다는 것을 표현하고자 할 경우가 있다. 예컨대 "박쥐가 새라는 진술은 그르다."라는 문장은 다음과 같이 표현한다.

$\sim p$ (p는 그르다. p가 아니다.)

"한국은 내 조국이다, 그리고 천국은 내 목적지다."라는 중합 문장(重合文章, compound sentence)이 보여주는 연언(連言, conjunction)이라는 논리적 관계 즉 "연결성"(連結性, and-ness)만 추상하여 보여주려면 아래와 같이 쓴다.

$p \cdot q$

"만일 당신이 나와 결혼한다면, 나는 영원히 행복할 것입니다."라는 문장 속의 논리적 낱말인 "만일 …라면, …이다"가 보여주는 함언(含言, implication)이라는 논리적 관계를 추상하여 보여주려면 다음과 같이 쓴다.

$p \supset q$

"수우가 돕거나 패트가 도울 것이다."라는 문장에 나타나 있는 선언(選言, disjunction)이라는 논리적 관계를 표현하고자 한다면 다음과 같이 쓴다.

$p \vee q$

요약하여 간추리면 기초 개념들은 다음과 같다.

p, q, r …	문장을 나타내는 기호(문장 변항, 명제 변항)
$\cdot$	"그리고"
$\sim$	"아니다" (부정)
$\supset$	"만일…라면 …이다." "함의하다"
$\vee$	"또는"

예를 들어 설명하기 위해 아리스토텔레스의 전통 논리학에서 "논리의 원리"로 선택했었던 세 개의 공리를 이 표기법으로 표현해보자.

동일률	$p \supset p$ (만일 p가 옳으면 p는 옳다.)
모순율	$\sim(p \cdot \sim p)$ (p가 옳으면서 옳지 않다는 말은 그르다.)
배중률	$p \vee \sim p$ (p는 옳거나 그르다.)

화이트헤드와 러셀은 「수학 원리」에서 두 개의 정의되지 않은 논리

상항(論理 常項, logical constant)을 사용하여 명제 논리학의 기초를 정립했는데, 그 두 논리 상항은 다음과 같다.

$\sim$	"아니다" (부정)
$\vee$	"또는"

"만일 …라면, …이다"라는 개념은 위의 두 개념의 정의에 의해서 구성될 수 있다.

$p \supset q$는 $\sim p \vee q$를 의미한다. 정의 1.
("만일 p라면 q다."는 "p가 아니거나 q다."로 쓸 수 있고,
그 역도 가능하다.)

이제 이런 개념들로부터 공준이나 공리를 구성할 수 있다. 다음은 「수학 원리」가 사용한 공준이다.

I.	동의 공준	$(p \vee p) \supset p$
II.	부가 공준	$q \supset (p \vee q)$
III.	교환 공준	$(p \vee q) \supset (q \vee p)$

빈 칸으로 해석될 수 있는 p, q 등의 변항(變項, variable)에 대입(代入, substitution)을 허용하는 규칙과 $p \supset q$ 대신에 $p \supset q$에 대한 직관적 번역인 정의항 $\sim p \vee q$의 대치(代置, replacement)를 허용하는 규칙을 사용하여 이 체계의 정리들이 증명될 수 있다. 다음의 두 예를 보자.

정리 I. $q \supset (p \supset q)$

〈증명〉

1. $q \supset (p \vee q)$	공준 II.	
2. $q \supset (\sim p \vee q)$	대입.	1의 p에 $\sim p$를 대입.
3. $q \supset (p \supset q)$	대치.	정의 1을 2에 대치.

정리 II. $(p \supset \sim p) \supset \sim p$

〈증명〉

1. $(p \vee p) \supset p$ 공준 I.
2. $(\sim p \vee \sim p) \supset \sim p$ 대입. 1의 p에 $\sim p$를 대입.
3. $(p \supset \sim p) \supset \sim p$ 대치. 2에 정의 1을 대치.

두 진술 사이에 한 쪽 진술을 옳다고 긍정하면 다른 쪽 진술을 그르다고 부정할 수밖에 없는 관계가 성립하는 경우에는, 두 번째 진술을 옳다고 긍정하면 첫 번째 진술을 그르다고 부정할 수밖에 없다는 추리 규칙이 있다. 예컨대 만일 "잭은 총각이다."라는 진술이 "잭은 결혼하지 않았다."는 진술을 함의한다면, "잭은 결혼했다."는 진술은 "잭은 총각이 아니다."라는 진술을 함의한다. 이 규칙은 또 하나의 정리인데, 다음과 같이 증명된다.

정리 III. $(p \supset \sim q) \supset (q \supset \sim \mathrm{p})$

〈증명〉

1. $(p \vee q) \supset (q \vee p)$ 공준 III.
2. $(\sim p \vee \sim q) \supset (\sim q \vee \sim p)$ 대입. 1의 p에 $\sim p$, q에 $\sim q$를 대입.
3. $(p \supset \sim q) \supset (q \supset \sim p)$ 대치. 2에 정의 1을 대치.

논리학과 일상의 담화

형식 논리학은 언어의 일상적 사용으로부터 멀어지면 멀어질수록 정밀성과 정확성이 향상된다. 정언 명제와 정언 논증에 대한 아리스토텔레스의 논리학과 20세기의 연역 논리학은 둘 다 일상적 대화의 맥락에서 흔히 접하기 어려운 자료를 연구 대상으로 하고 있다. 형식 논리학자가 "모든 고래는 포유류다." 같은 명제를 대상으로 하고 있다면 운이 좋은 편일 것이다. 그러나 이 문장이 일상의 언어 사용에서 발견되었다 하더라도, 형식 논리학자는 이 문장이 앞뒤의 여러 문장과 결합해서 만들고 있는 "문장 그물"로부터 이 문장을 분리해야 연구 대상으로 삼을 수 있다. 다음은 논리학의 규칙들 가운데 하나다.

만일 p가 q를 함의한다면, q가 아니다는 p가 아니다를 함의한다.

사람들은 때로 일상의 대화에서 아래 경우처럼 실제로 위의 규칙에 맞는 대화를 나눈다.

만일 당신이 나를 사랑한다면, 당신은 나와 결혼할 것입니다.
미안해요, 나는 당신과 결혼하고 싶진 않아요.
그렇다면 당신은 나를 사랑하지 않는군요.

그러나 일상의 대화 속에는 이처럼 엄밀한 논리적 주장이 거의 만나기 어려울 정도로 아주 드물다. 우리는 일상적 대화 속의 이야기와 문장으로부터 어떤 논증 형식을 추상하여 기호 논리학의 표기법으로 적을 수 있지만, 아주 예사로운 이야기에 나타나는 훨씬 더 많은 진술이 논리학의 표준 형식으로 바뀌기 어렵다. 아래에 간단한 인과적 진술을 예로 들겠는데, 아마 일상의 언어 생활에서는 근거 있는 추론으로 인정될 만한 진술이다. 그러나 어떤 형식 논리학자가 아래 문장을 집합 논리학이나 명제 논리학이나 술어 논리학(述語 論理學, predicate calculus)의 표준 형식들 가운데 어느 하나에 맞추어 보려고 한다면 아마 단념할 수밖에 없을 것이다.

나는 그가 부지런히 하려고 한다고 생각해. 왜냐하면 그가 어제 저녁에 도서관에 있었다고 들었지. 그러니 아마 공부할 계획을 세운 것으로 짐작돼.

우리는 일상적 담화 속의 논리에 대한 연구가 형식 논리학이 지니고 있는 정확성과 체계성에 맞먹는 수준으로 이루어지기를 기대할 수는 없다. 그럼에도 불구하고 스트로슨(P. F. Strawson, 1919-)이 말한 바와 같이 "일상적 담화 속의 논리가 풍요함과 복잡성과 흡수력에서 유례가 없는 논리학이라는 지적 연구 분야를 제공한다는 것은 역시 사실이다."[5]

5) P. F. Strawson, *Introduction to Logical Theory*, London, Methuen, 1952, p. 232.

더 읽어야 할 책들

Ambrose, A., and M. Lazerowitz, *Fundamentals of Symbolic Logic*, rev. ed., New Yark: Holt, Rinehart and Winston, 1962.

Aristotle, *Prior Analytics; Posterior Analytics; On Interpretation*.(The most convenient English edition of Aristotle's works is the one-volume *The Basic Works of Aristotle*, R. McKeon, ed., New York: Random House, 1941.)

Bochenski I. M., *A History of Formal Logic*, Ivo Thomas, (trans.), University of Notre Dame Press, 1961.

Brennan, .G., *A Handbook of Logic*, 2nd ed., New York: Harper & Row, 1961.

Copi, I., *Symbolic Logic*, 2nd ed., New York: Macmillan, 1965.

Hempel, C. G., "The Nature of Mathematical Truth" in H. Feigl and W. Sellars(eds.), *Readings in Philosophical analysis*, New York: Appleton Century-Crofts, 1949.

Jevans, W. S., *Elementary Lessons in Logic*(London, 1870), New York: Macmillan, 1948.

Kneale, W., and M. Kneale, *The Development of Logic*, Oxford: Clarendon Press, 1962.

Mill, J. S. *A System of Logic*(London, 1843), New York: Longmans, 1925.

Passmore, J., *A Hundred Years of Philosophy*, London: Duckworth, 1957, chap. 6.

Quine, W. V., *Methods of Logic*, New Yark: Holt, Rinehart and Winston, 1950. (PB: Elementary Logic, Harper Torchbooks, Harper & Row,

New York.)
Strawson, P. F., *Introduction to Logical Theory*, London: Methuen, 1952.
Tarski, A., *Introduction to Logic*, New York: Oxford University Press, 1941. (PB: Galaxy Books, Oxford U.P.)
Whitehead, A.N., and B. Russell, *Principia Mathematica*(1910), 2nd ed., London: Cambridge University Press, 1950, vol. 1. (PB: Cambridge U.P.)

2 언 어

하긴, 말을 했다 하면 딱 맞아 떨어져야지. 귀걸이 코걸이 식 말은 인생사를 망치는 법이니까!
— Hamlet, V, i.

20세기에 이루어진 논리학의 획기적 발전은 철학에서 언어가 담당해 온 역할에 대한 비판적 관심의 증가와 보조를 같이 하였다. 여기서 말하는 "언어"는 한국어 · 영어 · 중국어 같은 특정한 언어가 아니라 "언어 일반" 즉 모든 언어를 의미한다.

철학과 언어의 관계에 대한 비판적 자각은 전혀 새로운 것이 아니다. 철학자들의 논변이 말에 관한 논쟁에 지나지 않는다는 비난이 모습을 갖춘 것은 벌써 고대의 일이다. 17세기에 철학자 프랜시스 베이컨(F. Bacon, 1561-1626)은 인간의 지식의 진보를 저해하는 장애 즉 우상(偶像, Idol)의 목록을 작성하였다. 그 가운데 "시장의 우상"은 사람들이 말을 부주의하게 사용하거나 말을 사물에 잘못 적용하는 습관을 뜻한다. 베이컨의 주장을 들어보자.

> 낱말을 잘못 선택하여 서투르고 부적합하게 사용하는 일은 이해를 놀랄 만큼 방해한다. 한편 배운 사람들이 곤란한 일에 부딪쳐서 어떻게든 자신의 처지를 지키고 변호하려고 할 때에 이용되는 여하한 정의나 설명도 결코 그 사실을 올바른 것으로 바꾸어 놓지 못한다. 그러나 우리가 사용하는

> 모든 말이 이해를 부지불식간에 좌우하고 있고, 또 완전히 혼란에 빠뜨리기도 하며, 더 나아가 사람들을 공허한 논쟁과 부질없는 공상 속에 빠뜨리는 경우가 무수히 많다는 것은 분명하다.[1)]

그러나 철학과 언어의 관계에 대한 최근의 비판적 탐구는 말 속에 잠재하는 불명료성과 대부분의 학식 있는 사람까지도 괴롭히는 언어의 함정이 지닌 일반적 본성에 대해서 경고나 하던 수준을 훨씬 넘어서 진행되고 있다. 최근 언어의 구조에 대한 분석은 현대의 연역 논리학과 같은 인공 언어의 발달에 힘입어, 언어에 관한 문제들과 철학적 문제들을 탐구하기 위해서 새로운 기술에 의하여 개발된 수단들을 사용하고 있다. 언어의 분석과 구성을 위한 이런 방책들 대부분이 기술적으로 까다롭기 때문에 자세히 검토하지는 않을 것이다. 이 책에서는 언어의 본성과 철학에 대한 언어의 관계에 대하여 약간의 일반적 고찰을 하고, 알고 있으면 유익하게 쓰일 수 있는 특징들을 확인하는 것으로 만족하지 않을 수 없다.

의미론, 논리적 통사론, 기호론

언어에 대한 철학적 분석에서 의미론(意味論, semantics)은 낱말과 그것이 의미하는 것 사이의 관계를 연구하는 분야다. 예를 들어 만일 우리가 "고양이"라는 낱말과 이 낱말이 의미하는 대상 사이의 관계나 "파랗다"라는 낱말과 이 말이 의미하는 성질 사이의 관계에 대하여 물음을 제기하고 답을 찾으려고 노력한다면 이것은 의미론적 탐구다. 언어의 사용 방식을 규정하는 규칙에 관한 문제가 제기된다면, 이것은 논리적 통사론(論理的 統辭論, syntactics)의 주제가 된다. 문법에서는 구문론(構文論, syntax)이 문장을 구성하는 데 필요한 규칙을 설명한다. 예컨대 영어를 비롯한 많은 특정한 언어에서 대명사가 명사를 대신할 수 있다는 것은 구문론의 한 규칙이다. 마찬가지로 우리가 언어를 일반적 관점에서 취급할 때, 그리고 일상 언어와

1) *Novum Organum*, xliii.

인공 언어를 막론하고 모든 언어의 사용을 지배하는 규칙을 탐구할 때에 우리는 논리적 통사론에 관하여 연구하고 있다. 이 분야는 문법적 구문론(文法的 構文論, grammatical syntax)과 구별하기 위해서 때로 논리적 구문론(論理的 構文論, logical syntax)이라 부르기도 한다. 의미론과 논리적 통사론 두 분야는 오늘날 기호론(記號論, semiotic)이라는 학문의 특수 분야로 간주되고 있다. 이 "기호론"이라는 이름은 모리스(C. W. Morris, 1901-1979)의 연구에 의해서 일반적으로 사용하게 되었다. 기호론은 기호와 언어에 대한 일반 이론이라고 정의할 수 있다.

언어적 표시로서의 낱말

낱말은 표시(表示, sign) 또는 상징(象徵, symbol)이라는 이름으로 불리는 일반적 집합에 속한다.[2] 모든 표시가 다 낱말인 것은 아니다. 깃발, 뱃지, 교통 신호등, 정당의 상징은 낱말은 아니지만 눈물, 홍조, 재채기와 마찬가지로 표시로서 분류된다. 표시의 기능은 무엇인가? 표시는 어떤 것을 나타낸다. 그것은 그 자체를 넘어서 그것 이외의 다른 어떤 것에 대한 생각을 우리에게 일으킨다. 맥락에 따라서는 망치와 낫은 공산당을, 십자가는 기독교를, 해골과 엇걸린 뼈는 해적이나 감옥을 나타낸다.

표시들을 분류하는 일은 세심한 주의가 필요하지만, 그래도 매우 분명하게 자연적 표시(自然的 表示, natural sign)와 약정적 표시(約定的 表示, conventional sign) 두 종류로 나누어진다. 자연적 표시의 경우에는 표시와 표시되는 것 사이의 관계가 임의적이고 약정적이고 인위적인 관계가 아니라 "자연적 관계"다. 자연적 표시에서는 표시가 표시되는 것의 일부분이다. 홍조와 급히 떨어지는 기압계는 자연적 표시다. 홍조는 우리가 "당황"이라고 부르는

---

2) 칸트, 헤겔, 어번(W. M. Urban)을 비롯한 많은 철학자가 "표시"와 "상징"을 구별하였다. 여기서는 논의를 단순하게 진행하기 위해 이 두 낱말을 동의어로 사용하겠다.

복합적 전체 상황의 부분이기 때문에 당황의 한 가지 표시다. 급히 떨어지는 기압계는 자연적 원인이 일으키는 결과인 폭풍과 관련되어 있다.

약정적 표시의 경우에는 표시와 표시되는 것 사이에 적절성(適切性, appropriateness)이 있음에도 불구하고, 아무런 "자연적 관련" 즉 본성상의 관련이 없다. 코끼리의 그림이 미국 공화당의 상징으로 쓰이는 것처럼 사자의 그림이 그러한 일에 쓰일 수도 있었을 것이다. 그러나 익룡의 모습이 그런 일에 쓰이지는 못할 것이다. 한 때 물고기의 모습은 기독교의 상징이었고, 방울뱀은 채택되지는 않았지만 미국의 국기에 상징으로 사용하자고 제안된 적이 있었다.

낱말은 언어적 표시다. 표시로서의 낱말은 자연적 표시에 속한다기보다 약정적 표시에 속하며, 하나의 독자적 종류를 이룬다. "돼지는 매우 더러운 짐승이기 때문에 돼지라고 불리는 것이 당연하다."고 말하는 농부는 "돼지"라는 말과 돼지라는 동물 사이에 자연적 관련이 있다고 의심 없이 믿는 수도 있다. 그러나 낱말과 낱말이 나타내는 것 사이에는 아무런 자연적 관련이 없다. 만일 낱말이 자연적 표시라면 "집"을 나타내는 영어의 낱말은 한국어의 낱말과 똑같아야 할 것이다. 원시인들은 일반적으로 낱말은 그것이 의미하는 것과 자연적 관련을 가진다고 믿었다고 한다. 그러므로 영웅이나 신의 이름을 사용하면 그 이름에 의해서 그 이름의 소유자에게 어떤 마술적 영향이 미치게 된다는 확신이 원시인들 사이에 널리 퍼졌었다. 그러나 낱말을 임의적 표시가 아니라 약정적 표시로 분류한다 할지라도, 모든 낱말이 공식적으로 동의의 절차를 거쳐 선택되어 왔다고 생각해서는 안 된다. 러셀이 지적한 바와 같이 먼 옛날에 그 때까지 언어 없이 지내던 원시인들의 심의회가 소는 소, 여우는 여우라 부르자고 의견의 일치를 보는 광경을 상장하기는 어려운 일이다.[3] "라디움"이나 "파킨슨씨 병" 같은 과학 용어처럼 낱말들 가운데 아주 적은 부분만이 합의의 과정을 거쳐 선정되었다.

3) Bertrand Russell, *The Anayysis of mind*, London: Allen and Unwin, 1921, p.190.

낱말을 사용하는 방법

어떤 낱말은 "오리너구리" "뜨거움" "뜀뛰기"처럼 이름이나 명사(名辭, term)로 사용된다. 실사(實辭, categorematic word)로 불리는 이 이름이나 명사는 명제(서술문)의 주어나 술어로 독자적으로 쓰일 수 있다. 전치사 · 접속사 · 부사 등의 허사(虛辭, syncategorematic word)는 이름이나 명사가 되는 다른 낱말과 함께 사용되어야 한다.

낱말들은 서로 결합하여 문장을 만들게 된다. 문장은 주장을 내세우기도 하고, 질문이나 명령일 수도 있고, 또 소원의 표현일 수도 있다. 문장들을 서술문 · 의문문 · 기원문 등으로 나누는 문법적 분류는 언어가 여러 가지 다른 방식으로 사용된다는 것을 깨닫게 한다. 어떤 문장은 정보(情報, information)를 전달한다. 이런 문장은 실제로 존재하는 어떤 상황에 주의를 환기시키며, 그래서 그 상황을 묘사하여 서술할 수 있다. 이런 문장은 "비가 오고 있다." "티벳 사람들은 버터를 친 차를 마신다." "은은 양질의 전기 도체다."라는 문장처럼 대개는 서술문이다.

언어의 기본적 기능들 가운데 하나는 듣는 쪽의 사람에게 적절한 행동을 일으키는 것이다. "조심해라!" "좌향 앞으로 가!" 등은 행동을 하라는 신호다. 또한 언어는 의례적으로도 사용된다. "안녕하십니까?" "만나 뵈어서 기쁩니다!" 언어의 의례적 용법에 관한 더욱 복잡한 실례는 종교의 의식에서 찾아볼 수 있다. 흔히 언어는 "나는 저 사람을 경멸해!" "활짝 핀 사과 꽃처럼 예뻐 봤으면!" 등의 문장과 같이 감정이나 소원을 표현하기 위해 사용되기도 한다.

언어의 기술적 사용과 정서적 사용

1930년대의 몇몇 언어 철학자는 정보를 전달하거나 상황을 기술하기 위한 언어의 사용과 감정이나 정서의 상태를 전달하기 위한 언어의 사용을 구별하는 일이 중요하다고 강조했었다. 이 구별은 자주 과학과 시(詩)의 차이에 관하여 언급함으로써 뒷받침되었다. 즉 과학은 사실적 세계 속의 사태를 기술하는 문장들 즉 정보를 전달하는 문장들로 구성되는 반면에, 시는 시인의 정서에 관한 진술들로 구성되며, 이 진술들은 사람들에게 비슷한 정서를 일으키려는 목적으로 만들어진다는 것이다. 카르납(R. Carnap, 1891-1970)은 자신이 언어의 서술적 기능과 표현적 기능이라고 이름 지은 두 기능을 구별하면서 다음과 같이 주장하였다.

> 많은 언어적 발언이 서술적 기능을 갖지 않고, 오직 표현적 기능만 발휘한다는 점에서 웃음과 비슷하다. "아아!" 같은 외침들이나 더 높은 수준의 것으로는 서정적 운문들이 그런 예다. "햇살"과 "구름"같은 말이 나타나는 서정시의 목적은 기상학적 사실을 무언가 알려주는 것이 아니라, 시인의 어떤 감정을 표현하여 독자에게 비슷한 감정을 일으키려는 것이다. 서정시는 서술적 의미나 이론적 의미를 전혀 갖지 않아서 지식을 포함하지 않는다.4)

그러나 언어의 기술적 용법과 정서적 용법을 깨닫고, 과학자와 시인이 다른 방식으로 언어를 사용한다는 사실을 인식한다는 것이 중요하긴 하지만, 이 구별을 너무 고집스럽게 주장하는 것은 약간 위험하다. 첫째로 "정서적"이라는 말이 미묘하게 경멸하는 듯한 여운을 풍기고 있다. 이런 문제를 다루는 토론에서는 "정서"와 "정서적"이라는 말이 기술적 언어나 과학적 언어는 높은 격위를 지닌 언어고, "정서적" 언어나 "시적" 언어는 그보다 열등한 격위를 지닌 언어라는 드러나지 않은 가치 판단을 은근히 암시하기 위해 흔히 사용된다. 둘째로 모든 시에 대해서는 물론이고 서정시에 대해서조차도, 시는 시인의 감정과 비슷한 감정을 다른 사람에게 일으키려는 시인의 감정 표현이라고 완벽하게 정의된다는 주장은 논란의 여지가 없지 않다. 이 정의 속에는 시에 관한 문제가 어떤 사람의 "감정"에 관한 문제에 지나지 않는다는 가정과 그러한 "감정"은 과학과 철학의 밖에 있다는 가정이 함축되어 있는 것 같다.

---

4) Rudolf Carnap, *Philosophy and Logical Syntax*, London: Kegan Paul, 1935, p. 28.

그러나 시는 감정의 표현에 지나지 않는 것이 아니라 그 이상의 것이다. 한편으로는 시 속의 많은 것이 누군가의 감정에 의존하고 있다. 또 다른 한편으로는 한 편의 시는 상념들의 체계 즉 그것 없이는 시가 될 수 없는 인식적 요소나 지적 요소를 포함하고 있다. 시인들이 그 나름의 방식으로 "사물의 본성"을 기술하려는 기도가 실현될 수도 있으며, 따라서 실재(實在, reality)에 관한 기술이 경험 과학의 독점적 특권일 수는 없다고 보아야 할 것이다.

애매, 모호, 은유

단 하나의 의미만 가진 낱말은 전통적으로 일의어(一義語, univocal)라고 한다. 이런 낱말은 매우 적어서 집안에서 사용하는 말들("달걀 거품기" "찻주전자")이나 과학적 용어들("바나듐" "양전자")처럼 몇몇 제한된 영역에서 예를 찾아볼 수 있을 뿐이다. 대부분의 낱말이 단 하나가 아니라 둘 이상의 의미로 사용되는데, 이런 낱말은 관례적으로 다의어(多義語, equivocal)라고 한다. 많은 다의어 가운데에는 "굽다" "울다" "쓰다" 등의 경우처럼 우리가 별로 힘들이지 않고 낱낱의 의미를 선명하게 구별할 수 있는 경우도 있다. 그러나 다의어들 가운데에는 수준이 다른 여러 가지 의미가 융합되어 있는 것이 많다. 이런 다의어를 애매어(曖昧語, ambiguous word)라 한다. 애매어의 경우에는 다양한 의미가 서로 중첩되어 있으므로 그것들을 낱낱이 구별하기가 어렵다. 이런 낱말이 아무런 정의도 없이 논증 속에 나타나면 우리는 그 낱말이 어떤 의미로 사용되었는지 알 수 없다. 시에서는 애매한 낱말이 시의 내용을 더욱 풍부하게 해주고 풍부한 연상을 불러일으키는 데 이바지할 수 있다. 하지만 정서적 내용을 지니고 있는 애매한 낱말이 공적 토론에서 바람직스럽지 못한 방식으로 자주 사용되고 있다. "침범" "비민주적" "제국주의" 같은 말처럼 "함축적인" 낱말이 청중을 계몽하기보다는 말하는 사람에게 유리한 논의가 진행되도록 청중을 오도하기 위하여 흔히 사용되곤 한다.

일상의 대화 속에서 부당 가정의 오류를 범하는 낱말의 역할을 러셀의 잘 알려진 예문이 재미있게 알려주고 있다.

나는 굳건하다.
너는 억지스럽다.
그는 멍청한 외고집쟁이다.

애매성(曖昧性, ambiguity)과 모호성(模糊性, vagueness)은 구별이 가능하다. "자유주의적"이란 말은 이 말을 쓰는 사람이 미묘하게 다른 여러 가지 의미 가운데서 어떤 뜻으로 쓰는지 분별할 수 없기 때문에 애매하다. 한편 "죽음"이란 말은 우리가 이 말을 사용해야 되는지 어떤지 확신할 수 없는 경계선에 걸친 경우—심장의 박동이 잠시 멎은 경우—가 있기 때문에 모호하다. "지식"과 "과학"이라는 말도 모호하다. 우리는 이 말을 적절히 사용하지만, 그 적용의 경계선을 분명하게 지적하지는 못한다. 예를 들어 "지식"이란 말은 단순한 감각 지각에도 적용되며, "과학"이란 말은 철학에도 맞는 말인가?

철학자와 과학자는 애매성과 모호성을 둘다 갖지 않는 정확한 언어에 대한 착상을 오랫동안 추구해왔다. 기호 논리학이나 모형 언어 체계(模型言語 體系, model linguistic system) 같은 인공 언어의 구성에 관한 현대 철학자들의 업적이 이 이상의 부분적 실현을 보여주고 있다. 그러나 이 인공 언어들은 정밀하기는 하지만 모두 내용이 없다는 한계를 가진다. 이런 언어들은 애매하지도 모호하지도 않지만 공허하다. 블랙(M. Black, 1909-1988)은 일상 언어 속의 모호성은 물론이고 과학 언어에서조차도 모호성을 피할 수 없다고 주장하였다. 블랙은 그런데도 이런 기호 표현 체계들이 쓸모 있기 때문에 "모호성을 언어의 단점으로 간주할 필요는 없다."고 말했다.[5]

언어가 하는 일들 가운데에는 은유(隱喩, metaphor)에 의해 이루어지는

5) Max Black, "Vagueness," *Language and Philosophy*, Cornell University press, 1949, p. 27.

일이 굉장히 많다. 은유는 "질문들의 탄막"이나 "바다를 경작하는 배" 등의 표현에서 보는 바와 같이 유비(類比, analogy)나 유사(類似, likeness)에 의해 의미의 전달을 구현시키는 말의 수사적 표현이다. 시적 언어는 고도로 은유적이다.

오, 마음
마음은 첩첩한 산일레,
소름끼치게 깎아질러
잴 엄두도 못 낼
폭포 내리 쏟는 절벽들.

시에는 물론이고 모든 유형의 일상 언어에도 은유가 매우 많다. 그러나 은유적 표현의 뜻이 항상 명백한 것은 아니다. "발"이란 말의 근본적 의미는 다리의 부분을 가리킨다. 의미의 전이에 의해서 우리는 침대의 다리나 운송 수단을 발이라고 표현한다. 언어는 은유에 의해 성장하였다. "통치자"(統治者, governor)의 원래 뜻은 배의 키잡이였고, "성격"(性格, character)은 조각하는 칼을 "혼령"(魂靈, spirit)은 숨을 뜻하는 말이었다. 우리는 과학적 사실들을 은유로 표현하기도 한다.[6] 우리가 조수를 달의 "끌어당김"에 의해서 설명하거나, 쇳가루가 줄을 짓는 움직임을 자석의 "잡아당김"에 의해서 설명할 때, 우리는 인간의 행동과 경험으로부터 의미가 부여된 말들을 비유적 표현에 무의식적으로 사용하고 있다. 철학의 언어는 아무리 과장이 없는 경우라 할지라도 많은 은유를 포함하고 있다. 예를 들어 현대의 철학자들은 "구조"라는 말을 몹시 좋아한다. "언어의 구조" "인격의 구조" "경험의 구조" 같은 표현이 오늘날 학문적 토론에서 흔히 쓰인다. 조금만 깊이 생각해보면 "구조"라는 말의 은유적 성격이 밝혀진다. 이 말의 본래의 뜻은 가옥, 댐, 교량 같은 건축물에 관련되어 있다.

많은 언어 철학자가 은유와 유비의 무분별한 사용은 어떤 문제에 대한

---

6) W. S. Jevons, *Elementary Lessons in Logic* (London, 1870), [The Macmillan company, 1948]의 6장 "The Growth of Language" 참조.

그릇된 해답과 "사이비 설명"을 만들어내게 되고, 그래서 우리를 오류에 빠뜨린다고 경고하였다. 물리적 우주가 "창조자"(創造者, Maker)나 "조물주"(造物主, Artificer-God)에 의해 만들어졌다는 물리적 우주의 생성에 관한 플라톤의 설명은 은유적 언어의 무비판적 사용으로 이루어진 사이비 설명의 본보기로 종종 제시된다.[7] 라이헨바하(H. Reichenbach, 1891-1953)는 순진한 평행론에 근거를 둔 사이비 설명에 전통 철학자들이 사로잡혀 있다고 혹독하게 비난하였다. 라이헨바하는 "잘못된 유비 추론을 통해서 만들어진 치명적 과오가 언제나 철학자들의 고질이다."라고 주장하고 있다.[8] 철학에서 은유적 표현을 완전히 일소한다는 것은 확실히 불가능하며 또 그럴 필요도 없을 것이다. 은유와 유비의 사용은 그 자체로서는 반대할 만한 일이 아니다. 이러한 언어적 기교들은 인공으로 구성된 기호 표현 체계들에서만 제외될 수 있다. 위험은 은유 표현의 무비판적 사용에 있으며, 또 유비의 한계를 인식하지 못하여 일어나는 유비 표현의 무분별한 사용에 있다.

내포와 외연—정의

명사(名辭, term)나 명칭(名稱, name)으로 분류되는 낱말들은 두 가지 의미를 지니고 있다. 하나는 내포적 의미(內包, intension)고, 또 하나는 외연적 의미(外延, extension)다. 어떤 명사의 내포적 의미는 그 명사로 불리는 대상의 본질적 속성이나 특성을 언급한다. 외연적 의미는 그 명사가 적용되는 개체들을 언급한다. 예를 들면 "의자"의 내포는 "사람이 걸터앉는데 쓰이는 기구"다. "의자"의 외연은 이 의자 저 의자 그리고 낱낱의 다른

7) Plato, *Timaeus*, 28 이하 참조. 이 점과 관련해서 한 마디 해둘 것은 플라톤이 세계의 창조에 대한 자신의 설명이 "있음 직한 이야기" 이상의 것이 아니라는 것을 독자에게 주의시키고 있다는 사실이다.(플라톤의 대화편의 간편한 보급판에 대해서는 이 장의 끝에 열거한 책들 가운데 플라톤의 이름으로 소개한 것을 보라.)

8) Hans Reichenbach, *The Rise of Scientific Philosophy*, University of California Press, 1951, p. 11.

의자다. "바순"(bassoon)의 내포는 "두 개의 음전을 가진 저음의 목관 악기"다. "바순"의 외연은 낱낱의 바순이다. 고유 명칭의 외연은 오직 하나의 대상이다. 내가 "라우라 뱅크"라고 말할 때 나는 단 하나의 대상을 의미한다. 그러나 고유 명칭이 무언가 내포를 갖는가에 관해서는 논리학자들과 언어 분석가들이 의견의 일치를 보지 못하고 있다.[9)]

내포와 외연의 구별은 정의(定義, definition)의 기초가 된다. 낱말을 정의하는 일은 어떤 방법에 의해서든 그 낱말의 적절한 사용(使用, use)을 알려주는 일이다. 우리는 정의를 통해서 다른 사람이 이미 잘 알고 있는 사물을 그의 마음에 떠올리게 하는 생각을 일으키려고 노력한다. 그런데 낱말을 정의하는 데에는 여러 가지 방법이 있다. 우리는 어떤 낱말이 의미하는 것을 이미 우리가 의미를 이해하고 있는 일련의 낱말로 설명할 수 있다. 이것이 하나의 낱말에 대한 형식적 정의 즉 언어적 정의다. 이 정의는 그 낱말의 내포와 동일시될 수 있다. 예를 들면 "다람쥐"라는 낱말은 "다람쥐는 작은 동물인데, 털이 복실복실한 꼬리를 가진 설치류의 일종이며, 숲속에서 살고, 껍질이 단단한 열매를 먹으며, …"와 같은 방식으로 정의된다. 한편 우리는 어떤 낱말이 의미하는 것을 그 낱말이 적용되는 대상의 실례를 가리킴으로써 설명할 수도 있다. 이런 정의를 예시적 정의(例示的 定義, ostensive definition)라 하는데, 이 정의는 명백하게 그 명칭의 외연을 이용한다. 이를 테면 "다람쥐"라는 말을 모르는 어린이에게 다람쥐를 가리키며 "저것이 다람쥐다."라고 가르치는 식이다. 부모가 어린 아이에게 어떤 낱말을 처음 가르칠 때에는 예시적 정의에 의존하는 경우가 흔하다. 그러나 수많은 낱말의 언급 대상(言及 對象, referent)이 직접 관찰할 수 있는 종류의 대상이 아닌데다

9) 존 스튜어트 밀은 고유 명칭이 내포를 가진다는 생각에 반대하였다. 어떤 대상을 올바르게 "나무"라고 부를 수 있으려면 그 대상이 일련의 속성—식물, 목질 등—을 갖추어야 한다. 그러나 어떤 대상을 "라우라 뱅크"라고 부르기 위해서는 그 대상이 지닌 일련의 구체적 속성을 알 필요가 없다. "라우라 뱅크"는 어떤 여인의 이름일 수 있는 것과 마찬가지로 경주용 말, 애완용 거북, 개인 영지의 이름일 수도 있다.

가, 설령 관찰할 수 있는 대상이라 할지라도 일상의 주변에서 쉽게 접할 수 없는 경우가 많기 때문에, 일반적으로 예시적 정의는 실제로 이용되는 경우가 적은 편이다.

의 미

언어적 정의든 예시적 정의든 정의의 목적은 어떤 낱말이 의미하는 것을 명확하게 알려주는 것이다. 우리가 잘 알고 있는 말이 어떤 것을 의미한다는 것은 우리 모두가 인정할 것이다. 그렇지만 의미 그 자체에 대하여 설명하기는 쉽지 않다. 의미는 세 요소로 이루어지는 3항 관계(三項 關係), 더 명확하게 말하면 (1) 하나의 표시 (2) 그 표시가 나타내는 것 즉 표시 내용 (3) 그 표시의 해석자 사이에 이루어지는 관계를 반드시 필요로 한다. 어떤 사람이 어떤 표시를 지각하고 나서, 그 표시와 그 표시가 나타내는 것을 연결하거나 연상할 때에는 언제나 의미 상황(意味 狀況, meaning situation)이 성립한다. 이 연관이나 연상은 (a) 그 표시와 어떤 신체적 반응이나 행동을 직접 연결시키든지, 그렇지 않으면 (b) 그 표시와 표시 내용을 정신적 반응의 매개물 즉 사고 · 관념 · 개념을 통해서 간접적으로 연결시킬 것이다. 전함에서 급히 울리는 벨 소리는 그 배의 수병들에게 자기의 전투 위치로 달려가는 직접적인 신체 반응을 일으킨다. 초승달과 별의 모습은 해석자에게 특정한 문화와 관련 있는 것들을 차례차례 연상시켜 마침내 이슬람 문화라는 생각과 개념을 갖도록 만든다. 이런 설명은 자연적 표시와 약정적 표시 양쪽에 대해서 똑같이 적용된다.

	표 시	의미하는 것
A. 자연적 표시	해질 무렵의 노을	다음날 맑은 날씨
B. 약정적 표시		
1. 비언어적 표시	초록색 신호등	가라!
2. 언어적 표시	“산스크리트어”	고대 인도의 언어

낱말은 언어적 표시다. 낱말의 의미는 어떤 사람의 마음 속에서 낱말과 그 언급 대상 사이에 어떤 종류의 연결이 이루어지는 것을 필요로 한다. 이러한 연결이 이루어지지 않으면 그 낱말을 듣거나 읽은 사람에게 그 낱말은 무의미하다. 만일 어린이 놀이터에서 처음으로 야구 경기를 하는 소년이 코치가 외치는 "번트!"라는 말의 뜻을 모른다면 코치의 지시에 적절한 신체적 행동으로 응답할 수 없다. 만일 내가 어떤 말의 의미를 정말 안다면 나는 그 말을 사용하는 방법을 알고 있다. 어린 소녀가 고양이를 가리키면서 "고양이"라고 말한다면 "고양이"란 낱말에 관한 그 소녀의 의미 파악은 이 낱말을 사용하는 그 소녀의 능력과 거의 같은 것이다.

언급 대상의 격위

낱말들이 언급하는 대상들의 격위(格位, status) 즉 존재 양상(存在 樣相, mode of being)에 관한 문제는 이상하게도 어려운 문제들을 일으킨다. 누구나 문법 규칙을 염두에 두고서 명사는 사물, 형용사는 성질, 동사는 움직임을 나타낸다고 말하고 싶을 것이다. 그러나 이러한 사물, 성질, 움직임은 도대체 어떠한 방식으로 존재하는 걸까? 이름 특히 사물의 이름은 곤란을 일으킬 것 같지는 않다. "고양이"는 야옹야옹하며 울고, 가르랑거리고, 할퀴 고 … 하는 관찰할 수 있는 대상들을 언급한다. "나무"는 뒤뜰에 있는 익히 알고 있는 목질의 식물과 그 종류에 속하는 다른 것들을 언급한다. "원자"라는 말의 언급 대상은 색다른 대상이어서 직접 관찰할 수는 없지만 긴 추리 과정을 근거로 삼고 기묘한 성질을 지닌 물리적 존재라고 추정된다. "도깨비"라는 명사는 전혀 자연적 대상이 아닌 것을 언급한다. (그렇다면 도깨비는 어디에 어떻게 있는가?)

어떤 철학자들은 독일의 철학자 하이데거(M. Heidegger, 1889-1976)가 참으로 진지한 태도로 무(無, nothing)에 관하여 장황하게 논의하였기 때문에 이 철학자를 비웃었다. 그러나 우리는 의미와 명명(命名, naming)이 같은 것이 아니라는 점을 주의해야 한다. 플라톤은 "무"가 어떤 것의 이름이 전혀 아니라는 사실을 밝혔었다. 한편 프레게는 "샛별"과 "개밥바라기"가 의미는 전혀 다르지만 금성이라는 동일한 대상의 이름임을 밝혔다.

그러나 언어는 명명하는 대상을 훨씬 넘어서 일상적으로 사용되고 있다. 비트겐슈타인은 사람이 언어를 사용하는 무한히 다양한 방식과 이러한 발언들이 나타낼 수 있는 것이 참으로 꼭 어떤 성질의 것인가를 설명하는 일의 어려움에 대하여 주의를 환기시켰다. 다음과 같은 언어 사용들의 차이점에 대하여 생각해보라. 이야기를 만드는 일과 그것을 읽는 일, 희곡의 연극화, 돌림 노래 부르기, 수수께끼 알아맞히기, 농담을 만드는 일과 그것을 발언하는 일, 어떤 언어를 다른 언어로 번역하는 일, 묻기, 생각하기, 저주하기, 인사하기, 기도하기. 전혀 다른 기능을 갖고 있는 외침들에 대해서 생각해보라.

물!
저리 가!
아야!
도와주세요!
좋군!
안돼!

비트겐슈타인은 이런 예를 든 뒤 독자에게 이렇게 물었다. "당신은 아직도 이런 말들이 '사물의 이름' 이라고 주장하고 싶습니까?"[10)]

오스틴(J. L. Austin, 1911-1960)은 우리가 때로 중요하게 사용하는 어떤 진술들은 그 진술을 발언하는 일 자체가 바로 행동을 수행하는 일이기 때문에 어떠한 언급 대상도 전혀 가질 수 없다는 사실을 밝혔다. 그는 이런 진술들을 "수행적 발언"(遂行的 發言, performative utterance)이라 불렀다. 어떤 사람이 "나는 당신에게 갚을 것을 약속합니다."라고 말할 때에 이 진술은 약속하는 것 이외의 다른 어떤 것에 대해서도 언급하고 있지 않다. "나는

---

10) Ludwig Wittgenstein, *Philosophical Investigations*, New York: Macmillan, 1953, p. 27.

약속합니다."라는 말 자체가 그 사람의 약속이다. 다시 말해 그 사람의 말이 바로 그 사람의 계약이다. 오스틴은 "내가 주례 앞에서 '예, 제 배우자로 인정하겠습니다.'라고 말할 때에 나는 결혼에 관하여 보고하고 있는 것이 아니다. 나는 결혼 생활에 들어가고 있는 것이다."라고 지적하였다.11)

일상의 대화에서 사용하는 낱말들 가운데에는 언급 대상의 격위를 분석하기 어렵긴 하지만 흥미로운 낱말들이 있는데, 이 낱말들은 중요한 한 종류를 이루고 있다. 그것들은 논리적 용어 즉 통사론적 용어다. 이 낱말들은 허사다. "만일" "그리고" "아니" "또는" 같은 낱말들이 그런 낱말이다. 통사론적 용어는 "집" "일각수" "파랗다" "달리다" 같은 서술적 낱말과는 달리 현실적으로든 가공적으로든 어떤 사태에 대하여 말하는 것으로 생각될 수 없다. 이 낱말들은 오히려 논리적 태도나 언어적 태도를 나타내는 것으로 보인다. 즉 통사론적 용어는 그에 의해서 결합되어 있는 낱말이나 문장을 "취급하는 방식"에 대한 표시다. 예를 들어 "고래는 어류가 아니다."라는 문장 속에서 "아니"라는 말은 "고래는 어류다."라는 문장에 대한 거부의 표시다. "박쥐는 포유류다, 그리고 박쥐는 날아다닌다."라고 연결된 문장 속의 "그리고"라는 말은 연결된 두 문장 모두에 대한 승인의 표시다.

형식적 화법과 실질적 화법

"들판에 암소가 있다."라는 문장 속의 "암소"라는 말의 언급 대상은 "움머" 하고 울고, 우유를 만들어내고 … 하는 자연적 대상이다. 그러나 "'암소'는 짧은 낱말이다."라는 문장에서는 "암소"의 언급 대상이 동물인 암소가 아니라 "암소"라는 낱말이다. "암소"의 이 두 의미가 형식적 화법(形式的 話法, formal mode of speech)과 실질적 화법(實質的 話法, material mode of speech)의 전형적 차이를 구체적으로 보여준다.

---

11) *How to Do Things with Words*, Harvard University Press, 1962, p. 6. (PB: Galaxy Oxford U. P., New Yark.)

다음 정언 논증을 살펴보자.

에뮤는 큰 알을 낳는다.
에뮤는 세 음절 낱말이다.
그러므로 최소한 하나의 세 음절 낱말은 큰 알을 낳는다.

이 논증의 터무니없는 결론은 "에뮤"라는 낱말 자체를 대상으로 하여 언급하는 경우와 어떤 동물에 관하여 언급하기 위해 이 낱말을 사용하는 경우를 혼동한 데서 비롯된 것이다. 낱말과 문장의 형식적 내용과 실질적 내용에 대한 혼동 모두가 방금 든 예처럼 명백하지는 않다. 현대의 언어 철학자들은 우리가 문장의 통사론적 성질에 관하여 말하고 있으면서도 실제의 사물에 관하여 말하고 있다고 생각하는 언어 습관에 빠지기 쉽다고 지적하였다. (독자는 좀 뒤에 모순율을 검토할 적에 이런 혼동이 실제로 일어날 수 있다는 것을 알게 될 것이다.) 카르납은 전통 철학의 대부분의 문제가 형식적 화법과 실질적 화법에 대한 철학자들의 혼란에 의해 야기되었다고 지적하였다.[12] 거리낌 없이 명백하게 말한다면, 카르납의 이 지적은 결국 철학자들이 낱말들에 관하여 논쟁하고 있으면서도 사물들에 대해서 토론하고 있다고 확신한다는 주장—철학 그 자체만큼이나 오래된 철학에 대한 고발—과 똑같은 말이다.

대상 언어와 상위 언어 — 일차 질서 진술과 이차 질서 진술

언어 분석가들은 대상 언어(對象 言語, object-language)와 상위 언어(上位 言語, meta-language)를 구별한다.[13] 이 구별은 우리로 하여금 대상이나

12) Rudolf Carnap, *The Logical Syntax of Language*, London: Kegan Paul, 1937. pp. 298-315.

13) "상위 언어"라는 말은 때로 "논리적 통사론"이나 "논리적 구문론"과 동의어로 쓰인다. 대상 언어와 상위 언어의 구별과 비슷한 구별이 논리에 관한 논의에도 통용된다. 정언 논법의 정교한 운용이나 현대 연역 논리학의 여러 가지 연산 운용은 논리학임에 비하여, 논리적 체계들, 그것들의 기초 개념, 공준, 규칙 등의 본성에 관한 논의는 상위 논리학(上位 論理學, meta-logic)이다.

사건에 관해서 말하는 경우와 언어의 속성에 관해서 말하는 경우를 구별하도록 만든다. 상위 언어에 속하는 문장이 언급하는 대상은 사물이나 사건이 아니라 언어의 속성이나 규칙이다. 대상 언어는 상위 언어가 언급하고 있는 언어다. 만일 우리가 특정한 언어의 속성에 관하여 말하고 싶다면, 상위 언어로서 한국어를 사용하여 예컨대 "중국어에는 관사가 없다."고 말할 수 있다. 이 경우 대상 언어는 중국어다. 만일 우리가 언어 일반의 속성이나 규칙에 관하여 말하고 싶다면, 의미론이나 논리적 통사론의 개념들과 용어들을 다음처럼 사용할 수 있을 것이다. 즉 "낱말들은 언어적 표시다." 셰익스피어의 「햄릿」 속의 가여운 오필리어는 다음과 같이 말할 때 상위 언어를 구사하고 있는데, 그녀의 대상 언어는 "꽃말"이다. "이건 만수향, 나를 잊지 말라는 뜻이지, … 그리고 이건 제비꽃, 생각해 달라는 뜻이고, …"

우리는 이미 서론에서 일차 질서 진술(一次 秩序 陳述, first-order statement)과 이차 질서 진술(二次 秩序 陳述, second-order statement)을 구별했는데, 이 구별은 대상 언어와 상위 언어의 구별과 관련이 있다. 사람과 사물에 관한 진술—원한다면 세계에 대한 진술이라 해도 좋은 진술—이 있다. 이런 진술은 일차 질서 진술이다. 한편 진술에 관한 진술, 언어에 관한 진술, 말을 사용하는 방법에 관한 진술이 있다. 이러한 진술은 이차 질서 진술이다. 만일 우리가 전통 철학(傳統 哲學, traditional philosophy)과 우리 시대의 언어 분석 철학(言語 分析 哲學, analytic-linguistic philosophy)의 근본적 차이를 이해하고자 한다면 이 구별이 아주 중요하다.

전통 철학의 대부분은 일차 질서 진술에 근원을 둔 형태로 물음을 설정하고 있다.

1. 인간의 정신은 물질적 실체인 신체와 어떻게 관련되어 있는가?
2. 도덕적 판단의 본성은 무엇인가?

그러나 분석 철학은 이차 질서 진술에서 끌어낸 물음을 문제 삼는 쪽을 택한다.

1. 우리는 "정신적 사건"이란 말로 무엇을 의미하며, 이 말을 "물리적

사건(신체적 사건)"이란 말과 구별할 수 있게 해주는 "정신적 사건" 이란 말의 용법은 무엇인가?
2. "X는 옳다"거나 "X는 그르다"라고 말하는 것은 무엇을 의미하는가?

우리는 다음 장에서 일차 질서 진술과 이차 질서 진술에 대한 이 중요한 구별을 명확하게 인식하고 또 일반 원리로 삼음으로써 "진리"와 "진리성"이라는 말을 둘러싸고 일어난 전통적 혼란이 완전히 일소될 수 있는가를 고찰하게 될 것이다.

논리적 공리와 일반 명칭의 언급 대상

모순율

논리학의 기초 원리들의 격위나 존재 양상에 대해서는 적어도 두 가지 다른 관점이 있다. 어떤 철학자들은 이 법칙들이 존재론적 격위를 갖는다고 주장한다. 다시 말하면 이 법칙들이 자연 속에 근거를 갖고 있다고 주장한다. 그러나 다른 철학자들은—이들 가운데 대부분이 현대의 언어 분석 철학자인데—논리학의 법칙 모두가 어떤 언어 체계의 법칙과 비슷하다고 주장한다. 이들은 논리학의 법칙들이 언어를 사용하는 방법을 결정하는 규칙일 뿐이라고 주장한다. 이러한 의견의 차이는 논리학의 법칙들을 표현하는 문장의 언급 대상이 지니는 존재 양상에 관한 의견의 차이에서 비롯된다.

이 문제는 모순율(矛盾律, principle of noncontradiction, "모순 배제 원리")로 알려져 있는 논리학의 고전적 법칙을 대상으로 하여 구체적으로 설명될 수 있다. 이 법칙은 아리스토텔레스에 의해 처음으로 명백히 밝혀졌다. 아리스토텔레스는 다음과 같이 말했다. "사물들 속에는 우리가 잘못 인식할 수 없을 뿐만 아니라, 오히려 항상 진리로 인식해야 하는 하나의 원리가 있다. 그것은 동일한 사물이 존재하면서 동시에 존재하지 않을 수 없다는 것이다."[14] 문이 열려 있으면서 동시에 닫혀 있을 수는 없으며, 어떤 구두가 검으면서 동시에 흴 수는 없다. 그 이유를 아리스토텔레스는 이렇게 주장한다. "왜냐하면 어떤 실체가 지닌 한 속성이 그 실체에 속해 있는 바로 그 상태로서 그 실체에 속하면서 동시에 속하지 않을 수는 없기 때문이다."[15] 아리스토텔레스는 모순율이 논리학과 인간의 담화의 기본 공리이면서 또한 자연이나 존재의 제일 원리라고 믿었다. 즉 아리스토텔레스는 이 기본 법칙이 논리학과 언어의 영역뿐만 아니라 자연의 질서에도 적용된다고 확신하였다. 아리스토텔레스에 따르면 모순율의 기초와 근원은 바로 자연의 질서다.

철학자들은 이천 년 이상이나 모순율이 아리스토텔레스가 말한 것처럼 문장뿐만 아니라 사물도 지배하는 근본 법칙이라고 일반적으로 주장하였다. 언뜻 보면 자연의 사물이 이 법칙에 복종하는 것처럼 보인다. 개가 짖으면서 동시에 짖지 않을 수 없다. 사람이 죽어 있으면서 "바로 그 상태로서" 죽어 있지 않다는 것은 불가능하다. 그렇지만 오늘날 많은 논리학자와 분석 철학자는 모순율이 모든 자연적 사물과 사건이 복종하는 근본 법칙이라는 주장을 거부한다. 오히려 이들은 모순율이 언어의 기초적 규칙 이상의 것이 아니라고 주장한다. 모순율은 인간의 의사 소통의 전제이며, 통사론의 제일 원리이며, 문장들을 엮어가는 기본적 규칙이라는 것이다. 이들 분석 철학자는 모순율이 담화의 제일 원리라고 주장한 점에서는 아리스토텔레스가 옳다고 단언한다. 그러나 분석 철학자들은 그가 명백히 언어의 기초 규칙인 것을 자연의 제일 원리라고도 추정한 점에서는 잘못이라고 주장한다. 분석 철학자들은 구두나 문 같은 자연적 사물이 모순율에 "복종"하는 것처럼 보이는 것은 우리가 모순율에 의거하여 만들어진 언어를 사용하지 않고서는 이런 사물에 관하여 언급할 수 없다는 사실 때문에 일어나는 착각이라고 주장한다.

---

14) Aristotle, *Metaphysics*, W. D. Ross (trans.), Book Ⅱ, 1061b34.
15) *Ibid.*, Book 4, 1005b18.

일반 명칭의 언급 대상 – 보편자 문제 – 플라톤과 옥캄

앞에서 우리는 "고양이" 따위의 말이 지닌 언급 대상의 격위나 존재 양상이 아무런 어려움도 일으키지 않는 듯하다고 말하였다. 고양이들은 관찰할 수 있는 물리적 대상이다. 그러나 우리는 "고양이"라는 말이 모든 고양이에 적용되기 때문에 일반적 낱말 즉 일반 명사(一般 名辭, general term)라는 사실을 깨달아야 한다. 그래서 일반 명사 "고양이"는 어느 한 마리의 고양이에만 적용되는 "야옹이" 또는 "이 고양이" 같은 개체 명사(個體 名辭, singular term)와는 현저히 다른 처지에 있다.

그런데 전통 철학 속의 아주 복잡한 문제들 가운데 하나가 낱말들을 일반 명사와 개체 명사로 나누는 이 단순한 분류와 관련되어 있다. "보편자 문제"(普遍者 問題, problem of universals)는 일반적 낱말의 언급 대상의 격위나 존재 양상과 관련되어 있다. 보편자 문제는 언어와 철학 사이의 관계의 중요성을 뚜렷하게 예증하기 때문에 잠시 일반 명칭에 관하여 생각해보는 것이 유익할 것 같다.

고유 명칭은 하나의 특정한 대상이나 사건이나 성질을 가리킨다. "존 케네디" "보울더 댐" "저 공 다루는 솜씨" "여기 이 푸른 색"은 개체 명사다. 일반 명칭은 대상이나 사건이나 성질의 집합이나 종류를 가리킨다. "사람" "현수교" "수영" "노랑" 등은 일반적 낱말의 예다. 일반 명칭은 집합이나 종류의 구성원 하나하나에도 사용된다. "새앙쥐"라는 일반 명칭은 개개의 새앙쥐 모두에 사용되고, "단단하다"라는 일반적 형용사는 그런 성질을 가진 개개의 현상 모두에 사용되며, "노래하다"라는 일반적 동사는 노래를 부르는 개개의 경우 모두에 사용된다. 이러한 일반적 낱말이 인간의 언어에 반드시 있어야 한다는 것은 일반적 낱말을 전혀 사용하지 않고 문장을 만들어 보려는 단순한 실험에 의해 증명될 수 있다.

그런데 일반적 낱말이 언급하는 대상이 혹시 있다면 이 대상은 도대체 어떤 종류의 것일까? 고유 명칭과 달리 일반 명칭은 그 자체로서 관찰될 수 있는 대상을 지적하지 않는다. "돼지는 가축이다."라는 문장을 생각해보자. 누구도 일반적 "돼지"를 보았던 것이 아니라, 오직 이 돼지 저 돼지 그리고 많은 다른 개개의 돼지를 보았을 뿐이다. "톰은 인간이다."라는 문장을 살펴보자. 우리는 톰과 말할 수 있고 악수할 수 있다. 우리는 일반적 인간과 그러는 것은 아니다. 이제까지 누구도 거리를 걸어가는 일반적 인간을 본 적이 없다. 우리가 보는 것은 특정한 한 사람 한 사람이다.

고대 그리스의 철학자 플라톤은 이 문제의 기초와 이와 관련해서 고려해야 할 다른 몇 가지 사항에 대하여 몇 가지 주목할 만한 결론을 내렸다. 일반 명칭은 우리의 감각에 의해서 그 자체로서 관찰될 수 없는 보편적 성질을 나타내므로, 이 일반적 용어들은 감각 경험에 나타나는 사물들이 존재하는 평면과는 다른 존재의 평면에 존재하는 것을 지적해야 한다. 일반적 낱말에 대응하는 원상(原象, origin)이나 원형(原形, prototype)이 인간의 사고와 언어로부터 독립해서 반드시 존재해야 한다. 플라톤은 이것들을 보편적 대상 즉 이데아(idea, 형상, 形相)라 불렀는데, 이것들은 일상적 경험의 세계를 초월한 세계에 사고만이 파악할 수 있는 존재 양상으로 존재한다. 이것이 바로 이 보편적 형식들을 감각 지각에 의해서 관찰할 수 없는 이유다. 눈에 보이는 모든 개별 사물은 이런 신성한 원상들 가운데 어느 하나에 대한 모사물(模寫物, copy, εἰκών)이다. 개개의 사람 즉 소크라테스 · 아가톤 · 칼리클레스 등은 저마다 자기가 지니고 있는 만큼의 실재성을 사람의 이데아로부터 획득한다. 모든 훌륭한 특성과 하나하나의 명예로운 행위는 좋음(good, 선)의 이데아에 "참여"한다. 더 나아가 보편적 인간과 보편적 좋음은 유한한 인간들과 지상의 일시적으로 좋은 것들과는 달리 불멸하고 영원하다. 이데아에 관한 플라톤의 이론은 대략 이러한 것인데, 나중에 형이상학을 살펴볼 때 다시 이 이론을 검토하게 될 것이다.

아리스토텔레스는 플라톤의 제자인데도 "일반적 낱말이 언급하는 대상이 혹시 있다면 이 대상은 대체 어떤 종류의 것인가?"라는 문제에 대한 자기 스승의 대답이 불필요하게 복잡하다고 생각하였다. 아리스토텔레스는 "사람"

과 "나무" 같은 일반적 낱말의 언급 대상은 자연의 세계 속에 실제로 존재하는 집합이나 종류라고 생각하였다. 하지만 이러한 "자연 종류"(自然 種類, natural kind)는 그 자체로서는 결코 경험되지 않는다. 왜냐하면 사물의 보편적 성질은 개체의 특수한 특징과 함께 나타나는데, 보편적 성질을 개별적 특징으로부터 분리시켜 관찰하는 일이 불가능하기 때문이다. "사람"은 소크라테스 · 아가톤 등에 실제로 나타나 있는 객관적으로 존재하는 "자연의 모습"을 지적한다. 그렇지만 인간성은 사람의 사고나 언어에 대하여 독립적으로 자연 속에 실존하면서도 개인으로부터 분리되어 있는 것으로 존재하지 않는다.

12세기에 유럽의 대학들은 보편자 문제에 관하여 맹렬한 논쟁을 일으켰다. 아벨라르(P. Abélard, 1079-1144)가 전하는 바에 의하면 실재론자(實在論者, realist, 예컨대 샴포우, Champeaux, 1070-1121)는 일반적 낱말에 대응하는 것이 자연 속에 실제로 존재한다고 주장하였다. 사람은 정신 밖에 존재하는 어떤 것이다. "사람"은 개인들의 집합을 가리키는 말이 아니다. 실재론에 반대하는 유명론자(唯名論者, nominalist, 예컨대 로스켈리누스, Roscelinus, 1050-1125)는 보편자가 이름에 불과하다고 주장하였다. 이들은 "사람"은 낱말일 뿐 자연 속의 어떤 것도 언급하지 않으며, 자연 속에는 오직 소크라테스 등등의 개인들만 존재한다고 보았다.

아벨라르 자신은 일반적 낱말의 언급 대상이 단지 낱말(소리)에 지나지 않는다고 가르치지 않았고, 그렇다고 사물(실재물)이라고 가르치지도 않았다. 아벨라르에 의하면 일반적 낱말은 정신 속의 개념이나 사고를 언급 대상으로 삼는 기호다. 이 개념들은 정신 밖에 있는 어떤 실제 상황을 그것이 지닌 일반성의 등급에 따라 나타낸다. 아벨라르를 따르는 사람들은 개념론(概念論, conceptualism)이라는 입장을 전개하였다. 개념론자는 일반 명칭의 언급 대상이 오직 개념이라고 주장한다. 다시 말해 보편자는 자연 속에 실제로 있는 것이라기보다 오히려 정신의 구성물이다. 개념론자인 오리올(P. Auriol, 1275?-1322)은 다음과 같이 주장했다. "사람이라는 개념과 동물이라는 개념이 소크라테스라는 개인과 구별되는 한 이런 개념들이 인간의 지성의 산물에 지나지 않는다는 것은 명백하다. 왜냐하면 자연이 이런 종류의 본질을 가진 실제적 존재를 만들어 내지 않았기 때문이다."[16]

14세기의 철학자들은 논리와 언어에 대한 분석에 예민한 관심을 가졌기 때문에 개념론이나 유명론의 입장으로 기울었다. 옥캄(W. Ockham, 1299-1349?)에 의하면 일반적 낱말의 언급 대상은 "존재론적 격위"를 갖지 않는다. 일반적 낱말의 언급 대상은 단지 논리적인 것이나 언어적인 것일 뿐이다. 옥캄은 정신 밖의 자연에는 개별적 사물들 외에는 아무 것도 존재하지 않는다고 주장하였다.[17]

근대의 영국 철학과 미국 철학을 지배하는 주된 전통은 경험주의(經驗主義, empiricism)라고 불리는데, 경험주의는 (형식 과학 이외의) 모든 믿을 수 있는 지식의 기초가 감각 경험에 있다는 것과 진정한 지식은 관찰할 수 있는 사물과 직접적으로나 간접적으로 관련 있는 것이라고 주장한다. 그런데 우리가 감각 경험과 관찰을 통해서 알게 되는 자연의 사물들은 개체로 분리되어 있고 수효도 많다. 그러므로 우리는 근대의 경험주의자들이 보편자 문제에 대해서 유명론자의 입장을 취하는 것을 당연하다고 생각해야 한다. 언어 분석 철학과 경험주의에 속하는 철학자들은 보편자에 대한 실재론자의 학설 즉 일반 명칭에 대응하는 실제적 상황이 자연 속에 있다는 학설이 언어의 질서와 사물의 질서를 혼동한 데서 비롯되었다고 주장한다. 일반적 낱말은 추상(抽象, abstraction)에 의해 만들어진다. 모든 사람이 어떤 점에서는 서로 비슷하다. 우리는 의사 소통의 목적을 위해 모든 사람에게 똑같이 적용할 하나의 말이 필요하다. 이 필요에 따라 "사람"이라는 일반 명칭이 만들어졌다는 것이다. 이들 비판자들은 실재론자의 과오가 추상적 낱말에 "사물 비슷한 대상"이 대응한다는 (전통 철학에 공통하는) 잘못된 가정에 기인한다고 지적한다.

---

16) M. H. Carré, *Nominalists and Realists*, London, Oxford University Press, 1946, 106-107쪽에서 인용하였다.

17) *Ibid.*, p. 112. S. C. Tornay, *Ockham : Studies and Selections*, La Salle, Ill., Open Court, 1938, 128쪽도 참고하라.

아래 대화 속의 논객은 일반 명칭에 관해서 실재론의 입장을 지지한다. 이 대화 속의 논증을 평가해 봄으로써 독자 스스로 논리적 분석과 언어적 분석을 해보기 바란다.

ㅁ. "홍역"은 일반적 낱말인가요?

ㄷ. 그렇지요. 이 말은 사건의 어떤 종류, 즉 홍역에 걸린 모든 경우를 지시하기 때문입니다.

ㅁ. 홍역에 걸린 모든 경우에 무언가 공통 특징들이 있습니까?

ㄷ. 그럼요. 홍역은 그런 공통 특징들에 의해 의학 교과서에 기술됩니다.

ㅁ. 그러면, 홍역의 개개의 경우들이 공통으로 갖고 있고, 의학 책에 기술되는 그런 특징들이 인간의 사고와 독립적으로 "정신의 밖"에 존재하는가요, 아니면 다만 주관적 관념일 뿐인가요?

ㄷ. 그것들은 정신의 밖에 존재한다고 생각합니다.

ㅁ. 그렇다면, 실재론이 당연히 옳고, 그래서 유명론은 거부되어야 한다는 결론이 나옵니다. 왜냐하면 만일 홍역의 모든 경우가 공통으로 갖는 특징들이 객관적으로 존재한다면, 일반적 낱말 "홍역"은 자연 속의 한 사태를 언급한다고 보아야 하니까요.

의미에 관한 경험주의 이론

철학에서 경험주의 입장은 (논리학과 수학 이외의) 모든 믿을 만한 지식의 기초가 감각 경험에 있다는 것과 진정한 지식은 관찰할 수 있는 사물과 직접적으로나 간접적으로 관련 있는 것이라고 주장하는 신조라고 개략적으로 설명할 수 있다. 경험주의 쪽으로 기울은 현대의 언어 분석 철학자들은 이 입장과 일치하는 의미 이론(意味 理論, theory of meaning)을 발전시켜 왔다. 경험주의자의 의미 이론은 이 세계의 사실을 기술하려고 하는 낱말이나 문장—그리고 그것들이 표현하는 개념이나 생각—은 관찰할 수 있는 사물과 직접적으로나 간접적으로 관련을 맺고 있을 때에만 의미를 갖는다고 주장한다.

의미에 관한 퍼어스의 주장

퍼어스(C. S. Peirce, 1839-1914)는 한 때 경시되다가 지금은 명성이 높은 미국의 철학자인데, 그는 의미에 관한 위와 같은 이론을 일찍이 제창한 사람이다. 퍼어스는 어떤 용어가 감각적 성질을 기술하는 다른 용어들에 의해 설명될 수 있으면 의미를 갖는다고 주장하였다. 예를 들어 "단단하다"라는 말은 "여러 가지 다른 물질에 의해서 긁히지 않는다."라는 구절에 의해 대체될 수 있기 때문에 유의미하다.[18] 퍼어스가 말한 바에 의하면, 어떤 용어가 의미를 가졌다면 그 말이 언급하는 대상이나 그 대상이 일으킨 감각적 결과를 관찰하기 위해 우리가 할 수 있는 일을 언급하는 방식으로 그 말의 의미를 밝히는 일이 가능해야 한다. 문장은 실험적으로 검증될 수 있으면, 즉 그 문장의 진리성이 어떤 종류의 공개적으로 관찰할 수 있는 절차에 의해서 시험될 수 있으면 유의미하다. 경험 과학의 명제는 이러한 방법으로 검증할 수 있는 진술의 두드러진 예이다. 그러나 전통 철학의 대부분의 명제 특히 형이상학으로 알려진 철학 분야의 대부분의 명제는 무의미하다. 왜냐하면 이 명제들의 진리성을 시험하기 위한 공개적이고 공식적인 절차가 없기 때문이다. 그래서 퍼어스는 전통적이면서 형이상학적인 철학의 대부분을 차지하고 있는 무의미한 명제 전부가 폐기된다면 "철학에 남는 것은 진정한 과학들이 사용하는 '관찰에 입각한 방법들'에 의해 탐구될 수 있는 일련의 문제일 것"이라고 주장하였다.[19]

---

18) Charles Hartshorne and Paul Weiss, eds., *The Collected Papers of Charles Sanders Peirce*, Harvard University Press, 1931-1935, vol. 5, Paragraph 403. Peirce의 지식 이론은 이 책의 5장 180-181쪽 참조.

19) *Ibid.*, Paragraph 423. Justus Bucher, *Charles Peirce's Empiricism*, London: Kegan Paul, 1939, pp. 112-20, 149 참조.

논리 실증주의와 논리 경험주의

20세기 분석 철학에서 가장 인기 있고 영향력 있는 철학 활동 가운데 하나는 논리 경험주의(論理 經驗主義, logical empiricism)다. 논리 경험주의의 철학적 학통은 영국과 유럽 대륙 양쪽에 뻗어 있다. 영국의 학풍으로는 그 계열이 20세기 버트란드 러셀과 19세기 존 스튜어트 밀을 거쳐 18세기 스코틀랜드의 철학자 데이빗 휴움(D. Hume, 1711-1776)까지 거슬러 올라갈 수 있다. 논리 경험주의의 더 직접적인 유산은 제1차 세계대전 종전 후부터 제2차 세계대전 직전까지 비엔나에서 공동으로 연구를 했던 일군의 철학자의 주장으로부터 유래하고 있기 때문에 유럽 대륙의 학통에서 이어받고 있다. 이 철학자들은 그들의 연구 모임을 "비엔나 학단"이라 불렀는데, 이 연구 모임에는 모리츠 슐리크(M. Schlick, 1882-1936)와 루돌프 카르납이 속해 있었다. 이 학단을 방문한 사람들 가운데서 가장 주목할 만한 사람은 오스트리아 태생인 비트겐슈타인인데, 많은 사람이 그를 20세기의 가장 위대한 철학자라고 믿고 있다. 케임브리지 대학에서 교육을 받은 비트겐슈타인은 비엔나 학단의 회원은 아니었다. 그러나 비트겐슈타인의 초기 걸작인 「논리 철학론」(*Tractatus Logico-Philosophicus*)은 비엔나 학단의 철학자들이 펼친 많은 활기찬 토론의 주제를 제공하였다. 비엔나 학단의 회원들은 평소에 의미 있다고 인정하고 지나치는 진술들 가운데 엄청나게 많은 양의 진술이 실은 무의미하다는 비트겐슈타인의 주장에 특히 감명을 받았다. ("말할 수 없는 것에 대해서는 침묵을 지켜야 한다.") 비트겐슈타인은 「논리 철학론」의 마지막 부분에서 자신의 책 역시 무의미하다는 선언 즉 사람이 딛고 올라가서 더 이상 필요 없을 때에는 밀어 제쳐버리는 사다리처럼 쓸모 있기는 하지만 무의미하다는 깜짝 놀라게 하는 선언을 하고 있다.[20] 하지만 비엔나 학단의 지도자들이 전통 철학의 진술 대부분이 무의미하다, 바꾸어 말하면 논리학의

20) Ludwig Wittgenstein, *Tractatus Logico-Philosophicus*, Harcourt, Brace and Co., 1922, p. 189.

문장들을 제외하고는 과학적 진술들만이 옳은 진술이라고 단정한 것은 성급했었다. 이 때문에 비엔나 학단의 지도자들과 그 제자들은 논리 실증주의자(論理實證主義者, logical positivist)로 불리게 되었다. "논리"라는 말은 그들의 구성적 작업이 논리와 언어에 대한 분석에 관련되어 있기 때문이고, "실증주의"라는 말은 의미 있는 지식은 오직 "실증적" 관찰에 의해 확인될 수 있는 것에 관한 지식일 뿐이라고 주장했던 19세기 프랑스 철학자 오규스트 콩트(A. Comte, 1798-1857)의 주장과 비슷하기 때문에 붙여진 것이다. 콩트는 그 당시 신학이 철학으로 대체된 것과 마찬가지로 철학이 과학으로 대체되고 있다고 주장하였다.

유럽 대륙의 실증주의자들과 이들과 똑같은 성향을 지닌 영국의 경험주의자들 사이에 교류가 이루어지면서 새로운 성과가 나타났다. 에이어(A. J. Ayer, 1910-1989)의 유명한 「언어와 진리와 논리」(1936)라는 조그마한 책은 논리 실증주의의 주장을 널리 보급시켰고, 영국에서 논리 실증주의 운동의 경전이 되었다. 1930년대에는 실증주의자들의 일반적 논조가 거칠고 독단적이었으므로, 그들 가운데 오늘날 생존해 있는 많은 철학자가 저들의 저작 속에서 자신의 본뜻에 어긋난 구절들을 수정하고 있다. 그러나 아직도 영국에서는 그리고 영국 철학자들보다 약간 폭넓은 얼개 속에서 실증주의의 방법을 발전시켜 온 미국에서는 논리 경험주의가 여전히 영향력이 있으며, 이 두 나라의 철학적 주류를 논리 경험주의라고 말하는 경우가 흔하다.[21)]

---

21) 자연 과학의 방법과 특별한 관련을 갖고 있는 실증주의-경험주의적 탐구의 한 가지 유형이 브리지먼(P. W. Bridgman, 1882-1961)이 처음 사용한 "조작주의"(操作主義, operationalism)라는 이름으로 알려져 있다. 브리지먼은 과학적 개념의 의미는 우리가 그것을 정의하기 위해 사용하는 조작에 의해 설명된다고 주장하였다. 예컨대 길이의 단위인 "피트"라는 말의 의미는 우리가 어떤 것이 1 피트만큼 긴가를 알려고 할 때에 우리가 실행하는 측정 조작과 같다. 과학적 가설을 주장하는 문장은 그것을 검사할 수 있는 조작 방법이 구체화될 수 있을 때에만 유의미하다.; P. W. Bridgman, *The Logic of Modern Physics*(The Macmillan Company, 1927)를 참조하라. (PB: Dover, New York.)

의미 검증 이론 – 에이어

논리 경험주의의 기본 신조는 의미에 관한 신조다. 사실을 기술하려는 문장은 검증될 수 있을 때에만 의미를 가진다는 주장이 바로 논리 경험주의의 기본 신조다. 에이어는 「언어와 진리와 논리」라는 책에서 문장을 (1) 정보(情報, information)를 전달하는 문장과 (2) 정서(情緖, emotion)를 전달하거나 표현하는 문장으로 구분하였다. 정보를 전달하는 문장에 대해서 에이어는 휴움의 분류에 따라 (a) 논리학이나 수학의 명제와 언어적 사실에 대한 진술처럼 형식적 개념과 형식적 관계에 관해서 언급하는 진술과 (b) 사태에 관해서 언급하는 진술을 구별하여 두 종류로 나누었다. 그런데 사태에 관한 진술이라고 생각되는 문장은 검증이 가능할 때에만 의의 있거나 의미를 가질 수 있다. 다시 말하면 사실적 상황을 서술하려는 진술은 그 진술의 옳음이나 그름에 대한 문제가 확정될 수 있는 적어도 하나의 방법이나 여러 가지 방법이 구체화될 수 있을 때에만 의미를 가질 수 있다. 에이어는 다음과 같이 주장하였다.

> 우리에게 사실에 관해 말하는 것처럼 보이는 진술이 정말로 사실에 관한 진술인가를 시험하기 위해 사용되는 기준은 검증 가능성 기준이다. 나는 한 문장에 대해서 어떤 사람이 그 문장이 표현하고자 하는 명제를 검증하는 방법을 알 때에 그리고 오직 그때에만, 다시 말하면 어떤 조건 아래서 이루어지는 어떤 관찰이 그로 하여금 그 명제를 옳은 것으로 승인하도록 하거나 그른 것으로 거부하게 할 것인가를 그가 알 때에만, 그 문장이 그 사람에게 실제로 의미가 있다고 주장하는 바이다.[22]

"금성에는 산이 있다."라는 진술은 비록 현재로서는 이 진술이 옳은가 그른가를 결정하는 수단이 존재하지 않는다 할지라도 의미가 있다. 금성이 언제나 안개의 장막에 가려 있기 때문에, 우리는 망원경으로 금성의 지면을

22) A. J. Ayer, *Language, Truth and Logic*, rev. ed., London, Gollancz, 1948, p. 35. (PB: Dover, New York.)

관찰할 수 없다. 그러나 이와 같은 진술의 검증에 쓰일 수 있는 수단이 있을 수 있기만 하면, 문제의 가부를 결정해줄 검증 절차를 우리가 일반적으로나마 명확하게 설명할 수 있기 때문에, 이러한 진술은 원리적으로 검증이 가능하다고 할 수 있다. 금성에 관한 위의 진술에 관한 검증 절차는 충분히 먼 곳까지 비행할 수 있는 우주선의 제조 과정을 포함할 것이다.[23)]

에이어는 우리로 하여금 무의미한 진술의 전형이라 할 수 있는 진술 하나를 검토해보라고 권하고 있다. 이 세계를 창조해서 유지하고 있는 조물주(造物主)가 실존한다고 주장하는 것으로 이해되는 "신이 있다."는 명제가 바로 그것이다. 이 진술은 사실에 관한 진술 즉 옳거나 그른 진술인 것처럼 보이지만 실제로는 무의미하다. 누구도 "신이 있다."는 문장의 옳음과 그름을 결정할 수 있게 해주는 관찰에 우리를 안내하는 어떠한 검증 절차도 원리적으로조차 구체화할 수 없기 때문에 "절대자는 게으르다."라는 진술과 마찬가지로 이 문장은 무의미한 진술이다. 그런데 "신이 있다."라는 진술에 대해 성립하는 이런 주장이 형이상학적 진술 전부에 대해서도 똑같이 성립한다. 형이상학의 명제들은 직접적으로든 간접적으로든 감각적 관찰과 전혀 관련을 맺을 수 없는 사물과 사건에 관해서 주장하기 때문에 그 진술들이 옳은지 그른지를 결정할 방법이 전혀 없다. 그러므로 형이상학의 진술들은 무의미하다.

의미 검증 이론에 대한 비평

의미에 관한 검증 이론은 상당히 많은 비판을 받아 왔다. 아래의 내용은 "문장이 유의미하려면 검증될 수 있어야 한다."는 논리 경험주의자들의 주장에 대해 제기되었던 몇 가지 반대 의견이다.

1. 이 이론은 논의에 앞서서 "의미"에 대하여 임의적이고 좁은 정의를 내리고 있으므로 가정을 근거로 삼고 추론하고 있는 셈이다. 대체 논리 경험주

23) "달의 보이지 않는 쪽에 산이 있다"는 명제는 소련의 우주 비행선이 TV 카메라로 달의 뒷면 사진을 찍은 1959년까지는 시험되지 않았었다.

의자는 문장의 의미가 경험적 관찰에 의한 검증 가능성과 같다고 결정하는 권리를 어디서 얻었는가? 만일 어떤 사람이 "신이 이 세계를 만들었다."고 말한다면 나는 이 진술이 선명하지 못하다는 것을 알 수 있다. 그러나 이 진술은 "비깨가도 넋을리두 허다."라는 표현이 의미를 전혀 갖지 못하는 것과는 달리 보기에 따라서는 의미를 갖는다고 인정할 수 있다. 이 반론에 대해서 논리 경험주의자들은 의미를 여러 종류로 구별함으로써 대답한다.[24] 즉 "신이 이 세계를 만들었다."는 진술은 회화적 의미나 시적 의미는 가질 수 있을는지 모르나, 사실적 의미는 전혀 가지지 못한다고 논리 경험주의자들은 주장한다.

2. 다른 반론은 "검증할 수 있다"(verifiable)는 말의 모호성을 문제 삼는다. 한 문장이 "검증되었다"고 인정될 수 있기 위해서 꼭 어떤 상황이 구체화되어야 하는지 명백하지 못하다는 것이다. 예를 들어 "금속은 가열하면 녹는다." 등의 귀납적 일반 진술은 우리가 모든 경우의 금속 전부를 시험하고 검사할 수 있어야 된다는 뜻으로는 검증이 불가능하다. 의미 검증 이론의 옹호자들은 검증을 (a) 완전한 검증 즉 강한 검증과 (b) 부분적 검증 즉 약한 검증이라는 두 종류로 구별함으로써 이 반대 의견에 답하고 있다. 논리 경험주의자들은 사실에 관해서 유의미한 명제는 최소한 부분적으로라도 검증될 수 있어야 한다고 주장한다. 다시 말하면 문제가 되어 있는 그 명제가 옳은지 그른지를 결정하는 일에 관련 있는 감각적 관찰을 포함하는 어떤 실험이 실제로가 아니면 원리적으로라도 존재해야 한다는 것이다. 하지만 그렇다 해도 "검증하다"(verify)와 "검증 가능성"(verifiability)이라는 낱말의 의미에 관한 문제는 의미 검증 이론에 해결되지 않은 문제로 남는다.

3. 다시 한 번 "문장이 유의미하려면 검증될 수 있어야 한다."는 명제를 생각해보자. 유잉(A. C. Ewing, 1899-1973)은 이 주장과는 달리 이 진술

24) Ayer, *op. cit.*, p. 15.; H. Feigl, "Logical Empiricism," in H. Feigl and W. Sellars, eds., *Readings in Philosophical Analysis*, New York: Appleton-Century-Crofts. eds., 1949, p. 7.

자체는 검증될 수 없다고 지적하였다.[25] 이 진술은 "7에 5를 더하면 12다."와 같은 형식적 진술이나 항진 진술이 아니다. 왜냐하면 만일 그렇다면 이 명제를 이해하는 사람 가운데 아무도 이 명제가 옳다는 것을 알지 못할 사람이 없을 것이기 때문이다. 그렇다고 이 진술은 사실에 관한 진술 즉 종합 진술도 아니다. 왜냐하면 이 명제는 경험적 사실이 아니라 문장에 관해서 주장하고 있기 때문이다. 더 나아가 이 명제가 근거로 삼을 수 있는 어떤 경험적 증거가 있단 말인가? 이 반론에 대답하기 위해서 논리 경험주의자들은 버트란드 러셀의 "유형 이론"(類型 理論, theory of types)—유의미한 진술은 결코 제 자신에 관해서 언급하는 것으로 해석되어서는 안 된다는 이론—에 기초를 두고 있는 견해를 흔히 내세운다. "문장이 유의미하려면 검증될 수 있어야 한다."는 명제는 이 명제가 대상으로 삼고 있는 명제들보다 "더 높은 논리적 유형"에 속한다는 것이다. 따라서 이 명제는 그 자신에 관해서 언급하고 있는 것으로 해석되지 않아야 한다. 이들은 이런 식으로 명제를 해석하는 것은 문장이 지니고 있는 두 개의 다른 "논리적 유형"이나 "논리적 질서"를 혼동하는 것이라고 응수한다.[26]

4. 마지막으로 아래의 일반적 비평이 의미 검증 이론에 반대해서 주장되어 왔는데, 이 비평은 논리 경험주의 철학 전반에 대해서도 마찬가지로 주장된다. 논리 경험주의의 학설은 문장들에 대한 너무 단순하고 선명한 분류에 얽매여 있다. 이 이론은 명제들이 두 가지 명백하게 다른 부류 즉 정서를 전하는 진술과 정보를 전하는 진술—뒤의 진술은 다시 형식적 진술(분석 진술)과 사실적 진술(종합 진술)로 선명하게 나누어진다—로 구분된다는 가정에 근거를 두고 있다. 명제들에 대한 이러한 정밀한 구획 설정은 논리와 언어에 관해서 언구할 적에는 어떤 중요한 기본적 차이점을 드러냄으로써 유익하게

25) A. C. Ewing. "Meaninglessness," *Mind*, 1937, p.349.

26) 러셀의 유형 이론은 논리상의 성가신 역설들과 명백한 모순들로 인해 생기는 전문적 문제들을 해결하기 위해 고안되었다. 잘 알려진 한 예는 크레테 사람인 에피메니데스가 "모든 크레테 사람은 거짓말쟁이다."라고 말했을 때에 성립하는 거짓말장이 역설이다. 현대판 예는 "당신이 지금 읽고 있는 문장은 그르다"이다.

사용될 수 있다. 그러나 이 이분법은 궁극적인 것으로 이해되어서는 안 된다. 우리는 인간의 사고 작용과 세계가 심하게 뒤얽혀 있는 매우 복잡한 상황 속에서 세계를 경험한다. "사실적 명제"("사실"이라는 말이 모호하다)라고 불리는 일군의 명제를 다른 명제들로부터 분리하는 것과 여기에 속하는 명제들에게 세계를 서술하는 사명을 독점적으로 부여하는 것은 지나친 단순화로 인한 과오다. 우리가 정보를 알려주는 진술들로 기술하는 자연의 성질들은 정서적·시적 · 회화적 언어로 표현하는 경험 속에도 굴절 없이 충실하게 담길 수 있다. 형식 논리학의 목적을 위해서는 형식적 문장과 사실적 문장—분석 진술과 종합 진술—을 명확하게 구별해 놓는 것이 때로 편리하다. 그러나 세계의 일반적 특징은 추상적 관계들의 "형식적 성질"이 "사실적 상태"로부터 완전히 분리되지 않음을 보여준다.27) 논리 경험주의자들이 의미를 기준으로 해서 진술들을 나눈 분류는 단순하고 선명하다는 장점을 갖고 있다. 그러나 이러한 선명성에는 자연과 경험의 복잡한 수준들을 하나의 평면적 바탕에 환원시키는 위험이 있다.

언어에 대한 비트겐슈타인의 후기 견해

비트겐슈타인의 영향—특히 제2차 세계대전 후에 그가 내세운 학설이 일으키고 있는 영향—의 증가로 인하여 논리 경험주의자들은 철학과 언어 사이의 관계에 대해서 더욱 정교한 탐구를 계속해 오고 있다. 비트겐슈타인은 초기 저작인 「논리 철학론」(1922)에서 언어의 완전한 모형을 만들려고 노력했었다. 그러한 언어는 문장 형식 속의 p, q, r 등의 변항이 사실에 관한 문장으로 채워지는 빈 곳이기 때문에 「수학 원리」의 구조와 같은 완전한 논리적 구조를 가질 것이다.28) "논리 원자주의"(論理 原子主義, logical

27) W. V. Quine, "Two Dogmas of Empiricism," in *From a Logical Point of View*, Harvard University Press, 1953.(PB: Harper Torchbooks, Harper & Row, New York.)

28) *Princpia Mathematica*, 33-35쪽 참조.

atomism)로 불리는 이 체계는 세계에 관한 어떤 종류의 그림—세계는 성립된 사실들 전체니까— 일 수 있는 하나의 언어를 이룰 것이다. 비트겐슈타인은 이 이상 언어(理想 言語, ideal language)에서는 낱낱의 진술의 구조와 낱낱의 사실의 구조 사이에 어떤 공통하는 것이 있어야 한다고 믿었다. 그러나 진술과 사실에 공통하는 요소는 말로 표현될 수 없다. 그것은 드러날 수 있을 뿐이다. 왜냐하면 공통하는 구조를 기술하려는 어떠한 시도도 그 공통하는 구조를 사용해야 하기 때문이다.

비트겐슈타인은 「논리 철학론」을 출판한 후에 자기가 철학의 모든 문제를 해결했다고 믿었기 때문에 한 동안 철학을 그만두었다. 그러나 그는 자신의 해결책들이 독단적인 것이었다는 점을 깨닫게 되자 철학에 되돌아 왔다. 세계를 사실의 면에서만 보고 이루어지는 세계에 대한 설명은 사실들에 관한 진술로 채워지는 문장 형식들을 사용하므로 세계를 기술하는 유일한 방식이 아니다. 그래서 비트겐슈타인은 자신의 초기 신조인 "논리 원자주의"를 버렸다. 그는 철학을 위한 유용한 양식으로서의 "이상 언어"에 대하여 의심하게 되었다. 일상 언어 사용의 풍부함과 미묘함에 충격을 받은 비트겐슈타인은 "철학에서는 이상 언어가 일상 언어에 대립하는 것으로 간주된다고 말하는 것은 잘못이다. 이런 일은 우리가 일상 언어를 개량할 수 있다는 인상을 주기 때문이다. 그러나 일상 언어는 전혀 나무랄 데가 없다."고 말하였다.[29] 비트겐슈타인은 철학적으로 흥미로운 어떠한 낱말도 단 하나의 고정된 의미를 갖지 않으므로 우리가 정밀하고 정확한 의미에 도달하려는 노력을 포기할 수밖에 없다는 생각을 하게 되었다.

> … 낱말은 이를테면 우리와 전혀 관련 없는 어떤 힘에 의해서 주어진 의미를 갖지 않으며, 따라서 그 낱말이 실제로 의미하는 것에 대해서만 어떤 종류의 과학적 탐구가 가능하다는 것을 잊지 말자. 낱말은 어떤 사람이 그 낱말에 부여한 의미를 갖는다.[30]

29) Ludwig Wittgenstein, *The Blue and Brown Books*, Harper Torch books edition, New York, Harper & Row, 1965, p. 28.

우리는 언어에 대한 만족스러운 정의에 결코 도달할 수 없다. 왜냐하면 언어의 사용—서술하기, 농담하기, 기도하기, 명령하기, 노래 부르기, 묻기 등등의 사용— 모두에 공통하는 요소가 전혀 없기 때문이다. 비트겐슈타인은 우리에게 도구 상자 속에 있는 도구들 즉 망치, 집게, 톱, 나사돌리개, 자, 아교 냄비, 아교, 못, 나사에 대하여 생각해 보라고 요구한다. 우리가 낱낱의 낱말을 다루는 방식은 이런 도구를 다루는 방식이 서로 다른 것과 마찬가지로 차이가 있게 마련이다. 그 차이는 여러 가지 게임(game)의 차이와 같다. 여러 가지 게임 즉 숨바꼭질, 장기, 혼자 하는 카드 게임, 돌차기 게임 등에 오직 하나의 공통 요소가 없는 것과 마찬가지로 모든 언어 사용 속에서 중심을 이루는 유일한 요인은 없다. 그러니까 어느 쪽인가 하면 모든 "언어 게임"(language game) 하나하나가 가진 근본 요소가 서로 같다고 확인할 수는 없는 일이고, 모든 "언어 게임" 사이에 관계가 있다고 말하는 쪽이 온당하다 할 것이다.

> 나는 우리가 언어라고 부르는 모든 것에 공통하는 어떤 것을 제시하는 대신에, 이 현상들 모두가 동일한 낱말로 표현될 수 있는 한 가지 공통적인 것을 갖고 있지 않으면서, 여러 가지 다른 방식으로 서로 관계를 맺는다고 말하고 있다. 우리가 그것들 모두를 "언어"라고 부르는 것은 바로 이러한 친족 관계 때문이다.[31]

"고정 의미"(fixed meaning)와 "언어 그림"(word picture)에 대한 강박관념이 언어라는 주문(呪文)에 철학자들이 홀리게 되는 원인이 되어 왔다. 그래서 비트겐슈타인은 철학을 인간의 지성이 언어로 인해서 미망(迷妄)에 빠지는 일에 대한 투쟁이라고 주장하였다. 철학적 혼란에 사로잡힌 사람은 방안에서 밖으로 나가기를 원하지만 나갈 방법을 모르는 사람과 비슷하다. 그는 창문으로 나가려고 해보지만 창문은 너무 높다. 굴뚝으로 나가려고 해보지만 굴뚝은 너무 좁다. 하지만 집안을 빙 돌아보기만 한다면 그는 출입문

30) *Ibid.*
31) Wittgenstein, *Philosophical Investigations*, § 65.

이 그 동안 줄곧 열려 있었다는 것을 알 수 있을 것이다.

비트겐슈타인과 그의 제자들은 말하기의 방식이 많이 있으며, 그 각각은 고유하고 특수한 중요성과 가치를 지녔다고 의견의 일치를 보았다. 농담이 있는가 하면, 과학적 기술이 있고, 신에 관한 객담(God-talk)도 있다. 논리경험주의자들이 제안한 표준 절차들 가운데 어느 것에 의해서도 "검증"될 수 없지만, 그래도 중요한 의미를 가졌다고 여겨지는 진술이 많이 있다. 우리는 이런 가지각색의 말하기를 무의미한 것으로서가 아니라 "언어 게임"으로 다루어야 한다. 우리가 해야 할 일은 이 언어 게임의 규칙을 분명하게 하는 것이며, 또 언어 게임을 남들이 더욱 잘 이해할 수 있게 하는 것이다. 언어는 사물들의 이름을 배우는 것 이상의 것이다. "가위"라는 말의 의미는 단순히 그 말로 불리는 물건에 있지 않고, 이 말이 언어로 사용되는 방식에 있다. 내가 "가위!"라고 말하면 당신이 나에게 가위를 건네주고, 내가 "풀!"하고 말하면 당신이 나에게 풀을 건네주는 경우처럼. "의미를 묻지 말고, 사용을 탐구하라!"(Don't ask for the meaning, ask for the use!)는 비트겐슈타인의 좌우명은 이제는 현대 철학의 표어가 되었다.

더 읽어야 할 책들

Aristotle, *Metaphysics*, bk. 4. (PB: Ann Arbor Paperbacks, Ann Arbor, Mich.)

Austin, J. L., *How to Do Things with Words*, Harvard University Press, 1962. (PB: Galaxy, Oxford U. P., New York.)

Ayer, A. J., *Language, Truth and Logic*, rev. ed., London: Gollancz 1948. (PB: Dover, New Yark.)

Ayer, A. J.(ed.), *Logical Positivism*, New Yark: Free Press, 1959. (PB: Free Press.)

Black, Max, *Language and Philosophy*, Cornell University Press, 1949.

Carnap, Rudolf, *Philosophy and Logical Syntax*, London: Kegan Paul, 1935.

Chappell, V. C. (ed.), *Ordinary Language*, Englewood Cliffs, N. J.: Prentice Hall, 1964.

Hayakawa, S. I., *Language in Action*, New York: Harcourt, Brace & World, 1941.

Joad, C. E. M., *A Crtique of Logical Positivism*, University of Chicago Press, 1950.

Langer, Susanne K., *Philosophy in a New Key*, Harvard University Press, 1942. (PB: Mentor New American Library, New York.)

Malcolm, N., *Ludwig Wittgenstein, A Memoir*, New York: Oxford University Press, 1958. (PB: Oxford U. P.)

Morris, Charles, *Signs, Language and Behavior*, Englewood Cliffs, N. J.: 1946.

Nagel, Ernest, "Logic Without Ontology," in H. Feigl and W. Sellars (eds.), *Readings in Philosophical Analysis*, New York: Appleton-CenturyCrofts, 1949.

Ogden, C. K., and I. A. Richards, *The Meaning of Meaning*, New York: Harcourt, Brace & World, 1925.

Passmore, J., *A Hundred Years of Philosophy*, London: Duckworth, 1957 chaps, 15-18.

Plato, Republic, bk. 10. *Cratylus*. A convenient edition of the Platonic Dialogues is *The Dialogues of Plato*, B. Jowett(trans.), New York: Random House, 1937, in two volumes. A complete one-volume edition is *The Collected Dialogues of Plato*, E. Hamilton and H. Cairns(eds.), Random House, Pantheon Books, 1961.

Reichenbach, H., "Logic and Language," *Elements of Symbolic Logic*, New York: Macmillan, 1948.

Russell, Bertrand, *The Analysis of Mind*, London: G. Allen, 1921, chaps. 10, 11.

Russell, Bertrand, *Human Knowledge*, New York: Simon and Schuster. 1948, pt. 2. (PB: Essandess Paperbacks, Simon and Schuster.)

Urban. W. M., *Language and Reality*, London: G. Allen, 1939.

Urban. W. M. "Whitehead's Philosophy of Language," in P. A. Schlipp (ed.), *The Philosophy of Alfred North Whitehead*, Northwestern University Press, 1941.

제2부

지식에 관한 문제

3. 진리성과 확실성
4. 바깥 세계에 관한 지식
5. 지식을 얻는 방법

3 진리성과 확실성

어떤 사실에 대한 지식이 성립하는 필요 충분 조건은 첫째 안다고 주장하는 명제가 옳아야 하고, 둘째 그 명제를 믿어야 하며, 셋째 그 명제를 믿을 권리를 갖고 있어야 한다는 것이다.

— A. J. Ayer

인간이 정말로 믿어도 좋을 만한 지식에 도달할 수 있는가라는 문제는 옛날부터 내려오는 철학의 문제다. 플라톤은 사람들이 지식이라고 하는 것들에는 (1) 진정한 지식(true knowledge, epistemé)과 (2) 신념이나 의견(belief or opinion, doxa)이라는 두 종류가 있다고 보았다.[1)] 플라톤은 오직 첫 번째 종류의 것만이 진리성(眞理性, truth)을 갖고 있어서 믿을 수 있는 지식인데, 철학자나 수학자 외에는 어떤 사람도 이런 지식을 얻기 어렵다고 생각하였다. 그는 두 번째 종류의 지식은 일상적으로 사는 사람들에게 필요한 지식이라고 믿었다. 플라톤에 의하면 이 지식은 감각 지각으로부터 만들어지며, 전혀 신뢰할 수 없는 것이고, 모든 오류를 일으키는 근원이다. 사람들이 오류에 빠지는 일이 쉽고 또 흔하다는 것을 발견했던 고대의 회의론자들은 인간의 지식은 어느 분야에 관한 것이든 확실성(確實性, certainty)을

1) "진정한 지식"에 해당되는 그리스어 ἐπιστήμη(epistemé)는 지식에 대한 철학적 탐구의 이름으로 쓰이는 인식론(epistemology)이라는 말의 제일 중요한 어원이다.

확보할 수 없다고 의심하였다. 르네상스 이후 근대 철학의 발전에 따라서 어떤 종류의 지식이 옳은가라는 문제나 어떤 지식이 확실한가라는 문제는 매우 심각한 문제가 되었다. 17세기 이래 데카르트(R. Descartes, 1596-1650)에서 러셀에 이르기까지 철학의 주류를 이루어 온 철학자들은 인간이 무언가에 관하여 믿을 만한 지식을 가질 수 있는가라는 문제에 주의를 집중시켜 왔다. 오늘날 분석 철학자로 불리면서 "이 말은 무엇을 의미하는가?"라는 물음을 앞세우는 철학적 입장이 철학에서 가장 빈번하게 제기되었던 "우리는 어떻게 아는가?"라는 물음을 중심으로 삼는 철학적 입장과 논쟁을 벌여 온 것은 1930년대 이후의 일이다.

"진정한 지식"이나 "확실한 지식"에 관한 문제는 해결되기보다는 오히려 해결하기 곤란한 문제를 많이 일으킨다. 이 장에서는 진리성과 확실성의 의미에 대한 분석에 논의를 한정시키고, 진리성과 확실성이라는 개념에 의해서 일어나는 몇 가지 문제와 그 문제들에 관한 철학자들의 이론을 대강 살펴봄으로써 이 분석을 보충하도록 하겠다.

진 리 성

영어를 사용하는 사람들은 "truth"와 "true"라는 말을 여러 가지 방식으로 사용한다. 누구나 "진리를 탐구하는 일"(To seek truth)을 학자나 과학자의 의무라고 알고 있다. 하버드 대학의 문장에 "진리"(Veritas)라는 말 한마디만 쓰여 있는 것은 이 때문일 것이다. 한편 부모들은 아이들에게 언제나 "진실을 말하라!"(Tell the truth!)고 강조하고, 너나없이 참다운 사랑(true love)은 더없이 귀중하다고 믿고 산다. 「햄릿」 속의 폴로니어스는 아들 레어티스에게 "네 자신에 진실하라!"(To thine own self be true!)고 충고하고, 시인 키이츠(J. Keats, 1795-1821)는 "아름다움이 곧 참다움이요, 참다움이 곧 아름다움이니 …"(Beauty is truth, truth is beauty. …)라고 읊었다.

진실성(참다움) — 표준과의 일치

우리는 이러한 일상적 용법에서 "truth"와 "true"의 두 가지 중요한 의미를 구별할 수 있다. 흔히 우리는 이 말을 "거짓"(false)과 "가짜"(false)라는 말의 반대말로 사물에 적용한다. 이 맥락에서 "truth"의 의미는 "진실성"(眞實性)이고, "true"의 의미는 "참답다"이다. 이런 의미로 우리는 이 금속은 "진짜 금"(純金, true gold)이라든가, 치과에서 해 넣은 이는 "가짜 이"(義齒, false teeth)라는 표현을 사용한다. 역사가들은 이순신 장군이 "참다운 군인"(true soldier)이었다고 한결 같이 평가하고 있다. 동물학자들은 킹커주나 코알라는 "진짜 곰"(true bear)이 아니라고 분류한다. "true"(참답다)라는 말의 이 용법은 언급되고 있는 사물이 어떤 종류의 표준에 일치하는 일군의 속성을 지니고 있다는 것을 의미한다. 표준의 금은 일정한 무게 · 화학적 성질 · 비중 · 광택 등의 속성을 지니고 있다. 만일 내가 손에 들고 있는 금속 덩어리가 이러한 구체적 기준(基準, criterion)과 일치한다면 진짜 금이다. 이순신 장군은 이상적 군인의 속성(용기 · 전투 기술 · 위엄 등)을 갖추었으므로 누구나 그를 참다운 군인이라 부른다. 그러나 킹커주의 속성은 동물학자들이 포유류를 구분할 때에 정해 놓은 곰의 표준에 일치하지 않는다. 마찬가지 이유로 코알라도 진짜 곰이 아니다. 이런 용법의 모든 경우에 "참답다"라는 형용사는 우리가 언급하는 사물의 속성이 어떤 종류의 표준이나 이상과 부합하거나 일치한다고 말하고 있다. 그 표준을 누가 어떻게 설정했는가—그 표준이 신성한 것인가 세속적인 것인가, 절대적인 것인가 상대적인 것인가, 객관적인 것인가 주관적인 것인가—는 물을 필요가 없다. 중요한 점은 "진실성"과 "참답다"라는 말의 이런 용법에는 어떤 표준이나 일련의 기준과의 일치를 암암리에 전제하고 있다는 사실이다.

진리성(옳음)—진술의 속성

그런데 "truth"와 "true"라는 말은 훨씬 더 일반적으로 어떤 사람의 주장을 표현하는 진술이나 진술 속에 표현되어 있는 신념에 관하여 언급하는 방식으로 사용된다. "진리"를 말하는 사람은 "옳은 진술"을 하는 사람이다. 거짓말쟁이는 남을 속이려는 의도로 "그른 진술"을 빈번히 하는 사람이다. 아리스토텔레스는 진리성(옳음)과 허위성(그름)이 진술의 속성이라는 것을 알았었다. 그는 "주장은 어떤 것에 관하여 어떻다고 말하는 것이고, … 모든 주장은 옳거나 그르다."고 말했다.2) 다시 말하면 우리가 진리성은 진술의 성질이라고 말할 때에 염두에 두고 있는 대상은 어떤 것이 그렇다거나 그렇지 않다고 주장하는 언어적 표현이다. 문법에서는 이런 표현을 서술 문장이라 부른다. "워싱턴 다리는 허드슨 강 위에 놓여 있다."는 주장은 옳다. 한편 "델리우스는 이탈리아 작곡가다."라는 주장은 그르다. 하지만 진리성과 허위성은 질문이나 명령의 성질은 아니다. "당신이 나를 조금이라도 사랑하기만 한다면!"과 같은 기원문을 옳다거나 그르다고 말하는 것은 올바른 언어 사용이 못 된다. 뿐만 아니라 명칭(名稱, name)에 대해서도 "옳다"와 "그르다"는 말은 쓰지 않는 것이 보통이다. "말"이라고 중얼거리면서 길을 걷고 있는 사람을 만난다면 그가 옳게 말한다거나 그르게 말한다고 말할 수 없다. 물론 어린이나 외국인이 "말"이라고 말하면서 동물인 말을 가리키는 경우에는 "옳다"고 인정하는 것이 당연하다. 왜냐하면 그 표현은 "저것은 말이다."라는 진술을 한 마디로 줄여서 표현한 것이기 때문이다.

따라서 이런 용법은 진리성과 허위성이 어떤 상황에서는 진술의 속성이라는 말이 옳을 수 있다는 주장이 정당하다는 것을 보여준다. 이런 용법에서는 진리성이 자연적 사물이나 사건의 속성이 아니라 이차 질서 속성(二次 秩序 屬性, second-order property)이거나 상위 언어 속성(上位 言語 屬性, metalinguistic property)이다. 다시 말해서 진리성은 진술이라는 언어적

2) Aristotle, *De Anima*, 1. A. Smith, trans., 430b27.

대상이 지닌 속성이다. 사람과 사물 등등의 자연적 대상에 관한 진술은 일차 질서 진술이다. "그 주장은 옳다." 같은 진술에 관한 진술은 이차 질서 진술이다. 끝으로 우리는 "진리성"과 "허위성"은 문장이 신념의 표현이라는 것을 근거로 하여 신념이나 판단의 속성으로 간주되는 경우가 있다는 것을 알아야 한다. 러셀은 "진리성 즉 옳음은 신념의 속성이며, 따라서 신념을 표현하는 문장의 속성이기도 하다."라는 말로 이 점을 간명하게 지적하였다.[3)]

진리성에 관한 이론들

옳은 문장들을 옳게 만드는 것은 무엇일까? 철학자들은 어떤 문장이나 신념이 정말로 옳을 경우에 대체 어떤 종류의 상황이 실제로 성립하는가에 대하여 서로 다른 의견을 제시해 왔다. 철학자들이 "진리성"의 의미를 설명하는 잘 알려져 있는 세 가지 학설은 대응론(對應論, correspondence theory), 정합론(整合論, coherence theory), 실용론(實用論, pragmatic theory)이다. 이 책에서는 이 세 가지 이론의 주장 내용을 지나치다 싶을 정도로 단순하게 설명할 수밖에 없을 것 같다. 대응론은 어떤 문장이나 신념이 사실과 일치하면 그 문장이나 신념이 옳다고 주장한다. 정합론은 어떤 신념이나 판단이 이미 옳다고 인정받고 있는 신념들이나 판단들의 체계 전체와 일관성이나 정합성을 유지하면 진리성을 획득한다고 주장한다. 실용론은 문장이나 신념의 진리성은 그것이 행위의 도구로서 사용되어 이룩한 성공과 동일한 것이라고 주장한다. 이제 이 세 이론을 하나씩 더 자세히 살펴보자.

---

3) Bertrand Russell, *Human Knowledge*, Simon and Schuster, 1948, p.148. (PB: Essandess Paperbacks, Simon and Schuster.)

대 응 론

진리성에 관한 대응론을 맨 먼저 간결하면서도 명확하게 표현해보려고 노력한 철학자는 아리스토텔레스였다. 아리스토텔레스는 대응론을 "그렇지 않은 것을 그렇다고 하는 말은 그르고, 그러한 것을 그렇다고 하거나 그렇지 않은 것을 그렇지 않다고 하는 말은 옳다."고 간명하게 표현하였다.4) 아리스토텔레스의 이 공식을 적용한다면, 비가 오고 있을 경우에는 "비가 오고 있다."는 문장이, 이웃 사람이 자기 집에 페인트를 칠하고 있는 경우에는 "이웃 사람이 자기 집에 페인트를 칠하고 있다."는 문장이 옳다고 판정할 수 있다. 옳은 진술은 실제로 성립해 있는 사실을 주장하고, 그른 진술은 실제로 성립해 있지 않는 것을 주장한다.

대응론은 이보다 조금 약하게 "진리성은 우리의 관념(觀念, idea)과 실재(實在, reality)의 대응이다."라고 표현되기도 한다. 이 공식에는 심각한 결함이 있다. "관념"과 "실재"라는 용어는 너무 애매해서 그 용법에 따라서는 때로 엉뚱한 문제가 일어날 수 있다. "관념"은 (1) 신념이나 의견, (2) 어떤 사물이 어떠하다는 개념이나 생각, (3) 감각 지각이나 기억 심상을 의미할 수 있다. "실재"는 여러 가지 의미들 가운데서도 특히 (1) 가장 중요하거나 궁극적인 것, (2) 계속되거나 지속되는 것, (3) 눈에 보이고 손으로 붙잡을 수 있는 것, (4) 인간의 지각에 대하여 독립적으로 존재하는 것을 의미할 수 있다.

4) Aristotle, *Metaphysics*, Book 4, 1011b26. 진리성의 의미에 대해서 매우 정밀하게 분석한 현대의 논문은 타르스키의 "Semantic Theory of Truth"인데, 타르스키는 이 이론에서 아리스토텔레스의 고전적 공식에 대한 현대적 해석을 보여주고 있다. Alfred Tarski, "The Semantic Conception of Truth," in *Readings in Philosophical Analysis*; H. Feigel and W. Sellars, eds., Appleton-Century-Crofts, Inc., 1949, 51쪽을 보라.

우리가 "관념"을 지각이나 마음에 떠오른 심상으로 인정하고, "실재"를 사물에 대한 우리의 지각에 대하여 독립적으로 존재하는 것이라고 간주하는 경우를 생각해보자. 고양이에 대한 우리의 관념은 옳은 관념일까? 만일 우리가 가진 고양이라는 관념이 옳고, 거기에다 "진리성은 우리의 관념과 실재의 대응이다."라는 정식을 적용한다면, 우리는 고양이에 대한 감각적 심상이 고양이에 대한 우리의 지각에 대하여 독립적으로 존재하는 "실재의 고양이"(real cat)에 대응한다고 주장하게 될 것이다. 그러나 다음 장에서 알게 되는 바와 같이 이 주장은 검증될 수 없다.

대응론을 위의 표현보다 덜 애매하게 진술하고 싶다면 "만일 어떤 문장이 사실에 대응(부합)한다면 그 문장은 옳다."고 바꾸어 표현할 수 있다. 분명히 "사실"(事實, fact)이라는 말은 다소 모호하긴 하지만 대체로 경험적 세계 속의 사물이나 사건으로 생각할 수 있을 것이다. "대응"이라는 말 역시 곤란한 점이 있다. 한 문장과 세계 속의 상황 사이에는 정확한 대응이란 있을 수 없다. 자연 속에는 어떠한 문장도 없기 때문이다. 사물은 진술이 가진 구조를 갖고 있지 않다. 그렇지만 이런 점을 제쳐 놓기로 한다면, 다음과 같은 그림으로 대응을 나타낼 수 있을 것이다.

문장 ——————————→ 사실
대응 관계

그른 문장의 경우에는 그 문장과 관련 있는 사실이 전혀 없으므로 어떠한 대응 관계도 성립할 수 없다. 만일 내가 "서랍 속에 수표장이 있다."고 말하고 또 수표장이 그 속에 있다면 내가 말한 문장은 사실에 "대응"한다. 만일 서랍 속에 수표장이 없다면 내가 말한 문장과 사실 사이에는 어떠한 대응도 있을 수 없다. 왜냐하면 그러한 사실이 없기 때문이다.

대응론은 어떤 문장이 옳을 때에 어떠한 상황이 성립하는가를 설명하려는 이론이다. 대응론은 한 문장이 사실과 대응한다는 것을 어떻게 발견하는가 즉 어떻게 증명하는가에 관해서는 아무 것도 주장하지 않는다. 어떤 문장이 옳은지 그른지를 알아내기 위해 우리가 밟는 절차를 검증(檢證, verification)이라 한다. 일상의 문장 대부분의 경우에는 문장과 사실 사이의 대응을 증명하는 데 어떤 방법을 사용해야 하는가를 분명하게 설명하는 일이 별로 어렵지 않다. 만일 내가 "비가 오고 있다."고 말하면 당신은 문 밖으로 나가봄으로써 문장과 사실 사이의 대응 관계를 검증할 수 있을 것이다. 내가 "당신의 침실에 캥거루가 한 마리 있다."고 말하는 경우에도 당신은 나의 진술과 사실 사이의 대응을 확인하기 위해 어떤 절차를 밟을 것인가를 곰곰이 생각할 필요가 거의 없을 것이다. 그러나 이보다 분명하지 못한 사건에 관한 문장을 검증하는 절차는 훨씬 더 복잡하다.

대응론을 주장하는 철학자들은 (1) 어떤 문장이 옳을 때에 어떤 종류의 상황이 성립하는가라는 문제와 (2) 어떤 문장이 옳다는 것을 어떻게 알게 되는가라는 문제의 차이를 깨닫고, 이 두 문제의 차이점을 잊지 말라고 매우 강조한다. 어떤 내과 의사는 X선 사진의 도움으로 "이 환자는 결핵에 걸렸다."는 자기의 신념이 옳다는 것을 알아낼 수 있을 것이다. 그러나 그 명제의 진리성에 대한 이 확증 작업(確證 作業, confirmation)이 그 명제를 옳게 만든 것은 아니다. 그 의사가 방사선 사진을 통해 확증하기 전에도 "이 환자는 결핵에 걸렸다."는 의사의 신념은 옳았었기 때문이다.

정 합 론

정합성

우리는 1장에서 논리학에서는 옳은 진술의 표준이 그 진술 자체에 모순이 없으면서 다른 옳은 진술들과 정합한다는 것임을 확인하였다. "이 사각형은

5개의 변을 가지고 있다."든가 "그 꼬마는 하얀 잠옷을 입었었지만 발가숭이였어!"라는 경우처럼 그 자체 속에 모순을 포함하는 명제는 그르다. 또 옳은 진술과 모순되는 명제도 그르다. 우리는 항상 명제의 진리성을 이미 옳다고 알고 있는 다른 명제들과 정합하는가를 조사해봄으로써 시험하고 있다.

만일 어떤 증인이 증언을 하는 중에 앞에서는 자기가 1910년에 태어났다고 진술하고 나중에는 자기가 제1차 세계 대전 때 고참병이었다고 진술했다면 누구나 이 두 진술은 정합성이 없다고 지적할 것이다. 1910년에 태어났던 사람은 제1차 세계 대전이 휴전했던 해에 여덟 살쯤 되었을 것이고, 나이가 여덟 살이나 그 이하의 어린이가 그 전쟁에 가담했던 어떤 나라의 군대에도 없었다는 것을 믿을 만한 충분한 근거가 있기 때문이다. 파스퇴르(L. Pasteur, 1822-1895) 당시에는 고기를 보통 온도에 놓아두면 언제든지 부패 작용이 일어난다고 믿었다. 파스퇴르는 유리병 속에 고기를 넣고 그 병의 주둥이를 가제로 덮어 두는 실험을 해보고 나서 그 진술에 반대할 수 있었다. 즉 파스퇴르는 고기를 보통 온도에 놓아두었을 때에 부패하지 않는 n개의 사례가 있다고 주장하였다. 이러한 진술의 논리적 구조는 다음과 같은 방식으로 표현될 수 있다.

모든 x는 y다.
어떤 x는 y가 아니다.

그런데 실제의 탐구 과정에서는 탐구 주제가 일상적인 것이든 과학적인 것이든 어떤 진술과 다른 진술들과의 정합성(整合性, consistency)을 검사하는 일은 그 진술이 옳은지 그른지를 알아내기 위해 반드시 사용할 수밖에 없는 방법이다. 그러므로 정합성은 진리성에 대한 가치 있는 기준이다.

현재까지의 정합론

정합성이 진리성의 시금석이고, 또 모든 옳은 명제의 속성이라고 인정한다면, 더 나아가 정합성이 진리성의 기준일 뿐만 아니라 진리성의 의미라고까지 말할 수 있을까? 다시 말해서 어떤 명제가 다른 명제들과 정합하기 때문에 그 명제가 옳다고 할 수 있으며, 또 그 명제의 진리성을 구성하거나 "만들어 내는 것"은 그 명제와 다른 명제들과의 정합성인가? 정합론 지지자들은 이 결론과 똑같지는 않지만 이와 유사한 견해에 동의한다. 그들은 어떤 판단이 이미 확정되어 있는 모든 옳은 판단의 전체 체계와 정합하기 때문에 옳다고 주장한다. 브라이트먼(E. S. Brightman, 1884-1953)은 "어떠한 판단이든 그 안에 자체 모순이 없으면서 판단들의 전체 체계와 정합적으로 결합할 수 있으면 그 판단은 옳다."고 주장하였다.5)

정합론을 제안하는 사람들이 도달하고자 애쓰는 목표를 형이상학들 가운데 관념주의에 속하는 한 가지 독특한 입장인 "헤겔의 관념론"과 "절대적 관념론"을 잘 알지 못하는 사람에게 명확하게 알려주기는 매우 어렵다. 이 유형의 관념론은 정합론을 지지하는 대부분의 사람이 옹호하는데, 그 까닭은 일반적 세계관이라 할 수 있는 이 관념주의 형이상학이 성립하지 못하면 정합설이 설 자리가 없기 때문이다. 간략히 말하면 이 형이상학적 신조는 이 세계의 본성이 근본적으로는 정신이나 사고의 본성과 같다고 본다. 그래서 인간의 지식은 끊임없이 절대자(실재)와의 결합을 향해 나아가고 있는 "서로 관련을 맺고 있는 판단들의 체계"(현상)라고 주장한다. 독일의 철학자 헤겔의 형이상학적 주장이 이 이론의 원천이다. 헤겔은 우리의 경험 세계가 사고의 진행 과정과 비슷하게 진행하는 변화 과정들의 필연적 계열이고, 그래서 이러한 변화들의 복잡한 상호 연관은 유기적 전체를 이루는 신(神) 즉 절대정신과 합치되어 하나가 된다고 가르쳤다. 헤겔은 "일상 생활에서 진리성은 어떤 대상과 그에 대한 우리의 개념의 일치를 의미한다. … 철학적 의미에서 … 진리성이란 말은 대상에 대한 사고가 그 대상과 만족스럽게 일치하는 것이라고 일반적이고 추상적인 말로 서술될 수 있다. … 오직 신만이

5) E. S. Brightman, *An Introduction to Philosophy*, Henry Holt and Co., 1925, p. 61.

개념과 실재의 완전한 조화를 이루고 있다."고 헤겔은 주장한다.[6] 독자가 현대인이면서 진리성에 대한 정합론의 옹호자라고 할 수 있는 블랜샤드(B. Blanshard, 1892-1987)의 다음 구절을 읽어 보면, 정합론과 형이상학을 분리하는 것이 불가능하다는 것을 깨달을 수 있을 것이다.

> … 실재는 완전히 질서 정연하고 완전히 이해될 수 있는 하나의 체계인데, 우리의 사고는 그 발전 과정을 통해 제 자신을 이 체계에 점점 더 합치시켜 가고 있다. 우리는 개인적 지식이거나 사회적 지식의 성장을—사물들이 그것들의 질서 정연한 전체 속에 있는 것과 꼭 같이—사물들과의 통합에 되돌아가려는 우리 자신의 정신의 기도 즉 우리의 정신을 통해서 질서 정연한 전체 그 자체를 확인하는 일이라고 생각할 수 있다. 그리고 이러한 견해를 받아들인다면 진리성에 대한 우리의 생각은 결정되어버린다. 진리성은 실재에 대한 사고의 근사성이다. 진리는 자기 집으로 돌아가는 도중에 있는 사고다. 진리성의 척도는 사고가 그 내적 지침의 안내를 받아 사고의 궁극적 대상과 궁극적 목적을 통합시키는 지적 체계를 향해 여행해 온 거리 바로 그것이다. 그러므로 어떤 주어진 시간에 경험 전체가 갖는 진리성의 정도는 우리의 경험 전체가 이루어 놓은 체계화의 정도다. 어떤 특수한 명제의 진리성의 정도는 우선 첫째로 그 명제와 경험 전체와의 정합에 의해서 판단되어야 하고, 궁극적으로는 모든 것에 대한 온갖 경험이 이루어져 사고가 휴식을 취할 수 있는 상태인 "궁극적 전체"와 그 명제와의 정합에 의해서 판단되어야 한다.[7]

정합론에 대한 비판

진리성에 관한 정합론을 비판하는 철학자들은 대체로 정합론과 얽혀있는 특수한 형이상학 이론에 반대한다. 그들은 정합론이 어떤 유형의 관념론에

6) G. Hegel, *Logic*, W. Wallace, trans., London: Humphrey Milford, Oxford University Press, 1892, pp. 51-52.

7) B. Blanshard, *The Nature of Thought*, The Macmillan Company, 1940, vol. 2. p. 194.

의지하지 않고는 옹호될 수 없다고 지적한다. 게다가 이러한 유형의 관념주의 형이상학 자체가 내세우는 진리성에 관한 정의는 궁극적으로는 "대응"이라는 개념에 의존하지 않을 수 없다. 이제 어떤 판단 p가 q, r, s 등의 옳은 판단들의 전체 체계와 정합하기 때문에 옳다고 가정해보자. 그렇다면 다음과 같은 그림으로 이 상황을 나타낼 수 있다.

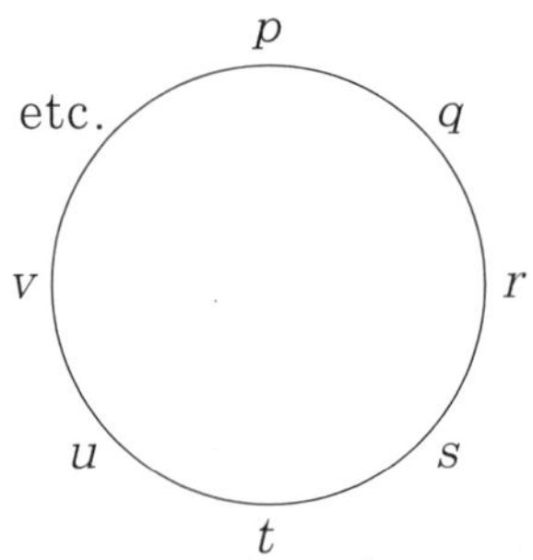

옳은 판단인 p, q, r 등은 사고들이고, 이런 사고들은 사고의 본성과 똑같은 본성을 가진 하나의 "전체"와 정합하는 부분이기 때문에 옳다고 주장한다면, 진리성에 관한 정합론의 정당성은 세계가 본질적으로 사고의 진행 과정과 비슷한 과정이라는 신조에 의존하지 않을 수 없다. 그런데 정합론의 가정에 따르면 진리성은 개별 판단과 전체로서 받아들여진 판단 체계와의 정합성의 문제다. 그렇다면 무엇에 의하여 판단들의 전체 체계는 옳게 되는가? 옳은 판단들의 전체 체계가 개별적으로 받아들여진 각각의 판단의 진리성을 보증한다. 그러나 무엇이 이 체계 전체의 옳음을 입증한단 말인가? 이런 물음에 대해 정합론자들은 보통 판단들의 체계가 "실재"와 비슷하다든가, 아니면 판단들의 체계가 실재를 향해 접근해 가고 있는 과정에 있다고 대답한다. 그러나 이런 답변은 정합론 그 자체가 대규모의 "존재론적 대응"이라는 가정에 근거를 두고 있음을 의미한다.

형식 과학에서의 정합성

진술의 진리성이 넓은 의미로 진술들 상호 간의 정합성이나 일관성에 의해서 성립하는 일군의 진술이 있다. 이러한 진술은 형식 과학의 문장들 즉 논리학과 수학의 진술들이다. 우리는 이미 "7+5=12" 같은 단순한 산술학의 진술은 이 진술이 일련의 경험적 사실에 부합하기 때문이 아니라, 산술학 체계의 기초를 이루는 공준, 규칙, 기초 개념에서 유도해낸 그보다 앞선 정리들로부터 끌어내질 수 있는 정리이기 때문에 옳다는 것을 알고 있다. 형식 과학의 진술들의 진리성은 기초 개념들과 그로부터 유도된 진술들의 체계에 속할 수 있는 구성원 자격 즉 집단 일관성 이외의 다른 것일 수 없다. 콰인(W. V. O. Quine, 1908-2000)은 "수학과 논리학의 법칙들은 오직 우리의 개념들의 체계와 정합하기 때문에 옳다."고 밝혔다.[8]

실 용 론

실용주의의 기원

"실용주의"(實用主義, pragmatism)라는 말은 20세기가 시작되기 조금 전부터 중요한 저술을 출판했던 몇몇 철학자들의 학설을 약간 막연하게 가리키는 이름으로 사용되는데, 그들 대부분은 미국 사람이다. "실용주의"라는 용어는 2장에서 언급한 바 있는 퍼어스의 의미 이론이 논의되는 맥락에서 퍼어스에 의해 철학에 도입되었다.[9] 하지만 퍼어스의 친구인 제임스(W. James, 1842-1910)가 1898년에 맨 처음으로 "실용주의"라는 용어를 공공연하게

---

8) W. V. Quine, *Methods of Logic*, Henry Holt and Co., 1950, p. xiv.
9) 2장 69쪽 참조.

사용했던 것 같다. 제임스의 연이어 계속된 강연과 저서들은 실용주의를 일반 대중의 관심 대상으로 떠오르게 하였다. 영국의 쉴러(F. C. S. Schiller, 1864-1937)와 미국의 듀이의 저서들도 실용주의와 관련이 있다. 그러나 "실용주의"라는 용어를 둘러싸고 일어난 오해와 논쟁 때문에, 듀이는 자기 학설의 특징을 살리는 명칭으로 "도구주의"(道具主義, instrumentalism)라는 용어를 사용하였다.

진리성에 관한 제임스의 이론

실용주의는 전체적으로 보면 지식에 관한 이론이다. 이 이론은 지식이 행동을 위해서, 즉 우리가 부딪히는 문제에 대하여 어떤 조치를 취하기 위해서, 바꾸어 말하면 인간의 존재 조건인 끊임없이 계속되는 장애와 혼란에 대처하기 위해서 만들어진다고 주장한다. 제임스는 진리성에 관한 실용적 이론을 전개하면서 "진리"라는 말은 "냉동 창고" 속에 있는 명제에 사례하는 공허한 찬사라고 말했다. 신념은 그것이 행동으로 옮겨질 때에 옳은 것으로 바뀐다. 신념의 진리성은 경험의 세계에서 그 신념이 좋은 결과를 이루리라는 약속을 떠나서는 생각할 수 없다.

제임스에 따르면 진리성은 우리가 그것에 의거하여 행동하려고 준비한 신념의 속성이다. 옳은 신념은 "성공적이고" "편리하고" "만족스럽고" "유용한" 신념이다. 옳은 신념은 그에 의거해서 행동한다면 일을 해낸다. 옳은 신념은 끝내는 만족스러운 결과를 만들어내는 신념인 것이다. 그른 신념은 그것을 실행할 경우 결국 실패로 끌고 간다. 만일 어떤 신념이 행동으로 옮겨질 수 없거나 또 그 신념이 옳을 경우와 그를 경우가 어떠한 방식으로도 아무런 차이를 보이지 않는다면 그 신념은 옳지도 그르지도 않다. 이런 신념은 오직 무의미하고 공허할 뿐이다. 제임스는 이 점을 다음과 같이 표현하였다. "어떤 관념이나 신념이 설사 옳다고 인정된다 하더라도 어떤 구체적 차이가 사람들의 실제 생활 속에서 그 관념이나 신념을 옳은 것으로 만들 것인가? 어떻게 그 신념의 진리성이 여실히 드러나는가? 그 신념이 그른 것일 경우에 얻게 될 경험과 차이가 있는 경험은 무엇인가? 요컨대 누구나 잘 알고 늘 쓰는 말로 대체 진리의 현금 가치는 얼마인가?[10]"

그래서 제임스는 옳은 신념은 유용한 신념이라고 보았다. 그러나 제임스는 여기서 더 나아간다. 진리성과 유용성은 그게 그것이다. 제임스는 "그건 진리이기 때문에 유용하다."는 진술과 "그건 유용하기 때문에 진리다."라는 진술을 비교하고, "이 두 구절은 정확히 똑같은 것을 의미한다."고 주장하였다. 신념의 진리성은 신념을 시험해봄으로써 겨우 발견되는 것이 아니다. 신념의 검증이 곧 신념의 진리성이다.

그러나 확정된 사실들은 어떤가? 쥐 한 마리가 벽장 속에서 살고 있다고 생각해보라. 그 사태에 대한 나의 신념이나 진술은 옳다. 그러나 그 신념이나 진술은 유용하기 때문이 아니라 사실과 부합하기 때문에 옳다. 제임스는 확실히 그와 같은 확정된 사실들이 있고, 우리의 신념과 그러한 사실 사이의 관계는 진리성에 관한 대응론에 의해 적절하게 설명된다고 인정하였다.[11] 그러나 모든 사실이 확정되어 있지는 않다. 대응론의 위험은 우리로 하여금 모든 사실이 확정되어 있다고 생각하도록 만드는 일반적 경향을 갖고 있다는 점에 있다. 더욱이 사실은 우연히 일어난다. 사실은 이리저리 변하며, 이에 따라 사실에 대한 신념의 진리성도 바뀐다. 더 나아가 많은 사실이 우리의 신념에 의해서 만들어질 수 있다. 잡목들이나 자라는 황량한 땅을 개간하여 경작을 시작한 지 얼마 되지 않은 새로운 지역 사회의 주민들 가운데 약간의

10) William James, *Pragmatism*, Longmans, Green and Co., 1928, p. 200. (PB: Meridian, World Publishing, Cleveland.)

11) 하지만 제임스는 그러한 신념조차도 실용주의 기준에 따라서 옳음과 그름이 분석될 수 있을 것이라고 지적하곤 했다. 당신이 침실의 벽장 속의 시끄러운 소리 때문에 밤마다 잠을 방해받는다고 가정해보자. 당신은 벽장 속에 쥐가 살고 있다고 믿게 된다. 그 신념에 따라 행동하기 때문에 당신은 벽장 문을 열고 쥐덫을 놓고, 쥐약을 놓는 등등의 일을 한다. 이제 쥐가 이 방법에 의해 잡혔다고 가정하자. "쥐가 있다" 등등의 신념은 그것을 근거로 삼고 행동한 당신을 만족스러운 결과에 인도했으므로 유용했다고 보아야 하지 않을까?

사람이 2년 안에 여기에 훌륭한 학교를 세워야 한다고 믿는다고 가정해보자. 대부분의 나이 많은 주민은 그들에게 반대하여 다음과 같이 말한다고 가정하자. "이런 곳에 학교를 세운다는 것은 불가능하다. 왜냐하면 모든 납세자가 그 일에 반대하고 있기 때문이다." 그러나 그 소수의 시민은 지역 사회가 학교 설립 계획을 지지할 수 있고 또 지지하게 될 것이라는 신념이 마치 사실인 것처럼 믿고 활동함으로써 가로막는 방해를 제거하면서 천천히 참을성 있게 그 계획에 대한 지지를 얻기 위하여 노력해 나간다. 우리는 항상은 아닐지라도 흔히 신념에 대응하는 어떠한 사실도 없는 경우에 확고한 신념이 사실을 창조하는 일이 일어난다는 것을 안다. 믿음은 산이라도 움직일 수 있다.[12]

제임스의 이론에 대한 비판

제임스가 설명한 실용주의적 진리 이론은 애매한 표현으로 가득 차 있다. 제임스가 진리와 관련시켜 "편리하다" "유용하다" 따위의 말을 열광적이지만 산만하게 사용한 사실 때문에, 제임스는 진리의 "객관성"을 부정하고 그 대신 주관적 기준을 제안하고 있으며, 또 우리를 즐겁게 해준다고 생각되는 것이면 무엇이든지 옳다고 주장한다고 확신하게 된 사람이 많았다. 실용주의에 대한 비판자들은 "우리는 오늘은 진리라고 여길 수 있지만 내일이면 허위라고 말할 수밖에 없는 그런 진리에 의거해서 오늘을 살아가야 한다."[13]고 말하는 제임스주의자의 견해를 문자 그대로 해석함으로써 실용주의를 상대주의(相對主義, relativism)라고 비난하는 그들의 주장을 뒷받침하고 있다. 비판자들은 실용주의가 개개의 사람이 자기의 진리를 결정한다고 말한 고대의 소피스트의 이론에 대한 새로운 해석이라고 공공연히 비난하였다. 제임스는

---

12) 신념이 어떻게 사실을 창조할 수 있는가라는 것이 윌라 카터(W. Cather)의 소설 "*Death Comes for the Archbishop*"의 주요한 주제다.

13) James, *Pragmatism*, p. 200.

물론 자신의 이론이 이런 식으로 해석되는 것을 한 번도 인정한 적이 없었다. 제임스는 자신의 실용주의가 이론과 도덕적 실천 사이의 간격을 좁히는 데 도움이 되기를 바랐었다. 제임스는 이론과 실천 사이의 간격이 뛰어넘을 수 없을 정도로 벌어지는 것을 철학자들이 허용한 것은 잘못이라고 믿었다.

실용주의 진리 이론에 대한 한층 더 구체적인 비판은 실용주의 진리 이론이 진리란 무엇인가라는 물음과 진리를 어떻게 발견하는가라는 물음을 혼동하고 있다고 주장한다. 유용성이나 작업 수행 가능성(作業 遂行 可能性, workability)이 어떤 문장의 진리성에 대한 가치 있는 시금석이라는 것은 의심의 여지가 없다. 통상 우리는 탐구의 노력 끝에 어떤 결과를 얻게 될 것이라고 신뢰하기 때문에 "너희의 열매로 너희를 알지니"라고 말한 예수를 위시해서 우리 모두가 실용주의자다. 만일 내가 자동차의 엔진의 시동을 걸려고 하고 있는데, 당신이 "점화전의 점화되는 부분에 낀 먼지가 엔진이 가동되지 못하도록 하고 있으므로, 그 곳을 깨끗이 하면 엔진이 순조롭게 걸릴 것이다."라고 말한다면, 이 말에는 실행에 옮길 수 있는 절차가 적절하게 짜여져 있는 것이 분명하다. 내가 점화전을 말끔히 청소하고 시동을 걸었더니 엔진이 부드럽게 작동하였다. 이 경우 그 가설을 행동으로 옮겨 검증함으로써 그 문제는 해결되었다. 그 가설은 만족스러운 결과를 산출하였다. 그 가설은 일을 해냈다.

그런데 우리는 일상의 문제에 대해서 뿐만 아니라 특수한 학문의 문제에 대해서도 이러한 시험 절차와 비슷한 절차를 사용하는 것을 당연하게 여긴다. 탐구에서 사용되는 실용주의적 방법은 진리성에 대한 시험 방법이라 할 수 있는데, 이것은 특이한 방법이거나 특별히 미국적인 방법이 아니다. 그것은 단순히 경험적 검증의 일종일 뿐이며, 우리가 어떤 가설의 진리성을 시험이나 실험에 의해서 점검해볼 때에는 언제나 따라야 하는 일반적 절차일 뿐이다.

진리성에 관한 도구적 개념 — 듀이

듀이는 인간을 자연적 환경과 사회적 환경 속에서 움직이는 유기체라고 본다. 인간은 자연과 사회를 상대로 하여 수많은 경험을 겪게 되는데, 우리는 바로 이 경험들을 대상으로 삼고 철학하는 것이다. 자연과 사회라는 인간의 이원적 환경은 문제들을 일으킨다. 환경은 인간이라는 유기체가 극복하려고 노력해야 하는 곤경과 장애를 일으켜 놓는다. 그런데 인간은 자신의 자연적 환경과 사회적 환경을 썩 잘 통제할 수 있다. 인간은 환경을 통제함으로써 환경을 변화시킬 수 있다. 인간과 자연 사이의 관계가 영원한 사실들의 집합체와 관찰자 사이의 관계로 고정되어 있다고 생각되어서는 안 된다. 대응론은 자연과 사회에 대한 인간의 관계에 대하여 이러한 잘못된 정적 견해를 암암리에 가정하고 있기 때문에 부적당한 이론이다. 제임스와 마찬가지로 듀이도 사실이 확정되어 있지 않다는 점을 강조한다. 인간은 지성에 의해서 환경을 통제하고 변경시킨다. 관념은 행위의 도구이지 명상의 대상이 아니다. 따라서 사실은 만들어질 수 있다. 그리고 사실이 만들어질 수 있다면 진리도 만들어질 수 있다. 그렇다면 검증은 다만 진리성에 도달하는 하나의 방법인 것만은 아니다. 검증이 곧 진리성이다. "검증과 진리성은 똑같은 것에 대한 두 가지 이름이다. 우리가 그것을 과정으로 생각할 때에는 '검증'이라는 말로 표현하고, 그것을 소산으로 파악할 때에는 '진리성'이라고 부른다."14)

듀이는 실용주의에 대한 비판자들도 어떤 명제가 일을 해낸다는 사실이 그 명제가 옳다는 것을 알려줄 수 있다는 것을 이의 없이 인정한다고 주장한다. 그러나 비판자들은 어떤 명제가 일한다는 것이 바로 그 명제의 진리성과 똑같은 것은 아니라고 주장한다. 비판자들은 그 명제는 처음부터 옳았었다고 주장한다. 그러나 듀이는 이 입장의 부자연스러움이 다음의 예에 의해서 설명될 수 있다고 응수한다. 어떤 사람이 방금 익사로부터 구출되었다고

14) John Dewey, *The Influence of Darwin on Philosophy*, New York: Holt, Rinehart and Winston, 1910, pp. 139~40. (PB: Indiana U. P.)

가정하자. 어떤 사람이 그는 이제 막 구출된 사람이라고 말한다. "그렇다, 그러나 그는 줄곧 안전한 사람이었다. 구출의 과정은 그 사실에 증거를 주지만, 그 사실을 만들어내는 것은 아니다."라고 말하는 구경꾼에 대해서 우리는 어떻게 생각할 것인가? 듀이는 경험 속에서 증명된 모든 명제가 검증에 선행하는 진리성을 갖고 있다고 주장하는 것은 정말로 불합리한 일이라고 반대한다.[15] 어떤 사람이 숲 속에서 길을 잃고, "이러이러한 방식으로 행동하면 이 숲을 안전하게 빠져 나가게 될 것이다."라고 중얼거린다고 가정하자. 그는 그 명제에 따라 행동하여 안전한 지역에 도착하는 데 성공한다. 이 명제의 진리성과 이 명제의 성공은 사소한 일에 사로잡히지 않는 한 구별될 수 없다. 듀이는 바로 "진리"라는 말 속에 함정이 있다고 지적한다. 즉 "진리"에 덧붙여져 있는 고정적이고 영속적이며, 인간과 유리되어 있는 성격을 가진 "전통적 부대 의미"가 너무 강하기 때문에 "진리"라는 말을 사용할 때에 우리는 무의식적으로 그 말과 관련되어 있는 케케묵은 형이상학을 자신도 모르는 사이에 인정하기 쉽다고 듀이는 경고하였다. 이런 까닭에 듀이는 "진리성"이라는 말보다 "보증된 주장 가능성"(warranted assertibility)이란 말을 더 좋아하였다.

도구론에 대한 비판

진리는 언제나 미리 확정되어 있는 것이라고 생각하는 성향이 인생사의 어떤 영역에서 실험을 막아온 것이 사실인데, 대부분의 현대 철학자들은 이러한 성향에 대한 듀이의 비판이 올바르다고 동의할 것이다. 듀이가 "옳은 것은 검증된 것을 뜻한다."라고 제임스가 했던 말을 똑같이 주장할 때, 대부분의 옳은 명제의 경우에 명제의 실제적 검증과 그 명제가 언급하는 사태를 분리시키기 곤란하다는 점에 우리는 바로 동의할 수 있다. "미네소타 팀은 금년에 미시간 팀을 굴복시킬 것이다."와 같은 진술은 오직 그 진술이 검증되는

---

15) *Ibid.*, p. 142.

순간에 옳게 된다. 대응론이 그 문장에 맞는 사실이라고 내놓을 어떠한 사실도 현재로서는 없다. 이와 마찬가지로 "민주주의는 가장 좋은 정치 형태다."라는 명제는 여러 세기 동안의 시행, 착오, 조정, 타협을 거치는 역사적 맥락에서 검증되었을 때 옳게 된다. 이런 이유로 명제의 진리성과 명제의 검증은 뒤엉켜 있다.

그럼에도 불구하고 듀이에 대한 비판자들은 "옳은 것은 검증된 것을 뜻할 뿐 그 밖의 어떤 것도 의미하지 않는다."라는 듀이의 말을 인정한다면, 이러한 동일시가 그대로 성립하지 못하는 예외의 상황들이 있다고 지적한다.[16] 어떤 상황은 결정되어 있지 않은데, 이런 상황에는 "검증으로서의 진리성"에 관한 듀이의 이론이 적용될 수 있다. 불확정적 상황의 한 예로 미국의 대통령 선거에 앞서서 벌어지는 상황을 들 수 있다. "케네디는 대통령이다."라는 명제의 진리성은 투표인들의 투표에 의해 그 선거 상황에 대한 진정한 의심이 풀릴 때에 이루어지게 된다. 선거 당일에는 진리성과 검증은 똑같은 것이다. 이렇게 진리는 만들어진다. 그런데 다른 상황은 결정되어 있다. 내가 돼지 저금통을 열고 그 안에 들어 있는 1달러 지폐를 볼 때에 이러한 내 행동이 "이 돼지 저금통 안에 1달러가 들어 있다."는 명제를 진리로 만드는 것은 아니다. 그 저금통 안에는 줄곧 1달러가 들어 있었다. "지구는 둥글다."라는 명제에 대하여 검증이 이루어지기 전에는 이 명제가 옳지도 그르지도 않았다고 거리낌 없이 주장할 사람은 아무도 없을 것이다.

어떤 철학자가 지닌 진리관의 성격은 그에게 흥미를 일으키는 종류의 상황에 상당히 크게 의존하는 것 같다. 사실 듀이는 돼지 저금통 속의 몇 달러나 지구가 둥글다는 사실 같은 확정적 상황에 관한 명제에 대해 일차적 관심을 보이지 않았다. 제임스는 확고한 의지를 가지고 노력하여 충돌을 해결하고 신념이 사실을 만들어내는 도덕적 영역에 속하는 여러 가지 상황에 열중하였다. 듀이는 철학적 문제들이 숲에서 길을 잃은 사람, 작업 가설(作業

16) John Dewey, *Reconstruction in Philosophy*, New York: Holt, Rinehart and Winston, 1920, p, 160. (PB: Beacon Press, Boston.)

假說, working hypothesis)을 찾고 있는 과학자, 사회적 충돌을 해결하려고 힘쓰는 시민이 처한 상황과 마찬가지로 문제 해결 상황의 성격을 가진 것으로 보았다. 그러나 러셀처럼 목성의 위성, 적색 광선의 진동율, 북아메리카에 현존하는 맘모스 등의 확정적 상황에 관한 명제에 관심을 기울이는 철학자들도 있다. 러셀은 어떤 유형의 대응론만이 이러한 명제를 다루는 데 필요하다고 확신하였으므로, 실용론이 이러한 명제의 진리성의 의미를 적절하게 설명할 수 있다는 생각을 부정하였다.

확 실 성

"확실성"의 의미

"진리성"이라는 말과 마찬가지로 "확실성"이라는 말도 혼란을 일으키기 쉬운 말이다. 우리는 때로 마음의 상태를 서술하기 위하여 이 말을 사용한다. 확실성은 그 자체로서만 보면 의심의 반대다. 우리는 어떤 진술을 확신할 경우에는 주저 없이 동의한다. 그러나 의심할 때에는 그 진술에 대한 동의를 보류한다. "마음의 상태"로서의 확실성은 흔히 주관적 확실성(主觀的 確實性, subjective certainty)이나 심리적 확실성(心理的 確實性, psychological certainty)이라 한다. 그런데 주관적 확실성은 진리성을 전혀 보증하지 못한다. "나는 존스 해변에서 마리안느를 보았다고 확신한다."고 말하는 사람은 이 명제가 옳다는 흔들릴 수 없는 확신을 가질 수도 있다. 그러나 우리가 경험을 해봐서 너무나도 잘 알고 있는 바와 같이 그 당시에 그렇게 강한 확신을 가졌을지라도 나중에 잘못 알았었다고 인정하지 않을 수 없는 경우도 있다. 오랜 세월 동안 대부분의 교육받은 사람이 지구는 움직이지 않으며, 일각수라는 동물이 있다고 의심 없이 확신하였다. 어떤 것이 그러하다는 확신은 실제로 그러하다는 사실을 의미하지 않는다.

그런데 때로 우리는 명제에 확실성을 부여하는 수도 있다.17) 사람들은 "나는 …라고 확신한다."고 말하는 대신에 "…라는 것은 확실하다."고 주장한다. 이 방식에 따라서 우리는 "나는 두 다리를 갖고 있다."는 진술과 "2+2=4"라는 진술이 확실하다고 주장할 수 있다. 우리가 이 두 명제를 확실하다고 하는 까닭은 이 명제들을 의심할 아무런 이유가 없으며, 이 두 명제를 입증하는 충분한 객관적 증거를 갖고 있기 때문이다. 이런 의미의 확실성은 흔히 객관적 확실성(客觀的 確實性, objective certainty)이라 부른다.

확실성의 탐구에서 철학자들은 어떤 종류의 명제가 확실한가를 흔히 문제 삼아 왔다. 고대의 회의주의자들은 확실한 명제는 하나도 없다고 믿었다. 근대 철학의 아버지인 데카르트는 확실한 명제가 있다고 믿었으며, 주목할 만한 방법을 확실한 명제를 찾는 데 사용하도록 권하였다.

데카르트의 방법

17세기 프랑스의 저명한 철학자인 데카르트는 지식인들이 온갖 주제에 대해서 의견의 일치를 보지 못한다는 사실 때문에 마음이 편하지 않았다. 모든 논쟁을 초월해 있는 명제는 전혀 있을 수 없는 걸까? 만일 그러한 명제가 있다면 우리는 그런 명제를 찾아내어 그 위에 우리의 지식을 세워야 할 것이다. 데카르트는 자기가 확실한 명제를 찾을 수 있는 확고한 방법을 알아냈다고 믿었다. 그는 생각에 떠올릴 수 있는 모든 명제에 대하여 그 명제를 의심할 수 있는가를 알아보고자 하였다. 그래서 데카르트는 "방법으로서의 의심"(methodic doubt)을 일상의 경험과 여러 학문의 명제를 비롯해서 모든 명제에 적용해 나갔다. 그 결과 데카르트는 모든 명제를 의심할 수 있다는 것을 발견하였다. 그는 자신이 경험하는 세계의 객관적 실재성까지도

17) 어떤 학자는 "확실성"이 추리의 결론인 명제가 아니라 오히려 추리에 속하는 성질이라고 주장하기도 한다. 1장 18-26쪽에 있는 추리에 관한 논의를 참조하라.

의심해볼 수 있었다. 왜냐하면 이 세계라는 것도 강력한 악의를 품은 어떤 악마가 데카르트의 정신 속에 일으킨 환상일 수도 있기 때문이다. 그러나 마침내 데카르트는 근본적으로 도저히 의심할 수 없는 한 명제에 도달하였다. 그것은 바로 "나는 실존한다."라는 명제였다. 데카르트는 자기가 생각하고 있기 때문에 자신이 실존한다는 것을 안다고 생각하게 되었다. 전 세계에 관해서 나를 속이면서 나에게 붙어 다니는 악마가 틀림없이 존재한다 할지라도 적어도 속임을 당하고 있는 데카르트는 실존해야 한다. 그래서 그는 다음과 같이 선언했다. "나는 생각한다. 그러므로 나는 실존한다는 진리를 깨달았을 때에, 나는 이 진리를 흔들기 위해 회의주의자들이 주장할 수 있는 아무리 엉뚱한 생각에 의해서도 의심받을 여지가 없을 만큼 이 진리가 확실하고 명백하다는 것을 알았기 때문에, 나는 이 진리를 내가 찾고 있던 철학의 제일 원리로 주저 없이 받아들일 수 있다고 결론을 내렸다."[18]

그 다음 데카르트는 다른 확실한 명제를 찾아 나갔다. 그는 "나는 실존한다."라는 판단을 의심할 수 없는 이유는 이 판단이 독특한 선명성(鮮明性, clarity)과 분명성(分明性, distinctness)을 갖추고 있기 때문이라고 생각하였다. 이와 같은 정도로 선명하고 분명한 다른 판단들이 있을까? 데카르트는 "완전자(完全者, perfect being)는 실존한다."라는 판단이 의심할 수 없는 선명성과 분명성을 갖추고 있어서 이 판단을 표현하는 명제가 확실하다고 확신하였다. 그래서 데카르트는 "신이 실존한다."라는 명제의 진리성은 자명하다고 주장하였다. 누구나 일단 이 명제가 의미하는 것을 이해하기만 하면 도저히 의심할 수 없다는 것이다. 데카르트는 "신이 실존한다."라는 명제의 확실성이 만족스럽게 확립되었다고 생각했기 때문에, 인간의 지식은 적절하게 사용하기만 하면 근본적으로 신뢰할 만하다고 결론을 내렸다. 왜냐하면 자비로운 신이 근본적으로 신뢰받을 수 없는 그런 능력을 인간에게 부여하지는 않았을 것이기 때문이다.

---

18) R. Descartes, *Discourse on Method*, 1. Veitch, trans., M. Wallter Dunne, 1901, p. 171. (PB: Liberal Arts, Bobbs-Merrill, Indianapolis.)

"자명"의 의미

독자는 데카르트가 신의 실존과 인간의 지식에 대한 "상대적 신뢰 가능성"을 정립하는 일련의 추리의 타당성에 대하여 아마 반대할 것이다. 데카르트의 추리 과정의 결함 가운데 하나는 그가 명제의 확실성을 뒷받침하기 위하여 선명성과 분명성 즉 "자명"(自明, self-evidence)을 사용하는 데에서 생긴다. 왜냐하면 어떤 명제가 자명하다고 주장될 수 있는 적어도 두 가지 의미가 있기 때문이다. 한편으로 어떤 명제는 가끔 증명될 수 없다는 뜻, 즉 우리가 그 명제를 다른 명제로부터 추리할 수 없다는 뜻으로 자명하다고 주장된다. 다른 한편으로는 어떤 명제의 내용이 나에게 완전히 명백하다면 자명하다고 주장된다. 산술학에 익숙한 사람에게는 "3+3=6"이라는 명제는 두 번째 의미로 자명하다. 그러나 첫 번째 의미로는 자명하지 않다. 왜냐하면 이 진술이 산술학 체계 속의 그보다 더 근본적인 다른 진술들로부터 연역될 수 있기 때문이다.

그런데 "나에게 완전히 명백하다."라는 의미에서의 자명은 확실성에 대한 위험스러운 주관적 기준이라 할 수 있다. 어떤 사람이 선명하고 분명하게 파악한 것을 다른 사람은 선명하고 분명하게 파악하지 못하는 수가 있다. "신이 실존한다."라는 명제는 데카르트에게는 자명하였지만 대부분의 철학자에게는 전혀 자명한 것이 아니다. 러셀은 "인간의 사고에서 최고로 선명한 사고라 할지라도 케이프 호온의 존재를 실증할 수는 도저히 없을 것이다."라고 말했다. "모든 사람은 태어날 때부터 평등하다."라는 명제는 미국을 건국한 사람들에게는 자명하였지만 부르봉 왕조의 왕들에게는 자명하지 않았다.

데카르트는 신이 실존한다는 것은 형이상학적 진리이며, 형이상학적 진리는 다음의 설명이 보여주는 방식으로 수학적 진리와 다르다고 대답하곤 했다. 기하학의 공리는 감각 경험과 상상(想像, imagination)을 조화시키고 있다. 우리는 기하학의 공리를 물리적인 겉보기 현상과 물체에 적용할 수 있다. 우리는 기하학을 배우는 데에 도움이 되도록 눈으로 볼 수 있는 그림을 그러다. 그 이유는 기하학의 법칙들이 누구나 그것들을 자명하다고 이의 없이 인정할 정도로 일상의 경험적 세계 속에 있는 사물의 속성들과 일치하기 때문이다. 그렇지만 형이상학적 진리들은 지각할 수 있는 세계 속에서 쉽사리 관찰할 수 있는 특징들과 결합되지 않는다. 감각적 관찰은 기하학을 도울 수 있을지는 모르지만, 형이상학의 진리들을 파악 하는 데에는 오히려 방해가 될 수 있다. "신이 실존한다."와 같은 자명한 진리가 그것을 숙고하는 바로 그 사고 활동 속에서 의심의 여지없이 그 자신을 드러내 보인다는 것을 우리가 알 수 있는 것은 우리로 하여금 형이상학적 개념들에 대하여 편견을 갖게 하는 감각 경험과 상상을 지성이 경멸할 때에만 가능하다고 데카르트는 주장하였다. "신이 실존한다."라는 명제가 자명하다는 데카르트의 주장은 8장에서 유신론을 고찰할 때에 다시 검토하게 될 것이다.

논리적 확실성

데카르트는 해석 기하학을 발견해낸 수학자다. 기하학자로서의 데카르트는 자기가 일련의 복잡한 추리를 해나갈 수 있다는 것을 알고 있었고, 실제로 긴 추리 끝에 누구도 의심할 수 없는 확실성을 지닌 결론에 도달하였다. 형식 과학의 명제는 필연적으로 옳다는 의미에서 확실하다고 할 수 있기 때문이다. "3+3=6"이 단지 개연적일 뿐이라고 말하는 것은 어리석은 일일 것이다. 분석 진술은 모순 관계를 성립시키는 양립 불가능한 요소를 포함하고 있지 않는 한 부정될 수 없다. 그러나 분석 진술의 확실성을 보증하는 증거는 순전히 형식적 성질의 증거다. "3+3=6"이라는 진술의 확실성의 증거는 그것을 포함하고 있는 형식적 체계의 구조로부터 제공된다. 이러한 명제는 우리가 산술학에서 "3" "6" "더하기" "같다"라는 개념을 사용하는 방식과 일치하거나 "정합한다."

철학자들이 그처럼 경탄해 왔던 수학적 결론들이 지닌 독특한 확실성은 논리적 확실성(論理的 確實性, logical certainty)으로 분류될 수 있다. 그러나 우리는 경험적 사실에 관해 주장하는 명제들에 대해서 논리적 확실성을 기대해서는 안 된다. 아무런 내적 모순을 포함하고 있지 않는 진술에 대해서도 반대 진술(反對 陳述, contrary statement)이 주장될 수 있다는 점이 바로 사람과 사물에 관한 진술들의 특징이다. 나는 내가 코를 갖고 있다는 것을 조금도 의심하지 않는다. 그렇지만 "나는 코를 갖고 있지 않다."라는 명제는 "이 유클리드 기하학의 삼각형은 네 개의 변을 갖고 있다."라는 진술이 그 자체 내에 모순을 일으키는 것과 같은 모순을 일으키지 않는다. 데카르트의 방법이 지닌 훌륭한 점을 손상시키고 있는 것은 논리적 확실성과 비슷한 어떤 확실성이 형식 과학과 전혀 관련이 없는 명제들에서도 발견될 수 있다는 데카르트의 명백한 확신이다. 그는 오직 수학과 논리학에서만 발견되는 "선명성과 분명성"을 신과 세계에 관한 명제들에서도 발견하려고 하였다. "진리를 향한 지름길을 탐색하면서 우리는 산술학과 기하학의 논증이 지닌 확실성과 똑같은 확실성을 얻을 수 없는 어떠한 대상에도 관여해서는 안 된다."는 데카르트의 말은 이 점을 잘 보여주고 있다.[19)]

시비할 수 없는 명제

논리학이나 수학의 명제 외에도 어떤 상황에서 확실하다고 인정할 수 있는 명제들이 있을까? "나는 두통을 느낀다."나 "나는 빨간 것을 본다." 같이 단순한 감각에 관해서 언급하는 진술을 생각해보자. 이런 진술은 때로 "시비할 수 없는 명제"(교정할 수 없는 명제, incorrigible proposition)라 부른다. 이런 진술에 대한 반대 진술이 자체 안에 모순을 포함하지 않으므로, 이런 진술을 의심하는 일이 논리적으로 가능하다 할지라도 어떠한 방식으로도 이런 진술의 확실성을 의심할 수 없는 것 같다. 우리가 배를 타고 있을 때

19) R. Descartes, "Rules for the Direction of the Mind," in *The Philosophical Works of Descartes*, E. S. Haldane and G. R. T. Ross, trans., Cambridge University Press, 1931, pp. 43-44. (PB: Liberal Arts, Bobbs-Merrill, Indianapolis.)

당신이 "나는 뱃멀미를 하고 있다."라고 말한다면, 나는 거친 바다, 당신의 창백한 얼굴 등등의 객관적이고 경험적인 증거로부터 "당신은 뱃멀미를 하고 있다."라는 명제를 추리할 수 있음에도 불구하고 당신의 말을 의심할 수 있다. 그러나 뱃멀미를 하고 있는 사람이 나 자신이면서 "나는 뱃멀미를 하고 있다."라고 말한다면 이 진술은 적어도 나에게는 확실할 것이다. 이 진술을 입증하는 증거는 나의 내부에서 직각적으로 확인되는 감각이며, 그래서 나에게만은 의심의 여지가 없다. 나는 그 명제를 추리해낼 필요가 없다. 나는 그것을 직접 안다. 데카르트의 유명한 Cogito(나는 생각한다)를 "나는 경험하고 있다."라고 바꾸어 말한다면 Cogito 식의 명제는 "시비할 수 없는 명제"로 분류될 것이다.

시비할 수 없는 명제들의 확실성에 대해서 모든 철학자가 동의하는 것은 아니다. 어떤 철학자들은 확실성이 그러한 상황 속에 존재하기는 하지만, 그 확실성은 주관적이고 심리적인 확실성일 뿐이라고 지적한다. 다른 철학자들은 그런 진술은 오로지 감각에 대한 보고일 뿐 어떤 종류의 추리도 표현하지 않는 까닭에 정확하게 말하자면 전혀 지식을 표현하지 않는다고 주장한다. "나는 메스껍다."와 "나는 내가 메스껍다는 것을 안다."라는 두 명제의 차이는 무엇인가?[20] 극도로 치밀한 분석 철학자들은 "나는 따뜻하게 느낀다."라는 명제 속의 "나"라는 대명사가 증명되지 않은 채 암암리에 가정되어 있는 형이상학적 실체 즉 변화 속에서 변함없이 지속되고 있는 "인격적 통일체"를 전제로 해서 사용되고 있으므로 무의미하다고 주장하기까지 한다. 따라서 이들 분석 철학자들은 "나는 따뜻하다."라는 진술을 "지금 따뜻함이라는 느낌이 있다."라고 바꾸어 말하는 것이 더 정확하다고 주장한다.[21]

---

20) 비트겐슈타인은 어떤 사람이 따뜻함, 고통, 능능을 감각한다는 사실을 알 수 있다는 것을 증명하려는 무어의 시도에 반대했다. 그는 지식과 확실성이라는 개념이 어떤 사람 자신의 감각에는 적용되지 못한다고 주장했다. 비트겐슈타인에 따르면 나는 나의 감각을 아는 것이 아니라 오직 느낄 뿐이다.

21) 철학적 신중성은 때로 지나칠 경우도 있다. 독일의 잘 알려져 있는 어떤 철학 교수에 관해 전해오는 일화가 있는데, 그는 대상이 실제로 소유하지 않을지도 모르는 속성을 대상에게 부여하는 것을 몹시 두려워한 나머지 평소에 아내를 항상

경험적 특수 명제

시비할 수 없는 명제 이외에도 어떤 상황에서 반드시 확실하다고 당연하게 인정될 수 있는 "경험적 사실에 관한 진술"이 또 있을까? 우리가 "특수한 사실"(particular fact)에 관한 명제라고 부르는 진술이 많이 있다. 다음과 같은 진술이 그러한 유형에 속한다.

책상 위에 사전이 있다.
엘은 야구를 하고 있다.
냉장고 밑에 죽은 쥐가 한 마리 있다.
도서관은 지금 열려 있다.
나는 펜으로 글씨를 쓰고 있다.
수표장이 서랍 속에 있다.

우리는 이처럼 단순한 사실들에 관한 진술을 수없이 만들어 사용하면서 산다. 이러한 명제가 정말로 확실하다고 주장될 수 있을까? 이런 명제는 논리적으로 확실한 명제가 아니다. 그 까닭은 이런 명제에 대한 반대 진술이 형식적 모순에 부딪칠 염려 없이 "옳다고 생각될 수 있기 때문"이다. 또한 이러한 명제를 지지하는 증거가 "나는 따뜻하다." 같은 명제의 경우처럼 "시비할 수 없는" 유형에 속하는 것도 아니다. 그럼에도 불구하고 이런 명제는 어떤 상황에서는 (1) 의심할 아무런 이유가 없고, (2) 입증하는 증거—그 이상 더 의심해볼 만한 점이 전혀 없는 증거—가 있다는 뜻에서 확실하다고 말할 수 있는 것 같다.

특수한 사실에 관한 이런 명제의 확실성을 보증하는 증거는 감각 지각에 근거를 두고 있으며, 또 그 증거는 단순하고 공개적인 절차를 밟음으로써 확인될 수 있는 종류의 것이다. 당신이 눈으로 보아서 책상 같고, 만져서 책상 같고, 책상으로서 역할을 하는 어떤 대상에 접근하여, 그 대상 위에

"존재"나 "존재자"라고 불렀다고 한다.

사전처럼 보이고, 사전처럼 인쇄되어 있고, 사전으로서 역할을 하는 어떤 대상을 발견했다고 가정해보자. 더 나아가 당신의 가족 중의 다른 사람이 그와 똑같은 경험을 하고 있는 것처럼 행동한다고 가정해보자. 그렇다면 "책상 위에 사전이 있다."는 명제의 확실성을 의심하도록 할 만한 무슨 그럴듯한 이유가 있을 수 있을까? 이 진술을 검증하기 위해서 무엇을 더 해볼 것인가? 이 명제의 확실성을 뚜렷하게 증가시킬 이 이상의 어떤 절차를 구체적으로 말할 수 있을까? 과연 데카르트가 생각해보았던 것처럼 이로운 일이라곤 조금도 하지 않는 악의에 찬 악마가 사전이 아닌 어떤 것을 마치 사전인 것처럼 보이도록 하고 있을지도 모른다. 그러나 이러한 일이 가능하다 하더라도 악마가 우리를 참으로 속이고 있다고 생각할 만한 이유는 전혀 발견되지 않는다. 뿐만 아니라 악마가 일부러 어떤 것을 사전처럼 보이게 하고, 사전으로 사용될 수 있게 하고, …하는 수고를 애써 하고 있다면, 오히려 악마가 사전을 만들지 않았다고 생각해야 하지 않을까?

영국의 철학자 무어는 이러한 특수한 사실에 관한 명제의 확실성을 옹호하기 위해 위와 같은 형태의 논증을 주장하였다. "나는 펜을 쥐고 있다."는 명제가 확실하지 않고 오직 개연적일 뿐이라고 고집하는 것은 언어를 사람들이 실제로 사용하지 않는 방식으로 사용하는 것이라고 무어는 지적하였다. 무어와 그를 지지하는 철학자들이 전개한 이 실재론적 입장의 영향을 받은 20세기 분석 철학자 거의 대부분은 "확실하다"는 말을 일상적 의미로 사용하여 경험적 특수 명제들이 확실하다고 주장한다면 옳다고 승인하고 있다. 그렇지만 어떤 철학자들은 아직도 이런 유형의 명제에 대하여 몇 가지 조건을 붙인다. 이들은 우리가 일상적 확실성을 승인한다 할지라도 특별한 철학적 탐구에서는 "확실하다"라는 말을 좀더 엄밀한 의미로 사용하고자 할 수도 있다고 주장하고 있다.[22]

22) A. J. Ayer, "Basic Propositions," in *Philosophical Analysis*, Max Black, ed., Cornell University Press, 1950. (PB: Prentice-Hall, Englewood Cliffs, N.J.)

경험적 일반 진술—귀납

인간의 지식의 한 가지 중요한 특징은 일반성(一般性, generality)을 지녔다는 사실이다. 일반적 진술 없이는 어떤 학문도 성립할 수 없다. 과학적 설명의 본질은 관찰된 특수한 사실을 "일반적 기술"이나 "법칙"에 일치시키는 일이기 때문이다. 과학과 일상적 담화에서 임의로 뽑아낸 일반 진술의 예가 아래에 있다.

나뭇잎 속에는 엽록소가 있다.
지하철은 평일 5시 30분이면 항상 만원이다.
금의 비중은 19.3이다.
야윈 사람은 신경질적 경향이 있다.
소는 궁둥이부터 일어난다.
인간의 혈액은 크게 4가지 유형으로 구분된다.
바늘 도둑이 소 도둑 된다.
암버마제비는 교미 후에 수컷의 목을 잘라 죽인 다음 먹어버린다.
시금치는 몸에 좋다.

이런 일반 진술 모두에 공통하는 몇 가지 요소를 살펴보자. (1) 이런 진술은 추리의 결론이다. (2) 이 결론은 개개의 실례가 조사된 후에 만들어졌다. (3) 조사된 개별적 실례의 수효는 일반 진술이 언급하고 있는 수효보다 적다. 바꾸어 말하면 약간의 경우를 조사한 후 그것을 근거로 하여 모든 경우에 관한 일반 진술이 이루어졌다.

이런 일반 진술은 추리에 의해 확립되는데, 이런 유형의 추리를 귀납(歸納, Induction)이라 한다. 귀납은 어떤 현상에 대하여 관찰된 약간의 실례를 근거로 하여 그 종류의 현상 모두에 관한 결론을 주장하는 추리 양식이라고 정의할 수 있다. 모든 일반 진술이나 과학적 법칙이 귀납에 의해 확립되는 것은 아니다. 과학자들은 빈번히 일반 진술을 연역(演繹, deduction)에 의해서 다른 일반 진술들로부터 끌어낸다. 똑같은 명제가 귀납적으로 확립될 수도 있고 연역적으로 유도될 수도 있다. 나는 과거에 해가 떠오른 실례들에 의거함으로써 "해는 항상 떠오른다."라는 진술의 근거를 귀납에 둘 수 있다. 이와는 달리 나는 운동에 관한 일반 법칙들을 지구에 적용하면 이 명제가 유도된다는 것을 보여줌으로써 "해는 항상 떠오른다."라는 진술을 연역해낼 수도 있다.

과학과 실제 생활에서 귀납 추리의 역할은 매우 중요하다. 귀납적 일반화(歸納的 一般化, inductive generalizatian)의 실제적 유용성은 이 일반 명제들이 우리로 하여금 미래의 사태를 예측할 수 있게 하는 데 있다. 만일 구리 합금을 일정한 온도로 가열할 때마다 녹는다면, 우리는 그와 같은 혼합물이 보여줄 미래의 사례에도 적용시킬 수 있는 "일반적 진술"이나 "법칙"을 구성할 수 있다. 그럼에도 불구하고 귀납 논리학자뿐만 아니라 역사가까지도 괴롭히는 한 가지 문제가 남아 있다. 그것은 우리가 과거로부터 무언가를 배운다 할지라도 도대체 얼마만큼 배울 수 있는가라는 문제다. 그렇다면 우리가 탐구해야 할 문제는 다음과 같은 것이다. 즉 자연의 사건을 기술하는 일반 명제들이 확실하다고 과연 주장될 수 있는가? 이러한 명제들 대부분은 귀납적으로 확립된다. 그러므로 경험적 일반 진술들의 확실성에 관한 문제는 추리의 한 양식으로서의 귀납의 충실성(充實性, soundness)에 관한 문제와 밀접하게 관련되어 있다.

귀납의 문제

충실한 귀납과 불충실한 귀납

귀납의 문제는 다음과 같은 방식으로 표현할 수 있다. 즉 우리는 어떤 상황에서 그리고 무엇으로부터 약간의 조사된 실례를 근거로 하여 일반 진술을 만들 수 있는 권리를 획득하는가? 형식 논리학에서는 "약간의 A는 B다. 그러므로 모든 A는 B다."라는 추리는 부당하다고 판정한다. 일상 생활에서 우리는 "티벳 사람은 믿을 수 없다."든가 "피클과 아이스크림을 함께 먹으면 배탈이 날 것이다." 등과 같이 금방 의심스럽다고 깨달을 수 있는 "귀납적 일반 진술"의 예를 많이 만나게 된다. 이와 반대로 "불은 물을 따뜻하게 할 것이다."든가 "우리는 모두 언젠가는 죽을 것이다." 같은 진술을 의심하는 일은 결코 일어나지 않을 것이다. 그런데 이 두 유형의 일반 진술은 귀납에 의해 만들어진다. 그렇다면 충실한 귀납과 불충실한 귀납은 어떻게 구별할 수 있을까?

"티벳 사람은 믿을 수 없다."는 진술을 생각해보자. 우리는 무엇을 근거로 이 진술을 의심하는가? "믿을 수 없는"이라는 말의 애매성은 논의하지 않기로 하더라도 우리는 다음과 같은 점에서 이런 귀납을 의심할 수 있다. (1) 조사된 사실의 수효가 불충분함. 이 진술을 주장하는 사람이 이 일반 진술의 근거를 몇 차례 티벳 사람을 접해본 것에 두었다. (2) 반대 사례가 있음. 믿을 수 없는 사람이 아닌 티벳 사람에 대한 여러 실례를 우리 자신이 알고 있다. (3) 일반화되고 있는 것의 가변성. 인간의 행동은 매우 변하기 쉽고, 누구나 경험을 통해서 흔히 인간의 특성에 대한 일반 진술이 신뢰할 수 없는 것이라는 것을 알고 있다. (우리 자신이 만든 몇몇 귀납에 우리 자신이 반대하고 있음을 주의하라.)

"약한 귀납"인 "티벳 사람은 믿을 수 없다."와 "강한 귀납"인 "우리는 모두 언젠가는 죽을 것이다."를 비교해보자. 두 번째 진술을 입증하는 증거의 본성은 무엇인가? (1) 인간의 죽음에 대한 대단히 많은 수효의 실례가 조사되었다. (2) 우리는 죽지 않았던 사람에 대한 어떠한 확증 실례도 과거에 없었다는 것을 안다. (3) 인간은 죽게 마련이라는 것은 머리카락의 색깔처럼 변하기 쉬운 특성이 아니다. (4) 더욱이 이 진술은 유기체 전체에 관한 더 높은 수준의 생물학 법칙에서 연역될 수 있다는 사실로부터 독립적인 힘을 얻고 있다.

조사된 실례의 수효

우리는 많은 수효의 조사된 실례가 그 자체만으로는 "귀납적 일반화"의 충실성에 대한 안전한 기준이 못된다는 점에 유의해야 한다. 조사된 실례의 수효가 증가함에 따라 "귀납적 일반화"의 강도도 증가한다고 말할 수는 있다. A가 B로 되는 실례가 많이 발견되면 될수록 앞으로 계속 발견될 A도 역시 B가 될 것이라고 주장하고 싶어질 것이다. 그래서 우리는 일상 생활과 과학에서 조사된 실례의 수효를 상당히 넓은 범위에 걸쳐 기준으로 분명히 사용하고 있다. 누구나 어떤 음식점에서 매번 맛없는 음식을 먹게 되면 거기서 먹게 될 앞으로의 음식도 역시 맛이 없을 것이라고 확신하게 된다. 의학, 사회학적 조사, 그리고 많은 다른 분야의 연구에서 조사된 실례의 수효는 추리의 충실성을 주장하는 데 대단히 유력한 경우가 많다.

그러나 실제 생활과 과학적 탐구에는 조사된 실례의 수효라는 기준이 적용되지 않는 영역이 많이 있다. "아르곤의 비중은 약 20이다."라는 귀납적 진술을 생각해보자. 이 기체를 발견했던 레일리(J. W. S. Rayleigh)와 램지(W. Ramsay)는 두어 번 견본을 이용하여 무게를 재어보고, 그 비중이 20이라는 것을 알아내었다. 이 수치는 곧바로 아르곤 비중의 일반적 표준으로 인정되었다.

어떤 사람이 "불이 몸에 닿으면 뜨겁다."라는 진술의 확실성을 확신하기 위해서는 단 한 번만 손가락을 불에 넣어보면 되지만, 수백 마리의 까마귀 한마리 한마리가 검다는 것을 확인해봄으로써 "모든 까마귀는 검다."라는 진술이 옳다고 주장할 수는 없다. 과학에서는 어떤 일반 진술의 설득력이 수많은 실례를 확인함으로써 증가될 수도 있다. 그러나 너 많은 실례를 확인하는 일이 분명히 시간 낭비가 되는 상황이 무수히 있다. 공기보다 무거운 물체를 떨어뜨려보면서 일생을 보내는 물리학자나 어제 일어난 일을 확신하기 위해 같은 날짜의 신문을 열두 부씩 읽는 사업가가 있다면 어떻게 생각해야 할까? 존 스튜어트 밀은 귀납에 관한 논문에서 다음과 같이 묻고 있다.

> 어떤 경우에는 단 하나의 실례가 귀납의 근거로 완전히 충분한 반면에, 다른 경우에는 이미 알려졌거나 예견되는 단 하나의 예외도 없이 모아진 한결같고 수효도 많은 실례가 왜 보편 명제의 확립을 향해 그처럼 조금밖에 나아가지 못하는 걸까? 이 물음에 답할 수 있는 사람이 누구든 그 사람은 고대에서 현대까지의 어떤 현명한 철학자보다도 논리 철학(philosophy of logic)을 더 잘 아는 사람이며, 더 나아가 이미 귀납 문제를 해결해버린 사람일 것이다.[23)]

귀납에 대한 휴움의 비판

위에서 언급한 충실한 귀납에 대한 대체적 기준—실례의 수효, 반대 사례의 없음—은 스코틀랜드 출신의 회의적 철학자 휴움을 만족시키지 못할 것이다. 휴움은 귀납을 "정당화"시키기 위해 제시되는 보통의 근거에 대하여 이의를 제기했다. 그는 자신이 실제 생활에서 귀납을 믿는다는 것을 인정하면서도, 왜 귀납적 추론이 훌륭한 추론인가라는 문제에 대하여 납득할 만한 답을 들은 적이 전혀 없다고 주장하였다. 휴움은 경험주의자였다. 그는 인간의 가장 신뢰할 만한 지식이 경험에 의해 만들어진다고 믿었다. 휴움에 따르면 우리는 경험을 통해서 오직 "개별적 특수 사건"만 접촉할 수 있을 뿐이다. 우리는 경험을 통해서 일반적 상황(一般的 狀況, general situation)이나 보편적 상황(普遍的 狀況, universal situation)을 전혀 알 수 없다.

휴움은 사람들이 "모든 사람은 죽는다."나 "나트륨은 물과 접촉하면 발화한다." 같은 귀납적 진술을 할 경우에 경험이 보증하는 것 이상의 내용을 진술하고 있다고 주장하였다. 우리가 경험을 통해서 알 수 있는 것은 과거에 사람들이 변함없이 죽었다는 것이고, 과거에 나트륨은 물과 접촉될 때마다 발화했다는 것이다. 그러나 우리는 지금 살아 있는 사람들이 죽을 것이라는 것을 지금 경험을 통해 알 수는 없다. 다시 말해서 경험에 의거하는 한 아직

23) J. S. Mill, *A System of Logic*, London, Longmans, 1925, p. 201.

살아 있는 사람들의 죽음에 관하여 우리는 아무 것도 알지 못한다. 또한 나트륨에 대한 과거의 경험은 아직 관찰된 적이 없는 나트륨의 실례와 아무 관계가 없다. 왜냐하면 어떤 사물이 과거에 일정한 방식으로 움직이는 것이 관찰되었다는 사실은 그것이 계속해서 그렇게 움직인다는 것을 보증하지 못하기 때문이다. 과거에 관찰된 실례의 성질을 토대로 하여 우리는 똑같은 성질이 미래에도 나타날 것이라고 가정한다. 그러나 이러한 가정은 경험에 의해서 정당화되지 못한다. 왜냐하면 이런 가정이 정당화되려면 아직 관찰되지 않은 실례에 대한 관찰이 필요하기 때문이다. 휴움은 "경험에 의거하는 어떠한 논증도 과거와 미래 사이의 이와 같은 유사성을 증명할 수 없다."고 주장하였다. "그 까닭은 이러한 모든 논증은 문제의 그 유사성 가정을 근거로 삼기 때문이다."24)

휴움에 따르면 그렇기 때문에 누구도 경험에 의존해서는 귀납적 진술의 확실성에 대한 어떠한 보증도 확보하지 못한다. 그렇다면 어째서 우리는 귀납적 진술들을 만들고 예측을 입증할 수 있는 것처럼 자신 있게 사용하는가? 휴움은 우리가 습관(習慣, habit)의 힘에 의해서 "귀납적 일반 진술"을 만들어 낸다고 주장하였다. 어떤 사건이 과거에 일정한 방식으로 일어났다는 사실은 우리에게 그 사건이 미래에도 그와 똑같은 방식으로 일어날 것이라고 기대하는 습관을 들인다. 이러한 기대(期待, expectation)가 없다면 귀납에 대한 논리적 정당화도 사실적 정당화도 이루어지지 못한다는 것이 휴움의 생각이다. 러셀이 들었던 예를 살펴보자. 일년 동안 매일 오후 5시에 주인 농부가 주는 모이를 먹어 온 병아리들은 오늘도 모이 먹는 것을 확실히 기대할 것이다. 그러나 어느 날 주인이 오자 가까이 접근한 병아리들은 잡혀서 머리가 잘리고 시장에 보내져버린다. 모이를 먹게 된다는 병아리들의 기대는 분명했지만, 그것이 사건의 과정이 전혀 엉뚱하게 진행되는 것을 막지는 못했던 것이다.

철학자들은 휴움의 귀납 비판에 대해 응수하는 데에 적잖은 곤란을

24) D. Hume, *An Enquiry Concerning Human Understanding*, La, Salle, Ill., Open Court, 1935, p. 37. (PB: Gateway, Regnery, Chicago.)

느꼈으며—다음 장에서 칸트의 응수를 대강 살펴볼 것이다—또한 정당한 귀납이 의거하고 있는 어떤 종류의 "원리"나 "기초"를 찾는 데에도 상당한 곤란을 느꼈다. 이 문제를 해결해보려고 제안된 원리 하나가 자연의 제일성(自然의 齊一性, uniformity of nature)이라는 원리다.

자연의 제일성

밀은 "'자연의 진행 과정은 한결같다.'(The course of nature is uniform.)라는 명제는 귀납의 근본 원리 즉 일반 공리다."라고 주장하였다.[25)] 자연 속의 어떤 사건은 저 혼자 고립된 채 잡동사니들의 범벅 속을 굴러다니는 조각이 아니다. 자연 속의 사건은 어떤 것이든 원인과 결과의 계열들의 거대한 과정에 속하는 일부분이다. 따라서 "제일성 원리"는 인과 법칙(因果 法則, law of causation)을 포함한다. 밀은 "어떤 현상의 원인은 결과라고 불리는 현상이 무조건적으로 항상 똑같은 상태로 뒤따를 수밖에 없는 하나의 선행 현상이거나 연합해서 동시에 작용하는 선행 현상들이다."라고 정의하였다.[26)] 우리는 불과 물에 대한 두세 번의 관찰에 의해 불이 물을 따뜻하게 할 것이라는 것을 확신하게 된다. 우리는 불과 물의 가열됨이 인과적으로 연결된다고 인식하기 때문이다. 이 두 가지 사건은 인과 계열 속의 요소다. 그래서 자연은 이러한 인과 계열 체계, 다시 말하면 어떤 사건이 단지 우연히 다른 사건과 연관되는 것이 아니라 필연적으로 다른 사건과 연결되는 사건들의 거대한 조직이다.

밀은 자연의 제일성 원리가 모든 귀납적 논증(歸納的 論證, inductive argument)의 궁극적 대전제라고 주장하였다. 이 원리야말로 가장 일반성이 넓은 경험적 명제다. 과학적 탐구만 이 원리를 전제로 삼는 것이 아니라 실제적인 일에 대한 모든 처리 역시 이 원리에 의거한다. 헤아릴 수 없이

25) Mill, *A System of Logic*, p. 201.
26) *Ibid.*, p. 222.

많은 실례가 이 일반 원리를 확증하며, 한편 우리가 믿을 만한 지식을 갖고 있는 어떠한 실례도 이 원리에 어긋나지 않는다. 자연에 대한 기술들 즉 자연 법칙들 가운데 가장 일반적 법칙인 이 원리가 여러 가지 과학의 귀납적 진술들에게 그것들 나름의 확실성을 띠도록 해준다. 왜냐하면 이러한 특수 과학들에 의해서 탐구된 인과 계열들은 "제일성 원리"에 대한 예증이기 때문이다.

밀의 논증은 순환 논증이라고 비판을 받아 왔다. 그 까닭은 "자연은 제일하다."는 원리 그 자체가 귀납에 의해 확립되기 때문이다. 그러나 밀은 자신이 만든 "제일성 원리"가 귀납적 진술들 가운데서 예외적인 진술이라고 생각하였다. 밀은 "귀납적 논증"에 대해서 흔히 일어났던 도전이 일반성의 넓이에 관해서 유례가 없고, 모든 가능한 영역에서 얻어진 증거에 의해 검증되었으며, 반증 실례가 알려진 적이 없는 유일하고 전포괄적인 이 원리에 대하여 일어날 수 있으리라고 생각하지 않았다.

그럼에도 불구하고 많은 철학자가 밀의 "제일성 원리"는 귀납에 대해서도 인과 관계에 대해서도 불만족스러운 설명임을 발견하였다. 이 원리는 너무 모호하다고 비판을 받는다. 왜냐하면 이 원리는 충실한 귀납(sound induction)과 불충실한 귀납(unsound induction)을 구별하는 일과 참으로 인과적인 현상의 결합 관계와 그저 인과적으로 보일 뿐인 현상의 결합 관계를 구별하는 일에 전혀 도움을 주지 못하기 때문이다.[27] 이 때문에 화이트헤드는 "'자연의 제일성'이라는 신조는 우주가 광대하다는 사실에 대하여 방심하고 있고, 또 광대한 우주에 잘 맞지도 않는 부분적 진리를 표현하고 있는 것이어서, 마법과 기적의 교리와 비슷한 격위를 지닌 신조로 간주할 수밖에 없다."라고 논평하였다.[28] "제일성 원리"에 대한 이러한 비판에도 불구하고 약간의 철학자는 비록 아직 성공적으로 정식화되지는 못하고 있지만 자연의 제일성과

27) 밀은 "귀납의 격률"을 사용하여 진정한 인과 관계를 확인할 수 있는 기준을 명확하게 세워보려고 노력하였다. 밀의 *A System of Logic*, 제3권 참조.

28) Alfred North Whitehead, *Adventures of Ideas*, New York, Macmillan, 1933, p. 99. (PB: Mentor, New American Library, New York.)

비슷한 어떤 원리가 성립할는지 모른다고 생각하고 있다.[29] 반복(反復, recurrence)이 자연의 근원적 특성인 것은 부정할 수 없을 것 같다. 낮과 밤이 반복하는가 하면, 계절이 반복하고, 심장의 고동이 반복하며, 생성과 소멸이 반복한다. 화이트헤드가 지적했듯이 반복이 없다면 어떤 종류의 예측도 불가능할 것이다.

개연적인 것으로서의 귀납 진술

최근의 철학자 대부분은 경험적 일반 진술에 관해서는 확실성의 탐구가 가망 없는 일이므로 단념되어야 하고, 그래서 귀납적 진술은 기껏 해야 개연적 진술로 생각될 수밖에 없다는 결론에 만족해야 한다고 깊이 느껴 왔다. "귀납적 일반 진술" 아래에 포괄되는 미래의 사태까지 포함한 모든 실례가 다 조사될 수 없다는 것이 명백하므로, 우리가 귀납적 일반 명제에 대해서 완전히 확신할 수는 없다는 것도 분명하다. 우리가 말할 수 있는 것은 "모든 사람은 죽는다."와 "낙하하는 물체는 매초마다 32피트의 비율로 가속된다." 같은 진술이 증거에 의해 확보되는 고도의 개연성을 갖고 있다는 것뿐이다. 경험적 일반 진술이 확실한 진술이 아니라 개연적 진술이라는 이 견해는 역사적으로 과학자들이 기술 법칙(記述 法則, descriptive law)이라고 인정했던 대단히 많은 귀납적 진술이 나중에 수정될 수밖에 없었다는 사실에 의해서 설득력이 강화된다. 보일의 법칙—기체의 부피는 압력에 반비례하여 변한다는 법칙—은 엄밀하지 못하고, 그래서 이 법칙이 어떤 상황에 적용될 경우에는 수정할 필요가 있다는 것이 발견되었다. 한때 절대적 법칙으로 여겨졌던 뉴튼의 법칙들은 그 뒤에 관찰된 공간의 어떤 특성을 설명하기 위하여 수정되어야 했었다.

귀납적 추론이 왜 훌륭한 추론인가라는 문제에 대한 해결책으로서 개연성

29) 밀의 "제일성 원리"보다 더 구체적 원리가 케인즈(J. M. Keynes)의 "유한 다양성에 관한 공준"이다. J. M. Keynes, *A Treatise on Probability*, London: Macmillan, 1921.

(蓋然性, probability, 확률)이라는 개념을 사용하는 데에도 다음과 같은 곤란이 있다. 휴움이 주장한 것처럼 과거의 관찰된 실례가 귀납적 추리에 확실성을 부여할 수 없다면 어떻게 개연성은 전달할 수 있단 말인가? 만일 과거의 현상이 미래의 사실에 영향을 미칠 수 없다면, "개연성"이라는 말을 휴움이 애초에 지적한 것처럼 기대라는 주관적 의미로 해석하지 않는 한 어떻게 미래의 사실에 관해 개연성이 있다고 말할 수 있는가? 더욱이 "개연적"이라는 말은 한 가지 의미만 갖고 있는 말이 아니다. 개연성의 의미들 가운데에서 가장 정밀한 의미는 수학적 개연성(數學的 蓋然性, mathematical probability) 즉 선천적 개연성(先天的 蓋然性, a priori probability)이라는 의미다. 이 의미의 개연성에 근거를 둔 연산을 이용하면 하나의 동전을 계속해서 세 번 던져 세 번 다 앞면이 나올 개연성이 8분의 1이라고 예측할 수 있다. 그러나 이 경우에 우리는 "이상적 동전" 즉 앞면과 뒷면이 나오는 가능성이 완전히 똑같은 동전을 가정해야 한다. 한편 "개연성"이라는 말은 상대 빈도(相對 頻度, relative frequency)를 뜻하기도 한다. 자동차 보험회사는 사고 빈도 표를 작성하여 이에 따라 보험료를 산정하는데, 이 사고 빈도 표는 새로운 사고 추세를 고려하여 수정되어 간다. 개연성에 대한 이 개념은 유용하긴 하지만, 다만 통계적 예측을 할 수 있게 할 뿐 개체에 대한 예측을 할 수 있게 해주지는 못하며, 더 나아가 과거에 일어난 것이 미래에도 대체로 계속해서 일어날 것이라는 신념을 가정하고 있다. 아리스토텔레스는 "개연적인 것은 흔히 일어나는 것"이라는 말로 이 점을 지적하고 있다. 마지막으로 "개연적"이라는 말은 그럼직 하다라는 뜻으로 사용되기도 한다. 내가 "나는 아마 저녁 식사에 닿을 듯하다."라고 말한다면, 이 말은 내가 저녁 식사 시각에 도착하도록 노력하겠다는 것, 다시 말해서 내가 식사 시간에 나타난다고 해서 놀라지도 말고, 내가 저녁 식사를 놓치더라도 전혀 개의치 말라는 것을 의미한다. "개연성"이란 말이 이처럼 다양한 의미를 갖고 있기 때문에 "귀납적 일반 진술"이 결코 확실하지는 못하지만 어떤 상황에서는 높은 정도의 개연성을 가질 수 있다는 말은 크게 도움이 되지 못하는 것 같다.

귀납의 문제—맺음말

일정한 수효의 A의 실례가 B인 것이 발견되었다.
그러므로 앞으로 모든 A의 실례가 B일 것이다.

위와 같이 귀납의 원리를 그 논리적 구조만 추상해서 드러내놓고 살펴보면 이 원리는 어떠한 정당화도 이루어지지 못한다. 귀납 그 자체의 정당성을 보증하는 귀납은 없다. 위의 형식에 따르는 수많은 불충실한 귀납에 의해서 우리는 이 사실을 안다. 귀납법은 형식 논리학의 원리처럼 정식화될 수 없는데, 만일 형식 논리학적 원리가 정립된다면, 그 원리는 귀납 추리에 믿을 만한 보증을 제공할 것이다. 귀납은 경험적 추리에 관계한다. 그러므로 귀납이 형식적 확실성 즉 연역적 확실성을 갖기를 전혀 기대할 수 없다. 우리는 수은의 빙점으로부터 곱슬머리 소녀들의 기질에 이르기까지 굉장히 많은 종류의 문제에 관하여 귀납적 추론을 한다. 우리는 특정한 귀납을 지지하는 특수한 증거가 지닌 성질과 아무런 관계없이 추상적으로 귀납의 정당화를 논할 수 없다.

휴움의 의문에 대한 답을 우리는 찾을 수 있을까? 다시 말해서 우리가 관찰한 것들 모두가 그 자체로서는 일반 법칙이 아닌 개별 사실임에도 불구하고, 왜 때로 귀납적 추론이 훌륭한 추론일 수 있는가에 대하여 과연 어떤 설명을 할 수 있을까? 어떤 철학자들은 휴움이 문제를 제기한 방식 자체가 이 문제에 대한 답을 불가능하게 하고 있다고 주장한다. 왜냐하면 휴움은 귀납적 일반 명제에 대한 모든 증거는 오직 확인된 실례일 뿐이라고 미리 가정하고 있기 때문이다. 만일 일반적 결론을 입증하는 역할을 오로지 개별적 실례가 맡고 있다면, 이 입증은 증거의 개별적이고 예증적인 성격 때문에 숙명적으로 부분적 입증일 수밖에 없다. 그러나 개별적이지만 잘 들어맞는 실례—현재까지 죽은 사람의 예와 네 개의 심실을 갖춘 심장을 가진 포유류의 예—는 그 자체로서는 결코 경험되지 않은 일반적 결론에 대하여 부분적 입증을 제공하는 일 이상의 일을 할 수도 있다. 어떤 종류의 일반 진술 이를테면 "물체는 지구의 중심을 향하여 떨어지려는 경향이 있다." "어류는 등뼈를 갖고 있다."의 경우에는 그 확실성을 입증하기 위해 실례에 대한 시험 횟수를 증가시키는 일이 전혀 불필요하다. 이 점에 감명을 받은 아리스토텔레스는 이런 진술들의 경우에는 귀납의 기능이 관찰된 확증 실례의 수효에 의하여 어떤 것을 증명하는 것이 아니고, 오히려 자연 속에 어떤 일반적 원형(一般的原型, general pattern)이 존재한다는 사실에 주의를 환기시키는 일이라고 확신하였다.[30] 그러니까 귀납의 역할은 자연에 이러한 일반적 양태가 존재한다는 것 즉 과학의 기초 전제들을 형성하는 진술들이 성립한다는 것을 깨닫도록 해주는 일인 셈이다. 아리스토텔레스는 "사람에게는 코가 있다."와 같이 분별 있는 사람이라면 누구나 몇 사람의 경우를 관찰한 후에 스스로 알 수 있을 것을 오랜 세월에 걸쳐서 사람의 코를 세어봄으로써 즉 실례의 단순 매거에 의해서 증명할 필요는 전혀 없다고 믿었다.

최근의 몇몇 과학 철학자(한 예로 라이헨바하)는 귀납적 결론이 전혀 일반 진술이 아니라고 부정함으로써 휴움이 제기한 곤란을 피하려고 노력해 오고 있다. 그들은 귀납적 결론이 명제의 형식을 갖추고 있다고 할 수는 있지만 실제로는 가설(假說, hypothesis)이나 가정(假定, supposition)이라고 주장한다. 한 예로 옥소제 주사와 갑상선 반응의 관계에 대하여 언급하는 일반적 결론을 생각해보자. "방사성 옥소를 n단위 가진 모든 주사약은 이러이러한 갑상선 반응을 일으킨다."라는 식으로 결론을 진술하게 되면 휴움 식의 반대를 불러일으킬 것이다. 이 결론을 단정적 보편 명제의 형식으로 표현하는 것은 우리가 하고 있는 일을 사실 그대로 나타내지 못한다. 위의 결론을 다음과 같은 "조건 진술"로 바꾸어 표현하면 더 정확한 표현이 될 것이다. "만일 당신이 n단위의 방사성 옥소를 주사한다면 갑상선이 이러이러한 방식으로 반응할 것이다." 이 가설은 사실에 관한 보편 명제로서가 아니라 탐구의 한 방편으로서 계속 유지될 것이다. 왜냐하면 우리는 계속되는 관찰과 실험에

30) Aristotle, *Posterior Analytics*, 99b15 et seq.

의해서 이 가설에 대한 확증(確證, confirmation)을 얻을 수 있는지 없는지 시험할 수 있는 문제 상황에 이 가설을 적용할 수 있기 때문이다. 하지만 우리는 일반 명제의 형태를 취할 수 있는 귀납적 가설이 홀로 고립되어서는 거의 쓸모가 없다는 것을 한 번 더 깨달아야 한다. 귀납적 가설들은 어느 것이든 서로 입증과 확증을 주고받는 탐구의 수많은 다른 실 가닥들—다른 가설, 다른 결론, 다른 법칙—로 촘촘하게 짜인 그물의 한 부분이다.

경험적 일반 명제가 확실하다고 틀림없이 주장될 수 있는가라는 물음에 대한 대답은 "확실하다"라는 말에 부여되는 의미에 따라 달라질 것이다. 만일 "확실하다"라는 말이 일상적 확실성(日常的 確實性, ordinary certainty)이나 실제적 확실성(實際的 確實性, practical certainty)의 뜻으로 사용된다면 그 답은 "그렇다."일 것이다. 우리는 이론상의 의문이야 어떻든 아무도 보고 있지 않는 불이 사물들을 태우고, 사랑하는 사람과 나누게 될 다음 번 입맞춤이 행복하게 해줄 것으로 믿고 행동한다. 그러나 "확실하다"라는 말이 논리적 확실성(論理的 確實性, logical certainty) 즉 정확히 유도되는 형식 과학의 연역 추리에 수반되는 확실성을 의미한다면 그 답은 "아니다."일 것이다. 뿐만 아니라 "확실성"이 시비 불가능성(是非 不可能性, incorrigibility)을 의미하는 경우에도 어떠한 경험적 일반 진술도 확실하다고 말할 수 없다는 것이 분명하다. 우리는 어떤 귀납적 진술에 대해서도 수정이나 개정의 가능성을 초월해 있다고 주장할 수 없고, 어떤 귀납에 대해서도 미래의 관찰되지 않은 사건의 진행에 관해 미리 무조건적으로 장담할 수 있다고 주장할 수 없다.

더 읽어야 할 책들

Truth

Aquinas, Thomas, *Truth(De Veritate)*, R. W. Mulligan, S. J.(trans.), Chicago: Regnery, 1952, vol. 1, qu 1.

Blanshard, Brand, *The Nature of Thought*, New York: Macmillan, 1940.

Dewey, John, *The Philosophy of John Dewey*, Joseph Ratner(ed.), New York: Holt, Rinehart and Winston, 1928, chap. 7.

Dewey, John, "Propositions, Warranted Assertibility and Truth," *The Journal of Philosophy*, March 27, 1941.

James, William, *The Meaning of Truth*, New York: Longmans, 1909.

James, William, *Pragmatism*, New Yark: Longmans, 1928, chap. 6. (PB: Meridian, World Publishing, Cleveland.)

Joachim, H. H., *The Nature of Truth*, Oxford: Clarendon Press, 1906.

Pap, Arthur, *Elements of Analytic Philosophy*, New York: Macmillan, 1949, chap. 14.

Russell, Bertrand, *An Inquiry into meaning and Truth*, New York: Norton, 1940.

Tarski, Alfred, "The Semantic Conception of Truth," in H. Feigl and W. Sellars(eds.), *Readings in Philosophical Analysis*, New York: Appleton-Century-Crofts, 1949.

Thayer, H. S., "Pragmatism," in *A Critical History of Western Philosophy*, D. J. O'Connor(ed.), New York: Free Press, 1964.

Whitehead, Alfred, North, *Adventures of Ideas*, New York: Macmillan, 1933, chap. 16.

Certainty and Induction

Black, Max, "The Justification of Induction," in *Language and Philosophy*, Cornell University Press, 1949.

Cohen, Morris, and Ernest Nagel, *An Introduction to Logic and Scientific Method*, New York: Harcourt, Brace & World, 1934, chap. 14.

Descartes, René, *Discourse on Method*, J. Veitch(trans.), M. Walter Dunne, 1901. (PB: Liberal Arts, Babbs-Merrill, Indianapolis.)

Dewey, John, *The Quest for Certainty*, New Yark: Minton, 1929. (PB: Capricorn Putnam, New York.)

Goodman, Nelson, "The New Riddle of Induction," in *Fact, Fiction, and Forecast*, Harvard University Press, 1955.

Hume, David, *An Enquiry Concerning Human Understanding*, La Salle, III.: Open Court, 1935, sec. 3. (PB: Gateway, Regnery, Chicago.)

Keynes, John Maynard, *A Treatise on Probability*, London: Macmillan, 1921.

Mill, John Stuart, *A System of Logic*, London: Longmans, 1925, bk. III.

Pap, Arthur, *Elements of Analytic Philosophy*, New York: Macmillan, 1949, chap. 8.

Reichenbach, Hans, "The Logical Character of the Principle of Induction" and "The Logical Foundations of Probability," in H. Feigl and W. Sellars(eds.), *Readings in the Philosophical Analysis*, New York: Appleton-Century-Crofts, 1949.

Russell, Bertrand, *Human Knowledge*, New York: Simon and Schuster, 1948, pt. 6. (PB: Essandess Paperbacks, Simon and Schuster.)

Russell, Bertrand, "On Induction," *The Problems of Philosophy*, New York: Holt, Rinehart and Winston, 1921, chap. VI. (PB: Galaxy, Oxford U. P., New York.)

4 바깥 세계에 관한 지식

어떤 점에서 그는 존경할 만한 사제님이시고 우리의 친구이신 버클리 주교님—실은 성직 상원의원 가운데 한 분이지만—을 닮았는데, 이 주교님은 모든 대상이 형이상학적으로 말하면 오직 시각적 환상에 불과하다고 주장하시는 분임에도 불구하고 물질 바로 그것과 이해 관계가 있는 모든 문제에서는 지극히 실제적인 분이었지요. 그 밖에도 이 분은 바늘귀를 꿴다든가 설탕에 졸인 과일을 넣은 연한 과자와 건포도의 맛을 즐길 수 있는 미각을 가졌던 점에서도 지극히 실제적인 분이었습니다.

— *Mardi*, H. Melville

앞 장에서 여러 가지 유형의 명제가 어떤 상황에서는 일상적 의미로 확실하다고 인정하는 것이 올바르다고 설명하였다. 다시 말해서 나는 신뢰할 만한 객관적 증거를 근거로 해서 그런 명제들이 옳다고 확고하게 주장하였다. 나는 "저 의자 위에 검은 고양이가 한 마리 있다."와 같이 단순한 지각 판단에 기초를 둔 진술도 그런 유형 가운데 하나로 인정하였다. 그 까닭은 이런 명제를 입증하고 있는 증거가 다른 사람들의 비슷한 관찰에 의해서도 확인될 수 있는 감각적 관찰이기 때문이고, 또 이러한 명제를 의심할 아무런 이유도 없는 것처럼 여겨지기 때문이다.

그러나 다음과 같은 물음 즉 "고양이와 의자가 나 자신이나 다른 지각자에 대하여 독립적으로 존재한다는 증거가 정말 있는가?"라는 문제가 제기된 경우를 생각해보자. 이러한 대상 즉 "나의 밖 저기에" 존재한다고 여겨지고 있는 대상이 실제로 지니고 있는 것처럼 보이는 그 속성들을 고유성으로서 소유하고 있다는 증거가 있는가? 만일 그런 증거가 전혀 존재하지 않거나 의심쩍다면, "저 의자 위에 검은 고양이가 한 마리 있다."라는 명제의 확실성은 결국 매우 결정하기 어려운 문제로 바뀔 것이다. 우리는 자기 밖에서 고양이 · 나무 · 책상 · 집 · 강 등의 수많은 대상을 구별한다. 상식은 이런 대상들이 우리와 독립적으로 존재한다고 주장하며, 그 사물이 지닌 것처럼 보이는 바로 그 속성들을 지니고 있다고 주장한다. 그러나 나의 밖에 있는 사물의 속성들은 감각 지각(感覺 知覺, sense perception)을 통해서 우리에게 알려지기 때문에 믿어도 좋을 것처럼 보이는 바깥 세계의 특성은 무엇이든 실은 그 믿음에 대한 보증이 전혀 이루어지지 않았다고 어떤 사람이 주장한다고 가정해보라.

한편 인간의 지식은 특정한 감각에 의한 관찰을 훨씬 능가해 있다. 아는 일은 일반화하는 일이다. 우리는 오로지 낱낱의 지각 내용(知覺 內容, percept) 즉 딱딱하거나 부드럽게 느껴지고, 이리저리 움직이는 채색된 모양에만 의존해서는 바깥 세계를 기술할 수 없다. 우리는 산만한 지각 내용들을 하나로 묶고, 감각적 관찰들을 해석하고, 그렇게 해서 질서와 체계와 설명을 갖춘 지식을 만들기 위해서 일반적 관념(觀念, idea)과 개념(槪念, concept)을 반드시 사용해야 한다. 어느 누구도 원자를 감각으로 지각한 적이 없지만 "원자"라는 개념은 현대 물리학의 세계를 지탱하고 있으며, 인류로 하여금 자연의 거대한 힘을 조정할 수 있게 해주고 있다.

그러나 만일 감각 지각의 신뢰도가 문제될 수 있다면 개념적 지식의 신뢰도 역시 문제될 수 있다. 지각하는 일은 어쨌든 현재 우리에게 일어나는 감각 경험이다. 그러나 개념은 감각 경험을 능가한다. 개념은 감각적 관찰에 직접 나타나지 않는 것을 다룬다. 개념은 추상적인 것이다. 개념은 일반적인 것이다. 한 사건이 다른 사건의 원인이라는 것은 보이는 것이 아니라 추리되는 것이다. 어느 누구도 "열"이나 "전기"나 "중력" 그 자체를 지각한 적이 없다. "진화"와 "잠재 의식"은 감각 경험으로 직접 확인되지 않는다. 이와 같은 일반적 생각이 과학에는 반드시 필요하다. 그러나 이러한 일반적 생각이 그려내는 상태가 바깥 세계에 실제로 존재한다는 어떤 보장이 있단 말인가?

현대에 와서 철학자들은 지각 작용의 신뢰성과 개념의 적합성에 관하여 많은 문제를 제기하였다. 이런 문제들은 인간의 지식에 대한 신뢰성과 관련되어 있기 때문에 관례적으로 인식론적 문제(認識論的 問題, epistemological problem)라고 부른다. 이 장에서는 먼저 지각에 관한 문제를 검토하고, 그 다음에 개념적 지식에 관련된 몇 가지 문제를 검토하고자 한다.

지각의 문제

감각 지각과 대상

감각(感覺, sensation)은 인간의 지식의 가장 단순한 요소다. 감각은 시각, 청각, 미각, 촉각 등의 감각 기관에 의해 알려지는 것들이다. "지각"(知覺, percept)이라는 말은 흔히 일군의 연합된 감각—빨간 공, 단단한 벽돌, 등—에 부여되는 말이다. 그러나 "감각"과 "지각"의 구별을 무리를 하면서까지 명백하게 할 필요는 없을 것 같다. 감각 기관이 지각하는 것을 근거로 하여 우리는 나무와 고양이 같은 대상이 독립적으로 존재한다고 추정한다고 해두자. 그런데 상식은 대상의 지각자인 "나 자신"과 지각된 대상인 "저 검은 고양이"는 근본적으로 구별된다고 주장한다. 이로 인해서 "지각자와 지각된 대상은 어떤 관계에 있는가?"라는 문제가 생긴다. 이 관계는 여러 가지 방식으로 분석될 수 있다. 이제 몇 가지 입장을 차례로 살펴보자.

상식적 실재론 — 객관주의

상식에 가장 직접적 호소력을 갖고 있는 지각에 관한 이론은 아마 다음 세 명제로 요약될 수 있을 것이다. (1) 우리는 물리적 대상을 직접 지각한다. (2) 그 대상은 우리 자신에 대하여 독립적으로 존재하면서 일정한 공간을 차지한다. (3) 그 대상의 특성은 그것이 현재 그렇게 있다고 우리가 지각하는 것과 같은 것이다. 요컨대 내가 검은 고양이를 볼 때 나는 나에 대하여 독립적으로 존재하면서, 그것이 지니고 있는 것처럼 보이는 속성들을 고유성으로 당연히 가지고, 공간을 차지하고 있는 물체로서의 고양이를 매개물 없이 직접 지각한다. 이 이론은 상식적 실재론(常識的 實在論, common-sense realism) 또는 객관주의(客觀主義, objectivism)라고 부른다. 지각에 대해서 이 이론이 제시하는 설명은 다음 그림으로 나타낼 수 있다.

상식적 실재론을 믿는 사람들은 우리가 물리적 대상을 지각한다고 주장하면서도 지각하는 모든 것이 물리적 대상이라고 주장하지는 않을 것이다. 우리는 꿈과 환상 속에서 대응하는 어떠한 물리적 대상도 없는 지각을 한다. 어제 밤에 꿈꾸었던 돈더미는 오직 꿈속의 돈이었을 뿐이다. 멕베스가 자기를 겨누고 있다고 보았던 단검은 실제로는 없었다. 물 속에서 굽은 것처럼 보이는 노는 분명히 객관적 현상이지만, 노의 "굽음"은 사실이 아니다. 상식적 실재론자는 꿈과 환상의 주관적 성격을 인정한다. 그러나 상식적 실재론자는 이러한 승인이 우리와 독립해서 객관적으로 존재하는 물체를 지각할 수 있고 또 지각한다는 상식적 실재론의 기본 주장에 영향을 미치지는 못한다고 생각한다.

지각에 관한 이원론 — 모사론

상식적 실재론은 우리가 대상을 직접 지각한다고 주장한다. 내가 보는 동전과 동전 그 자체는 완전히 똑같은 것이다. 그러나 그 동전과 그것에 대한 지각은 무언가 차이가 있지 않을까? 그 동전에 대한 지각은 변할 수 있고 또 변하는 반면에, 그 동전—우리가 추정하는 동전—은 변하지 않는다. 동전이 놓여 있는 책상 앞에 당신과 내가 앉아 있다면 당신은 그 동전을 타원형으로 지각한다. 내가 바라보는 각도에서는 그 동전이 약간 다른 타원형으로 보일 것이다. 우리가 일어서서 차례로 그 동전을 수직으로 내려다 볼 때에만 그것은 원형으로 보인다. 그런데 우리는 타원형으로 보이는 동전을 많이 경험하였음에도 불구하고 그 동전 즉 대상 자체는 원형이라고 믿는다. 이리하여 우리는 동전과 동전에 대한 지각이 두 개의 서로 다른 것이라는 것을 인정할 수밖에 없음을 깨닫게 된다.

그렇지만 동전에 대한 지각이—지각이 동전과 구별된다 할지라도—객관적 동전에 의해서 일어난다고 고집하는 경우를 가정해보자. 더 나아가 동전에 대한 지각이 그것의 원인 즉 객관적 동전과 비슷하다고 주장하는 경우를 가정해보자. 지각에 대한 이 분석은 이미 상식적 실재론의 지각 분석과는 전혀 다르다. 상식적 실재론은 지각자와 지각 대상 사이의 관계가 직접 관계라고 주장한다. 그러나 현재의 입장은 그 관계가 간접 관계라고 보고 있다. 즉 어떤 대상에 대한 지각은 방식이야 어떻든 지각자와 지각 대상 사이에 있는 것인 셈이다. 우리는 이제 대상에 대한 지각은 저 밖에 있는 대상과 구별되는 어떤 것이고, 그것은 대상에 의해서 인과적으로 만들어지는 것이며, 그것은 대상과 비슷하다고 생각할 수밖에 없게 되었다. 이 이론은 다음과 같은 그림으로 간략하게 나타낼 수 있다.

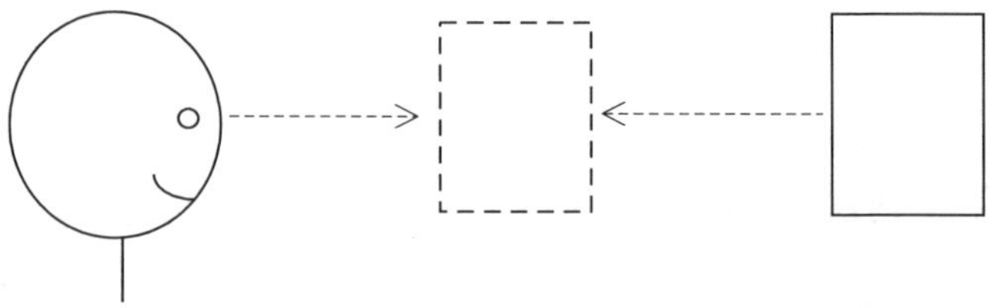

지각에 대한 이런 식의 분석은 이원론(認識論的 二元論, epistemological dualism)이라 부른다. 왜냐하면 이 분석은 대상에 대한 지각과 대상 자체가 똑같은 것이 아니라 서로 구별되는 두 가지 것이라고 주장하기 때문이다. 지각에 대한 이 분석은 또한 상식적 실재론에 의해서 표명된 직각론(直覺論 presentational account)과 크게 다르므로 지각에 대한 모사론(模寫論, representational theory)이라 부르기도 한다.

지각에 대한 로크의 분석

지각에 대한 이원론적 분석의 고전적 실례는 18세기 영국의 철학자 로크(J. Locke, 1632-1704)가 주장한 분석이다. 로크는 「인간의 지성에 관하여」라는 책에서 인간의 지식의 범위와 한계를 확정해보려고 노력하였다. 그는 모든 지식은 경험으로부터 온다는 명제를 출발점으로 삼았다. 정신은 경험이 그 위에 흔적을 남기는 흰 종이나 아무 것도 쓰이지 않은 서판(書板)과 같다. 우리는 경험을 통해 감각 내용을 받아들이며, 정신은 이 감각 내용에 대하여 반성한다. 로크는 감각과 감각의 결과로서 정신에 일어나는 내부 작용을 "관념"이라고 부른다. 관념은 우리가 아는 것이며, 또한 우리가 직접 알 수 있는 모든 것이다. 로크는 "우리는 관념을 갖는 것 이상의 어떤 지식도 가질 수 없다. … 정신은 모든 사고와 추론에서 다른 아무런 직접적 대상도 갖지 않고, 정신이 홀로 숙고하거나 숙고할 수 있는 그 자신의 관념만을 대상으로 하기 때문에, 우리의 지식이 오직 이 관념들에만 관련된다는 것은

명백하다."고 보았다.[1]

로크는 감각의 원인은 우리의 밖에 있다고 믿었다. 우리는 이런 외부의 원인의 본성을 직접적으로는 알지 못하고, 외부의 원인의 모사인 관념들을 근거로 하여 그 원인을 추리한다. 지각에 대한 로크의 분석이 지닌 이원론적 성격은 명백하다. 우리는 지각 행위를 통하여 사물을 알지 못 한다. 우리는 사물들에 대한 우리의 지각들을 알 뿐이다. "지성" 즉 사물에 대한 이해력(理解力, understanding)은 (1) 관념에 의해서, 그리고 (2) 이 관념을 우리의 내부에 만든 외부 원인에 의해서 영향을 받는다. (1)과 (2) 즉 관념과 외부 원인은 서로 비슷하거나 대응하고 있다. 따라서 관념의 현실성은 "'관념'이 '실재하는 것들이 유지하고 있는 구조'와 이루는 한결같은 대응에 의해 성립한다."[2]

로크의 제일 성질과 제이 성질

로크의 분석에 따르면 관념과 그것을 일으키는 외부의 대상 사이의 대응은 결국은 부분적일 뿐이다. 뉴튼(I. Newton, 1642-1727)의 물리학의 가정에 따라서 로크는 물리적 대상의 성질을 제일 성질(第一 性質, primary quality)과 제이 성질(第二 性質, secondary quality)로 나누었다. 제일 성질은 연장(공간을 차지하는 성질), 형상, 정지, 운동과 같이 둘 이상의 감각 기관에 의해서 지각될 수 있기 때문에 아리스토텔레스가 "공통 감각 성질"(common sensible)이라 불렀던 속성을 포함한다. 제이 성질("개별 감각 성질," proper sensible)은 오직 하나의 감각 기관에 의해서 지각될 수 있는 대상의 속성 즉 색, 소리, 맛, 냄새 등을 말한다. 그런데 로크는 그와 동시대의 과학자들과 마찬가지로 제일 성질들만 객관적으로 존재한다고 주장하였다.

1) J. Locke, *An Essay Concerning Human Understanding*, A. C. Fraser, ed., Oxford University Press, 1894, vol. 2, p. 167. (PB: Meridian, World Publishing, Cleveland.)

2) Locke, *Essay*, p. 498.

즉 질량과 연장 같은 속성만 지각자에 대하여 독립적으로 "저 밖에" 존재한다. 맛과 색깔 같은 제이 성질은 오직 지각자의 주관에만 존재할 뿐이다. 그것들은 전적으로 외부의 대상과 감각 기관의 접촉에 의해서 우리의 내부에 만들어진 결과다. 설탕은 객관적으로 단 것이 아니다. 단맛은 실은 설탕이 미각 기관에 일으키는 효과다. 파란색은 꽃 속에 실제적으로 있는 것이 아니다. 파란색은 우리 내부에 파랑이라는 감각을 일으키는 꽃이 시각 기관에 만들어내는 효과다. 제이 성질의 주관성에 대한 로크의 이론은 정신이 사물을 알지 못하고 관념만 안다는 로크의 앞서의 주장과 결합되어 지각에 대한 또 하나의 새로운 분석 입장 즉 주관주의(主觀主義, subjectivism)라는 입장으로 끌고 가서 곤란한 문제를 일으켰다.

주관주의

지각에 대한 로크의 분석은 다음과 같이 요약될 수 있다. (1) 우리가 아는 것은 감각이나 "관념"인데, (2) 이 감각은 우리 바깥에 있는 물리적 대상에 의해서 우리 안에 만들어지며, (3) 우리의 지각과 외부의 원인 사이에는 적어도 부분적 대응이 성립한다. 그러나 곤란한 문제를 일으키는 것은 바로 이 세 번째 주장이다. 도대체 "관념"과 그 "원인" 사이에 대응이 이루어진다는 것을 무엇이 보증한단 말인가? 우리가 알고 있는 것이 오직 지각뿐이라면, 지각과 우리 내부에 그것을 만들어내는 사물이 서로 비슷하다는 신념은 무엇이 정당화시켜 주는가? 우리의 "관념"과 그것을 일으키고 있다고 여겨지는 물리적 대상 사이에 어떠한 대응이 존재하든 그것을 보여줄 방법이 전혀 없다. 참으로 우리와 독립하여 존재하는 어떤 물리적 대상이 있다는 것을 실제로 증명할 길이 없다. 아래 그림을 살펴보라.

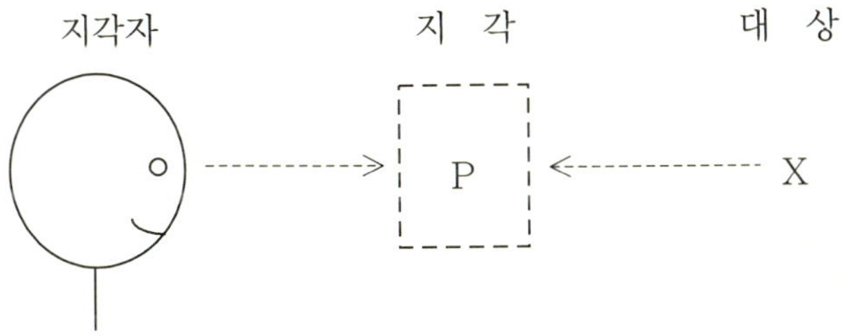

우리의 지각 P와 가정된 대상 X가 서로 일치하는 점이 있다는 것을 밝히려면, 우리는 P와 X를 비교하여 그 둘 사이에 비슷한 점이 있다는 것이나 적어도 어떤 대응이 있다는 것을 알기 위해서 우리의 지각 밖에 있는 어떤 점에 위치를 잡아야 할 것이다. 그러나 어떤 사람도 자신의 지각 밖에 설 수 없으므로 이것은 불가능하다. 이 논증은 지각되는 대상의 성격이 지각하는 주관의 성격에 의해서 결정된다는 결론으로 끌고 가기 때문에 지각에 대한 주관주의적 분석을 지지하고 있다.

물체와 관념에 관한 버클리의 견해

지각에 대한 로크의 이원론적 분석이 안고 있는 곤란한 문제들은 18세기 영국계 아일랜드 철학자인 버클리(G. Berkeley, 1685-1753)에 의해서 명백해졌는데, 이 철학자는 말년에 클로인 교구의 사제가 되었고, 다른 한편으로는 플라톤주의자가 되었다. 버클리가 젊은 시절에 했던 일은 로크의 지각 이론으로부터 이 선배 철학자가 피하려 했던 주관주의적 결론을 끌어내는 것이었다. 버클리는 우리가 아는 것은 관념이고, 이 관념에는 두 종류 즉 감각과 감각에 대한 정신의 반성이 있다는 로크의 주장을 열렬히 지지하였다. 그런데 우리의 지식이 관념들로 이루어져 있고 또 오직 관념만으로 이루어진다면, 그래서 관념이 "물체"와는 비교될 수 없고 오직 다른 관념과만 비교될 수 있다면, 물리적 대상이 존재한다는 증거가 과연 있을 수 있을까? 버클리는 아무 것도 없다고 단언하였다.

버클리는 물리적 대상의 한 예로 버찌를 택하여 논의를 전개하였다. 버찌는 감각들 즉 붉은 색, 부드러운 감촉, 둥근 모양, 새콤한 맛 등등의 집적이다. 우리는 감각적 성질이 아닌 버찌의 어떤 속성을 지적할 수 있을까? 감각들의 집적을 넘어선 그 이상의 어떤 것이 버찌에 있다면 그것이 무엇인가를 언급할 수 있어야 한다. 혹시 근본적 실체(實體, substance)나 기체(基體, substratum)가 있다고 말할 수 있을까? 그러나 우리에게는 이 가정된 실체와 접촉할 방도가 전혀 없다. 따라서 버찌의 감각된 성질들 이외의 어떤 것이 존재한다는 데에 대한 아무런 증거도 없다고 할 수밖에 없다. 버클리의 말을 들어보자.

> 나는 이 버찌를 본다. 나는 그것을 만진다. 나는 그것을 맛본다. 그리고 나는 볼 수 없고, 감촉할 수 없고, 맛볼 수 없는 것은 어떤 것도 믿지 않는다. 그러므로 버찌는 실재한다. 부드러움, 촉촉함, 붉음, 새콤함 등등의 감각을 제거해버린다면 당신은 버찌를 제거해버리는 결과를 가져올 것이다. 버찌는 감각들과 전연 다른 것으로서 있는 게 아니기 때문이다. 버찌라는 것은 여러 가지 감관에 의해 지각되는 감각적 인상들 또는 관념들의 집적 이외의 어떤 것도 아니라고 나는 주장한다. 그 관념들은 정신에 의해서 한 가지 물체 즉 그 관념들에 부여된 이름으로 불리는 물체로 통합되는데, 그 까닭은 그 관념들이 서로 서로 동반하고 있는 것으로 여겨지기 때문이다. … 그런 까닭에 내가 몇 가지 방식으로 보고, 감촉하고, 맛볼 때, 나는 그 버찌가 실존한다는 것 즉 그것이 실재한다는 것을 확신한다. 내 생각으로는 버찌의 실재성은 그러한 감각들과 분리되는 것이 아니다. 그러나 만일 당신이 버찌라는 말로 이러한 모든 감각적 성질과 전혀 다른 알려지지 않은 본성을 의미한다면, 그리고 버찌가 실존한다는 말로 지각되고 있는 것과 전혀 다른 어떤 것을 의미한다면, 참으로 나 자신은, 아니, 당신도 나도 그 밖의 어느 누구도 버찌가 실존한다는 것을 믿을 수 없게 된다.[3)]

3) G. Berkeley, "Three Dialogues," in *A New Theory of Vision and Other Writings*, E. P. Dutton and Co., 1934, p. 287. (PB: Liberal Arts, Bobbs- Merrill, Indianapolis.)

버클리에게 버찌는 감각적 성질들의 집적이지 그 이상의 어떤 것도 아니다. 지각에 대한 이원론적 분석은 감각들이나 관념들의 복합체와 저 바깥의 대상을 구별할 것을 주장했었다. 그러나 버클리는 이 구별을 부정한다. 감각들의 복합체가 곧 대상이다. 이원론자는 우리 내부에 이 감각들의 복합체가 만들어지게 하는 원인이 바깥에 있다고 주장한다. 버클리도 감각들은 우리 자신이 아닌 어떤 근원에 의해서 일으켜진다는 것을 인정한다고 말했다. 그렇지만 그는 이 근원의 본성은 비물질적인 것이라고 주장하였다. 상식적 견해가 존재한다고 잘못 가정하고 있는 "물질적 실체"의 존재를 누구도 실제로 증명할 수 없다는 것이다. 우리는 감각과 이른바 그것의 물리적 원인을 비교해 볼 수 없기 때문이다.

버클리는 제일 성질과 제이 성질의 구별을 없앰으로써 자신의 논증을 보강한다. 그는 제이 성질이 오직 주관적인 것이어서 지각에 대하여 독립적으로 실재하지 않는다는 점에 대해서는 로크에 동의한다. "우리가 보는 빨간 색과 파란 색은 '실재하는 색깔'이 아니라 어떤 사람도 보지 못했고 볼 수도 없어서 우리에게 전혀 알려질 수 없는 어떤 운동과 형상일 뿐이다."라고 버클리는 주장하였다.[4] 제이 성질의 주관성을 입증하기 위하여 버클리는 감각적 지각의 상대성에 대한 논증—그리스의 소피스트들과 회의론자들이 제시했던 것과 똑같은 논증—을 사용한다. 어떤 사람에게는 달콤한 것이 다른 사람에게는 시큼하게 느껴질 수도 있다. 미지근한 물은 한쪽 손에는 따뜻하게 느껴지고, 다른 쪽 손에는 차갑게 느껴질 수도 있다. 그러나 동일한 실체가 달콤하면서 달콤하지 않거나 따뜻하면서 따뜻하지 않을 수는 없다.

"연장 · 형상 · 고체성 · 중량 · 운동 · 정지"와 같은 제일 성질은 제이 성질과 마찬가지로 지각에 대하여 상대적인 성질이다. 연장을 예로 들어보자. 탑은 가까이서 보면 크고 네모진 것으로 보인다. 그러나 아득히 멀리 떨어져서 보면 작고 둥글게 보인다. 더욱이 우리는 제이 성질 즉 감각적 성질로부터 제일 성질 바로 그것의 실존을 추리한다. 착색된 반점을 눈으로 보고, 딱딱한

4) Berkeley, "Three Dialogues," p. 218.

것을 손으로 만지고, … 등의 방법을 사용하지 않는다면 어떤 방법으로 어떤 대상이 공간을 차지하고 있다는 것을 알 것인가? 그런데 만일 제일 성질과 제이 성질 둘다 지각에 대해서 상대적인 성질이라면—두 가지 성질 모두 절대적으로(독립적으로) 존재하지 않는다면—이른바 물리적 대상의 모든 성질은 지각하는 정신에 대해서 상대적인 것이 된다. 정신이 없으면 어떤 관념도 존재할 수 없다는 것은 버클리의 기본 주장이다. 그런데 사물은 관념들의 집적이다. 그러므로 물체는 정신을 떠나서 존재하지 못하며 존재할 수도 없다. 존재하는 것은 지각되고 있는 것(Esse est percipi.)이다. 물체가 존재하기 위해서는 지각되지 않으면 안 되기 때문이다.

당시 유명했던 존슨 박사는 보스웰이 그에게 버클리 주교를 어떻게 논박할 것인가를 물었을 때, 옆에 있는 돌을 힘차게 걷어차면서 큰 소리로 "나는 그를 이렇게 반박한다."고 외쳤다고 한다. 버클리를 읽은 다른 많은 사람과 마찬가지로 존슨 박사도 버클리가 바깥 세계에 있는 대상들이 "실재한다"는 것을 부정한 것으로 생각했던 것이다. 그러나 버클리의 논증을 주의 깊게 살펴보면 대상들의 실재성을 부정하는 것이 그의 목적이 아니었다는 것을 알 수 있다. 책상과 의자와 돌은 실재한다. 그것들은 "시각적 환상"이 아니다. 그것들은 우리가 보는 것과 정확하게 똑같은 것이다. 지각에 대한 버클리의 이론은 눈에 보이는 세계가 오직 나의 상상으로 이루어진 공허한 것이라고 주장하는 주관주의 입장에 서 있는 이론이 아니다. 버클리는 세계의 객관성이 심상들의 생성 과정이 모든 사람의 정신 속에서 합리적인 질서에 따라 똑같이 진행된다는 사실에 있다고 보았다. 버클리는 이 심상들이 외부의 물체에 의해 우리 내부에 생기는 것이 아니라 정신 안에서 자생적으로 형성된다는 것이 심상들의 객관성을 파괴하지 않는다고 생각하였다. 버클리가 부정하는 것은 세계가 물질 덩어리라는 생각, 그리고 책상과 의자는 "현상"을 우리에게 벗어 던지고 있는 물질적 실체라는 생각이다. 우리는 경험을 통해서 감각들의 집적으로서의 책상과 의자와 돌을 알게 되며, 그 이상의 어떤 것도 알 수 없다. 이 대상들은 나의 정신이나 당신의 정신이 지각하지 않는다 할지라도 누군가의 지각하는 정신을 떠나서는 전혀 실존하지 못한다. 어떤 비판자가 자신이 "실재한다"는 말로 의미하는 것은 어느 누구의 정신에 대해서도 독립해 있다는 것을 뜻한다고 반대 의견을 말하면, 버클리는 그런 의미의 실재는 증명할 수 없을 뿐만 아니라 전혀 필요하지도 않은 가정이라고 대답하곤 하였다.

버클리의 유아론—다른 사람의 정신과 신의 정신

그렇다면 실재란 정신들의 체계라고 버클리는 설명한다. 나 자신의 정신 이외의 정신 즉 다른 지각자들이 있다. 바깥 세계는 바로 이 지각자들의 집단적 의식 속에 있다. 다른 무엇보다도 우리 눈에 보이는 세계 바로 그것인 "관념들의 거대한 복합체"의 원인으로서 최고의 정신 즉 최고의 영혼이 있다. 이 정신이 바로 신(神, God)이다. 이 신은 우리가 질서 정연한 전체로 파악하여 "자연"이라 부르는 "지각들의 체계"를 우리 내부에 만들어낸다. 버클리는 말하기를 "우주 전체에 가득 찬 영원한 정신이 있다. 이 정신은 만물을 알고 이해하며, 또 그 자신이 제정한 규칙에 따라 만물을 우리 시야에 드러내어 보여주고 있다. 우리는 물체들을 그것들이 따르는 규칙에 따라 이해할 수밖에 없는데, 이 규칙을 자연 법칙이라 부른다."고 하였다.[5] 이렇게 해서 지각에 대한 버클리의 분석은 마침내 관념주의라는 형이상학적 주장 즉 실재의 근본적 특성은 정신이나 사고의 특성과 같다는 견해로 끌려갔다. 결국 버클리에 의하면 신은 물질이나 물리적 세계를 사용하지 않고도 우리 내부에 감각들을 만들어내고 있으며, 우리의 지각들은 그 질서와 통일을 신의 정신의 본성과 작용으로부터 획득하고 있는 셈이다.

버클리에 대한 비판자들은 이 철학자가 물체에 관한 그의 유심론적 이론을 오직 신에 근거를 둔 이론에 매달림으로써 지탱한다고 비판한다. 비판자들은 그런 신은 하늘에서 내려온 두레박과 같은 것(deus exmachina)이

5) Berkeley, "Three Dialogues," p. 266.

라서, 자신의 신조를 구출하기 위하여 자기 멋대로 끌어들인 고안물이라고 지적한다. 그러나 버클리에 대하여 공평을 기하고자 한다면, 버클리가 신을 정신들 속에 있는 지각들의 총체—바꾸어 말하면 자연 또는 세계—의 궁극적 원인으로 만듦으로써 하고 있는 일은 신이 세계의 제일 원인이나 궁극 원인이라고 주장한 대부분의 고전적 철학자가 한 일 이상의 것을 하고 있지 않다는 사실에 주의를 기울여야 한다. 신 즉 최고의 정신이 세계에 관한 자신의 영원한 지식에 의해서 세계를 존재하도록 유지한다고 주장함으로써, 버클리는 단순히 신이 세계를 지탱하는 원인 또는 세계의 계속적 창조자라는 전통적 형이상학 신조를 옹호하는 또 하나의 개성 있는 이론을 제시하고 있을 뿐이다.

버클리의 이론에서 더욱 심각한 문제를 일으키는 것은 다른 사람의 정신의 존재를 그처럼 쉽사리 인정하는 버클리의 추론이다. 인간의 신체의 물리적 본성을 부정하는 버클리가 오직 인간 신체의 동태만 지각함으로써 다른 신체가 존재한다는 것을 알 수 있다면, 어떻게 자기 자신의 정신 이외의 다른 정신이 존재한다는 것을 알 수 있단 말인가? 만일 물체를 감각들의 복합체—자기 자신의 감각들의 복합체—로 분석한 버클리의 이론이 옳다면, 그가 자신의 정신 이외에 다른 지각하는 정신이 있다고 주장하는 데에 어떤 근거가 있을 수 있는가? 나는 다른 사람의 정신을 관찰하지 못한다. 다른 사람의 신체에 대하여 관찰한 것을 근거로 하여 유비 추리(類比 推理, analogy)를 통해서 다른 사람의 정신을 추리할 뿐이다. 그런데 다른 사람의 신체는 버찌나 탑의 경우와 마찬가지로 나의 감각들의 복합체다. 만일 내가 아는 모든 것이 지각뿐이라면, 그리고 이 지각들이 나의 지각이라면, 나는 다른 지각자가 존재한다는 것에 관하여 어떤 증거를 갖고 있는가? 도대체 나는 나 자신 이외에 다른 무엇이 존재한다는 것을 어떻게 알 수 있는가? 지각에 대한 버클리의 분석을 이런 식으로 논리적 결론에까지 추궁해 나가면 우리는 페리(R. B. Perry, 1876-1957)가 명명한 "자아 중심적 궁지"(自我 中心的 窮地, egocentric predicament)에 빠져서 헤어나지 못할 것 같다. 나는 내 자신의 "관념들"을 뛰어넘을 수 없다. 나는 나의 지각이라는 장벽 속에 갇혀 있다. 이쯤 되면 우리가 유아론(唯我主義, solipsism)이라는 야릇한 입장에 빠지게 되었음이 분명하다.

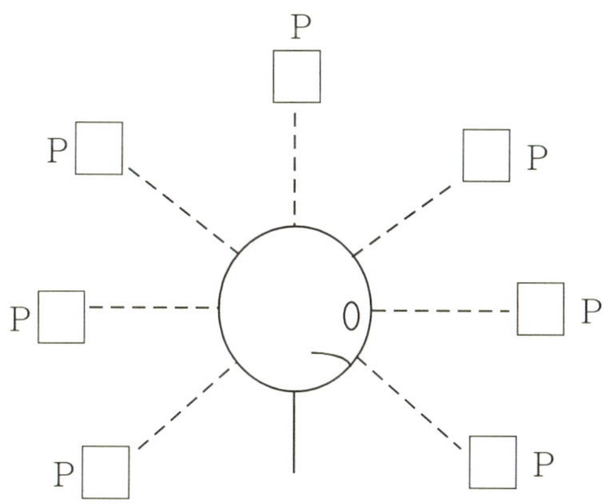

유아론은 오직 나 자신과 나의 사고만이 존재한다는 신조다. 따라서 지각에 관한 버클리의 이론에 대한 반박의 기본적 줄거리는 일반적으로 다음과 같이 이루어진다. 그른 결론에 인도하는 이론은 그 이론 자체가 그르지 않을 수 없다. 지각에 대한 버클리의 이론은 유아론에 이르지 않을 수 없는데, 유아론은 그르다. 그러므로 …

유아론은 논박할 수 없는가?

유아론은 나만이 존재한다는 신념이다. 철학사에 등장하는 주요한 철학자들은 누구도 유아론을 인정한 적이 없다.[6] 오히려 철학자들은 할 수 있는 모든 방법을 동원하여 유아론을 피하려고 노력하였다. 그러나 유아론은 논박

6) 러셀은 최근에 작고한 저명한 논리학자 프랭클린(C. L. Franklin) 부인으로부터 편지를 받은 적이 있는데, 그 편지에는 자기가 유아론자이며, 자기 외에는 아무도 존재하지 않는다는 사실에 놀랐다는 말이 쓰여 있었다. 러셀은 *Human Knowledge* (Simon and Schuster, 1948) 180쪽에서 "논리학자로부터 온 이 놀람은 나를 깜짝 놀라게 하였다."고 말하고 있다.

될 수 없다고 주장하는 사람도 종종 있었다. 세계와 세계 안의 모든 것이 감각 지각을 통해서 나에게 알려지는 까닭에 나는 이 지각 밖에 독립적으로 존재하는 어떤 것을 증명하기 위하여 나의 지각을 벗어날 수 없다. 따라서 우주는 그에 대한 나의 지각이다. 즉 세계는 나의 관념이다. 나의 지각들만이 존재한다는 것을 반증할 방법이 전혀 없다. 이런 검토를 근거로 하여 흔히 유아론은 반박될 수 없다고들 한다. 그러나 어떤 주장이 논리적으로 반박될 수 없다는 것을 근거로 하여 그 입장이 옳다고 결론을 내리지는 못한다. 쇼펜하우어(A. Schopenhauer, 1788-1860)는 이 "이론적 자기중심주의"가 내세우는 논증을 최전방의 요새를 지키는 군인들처럼 취급하라고 권하였다. "그 요새는 실제로 함락시킬 수 없을지 모르지만 수비대도 그 요새로부터 출격할 수 없다. 그러므로 우리는 아무런 위험 없이 그 요새를 통과하면서 배후가 습격받을 것을 두려워하지도 않는다."[7] 더 나아가 우리는 "논박할 수 없다"는 말이 무엇을 뜻하는가를 문제 삼을 수 있다. 유아론은 논박될 수 없다고 말하는 사람들일지라도 이 입장을 지지하는 일이 심리적으로 불가능하다는 것을 인정하며, 또 그것을 지지하는 체하는 사람들의 분별력 있는 태도 자체가 이 입장이 "교실 속의 회의론"처럼 사소하고 부자연스러운 것으로 취급될 수 있다는 것을 보여준다. 더욱이 유아론이 옳다고 할지라도 유아론은 한 사람 이상에 의해 주장될 수 없다. 두 유아론자가 거리에서 만난다는 것은 치명적으로 곤란을 일으킬 것이다. 이처럼 유아론이 진정으로 확신될 수 없다면 왜 이 사실을 유아론에 대한 반박으로 받아들이지 않는가?[8]

도덕적 유아론(道德的 唯我論, moral solipsism)과 같은 사태도 있을 수 있다. 우리는 자기만이 이 세상에 있는 유일한 사람인 것처럼 행동하는 사람, 즉 모든 사람과 사물이 마치 제 자신의 연장된 부분으로서의 기능만을 갖는다고 믿고 행동하는 사람을 적어도 하나는 안다. 많은 경우에 이 사람이 바로 나 자신이라는 것, 따라서 자신의 자아를 초월하려는 의지적 행동이

7) A. Schopenhauer, *The World as Will and Idea*, vol. I, bk. I, p. 19.
8) A. P. Ushenko, *Power and Events*, Princeton Univ. Press, 1946, p. 87.

우리에게 필요하게 된다는 것을 인정해야 한다. 나의 자아와 다른 자아들과의 통로를 만드는 탈자 문제(脫自 問題)는 이른바 실존 철학(實存 哲學, existentialism)의 근본적 난문제들 가운데 하나다. 20세기 영국 철학의 대부분은 인식론적 유아론(認識論的 唯我論, epistemological solipsism)에 관한 문제를 중심에 두는 경향을 띠어 왔고(러셀, 에이어), 한편 유럽 대륙 철학은 도덕적 유아론에 관한 문제에 골몰해 왔다(싸르트르).

지각에 대한 러셀의 분석—인과적 이론

러셀은 언젠가 환자의 뇌를 검사하고 있는 생리학자는 실은 제 자신의 뇌를 보고 있는 것이라고 말한 적이 있다.[9] 러셀은 이처럼 깜짝 놀랄 의견을 말할 때에 실은 지각에 대한 과학적 분석을 염두에 두고 있었다. 생리학적 관점에서 보면 감각 지각은 지극히 복잡하게 우여곡절을 거쳐 일어나는 사건이다. 우리가 고양이나 다른 물리적 대상을 볼 때에는 외부의 근원에서 오는 어떤 빛의 파동이 눈에 작용하여 신경류를 일으키고, 이 신경류는 다시 뇌 속에 자극을 일으킨다. 이처럼 뇌를 자극한 결과가 "고양이를 보는 사건"이다. 과학적 설명이 옳다고 인정한다면 우리의 눈과 귀는 감각 지각을 형성시키는 연속적 사건 계열 속에서 앞의 사건과 뒤의 사건을 연결하는 역할을 하고 있다. 시각 기관과 청각 기관은 빛과 소리의 파동에 대하여 정교한 선택자로서의 임무를 수행하고 있다. 시각 기관과 청각 기관은 이러한 자극을 변형시켜서 신경 회로를 따라 뇌의 일정한 부분에 보낸다. 뇌 속에서 이 자극은 "고양이"나 "책상" 등의 즉각적으로 이해되는 유형으로 나누어지는 감각 경험으로 또 다시 변형된다. 실제로 일상적 의미로는 고양이가 없다고 할 수 있을 때에 뇌의 적절한 부분에 전기 자극을 줌으로써 고양이를 볼 수 있도록 하는 일이 이론적으로 가능하다.[10]

9) B. Russell, *An Outline of Philosophy*, London: Allen and Unwin, 1927, p. 146.(PB: Meridian, World Publishing, Cleveland.)

그런데 지각 작용에 대한 과학적 분석이 신뢰할 만하다면 우리가 고양이나 별을 보는 일은 어떤 중요한 점에서 뇌 속의 한 사건이라는 것을 인정해야 한다고 러셀은 생각했다. "내가 별을 본다는 사건은 빛의 파동이 망막에 부딪쳐 시신경과 뇌에 작용을 일으킨 결과로서 생긴다. 그러므로 '별을 본다'는 현상은 뇌 속에 있어야 한다."라고 러셀은 말했다.[11] 그러나 이 주장을 승인한다면 우리는 또한 바깥 세계 전체가 뇌 속의 사건 계열이라는 것을 승인해야 한다. 그리고 바깥 세계가 이러한 것에 지나지 않는다면 우리는 다시 유아론을 향하여 내달리고 있는 것 같다. 러셀은 어떻게 이 유아론적 궁지를 피하는가?

러셀의 답은 지각에 대한 이원론의 형태를 취한다. 지각은 바깥에 독립적으로 존재하고 있는 외부의 원인을 갖는다. 그리고 지각과 외부 원인 사이에는 제한적인 것이긴 하지만 대응 관계가 존재한다. 과학이 옳다면 우리의 지각은 지각의 궁극적 근원과 그렇게 많이 닮은 것은 아니다. 거의 매일 보는 태양은 다소 작은 노란 원반이다. 천체 물리학자에게는 태양이 지구보다 백삼십만 배나 큰 물체이며, 거대한 전기 현상이 일어나고 있는 현장이다. 그러나 우리에게 지각된 세계와 바깥의 대상들의 세계 사이에는 상관 관계가 있다. 러셀은 이 둘 사이의 "인과 계열의 연속성"에 의해서 이 상관 관계를 설명한다.

근원 → a → b → c → d → 지각

지각에 이르기까지의 사건들의 사슬을 나타내는 이 계열 속에 있는 각각의 사건은 모두 서로 독립되어 있으며 또 성질이 전혀 다를 수 있다. 예를 들면 뇌에 이르는 신경 회로를 따라 이동하는 신경 자극은 태양에 대한

10) 최근에 신경 해부학자들에 의해서 진행되고 있는 연구의 실용적 결론들 가운데 하나는 맹인의 두뇌를 인공적으로 자극하는 효과적 섬광을 만들고, 맹인이 이 "섬광 문자"를 이용하여 글을 읽을 수 있게 될 가능성일 것이다.

11) B. Russell, *Our Knowledge of the External World*, rev. ed., London: Allen and Unwin, 1949, p. 129.

지각과 독립되어 있는 사건이고, 또 태양에 대한 지각은 그 지각의 근원인 태양 자체와 닮지 않았다. 그러나 태양에 대한 지각이 중간에 있는 사건들의 사슬을 통하여 태양과 인과적으로 연결된다는 점에서는 태양에 대한 지각과 태양 자체가 서로 연결될 수 있다.

러셀은 유사성을 구조의 대응이라고 이해한다면 "일상적 경험"의 세계와 이 경험을 일으키는 사건 체계 사이에 어떤 유사성이 있다고 말할 수 있다고 주장한다. (A) 지휘자 앞의 악보대 위에 놓여 있을 때의 베토벤의 C단조 교향곡 악보와 (B) 그 교향곡에 대한 지휘자의 해석에 따른 연주가 녹음된 것을 우리가 라디오 방송으로 들을 때에 들리는 음향을 생각해보자.[12] 그 악보와 우리가 듣는 음악 사이에는 중간 단계의 사건이 많이 있음에도 불구하고 A와 B는 구조적 유사성을 갖고 있다. 이 단계들 가운데 어떤 사건들은 서로 독립되어 있고 또 성질도 전혀 다르지만—연주자들이 음표를 음향으로 바꾸는 단계, 음향을 녹음 테이프에 녹음하는 단계, 음파를 전파로 바꾸는 단계—이러한 단계들은 모두 변하지 않는 하나의 구조를 중심으로 삼고 있다. 지각된 세계와 우리 내부에 지각을 일으키는 외부의 원인 체계는 어떤 공통 구조를 갖고 있다. 러셀의 말을 들어보자.

> 구조 일관성의 원리는 완전히 똑같지는 않으나 비슷하게 자주 나타나는 사건에 대한 지각의 구조가 차츰 거슬러 올라가면 머지않아 최초 사건에 부딪치게 되는 "사건들의 계열"을 이루고 있는 개별 사건의 구조와 같다는 것을 뜻한다. … 이 최초 사건은 사람들이 같은 대상을 지각한다고 주장할 때에 그 사람들이 "지각"한다고 말하는 것 바로 그것이다. … 감각 경험과 그것의 물리적 원인 사이에 성립하는 구조의 동일성은 소박한 실재론이 그릇 이론임에도 불구하고 어째서 실제 생활에서 그처럼 거의 혼동을 일으키지 않는가를 설명해준다.[13]

12) 러셀의 이 악보 비유는 비트겐슈타인이 「논리 철학론」(*Tractatus*) 4.014에서 언어와 세계 사이의 "그림 그리기 관계"('picture' relation)를 설명하기 위해 들었던 예를 약간 고쳐서 사용하고 있다. 2장 76-77쪽 참조.

13) Bertrand Russell, *Human Knowledge*, p. 473. (PB: Essandess Paper-

현상론

현상론(現象論, phenomenalism)이라는 이론은 지각 대상에 대한 버클리의 분석과 많은 공통점을 가진 지각 이론이다. 이 이론은 지각 경험과 그것의 독립적 원인이 있다고 가정하는 이원론을 부정하므로 분명히 지각에 관한 인과적 이론은 아니다. 나에게 지각된 대상과 지각 작용을 "일으키는" 대상은 완전히 동일한 것이다. 지각되는 대로의 책상은 지각들 즉 감각 자료—딱딱하고, 매끄럽고, 갈색의 표면을 가진 장방형 등—의 결합체다. 이제 이원론이나 인과적 이론이 우리의 지각에 대해 독립적으로 존재하면서 우리 내부에 책상이라는 현상을 일으키고 있다고 주장하는 "실재하는 책상"을 생각해보자. 현상론자에게는 그 둘 사이에 어떠한 차이도 없다. 즉 "실재하는 책상"과 "지각된 책상"은 완전히 동일한 것이다. 현상이 곧 실재다. 현상론자의 입장을 몬테규(W. P. Montague, 1873-1953)는 다음과 같이 설명하였는데, 그 자신은 현상론자가 아니었다.

> 물체 그 자체라는 것은 없다. 오직 우리의 경험과 관계되는 물체만이 존재한다. 감각되는 현상의 베일 뒤에 숨겨진 '실재'는 없다. 왜냐하면 물체의 현상이 바로 그것의 실재이기 때문이다. 따라서 우리가 오직 현상만 알 수 있다는 사실을 슬퍼하는 회의론자는 우리가 옷 아니고는 입을 것을 아무 것도 갖지 못하고, 음식물 아니고는 먹을 것을 아무 것도 갖지 못한다는 사실을 슬퍼하는 사람만큼이나 어리석은 사람이다.14)

지각에 대한 현상론자의 분석은 경험주의나 실증주의의 어떤 유형 즉 감각적 관찰이 지식의 가장 믿을 만한 형태라고 주장하는 이론과 흔히 연결되어 있다. 휴움은 물리적 대상이 감각 자료의 집적이며, 그 이상의 어떤 것도 아니라고 정의하였다. 마하(E. Mach, 1838-1916)는 "물체가 감각을 만들어

---

backs, Simon and Schuster.)

14) W. P. Montague, *The Ways of Knowing*, London: Allen and Unwin. 1925, p. 185.

내는 것이 아니라, 감각들의 복합이 물체를 만든다."고 주장함으로써 19세기의 과학 철학에 현상론을 끌어들였다.[15)]

지각에 대한 현상론자의 분석은 (1) 경험된 것 즉 감각 자료가 실재한다고 주장하는 점과 (2) 감각적 성질과 전혀 다른 것이어서 감각적 성질의 원인이 되는 로크 식의 "실체"나 "기체"를 갖지 않는 감각 자료의 "배후에" 아무 것도 존재하지 않는다는 점을 둘 다 지지한다는 점에서 버클리의 분석과 비슷하다. 그러나 현상론자는 존재하는 것은 지각되고 있는 것이라는 주장 즉 어떤 대상이 존재하기 위해서는 반드시 지각되고 있어야 한다는 버클리의 주장을 부정한다. 비록 어떤 물체가 지각되지 않은 채로 존재한다는 것을 입증할 수 없다는 버클리의 주장을 인정한다 할지라도 "독립적으로 존재한다"는 말이 적절한 뜻으로 이해되기만 한다면 대상이 "독립적으로 존재함"을 쉽게 증명할 수 있다고 현상론자는 주장한다. 어떤 물리적 대상에 대해서 그것이 존재한다고 말하는 것은 그것을 "지각하는 일이 가능하다"고 말하는 것이라고 현상론자는 생각한다. "케비넷 속에 전화기가 있다."라는 문장을 생각해보자. 이 문장의 의미가 "당신이 저 케비넷을 연다면 전화기를 볼 것이다."라는 문장과 의미가 같다고 이해된다면—현상론자는 이렇게 이해해야 한다고 주장한다—전화기가 독립적으로 존재한다는 사실을 증명하는 일에 전혀 문제가 없다는 것이다.

현상론자는 버클리가 지각된 대상을 감각 자료의 집적으로 분석한 것을 옳다고 생각하며, 또 감각 자료를 우리에게 투사하는 불필요한 "물리적 원인"을 구성하는 일이 쓸모없다고 본 것도 옳다고 생각한다. 그러나 현상론자는 버클리가 자신의 현상론적 분석을 감각으로 확인되는 세계에 대한 과장된 유심론적 해석으로 전락시킴으로써 과오를 범했다고 본다. 현상론자의 분석은 이 세계가 정신이나 영혼으로 이루어졌다는 결론으로 끌려갈 필요가 없음을 보여준다. 물리적 대상에 대해서 감각 자료 언어(感覺 資料 言語, sense-data language)를 사용하여 전개되는 분석이 다른 어느 분석보다 더 쓸모 있고,

15) E. Mach, *Analysis of Sensations*, La Salle, Ill.: Open Court Publishing Co., 1915, p. 29. (PB: Dover, New York.)

또 지각에 대한 이원론, 모사론, 인과 이론이 일으키는 것보다 적은 과오를 일으킨다는 것으로 충분하다. 우리가 물리적 대상에 관해서 아는 것은 무엇이든 감각 자료와 관련되어 있는 진술로 표현될 수 있다는 것이 현상론자들의 신념이다.

현상론이 부딪히는 곤란한 문제들 가운데 하나는 현상론자가 "현상이 곧 실재다."라는 주장을 물체들에 관한 과학적 기술과 조화시키려 할 때 부딪치는 문제다. 책상은 정상적 관찰자에게는 갈색이고 단단하고 굳은 정적 대상이다. 그러나 물리학자에게는 책상이 계속적으로 전자들을 잃고 얻는 원자들의 동적 사회다. 만일 현상이 실재라면 일상적 현상이나 감각 자료에 의한 기술이 아닌 책상에 대한 과학적 기술을 현상론자는 어떻게 처리할 것인가?

이 문제에 대한 한 가지 답변을 19세기 철학자인 마하와 파이힝거(H. Vaibinger, 1852-1933)가 내놓았는데, 그 요지는 원자론과 같은 과학적 기술은 실제로 존재하는 어떤 것에도 대응하지 않는 허구(虛構, fiction)라는 것이다. 원자처럼 관찰할 수 없는 것들에 대한 과학적 진술은 오직 옳은 것"처럼" 이해될 수 있을 뿐이다. 이러한 기술은 우리가 세상에서 보다 편리하게 살아갈 길을 찾는 데 필요한 수단이다. 이러한 진술은 실재하는 것에 대하여 기술하지 않는다. 이러한 허구는 "실재로부터 이탈했다는 점에서 이론적으로는 그르다고 해야 하겠지만, 실제적으로는 유용하고 없어서는 안 되는 것들"이라고 파이힝거는 주장하였다.[16] 이 허구주의(虛構主義, fictionalism)의 변형들이 최근의 실증주의적 과학 철학에 새로운 모습으로 나타나고 있다.

그러나 현대의 몇몇 현상론자는 과학적 기술에 대한 허구주의자의 설명을 거부한다. 그 까닭은 그러한 설명이 바깥 세계에 관한 과학적 명제들을 그른 진술로 격하시킨다고 생각하기 때문이다. 이들은 원자 수준의 사건은 바위와 나무를 관찰하는 방식으로 관찰될 수는 없지만 이러한 미시적 사건도 이론적으

16) H. Vaihinger, *The Philosophy of "As-if,"* C. K. Ogden, trans. Harcourt, Brace and Co., 1924, pp. 15-16.

로는 관찰될 수 있다고 본다. 전자는 그것이 인간이라는 관찰자에게 보일 수 있기 위해 요구되는 최소한의 크기 즉 빛의 파장보다 훨씬 더 작은 것으로 알려져 있다. 그러나 어떤 철학자는 초인간으로서의 관찰자를 가정하고, 이런 초인간은 전자의 크기보다 더 작은 파장의 빛을 이용하여 전자를 관찰할 수 있으리라고 주장한다. 바꾸어 말하면 이 말은 미시적 사건이 관찰이라는 말의 일상적 의미로는 관찰될 수 없지만 원리상으로는 관찰될 수 있다는 주장이다.[17)]

현상론에 대한 비판자들은 이러한 답이 원래의 문제점을 해결해주는 것이 아니라고 믿고 있다. 우리가 관찰하는 것과 실재하는 것이 완전히 똑같은 것이라면, 관찰하지 못하는 원자는 실재하는가 실재하지 않는가? 반현상론자들은 관찰자로서의 초인간을 끌어들인 것은 "현상을 구출하기" 위한 부자연스러운 시도라고 반대한다. 그것은 결국 일상의 대상이건 미시적 사건이건 실재하는 모든 사물을 관찰할 수 있다고 말하는 것에 지나지 않는다. 그러나 미시적 사건은 오직 관찰이라는 말을 매우 특수한 의미나 선의의 비유적 의미로 쓸 경우에만 관찰할 수 있다고 말할 수 있을 것이다.

현상론에 반대하는 또 하나의 견해는 현상론이 지각에 대한 "철의 장막" 이론을 피하려는 노력 때문에 치섬(R. Chisholm, 1916-1999)이 감각 자료 오류(感覺 資料 誤謬, sense-datum fallacy)라고 지적하는 입장에 떨어진다는 것이다.[18)] 현상론자는 물질적 대상과 그것의 현상들 사이에 차이가 있다면, 우리는 결코 현상을 넘어서 대상 자체에 도달할 수 없다고 믿고 있다. 그러므로 현상론자는 "우리가 관찰할 수 있는 모든 것은 감각 자료뿐이다."라고 주장한다. 그러나 그들이 "감각 자료"라는 말로 우리는 감각 인상을 지각한다는 것 즉 지식의 직접 대상은 "관념"이나 "감각"이라는 로크의 주장과 같은 내용을 뜻한다면 위의 말은 그르다. 왜냐하면 감각 인상은 지각의 대상이 아니기

17) A. Pap, *Elements of Analytic Philosophy*, The Macmillan Company, 1949, p. 138.

18) "Phenomenalism," in *Perceiving: a Phllosophical Study*, Cornell University Press, 1957, Appendix.

때문이다. 감각 인상은 우리가 대상을 전혀 알지 못하도록 지각자와 대상 사이를 가로막고 있는 것이 아니다. 어떤 사람이 쓴 안경은 사람과 그 사람이 보고 있는 대상 사이에 있다. 그럼에도 불구하고 안경을 낀 사람이 보고 있는 것은 안경의 렌즈라고 주장하는 것은 터무니없는 말이다. 그 사람은 렌즈를 보고 있는 것이 아니라 렌즈를 통해서 다른 물체를 보고 있기 때문이다.

바깥 세계에 관한 개념적 지식

지각과 개념

감각 기관의 보고들은 인간의 지식을 이루는 가장 단순한 요소일 것이다. 그러나 우리는 오직 감각 지각들에만 의거해서는 바깥 세계에 관한 지식에 대하여 적합한 설명을 할 수 없다. 감각 자료만으로 구성되는 세계는 젖먹이에게 비치는 세계처럼 "수많은 퉁탕거리는 악기"의 소리가 메아리치고 제 멋대로의 온갖 모양과 빛깔로 가득 차 있는 혼란스럽고 무의미한 세계일 것이다. 지각들만으로 구성된 세계에서는 모든 지식이 직접적일 것이며, 추리에 의한 지식은 전혀 없을 것이다.

그런데 인간의 지식은 대부분이 추리된 지식이다. 이 말은 동물이 추리할 수 없으며, 그래서 감각 자료에만 의존하고 있다는 것을 뜻하는 것은 아니다. 인간이 지식을 구성하는 것처럼 동물도 감각 자료로부터 지식을 구성한다. 그러나 인간의 지식은 직접 보고 듣는 사건들을 설명하고 해석하는 힘이 탁월하다. 인간은 가장 영리한 동물의 추리력이라 할지라도 도저히 미치지 못하는 아주 복잡하고 일반적인 문제에 대하여 추리를 수행하는 능력을 갖고 있다.

우리는 감각 경험에 직접 주어진 것을 능가해 있고 또 인간의 지식들 가운데서 가장 중요한 이 지식을 개념적 지식(概念的 知識, conceptual knowledge)이라 부른다. 지각은 섬광이나 종소리처럼 직접적이고 특수한 것이다. 지각이나 감각의 복합체는 나를 향하여 걸어오는 당신에 대한 나의 지각처럼 특수한 것이다. 그러나 개념은 특수한 것이 아니다. 개념은 "포유류"나 "전자"라는 생각처럼 일반적이고 추상적인 것이다. 바깥 세계에 대한 우리의 지식은 일상적 경험의 영역에 속하는 것이든 과학에 의해 밝혀진 것이든 개념들로 가득 차 있다. 세계에 대한 어떠한 기술도 개념을 끊임없이 사용하지 않고는 불가능하다.

지각과 개념 사이에는 어떠한 넓은 간격이나 명확하게 지적될 수 있는 차이가 없다. 어떤 사람이 개념이라고 부르는 것을 다른 사람은 지각이라고 부른다. 정확히 어디에서 지각이 끝나고 또 어디서부터 개념이 시작하는지 말하기는 매우 어려운 일이다. 예를 들어 책상과 나무 같은 물리적 대상에 대한 지식은 우리 누구나 개념적 지식이라기보다 지각이라고 말하고 싶어 할 것이다. 그러나 "나에 대하여 독립적으로 존재하고 있으면서 매 순간 동일성을 유지하고 있는 물리적 대상이라는 생각"은 어느 정도 학습되고 구성된 생각이거나 추리에 의해 도달한 생각이다. 이것을 의심하는 사람은 장난감 딸랑이를 보이지 않는 곳에 떨어뜨린 아주 어린 아이의 행동을 주의 깊게 관찰해볼 필요가 있다. 이런 일이 생기면 어린 아이는 마치 그 딸랑이가 이 세상에서 없어진 것처럼 행동한다. 어린 아이들은 버클리주의자다. 어린 아이들에게는 존재하는 것은 지각되고 있는 것이다.

개념이나 구성체(構成體, construct, 때로 이렇게 부르기도 한다.)는 그것이 지닌 "추상의 정도"에 따라서 등급이 있다. "독립적으로 존재하고 있는 물리적 대상"이라는 생각은 가장 낮은 등급의 개념 즉 매우 기초적인 구성체로 간주될 수 있다. 이 개념 위에는 추상의 정도가 더 높아서 유형이 다른 개념이 순차적으로 놓여질 것이다. 아래의 예는 개념들의 여러 가지 계층 가운데 하나다.

1. "독립적으로 존재하고 있는 물리적 대상"이라는 개념.
2. 자기 이외의 다른 사람의 "정신"이나 "자아"라는 개념.
3. "식물"이나 "금속" 같은 일반적 분류 개념.
4. "붉음"이나 "열" 같은 일반적 성질 개념.
5. "기체는 가열하면 팽창한다."와 같은 물리적 성질에 관한 "법칙"이라는 개념.
6. "원인"이라는 개념.
7. "중력"이나 "상대성" 같이 바깥 세계에 대한 과학적 기술에 사용되는 고도로 추상적인 개념.
8. 순수한 수학적 개념이나 논리학적 개념.

우리가 "개별적인 것"만이 경험에 직접적으로 주어진다고 인정한다면 위에서 말한 바와 같은 "일반적인 생각"을 사용하는 지식은 다소간의 정도 차이는 있겠지만 모두 개념적 지식으로 간주될 수밖에 없을 것이다. 그런데 개념적 지식은 다음과 같은 문제에 부딪히게 된다. 이러한 개념들이 감각 경험에 의해서 우리에게 직접 주어지지 않는다면 어떻게 경험 세계에 타당하다고 할 수 있는가? 바깥 세계 속에 이러한 개념들에 대응하는 상황이 있다는 것을 우리는 어떻게 확신할 수 있는가? 이러한 문제에 대해서 두 가지 유명한 답변이 있다. 데이빗 휴움과 임마누엘 칸트가 제시한 대답이 바로 그것이다. 휴움은 이러한 개념들 대부분은 직접 경험 속에 주어지지 않는다는 바로 그 사실 때문에 그 타당성을 도저히 증명할 수 없다고 주장하였다. 칸트는 이러한 개념들이 타당성을 가진다고 보았지만 개념들은 본질적으로 정신적인 것일 뿐이라고 주장하였다. 칸트에 따르면 개념은 본래 정신의 산물이고 정신이 지식을 창조하기 위해 상대하는 질료는 알 수 없는 성질의 것이다.

휴움의 회의론

휴움은 로크와 버어클리에 의해서 정립된 전제들로부터 대단히 회의적인 몇 가지 결론을 끌어내기에 이르렀다. 휴움은 선배들과 마찬가지로 지각과 지각에 대한 반성을 인간의 지식의 기초 자료로 삼았다. "우리는 무엇을 아는가?"라는 물음에 대해서 휴움은 우리가 (1) 감각 인상(感覺 印象, sense impression)과 (2) 관념(觀念, idea) 즉 감각 인상에 관한 "희미한 영상"을 안다고 대답했다. 우리는 인상을 관념으로 기억한다. 휴움에 따르면 인간의 지식은 이러한 인상들이 일정한 틀에 따라 연합함으로써 만들어진다. (a) 유사(類似, similarity) (b) 근접(近接, contiguity) (c) 불변적 계기(不變的 繼起, invariable sequence)가 그러한 틀이다. 우리가 경험을 통해서 얻을 수 있는 것은 모두 인상, 지각, 감각 자료다.

그런데 휴움은 이러한 인상들은 언제나 서로 별개의 것 그리고 서로 다른 것으로서 우리에게 주어진다고 주장한다. "우리의 분명한 지각은 모두 지금 분명하게 있는 것인데, 정신은 이것들 사이의 어떠한 참다운 결합 관계도 결코 지각하지 못한다."고 휴움은 생각했다.[19] 우리는 습관에 의해서 어떤 인상을 다른 인상과 연합시킨다. 예를 들면 우리가 "개"라는 말로 표현하는 시각 인상을 받으면 "짖는다"는 말로 표현되는 청각 인상을 연상하는 것과 같다. 그러나 우리가 경험할 때에는 언제나 이런 인상들은 모두 별개의 서로 다른 요소로서 주어진다.

물리적 대상의 하나인 상자를 예로 들어 생각해보자. 로크는 우리가 상자에 대해서 직접 아는 것은 전적으로 감각 지각들—"붉고" "단단하고" "네모진" 등—의 복합체라는 것을 인정하였다. 로크는 주저하지 않은 것은 아니지만 이처럼 서로 구별되는 인상들을 근거로 하여 이 인상들의 근저에 물체가 있다고 결론을 내렸다. 이 물체는 겉보기 성질들이 변한다 해도 변화 과정 내내 지속되면서 자기 동일성을 유지하는 실체(實體, substance)를 뜻하는 것이다. 그러나 휴움은 상자에 대해서 아는 모든 것이 서로 다른 감각적 성질들의 집합이라면 우리는 한 순간으로부터 다음 순간까지 "동일성"

19) D. Hume, *A Treatise on Human Nature*, Oxford: Clarendon Press, 1896. p. 636.

을 유지하면서 지속된다고 가정된 기체(基體, substratum)의 존재를 추론할 아무런 권리도 갖지 못한다고 지적하였다. 휴움은 물리적 대상에 대해서 우리가 아는 모든 것은 물리적 대상이 감각적 성질의 집단이라는 것뿐이기 때문에 물리적 대상이 우리 정신 속의 "관념" 이외의 어떤 것이라는 데 대한 증거가 우리에게 전혀 없다는 점에 대해서 버클리에 동의하였다.

그러나 휴움은 자기 이외의 다른 "정신"이 있다는 버클리의 증거 없는 가정에 대해서는 버클리에 동의하지 않았다. 우리는 경험을 통해서는 정신이나 자아 같은 것을 가정할 아무런 근거도 얻지 못한다. 경험이 이 상자는 감각 자료들의 집단일 뿐 그 이상의 어떤 것도 아니라고 나에게 알려주는 것과 마찬가지로, 경험은 나에게 나의 "정신"이나 "자아"도 단지 지각들의 다발일 뿐 그 이상의 어떤 것도 아니라고 알려 준다. 휴움은 이 점을 다음과 같이 지적하였다. "정신(마음)이라는 것은 실은 서로 다른 지각들이 어떤 관계들에 의해서 결합되어 있는 '지각들의 집합체'나 '지각들의 더미'에 지나지 않는 것인데도 완전히 단순하고 자기 동일성을 유지하는 것이라고 잘못 생각하고들 있다."[20]

그런데 휴움의 주장에 따라 우리가 아는 것이 전적으로 감각 인상이나 이로부터 구성된 개념이라는 것을 인정한다면, 그리고 더 나아가 경험이 인상들이나 개념들 사이에 어떤 필연적 관계가 있다는 아무런 암시도 주지 않는다는 것을 인정한다면, 우리는 한 순간으로부터 다음 순간까지 자기 동일성을 유지하는 지속적인 물리적 대상이 존재한다는 신념을 정당화시킬 수 있는 어떤 근거 즉 사고 습관이나 사고 관행 이외의 다른 어떤 근거도 갖지 못한다는 것을 승인하지 않으면 안 된다. 마찬가지로 우리는 일련의 감각 인상이나 이에 대한 일련의 기억의 근저에 놓여 있으면서 변함없이 지속하는 자아나 정신이 있다고 결론을 내릴 수 있도록 해주는 어떤 근거도 가질 수 없다고 승인하지 않을 수 없을 것이다.

---

20) Hume, *Treatise*, p. 207.

인과 관계에 대한 흄의 분석

흄은 물리적 대상과 지속적 자아의 존재에 대한 신념의 바탕이 얼마나 약한가를 만족스럽게 설명하였기 때문에, 그는 과학과 실제 생활에서 전제로 사용하는 두 가지 가정 즉 귀납과 인과 관계에 대한 신념을 뒤엎으려고 눈을 돌린다. 우리는 이미 흄이 귀납에 관하여 전개한 이론을 살펴보았다. 우리는 경험을 통해서 개별적인 것들 즉 감각적 대상의 따로따로 분리된 낱낱의 실례들만 확인한다. 습관 이외의 다른 어떠한 증거도 없이 우리는 이러한 실례들을 결합시킨다. 우리는 주어진 일련의 개별적인 것을 근거로 삼고 경험이 제공하지 않은 일반 원리(一般 原理, general principle)를 세운다. 우리는 경험을 통해서 "이 A는 B다." "이 A는 B다." … 와 같이 서로 분리되어 있는 낱낱의 현상을 알게 된다. 잠시 후 우리는 이 실례들을 근거로 삼고 "모든 A는 B다."라고 결론을 내리고, 이 일반 명제를 미래의 모든 A가 B일 것이라고 예측하는 데 사용한다. 그러나 흄은 강한 습관이 우리로 하여금 이러한 일반적 결론을 내리게 한다 할지라도, 우리는 이러한 결론이 자연 속의 물체들에 대한 관찰을 통해서는 발견되지 않는다는 것을 인정해야 한다고 지적하였다.

인과 관계에 대한 흄의 분석은 귀납에 대한 접근 방식과 비슷하다. 경험은 우리에게 A가 B를 일으키는 어떤 실례를 정말 알려주는가? 만일 "인과 관계"라는 말이 A와 B 사이의 어떤 보편적이면서 필연적인 관계 즉 A가 B와 더불어 있다는 것 이상의 어떤 관계를 의미한다면 그 대답은 "아니다"이다. "인과 관계"는 일반적 관계를 가리키는 용어인데 반해서 경험을 통해서는 오직 개별적인 것만 알려진다. 따라서 흄은 원인에 대한 적절한 정의가 결국 다음과 같은 것 이상의 것일 수 없다고 주장하였다. "원인은 한 대상이 다른 대상에 시간상 선행하면서 접속되어 있고, 또 앞선 대상의 관념이 그에 뒤따르는 대상의 관념을 정신에 형성시키도록 결합되어 있는 두 대상 가운데 앞선 대상, 그리고 이 앞선 대상의 인상이 뒤의 대상에 대한 더욱 생생한 관념을 정신에 형성시키는 경우 바로 이 앞선 대상의 인상이다."21)

우리는 경험을 통해서 A가 B를 수반하는 개별적 실례를 많이 알 게 된다. 경험은 A가 B를 수반하는 매 번의 실례에서 A와 B의 불변적 계기까지도 우리에게 제공할는지 모른다. 그러나 B가 A에 수반된다는 매 번의 경험은 항상 다음 번 경험과 별개의 다른 경험이다. 감각적 관찰은 "A 다음에 B다." "A 다음에 B다." …를 우리에게 알려준다. 그 이상의 어떤 것도 알려주지 않는다. 그런데 사람들은 습관을 통해서 A와 B 사이에 어떤 가상적인 필연적 관계—사람들이 "인과 관계"라고 부르는 관계—를 삽입하여 "A는 B를 일으킨다."라는 결론을 내린다고 휴움은 지적하였다. 하지만 누구도 이 필연적 관계를 경험 속에서는 발견하지 못한다.

휴움은 자기가 겪은 실례를 하나 살펴보자고 제안하였다. 휴움은 자기 집 정원에 나갈 때마다 어떤 돌멩이가 따뜻하게 느껴지는 것을 주목했다고 이야기를 시작한다. 그와 동시에 그는 또한 태양이 비치고 있는 것을 관찰했다. 그는 또한 어떤 경우에는 그 돌이 차갑다는 것을 깨달았는데, 그 때에는 해가 비치지 않고 있다는 것을 주목했다. 그런 관찰을 하고 나서 태양이 그 돌을 따뜻하게 한다고 추리했다는 것이다. 그러나 감각적 관찰은 이러한 인과 관계를 보여주지 못한다는 것이 휴움의 기본적 주장이다.

휴움은 이어서 이렇게 논했다. 내가 관찰한 것은 (A) 태양과 (B) 따뜻한 돌, 또 다시 (A) 태양과 (B) 따뜻한 돌, 그리고 계속 반복되는 A와 B다. 인간의 성향은 경험이 알려주지 않는 필연적 관계를 보완하려고 하기 때문에 나는 "태양은 돌을 따뜻하게 하는 원인이다." 또는 더욱 간단하게 "태양은 돌을 따뜻하게 한다."고 말하게 된다. 나의 결론은 해가 비치지 않을 때에는 그 돌이 따뜻하지 않았다는 반복되는 관찰에 의해 보강된다. 그러나 우리는 이 결론이 실제로 관찰했던 것의 통계 이상의 것이라는 점을 주의하지 않으면 안 된다. 우리는 연합된 사실의 개별적 실례들을 경험했다. 그러나 "원인"은 이 연합된 사실들 사이에 성립하는 어떤 종류의 일반적 관계 즉 어떤 종류의

21) Hume, *Treatise*, p. 172.

"보편적이고 필연적인 (변함없는) 결합"을 의미한다. "인과 관계"는 하나의 개념을 가리키는 명칭이며, 그래서 개념에 늘 따르는 일반성과 추상성을 지니고 있다. 그러나 휴움은 개념의 적용 범위가 경험된 사실들의 범위보다 훨씬 넓기 때문에 개념의 근거가 감각 경험 속에서는 발견되지 않는다고 주장한다. 개념의 참다운 근거는 단지 과거에 서로 연합되는—즉 함께 나타나는—경우가 발견되어 왔던 그 사실이 미래에도 계속 그처럼 연합할 것이라는 "강렬한 기대감"에 있는데, 이 기대감은 과거에 반복해서 나타난 실례가 우리에게 들여 놓은 습관에 의해 일어난다는 것이다. 그래서 불에 물을 부으면 곧바로 불이 꺼지는 것을 과거에 경험하여 기억하고 있기 때문에 우리는 이번에도 동일한 결과를 기대한다는 것이 휴움의 생각이다.

휴움은 지식에 대한 로크와 버클리 식의 분석을 이렇게 극단적 결론에까지 밀고 나아감으로써 개념의 일반적 성격이 그에 대응하는 자연 속의 일반적 범형에 근거를 두고 있다는 것을 증명하려는 인간의 능력에 대하여 의심하는 입장에 서게 되었다. 요컨대 지각들은 경험을 통해서 알려지지만 개념들은 경험을 통해서 알려지지 않는다. 그렇다면 사람들이 자연 속에 존재한다고 가정하고, 귀납적 추리와 인과적 추리를 정당화시키는 근거로 삼는 보편적이면서 필연적인 관계들의 존재에 대한 우리의 신념을 정당화시켜 줄 설득력 있는 논거가 전혀 없다고 할 수밖에 없을 것이다.

하지만 휴움 자신은 그의 회의론과 이 회의론이 이끌어오는 것처럼 보이는 유아론을 실제 생활과는 아무 관련도 없는 것으로 기꺼이 인정한다는 사실에 주의하지 않으면 안 된다. 휴움은 자기 앞에 있는 주사위 놀이판 따위의 물리적 대상이 독립적으로 실존하고 있다는 것을 잠시도 의심하지 않는다고 말했다. 뿐만 아니라 그는 자기 자신 즉 데이빗 휴움이 감각들의 다발 이상의 것이라는 것을 의심하지도 않았다. 또한 그는 "불은 열을 낸다."와 같은 일반적 진술이나 "물은 갈증을 풀어준다."와 같은 인과적 추리를 의심하지도 않았다. 휴움은 자기가 의심하는 것은 이런 신념들을 순전히 이성에 의거하여 정당화시킬 수 있는 가능성(the possibility of any rational justification)이라고 말했다. 휴움은 이런 신념들이 본능·성향·습관 이외의 어떤 것을 근거로 삼고 성립할 수 없다고 주장하였다.

칸트의 문제

휴움의 회의론은 독일의 위대한 철학자 임마누엘 칸트에게 철학과 과학의 기초 바로 그것에 대한 도전으로 받아들여졌고, 따라서 칸트는 큰 충격을 받았다. 칸트는 다음과 같이 말한 바 있다. "여러 해 전에 처음으로 나의 독단적인 선잠을 깨뜨리고 사변 철학에 대한 나의 연구에 전혀 새로운 방향을 잡아준 것은 바로 휴움의 경고였다."[22] 칸트는 철학과 과학 둘 다 "귀납적 일반화"와 "인과적 추리"에 의한 판단들과 같은 보편적 판단이나 일반적 판단의 타당성을 전제로 한다고 생각하였다. 만일 휴움의 이론이 옳다면, 그래서 경험 안에는 모든 학문에 그처럼 필수 불가결한 일반적 판단들을 정당화시킬 수 있는 어떠한 근거도 없다면, 그런 지식을 가능하게 하는 다른 근거가 있어야 하지 않을까? 만일 자연 속의 사건들 사이의 필연적 관계를 믿는 신념에 대한 이성적 정당화(理性的 正當化, rational justification)가 이루어질 수 없다면 철학과 과학 둘 다 기초가 허공에 뜨게 될 것이다. 칸트는 상황이 정말로 휴움이 설명한 바와 같을 수밖에 없다면 옹호할 수 있는 유일한 철학적 태도는 회의주의뿐이라고 생각하였다.

회의론을 피할 수 있으려면 휴움이 경험은 제공하지 않는다고 주장하는 "보편적이면서 필연적인 관계들"이 어떻게 이성에 의거해서 정당화될 수 있는가를 밝혀야 한다. 이 문제는 칸트가 새로 만들어 사용했던 수많은 철학 용어를 이용하여 표현하면 "어떻게 선천적 종합 판단은 가능한가?"(Wie sind synthetische Urteile a priori möglich?)를 설명하는 일이다.[23]

22) I. Kant, *Prolegomena to Any Future Metaphysics*, P. Carus, ed., Open Court Publishing Co. 1902, p. 6. (PB: Open Court.)

23) 귀납적 판단과 인과적 판단은 종합 판단이며 분석 판단과는 아르다. 그 이유는 종합 판단의 주어에 대한 정의가 그 판단의 술어를 보여주지 않기 때문이다. 그

휴움은 우리가 귀납 추리를 할 때에 감각 경험은 전혀 연결되지 않고 서로 분리되어 있는 개별적 경우인 "이 A는 B다." "이 A는 B다." …를 우리에게 알려준다고 지적하였다. 감각 경험은 인과적 추리에서도 전혀 연결되지 않고 서로 분리되어 있는 개별적 경우인 "X 다음에 Y다." "X 다음에 Y다." …만을 제공한다. 우리는 경험이 제공하는 이처럼 관련 없는 별개의 경우들로부터 "모든 A는 B다."와 "X는 Y를 일으키는 원인이다."와 같은 판단을 굉장히 빨리 형성하는데, 그렇다면 이러한 판단들이 지닌 보편적이면서 필연적인 성격은 어디에서 오는 것인가?

칸트의 범주

칸트의 답변은 다음과 같다. 인과적 판단과 귀납적 판단 그리고 일반성을 지닌 다른 판단들의 "보편적이면서 필연적인 성격"은 정신 자체의 구조에 의해서 결정된다. 정신은 로크와 영국의 다른 감각론자들이 주장한 바와 같이 감각 인상들을 수동적으로 받아들이고 기록하는 활동력 없는 밀랍 덩어리와 같은 것이 아니다. 정신은 창조적이고 동적이고 능동적인 과정이다. 정신은 감각 경험을 정돈하고 해석하는 일정한 "본유 형식"(本有 形式, innate form)을 갖추고 있다.

우리가 감각 경험을 통해 얻는 자료는 맨 먼저 공간(空間, space)과 시간(時間, time) 속에서 정리된다. 그런데 공간과 시간은 우리와 독립하여 객관적으로 존재하지 않는다. 공간과 시간은 인간의 모든 경험에 공간성과 시간성을 부여하는 정신의 형식이다. 경험된 자료는 공간과 시간 속에서 조성된 다음 칸트가 "지성"(知性, Verstand, intellect)이라 부르는 정신

러나 위의 두 가지 판단이 지닌 일반적 성격이나 보편적 성격은 결코 경험에는 주어지지 않기 때문에 이 판단은 선천적(a priori) 판단이다. 즉 우리는 모든 인이 발화한다는 것을 직접 관찰하지 못한다. 선천적 판단은 직접 경험에 의해 입증되는 후천적(a posteriori) 판단과 대조를 이룬다. "이 상자는 빨갛다"는 진술은 후천적 판단의 한 예다.

능력이 이어 받는다. 인간의 "지성"은 12개의 본유 형식 즉 범주(範疇, category)를 갖추고 있다. 우리의 경험은 보편성(普遍性, universality)과 필연적 연관성(必然的 聯關性, necessary connectedness)을 바로 이 범주들로부터 얻는다. 휴움이 도저히 정당화시킬 수 없다고 단언했던 "일반적이면서 필연적인 판단"은 정신의 범주들이 경험에 주어진 재료에 작용하여 만들어내는 것이다. 경험이 우리에게 "X 다음에 Y다." "X 다음에 Y다." … 라는 자료만 제공하는 인과적 추리의 경우를 예로 들어보자. 이 자료는 인과성(因果性, causality)이라는 범주에 의해서 해석되며, 그 결과 "X는 Y를 일으킨다." 라는 판단이 만들어진다. 일반적 판단의 다른 유형은 경험에 주어지는 자료에 대하여 다른 적절한 범주가 작용함으로써 만들어진다. 칸트의 범주들의 기능은 아래 그림에 의해 매우 개략적으로 설명될 수 있다.

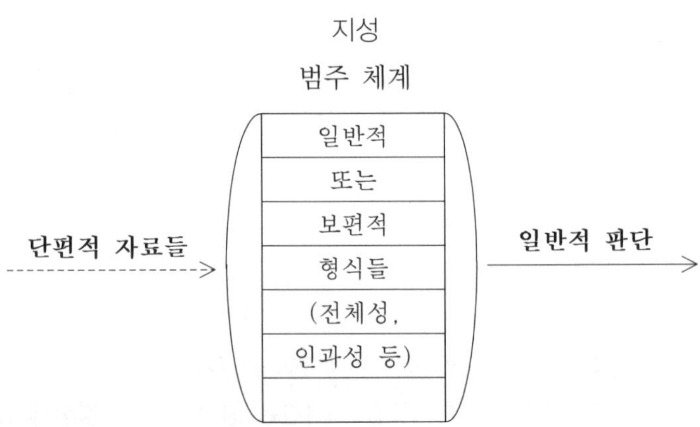

"지각은 개념이 없으면 장님이다"

"보편적이면서 필연적인 판단"으로 진술되는 지식은 개념적 지식이다. 지각과 개념은 둘다 인간의 지식의 요소인데, 지각은 개별적이고 직접적인 성격에 특징이 있고 개념은 일반적인 성격에 특징이 있다. 지각은 경험에 의해서 제공된다. 칸트에 따르면 개념은 정신 그 자체의 내부 구조에 의해서 형성된다. 지각과 개념은 둘 다 우리를 속이지 않는 지식이 형성되는 데 언제나 반드시 필요한 요인이다. 칸트는 이 점에 대해 "개념은 지각이 없으면 공허하고, 지각은 개념이 없으면 장님이다."라고 간명하게 언급하였다.[24)]

감각 경험에 근거를 두지 않고 형성된 어떠한 개념도 허구보다 나을 것이 조금도 없을 것이며, 지각들을 정돈하고 해석하는 개념이 없으면 어떠한 지각도 그 자신을 넘어서 지식으로 한 발자국도 나아갈 수 없다. 왜냐하면 지각들은 개념적 지식이 갖고 있는 활기차고 동적이고 창조적인 요소를 갖고 있지 않기 때문이다. 인간의 사고로 하여금 "감각의 단순한 직접성"을 뛰어 넘을 수 있게 하는 것은 바로 이 개념적 지식이다.

현상과 물체 자체

칸트에 따르면 지각은 우리 밖에 있는 객관적 근원으로부터 유래한다. 그러나 지각은 정신의 구조에 기인하는 개념에 의해서 그 본성이 규정되는 까닭에 우리가 아는 모든 것은 우리의 인식 기능에 의해서 지워질 수 없도록 착색된다. 이제 칸트의 지식론의 극적인 귀결들이 눈앞에 드러날 때가 되었다. 만일 "바깥 세계"(外界, external world)라는 말이 인간의 인식에 대하여 독립적으로 존재하는 세계를 의미한다면, 우리는 결코 바깥 세계나 바깥 세계의 모든 대상의 실재적 본성(實在的 本性, real nature)을 알 수 없다. 칸트가 물체 자체(物體 自體, thing-in-itself)라고 부르는 것은 우리에게 알려질 수 없고, 따라서 영원히 숨겨진 채로 있을 수밖에 없다. 우리가 참으로 아는 것은 알 수 없는 X-세계에 대하여 정신의 형식들이 작용하여 만들어내는 수많은 현상(現象, phenomena)이다. 정신은 물체 자체들을 사변적으로만

24) I Kant, *Critique of Pure Reason*, Norman Kemp Smith, trans., The Humanities Press, 1950, p. 93. (PB: St. Martin's, New York.)

파악할 수 있는 것으로 변질시킨다. 그러므로 우리가 아는 세계는 오직 현상들의 세계일뿐이다. 왜냐하면 지성은 이 현상들 너머를 결코 통찰할 수 없기 때문이다. 칸트의 말을 들어보자.

> … 우리가 바라보고 있는 물체는 우리가 그것을 보는 일과 관련 없이 저 홀로 존재하지 못한다. … 현상으로서의 물체는 우리와 독립적으로 존재할 수 없고 오직 우리 안에만 존재할 수 있다. 대상이 독립적일 수 있다든가 우리의 감각 기관의 수용성과 무관할 수 있다든가 하는 것은 우리에게 전혀 알려질 수 없다. 우리는 오직 인간에게만 고유하게 갖추어져 있고, 또 모든 생물이 반드시 공유하지는 않으나, 모든 인간이 공유한다는 사실은 의심의 여지가 없는 "대상을 지각하는 인간적 방식"만 알 수 있을뿐이다.[25)]

칸트의 "코페르니쿠스적 전회"—맺음말

칸트의 주장의 속뜻을 더욱 분명하게 드러내기 위해서 잘 알려져 있는 비유를 살펴보는 것이 좋을 것 같다. 벗어 버릴 수 없는 파란 색안경을 태어나면서부터 쓰고 있으면서도 그 사실을 깨닫지 못하는 사람이 있다면, 이 사람은 세계를 파랗게 보아 왔을 것이다. 그래서 세계가 파랗다고 생각해 왔을 것이다. 그러나 우리는 그 파란색이 세계로 인한 색깔이 아니라 안경으로 인한 색깔이라는 것을 안다. 그런데 칸트의 이론이 옳다면 우리 모두가 "질서를 부여하는 안경과 비슷한 정신"을 가지고 태어난 것이 된다. 끊임없이 변하는 바깥 세계는 이러한 정신적 렌즈를 통해서 우리가 "질서 정연한 관계를 지니고 있는 합리적 전체" 즉 "우주"라고 생각하고 있는 그런 세계로 여과된다. "상식"은 이러한 질서, 관계 체계, 합리성의 원인을 세계에 돌린다. 그러나 경험에 대한 휴움의 분석은 그런 식의 가정은 어떤 것도 정당화되지 못한다는 것을 보여주었다. 칸트는 이에 대한 유일한 대안은 세계의 질서의 근원을 인간의 정신 속에

25) I. Kant, *Critique of Pure Reason*, rev. ed., Max Müller, trans., The Macmillan Company, 1922, p. 34.

두는 것이라고 믿었다. 칸트는 시간, 공간, 그리고 자연의 질서 전체의 근원을 바깥 세계 속에서가 아니라 오히려 인간의 정신 속에서 발견함으로써 자신이 철학에서 "코페르니쿠스적 전회"(Copernican revolution)를 성취하였다고 믿었다.[26)]

현상의 세계 즉 과학과 상식이 믿는 세계는 실재하는가? 칸트는 확실히 이 세계가 환상이 아니라고 말했다. 우리는 인간이 아는 바깥 세계가 절대적으로 실재한다고 말할 수는 없지만 상대적으로 실재한다거나 현상으로서 실재한다고는 말할 수 있다. 지각의 대상들, 자연에 대한 이런저런 상상들, 과학의 법칙들은 질서를 만드는 정신과 경험의 기반 사이에 이루어지는 상호 작용의 산물이다. 이 기반이나 기초 즉 세계 그 자체는 비록 그것이 인간의 지식에 대해서 독립적으로 존재한다는 것을 우리가 알 수 없다 할지라도 의심의 여지없이 실재한다. 자연의 법칙들은 결코 정신이 마음대로 꾸며낸 것이 아니다. 인과 관계, 한결같은 물리적 관계, 물체들과 사건들의 규칙적 상호 작용은 "현상적 객관성"(現象的 客觀性, phenomenal objectivity)을 갖고 있다. 이것들은 현상의 세계 "속에" 있지 사람들 "속에" 있는 것이 아니다.

칸트는 바깥 세계에 대한 질서 정연한 과학적 지식이 실제로 성립해 있다는 신념을 설명하고 정당화하는 지식론을 마련하려고 노력했었다. 그는 일반 법칙이나 인과 관계와 같은 개념들에 대해서 흄이 불가능하다고 단언했던 "이성적 정당화"가 성립한다고 주장하였다. 그러나 칸트의 정당화는 인간의 지각으로부터 독립해 있는 세계의 참다운 속성들에 관한 지식을 얻을 수 있다는 주장을 완전히 포기해버리는 대가를 치루고 겨우 이루어졌다. 칸트는 인간이 세계의 참다운 속성들을 알 능력이 있음을 주장하는 이론 대신에, 인간의 지식은 근본적으로 어쩔 수 없이 일정한 제약을 받을 수밖에 없고,

26) 칸트의 견해에서도 우리의 경험을 질서 정연하게 하는 것이 인간의 정신 이상의 것일 수 있다. 그는 때로는 물체들의 본성 속에 개개의 인간의 의식을 넘어 선 본질적 속성으로서 논리적 구조를 갖춘 일종의 이성적 질서(rational order)가 있다고 주장하는 것처럼 보인다. (7장에서 헤겔이 이 생각을 어떻게 발전시켜 가는가를 보게 될 것이다.)

그래서 우리가 아는 세계는 인간의 정신이 지닌 구조의 반영으로서의 세계 즉 우리 앞에 있다는 것은 의심할 여지가 없지만 그 본성은 결코 밝혀질 수 없는 가공되지 않은 질료를 지성의 범주들이 다듬어 짜맞춘 세계라고 주장하는 비판적 인식론을 제안했다. 철학사를 살펴보면 칸트의 이와 같은 지식 이론은 우리가 경험하는 세계는 본질적으로 관념적인 것이라고 믿는 철학적 신조인 관념주의 형이상학에 중요한 이론들이 등장하도록 이끄는 역할을 하였다.

과학적 지식에서 개념의 역할

휴움과 칸트에 대한 대안

개념적 지식은 우리에게 바깥 세계의 본성에 대해서 신뢰할 만한 기술을 제공하는가? 지식에 대한 휴움의 분석은 개념적 지식이 감각 경험으로부터 직접 알려지는 것이 아니라는 것을 밝혀주었다고 생각된다. 그렇다면 우리는 개념적 지식이 타당하기는 하지만 오직 현상에 대한 지식이라는 이론 즉 우리가 아는 바깥 세계는 인간의 정신에 의해 창조되고 또 질서가 부여된 심상으로서의 현상에 지나지 않는다는 칸트의 이론을 휴움의 이론에 대한 유일한 대안으로 받아들일 수밖에 없는 것일까?

이제 세 번째 이론의 몇몇 조건을 생각해보자. 이 세 번째 이론은 개념들이 만들어질 때에는 인간의 정신에 의존하는 정도가 상당히 높지만, 그럼에도 불구하고 바깥 세계의 구조와 상관되어 있다고 주장해야 할 것이다. 다시 말해서 개념들은 어느 정도 우리에 의해서 구성되는 것이긴 하지만 허구가 아니고, 또 전적으로 정신이 본래부터 갖추고 있는 형식들의 산물도 아닌 것이라야 할 것이다.[27] 개념들은 인간의 사고와 독립적으로 존재하는 바깥 세계에 근거를 갖고 있고 어떤 적합성도 갖고 있지만, 개념 그 자체로서는 경험을 통해 우리에게 알려지지 않는다. 개념적 지식은 이 세계를 글자 뜻 그대로 기술하지 않고 오히려 세계를 해석한다. 그런데 이 해석은 전적으로 임의적인 것도 아니고 주관적인 것도 아니며, 어떤 방식으로 바깥 세계의 본성에 대응하는 것이어야 할 것이다. 이러한 입장을 변호하려면 개념과 지각 사이의 참다운 상호 관계에 대한 세밀한 분석과 바깥 세계에 대한 과학적 기술들 속에서 개념들이 하는 역할에 대하여 세밀한 분석이 필요하다. 이러한 일은 어려운 일이어서 여기서는 왜 그러한 분석이 "과학 철학"을 위해서 반드시 필요한가를 보여주는 정도로 그치겠다.

개념과 과학적 기술—원자론

자연 과학들 가운데 물리 과학(物理 科學, physical science)이 세계의 사건을 기술하기 위해서 사용하는 용어들은 아주 높은 수준의 개념을 표현하고 있다. 이러한 개념들은 과학자에 의해서 감각적 관찰과 관련을 맺게 되는데, 개념과 감각적 관찰을 연결하는 선은 대부분의 경우에 매우 길고 간접적이다. 현대의 원자론에서 사용하는 개념 몇 개를 예로 들어 살펴보자. 물리학은 물리적 대상이 "원자들"로 구성되어 있다고 주장하는데, 원자는 직접 관찰될 수 없는 물리적 실재다. 이 원자는 조그맣고 단단한 물질의 알맹이가 아니고, 고도로 복잡한 성질을 가진 전기적 활동이다. 원자는 중심 즉 핵과 그 핵의 크기에 비교해볼 때 굉장히 먼 곳에서 발견되는 "전자"라는 음전기를 띤 수많은 소립자가 결합되어 구성된 전기적 사건들의 복합체다. 원자핵은 그 자체 안에서도 여러 가지 유형의 활동이 구별된다. 양전기를 띤 "양자"라는 소립자가 있고, 전하를 갖지 않으면서 비교적 무거운 질량을 갖는 중성자가

27) 허구도 아니고 칸트의 범주들의 산물도 아닌 "구성체"(construct)에 의거해서 과학의 개념적 지식을 분석한 예는 H. Margenau의 *The Nature of Physical Reality* (McGraw HiII Book Co., 1950. PB: McGraw-Hill)에서 볼 수 있다.

있고, 핵자들의 결합을 유지하는 힘을 발휘하는 중간자 등이 있다. 원자를 구성하는 이러한 활동들의 본성은 "물리적 대상"이나 "물리적 사건"과 같은 일상적인 개념으로는 전혀 설명되지 않으므로, 이 활동들은 그림이나 기계적 모형에 의해서는 매우 개략적으로 불충분하게 표현될 뿐이다. 그 활동들의 움직임은 고도로 추상적인 수학 공식을 사용함으로써 가장 잘 기술될 수 있다.

원자들과 원자를 구성하는 더 작은 소립자들은 어느 것도 직접 관찰될 수 없다. 이러한 것들이 실제로 있다는 사실은 "논리적 추리"에 의해서 확립되었다. 처음으로 원자론을 제창했던 고대 그리스의 데모크리토스(Democritos, 460?-370? B.C.)와 그의 동료들은 물리적 대상은 가장 작은 부분들을 가져야 하기 때문에 모든 사물은 원자들로 구성된다는 결론을 내렸다. 그리스 시대의 거칠고 미숙한 원자 개념은 오늘날 이루 말할 수 없을 만큼 정밀해졌지만, 현대의 과학자가 원자를 이루는 소립자들의 성질과 그 존재를 확인하는 추리 방법은 그리스 시대 사람들이 해보지 못했던 실험적 관찰을 할 기회가 많음에도 불구하고 아직도 어느 정도는 그리스 시대 사람들의 이론을 이끌었던 추리와 똑같은 종류의 것이다. 일본 물리학자 유까와(Yukawa Hideki, 1907-1981)는 실험을 통해 확인된 증거가 그의 가설을 확증하기 10년 전에 중간자의 존재를 가정하였다. 그는 중간자의 존재를 추리하였다. 중간자라는 개념이 어째서 원자핵이 산산조각으로 흩어지지 않는가를 설명하는 데 필요했던 것이다. 1930년대에 물리학자들은 원자의 핵으로부터 방출되는 빠른 전자인 베타 입자의 붕괴에서 나타나는 에너지 배분의 변칙적 비율에 당황하게 되었다. 당시는 여전히 원자핵의 기본적 구성 요소는 양자와 전자뿐이라고 여겨지고 있던 시절이었다. 파울리(W. Pauli. 1900-1958)는 이 행방불명된 에너지 손실의 문제를 해결하기 위해서 손실되는 에너지를 가지고 달아날 만한 질량을 가진 중성적 입자 즉 "중성미자"(nutrino)라는 그 때까지 발견되지 않은 입자의 존재를 가정하였다. 그 뒤에 여러 과학자가 실험을 통해 이 입자의 존재를 확인하였다. 실험적 관찰은 아마 고도로 개념적인 이론을 암시하고 또 대단히 정밀하게 그 이론을 확증할 것이다. 그러나 관찰은 개념을 직접 알려주지 않는다. 다시 말해서 개념은 물리적 대상의 관찰된 움직임을 직접 기술하는 것이 아니다.

원자론이나 상대성 이론이나 양자론에서 발견되는 것과 같은 과학적 기술은 바깥 세계의 본성에 대한 고도로 개념적인 해석이다. 그렇지만 그러한 기술들 속에 포함된 개념들은 순전히 허구도 아니고, 전적으로 정신에 의해서 만들어지는 구성체도 아니다. 이러한 개념들은 우리로 하여금 바깥 세계의 움직임을 이해하고 조정할 수 있게 하는 한 그리고 바로 그 정도까지는 인간의 사고와 독립적으로 존재하고 있다고 취급되는 물리적 세계의 본성에 대한 기술로서 타당성을 지녔다고 할 수 있다.

현대 물리학 속의 파동 개념과 입자 개념

이제 오늘날 원자의 본성을 기술하는 데 사용되는 두 개의 개념을 예로 들어 고찰해보자. 과학자들은 원자가 입자들의 집단이라고 말한다. 그런데 어떤 문제들을 다룰 경우에는 전기 역학적 장 속의 파동이나 역점(力点)이라는 견지에서 물리적 성질의 기초적 과정들을 기술할 필요가 있다. 고대의 원자 개념은 비록 분할할 수 없는 입자라는 개념이긴 하지만 입자 개념이었다. 최근 19세기까지 즉 우라늄과 라디움 같은 방사성 원소들의 작용이 원자 개념에 근본적 수정을 가하도록 강요하기까지는 분할할 수 없는 작은 물질로서의 원자 개념이 근대 물리학에서 유지되었다. 이제 우리는 더 이상 원자를 분할할 수 없는 입자로 보지 않고, 강력한 힘들에 의해 서로 결합된 양자, 진자, 중성자 등등의 소립자들의 집단이라고 생각한다. 그러나 이처럼 대폭 수정된 현대적 원자 개념의 경우라 할지라도 궁극적인 미시 사건(微視事件)에 대한 개념은 여전히 입자 개념에 기초를 두고 있다.

고전 물리학에서 빛은 "입자"보다는 "파동"이라는 용어에 의해서 성공적으로 기술되었다. 뉴튼이 빛은 미립자로 이루어졌다고 주장했던 것은 옳았지만,

이 이론을 뒷받침하는 증거가 거의 없다고 일반적으로 평가되어 왔었다. 그러나 20세기에 들어와 빛에 대해서 입자 개념에 의한 재해석이 요구되는 몇 가지 근본적 문제가 제기되어 "광자"라는 이름이 광 에너지의 기본 입자에 부여되었다. 오늘날 빛의 현상의 기술에는 파동과 입자 두 용어가 필요한 것으로 여겨지고 있다. 그러나 이 두 개념은 서로 조화를 이룰 수 있거나 양립할 수 있는 것처럼 보이지 않는다. "입자"라는 개념은 "질량" 개념을 수반하는 반면에 "파동"이라는 개념은 그림자와 물체의 무게 사이의 관계만큼이나 미묘한 방식으로 질량과 연관된다. 전자의 본성에 관해서도 이와 비슷한 문제가 일어난다. 전자가 입자라는 생각을 입증하는 증거가 실제로 존재한다. 그러나 다른 한편으로는 전자가 파동이라는 생각을 암시하는 증거도 존재한다.

20세기 물리학의 기초 이론인 양자 역학의 중심에도 파동으로 나타나기도 하고 입자로 나타나기도 하는 "원자보다 작은 사건"(sub-atomic event)의 가능성이 있다. 보어(N. Bohr, 1885-1962)와 하이젠베르크(W. K. Heisenberg, 1901-1976)는 우리가 미시 사건의 위치(입자 성질)와 운동량(파동 성질)을 동시에 측정할 수 없음을 나타내는 상보성 원리(相補性 原理, principle of complementarity)라는 해결책을 제시하였다. 그러니까 파동과 입자는 둘다 존재하지만, 물리학자가 측정하는 그 순간에는 둘 가운데 어느 하나만 나타난다. 어떤 과학자들 특히 소련의 과학자들은 "파동 입자 이원론"을 해결하는 상보성 원리에 도전하고 있다.[28)]

그러나 현대 물리학에 등장한 파동 입자 이원론의 교훈은 다음과 같이 해석되어야 할 것이다. "파동"과 "입자"는 개념이고, 개념들은 바깥 세계에

28) 소련의 많은 학자가 파동 입자 이원론을 해소하려는 상보성 원리에 입각한 해결이 물질적 미시 사건들의 객관적 실재성과 그에 관한 우리의 지식을 혼동하였으며, 그렇기 때문에 변증적 유물론이라는 소련의 철학과 일치하지 않는 칸트주의나 관념주의로 끌려갔다고 주장한다. (7장. "변증적 유물론" 287-294쪽 참조.) 소련에서 진행된 양자역학에 대한 논쟁을 가장 흥미 있게 분석한 책은 Loren R. Graham의 '양자역학과 변증적 유물론"이다. (*Slavic Review*, Sept., 1966.)

대한 글자 뜻 그대로의 기술이거나 정신이 찍은 사진이 아니다. 비록 개념들이 처음부터 끝까지 세계를 창조하지 않는다 할지라도, 그것들은 인간이 세계의 성질을 해석하는 인간적 구성체들이다. 파동 개념과 입자 개념의 충돌은 이 귀중한 개념들이 본질적으로 지니고 있는 어떤 한계—현재까지 치료가 불가능했던 결점—를 암시하고 있는 것으로 보인다. 그러나 과학이 발전해 온 역사에 비추어 보면, 파동 개념과 입자 개념을 조화시키고 통합시킬 새로운 개념—그와 동시에 물리적 세계의 사건들의 본질을 설명하는 데에도 훌륭한 성공을 거둘 새로운 개념—이 머지않아 현대 물리학에 나타날 것이라고 믿어도 좋을 것이다.

개념에 관한 아인슈타인의 견해

아인슈타인(A. Einstein, 1879-1955)에 따르면, 바깥 세계의 본성은 경험에 직접 주어지지 않는다. 주어지는 것은 자료 즉 의식에 주어지는 자료뿐이다. 의식의 자료로부터 외계에 대한 지식에 이르는 방식은 오직 하나밖에 없는데, 그건 지적 구성(知的 構成, intellectual construction)이라는 방법이다. 일상의 경험에서 이루어지는 가장 기본적인 개념은 방 안의 책상과 같이 "독립적으로 존재하는 대상"이라는 개념이다. 그렇지만 책상은 우리에게 독립적으로 존재하는 대상으로서 주어지지 않고, 오히려 우리가 "책상"이라는 이름과 개념을 부여하는 감각들의 복합체로서 주어진다. 아인슈타인의 말을 들어보자. "내 생각에는 다른 모든 개념의 경우와 마찬가지로 그러한 개념(책상)이 '사변적이고 구성적인 성질의 것'이라는 사실을 깨닫는 것이 굉장히 중요하다. 그렇지 않으면 우리는 물리학 속에서 실재를 기술한다고 주장되는 많은 개념을 정당화시킬 수 없으며, 또 한편으로는 일상적 경험에 주어지는 '현실적인 것'이 '실제로 존재한다'고 생각하는 착각과 물리학의 모든 개념이 뛰어 넘을 수 없는 간격에 의해서 '현실적인 것'으로부터 유리되어 있는 '순전히 관념들일 뿐'이라고 생각하는 착각에 의해서 오도될 위험이 있다."29)

그러한 개념들이 아무리 "사변적이고 구성적인 것"이라 할지라도, 독립적으로 존재하는 물리적 대상이라는 개념과 같은 개념들이 단지 공상에 지나지 않는 것은 아니라고 아인슈타인은 주장한다. 이 개념들은 "우리의 감각들과 대응 관계를 유지하고 있다." 그런데 물리학에서는 개념과 감각의 대응이나 상호 관계라는 것이 점차적으로 간접적 관계로 되어 간다. 그러나 물리학 속의 개념들이 고도로 추상적이고 오직 간접적으로만 일상적 경험과 연결된다고 해서 그 개념들이 허구라는 결론을 내리지는 못 한다. 유클리드 기하학은 직선이라는 개념을 포함하고 있다. 이 개념은 우리가 직선을 곧은 막대로 대체시킨다면 물리학과 관련을 맺게 될 것이다. 그러나 일상의 경험 속에서는 완전히 곧은 막대를 찾을 수 없기 때문에 곧은 막대라는 것 역시 개념이다. 그럼에도 불구하고 우리가 곧은 막대라는 개념을 열의 팽창이라는 개념 따위의 다른 개념과 융합시킨다면, 곧은 막대라는 개념은 일상 경험하는 금속 막대와 관련을 맺을 수 있다. 과학적 개념들은 이런 식으로 우리가 경험들 사이에 정확하고 또 검증할 수 있는 관계들을 정립하는 일에 도움을 주는 한에서는 경험과 연결되는 것이다.

물리적 세계에 대한 지식이 고도로 개념적이라는 것을 확신한다 할지라도, 아인슈타인은 그가 보기에 현대의 물리학자들이 어느 쪽을 선택할까 주저하고 있다고 생각되는 두 가지 입장 가운데서 어느 하나를 선택하는 결정을 반드시 우리 세대에 내려야 한다고 느낄 필요가 없다고 믿었다. 그 두 가지 입장은 (1) 물리적 실재라는 것이 있지만, 그것에 관한 법칙들은 통계적 표현 이외의 다른 어떤 표현 방법이 없다는 입장과 (2) 물리적 상황에 대한 기술에 "실재적으로" 대응하는 것은 아무 것도 없고 오직 "개연성"(확률)만 존재할 뿐이라는 입장이다. 아인슈타인은 자기가 보기에 바람직하지 못하고 또 회의적 견해로 여겨지는 이 두 태도에 반대하여 분명히 낙관적인 "실재론적 입장"을 주장하였다. 아인슈타인은 "나는 실재에 대하여 완전히 기술할 수

---

29) "Reply," in H. L. Samuel, *Essay in Physics*, New York: Harcourt, Brace & World, 1952, p. 158.

있는 이론이 가능하다는 것과 사물의 개연성들 사이의 관계뿐만 아니라 물체들 자체 사이의 관계를 정립하는 법칙이 가능하다는 것을 믿고 있다."고 심중을 밝힌 적이 있다.[30)]

---

30) Samuel, *Essay in Physics*, p. 161.

더 읽어야 할 책들

Adrian, E. D., *The Physical Background of Perception*, New York, Oxford University Press, 1947.

Ayer, A. J., *The Foundation of Empirical Knowledge*, New Yark, St Martin's, 1958. (PB: St. Martins.)

Berkeley, George, "Three Dialogues Between Hylas and Philonous," *A New Theory of Vision and Other Writings*, New York, Dutton, 1934. (PB: Liberal Arts, Bobbs-Merrill, Indianapolis.)

Berkeley, George, *A Treatise Concerning the Principles of Human Knowledge*, La Salle Ill., Open Court, 1903. (PB: Liberal Arts, Bobbs-Merrill, Indianapolis.)

Chisholm, Roderick M., *Perceiving: A Philosophical Study*, Cornell University Press, 1957. (PB: Meridian, World Publishing, Cleveland.)

De Broglie, L., *Matter and Light*, New York, Norton, 1939.

Eddington, A. S., *The Nature of the Physical World*, New York, Macmillan, 1929. (PB: Ann Arbor Paperbacks, Ann Arbor, Mich.)

Einstein, A., and L. Infeld, *The Evolution of Physics*, New york, Simon and Schuster, 1938. (PB: Essandess Paperbacks, Simon and Schuster.)

Hanson, N. R., *The Concept of the Positron*, London, Cambridge University Press, 1963.

Hume, David, *An Enquiry Concerning Human Understanding*, La Salle, Ill., Open Court, 1935. (PB: Gateway, Regnery, Chicago.)

Hume, David, *A Treatise on Human Nature*, Oxford, Clarendon, 1896. (PB: Meridian, World Publishing, Cleveland.)

Kant, Immanuel, *Critique of Pure Reason*, rev. ed., Max Müller(trans.), New York, Macmillan, 1922. (PB: St Martins, New Yark.)

Kant, Immanuel, *Prolegomena to Any Future Metaphysics*, P. Carus ed., La Salle, Ill., Open Court, 1902. (PB: Open Court.)

Lewis, C. I., *Mind and the World Order*, New York, Scribner, 1929. (PB: Dover, New York.)

Locke, John, *An Essay Concerning Human Understanding*, A. C. Fraser (ed.), London, Oxford University Press, 1894. (PB: Meridian, World Publishing, Cleveland.)

Mach, Ernst, *Analysis of Sensations*, La Salle, Ill., Open Court, 1915. (PB: Dover, New York.)

Margenau, Henry, *The Nature of Physical Reality*, New York, McGraw-Hill, 1950. (PB: McGraw-Hill.)

Merleau-Ponty, M., *The Phenomenology of Perception*, Colin Smith (trans.), New York, Humanities Press, 1962.

Meyerson, Emile, *Identity and Reality*, K. Loewenberg.(trans.), New York, Macmillan, 1930. (PB: Dover, New York.)

Moore, G. E., "Proof of an External World"(British Acadmy Annual Philosophic Lecture, 1939), British Academy, *Proceedings*, 1939, vol. 25, pp. 273-300.

Price, H. H., *Perception*(1933), rev. ed., London, Methuen, 1961.

Russell, Bertrand, *Human Knowledge*, Simon and Schuster, 1948, pt. 3. (PB: Essandess, Simon and Schuster.)

Russell, Bertrand, *Our Knowledge of the External World*(rev. ed.), London, G. Allen, 1949. (PB: Mentor New American Library, New York.)

Vaihinger, H., *The Philosophy of "As-If,"* C. K. Ogden(trans.), Harcourt, Brace & World, 1924.

5 지식을 얻는 방법

우리는 물체의 밖으로부터 물체의 본성에 도달할 수 없다. 우리가 아무리 애써 탐구한다 하더라도 심상과 명칭 이외의 어떤 것에 도저히 도달할 수 없다. 우리는 성의 출입문을 찾으려고 성 주위를 헛되이 맴돌면서 때때로 성의 모습을 그려보는 사람의 처지와 비슷하다.

— Schopenhauer

플라톤의 「테아에테투스」라는 대화편에서 소크라테스는 이 대화편의 제목으로 사용된 이름을 가진 젊은 수학자에게 "지식은 무엇인가?"라고 묻고 있다. 테아에테투스는 곧바로 대답한다. "선생님, 제가 보기에는 지식이 많이 있는 것 같습니다. 기하학자의 지식이 있고, 그 밖에도 구두 수선공의 지식, 목공의 지식, …" 그러나 소크라테스는 그의 말을 중단시키고, 자기는 그가 열거하는 여러 가지 종류의 지식에는 관심이 없다고 말한다. 소크라테스는 지식 그 자체가 무엇인가를 알고 싶었던 것이다. 테아에테투스가 내놓은 답들 가운데 하나는 "지식은 옳은 신념이다."라는 것이다. 이 정의는 적절히 사용하면 훌륭한 정의다. 그러나 「테아에테투스」 속에서 소크라테스가 지적하고 있는 것처럼 우연히 옳은 신념에 도달할 수 있지만 그 신념에 도달하는 추론은 올바르지 못할 수 있다. 예를 들어 배심원들은 변호사가 잘 꾸며 놓았지만 실은 부당한 논증에 의거해서 피고가 유죄라고 확신하게 될 수 있다. 그리고 피고가 실제로 결백한 경우가 정말 있을 수 있다. 그렇지만 배심원들이 잘못된 추론을 근거로 삼고 그 결론에 도달했다면 그들이 지식에 도달했다고 말하기는 어렵다.[1] 이것이 바로 러셀이 옳은 신념들 가운데 일부분만 지식일 수 있다고 제한을 가한 이유다. 우리는 어떤 것에 관한 옳은 신념을 주장하고 또 그 신념을 정당화시키는 훌륭한 근거를 갖고 있으면 그것에 관하여 안다고 말해도 좋을 것이다.

"할 줄 아는 것"과 "사실을 아는 것"

옳은 신념이 지식이라는 정의에는 또 하나의 한계가 있다. 왜냐하면 "옳은 신념"이 지식이라는 생각은 한쪽만 보고 있기 때문이다. "옳은 신념"이라는 표현은 어떤 것이 어떠하다는 사실을 아는 것(knowing that something is so)에 적합하다. 나는 중국에 팬더 곰이 있다는 것, 트로츠키가 자서전을 썼다는 것, 식초가 초산을 함유하고 있다는 것을 믿는다. 이런 신념은 옳은 신념이고, 또 내가 훌륭한 근거에 입각하여 주장한다고 가정한다면 이런 신념들에 "지식"이란 말을 적용해도 괜찮을 것이다. 그러나 할 줄 아는 것(knowing how)은 어떤가? 여러분은 나비 넥타이를 맬 줄 알고, 갓난이에게 우유를 먹일 줄 알며, 천공기로 구멍을 뚫을 줄 알고, 쇼팽의 E플랫 야상곡을 피아노로 연주할 줄 안다. 확실히 여러분은 이런 일에 관한 지식을 갖고 있다. 그러나 플라톤이 구두 수선공과 요리사의 기술이 근본적으로 "옳은 신념"으로 형성된다고 주장하지 않았던 것과 마찬가지로 우리 역시 이런 것들에 관한 지식을 갖고 있다고 주장하지는 않을 것이다. 사물이 어떠하다고 아는 것은 보통 쉽게 진술의 형식으로 표현될 수 있고, 그래서 흔히 "명제적 지식"(命題的 知識, propositional knowledge)이라 부른다. "할 줄 아는 것"은 명제 형식으로 표현하기가 쉽지 않다. 왜냐하면 "할 줄 아는 것"은 단순히 어떤 것이 어떠하다고 아는 것보다는 행동에 더욱 직접적으로 관련되어

1) Plato, *Theaetetus*, 201. (플라톤의 대화편에서 인용할 경우에는 스테픈스 번호에 의해 표시하는 것이 상례다. 이 번호는 책의 가장자리에 있는 숫자인데, 모든 현대판 플라톤 대화편에 동일하게 붙어 있다. 비슷한 방법이 아리스토텔레스의 저작에서 인용할 때에도 사용된다.)

있기 때문이다. 물론 사람들이 "장기 두는 법"과 "소형 선박 조종법" 따위의 제목으로 책을 쓰고, 또 이런 책은 삽화뿐만 아니라 진술로 가득 차 있다. 그럼에도 불구하고 지식에 관한 철학적 탐구는 "할 줄 아는 것"을 희생시키고 "사실을 아는 것"을 강조하는 경향이 있다. 교수들과 연구가들처럼 학문적 생활에 젖은 사람들은 명제적 지식이 마치 지식의 유일한 종류이거나 최소한 가장 중요한 종류인 것처럼 흔히 말한다. 길버트 라일(G. Ryle, 1900-1976)은 이 경향에 반대하여 다음과 같이 경고했다.

> 이론가들은 우리가 받아들인 이론의 본성, 근원, 신임 여부에 관하여 탐구하는 일에 너무 열중하여, 그들 대부분은 사람이 일을 수행할 줄 안다는 것이 무엇인가라는 문제를 무시해 왔다. 우리는 일상 생활에서는 이와 반대로 어떤 특수 교육의 경우에 그런 것처럼 어떤 사람이 얼마나 많이 알고 있느냐보다는 그들의 능력에 더 많이 관심을 가지며, 그들이 배운 진리들보다는 진리의 활용 능력에 더 깊은 관심을 갖는다. 참으로 우리가 어떤 사람의 지적 탁월성과 열등성에 관심을 가질 때조차도 우리는 혼자 힘으로 진리를 발견하는 능력과 진리들이 발견되었을 때 그것들을 조직하고 더욱 개발하는 능력에 흥미를 느끼지, 어떤 사람이 획득하여 보유하고 있는 진리의 재고량에는 별로 관심을 갖지 않는다.2)

옳은 신념의 근원

이제 앞에서 말한 유보 사항을 염두에 두고, 지식이 "옳은 신념"이라는 불완전한 정의를 받아들인 다음, 우리가 무엇에 근원을 두고 신념을 세우게 되고, 또 그런 신념의 근원들이 과연 믿을 만한 것인지 탐구해보자. 우리는 이미 바깥 세계에 대한 지식의 문제를 검토할 때에 이 문제가 특수한 형태로 제기되었던 것을 알고 있다. 그 때 우리는 물리적 자연에 대한 지식이 감각적 관찰(지각)과 그에 대한 지적 해석(개념)에 의해서 이루어진다고 말했다.

---

2) Gilbert Ryle, *The Concept of Mind*, London: Hutchinson, 1949. (PB: Barnes & Noble, New York, p. 28.)

이제 이 문제를 일반적 방식으로 제기하고자 한다. 사람들은 많은 사물에 관하여 헤아릴 수 없이 많은 신념을 가지고 살아가며 또 이 신념들이 옳다고 주장한다. 그렇다면 우리가 신념을 얻기 위해서 사용하는 방법은 몇 가지나 있을까? 또 신념을 획득하게 하는 이 방법들 상호간의 상대적 신빙성은 어떠한가? 이 문제는 근대 이후의 철학에서 매우 자주 논의되고 있는데, 방법론(方法論, methodology)이나 탐구 이론(探求 理論, theory of inquiry)이라는 명칭이 이런 문제들을 연구하는 철학 분야의 이름으로 흔히 사용된다.

퍼어스는 1877년에 "신념의 고정화"라는 논문을 발표하였다. 이 논문에서 퍼어스는 신념은 의심의 반대인데, 이 두 가지 정신적 태도는 다음과 같이 대비될 수 있을 것이라고 설명하였다.

> 의심은 우리가 자기 자신을 자유롭게 하기 위해 그리고 신념의 상태에 도달하게 하기 위해 노력하도록 만드는 불안하고 불만스러운 상태다. 한편 신념은 우리가 피하거나 다른 신념으로 바꾸기를 원하지 않는 평온하고 만족스러운 상태다. 그러나 이상스럽게도 사람들은 믿음의 상태만이 아니라 자기가 믿고 있는 그것을 믿는 일에 집요하게 매달린다.[3)]

퍼어스는 의심으로 인한 초조감이 신념을 얻기 위해 노력하도록 만드는 원인이라고 말하였다. 이 노력이 탐구다. 탐구의 목적은 우리가 이미 알고 있는 것을 근거로 삼고 알지 못하는 어떤 것을 알려는 것이다. 퍼어스는 의심을 떨쳐버리고 신념을 단단하게 고정시키는 데에 네 가지 방법이 있다고 보았다. 첫째는 고집(固執, tenacity)이라는 방법인데, 이것은 단순히 어떤 것에 대한 믿음을 계속 유지하고 싶기 때문에 그 신념을 굳게 유지하는 방법이다. 둘째는 선천적 방법(先天的 方法, a priori method)인데, 이것은 자신의 신념을 제 나름대로의 합리성에 호소함으로써 지탱하는 방법이다. 셋째는

3) C. S. Peirce, "The Fixation of Belief," in Morris Cohen, ed. *Chance, Love and Logic*, Harcourt, Brace & World, 1923, p. 15. (PB: J. H. Randall, Jr., J. Buchler, and E. Shirk, *Readings in Philosophy*, Barnes and Noble, New York.)

권위(權威, authority)에 의존하는 방법인데, 교회나 국가와 같은 강력한 사회적 기관의 지시를 근거로 삼고 어떤 명제가 옳다고 주장하는 방법이다. (퍼어스는 대부분의 사람에게는 이보다 더 나은 방법이 없을 것이라고 말했다.) 신념을 고정시키는 네 번째 방법은 과학적 방법(科學的 方法, scientific method)이다. 이 방법은 관찰할 수 있는 사건에 대한 조사로부터 시작한다. 가설이 이 사건을 설명하기 위해 설정된다. 그 다음 가설에서 결론을 끌어내고, 이 결론은 실험을 통한 검증을 받게 된다. 신념을 고정시키는 이 네 가지 방법에 대해서 퍼어스는 과학적 방법이 단연코 가장 믿을 만한 방법이라고 주장했다. 그 이유는 이 방법이 감각적 관찰에 의한 시험을 포함하고 있고 또 공공연한 검토에 개방되어 있기 때문이다.

퍼어스의 활동 시기 이후로 미국의 철학자들은 지식을 얻는 여러 가지 수단을 분류하는 일과 이 수단들이 탐구의 방법으로서 갖는 상대적 가치를 평가하는 일에 많은 관심을 보여 왔다. 지식의 근원을 권위, 직관, 이성, 경험으로 나누는 것은 아마 전형적 구분이라 해도 좋을 것이다.[4)]

권 위

권위(權威, authority)를 통해서 획득한 신념들이 얼마나 되는가 하고 생각하자마자, 누구나 그 수효가 굉장히 많다고 확신하지 않을 수 없을 것이다. 역사에 관한 지식에 대해서 제기되는 주요한 문제들 가운데 하나는 몇 안 되는 살아 있는 사람이 자신의 주장을 뒷받침하기 위해 사용하는 문시의 권위와 확실성을 평가하는 일이다. 왜냐하면 비교적 적은 수효의 살아 있는 사람이 역사적 사건에 대한 직접적인 증인이기 때문이다. 우리가 책을 통해

4) 예를 들어 W. P. Montague, *The Ways of Knowing*, London: G. Allen, 1925, pt. I 참조.

배워 아는 내용의 거의 전부가 우리로 하여금 다른 사람의 증언에 부딪히게 한다. 우리가 지닌 신념들 가운데서 부모 · 교사 · 친구 · 이웃 사람 · 정부 관리 · 성직자 · 의사 · 신문 기자, 그리고 라디오와 텔레비전의 해설가의 독단적 발언을 그대로 따르고 있는 신념들의 비율이 충격적으로 크다. 이처럼 우리가 실제 상황을 스스로 탐구하는 수고를 전혀 하지 않고 권위라는 수단에 의해서 지식을 그렇게 많이 증가시킬 수 있다는 것은 매우 놀라운 일이다. 참으로 지식의 주요 부분들을 누적하고 또 다른 사람들에게 전달하는 능력은 인간에게 다른 동물들을 넘어설 수 있는 막대한 우월성을 부여해 주는 인간만의 재능이다.

물론 권위라는 지식의 방법에는 드러나지 않은 위험들이 있다. 사람은 속아 넘어가기 쉬운 동물이며, 사람이 말하는 것을 믿으려는 경향이 있다. 철학사를 보면 철학자들은 (베이컨과 데카르트처럼) 권위가 지식의 근원인 것과 마찬가지로 적어도 과오의 중요한 근원들 가운데 하나라는 것을 밝히기 위해 많은 노력을 했었다. 그러나 권위라는 지식의 방법 속에 숨어 있는 위험들을 줄이기 위해 사용할 수 있는 약간의 예방책이 있다. 우리가 권위가 갖는 특성들을 검토해보면 이러한 예방책 몇 가지가 명백해질 것이다.

첫째로 엄밀히 말한다면 권위는 지식을 얻는 "참다운" 방법이 못된다. 권위는 단지 이차적 의미에서만 지식의 방법이다. 즉 권위는 항상 권위 아닌 다른 어떤 지식의 방법에 환원된다. 예를 들어 나는 물리학 책에서 읽었기 때문에 "구리는 철보다 더 좋은 열 전도체다"라는 진술을 믿는다. 그러나 이 명제는 근원적으로 어떤 사람의 경험으로부터 만들어진 것이다. "라사는 티벳에서 가장 큰 도시다."와 "씨이저는 루비콘 강을 건넜다."라는 명제의 배후에는 라사를 방문한 어떤 사람의 경험과 씨이저를 본 어떤 사람의 경험이 있다. 이 두 명제는 다른 사람의 증언에 의해서 우리에게 전해졌다. 그러나 이 두 명제의 진리성을 맨 처음 믿은 두 사람은 자신의 신념을 어떤 사람의 독단적 주장으로부터가 아니라 자신의 경험으로부터 끌어냈음에 틀림없다.

둘째로 우리는 어떤 명제가 옳다는 것을 알려주는 수단으로서의 권위와 어떤 명제가 옳다는 근거로 제 자신을 내세우는 근거로서의 권위를 구별해야 한다. 신뢰할 만한 권위는 우리에게 진리를 전달할 뿐이지 진리를 만들어내지 않는다. 어떤 기관이 퍼뜨리는 명제의 진리성을 그 기관의 권위가 보장한다고 참칭하는 기관에 대해서는 지극히 신중한 태도를 가지고 주의하지 않으면 안 된다. 어떤 사람이 아들에게 "시금치는 네게 좋다. 왜 그러느냐고? 아버지가 그렇게 말했으니까! 이것이 이유다!"라고 다그치는 경우를 생각해보라. 이 어린이의 아버지는 시금치가 건강에 좋다는 것을 자신의 권위에 의해 확립하려 하고 있지만, 그의 부아가 자신의 양식을 흐리게 하고 있다. 오늘날 "권위주의"나 "독재주의"(權威主義나 獨裁主義, authoritarianism)라는 낙인이 찍혀 어디서나 거부되고 있는 권위(정부)는 이 두 번째 방식의 권위 즉 진리를 전달하기보다는 오히려 만들어내는 권위이다. 20세기의 전체주의 국가(全體主義 國家, totalitarian state)의 지배자들은 제 자신의 진리를 날조하는 데 주저하지 않았다. 오웰(G. Orwell, 1903-1950)의 소설 「1984년」과 실로네(I. Silone, 1900-1978)의 소설 「빵과 포도주」는 무지한 사람들 위에 군림하는 권위를 유지하는 데 효과적으로 사용되는 기술적 방법들을 재치 있게 풍자하고 있다.

"어떠한 권위든 오직 그 증거만큼만 정당할 뿐이다."라는 말은 빈틈없는 말이다. 이 말은 어떤 권위의 신빙성은 지식을 얻는 다른 방법에 의해서 그 권위가 평가되는 가능성을 떠나서는 성립될 수 없다는 것을 주장하고 있다. 그럼에도 불구하고 유능한 권위자가 주장하는 명제를 스스로 확인하기 전에는 받아들이지 않겠다고 고집을 부리는 것은 어리석은 짓일 것이다. 현대의 지식 대부분이 전문적이고 특수화된 지식이다. 따라서 전문가들이 유능하게 활동하는 분야에 대해서는 전문가들의 견해를 믿을 필요가 있다. 어떤 권위에 의해서 만들어진 진술이 다른 사람들의 독립적 탐구에 개방되어 있다는 사실이 보통은 신빙성의 충분한 근거다. 만일 니오브라는 금속의 성질들을 탐구해 온 저명한 물리학자가 니오브의 결정체에서 원자들의 격자 배열은 열에 약하다고 주장했을 경우에 우리는 이 진술을 검증해보기 위해서 실험 기술을 엄밀하게 훈련받지 않으면 안 된다고 생각하지는 않을 것이다. 그러나 만일 우리가 그렇게 할 마음이 있다면 그렇게 할 수 있다는 가능성은 충분히 보장되어 있다.

그렇지만 어떤 역사 책이 나폴레옹이 워털루에서 패배했다고 주장하고, 내가 그 진술의 진리성을 의심스럽다고 생각한다면, 내 자신의 관찰에 의해서 그 진술을 확인하는 일은 이론적으로조차 불가능하다. 내가 할 수 있는 일은 그 진술을 이 역사적 사건에 정통한 다른 권위자들의 진술과 대조해보는 일이다. 내가 모든 유능한 사학자의 의견이 나폴레옹이 워털루에서 패배했다는 데에 일치하는 것을 발견한다면, 나는 다음과 같은 양자 택일에 직면하게 될 것이다. (1) "나폴레옹은 워털루에서 패배했다."는 진술이 옳거나, 아니면 (2) 이 사건과 관련 있는 자료를 독자적으로 연구해 온 전문적인 사학자들이 모두 다 거짓 증언을 비롯한 여러 가지 속임수에 속아 왔으며, 사학자들 자신이 오늘날의 학생들을 속이기 위한 납득이 안 가는 음모에 가담하고 있다고 보아야 할 것이다. 이런 경우 나는 다음과 같이 자문하게 될 것이다. 이 두 가지 주장 가운데 어느 쪽이 더 합리적인가? 다시 말하면 독립적 증거에 의해 입증되었기 때문에 우리가 옳다고 믿고 있는 수많은 다른 명제와 어느 쪽이 더 정밀하게 정합하는가? 이렇게 되면 우리는 권위를 검사하기 위해서 권위와는 완전히 다른 탐구 방법 즉 전통적으로 "이성"(理性, reason)이라고 부르는 방법을 사용하게 된다.

권위자들의 의견이 일치하지 않을 경우에 누구의 의견이 옳은가를 결정하는 문제는 매우 복잡할 것이다. 거의 같은 정도로 유능한 두 전문가가 한 폭의 그림을 가능한 한 철저히 조사해본 후에 다음과 같은 상황이 벌어졌다고 해보자. 전문가 X는 그 그림이 진짜 티치아노의 그림이라고 주장하고 전문가 Y는 그렇지 않다고 주장하고 있는데, 이 논쟁을 수습하기 위해서 데려온 세 번째 전문가는 결정을 내릴 수 없다. 이와 같은 상황에서는 양쪽의 주장은 모두 자기 쪽을 유리하게 입증한다고 여겨지는 증거를 내세울 것이다. 그러나 전체 증거가 결정적일 만큼 충분히 완전하지는 못할 것이다. 이처럼 혼란스러운 경우에 흔히 우리가 할 수 있는 유일한 일은 현재까지의 증거 이외에 다른 새로운 증거가 발견될 수 있으리라는 희망을 가지고 판단을 잠시 보류하는 것이다.

직 관

직각적 확신인가?

"직관"(直觀, intuition)은 이성의 특징으로 간주되는 논리적 추리와 경험에 통합되는 감각적 관찰이라는 두 가지 요소를 전혀 사용하지 않고 곧바로 직접 확실하게 지식에 도달하는 방식으로 보통 이해되고 있다. 필자는 어린 시절 어느 일요일에 주일학교에 가는 대신에 몰래 야구를 하러 가기로 작정한 적이 있었다. 이전에는 이런 이유로 주일학교를 결석한 일은 전혀 없었다. 그 날 나는 항상 집을 나서는 시간에 집을 나와서 주일학교에 갈 때 다니는 길을 도중까지 걸어가다가 야구장으로 갔다. 주일학교의 공부 시간에 해당하는 시간만큼 야구를 하며 놀다가 집에 돌아왔다. 어머니께서 문에서 나를 기다리고 계셨었다. 어머니의 머리 너머로 보이는 하늘에서는 번개가 번쩍이고 있었다. 폭풍우가 지나간 오랜 뒤에 어머니는 부엌에서 일을 하다가 그 날 오후에 내가 주일학교에 가지 않았다는 갑작스런 확신이 생겼다고 말씀하셨다. "그 생각은 갑자기 나를 압도했었다. 나는 왜 그런 생각이 드는지는 몰랐지만, 네가 주일학교에 안 갔다는 것을 확신히 알았단다."라고 어머니는 말씀하셨다. 그 날 이후 저자는 직관이라 불리는 "지식을 얻는 방법"에 대해 관심을 가져왔다.

직관과 신비주의

"직관"이란 말은 종류가 다른 여러 가지 인식 상황에 적용되고 있다. 그 모든 경우에 "직관"이란 말의 공통적인 뜻은 (위에서 말한 작은 사건의 경우처럼) 어떤 지식을 단지 확신 이외에는 아무런 명백한 증거 없이 갑작스럽게 깨닫는다는 것이다. 직관의 이런 의미는 통찰(洞察, vision), 내적 조명(內的照明, interior illumination), 직각(直覺, aperçus), 내적 음성(內的 音聲, inner voice)에 의해 획득되어 인류의 역사에 뚜렷한 특징을 많이 이루어 놓은 지식에도 관련이 있다. 이러한 직관들은 공통적으로 그 사람이 관련되어 있는 형이상학적 갈등, 도덕적 갈등, 종교적 갈등을 갑작스럽게 해결하는 효과를 보여주고 있다. 많은 경우에 직관은 생활과 행동의 방침을 완전히 바꾸게 하는 결과를 가져온다. 고대 인도의 현인들은 오랫동안 스스로 고행을 수행해 온 성자는 이 세계 즉 마야(Maya)의 장막 너머에 있는 실재를 홀연히 깨닫는다고 가르쳤다. 플라톤은 「향연」의 유명한 대목에서 철학자가 에로스적 사랑과 수학이라는 훈련 방법으로 고된 정신적 고양을 거친 후에 영원한 미에 대한 관조를 이룰 것이라고 말하고 있다. 소크라테스와 잔 다르크(Jeanne d'Arc, 1412-1431)는 신앙과 문화의 면에서 크게 다르지만, 두 사람은 그들 생애의 결정적 순간에 내부에서 들려오는 음성을 들었다. 성자 바울(St. Paul, ?-67)은 다마스커스로 가는 도중에 지금까지 자기의 모든 것이 산산이 부서지는 환상을 보고 로마 지배하의 세계 전체에 기독교를 전파하기 위해 출발하였다.

이러한 직관은 신비주의(神秘主義, mysticism)에 사로잡힌 사람이 지식을 얻는 과정의 특징이다. 신비를 추구하는 사람은 기도와 자기 부정의 고행을 통해 오랜 수련을 쌓은 후 빛나는 확신의 순간을 경험한다. 그는 자신과 일체가 되었다고 느끼는 어떤 신적 실재를 이 환상의 세계 너머에서 갑작스럽게 "본다." 서양의 종교적 신비가들—성 테레사(St. Theresa, 1515-1582), 루이스브로액(W. Ruysbroeck, 1200?-I293), 에크하르트(M. Eckhart,

1260?- 1327?) 등—은 모두 자신을 불태우는 정신적 투쟁 끝에 "알기"를 그치고 그저 "보는" 찬란한 절정의 경험에 대하여 말하고 있다. 정신적 투쟁의 이 가장 침울한 순간을 성 요한은 "영혼의 어두운 밤"이라 표현하였다.

"직관"의 또 다른 의미

"직관"은 흔히 우리가 예술 작품을 직접적이고 직각적으로 이해하는 방식을 뜻하기도 한다. 예술 철학자들은 예술 작품의 창조와 감상의 본질로서의 "형식"(形式, form)에 대한 순간적 통찰에 관하여 흔히 언급한다. 때로 위대한 과학자가 중요한 가설을 갑자기 아주 선명하게 생각해내는 수도 있다. 이런 일도 일반적으로 직관이라 한다. 과학사는 아르키메데스로부터 다윈에 이르기까지 혁명적인 과학적 착상의 극적인 실례들을 보여주고 있는데, 이러한 착상을 발견한 사람들은 "한 순간에 통째로" 그 생각에 도달했었다. 쇼펜하우어는 "이러한 위대한 발견 하나하나는 직각적인 직관이며, 한 순간에 통찰의 섬광에 의해서 조감적으로 그 일 전체가 완전히 이루어진다. 이러한 발견은 추상적으로 진행된 추론의 결과가 아니다."라고 말했다. 케쿨레(F. A. Kekule, 1829-1896)는 난로의 불꽃 속에서 벤젠의 분자 구조를 보았다.

증명 없이 직각적으로 확실성을 인정할 수 있는 명제 즉 "자명한" 명제는 직관에 의해 알려진다고 흔히 주장된다. 그렇지만 이미 살펴본 바와 같이 어떤 종류의 명제가 참으로 자명한 명제로 인정될 수 있는가에 대해서 의견의 불일치가 있을 수 있다. 어떤 철학자들은 직각적으로 알려지는 명제는 "이것은 파랗다."와 같은 단순한 지각 작용에 관한 진술뿐이라고 주장한다. 다른 철학자들은 논리학의 원리들이 직각적으로 알려진다고 주장한다. 데카르트는 "직관"을 자기의 "선명하고 분명한" 기초적 인식에 대한 동의어로 사용했다. 그는 "모든 개인이 자기가 존재하며 생각하고 있다는 사실, 또 삼각형은 오직 세 직선으로 구체는 오직 한 면으로 이루어진다는 사실 등에 대한 직관을 마음 속에서 할 수 있다."고 말하였다.[5] 어떤 도덕 철학자들은 윤리학의 근본 원리들이 직각적으로 알려진다고 주장한다. 그들은 도덕의 기초적 공리들이 합리적으로 논증될 수도 없고 실험적으로 확증될 수도 없기 때문에, 이러한 윤리적 원리들의 진리성은 "자명하며," 오직 직접적이고 직각적인 인식 작용에 의해서만 파악될 수 있다고 주장한다.

직관의 한계

이제 직관이 우리가 곧바로 직접 확실하게 지식에 도달하는 방식을 뜻하는 것으로 가정해보자. 그러나 그런 지식이 성립한다 할지라도 지식을 얻는 다른 방법들과 전혀 관련 없는 신비로운 능력을 통해서 그런 지식에 도달하지 못한다는 것이 직관을 연구하는 학자들 대부분의 의견이다. 심리학자들은 "직관"의 대부분의 실례가 감각 경험에 대한 반성에 의거해서 설명될 수 있다는 견해에 동의하고 있다. 심리학자들은 주일학교를 결석했던 소년의 어머니가 아마 그 날 아들의 행동에서 여느 때와 다른 어떤 긴장과 조심성을 관찰했다고 지적할 것이다. 그리고 이 관찰에 대한 반성이 계속되어 의식 현상의 수면 아래에 잠재적 반응 조직이 만들어지고, 이 반응 조직이 마침내 자기 아들의 결석에 대한 갑작스런 확신이라는 형태로 인식의 표면에 튀어나온 것이라고 설명할 것이다.

심리학자들은 우리가 때로 "순식간"에 문제의 해결에 도달한다는 사실에 일반적으로 동의하면서도, 그러한 통찰이 특수한 직관 능력이 존재한다는 충분한 증거를 제공한다는 것은 거부하는 경향이 있다.[6] 뉴튼이나 라보아제

5) R. Descartes, "Rules for the Direction of the Mind," in E. S. Haldane and G. R. T. Ross, trans., *The Philosophical Works of Descartes*, London: Cambridge University Press, 1931, p. 7. (PB: Liberal Arts, Bobbs-Merrill, Indianapolis.)

6) 근래에 어떤 심리학자들은 "초감각적 지각" 즉 지식을 얻는 유사 직관적 방법의 존재 가능성을 탐구하였다. 1930년대와 1940년대에 미국 심리학자 라인(J. B. Rhine)은 듀크 대학에서 사람이 문제의 상황을 관찰하지 않고도 무엇이 어떠하다고 "아는" 힘이 있는지 어떤지 알아보려고 고안된 일련의 실험을 지휘하였다. 이

(A. L. Lavoisier, 1743-1794)가 계속 탐구해 오던 가설을 그들에게 드러내 준 갑작스러운 조명은 개념들이 감각적 관찰로부터 확립되고 또 논리적 추리가 대담하게 착상해보는 시행 착오 과정을 통하여 마음속에서 개념들을 서로 짜 맞추어 왔던 오랜 기간의 정신적 부화(孵化)의 소산이라고 알기 쉽게 설명될 수 있다. 심리학자들은 종교적 경험이라는 현상에 흥미를 갖고 있긴 하지만 계시(啓示, revelation)와 환영(幻影, vision)에 대해서 회의적이다. 그래서 그들은 종교적 신비의 개명이 복잡한 형태로 형성된 채 잠재하고 있던 감각적이고 정서적인 기제에 개입한다고 설명해 왔다. 이러한 분석의 한 예를 루바(J. H. Leuba, 1868-1946)의 「종교적 신비주의의 심리학」에서 볼 수 있다. 저자는 이 책에서 신비가들이 개명의 순간에 얻는 어떠한 정보도 "실제로" 저들의 감각 기관을 통해서 얻어진다고 주장하고 있다. 이것이 종교적 신앙이라는 조건을 벗어나서 신비주의를 연구하고 있는 연구가들의 공통적 태도다.

지식을 얻는 방법으로서 직관이 지닌 가장 중요한 한계는 아마 공개성이 없다는 사실일 것이다. 직관주의에 대한 비판자들은 어떤 사람의 직관 속에서 드러난 것은 공개적으로 검증될 수 없으며, 그래서 본질적으로 그 사람 혼자만의 사건이라고 지적한다. 다른 사람들이 보지 못하는 사물을 "본다"고 말하는 사람들과 중요한 진리가 자기에게만 계시되는 내적 개명을 했다고 주장하는 사람들을 우리가 의심하는 것은 아주 당연하다. 정말이지 자기 혼자만 계시를 받는다는 주장은 정신병적 상태의 초기 징후로 나타나는 경우가 아주 흔하다. 정신 병원은 그러한 특수한 환상을 본다고 주장하는 사람들로 가득 차 있다. 그런데 현대의 방법론자 대부분이 진리의 결정은 개인적인 일이 아니라 사회적인 일이라고 믿는 쪽으로 기울어져 있다. 그들은 한 명제가 옳다면 그 언급

실험들은 피실험자가 특별한 도안을 그려서 감추어 놓은 카드를 맞추도록 되어 있었다. 라인은 이 실험의 결과가 어떤 사람은 관찰하지 않은 사태가 의식 속에 직접 드러남으로써 아는 특별한 방법을 실제로 갖고 있음을 보여준다고 하였다. 그러나 많은 심리학자들과 다른 과학자들은 이 실험의 가치에 대하여 라인과 의견을 달리 하였다.

내용이 어떤 방식으로든 공식적 검사에 공개되어야 한다고 주장한다. 과학의 방법론이 그렇게 생산적일 수 있는 가장 중요한 이유는 과학적 진술들이 공개적 실험과 확증을 기꺼이 허용하기 때문이다.

그렇지만 이쯤에서 직관의 특징을 다시 한 번 언급해야 할 것 같다. 논의를 위해서 어떤 사람이 우연히 직접적이고 개인적인 직관을 통해서 중요한 명제를 인식할 수 있었다고 가정해보자. 만일 직관적으로 파악된 이 명제의 진리성이 공개적 성격을 지닌 다른 지식의 방법들에 의해서 확증될 수 있다면, 직관이 근본적으로 개인적인 일이라는 사실을 근거로 삼고 직관에 반대하는 이론은 그 힘을 상당히 잃을 것이다.

직관과 지성 — 베르그송의 지식론

현대의 프랑스 철학자 베르그송(H. Bergson, 1895-1941)은 직관(直觀, intuition)과 지성(知性, intellect)이 지식을 얻는 두 가지 기초적 방법이라고 주장하는 흥미로운 지식론을 주장하였다. 그런데 베르그송의 이 이분법에서는 직관도 지성도 경험과 격리되어 있지 않다. 경험은 직관과 지성 양쪽 모두의 한 부분으로 작용한다. 베르그송은 지식을 얻는 두 가지 방법에 대하여 다음과 같이 말하였다.

> 첫 번째 방법은 우리가 대상의 주위를 맴도는 것이다. 두 번째 방법은 우리가 대상 속에 들어가는 것이다. 첫 번째 방법은 우리가 위치하는 관점에 의존하고 또 우리 자신을 표현하는 상징(象徵, symbol)에 의존한다. 두 번째 방법은 관점에 의존하지도 않고 어떠한 상징에도 의지하지 않는다. 첫 번째 방법으로 얻은 지식은 상대적 지식에 머문다고 말할 수 있으며, 두 번째 방법으로 얻은 지식은 그것이 가능한 경우에는 절대적 지식에 도달했다고 말할 수 있다.[7)]

7) H. Bergson, *Introduction to Metaphysics*, rev. ed., T. E. Hulme, trans., New York, Putnam, 1936, p. 1. (PB: Liberal Arts, Bobbs-Merrill, Indianapolis.)

첫 번째 종류의 지식은 지성의 간접적이고 개념적이며 합리적이고 추상적인 방법에 의해서 얻어진다. 두 번째 종류의 지식은 직관의 직접적이고 직각적이며 구체적이고 생명 침투적인 방법에 의해서 얻어진다. 지성의 방법은 과학에서 가장 잘 드러나는데, 그 기능은 물질적 대상을 이해하고 조정하는 것이다. 직관의 방법은 예술적 창조, 인간의 사랑, 그리고 성자와 신비가의 경험 속에서 발견될 수 있다. 지성의 개념적이고 상징적인 방법에 의해서 우리는 대상에 관하여 안다. 즉 우리는 대상의 주위를 빙빙 돌면서 모든 측면으로부터 대상을 살핀다. 직관은 직접적이고 직각적인 방법에 의해서 대상을 안다. 즉 우리는 대상 속에 들어가서 그것과 하나가 되어버린다. 베르그송은 철학의 임무가 지식을 얻는 이 두 가지 근원적 방법을 통합하는 것이라고 생각하였다.

베르그송을 존경했던 제임스는 (1) 익숙 지식(益熟 知識, knowledge by acquaintance)과 (2) "관한" 지식("관한" 知識, knowledge "about")을 구별하였다. 러셀 역시 이와 비슷하게 (1) 익숙 지식(益熟 知識, knowledge by acquaintance)과 (2) 기술 지식(記述 知識, knowledge by description)을 구별하였다. 우리는 자기가 살고 있는 도시를 "익숙히" 알지만, 카트만두시의 경우에는 그것에 관해서 알 뿐이다. 나는 감상한 적이 있는 슈베르트의 D단조 사중주를 "익숙히" 알지만, 원자의 경우에는 원자에 "관해서" 알 뿐이다. 어머니와 소아과 의사의 예를 생각해보는 것도 좋겠다. 어머니와 소아과 의사는 둘 다 어린이를 안다. 그러나 그들의 지식은 다르다. 어린이에 관한 어머니의 지식은 직선적이고 직접적인 지식이어서, 어린이에 대한 그녀의 사랑과 동일하지는 않을지라도 분리될 수 없다. 소아과 의사의 지식은 과학적이고 개념적이며 외면적인 지식이다. 베르그송에 따르면 첫째 것은 직관적인 지식이고, 둘째 것은 지성적인 지식이다. 우리는 두 가지 지식이 모두 경험과 관련을 맺고 있다는 것을 알 수 있다. 마찬가지로 예술의 영역에서는 최고의 공감을 불러일으키는 작품을 가장 잘 안다. 가장 귀중한 문학 비평은 그 비평가가 사랑하는 작품과 작가에 대한 비평이라는 말이 진실이 아닐까?

아마 이것이 시인 릴케(R. M. Rilke, 1875-1926)가 "예술 작품은 무한한 고독에서 오는 것이어서 '비평'이 도달한 그런 것과는 전혀 관계가 없다. 우리가 예술 작품에 진실하게 도달할 수 있는 것은 사랑을 통해서다."라고 말한 이유일 것이다.[8)]

베르그송은 지성에 대하여 실용적이면서 도구적인 관점에서 이해하고 있다. 그는 지성의 특징이 기능적 성격에 있다고 지적하였다. 지성은 인간이 진화 과정에서 획득하고 발전시켜 온 도구이며, 인간이라는 유기체가 자신의 환경을 극복할 수 있도록 해주는 자연적 도구다. 지성적 지식은 우리로 하여금 물질적 세계를 조종하고 조정하여 지배할 수 있도록 한다. 왜냐하면 지성의 기능은 물질을 조종하는 것이기 때문이며, 또 지성은 세계가 오로지 물체들로 만들어진 것처럼 볼 수밖에 없기 때문이다. 더욱이 지성은 그것이 이해하려고 노력하는 대상에 직면하면 그 자체의 본성 때문에 대상을 물질적 미립자들의 집합으로 이해하려는 경향이 있다. 지성은 자신과 맞서는 대상을 분석한다. 지성은 그 대상을 부분들로 쪼갠 다음, 각 방면에서 이 부분들을 파악하여 원래 대상의 기계적 모형을 만들어 놓고, 전체로서의 그 모형이 다른 대상들과 맺고 있는 관계와 그 모형의 부분들 상호간의 관계를 확립하기 위해 애써 노력한다. 이것이 과학적 지식을 얻는 방법이다. 이 과학적 지식은 간접적이고 분석적이며 개념적이고 합리적이며 추상적인 지식인데, 이것이 지성이 도달하는 가장 훌륭한 지식이다.

그러나 베르그송은 지성이 인간의 의식의 전부는 아니라고 주장한다. 왜냐하면 지성은 인간의 의식의 왜소화이고 집중화이며, 그래서 의식의 특수한 사용이기 때문이다. 지성의 주위에는 희미하지만 빛나는 가두리로서 직관이 있다. 지식을 얻는 이 방법은 동물 세계 속에 본능으로 나타나는 것이

---

8) 중세 철학에서 "타고난 지식"(connatural knowledge)이라는 용어의 의미는 직관 또는 베르그송이 말하는 "내부로부터의 지식"과 어느 정도 비슷하다. 토마스 아퀴나스는 누구나 도덕 철학(예컨대 아리스토텔레스의 윤리학)을 공부함으로써 덕에 관한 상당한 지식을 얻을 수 있지만 오직 훌륭한 사람만 덕에 관한 "타고난 지식"을 갖고 있다고 하였다.

인간 속에서 더 고도로 발전된 것이다. 직관은 분석하지 않는다. 다시 말해 직관은 마주 대하는 대상을 깨뜨려 이리저리 짜맞출 수 있는 부분들의 더미로 만들지 않는다. 직관은 지성이 하는 것처럼 개념이나 관념에 비추어 봄으로써 대상을 간접적으로 이해하려고 시도하지 않는다. 우리는 직관을 통하여 전체로서의 대상을 파악한다. 우리는 대상의 주위를 더 이상 맴돌지 않고 대상과 하나가 된다.

그런데 지성의 대상이 물질이라면, 직관의 대상은 그 밖의 무엇일까? 베르그송은 생명이라고 대답했다. 과학은 지성에 의해서 지식을 얻는 합리적 방법이라 할 수 있는데, 과학은 생명 현상에 직면해서 유기체의 본성을 이해하려고 할 때에 통일된 생명체를 부분들 · 원자들 · 물질 조각들로 해체하며, 어떤 복잡한 방식으로 결합된 물리적 미립자들에 의해서 생명을 "설명"하려고 시도한다. 그러나 생명은 그런 방식으로는 결코 이해되지 못할 것이라고 베르그송은 확신하였다. 왜냐하면 지성은 생명의 본성을 파악하려고 하고 있으면서도 마치 생명이 살아 있지 않는 것처럼 취급하기 때문이다. 지성은 생명을 작은 물질 덩어리들로 변화시키며, 그래서 이런 방식으로 얻어진 생명 개념은 정말로 잘못된 생명 개념이라고 할 수 없을지는 모르지만 한쪽으로 치우치고 오해되기 쉬운 생명 개념인 것이다. 이와 반대로 직관은 생명에 정통한다. 우리의 생명은 개념적으로 파악할 필요가 조금도 없다. 생명은 우리 자신의 내부에서 솟아올라 흐르기 때문에, 우리는 직접 직각적으로 생명을 안다. 우리는 지성이 만들어내는 논증에 의거하지 않고서도 우리의 존재 양상이 물리적 대상이 보여주는 존재 양상과 근본적으로 다르다는 것을 안다.

> 지성은 자신의 주된 일인 과학에 의해서 물리적 작용의 비밀을 점점 더 완전하게 알려줄 것이다. 지성은 생명에 관해서 관성에 의거한 설명을 만들어내며, 더 나아가 그렇게 하는 것을 당연한 권리로 요구하기까지 한다. 지성은 생명에 대하여 밖으로부터 무한히 관찰하면서, 그리고 생명 속으로 들어가는 대신 생명을 자기 쪽으로 끌어내려고 고심하면서 생명의

> 주위를 맴돈다. 그러나 생명의 참다운 내면적 본질에 우리를 인도하는 것은 직관이다. 나는 직관이라는 말로 무사 무욕하고, 자기를 의식할 수 있으며, 자신의 대상을 반성할 수 있고, 대상을 무한히 확장할 수 있는 본능을 의미한다.[9)]

베르그송은 우리가 생명에 대한 직관—자신의 의식의 내적 흐름을 자각하는 직관—을 우리 자신을 넘어서 확장한다면 물질이라는 겉껍질에 싸여 있는 세계 속에서 파동 치는 생명의 맥박을 어떤 순간에 감지할 수가 있다고 주장하였다. 왜냐하면 베르그송은 유기체의 생명과 비슷하지만 훨씬 더 근원적인 어떤 것이 존재하는 모든 것을 통일하려고 노력한다고 믿었기 때문이다. 우주의 근본적 추진력으로 여겨지는 이 창조적 생명력(創造的 生命力, élan vital)이 유기체의 생명의 궁극적 근원이다. 이런 방식으로 직관에 대한 베르그송의 생각은 특수한 형이상학 이론 즉 사물의 본성에 관한 일반적 주장에 이르게 되었다. 따라서 말년에 베르그송이 신비주의에 관한 문제에 몰두하게 되고, 그가 실제로 종교적 회심을 경험하지는 않았지만 종교적 회심에 접근해 갔던 사실을 안다 해도 그리 놀라운 일은 아닐 것이다.

이 성

이성적 동물

옛날에 아리스토텔레스는 "인간"에 대한 정의를 "이성적 동물"이라고 내렸다. 이 그리스 철학자가 말한 바에 의하면 정의의 기능은 정의되는 것의 본질 · 본성 · "무엇임"(what-ness)을 설명하는 것이다. 아리스토텔레스는

9) H. Bergson. *Creative Evolution*, A. Mitchell, trans., Henry Holt and Co., 1911. p. 187. (Modern Library판이 새로 나왔다.)

정의하려는 것이 속하는 종류나 부류를 먼저 지적함으로써 이 일을 시작한다. 인간의 경우에는 그 종류가 "동물"인데, 인간은 동물들의 특징을 이루는 능력을 공유하고 있기 때문이다. 정의에서 두 번째 요소는 종차인데, 종차는 그 종류에 속하는 다른 구성원들로부터 정의되고 있는 것을 구별할 수 있게 해주는 특성이다. 아리스토텔레스는 인간의 경우에 "종차"는 이성(理性, reason)이라고 지적하였다. 동물성과 이성은 둘 다 인간의 본질이나 본성의 일부분이다. 그러나 이성은 인간이 속하는 종류에 포함되는 다른 동물들과 인간이 공유하지 않는 요소다. 이성은 인간을 다른 동물로부터 분리시키는 성질이다. 아리스토텔레스는 인간의 이성적 능력이 말하고, 웃고, 과학적 탐구에 종사하는 등의 "완전히 인간다운 모든 활동"의 근원이라고 보았다.

20세기의 철학자들은 일반적으로 "이성"은 인간이 "태어날 때부터" 부여받은 천부의 통일된 능력이라는 아리스토텔레스의 정의 속에 함축된 주장을 인정하지 않는다. 듀이는 이성에 대한 아리스토텔레스의 생각은 "이성"이 일련의 학습된 습관이며 또 시행 착오를 반복하는 오랜 경험 과정을 통하여 겨우 이루어졌다는 사실을 잊게 만든다고 생각하였다. 그래서 듀이는 "이성"보다는 "지성"(知性, intelligence)이라는 말을 더 좋아한다. 그럼에도 불구하고, 대다수의 철학자가 아리스토텔레스의 정의의 기본 정신에 동조해 왔다. 인간의 지식은 그 결과로 인해 동물의 지식과 확연하게 구별될 수 있다. 인간으로 하여금 수학의 정리, 디젤 기관차, 원가 계산법과 철학이라는 두 체계를 만들어내는 능력을 "이성"이든 "지성"이든 하나의 이름으로 포괄한다는 것은 언어 상의 편의만을 생각한다 해도 매우 합당한 일이다.

고전적 용어인 "이성"은 이 말을 사용하여 논의하고 있는 주제의 특수한 맥락에 의해서 결정되는 여러 가지 의미를 갖고 있는데, 이 모든 의미가 상당히 밀접하게 관련되어 있다. 우리는 "이성"이라는 말을 사용하면서 전개되는 토론을 자주 접하는데, 이런 토론을 이해하기 위해서는 "이성"이라는 말에 얽혀 있는 여러 의미 가운데서 두세 가지를 분별하는 일이 매우 중요하다. 따라서 우리는 이 의미들을 구별하는 일부터 시작해야 한다.

이성과 충동

"이성"이라는 말에 점차적으로 부가되어 온 여러 가지 의미 가운데 하나는 "충동"의 반대어로서 이성이라는 말이 띠게 되는 의미다. 충동은 인간의 생활에서 굉장히 큰 역할을 하고 있다. 인간성의 본능적이고 동적이며 비이성적인 쪽의 힘은 플라톤에서부터 프로이트(S. Freud, 1856-1939)에 이르기까지 서양의 사상가들이 진지하게 관심을 가져 온 문제다. 충동에 따르는 행동은 반성 없는 행동 즉 "쏘아버리고 난 다음에 묻는" 식의 행동이다. 충동은 강력하기는 하지만 방향이 설정되어 있지 않으면 장님이나 마찬가지다. 시인과 도덕가는 한결같이 무절제한 애욕과 동포를 굴복시키기 위한 강압에 의해 인간의 삶에 엄청난 파괴가 일어나는 것을 개탄해 왔다. 인간은 고통과 거듭되는 좌절의 대가로 충동을 억제할 수 있는 능력과 충동을 생산적 목표로 전환시키는 능력을 갖고 있다. 충동의 결과를 예견하고 무리한 욕구를 적절하게 통제하거나 방향을 설정하는 능력은 오직 인간만 갖추고 있는 능력인데, 우리는 이 능력을 "이성"이나 "지성"이라 부르고 있는 것이다.

어떤 도덕가들은 충동과의 관계에서 이성의 부정적 역할을 강조하는 것으로 만족했었다. 예컨대 스토아 철학자들과 스피노자 같은 철학자들은 정서를 통제하거나 제거하기조차 하는 이성의 힘에 일방적으로 관심을 보였다. 인간성을 달리 파악하는 철학자들—정열처럼 밀고 나가는 힘을 갖지 못한 사고의 메마르고 쓸모없음을 깨달은 철학자들—은 이성의 기능은 충동을 정복하는 것이 아니라 인도하는 것이라고 주장해 왔다. 이성의 기능은 적극적(긍정적)으로 생각하면 충동과 생기 넘치는 에너지를 결실이 풍부한 목적을 성취시키는 쪽으로 향하게 하는 것이다. 충동은 우리를 행동하도록—결과에 대한 숙고 없이 지금 바로 행동하도록—몰아댄다. 이성의 역할은 우리가 뛰어넘기 전에 조사하도록 하는 것이며, 충동이 그렇게 하도록 몰아대는 그 행동의 결과를 예견하는 것이고, 이 결과를 숙고하는 것이며, 우리의 행동의 계획을 알맞게 조정하는 것이다. 충동과 이성의 관계에 관한 이러한 생각은 듀이의 "지성"에 대한 분석 속에 나타나 있다.

> 충동은 일차적이지만, 지성은 이차적이며, 어떤 의미에서는 파생적이다. 이 사실을 알고도 모른 체 해서는 안 된다. 이것을 사실로 인정하는 것은 오히려 지성을 높이는 일이다. 왜냐하면 사고는 충동이 시키는 대로 하는 충동의 노예가 아니기 때문이다. 충동은 뒷일을 모르며, 비록 질서를 원한다 할지라도 그것을 세울 수 없다. … 지성이 충동에 대한 봉사로서 해야 할 일은 충동에 순종하는 노예로서가 아니라 충동의 정화제나 해방자로서 행동하는 것이다. … 합리성은 … 충동과 습관에 반대하기 위해서 불러내는 힘이 아니다. 합리성은 가지각색의 욕망 사이의 실제적 조화의 달성이다. 하나의 명사로서의 "이성"은 동정, 흥미, 탐색, 실험, 솔직, 사물에 대한 종국까지의 추구, 신중, 전후 관계에 대한 폭넓은 검토 등의 수많은 성향의 적절한 협력을 뜻한다. … 충동의 실마리는 보통 말하듯이 어떤 일을 시작하는 것이다. 충동은 급히 서두른다. 충동은 우리로 하여금 발디딘 곳을 떠나도록 몰아댄다. 충동은 검토, 기억의 상기, 예견을 위한 시간을 주지 않는다. 그러나 이성의 실마리는 역시 보통 말하듯이 멈추고 생각하는 것이다.[10]

이성과 감각 지각

"이성"이라는 말이 지닌 약간 다른 또 하나의 의미는 이성을 감각 지각과 대비시킬 때 드러난다. 이 맥락에서 "이성"은 개념적 지식(概念的 知識, conceptual knowledge)을 형성하는 우리의 능력 즉 감각 경험의 특수하고 개별적인 세부 사항을 넘어서 일반성을 지닌 "추상 개념"이나 "법칙"을 만들어 내는 인간 정신의 능력을 가리킨다. 세계를 기술하고 해석하는 일은 감각 경험에 직접 주어진 것을 넘어서 세계의 특수하고 고립된 조각들보다는 경험의 일반적 양식을 주의 깊게 살피는 것이 필요하다. "정신은 그 자신의 힘에

---

10) J. Dewey. *The Philosophy of John Dewey*, J. Ratner. ed., New York, Holt, Rinehart and Winston, 1928, pp. 292-293.

의해서 모든 사물 속의 보편자를 관조한다."고 믿었던 플라톤 이래로 이성과 개념적 지식을 연결시키는 경향이 전통으로 내려 왔다.

철학적 사고의 유형들을 아주 크게 개략적으로 나눌 경우에는 이성과 감각 경험의 차이를 기준으로 삼는다. 그래서 신뢰할 만한 지식에서 감각적 관찰의 중요성을 강조하는 철학자들을 경험주의자(經驗主義者, empiricist)라고 부르고, 이성이나 개념적 지식의 힘을 강조하는 철학자들을 이성주의자(理性主義者, rationalist)라고 부른다. 철학사를 보면 어떤 철학자도 감각 지각과 개념적 지식에 관하여 한 쪽은 전혀 무가치하고 다른 한 쪽은 완전히 신뢰할 수 있다고 주장하지 않았다. 그러나 이 두 가지 지식의 방법 가운데 어느 방법이 더 중요하다고 강조할 것인가에 대해서는 커다란 차이를 보여 왔는데, 이것은 매우 중요한 차이이다.

철학적 이성주의

일반적으로 말하면 철학적 이성주의(哲學的 理性主義, philosophical rationalism)는 진리에 도달하는 인간의 이성이나 개념적 지식의 능력에 대한 신뢰라고 말할 수 있다. 이 신뢰에는 지식의 한 방법으로서의 감각 경험의 역할이 부차적 중요성밖에 없다고 낮추어 보는 경향이 결합되어 있다. 사고의 사슬의 각 고리에서 정립된 결론들을 검증하기 위해서 관찰할 수 있는 세계에 끝없이 갇혀 있거나 의지하지 않고 복잡한 추리 과정을 수행해 나가는 인간 정신의 힘에 감동받는 것은 참으로 자연스럽다. 수학의 여러 가지 체계가 이 인간적 재능의 성공적 활동을 가장 명백하게 보여준다. 철학자이면서 수학자였던 플라톤은 감각적 관찰의 별다른 도움 없이 지식에 도달하는 인간 정신의 능력에 대하여 무척 기뻐하였다. 그는 지식은 감각 지각이 아니며, 감각 지각에 관한 반성조차도 아니라고 주장하였다. 이성이 우리를 이끌어 안내하는 대상들은 감각으로 전혀 관찰될 수 없다. 그것들은 정신만이 투시할 수 있는 존재의 보편적 양식이다. 감각 지각을 신뢰하는 사람들을 플라톤은

"세속인"(世俗人, the earth-born)이라 부르고, "자기 손으로 거머쥘 수 있는 것 이외에는 아무 것도 믿지 않는 사람들"이라고 경멸하는 투로 언급하였다.

철학사를 통하여 아마 가장 철저한 철학적 이성주의자는 플라톤의 선배인 파르메니데스(Parmenides, 기원 전 5세기 활동)일 것이다. 파르메니데스와 그 제자들은 분명하게 논리적이라 할 수 있는 추론을 통해서 사물의 다수성도 운동도 성립할 수 없다고 확신했다. 파르메니데스는 있는 것은 오직 하나뿐이며, 그것은 존재라고 말했다. 왜냐하면 무(無, nothing)는 어떤 것도 아니므로 존재하지 않는다. 그런데 공간 역시 아무 것도 아니다. 많은 사물이 있기 위해서는 그것들 사이에 공간이 있어야 한다. 그러나 공간은 무이기 때문에 존재하지 않는다. 그러므로 오직 하나의 존재만이 있다. 마찬가지로 운동이 있으려면 운동이 이루어지는 공간이 있어야 한다. 그러나 공간은 없다. 그러므로 운동은 불가능하다. 하나의 영원한 존재는 어떤 방식으로도 움직이거나 변화하지 않는다. 우리가 감각 기관을 신뢰해서 서로 다른 사물이 많이 있고 또 운동도 있다고 믿는다면, 우리는 감각 기관 때문에 점점 더 진리로부터 멀어져 가는 셈이다.

파르메니데스의 제자 제논(Zeno, 기원 전 5세기 활동)은 운동의 불가능성을 증명하기 위하여 역설과 수수께끼를 사용했는데, 그 가운데서 가장 잘 알려져 있는 것은 아킬레스와 거북의 역설이다. 전설에 의하면 매우 빠른 달리기 선수인 아킬레스가 거북은 A 지점에서 출발하고 자기는 거북의 약간 뒤에서 출발한다는 불리한 조건을 받아들이고 달리기 시합을 했다고 한다. 이제 아킬레스는 거북을 추월하기 위해서 A 지점을 통과해야 한다. 그러나 거북도 역시 움직인다고 가정되어 있다. 그러므로 거북은 B 지점으로 옮겨 갔다. 거북을 따라잡기 위해서 아킬레스는 B 지점을 통과해야 한다. 그러나 그 때 거북은 이미 C 지점으로 옮겨 갔다. … 그래서 아킬레스는 결코 거북을 따라잡을 수 없다. 운동이 실제로 있다는 가정 즉 어떤 주자가 다른 주자보다 더 빠르게 움직일 수 있다는 가정은 모순되는 결론에 봉착하였다. 그러므로 "운동이 실제로 있다."는 명제는 그를 수밖에 없다.[11]

17세기의 철학자들은 수학의 힘에 감명을 받았다. 수학은 이 시기에 찬란하게 발전하였다. 데카르트, 라이프니쯔, 스피노자와 같은 유럽 대륙의 이성주의자들은 감각 지각으로부터 별다른 도움을 받지 않고 복잡한 추리를 수행할 수 있도록 해주는 어떤 본유 능력(本有 能力, innate capacity)이나 선천적 진리(先天的 眞理, a priori truth)를 인간의 정신이 갖추고 있다고 확신하였다. 칸트는 바깥 세계에 관한 인간의 지식이 근본적으로 개념적 지식이며, 이 개념들에 의해 질서 있게 정돈되는 질료는 직접 알려지지 않는다고 믿은 점에서 이성주의자였다. 위의 철학자들과 차이가 있는 아퀴나스와 헤겔 같은 사상가들도 대규모의 철학 체계를 구성하면서 개념적 추리의 힘에 의지한 경향 때문에 흔히 이성주의자로 분류된다.

"이성주의"의 다른 의미 — 이성과 신앙

17세기와 18세기에는 지식인들 대부분이 진정한 지식에 도달하는 인간 이성의 권능에 대해서 데카르트와 라이프니쯔와 마찬가지로 신뢰심을 가졌었는데, 이는 이 시대의 일반적 조류였다. 그렇지만 신뢰할 수 있는 지식에서 감각적 관찰이 중요하지 않은 역할을 하고 있다고 믿었던 유럽 대륙의 이성주의자들의 생각에 모든 사람이 의견을 같이 하지는 않았는데, 특히 영국에서 그랬다. 많은 사람이 감각 경험이 아니라 그 때까지 기본적 지식으로 생각되어 온 다른 유형의 지식을 비난함으로써 인간의 이성에 대한 신뢰를 보여주었다. 이 지식은 종교(宗敎, religion)로부터 주어진 지식, 다시 말하면 신앙(信仰, faith)과 성스러운 계시의 권위로부터 얻은 지식이었다.

중세의 문화에서는 지식을 얻는 두 가지 근본적 방법이 있다고 일반적으로 주장되었는데, 그것은 신앙과 이성이라는 방법이다. 중세의 철학자들은

11) 파르메니데스와 제논에 관해서 더 알고 싶은 사람은 J. Burnett, *Early Greek Philosophy*(London: A & C Black, 1920.)의 4장과 8장을 보라. (PB: Meridian, World Publishing, Cleveland.)

성서—그것은 신에 의해 계시된 지식으로 여겨졌다—속에 담긴 정보와 기독교 교리를 결합시켜 이성이 도달하는 것보다 더 넓고 더 높은 지식에 도달하는 길을 마련하였다. 그러나 중세의 철학자들은 성서라는 권위와 전통에 의해서 지지되는 종교적 신앙이 지식의 유일한 방법이라고 생각하지는 않았으며, 더 나아가 가장 중요한 방법이라고도 생각하지 않았다. 중세의 철학자들은 신뢰할 수 있는 지식이 계시의 도움을 받지 않는 "이성"이라는 인간의 자연적 힘의 활동을 통해서도 획득될 수 있다고 믿었다. 아퀴나스와 마이모니데스(Maimonides, 1135-1204) 같은 철학자는 이성과 신앙이 발견한 내용 모두가 신앙과 이성 둘 다 그 가치를 당연히 인정받는 하나의 종합 체계로 통합될 수 있는 지식 체계를 조직하는 일에 사명을 가지고 헌신하였다. 중세의 사상가들은 종교적 신앙이 인간의 사고에 대한 장애라고 결코 생각하지 않았다. 그들은 종교적 신앙을 지적 활동에 대한 자극으로 받아들었다. 안셀무스(Anselmus 1033-1109)의 "Credo ut intellegam!" 즉 "나는 알기 위해서 믿는다!"라는 말은 이 점을 잘 보여주고 있다.

르네상스로부터 시작된 근대는 중세적 종합의 붕괴가 점차적으로 진행된 시기였다. 교육받은 사람들이 신앙의 전제들을 조금씩 더 불확실한 것으로 만들어 갔다. 18세기에 이르러서는 인간의 이성의 힘에 대한 신뢰는 계속 증가하고 종교적 신념들에 대한 믿음은 계속 쇠퇴하여, 이 둘이 막상막하의 형세를 이루었다. 신앙은 교권주의 · 미신 · 열광 · 광신에 빠져들게 되었다. 신에 관한 필연적 지식, 그리고 이 세계와 신 사이의 관계에 관한 모든 필연적 지식은 자연적 이성에 의해서 얻어질 수 있다고 보게 되었다. 계시 · 성서 · 교회의 가르침은 전혀 필요하지 않다고 생각하게 된 것이다. 이러한 18세기 이성주의의 풍토 속에서 이신론(理神論, deism)으로 알려진 "이성 종교"(理性 宗敎, rational religion) 즉 "자연 종교"(自然 宗敎, natural religion)가 전개되었다.

19세기의 학자들은 성서에 주의를 돌리어 성서를 다른 역사적 문서와 마찬가지로 취급하려고 했기 때문에 성서를 비판적 분석의 대상으로 삼게 되었다. 그들은 성서의 어떤 부분의 진실성을 의심하게 되었고, 다른 어떤 부분에 대해서는 원작자를 문제 삼았으며, 가필된 구절들과 틀린 구절들을 지적하는 일을 하였다. 이 일로 인해서 "이성주의"라는 말은 이른바 "성서에 대한 고등 비판"(高等 批判, higher criticism of the Bible)을 가리키는 의미도 지니게 되었다.

따라서 우리는 "이성주의"라는 어려운 말에 대한 두 가지 기본적 의미를 구별할 수 있는데, 그 각각은 서로 공통하는 요소를 갖고 있다. 철학적 이성주의는 (1) 감각 지각이 제공하는 별다른 도움 없이 (2) 진정한 지식에 도달하는 인간의 이성 능력에 대한 신뢰를 의미한다. 이른바 세속주의적 이성주의(世俗主義的 理性主義, secularist rationalism) 또는 자연주의적 이성주의(自然主義的 理性主義, naturalistic rationalism)는 (1) 신앙, 계시, 교회의 가르침의 도움 없이 (2) 진정한 지식을 획득하는 인간의 이성 능력에 대한 신뢰를 의미한다. 철학적 이성주의에 대한 정의에서는 "이성"이 감각 지각과 대비되는 "개념적 지식"과 동의어로 이해되고 있다. 그러나 자연주의적 이성주의에서는 이성이 감각적 관찰과 실험이라는 요소를 반드시 배제하지는 않는 더 넓은 의미로 해석되고 있다.

경 험

"경험"의 몇 가지 의미

우리는 "경험(經驗, experience)에 의해서 배운다"는 말을 자주 듣는다. "경험은 위대한 스승이다." 그러나 경험이란 무엇인가? 이 말은 "이성"보다 한층 더 정의하기 어렵다. 이 말의 가지각색의 용법은 제각기 명확하게 분리할 수 없도록 서로가 서로를 흐리게 하는 의미의 동심원을 형성하고 있다.

"경험"의 가장 좁은 의미는 감각(感覺, sensation)이다. 색깔의 모양, 빛의 반짝임, 따뜻한 느낌에 대한 지각을 경험이라고 말하는 것은 이런 의미에서다. 이보다 약간 넓은 뜻으로 "경험"을 이해하게 되면 이 말은 관찰(觀察, observation)을 의미한다. 우리는 경험에 의하여 비가 오고 있다는 것, 난로가 뜨겁다는 것, 지하도가 혼잡하다는 것 등등을 안다. 또 하나의 의미는 우리가 연루되어 강렬한 인상(印象, strong impression)을 받는 사건이나 상황을 뜻한다. 어제 저녁에 강도에게 도적맞은 사람이 "나는 어제 저녁에 무서운 경험을 했었다."고 말하는 경우가 바로 이런 경우다.

만일 데카르트의 유명한 "나는 생각한다. 그러므로 나는 실존한다."라는 명제를 "나는 경험하고 있다, 그러므로 나는 실존한다."라고 해석한다면, 우리는 의식(意識,consciousness)에 대한 동의어로 "경험"이란 말을 사용하는 셈이다. 요구되는 기술에 대한 과거의 훈련(訓練, past practice)에 의해서 어떤 일을 해내는 능력을 갖춘 사람은 "경험자"로 불린다. "경험"이라는 말의 더 넓은 용법은 "관한" 지식(knowledge "about")에 대비되는 익숙 지식(knowledge by acquaintance)을 암시한다. 나는 경험에 의해서 아버지께서 신사이셨고 친절한 분이었다는 것을 아는 반면에 내 아들 딸은 나의 증언에 의해서만 이 사실을 안다. 또한 내가 "당신은 일찍이 이와 같은 경우에 부딪친 경험이 있습니까?"라고 물을 때에 나는 당신이 관련되었던 일련의 과거의 사건과 그 사건에 대한 당신의 반응에 관해서 묻고 있다. 이 마지막 용법은 "경험"이라는 말의 아주 포괄적인 의미인 실용적 정의에 이르는 실마리를 보여주고 있다. 이 용법에 따르면 경험이란 우리가 어떤 것을 겪는 일이고 또 그 어떤 것에 대해 무언가를 행하는 일이다.

철학적 경험주의

경험주의자는 경험이 지식을 얻는 가장 믿을 만한 방법이라고 믿는 사람이라고 보통 정의된다. 이런 사람은 말끝마다 "나에게 보여 주십시오."라고 말하는 믿어지지 않을 만큼 의심이 많은 사람이다. 철학적 경험주의(哲學的 經驗主義, philosophical empiricism)는 개념적 지식을 의심하는 경향과 지식을 얻는 방법으로서의 경험의 신빙성에 대한 신뢰가 결합되어 있다. 철학적 경험주의자는 정신이 사물의 본성을 파악하는 독자적 능력을 갖고 있다는 이성주의자의 주장에 대하여 비판적이다. 또한 철학적 경험주의자는 여러 가지 유형의 권위와 직관이 지식을 얻는 방법으로서 신빙성이 없다고 의심하는 경향이 있다. 경험주의자에 대한 앞서의 단순한 정의에는 결함이 있다. "경험"이라는 말은 철학사에 등장하는 철학자들 가운데 자신의 이론을 정당화하기 위하여 한 번도 "경험"에 호소하지 않은 사람이 거의 없을 정도로 넓게 쓰이고 있기 때문이다.

경험을 인간의 지식의 가장 중요한 근원이라고 가장 설득력 있고 영향력 있게 주장한 명예는 로크에게 수여되어야 한다. 로크는 「지성론」에서 인간의 정신은 본래부터 여러 가지 본유 관념(本有 觀念, innate idea)을 갖추고 있다는 이성주의자 데카르트의 주장을 거부하였다.

> 정신이 이를테면 어떠한 문자도 쓰여 있지 않은 그러니까 어떠한 관념도 품고 있지 않은 하얀 종이 같은 것이라고 가정하자. 어떻게 정신이 그런 것들을 갖추게 될 것인가? 어떻게 하여 정신이 인간의 분망하고 끝없는 상상이 거의 무한히 다양하게 그 위에 그려 놓은 저 막대한 저장 내용을 갖게 되는가? 어떻게 하여 정신이 이성의 모든 자료와 지식을 갖게 되는가? 이 점에 대하여 나는 경험이라는 한 마디로 대답한다. 우리의 지식은 모두 경험에 기초를 두고 있으며, 그래서 궁극적으로 경험으로부터 유래한다.12)

로크는 자기가 "경험"이라는 말로 꼭 무엇을 의미한다고 잘라 말하지 않았지만, 대부분의 경우에 감각이라는 좁은 의미로 생각하는 경향이 있었다. 로크의 뒤를 이은 영국의 경험주의자들은 "모든 지식은 경험으로부터"라는

---

12) J. Locke, *An Essay Concerning Human Understanding*, A. C. Fraster, ed., London: Oxford University Press, 1894, vol. I. pp. 121-123. (PB: Open Court, La Salle. Ill.)

로크의 주장을 엄격하게 "모든 지식은 감각 자료로부터"로 바꾸어 사용하였다. "경험"에 대한 이 감각주의적 해석의 엄격한 적용은 대상과 정신이 감각들의 집합이라는 휴움의 주장에 이르게 되었다. 그리하여 경험주의는 회의주의가 되었다. 영국의 경험주의에서 20세기의 가장 위대한 대표자는 러셀이다. 러셀은 스스로도 경험을 감각이나 "뇌의 상태"에 의거해서 분석하려고 했었음에도 불구하고 "경험"에만 기초를 둔 지식 이론이 불충분하다는 것을 인정하였다. 러셀은 인간의 행위를 인도하는 일반 원리들에 관한 지식은 그 원리들로부터 끌어낸 증명될 수 있는 모든 결론이 경험에 의해서 확증되어야 하는 명제라 할지라도 경험에 기초를 둘 수 없다고 생각하였다.

논리 경험주의(論理 經驗主義, logical empiricism)로 알려져 있는 최근의 이론은 부분적으로 영국의 경험주의자들의 전통을 계승하고 있다. 이 사실이 경험에 대한 감각주의적 분석을 신봉하는 많은 논리 경험주의자의 경향을 상당히 해명해준다. 앞에서 우리는 논리 경험주의자들이 휴움과 마찬가지로 지식을 전달하는 진술들이 의미 있을 수 있으려면 형식적 진술이거나 사실적 진술이어야 한다고 주장한 것을 보았다. 이 때문에 논리 경험주의자는 (1) 논리적 분석 및 언어적 분석과 (2) 관찰된 "사실"을 근거로 하는 추리라는 두 가지 방법을 통해서 신뢰할 수 있는 지식을 얻는다는 것을 당연하게 여긴다. "분석 명제"(分析 命題, analytic proposition)는 논리와 언어의 규칙에 의해서 옳다. "사실 명제"(事實 命題, factual proposition)는 검증할 수 있을 경우에만 유의미하다. 즉 사실 명제의 진리성은 감각적 관찰을 통해 확인되는 어떤 성분을 밝혀내는 시험 과정에 의해서만 결정될 수 있다. 우리는 "언어"에 대한 논의에서 이런 식의 경험주의가 부딪히는 한계에 관한 주장을 살펴보았다.[13)]

우리가 경험주의라는 말을 참으로 믿을 수 있는 지식은 과학적 실험과 사회적 실행에 의해 확증되는 지식이라는 일반적 기초 가정을 뜻하는 넓은 의미로 해석한다면 현대의 미국 철학의 중요한 부분이 "경험주의적 철학"이라

13) 2장 73-76쪽 참조.

고 말할 수 있을 것이다. 미국 철학은 실용주의적 전통을 가진 철학자들 즉 퍼어스, 제임스, 듀이에 의해서 경험주의 쪽으로 방향이 정해졌다. "과학 철학"과 "언어 철학"에 대한 최근의 좋은 평판과 논리 경험주의의 영향은 경험주의를 기본으로 삼고 있으면서 더욱 특수화되고 전문화된 학설들을 철학적 경향으로 미국 철학에 끌어들였다.

"경험"의 더 넓은 의미 — 듀이의 경험주의

"경험"에 대한 듀이의 해석은 아마 이성주의가 아닌 철학들 가운데 어떤 철학에서보다도 더 넓을 것이다. 그는 경험이 감각이라는 생각과 우리가 아는 것은 감각 자료라는 생각을 강력하게 부인하였다. 그는 우리가 의자를 바라볼 때에 단지 색깔의 반점을 "참으로" 경험한다고 말하는 자칭 경험주의자에 대하여 참을 수 없었다. 듀이는 한 사람이 의자를 바라볼 때가 아니라 의자에 앉으려고 할 때 가장 충실하게 의자를 경험한다고 주장하였다. 그 사람은 의자에 대한 자신의 경험들이 참으로 색깔의 반점에 불과한 것이 아니기 때문에 의자에 앉으려고 할 수 있다. 그는 의자이기 이전의 것인 색깔의 반점만 경험하는 일을 훨씬 넘어서 의자 이상의 것을 많이 경험한다. "그는 그 의자가 있는 방, 의자의 제작 연대, 판매 가격, 의자가 가구로 사용되어 자기나 다른 여러 사람에게 일으키는 결과를 비롯한 폭넓은 의자의 유래 등등의 광범위한 공간적 연관 관계를 파악한다."14) 듀이의 견해에 따르면 현대의 "색깔 반점" 경험주의자는 경험이나 지식에 관하여 아무 것도 말하고 있지 않는 셈이다.

> 감각은 어떠한 지식의 부분도 아니며, 좋거나 나쁘거나, 우수하거나 열등하거나, 불완전하거나 완전하거나 하지 않다. 감각은 도리어 지식에 이르러서야 종결될 수 있는 탐구 활동에 대한 도발이고, 자극이며, 도전이

14) J. Dewey, *Experience and Nature*, La Salle. Ill.: Open Court, 1925, p. 5. (PB: Dover, New York.)

> 다. … 이 관점에서 보면, 로크와 휴움의 낱낱이 분해된 단순한 감각은 경험의 참다운 소재라기보다는 정신에 관한 그들의 이론에 필요한 사항을 설명하기 위해 설정된 것으로 간주될 수밖에 없으며, 다른 한편으로 칸트와 후기 칸트주의자들의 선천적 개념들과 범주들로 이루어진 정교한 기계가 이른바 경험이라는 원료를 종합하는 일도 전혀 성립할 수 없음을 알게 된다. 경험의 진정한 "소재"는 동작, 습관, 활동적 기능, 행동과 체험의 결합, 다시 말하면 감각 기관들이 서로 협조하고 조정하여 이루어내는 복합적 결과들이다. 경험은 제 자신 속에 결합과 조직의 원리를 갖추고 있다.[15)]

그렇다면 경험이란 무엇인가? 우리가 앞 절에서 요약했던 이 말에 대한 여러 가지 정의 가운데서 듀이의 개념에 가장 가까운 것은 "경험은 우리가 어떤 것을 겪는 일이고 또 그것에 대해 무언가를 행하는 일이다"라는 정의다. 그러나 듀이는 체험(體驗, undergoing)보다는 행동(行動, doing)이 일차적으로 강조되어야 한다고 주장하였다. 앞에서 말한 바와 같이 듀이는 인간을 자연과 사회라는 이중의 환경에 영향을 주고 또 영향을 받는 유기체라고 본다. 인간이라는 유기체는 로크의 백지처럼 밖으로부터 어떤 것이 거기에 찍혀지기를 기다리면서 활동력 없이 수동적 자세로 서 있지 않는다. 인간은 자신의 환경의 성격을 변화시키면서 환경에 작용하며, 또 환경은 그렇게 변경되어 인간에게 다시 작용한다. 경험은 인간이라는 유기체와 인간의 자연적 환경 및 사회적 환경 사이의 이 상호 작용의 산물이다. 경험은 인간과 자연과 사회 사이에 이루어지는 거래의 결과다. 이것이 듀이가 상식적 지식이건 과학적 지식이건 철학적 지식이건 인간의 지식의 관심사라고 생각한 것이다. 그에게는 지식이 "명제적 지식"도 아니고 "사실을 아는 것"도 아니다. 행위에 대한 지식의 본질적 관계는 지식이 의의 있기 위해서 없어서는 안

---

15) J. Dewey, *Reconstruction in Philosophy*, New York: Holt, Rinehart and Winston, 1920, pp, 89-91. (PB: Beacon Press, Boston.) Merleau-Ponty 가 *The Phenomenology of Perception*에서 피력한 견해와 비교해 보라. "우리의 신체에 자극을 일으키는 작용으로 정의되는 순수 감각은 지식 특히 과학적 지식의 최종 결과다. 따라서 순수 감각을 지식의 시발점으로 간주하거나 순수 감각이 지식에 선행한다고 믿는 것은 환상이다".

되는 "할 줄 아는 것"이 강조될 때에 성립한다.

듀이는 베르그송처럼 지식에 대한 발생론적 이론을 주장하였다. 그러나 듀이는 베르그송과는 달리 지성으로부터 직관을 분리시키지 않았다. 듀이의 설명에 의하면 지성은 환경에 대한 인간 유기체의 성공적 적응 수단으로서 진화 과정에서 발생했다. 관념들은 실제적 행동의 도구이지 명상의 대상이 아니라고 듀이는 보았다. 그렇다면 항상 "거기"에 있어 오는 "실재"(實在, reality)를 밝히는 것은 인간의 사고의 과업일 수 없다. 지성의 근본적 기능은 잇달아 일어나는 문제, 장애, 곤경, 그리고 인간의 자연적 환경과 사회적 환경이 인간을 끊임없이 억누르는 불안스러운 상황과 맞붙어 싸우는 것이다.

사고에 대한 듀이의 분석

퍼어스와 마찬가지로 듀이는 지식이 의심스러운 상황에서 출발하여 안정된 상황으로 옮아가면서 이루어진다고 주장한다. 지식은 무(無)로부터 갑자기 생기지 않는다. 어떤 문제 · 장애물 · 걱정과 근심이 생산적 사고를 자극하기 위해서 있어야 한다. 듀이는 매일 매일의 실제적 사고와 과학적 탐구에서 공통으로 진행되는 반성적 사고 과정을 다섯 단계로 구별한다.16) 이제 매우 단순화된 기계적인 예에 사용하여 이 다섯 단계를 설명하고자 한다. 그러나 아래의 예는 듀이가 사용한 예는 아니다.

방송을 듣고 싶어서 머리맡의 라디오를 켜보고, 라디오가 작동하지 않는다는 것을 발견한 사람을 생각해보자. 이것이 사고 과정의 전형적 출발이다. 상황은 불확실하고 행동은 가로막혔다.

(1) 첫째 단계—문제의 발생(suggestion) 이 사람은 행동이 가로막혔기 때문에 당장 어떤 행동을 해야 할 것인지 급히 생각하게 된다. 그는 되는 대로 라디오의 다이얼을 돌려보고, 손으로 라디오를 두드려본다.

(2) 둘째 단계—합리적 파악(intellectualization) 명료하게 정립된

16) J. Dewey, *How We Think*, rev. ed., Boston: Heath, 1933, chap. 7.

문제는 절반은 풀린 문제다. 그 사람은 적어도 몇 개의 진공관은 불이 켜졌다는 것을 관찰한다. 전류의 흐름은 윙하고 확인되는데 말소리는 들리지 않는다. 이것이 가장 주요한 고장이다.

(3) 셋째 단계—가설의 설정(hypothesis) 라디오가 작동하지 않을 수 있는 원인에 관한 착상들이 이제 나타난다. 진공관이 하나 고장 났나? 그렇지 않으면 라디오의 회로 어딘가가 끊겼을 것이다. 아니면 코드나 플러그에 이상이 있을 것이다.

(4) 넷째 단계—추론(reason) 그 사람은 마음 속으로 자기가 이미 알고 있는 것들과 가설들을 비교하면서 시험한다. 그는 진공관이 터졌다는 생각을 검토하지만 보통 이런 종류의 라디오는 모든 진공관이 직렬로 연결된다는 것을 근거로 하여 그 생각을 버린다. 왜냐하면 하나가 터졌다면 모두 다 터졌어야 하기 때문이다. 어떤 진공관에 불이 켜진다면 이것은 전류가 진공관 전체에 흐르고 있다는 증거다. 이 사실은 시동 스위치의 고장 가능성뿐만 아니라 코드와 플러그의 고장 가능성도 배제한다. 마지막으로 그는 라디오의 회로가 끊겼을 경우를 있음직한 일로 검토한다. 이런 일은 배선된 회로판이 충격을 받으면 특히 누가 떨어뜨렸다거나 너무 세게 놓았다면 일어날 수 있을 것이다.

(5) 다섯째 단계—가설에 대한 시험(testing the hypothesis) 그가 이미 알고 있는 것들과 일치하는가라는 시험을 통과한 가설은 실험을 통해서 시험받을 준비가 되었다. 그 사람은 라디오 속에 있는 회로 판에 배선되어 있는 가는 전선들을 조사한다. 한 전선의 이음새에 생긴 조그만 간격이 희미하게 보인다. 그는 그 부분을 가볍게 두드려보고, 회로 판을 밀어 올리고 또 밀어 내려본다. 그리지 지지직하는 소리가 난 다음 아나운서의 목소리가 들린다. 나머지 일은 납땜질이다. 이 일을 마치자 그는 마침내 자기가 좋아하는 방송국의 방송을 듣는 일에 몰두한다. 애태우던 상황은 끝났다. 평온한 상태가 회복되었다.

듀이는 문제 해결에 대한 분석이 정확하게 이 다섯 단계를 거쳐야 한다고 주장하지는 않았다. 듀이는 단순히 사고 과정이 행위의 가로 막힘에 의해 자극받는다는 것, 사고는 불만스러운 상황을 해결하기 위한 여러 가지 가설을 만들게 된다는 것, 여러 가설 가운데서 어떤 가설을 버리고 선택된 가설을 시험해보는 순서로 진행된다는 것을 깨닫기 바랐었다. 성공적 가설은 분명히 그에 따라 행동하면 장애가 제거되어 불만스러운 상황이 해소됨으로써 다시 정상적 상황을 회복시켜 주는 가설이다.[17)]

모든 지식이 문제 해결인가?

듀이는 모든 지식을 문제 해결로 환원시키며, 인간이 사고할 만한 가치가 있는 모든 상황은 자동차의 엔진 고치기에 비유하여 설명한다고 비난을 받고 있다. 또한 듀이는 지식에 대한 그의 분석이 실제적 응용을 고려하지 않는 이론적 연구의 여지를 완전히 없애버린다고 비판을 받아 왔다. 우주 속의

---

17) 독자는 텔레비전의 고장 수리를 부탁받은 텔레비전 수선공이 그 문제를 처리하는 방식에 흥미를 느낄 수도 있겠다. 무엇이 문제인가? 화면의 조명이나 깜박임이 문제인가? 그렇지 않으면 상이 맺히지 않는 것이 문제인가? 고객은 화면에 조명은 이루어지는데 상이 맺히지 않는다고 대답한다. 그래서 텔레비전 수선공은 어떤 회로에 높은 전압이 걸려 너무 빠르게 작동하고 있다는 것을 알아챘다. 왜냐하면 만일 그렇지 않다면 조명조차 이루어지지 않을 테니까. 따라서 고장은 텔레비전의 "영상 수신 부분"에 있음에 틀림없다. 이제 수선공은 소리를 들어본다. 소리가 들리지 않는다. 그러나 영상도 소리도 없다면 고장은 조정기 즉 수상기의 앞부분에 있는 진공관에 있을 가능성이 크다. (모든 텔레비전 고장의 80-85%는 진공관에서 일어난다.) 이제 텔레비전 수선공은 수상기의 앞부분에 있는 진공관들 가운데서 어느 것을 교환할 것인가를 결정하는 문제에 부딪치게 되었다. 그가 조명은 되지만 영상이 없는 화면에서 조그만 검은 점들과 흰 점들을 본다고 가정하자. 이것은 영상 증폭기가 작동한다는 것을 의미한다. 따라서 그는 RF 증폭기나 혼합 발진기에 사용되는 진공관을 교환해야 한다. 어느 것일까? 그는 다시 한 번 텔레비전의 소리에 주의 깊게 귀를 기울여 희미하게 나는 떨리는 말소리를 듣는다. 이것은 일반적으로 혼합 발진기가 작동하고 있다는 것을 뜻한다. 그러므로 통상 2개나 3개뿐인 IF 진공관들 가운데 하나가 고장 났음에 틀림없다. 텔레비전 수선공은 IF 진공관을 차례로 교환하다가 두 번째 것을 바꾸자 소리와 영상이 둘 다 제대로 나오는 것을 확인한다. 텔레비전은 다시 정상으로 작동하고, 고객은 만족한다.

인간은 환경에 의해서 인간에게 강요되는 문제들과 싸우고 있다는 듀이의 인간관이 그의 지식론으로 하여금 실제적 행동을 강조하게 한 것은 사실이다. 그러나 듀이는 실제적 행동이 세계에 대한 좁은 의미의 문제 해결일 필요는 없다고 주장하였다. 실제적 행동이라는 말은 의심스러운 상황에 대한 순수하게 이론적인 수준에서의 해결을 의미할 수도 있다. 듀이는 "관념들이 새로운 사실들을 밝혀낼 때에 사용되도록 정신 속에 머물러 있다면, 그것들이 현실(現實, actuality)과 아무런 직접적 관련이 없음을 알 경우라 할지라도 통찰력 있는 정신에게는 지적으로 유용할 것이다."라고 말하였다.[18] 듀이가 거부하는 것은 사변적 지식이 아니라 오로지 사변적이기만 한 지식일 뿐이다. 관념, 개념, 이론, 사변은 생산적 지식에 참으로 필요하다. 그러나 이런 것들이 어떠한 방법으로든지 어떤 결과를 만들어내지 않으면 그것들은 오직 관념일 뿐 그 이상의 아무 것도 아니다. 도구(道具, instrument) 즉 미래의 행동을 지도하는 데 효과적으로 사용될 활동 계획(活動 計劃, oprational plan)으로 사용되지 않는 관념은 백일몽보다 나을 것이 없다. 듀이는 위대한 시와 예술에 기여하는 관념들이 매우 가치 있다고 인정한 첫 번째 철학자일 것이다. 그러나 듀이는 적어도 초기의 저작에서는 그런 관념들을 지식의 자료로 간주하지 않았다. 우리는 9장에서 도덕 철학에 대하여 개관할 때에 듀이가 어떻게 윤리적 판단을 문제 해결의 도구로 취급하는가를 다시 보게 될 것이다.

학문 방법으로서의 이성주의와 경험주의 ―맺음말

이성주의와 경험주의라고 불리는 두 가지 위대한 지식의 방법의 적절한 결합을 우리는 학문들 속에서 관찰할 수 있다. 한 명제의 신리성은 그에 대한 시험에 의해서 결정될 수 있을 것이다. 그러나 명제를 시험하는 일에는 두 가지 일반적 방법이 있다. 우리는 그 명제가 이미 정립된 다른 명제들로부터 논리적 추리에 의해 연역될 수 있음을 보일 수 있다. 그렇지 않으면 감각

18) Dewey, *How We Think*, p. 106.

기관에 의해 확인하는 과정을 포함하고 있는 실험 속에서 그 명제를 엄밀히 시험해볼 수도 있다. 첫 번째 길은 연역적 방법 즉 이성주의이고, 두 번째 길은 관찰과 실험의 방법 즉 경험주의다. 논리학과 수학의 영역에서는 이성주의라는 방법이 단독으로 훌륭하게 일을 해나간다. 참으로 이 방법은 수학이 본질적 역할을 담당하고 있는 물리학의 여러 분야에서도 탁월하고 성공적이다. 그러나 거의 모든 작업을 수학적 추리에 의해서 수행하는 이론 물리학조차도 실험에 의한 결정적 시험(決定的 試驗, crucial test)을 필요로 한다. 모든 자연 과학은 어느 정도 이성주의적 요소를 지니고 있다. 어떠한 과학도 감각적 관찰을 근거로 하는 추론을 도외시하고 오로지 감각적 관찰에만 얽매여 있지는 않는다. 하지만 경험 과학의 명제들은 수학의 명제들과는 달리 어디에선가는 실험에 의하여 확인을 받는 길을 따라야 한다. 그리고 실험은 언제나 어떤 종류의 감각적 관찰이 관여하는 절차다.

아인슈타인은 자신의 혁명적인 상대성 이론 속에 함의되어 있는 명제들로부터 복잡한 추리 과정을 거쳐 빛이 태양에 가까이 통과할 때에 굽는다는 시험 명제를 연역하였다. 몇 년 뒤에 그리니치 천문대의 천문학자들이 광선의 굴절을 보여주는 태양의 일식 사진을 찍었다. 아인슈타인의 이론과 감각적 관찰 양쪽 모두에 관련되어 있는 그 천문학적 사진들은 화이트헤드가 표현한 것처럼 사고 속에서 진행된 위대한 모험이 안전하게 해변에 도달했음을 보여주었다.[19]

경험주의적 요소는 관찰과 실험의 형태로 물리학의 방법론에서 필수불가결한 역할을 한다. 그러나 관찰과 실험만으로는 위대한 과학적 이론이 만들어지지 않는다. 과학적 이론은 감각적 세계에 대한 문제와 불확실성에 자극받은 인간의 사고들 가운데서 창조적이고 사변적이며 이성적인 사고가 만들어낸 산물이다.

---

19) Alfred North Whitehead, *Science and Modern World*, New York, Macmillan, 1925, p. 15. (PB: Mentor, New American Library, New York.)

더 읽어야 할 책들

Bergson, Henri, *Creative Evolution*, A. Mitchell(trans.), New York, Holt, Rinehart and Winston, 1911, chap. 2.

Cohen, Morris, *Reason and Nature*, New York, Harcourt, Brace & World, 1931. (PB: Free Press, Macmillan, New York.)

Cohen, Morris, and Ernest Nagel, *An Introduction to Logic and Scientific Method*, Harcourt, Brace & World, 1934, chaps. 10, 11, 20.

The Columbia Associates, *An Introduction to Reflective Thinking*, Boston, Houghton Mifflin, 1923.

Descartes, René, "Discourse on Method," in E. S. Haldane and G. R. T. Ross(trans.), *The Philosophical Works of Descartes*, London, Cambridge University Press, 1931. (PB: Liberal Arts, Bobbs-Merrill, Indianapolis.)

Dewey, John, "Changed Conceptions of Reason and Experience," in *Reconstruction in Philosophy*, New York, Holt, Rinehart and Winston, 1920. (PB: Beacon Press, Boston, Mentor, New American Library, New York.)

Dewey, John, "The Instrumental Theory of Knowledge," in J. Ratner (cd.), *Thc Philosophy of John Dewey*, New York, Holt, Rinehart and Winston, 1928.

Dewey, John, *How We Think*, rev. ed., Boston, Heath, 1933.

Feigl, Herbert, "Logical Empiricism," in H. Feigl and W. Sellars(eds.), *Readings in Philosophical Analysis*, New York, Appleton-Century-Crofts, 1949.

James, William, *Pragmatism*, London, Longmans, 1928, chaps. 1 and 2. (PB: Meridian, World Publishing, Cleveland.)

Leuba, J. H., *The Psychology of Religious Mysticism*, New York, Harcourt, Brace & World, 1925.

Maritain, J., "On Knowledge through Connaturality," in *The Range of Reason*, New York, Scribner, 1952. (PB: Scribner.)

Montague, Wm. Pepperell, *The Ways of Knowing*, London, G. Allen, 1915, pt. I.

Peirce, Charles Sanders, "The Fixation of Belief," in Morris Cohen(ed.), *Chance, Love and Logic*, New York, Harcourt, Brace & World, 1923. (PB: Randall, J. H., Jr., J. Buchler, and E. Shirk, *Readings in Philosophy,* Barnes & Noble, New York.)

Plato, Socrates' Speech in "The Symposium," *The Dialogues of Plato*, B. Jowett(trans.), New York, Random House, 1937, vol. 1. (PB: Liberal Arts, Bobbs-Merrill, Indianapolis.)

Plato, "Theaetetus," *The Dialogues of Plato*, B. Jowett (trans.), Random House, 1937, vol. 2. (PB: Liberal Arts, Bobbs-Merrill, Indianapolis.)

Reichenbach, Hans, "The Empiricist Approach," in *The Rise of Scientific Philosophy*, University of California Press, 1951. (PB: U. of Calif. Press.)

Russell, Bertrand, "Knowledge by Acquaintance and Knowledge by description" in *Mysticism and Logic*, London, Longmans, 1918. (PB: Anchor, Doubleday, Garden City, N.Y.)

Russell, Bertrand, *Scientific Method in Philosophy*, La Salle, Ill., Open Court, 1914.

Walsh, W. H., *Reason and Experience*, London, Oxford University Press, 1947.

제3부

형이상학

6 형이상학이란 무엇인가

형이상학자들은 음악적 재능이 없는 음악가다.
— R. Carnap

형이상학(形而上學, metaphysics) 또는 사변 철학(思辨 哲學, speculative philosophy)은 세계의 본성과 세계 속에서의 인간의 위치에 관한 근본적 물음을 탐구하는 철학 분야라고 설명되어 왔다. 이 정의는 너무 넓다. 왜냐하면 철학 자체가 이렇게 정의되기 때문이다. 형이상학을 존재(存在, being)와 실존(實存, existence) 즉 특수 과학들에 의해 연구되는 사물들의 조건 이상의 어떤 일반적 조건에 대한 연구라고 정의한다 해도 위의 정의보다 넓지 않다고 보기는 어려울 것이다. 철학사를 보면 한때 형이상학은 공허하고 무익한 문제들에 관한 연구이므로 믿을 만한 것이 못 된다고 평가되거나 공공연히 심한 비난을 받기도 하였다. 칸트는 형이상학이 순전한 사변일 뿐이어서 속기 쉬운 학문이라고 말했다. 칸트의 「순수 이성 비판」은 형이상학과 형이상학적 신조에 대한 비판의 정점을 이루었다. 1930년대와 1940년대에 진리는 과학의 진술로 가장 잘 표현된다고 주장하는 실증주의에 강하게 영향을 받은 영국과 미국의 철학은 형이상학이 정당한 학문이라는 것을 거부하였다. 1950년대와 1960년대에 영국에서는 몇몇 철학자가 형이상학적 문제들을 일차 질서의 문제가 아니라 이차 질서의 문제로 취급하려는 경향을 보이고 있다. 이들은 "형이상학은 무엇인가?"라고 묻기보다는 "어떤 종류의 진술이 형이상학적 진술인가?"라고 문제를 설정하지만,[1] 형이상학에 대해서 선배 철학자들보다 호의적 태도를 보이고 있는 셈이다. 옥스퍼드의 몇몇 철학자는 형이상학적 진술에 대한 이러한 조심성 있는 관심을 넘어서 더 나아간다. 스트로슨은 근본적 성격이 전혀 변하지 않는 범주들과 개념들이 있음을 상기시키면서, 이에 대한 연구를 "기술 형이상학"(記述 形而上學, descriptive metaphysics)이라 부르고 있다. 그는 기술 형이상학을 개념적 구조의 가장 일반적 특징을 탐구하는 학문으로 보고 있다.[2] 유럽 대륙에서는 형이상학을 적대시했던 19세기의 실증주의의 영향에도 불구하고 이 학문이 결코 지반을 잃지 않았으며, 우리 시대에 현상학과 실존주의의 인기는 오늘날 프랑스와 독일의 학계에서 형이상학이 누리는 비교적 높은 명성에 기여하였다.

"형이상학"이라는 말은 여러 가지 뜻으로 이해될 수 있기 때문에, 어떤 방식으로 정의하면 전혀 무익한 것으로 보일 수 있는 반면에, 다른 방식으로 정의하면 이치에 닿는 학문으로 여겨질 수도 있다. 따라서 우리는 형이상학적 탐구의 대상이 무엇인가에 대해서 서로 다른 몇 가지 의견을 구분해서 살펴보고 난 다음에, 고전적 형이상학과 현대의 형이상학에 관련된 몇 가지 문제를 고찰하고자 한다.

---

1) 일차 질서와 이차 질서의 구별에 관해서는 10-11쪽 참조.

2) P. F. Strawson, *Individuals: an Essay in Descriptive Metaphysics*, London: Methuen, 1959. (PB: Anchor, Doubleday. Garden City. N. Y.) 스트로슨은 "기술" 형이상학을 그가 "수정" 형이상학이라 부르는 것과 대비시킨다. 수정 형이상학은 우리가 경험에 의거하여 구성하는 세계상과 근본적으로 다를 뿐만 아니라 "더 나은" 세계상을 구성하려고 기도한다. 스트로슨이 든 예는 아니지만 파르메니데스의 형이상학을 수정 형이상학의 예로 들 수 있다. 파르메니데스는 변하는 것처럼 보이고 수많은 물체가 있는 것처럼 보이는 이 세계에 실제로는 변화가 전혀 없으며 존재하는 것은 오직 하나뿐이라고 주장하였다.(5장 199쪽 참조.)

형이상학과 과학

과학 이전의 사변으로서의 형이상학

고대 그리스 사람들은 철학적 탐구와 지금은 물리 과학이라 부르는 탐구를 거의 구별하지 않았다. 실제로 물리적 세계의 본성에 관한 연구가 거의 현대에 이르기까지 철학자들의 임무로 생각되었다. "물리학"의 동의어로 사용되던 "자연 철학"(自然 哲學, natural philosophy)이라는 용어가 사라진 지는 그리 오래되지 않는다. 서양의 최초 철학자들인 기원 전 6세기 그리스의 이오니아 우주론자들은 "세계는 어떤 종류의 질료로 만들어져 있는가?"라는 문제에 몰두했었다. 현재 남아 있는 기록상의 첫 번째 철학자인 탈레스(Thales, 640?-546? B.C.)는 모든 사물은 궁극적으로 물에서 비롯되었다고 주장하였다. 아낙시메네스(Anaximenes, 기원 전 545년 전후 활동)는 사물의 기본적 본질은 원시 기체라고 주장하였다. 헤라클레이토스(Heracleitos, 535?-475? B.C.)는 불이 모든 사물의 원인이라고 믿었다. 고대의 자연 철학들 가운데서 가장 주목할 만한 이론은 세계를 구성하는 질료의 가장 단순한 단위는 미세하고 분할할 수 없는 물질적 미립자 즉 원자라고 주장했던 데모크리토스의 이론이다. 사물의 궁극적 본질에 관한 이러한 과학 이전의 사변을 흔히 "형이상학적 사변"이라고 부른다.

오늘날 우리는 물질의 구조나 물리적 우주의 구조는 이제 철학이 탐구해야 할 문제가 아니라 오히려 물리학, 천문학 등등의 경험 과학이 탐구해야 할 문제라고 믿고 있다. 이러한 과학들은 사변이나 논리적 추론에만 전적으로 의존하지 않으며, 또 제안된 가설을 증명하는 데 실험적 수단을 사용하는 특수한 탐구 분야다. 이러한 수단에는 그리스 사람들이 갖지 못했던 정밀한 측정 기구들이 포함되어 있다. 분명히 오늘날 대부분의 과학자들은 이오니아 우주론자들이 답을 찾으려고 했던 과학 이전의 문제인 "무엇이 우주의 궁극적 근원 즉 '제일 원인'인가?"라는 물음에 대답하는 것을 곧바로 거절할 것이다. 흔히 과학자들은 이러한 문제가 "형이상학적 문제"라고 몰아세움으로써 이런 문제에 대한 혐오감을 표명하고 있다. 과학자들은 이런 문제를 해결할 수 있는 과학적 방법이 없기 때문에 과학이 해결해야 할 문제가 아니라고 주장한다.[3)]

과학적 결론들의 종합으로서의 형이상학

형이상학의 임무에 대해서 현대의 한 견해는 특수 과학이 실험적 방법을 적용할 수 있는 문제에 형이상학이 종사해서는 안 되지만 과학적 발견들을 기초로 삼고 형이상학적 신조를 세울 수는 있다고 주장하고 있다. 이 의견에 따르면 형이상학의 임무는 특수 과학의 일반적 결론들을 종합하고, 이러한 방법으로 어떤 하나의 특수 과학이 제시할 수 있는 것보다 더 포괄적인 세계관에 도달하는 데 있다. 덴마크의 철학자 회프딩(H. Höffding, 1843-1931)은 형이상학적 철학의 목표는 "근원적 현상들 및 개별 과학의 원리들 상호간의 상대적 중요성과 서로간의 연결 관계를 밝힐 수 있는 관점을 얻는 데 있다."고 말했다. 콩트는 과학들을 추상의 등급에 따라 수학으로부터 시작하여 맨 끝에 사회학을 놓는 식으로 분류하였다. 이 분류를 승인하는 입장에서 미국의 철학자 몬테규는 다음과 같이 언급한 바 있다.

> 과학에는 여섯 가지 기본 분야가 있다. 수학 · 물리학 · 화학 · 생물

---

3) 최근의 몇몇 과학자는 물리적 우주의 기원에 관한 문제에 대해서 언급하였다. 프레드 호일(F. Hoyle)은 *The Nature of the Universe*(New York: Harper & Row, 1951. PB: Signet, New American Library, New York.)에서 우주는 시초가 없다고 주장했다. 한편 조지 가모브(G. Gamov)는 *The Creation of the Universe*(New York. Viking. 1952. PB: Compass, Viking.)에서 우주의 정확한 시초가 있다고 주장하였다. 통상 전자는 "계속적 창조 이론"이라 부르고, 후자는 "대폭발 이론"이라 부른다.

> 학 · 심리학 · 사회학이 그것이다. 이 학문들은 (물론 수학을 제외하고) 논리적으로 선행 분야에 의존하고 있다. 이 모든 과학 분야들은 수레바퀴를 중심축에 연결하는 바퀴살에 비유할 수 있다. … 그러나 현재까지는 이 바퀴살들을 붙들어 맬 수 있는 중심축이 없었다. 형이상학이 수행하기를 바라는 것은 이 바퀴살들을 연결시키거나 통일시키는 기능이다. … 개별 과학에서 과학적으로 증명된 이런 저런 발견을 겸손하게 감사히 받아들이면서도 우리는 그것들 모두가 도대체 무엇인가를 물어야 한다.[4)]

반형이상학자인 카르납까지도 (그의 철학관은 몬테규의 철학관과 매우 다르지만) "여러 분야의 과학적 지식의 가장 일반적인 명제들을 질서 정연한 체계로 정돈하려는 목적을 추구하므로 때로 형이상학적 이론이라 불리는 이론"의 연구를 반대하지 않았다.[5)]

어떤 형이상학자들은 형이상학의 임무가 특수 과학의 광범위한 결론들을 통합하는 일이라는 이 생각에 반대한다. 그들 가운데에는 인간의 경험의 모든 주요 부문 즉 과학적 측면뿐만 아니라 시적 · 도덕적 · 종교적 측면 등으로부터 얻어낸 자료에 의거하여 자연 철학이 이루어져야 한다고 믿는 사람들이 있다. 이런 철학자들은 형이상학을 "과학들의 종합"으로 보는 관점이 지나치게 편협하다고 생각한다. 이런 "과학들의 종합"이라는 관점은 과학적 명제만이 진정한 명제라고 주장하지는 않을지라도 과학적 명제가 가장 중요한 명제라는 견해를 당연시하는 듯하기 때문이다. 베르그송은 형이상학에 대한 이 개념이 너무 지나치게 신중하다고 말하였다. 이러한 형이상학 개념은 형이상학에 "기껏해야 등기소의 역할 즉 그 곳에 제출되는 변경할 수 없도록 확고한 말, 더 정확하게 말하면 옳은 문장들을 기록해 놓는 등기소의 역할"만 부여하는 셈이다.[6)] 이러한 "과학들의 종합"이라는 관점은 형이상학자에게

4) W. P. Montague, *The Way of Things*, Englewood, Cliffs, N. J.: Prentice-Hall, 1910, pp. 10-11.

5) R. Carnap, *Philosophy and Logical Syntax*, London: Kegan Paul, 1935, p. 15.

6) H. Bergson, *Creative Evolution*, A. Mitchell, trans., New York: Holt, Rinehart and Winston, 1911, p. 195. (Modern Library 판이 있다.)

여러 가지 과학적 이론이 전달되기를 기다리는 수동적 역할만 허용하는데, 이 이론들은 형이상학자가 사물의 특성에 관한 적절하고 옳은 설명이라고 어쩔 수 없이 차례로 승인하지 않을 수 없는 것들이다. 과학적 기술들은 비록 옳다 할지라도 모두 어느 정도는 추상적이어서 한쪽에 치우쳐 있다. 과학의 일반적 진술들을 통합하는 임무가 형이상학의 임무라고 주장하는 형이상학자는 과학적 결론들의 혼합물에 지나지 않는 세계상을 제공하는 것으로 만족해야 할 것이다. 이러한 세계상은 그 자체의 시계 안에 갇히게 될 것이고, 그래서 인간의 경험의 여러 가지 기본 양상을 공정하게 처리할 수 없을 것이다.

존재에 대한 탐구로서의 형이상학

아리스토텔레스의 "제일 철학"

지금은 "형이상학"이라는 용어가 맨 처음에 어떻게 사용되었는지 정확하게 알아낼 방도가 없다. 어떤 설명에 의하면 아리스토텔레스의 저술들을 모아 편찬한 고대 그리스의 편집자가 "자연학"(自然學, physics)이라는 논문 다음에 아리스토텔레스가 "제일 철학"(第一 哲學, first philosophy) 또는 "신학"(神學, theology)이라 부르던 주제를 다룬 강의록을 편성하고, 그 제목을 "ta meta ta physika"라고 붙인 데서 "metaphysics"라는 명칭이 유래한다고 한다. 어쨌든 아리스토텔레스의 이 특별한 저작을 지금도 "형이상학"이라는 이름으로 부르고 있다.

아리스토텔레스에 의하면 "제일 철학"은 존재(存在, being)를 탐구한다. 특수 과학은 존재의 특정한 부분을 취급한다. 예를 들면 동물학은 동물들을 취급하고, 정치학은 정치 체제들을 다룬다. 그러나 "제일 철학"은 존재로서의 존재(being qua being) 즉 존재의 어떤 특수한 다양성에 대해서도 근본적 관련을 맺지 않고 존재 일반(存在 一般, being in general)을 다루는 것이다. 아리스토텔레스는 이 탐구에 대해 다음과 같이 말하고 있다. "'존재로서의 존재'와 본질적으로 존재에 속하는 속성들을 탐구하는 학문이 있다. 이것은 이른바 특수 과학이라 불리는 어느 것과도 다르다. 왜냐하면 특수 과학 가운데 어느 것도 '존재로서의 존재'를 보편적으로 다루지 않기 때문이다. 특수 과학은 존재의 일부분을 절단하여 그 부분의 속성만 탐구한다."[7]

존재론으로서의 형이상학

존재에 관한 탐구라는 특수한 의미로 해석되는 형이상학은 흔히 존재론(存在論, ontology; 문자 그대로 존재에 관한 학문)이라 부른다. 존재라는 범주보다 더 포괄적인 범주가 없기 때문에 존재론은 모든 지적 탐구 가운데서 가장 일반적이고 추상적인 지적 탐구다. 카르납과 같은 몇몇 분석 철학자는 존재론이 완전히 사이비 문제들로 구성되어 있다고 주장하였다. 다시 말해 존재와 그 종류에 관해 물음을 제기하는 형이상학자들은 자신이 실재하는 대상에 관해 토의한다고 생각하지만 실제로는 단지 특수한 문법적 형식에 관해 애기하고 있을 뿐이라는 것이다. 한편 타르스키(A. Tarski, 1901-1983)를 비롯한 다른 철학자들은 만일 우리가 존재론을 "물체들에 대한 일반적 이론 … 순전히 경험적 방법에 의해 탐구되고 단지 그것이 지닌 일반성 때문에 다른 경험 과학과 구별되는 학문"[8]이라고 이해한다면 존재론은 반대할 만한 것이 아니라고 보았다.

어쨌든 존재론이 해석될 수 있는 여러 가지 의미에 대해서는 더 이상 고심하지 않기로 하고, 이제부터 여러 가지 존재 양상(存在 樣相, mode of

7) Aristotle, *Metaphysics*, W. D. Ross, trans., bk. 4, 1003a21.

8) A. Tarski, "The Semantic Conception of Truth," in H. Feigl and W. Sellars, eds., *Readings in Allalytic Philosophy*, Appleton-Century-Crofts, 1949, p. 72.

being)의 구별에 관해서 잘 알려져 있는 고전적 견해와 최근의 철학자들의 견해를 살펴보기로 하자.

존재 양상 — 영속과 변화

아리스토텔레스는 존재를 두 가지 기본적 종류로 구분했다. 그것은 (1) 변할 수 없는 존재 즉 변하지 않는 존재와 (2) 변할 수 있는 존재 즉 변하는 존재다. 두 번째 존재 즉 변할 수 있는 존재에 관한 연구는 이른바 자연학 즉 자연 철학의 주제에 속한다.[9] 아리스토텔레스는 우리가 주변 세계에서 볼 수 있는 것은 모두 일시적 존재뿐이라고 했다. 첫 번째 존재 즉 변할 수 없는 존재를 주제로 하는 연구가 신학이다. 왜냐하면 "영원하고 움직일 수 없는" 존재는 오직 하나 있는데, 그것이 바로 신이기 때문이다.

변하지 않는 존재 양상이 있다는 신념은 고대 그리스의 형이상학에서 주류를 이루고 있는 전통의 특징이다. 아리스토텔레스는 "참다운 존재"는 변화와 소멸의 지배를 받지 않는 것이라고 믿었던 스승 플라톤에게서 존재에 대한 이원적 분류를 물려받았다. 플라톤에 의하면 이 세계는 단지 생성을 보여줄 따름이다. 다시 말해서 감각의 세계에서는 모든 것이 생겨나고 또 없어져 가고 있을 따름이므로 어떤 것도 참으로 실재하지는 않는다. 오직 변하지 않는 것만이 실재하는 것이라고 플라톤은 생각했다. 실재는 영원한 것이어서 변할 수 없다. 모든 것이 생성과 소멸을 겪는 감각 경험의 세계는 단지 실재의 그림자에 지나지 않는다. 영속(永續, permanence)과 변화(變化, change)라는 두 가지 기본적 존재 양상에서 변화는 파생적이고 이차적이며 덜 실재적인 반면에 영속은 일차적이고 더 실재적이므로 변화보다 더 중요하다.

영속이 존재의 일차적 양상이라는 확신은 실체에 관한 고전적 이론과 흥미 있는 관련을 맺고 있다. 존재에 대한 아리스토텔레스의 구별들 가운데 하나는 존재를 실체(實體, substance) 즉 물체(物體, thing)와 우유(偶有,

---

9) Aristotle, *Melaphysics*, bk. 6, 1026al0.

accident) 즉 속성(屬性, property) 두 가지 양상으로 나누는 것이다. 실체(물체)는 우유(속성)에 비해서 "독립적으로 존재하는 방식"을 보여준다. 실체의 예는 책이나 인간 같은 대상이다. 실체는 우리가 "무엇이 어떠하다."는 생각을 하고자 하면 반드시 그것을 전제하고 시작해야 하는 원초적 존재다. 속성은 실체와는 달리 독립적으로 존재하지 못하고 실체에 부속하여 존재한다. 부드러움과 파랑이라는 성질은 인간과 나무가 비교적 자족적으로 존재하는 방식으로 존재하지 못한다. 성질은 외투나 과일 같은 실체에 부속되어 존재한다. 그런데 실체는 비록 그것의 성질들이 변하더라도 어떤 근본적인 점에서 동일하게 남아 있다. 다시 말하면 실체는 변화 속에서 자기 동일성을 유지한다. 한 사람은 달리거나 이야기하는 속성을 보여줄 수 있다. 그러나 그 사람의 이런 변화는 사라지고 다른 변화에 의해 대체된다. 그러나 그 사람 자체는 여전히 있으며, 그 사람의 동일성은 변화의 도중에도 유지된다. 그러므로 실체는 자연의 비교적 영속하는 면을 나타낸다. 사물의 실체적인 면이 우리로 하여금 매번의 기회마다 그 사물을 알아볼 수 있게 해준다. 그러므로 늙어서 대머리인 소크라테스가 어떤 중요한 점에서 젊고 곱슬머리였던 소크라테스와 같은 사람이다.

영속이 "보다 더 참답거나 더 좋은" 존재 양상이고, 변화는 파생적이며 "덜 참답다"는 고대 그리스 사람들의 생각은 최근의 형이상학이 보여주는 특징과는 전혀 다르다. 헤겔, 베르그송, 화이트헤드 같은 철학자의 세계관에서는 변화 · 과정 · 전이가 일차적인 것으로 인정되고, 사물의 영속적이고 고정적인 면은 파생적이고 이차적이며 덜 근본적인 것으로 간주된다. 우리 시대의 형이상학자들은 영속이 변화보다 우위에 있다는 일반적 개념뿐만 아니라 실체라는 개별적 개념도 버리는 경향이 있다. 이 철학자들은 우주를 고정적이고 정적이며 지속적인 기본 단위들로 분해해서 보는 우주관은 실체라는 생각과 분리될 수 없다고 본다. 현대 과학은 근본적인 물리적 실재가 영구적인 물질의 정적인 조각이 아니라 전기적인 동요 상태 즉 동적인 과정이라는 것을 발견하였다. 이 발견은 이 세계를 형성하고 있는 궁극적 단위는 실체가 아니라 사건(事

件, event)이라고 보는 "과정 철학자들"의 확신을 강화시켰다. 그래서 이들은 사물이 아니라 사건이 참으로 실재한다고 주장한다.

고전적 형이상학으로부터 현대적 형이상학으로 넘어 오면서 영속의 우위에서 변화의 우위로 바뀌게 된 이유를 설명하려는 몇 가지 이론이 제시되었다. 어떤 사람들은 위대한 종교와 영원에 대한 종교적 환상의 쇠퇴가 이유라고 말한다. 다른 사람들은 과학과 기술이 인간 생활의 여러 측면을 변화시켰다는 것과 증기 기관을 사용하는 공장들이 인간의 환경을 변화시켰다는 것을 지적한다. 프랑스 대혁명은 인간이 역사를 만들고 사회적 질서를 변화시킬 수 있다는 것을 보여주었다. 진보라는 현대적 이상은 그것이 원인인지 결과인지는 말하기 어렵다 할지라도, 영속의 강조에서 변화의 강조로 옮아간 이 변천에 또 하나의 중요한 요인이다. 생물학의 진화라는 개념은 과학자와 철학자로 하여금 성장과 발전의 개념에 입각해서 우주와 우주의 과정을 해석하도록 자극함으로써 유럽과 미국의 지적 구조를 흔들어 놓았는데, 이것 역시 변화의 흐름을 촉진시킨 요인이었다.

존재와 시간

아리스토텔레스가 변화의 적극적 측면 즉 "훌륭한" 측면을 그의 생물학적 발전 개념에 의해서 강조했음에도 불구하고, 일반적으로 고대 그리스의 철학자들은 변화를 존재로부터 떨어져 나가고 부패해 가고 타락해 가는 퇴행적 진화로 생각하는 경향이 있었다. 고대 그리스의 시인들은 이 세상의 무상함을 한탄하였다. 사랑도, 생명도, 미인도, 지혜도, 용자도, 모두 무덤에 삼켜지도다! 에피큐로스(Epicuros, 324-270? B.C.)의 제자들은 죽음과 파멸의 저주를 받은 이 헛된 세상의 운명을 몹시 슬퍼하였다. 도대체 시간이란 무엇인가? 고대 그리스 사람들에게는 시간은 근본적으로 운동의 척도이고, 천체들의 움직임을 보여주는 우주의 운동에 나타나는 특별한 종류의 변화였다. 그러므로 시간은 공간에 종속되는 범주다. 그런데 순환하는 궤도에서 그 운동 방식을 끝없이 반복하는 신성한 천체들의 운동을 시간이 측정하기 때문에 그리스 사람들은 영구 순환(永久 循環, eternal recurrence)이라는 법칙이 우주를 지배한다고 생각하였다. 스토아 철학자들은 우주 속의 물질의 양은 유한하고 그것을 재결합시키는 시간은 무한하기 때문에 모든 역사적 시대가 어느 날엔가는 되돌아 올 것이라고 믿었다. 플라톤과 플로티노스(Plotinos, 205-270)는 시간은 부수적으로 실재하는 것이기 때문에 세계의 창조와 더불어 존재하게 되었을 뿐이라고 생각하였다. 참다운 존재의 영역에는 시간이 아니라 영원이 충만해 있다. 중세의 철학자들은 그리스 선조들이 갖지 않았던 역사의 실재성이라는 새로운 관념을 갖고 있었음에도 불구하고, 시간이 없고 영원만 있는 신의 세계로부터 시간의 세계를 구별한 점에서 지나치게 고대 그리스 사람들을 따르려는 경향이 있었다.[10] 이와 대조적으로 베르그송과 화이트헤드 같은 20세기의 형이상학자들은 시간이 사물의 본성에서 분리될 수 없는 차원이라는 생각 즉 어떠한 것도 시간 "밖에" 있을 수 없다는 19세기로부터 이어받은 생각을 주장하였다. 그들은 실재(實在, reality)가 "끊임없는 소멸"일 뿐만 아니라 계속적인 창조력이며, 참답고 새로운 것으로 나아가는 끊임없는 진보라고 가르쳤다. 이보다 먼저 역사성을 강조한 헤겔의 철학이 유럽 대륙의 사상가들에게 인간은 본질적으로 시간적 존재이므로 인간의 본성은 시간과 역사를 떠나서 이해할 수 없다는 신념을 길러 놓았었다. 이 근원으로부터 우리가 "실존주의"라고 부르는 사조가 흘러 나왔다.

본질과 실존

아리스토텔레스가 "사람이 '어떠하다는 것'과 사람이 '실존한다는 것'은 두 가지 다른 문제다."[11]라고 지적했을 때 그가 실제로 한 일은 본질(本質,

10) 어거스틴은 이렇게 말했다. "시간이란 무엇인가? 아무도 묻지 않으면 나는 안다. 만일 어떤 사람이 내게 물어서 내가 시간을 설명하려고 하면 나는 모르게 된다." *Confessions*. Ⅱ, XIV. (PB: Penguin, Baltimore, Md.)
11) Aristotle, *Posterior Analytics*, Ⅱ, 7, 92b, 10-11.

essence)과 실존(實存, existence)을 구별한 것이었다. 이 구별은 오늘날까지 계속되어 오는 두드러진 형이상학적 흐름을 출발시킨 셈이었다. "본질"은 한 사물이 무엇인가 즉 한 사물의 본성이나 정의나 기술을 뜻한다. "실존"은 한 사물이 실제로 존재하는가에 관한 문제다. 실존은 현실 속에 있는 것이다. 본질은 우리가 그것을 자세히 서술할 수 있다 하더라도 현실 속에 있는 것은 아니다. 셰익스피어의 미란다는 본질이다. 그녀는 가능한 존재지만 현실 속에는 없다. 그러나 우리는 "미란다가 누구인가?"라는 질문에 대하여 그녀는 외딴 마술의 섬에서 아버지 푸로스페로와 함께 살다가, 바닷물에 밀려 그 섬에 오게 된 젊은이를 만난 푸로스페로의 딸이라고 말함으로써 대답할 수 있다. 미란다는 기술될 수 있으므로 본질이지만 현실성이 없으므로 실존은 아니다. 한편 이 책을 읽고 있는 독자는 본질이자 실존이다. 독자는 단순히 "당신은 누구인가?"라는 물음에 답함으로써만 자신을 정의할 수 있는 것은 아니다. 당신은 또한 현실 속에 있는 존재다. 뉴욕 시는 본질과 실존을 겸비하고 있다. 뉴욕 시는 가능한 동시에 존재하기 때문이다. 그러나 켈트 족의 영웅들이 영원히 잠자고 있는 "하이 브라질"이라는 나라는 본질일 따름이다. 어떤 철학자는 색깔이 "순수한" 본질이라고 주장하기도 한다. 파랑은 눈, 사파이어, 바다, 수레국화, 하늘, 그리스 국기 속에 파악할 수 없을 정도의 단순한 방식으로 그 자신을 드러내는 보편적 성질이라는 것이다. 전통적 형이상학에서는 본질과 실존의 구별이 신의 존재에 대한 소위 존재론적 논증과 관련된 문제를 일으켰다. 실존주의 철학자들은 현실성은 가능성보다 선행한다는 원리를 인간에 적용하여 인간의 경우에도 실존이 본질에 선행한다는 것을 공리로 삼고 있다. 우리는 이런 문제들 가운데 약간을 조금 뒤에 살펴보게 될 것이다.

본질의 나라—산타야나

어떤 사물이 존재하지 않게 되면 우리는 더 이상 그 사물이 실존한다고 말할 수 없다. 그러나 우리는 여전히 그 사물의 본질이나 특성에 관해서는 이야기할 수 있다. 아틀란티스라는 잊혀진 대륙은 한때 실존했는지 모르지만, 그 대륙은 이제는 단지 본질일 뿐이다. 산타야나(G. Santayana, 1863-1952)는 본질에 대하여 다음과 같이 말했다.

> 사물이 실존하기 이전에는 비록 그것이 한때 존재했었거나 존재할 것이라는 말이 옳음에도 불구하고 결코 현실적으로 존재하지 못했던 것과 마찬가지로, 사물이 실존하지 못하게 된 후에는 그 본질 이외에는 자체적으로 존재하는 것이라곤 아무 것도 없다. 그렇지만 개개의 본질의 자기 동일성과 상호간의 차이는 이 모든 본질을 영원히 구별할 수 있도록 규정하기에 충분하므로 이런 본질들은 저들의 나라를 형성하고 있다.[12]

산타야나의 철학에는 두 개의 세계가 있다. 하나는 자연적 사실과 사건의 세계이고, 또 하나는 가능성과 본질의 광대한 세계이다. 감각적 관찰과 실제적 행동을 통해서 우리는 자연적 사실의 세계를 인식한다. 그러나 우리는 상상력과 직관적 통찰력으로 본질의 나라에 도달한다. 본질의 나라는 믿을 수 없을 만큼 무한히 다양하고 무수히 많은 대상들이 영원히 이상(理想)의 모습을 그대로 유지하고 있는 세계다. 하늘색이나 내림 나음(B플랫)과 마찬가지로 신과 악마는 본질이다. 인간의 정신은 무수히 많은 이 영원한 형식의 무진장한 보고에 있는 일부분만을 파악했을 뿐이다. 본질의 나라는 "지옥에서도 상상하지 못할 고통과 천국에서도 생각하지 못할 기쁨"처럼 아직까지 아무도 상상하지 못했던 것들로 가득 차 있다. 이 비현실적 왕국으로부터 인생에 가장 중요한 것들 즉 우리의 삶을 풍부하게 해주고 우리의 자연적 실존을 견딜만하게 해주는 모든 가치가 나온다. 플라톤의 형이상학적 사변, 가톨릭 교회의 신학, 시인 · 도덕가 · 성자의 위대한 통찰, 이 모든 것은 인간의 창조적 상상이 본질들로 이루어져 있는 무한한 세계와 접촉하여 만들어낸 소산이다.

자연적 세계는 본질의 나라에 대해서 (이런 말을 사용해도 괜찮다면) 단 하나의 우월성 즉 현실적 실존을 갖고 있다. 산타야나는 본질이 "심미적

---

12) G. Santayana, *The Realm of Essence*, New York: Scribner, 1927, p. 26.

직접성과 논리적 정의"를 지녔지만 자연 속에는 존재하지 않는다고 본다. 사람들은 자신에게 특별히 귀중한 본질이 자연적 사실 세계의 어딘가에 어떻게든 지반을 갖고 있다는 망상을 품어 왔다. 그러한 사람들은 자신의 신념을 타인에게 자주 강요하려고 한다. 그러나 현명하게 회의하는 사람은 본질이 현실로 존재하지 않는다는 것을 알고 있음에도 불구하고 무엇보다도 더 본질을 사랑한다.

> 그러므로 회의에 의해서 계몽되고 떠들썩한 교의로부터 벗어난 사람, 모든 세평을 경시하는 사람, 자신의 재산이나 실존에 관한 모든 고통스러운 걱정을 벗어버린 사람은 본질의 광야에서 매우 유쾌하고 놀라운 고독을 발견한다. 회의와 체념이라는 궁극적인 발돋움은 손쉽고 간단한 변화에 의해서 그 고독 앞에 무한한 다양성과 평화의 세계를 열어준다. 이것은 그 고독이 죽음의 골짜기를 지나서 모든 사물이 자신의 원상으로 정화되고, 그래서 그 절박성과 독성이 제거된 곳인 낙원으로 들어가는 것과 같다.[13)]

인간 존재 —베르그송, 데카르트, 파스칼

많은 철학자가 인간의 의식에 직접 그대로 드러나는 개인적 실존의 특이하고 직각적인 "느낌"(feeling)에 주의를 기울여 왔다. 앞에서 살펴본 대로 베르그송은 두 종류의 지식이 있다고 믿었다. 그는 내적이고 직접적인 지식을 "직관"이라 불렀고, 외적이고 간접적이며 개념적인 지식을 "지성"이라 불렀다. 지식의 이러한 두 가지 방법은 각기 두 가지 근본적 존재 양상 가운데 하나를 다룬다. 직관에 의하여 생명(삶)이라는 인간의 존재 양상이 의식의 직접적 자료로 여실하게 우리에게 드러난다. 지성에 의한 개념적 지식에 의해서 우리는 물리적 대상이 보여주는 존재 양상인 물질에 도달하고 또 그것을 지배한다. 베르그송보다 훨씬 이전에 위대한 데카르트가 그 자신의

---

13) G. Santayana, *Scepticism and Animal Faith*, New York: Scribner, 1923, p. 76. (PB: Dover, New York.)

실존에 대한 지식의 직접성에 너무나 매료된 나머지, 이로부터 인간의 모든 지식이 근거로 삼을 수 있는 근본 원리를 추출해내었던 사실을 우리는 또한 알고 있다. 데카르트와 같은 시대에 살았던 파스칼(B. Pascal, 1623-1662)은 우리가 개인적 실존을 깨닫는 직접성뿐만 아니라 이 실존의 독특한 특성에 대하여 사색하였다. 파스칼은 지금 이 곳에 궁극적으로 개인적이고 모방될 수 없는 개성(個性, individuality)을 지닌 자기가 존재해야 한다는 사실이 깊이 명상해야 할 만한 문제라고 생각하였다. 파스칼의 말을 들어보자.

> 나의 삶의 짧은 존속 기간이 과거와 미래의 영원 속에 삼켜지는 것을, 또 내가 채우고 있는, 아니, 볼 수 있는 곳까지라 하더라도 아주 좁은 이 공간이 내가 알지 못하고 더욱이 나를 모르는 무한히 광대한 공간에 둘러싸여 있음을 생각할 때에 나는 두려워지며, 또한 다른 곳이 아니고 여기에 있다는 사실에 놀라게 된다. 왜냐하면 다른 곳이 아니라 여기에, 다른 때가 아니라 지금 내가 존재해야 할 만한 이유가 없기 때문이다. 누가 나를 여기에 두었는가? 누구의 명령과 조종에 의해서 이 장소와 이 시간이 나에게 주어졌는가? … 무한한 공간의 영원한 이 침묵이 나를 두렵게 한다.[14)]

인간의 존재 양상 즉 인간의 현실성에 관해서 철학하는 것, 또는 싸르트르의 말을 빌려 표현한다면 "주관적인 것을 가지고 출발하는 것"은 20세기 유럽 대륙의 사상인 현상학과 실존주의가 의지하고 있는 방법론의 특징이다. 이 두 사상의 방법론은 유형은 다르지만 서로 관련 있는 "존재론적 방법론"이다. 본질과 실존의 구별은 실존주의에서 중요하다. 싸르트르의 「존재와 무」라는 책은 실존이 인간적 현실의 일차적 사실임에 비하여 본질이나 인격이나 본성은 부차적 구성물이라는 주장을 기본 전제로 삼고 있다.

---

14) B. Pascal, *Pensées*, 205, 206, Everyman's Library, W. F. Trotter, trans., New York: Dutton, 1948, p. 61. (PB: Dutton.)

현상학과 실존주의

현상학—훗설

현상학(現象學, phenomenology)으로 알려져 있는 철학하는 방식은 제2차 세계대전 직전에 죽은 독일의 철학자 훗설(E. Husserl, 1859-1938)과 가장 밀접하게 관련되어 있다. 훗설이 추구한 일반적인 문제는 지식에 관한 모든 이론에 기초적인 문제다. 훗설의 문제는 어떻게 사실과 사실에 관한 사고를 일치시킬 것인가 하는 것이었다. 우리는 이미 앞에서 칸트가 우리가 아는 대상(현상)과 아는 정신으로부터 독립해 있는 대상(알 수 없는 물체 그 자체)을 구별한 것을 살펴보았다. 그러나 훗설은 우리가 "물체 그 자체"에 대해서 가질 수 있는 어떠한 관심도 단념해야 한다고 주장한다. 그 대신 훗설은 우리의 주의를 온통 현상 즉 우리에 의해 경험되는 것으로서의 사물에 집중할 것을 요구한다. 그런데 이 대상과 사건은 "단지" 현상에 불과한 것이 아니고, 경험의 자료 그것도 믿을 만한 자료이다. 현상학적 방법은 우리에게 경험을 액면 가치 그대로 이해하라고 주장하며, 또 사물은 우리에게 나타나는 그대로의 것을 갖고 있다고 신임하여 받아들이라고 주장한다. 우리는 사물이 마치 배후에 실재를 숨기고 있는 현상들의 집단인 것처럼 사물을 대해서는 안 된다. 우리에게 "자신을 나타내 보이는" 사물과 사건에 대한 끈기 있고 주의 깊은 분석이 현상학의 방법이다. 메를로-뽕띠(M. Merleau-Ponty. 1908-1961)는 "현상학의 방법은 주어진 그대로의 경험을 그 심리학적 기원이나 과학자·역사가·사회학자가 제공할는지도 모르는 인과적 설명에 의존하지 않고 직접 기술하려고 한다."고 설명하고 있다.[15)]

15) Maurice Merleau-Ponty, *Phenomenology of Perception*, Colin Smith, trans., New York: Humanities Press, 1962, p. vii.

훗설이 든 예는 아니지만 한 예를 들어 설명하는 것이 이 방법의 특징을 보다 명백하게 드러낼 수 있을 것 같다. 질투의 경우를 예로 들어보자. 일상 생활에서 질투심이 강한 사람을 우연히 만났을 경우 보통 사람들의 "과학적" 반응은 질투의 가정된 원인에 의해서 그 감정을 설명하려고 덤빈다. 그래서 질투심이 강한 사람은 미숙하다든가, 그런 행동은 잠재되어 있는 유아기의 행동 형태를 무심코 드러낸 것이라든가, 그 사람의 어머니가 너무 편애했었다든가 하는 식으로 설명한다. 그러나 가정된 원인을 가지고 이런 식으로 질투를 설명하는 것은 그 원인이 인과적으로 질투와 관련이 있다 할지라도 질투로부터 질투 아닌 어떤 것 즉 질투의 "배후에" 있다고 가정된 어떤 것으로 주의를 돌려버리는 것이다. 그래서 일상의 대중적인 심리학적 설명은 질투를 "단지" 겉모습 · 징후 · 표면적 행동으로서 취급한다. 그러나 질투의 원인은 질투와는 다른 것이다. 그런데 질투에 대한 전혀 다른 설명이 문학 작품 속에 나타날 수 있다. 프루스트(M. Proust, 1871-1922)는 「잃어버린 시간을 찾아서」라는 소설에서 질투를 고통스럽게 느껴질 만큼 섬세하게 자세히 기술하고 있다. 오디뜨와 관련되어 있는 스왕의 질투와 알베르띤과 연관되어 있는 소설 속 화자의 질투는, 이 작가가 묘사한 바와 같이 치밀어 오르는 질투, 느껴지는 대로의 질투, 스스로 드러나는 질투다. 프루스트의 작품 속에서 질투는 정밀하게 관찰되었을 뿐 그 자체 이외의 어떠한 신임장도 제시되지 않는다. 우리는 그 배후에 무엇이 있을까 하고 생각할 필요가 없다. 어떠한 인과적 설명도 제시되지 않는다. 아무 것도 필요하지 않다. 그래서 일찍이 발자크(H. Balzac, 1799-1850)의 「으제니 그랑데」가 탐욕의 현상학을 보여주었다고 말할 수 있는 것과 마찬가지로 프루스트의 이 소설이 질투의 현상학을 보여주고 있다고 말할 수 있다.

그러나 위에 든 예로 인해서 훗설의 현상학이 문학에 관한 이론이라고 간주되어서는 안 된다. 훗설은 처음부터 끝까지 인식과 존재의 관계에 관한 철학적 문제에 깊은 관심을 갖고 있다. 훗설은 1917년에 사망한 선배 철학자 브렌타노(F. Brentano, 1838-1917)로부터 대상은 항상 대상에 대한 우리의 지향(our intention toward object)에 의해서 영향을 받는다는 주장, 즉 대상은 항상 우리가 지향하는 대상(object-for-us)이라는 주장을 이어받았다. 저 혼자 고립되어 있는 대상은 없다. 즉 개개의 대상의 본성은 그것의 중요한 점까지도 대상을 지향하는 우리의 태도의 결과다. 그러나 훗설은 대상에 대한 경험에서 지향성을 크게 강조하면서도 우리가 경험 속에서 맞서는 사물과 성질은 참다운 본성이고 진정한 본질이라고 주장한다. 예를 들어 색깔을 "제이 성질"로 환원시키는 것이나 그것이 "실제로는" 광파라고 추정하는 것은 현상학적 방법에는 완전히 위배되는 것이다. 우리에게 경험되는 그대로의 노랑은 단지 현상에 지나지 않는 것이 아니라 순수한 본질이고 참다운 본성이다.

훗설과 그의 스승 브렌타노는 데카르트의 방법에 대한 존경을 결코 잊지 않았다. Cogito(나는 생각한다.)로부터 시작하는 것, 다시 말해서 우리가 가장 잘 아는 존재—우리 자신의 직접 경험—의 본성에 대한 분석과 함께 철학을 시작하는 것은 현상학의 창립자들의 방법과 완전히 일치한다. 그러나 훗설은 "나는 생각한다, 그러므로 나는 실존한다."라는 데카르트의 명제가 지나치게 주관적이라고 비난받는 것은 필연적이라고 주장한다. 데카르트의 Cogito는 다른 존재로부터 "나"를 고립시키고, 우리가 회의로부터 그저 세계의 자투리 몇 조각을 구해냈다고 생각하도록 하는 경향이 있다.[16] 그러나 진정한 "나"는 그러한 고립을 초월한다. 우리는 데카르트가 그랬던 것처럼 경험에 주어진 직접 자료에서 출발할 수 있지만 의식은 언제나 어떤 것에 대한 의식(consciousness of something)이라는 것을 알아야 한다. 오로지 의식일 뿐인 의식은 진공일 것이다. 경험은 단지 공허한 사고가 아니라 내용을 지닌 사고다. 그 내용은 우리가 경험하는 대로의 세계다. 참다운 Cogito(나는 생각한다.)의 확실성은 객관적 확실성이다.

훗설의 현상학은 하이데거의 형이상학에 의해 계승된 상태로 프랑스의

16) *Cartesian Meditations.* (PB: Martinus Nijhoff, The Hague, 1964, p. 24.)

대학에서 젊은 철학도들에게 매우 큰 감명을 일으켰다. 그들은 데카르트가 이제 현상학적 방법의 아버지로 드러난 것을 기뻐했다. 우리가 직접 접하는 존재인 자아를 기초로 삼고 철학적 탐구를 해나가는 방식이 바로 데카르트의 방법이기 때문이다. 그 무렵에 유명한 베르그송의 철학은 한때 유행한 "진화주의"(進化主義, evolutionism)라는 옷이 입혀져 있었는데, 베르그송은 실은 자신이 현상학적 방법을 사용했었다는 것을 드러내었다. 그의 첫 번째 저작은 제목이 「의식의 직접적 소여」였다. 또 베르그송의 「창조적 진화론」은 다음의 말로 시작한다.

> 우리가 가장 확신하고 가장 잘 아는 존재는 틀림없이 우리 자신이다. 왜냐하면 우리가 모든 다른 대상에 대해서는 외적이고 피상적이라고 간주될 수 있는 개념으로 파악하는 데 반하여, 우리 자신에 대해서는 우리의 지각이 내적이고 심오하기 때문이다.[17)]

물질적 대상에 대한 베르그송의 분석은 처음부터 지향성이라는 개념을 특징으로 하고 있다. 베르그송은 「물질과 기억」 속에서 물체의 특성은 우리가 그것에 대해 할 수 있는 행동에 의해서 결정된다고 말했다. 그렇지만 현상학의 영향에 의해 프랑스에서 이루어진 가장 유명한 저작은 "현상학적 존재론"이라는 부제를 가진 싸르트르의 「존재와 무」(1943)다. 이 책은 프랑스에서 수많은 인상적인 현상학적 연구를 일으켰는데, 그 가운데서 가장 잘 알려진 것은 한때 싸르트르의 제자였다가 나중에는 동료였던 메를로-뽕띠의 「지각의 현상학」이다.

하이데거의 존재론

하이데거는 자신의 미완의 대저 「존재와 시간」을 훗설에게 헌정하였음에도 불구하고, 훗설의 현상학이 "나"라는 의식에 몰두하기 때문에 지나치게

---

17) Bergson, *op. cit.*, p. 1.

주관적이고 너무 데카르트적이라고 비판하였다. 하이데거는 존재와 존재의 종류에 대하여 객관적 관점에서 존재론적 구분을 함으로써 시작하는 쪽을 택하였다. 그렇지만 하이데거가 가장 깊이 관심을 가진 존재 유형은 그가 현존재(現存在, Dasein)라고 부른 것인데, 이 말은 때로 "인간 실재"(人間實在, human reality)라고도 번역된다. 현존재("드러나 있음" "세계 안에 있음")는 의식 속에 그 자신의 모든 독자성과 진실성을 그대로 드러내는 "인간의 삶"이 보여주는 존재 양상이다. 하이데거는 "인간은 매순간 한 모습으로 존재하며, 이러한 존재 하나하나는 그 순간의 나다."라고 주장한다.[18] 존재에는 몇 가지 종류가 있다. 일상적 대상(日常的 對象, Vorhanden)으로서의 존재가 있을 뿐만 아니라 우리가 도구(道具, Zuhanden)로 사용할 수 있는 사물로서의 존재도 있다. 그러나 하이데거가 가장 많이 노력을 기울인 것은 현존재에 대한 분석이다. 우리가 그처럼 직접적으로 그리고 직각적으로 아는 실재 즉 "인간이라는 존재"는 "관심"(關心, Sorge)이라는 뿌리 깊은 의식을 떨쳐버릴 수 없는데, 이 의식은 인간의 가장 심원한 불안정감 즉 언제 어디서든 무엇에나 파고드는 걱정이랄 수 있는 "불안"(不安, Angst)을 느낄 때 그 모습을 드러낸다. 불안을 느낄 때에 우리는 인간 존재의 발판이 근본적으로 뒤흔들림을 깨닫는다. 우리는 반드시 존재해야 하는 존재가 아니다. 우리는 우연히 존재하게 됐을 뿐이다. 인간은 실존하도록 던져졌다. 그리고 이 "우연성"과 "피투성"(被投性, Gewerfenheit)에 대한 느낌이 우리의 심원한 형이상학적 불안의 원인이다. 불안은 공포와 전혀 다른 느낌이다. 공포감은 항상 어떤 대상 예컨대 폭풍우, 적, 실직 등에 대하여 일어난다. 그러나 불안의 대상은 무(無)다. 하이데거는 플라톤과 마찬가지로 무는 형이상학적 영(零, zero)이 아니라고 생각하였다. 무는 존재에 관련되어 있다. 그것은 "존재 아닌 것"이다. 우리가 무를 이해하는 때는 희귀한데, 그 때 우리를 압도하는 것은 모든 것이 사라져버렸고 그와 함께 우리 자신도 사라져버렸다는 느낌이

18) M. Heidegger, *Being and Time*, J. Macquarrie and E. Robinson, trans., New York: Harper & Row, 1962, p. 67.

다.[19]

하이데거는 죽음의 형이상학을 구성했던 몇 안 되는 현대 철학자 가운데 한 사람이다. 죽음은 시간으로부터 결코 분리될 수 없는 현존재(인간적 실존, 일시적 실재)에 특이하고도 밀접하게 관련되어 있는 것이다. 하이데거는 "죽음은 현존재의 본질적 가능성"이라고 보았다. 이 가능성은 숨겨져 있다. 이 가능성의 중요성을 의식하면서 행동할 때에만 우리는 진실하게 살아가는 것이다. 우리 대부분은 그렇지 못하다. 우리는 자신이 죽을 것이라고 진정으로 믿지 않는다. 우리는 "죽음은 확실히 온다, 그러나 당장은 아니다."고 말한다. 그러나 이렇게 말함으로써 우리는 죽음을 회피한다. 우리는 죽음이 경험적으로 확실하지만, 현존재 즉 지금 살아 있는 나에 대해서는 확실하지 않다고 여지를 둔다. "그들"은 죽는다. 그러나 "나"는 죽지 않는다. 죽음은 "다른 사람들"에게 일어나는 일인 셈이다. 그러나 이 "현존재의 본래적인 비합리적 가능성"을 나의 것, 참으로 자신의 것으로 여기고 행동하는 것이 죽음에 대한 진정한 자유를 가지고 행동하는 것이다.[20] 그러고 보면 죽음에 대한 하이데거의 철학은 철학자의 삶이 끊임없는 죽음의 연속이어야 한다는 소크라테스의 가르침의 20세기 변주곡이라 할 수 있다.

실존주의

싸르트르는 하이데거가 존재를 구분한 방식들 가운데 일부를 자신의 철학에 받아들였다. 싸르트르는 제2차 세계 대전 종전 후에 세계적으로 주의를 끌었던 실존주의라는 신조를 대중화시켰다. "실존주의자"라고 불리는 사람 대부분이 근본 신념에서 차이가 있기 때문에 실존주의가 꼭 무엇이라고 설명하는 것은 쉽지 않다. 예컨대 싸르트르는 무신론자인 반면에 야스퍼스(K.

19) M. Heidegger, "What is Metaphysics?" R. F. Hull and Alan Crick, trans., *Existence and Being*, Chicago: Regnery, 1949, p. 366. (PB: Gateway, Regnery.)

20) Heidegger, *Being and Time*, p. 311.

Jaspers, 1883-1969)와 마르셀(G. Marcel 1889-1973)은 기독교 신자다.

실존주의라는 말은 핵심은 비슷하면서도 약간씩 다른 여러 가지 의미로 사용된다. 때로 "실존주의"는 철학자 자신의 개인적 경험에서 출발하는 철학을 일반적으로 지칭하기 위해 사용된다. 어거스틴(Augustine, 353-430), 파스칼, 니이체, 키에르케고르(S. A. Kierkegaard, 1813-1856)와 같이 재기 있고 분류하기 곤란한 사람들은 자신의 사상을 저작 속에서 자서전적으로 전개하고 있다. 그들의 가장 심오한 통찰은 흔히 그 자신의 개인적 생애 속에서 이루어졌던 것이다. "실존주의"라는 용어가 좀더 전문적 의미로 사용될 경우에는 위에 이름을 든 사람들의 저작에 공통하는 어떤 성질 즉 학문적인 철학보다는 인간에 관한 철학(philosophy of man)에 대한 관심 —때로 체계적인 형이상학에 대한 분명한 적의를 보이기까지 하는 관심—을 가리킨다. 이러한 사상가들이 중심 문제로 취급하는 것은 인간의 곤경 즉 인간적 상황인데, 이 용법에서의 "인간"이란 아리스토텔레스의 "이성적 동물"도 아니고 듀이의 "지성적 행위자"도 아니다. 그 출발점은 스페인의 철학자 우나무노(M. Unamuno, 1864-1936)가 말한 "살과 뼈로 된 인간" 즉 제 자신의 열정과 고통을 늘 지니고 언제 어디서나 혼자서 독특하게 실존하는 어떤 한 사람이다. 니이체는 극렬한 반기독교주의자였고 키에르케고르는 개신교의 신학자였음에도 불구하고, 이 두 사람은 둘다 실존 철학의 선조로서 자주 인용된다. 키에르케고르는 중산 계급의 기독교가 빠져 있는 안일한 만족에 반대해서 뿐만 아니라 헤겔의 체계적인 철학에 대해서도 반대하는 논문을 쓴 덴마크의 특이한 철학자다. 목사의 아들인 니이체 역시 목사들뿐만 아니라 철학자들에게도 반대하여 비난을 퍼부었다. 그는 재기 넘치는 경구 식 문장으로 고통의 실상과 그에 대한 극복과 초월의 고귀성에 대하여 썼다. "위대한 것치고 어떤 것을 경멸하지 않고 이루어진 것은 없다."고 니이체는 외쳤다. 하이데거는 독일의 어느 형이상학자 못지않게 놀랄 만큼 체계적인 저술을 했는데, 키에르케고르로부터는 불안이라는 개념을 취하고, 나이체로부터는 신은 없다는 신조를 받아들였다.[21)]

싸르트르의 실존 철학

싸르트르의 실존주의의 출발점은 "인간이 세계 안에 존재한다."는 현실이다. 하이데거와 마찬가지로 싸르트르는 우리 자신이기 때문에 우리가 다른 어떤 것보다도 더 잘 아는 "인간적 실재"로부터 철학이 시작되어야 한다고 주장하였다. 싸르트르는 "인간적 실재"(대자적으로 존재함. l'être pour soi)와 "사물 즉 대상의 존재"(즉자적으로 존재함. l'être en soi)를 구별하였다. "인간적 실재"는 불완전하며, 그 기초가 결핍 의식으로 채워져 있다. 우리는 완전성을 갈망하며, 물리적 대상은 물론 인간 아닌 동물도 갖고 있는 견고한 완벽성을 갈망한다. 그러나 인간적 실재의 중심으로서의 자아에 대한 인식과 인간을 오로지 대상으로만 취급하려는 피할 수 없는 나의 경향 사이에 일어나는 모순이 우리 자신과 다른 사람들 사이의 관계의 핵심을 이루고 있다.[22]

우리가 자신의 존재 속에서 발견하는 이 결핍은 어떤 근원으로부터 오는가? 싸르트르는 이 결핍이 인간 존재의 구성 요소인 무로부터 온다고 주장한다. 인간은 "자기 자신을 무화(無化)시킬 수 있는 동물"(nothing-making animal)이다. 지진이나 홍수나 다른 어떤 자연적 재변은 물질을 단순히 재분배할 뿐이다. 오직 인간만이 참으로 파괴할 수 있다. 그럼에도

---

21) *Ibid.*, pp. 334-336.

22) 싸르트르의 제자인 시몬느 드 보봐르는 「제2의 성」이란 책에서 여성을 단지 육체로 대상으로 성적인 동물로 간주함으로 인해서 여성의 영혼에 고통을 일으키는 남성의 어쩔 수 없는 경향에 대해 장황하게 의견을 말하고 있다. 그러나 메를로-뽕띠는 "성욕을 통해서 우리가 소유하려고 하는 것은 육체 그것이 아니라 '의식에 의해 살아난 육체'다."라고 말했다. 메를로-뽕띠는 인간 존재와 그 육체 사이의 특이한 관계에 대한 싸르트르의 통찰을 발전시켰다. 나는 나의 육체와 결코 일치하지 못한다. 나는 항상 나 자신을 나의 밖으로, 미래를 향하여, 나 자신 이닌 어떤 것을 향해서 투사하고 있다. 나의 육체의 외부는 지향적 호(intentional arc)를 이룬다. 이 지향적 호를 설명할 수 없는 사실이 인간의 행위에 대한 일상의 기계적이거나 조건 반사적인 심리학적 설명이 지닌 가치의 한계를 보여준다. 독자는 싸르트르와 메를로-뽕띠의 "즉자"(卽自)와 "대자"(對自)의 구별이 "육체"와 "영혼"을 나누는 옛 생각을 얼마나 반영하고 있는지 스스로 생각해보기 바란다.

불구하고 "인간적 실재"의 중심에 있는 무(無)는 결국은 우리의 자유 바로 그것이다. 싸르트르는 사물이나 대상의 경우에는 본질이 실존보다 선행한다고 본다. 내가 설계하고 있는 책상의 본성, 어떠함, 특성은 책상의 실제 제조보다 선행한다. 우리는 책상이 존재하게 되기 전에 그 책상에 관한 아주 훌륭한 관념을 가질 수 있다. 그러나 말을 하며 똑바로 서서 걷는 척추 동물이라는 것을 제외하면, 인간의 본성은 한 인간이 행동을 시작하기 전에는, 다시 말해서 자신의 자유로부터 튀어나오는 선택으로 제 자신을 만들기 시작하기 전에는 존재하지 않는다. 인간만이 방금 지나간 순간을 말소할 수 있고, 취소할 수 있으며, 다시 자신을 만들기 시작할 수 있다. 생명이 있는 것들 가운데서 오직 인간만이 존재를 변경시키고, 과거를 무효화시키며, 스스로 자신을 창조하는 힘을 갖고 있다. 그래서 인간의 경우에는 자유가 본질보다 선행한다. 왜냐하면 한 인간은 자유로 인해서 참으로 실존하는 인간이 되기 때문이다. 우리는 전 생애를 통하여 자화상을 그리고 있다. 이 자화상 즉 나 자신의 본질과 성격은 우리가 죽음의 순간에 붓을 내려놓기 전까지는 완성되지 못할 것이다. 총살을 집행하려는 군인들 앞에서조차도 한 인간은 어떤 이상을 위해서 죽기 때문에 자기 자신을 창조할 수 있다. 이 점에서 싸르트르는 "본질은 이루어져 있는 것이다."(Wesen ist was gewesen ist.)라는 헤겔의 생각을 지지하고 있다.[23]

따라서 인간이 존재한다는 것은 행동한다는 것이다. 한 인간은 그 자신의 행동들의 총체다. 싸르트르가 보기에는 아무런 이유 없이 불명예와 고통만 감수했었다고 얘기되는 시인 밀턴(J. Milton, 1608-1674) 같은 사람은 세상의 어디에도 있을 수 없다. 한 인간은 스스로 제 모습을 그렇게 만들어 놓는 법이다. 그리고 그는 자신이 행한 것을 행하려고 스스로 선택하였다. 한 인간은 단순히 그의 환경—가족, 교회, 정부, 가난, 신경증—의 산물이

23) 인간의 경우에는 실존이 본질보다 선행한다는 주장에 대한 가장 간명한 설명은 싸르트르의 「실존주의는 휴머니즘이다」(1946)라는 강연 속에 보인다. 그러나 이 주장은 이보다 앞서 「존재와 무」 1장에 나타나 있다.

아니다. 어떤 사람이 이런 것을 핑계 삼아 자신의 자유를 부정하고, 또 그렇게 함으로써 "자기 기만"에 빠져 있다 하더라도, 그가 단지 환경의 산물인 것은 아니다. 자유는 견디기 어렵다. 왜냐하면 내가 나의 행동에 대하여 책임을 져야 한다는 것을 아는 일은 고뇌의 근원이기 때문이다. 우리로 하여금 하나의 방식으로만 행동하게 하는 이유 체계, 즉 다른 행로를 택하게 하는 일련의 이유보다 더 가치 있는 이유 체계는 없다. 내가 숙고할 때 나는 이미 선택하였고, 이에 따라 운명도 결정되어 버린다. 또한 나는 오직 홀로 행동할 수밖에 없다. 나 자신이 관여하는 어떠한 선택도 나의 선택이다. 나는 내 자신의 자유를 부정함으로써 그리고 이런저런 결정론에 호소함으로써 자유에 따르는 고뇌의 짐을 피하려고 할 수도 있다. 그러나 내가 선택하는 행로가 어떤 것이건, 내가 장애물 어느 쪽에 처해 있건, 심지어 내가 전혀 행동하지 않기로 결정한다 할지라도, 그것은 나의 선택이다. 「존재와 무」의 세계에는 죄 없는 피해자는 있을 수 없다.

「존재와 무」는 1943년에 와서야 출판되었지만 이 책의 대부분은 제2차 세계 대전 전에 썼었다. 싸르트르의 사상의 괄목할 만한 진전은 종전 후의 저작들에서 발견될 수 있는데, 특히 "방법의 탐구"라는 논문이 서두에 실려 있는 「변증적 이성에 대한 비판」(1960)에서 발견된다. 싸르트르의 「변증적 이성에 대한 비판」의 기본 전제는 마르크스주의가 우리 시대에 인간을 전체로서 취급하는 유일한 철학이라는 신념이다. 우리는 마르크스주의가 일으켜 놓은 상황을 벗어날 수 없기 때문에 마르크스주의를 뛰어넘을 수 없다. 싸르트르의 마르크스주의는 스탈린이나 흐루시초프나 프랑스 공산당의 마르크스주의를 뜻하지 않는다. 싸르트르는 "마르크스 자신의 마르크스주의"를 지지하는데, 이 이론이 사실들을 결코 고립된 현상으로 취급하지 않는 "역사와 자연에 관한 이론"이라고 생각한다. 여러 사실이 동시에 존재 한다면 그 사실들은 항상 전체라는 그보다 더 높은 통일 속에 있다. 인간은 헤겔이 지적한 것처럼 그 자체의 이유와 법칙을 가진 역사 과정의 한 부분이다. 이 이유와 법칙은 인간에게 알려질 수 있고 또 사용될 수 있다. "자본주의" 아래서는 인간이 노동의 소산으로부터 소외되어 왔다. 인간의 땀의 소산들—공장 연합체나 거대한 영리 회사—이 인간에게 위협적이고 적대적인 것으로 맞선다. 그래서 싸르트르는 자본주의 아래서는 인간을 사회적 상황과 경제적 상황으로부터 분리시켜 이해하기가 불가능하다고 본다. 인간의 실상은 그 인간이 하는 일의 성질과 그 일에 대한 대가 바로 그것일 수밖에 없다는 것이다.

그런데 싸르트르는 한 가지 분명한 물음에 답해야 한다. 그것은 어떻게 한 사람이 동시에 실존주의자이면서 마르크스주의자일 수 있는가라는 물음이다. 왜냐하면 한 쪽은 개인의 근본적 자유를 요구하고, 다른 쪽은 개인이 사회적 힘들의 산물에 불과하다고 여기는 "역사적 결정론"(歷史的 決定論, historical determinism)을 주장하기 때문이다. 엥겔스(F. Engels, 1820-1895)는 나폴레옹이 없었다면 다른 사람이 그 자리를 채웠을 것이고, 이 교체가 역사에 아무런 차이도 일으키지 않았을 것이라고 주장했다. 싸르트르는 마르크스주의가 인간의 자유에 대한 부정을 수반할 수밖에 없는 것은 아니라고 주장한다. 그는 나폴레옹에 대한 엥겔스의 주장을 독단이라고 생각하고 있다. 즉 엥겔스의 주장은 개인의 생활과 경력의 현실성을 너무 쉽게 그리고 너무 지나치게 포기했다는 것이다. 그래서 싸르트르는 엥겔스가 마르크스에게 보낸 편지 가운데서 뽑아낸 "인간은 스스로의 역사를 만든다. 그러나 인간을 지배하는 주어진 환경 속에서 만든다."라는 다른 구절을 인용하기 좋아한다. 싸르트르는 다음과 같이 주장함으로써 자신의 초기 견해와 마르크스주의자의 이론을 조화시키려고 하였다.

> 실존주의는 생산력과 생산 관계 속의 일반적 모순이라는 배경으로부터 벗어나려는 개별적이고 구체적인 것들—개인적인 생활, 현실적이고 일정이 짜여진 투쟁, 인물—을 마르크스주의 원리에 계속 충실하면서 허용할 수 있는 조정 방안을 발견하려고 노력하고 있다.[24)]

24) J. P. Sartre, *Search for a Method*, Hazel Barnes, trans., New York: Knopf, 1963, p. 59. 싸르트르는 "추상적" 마르크스주의가 미국의 사회학과 정신 분석학으로부터 많은 것을 배운 바 있다고 지적하였다. 이 분야들은 독특한 방식으로 인간의 행위가 경제적 계급 구조 속에서 이루어지면서도 왜 경제적 계

우리는 싸르트르의 종전 후의 저작들 속에서 미래의 마르크스주의가 추상적이고 이론적인 특성에 더해서 지극히 인간적인 차원까지 충만한 상태로 발전할 것이라는 주장, 다시 말하면 마르크스주의가 구체적인 개인 생활과 개인 행동이라는 실존주의적 진실로 채워질 것이라는 주장을 볼 수 있다. 이렇게 된 후에는 독자적 교의로서의 실존주의는 사라지게 될 텐데, 그 까닭은 실존주의가 "우리 시대의 철학"—인간을 "인간이 처해 있는 물질적 조건"을 통해서 이해하는 유일한 철학—을 종합하는 일에 흡수될 것이기 때문이다.

싸르트르의 실존주의와 마르크스주의의 조화 가능성에 대한 이 이상의 토론은 우리가 헤겔의 철학과 변증적 유물론의 기초적인 내용을 웬 만큼 알기 전에는 성과가 없는 일일 것이다. 우리는 다음 장에서 이 일을 하게 될 것이다.

형이상학에 대한 비판적 견해

18세기 이후로 형이상학에 대해서 형이상학은 실제로 존재한다는 사실을 증명할 수 없는 것들에 관여한다는 주장에 동의하는 견해가 많이 등장하였다. 형이상학에 대한 이 비판적 견해들은 형이상학자들에 의해서 논의되어 온 것들이 실제로 존재함을 증명할 수 없다는 점에 관해서는 일반적으로 의견이 일치하지만, 학문의 한 분야로서 형이상학이 갖는 가치와 중요성에 대해서는 의견이 갈라진다.

급 구조에 의해서 항상 단순하게 결정되지 않는가를 밝혔다.

칸트의 형이상학 불가지론

칸트에 의하면 형이상학은 인간의 인식 능력 가운데서 그가 이성(理性, Vernunft)이라고 부르는 능력에 의해서만 성립되는 학문이다. 직관(直觀, Anschaung) 즉 감성(感性, Sinnlichkeit)은 우리에게 수학적 개념들을 제공한다. 지성(知性, Verstand)은 12개의 범주 즉 사고 기능으로 이루어져 있는데, 물리 과학에 필요한 일반 개념들을 만들어낸다. 이성은 형이상학적 개념들을 만들어낸다. 그런데 수학과 물리 과학의 개념들은 우리의 정신에 대하여 독립적으로 존재하는 질료의 본성을 결코 알 수 없을지라도, 경험 속에 주어지는 어떤 종류의 자료를 정돈하거나 결합한다. 그러나 형이상학적 개념(칸트의 용어로는 "이념"(Idee))은 어떠한 근거도 경험에 두지 않는다고 칸트는 주장하였다.

경험이 어떠한 기초도 제공하지 않는 이 형이상학적 "이념"은 무엇인가? 형이상학적 이념에는 세 가지가 있다. (1) 자아의 영속성과 영혼의 불멸성이라는 문제를 다루는 심리학적 이념 (2) 세계는 영원한가, 아니면 시간상의 시초가 있는가, 그리고 세계를 구성하는 원인-결과의 계열 속의 어딘가에 자유가 존재하는가라는 우주론적 이념 (3) 세계의 제일 원인이나 "근거"로서의 신의 존재에 관련된 신학적 이념이 그것이다. 요컨대 세 가지 근원적인 형이상학적 이념은 신과 자유와 영혼 불멸이다.

칸트는 이와 관련하여 "이념"이라는 말을 특수한 의미로 사용하였다. 그는 "이성이 반드시 필요로 하는 개념이지만, 그에 대응하는 대상을 감각기관이 제공할 수 없는 개념을 이념이라고 나는 생각하고 있다."고 정의했다.[25] 다시 말하면 우리는 감각 경험을 통해서는 신의 실존, 자유, 영혼의 불멸성에 대한 확신을 뒷받침할 수 있는 근거를 발견하지 못한다. 그러니까 결국 형이상학은 다음과 같은 주장 이상의 것을 내세울 수는 없다. 즉 이

25) I. Kant, *Critique of Pure Reason*, rev, ed., Max Müller, trans., New York: Macmillan, 1922, p. 266.

형이상학적 개념들에 대응하는 대상이 존재할 가능성이 있고 또 영속하는 자아나 세계가 의지하는 신이 있을는지 모르지만, 인간의 이성은 이런 것들이 실제로 존재하는 것을 결코 보여줄 수 없다. 칸트는 형이상학에 대하여 인간이 연구해보고 싶은 충동을 느끼는 학문이라고 말했다. 그러나 형이상학은 본질적으로 현학적이고 변증적이다. 왜냐하면 이런 주제에 관한 논쟁에서 찬성쪽과 반대 쪽 모두 저들의 이성에 의해서 동등한 무게의 설득력을 가진 논증을 꾸며내기 때문이다. 예를 들어 자유 의지를 지지하는 논증의 설득력은 인간의 모든 행동이 결정되어 있다고 증명하려는 논증의 설득력과 정확하게 균형을 이루게 된다.

그러나 칸트는 형이상학자들에게 위로가 될 만한 말을 하고 있다. 비록 이성이 신과 같은 형이상학적 대상의 실제적 존재를 수립할 수 없다 할지라도, 이성은 또한 이런 대상이 실존하지 않는다고 증명할 수도 없다는 것이다. 그러므로 형이상학은 적어도 무신론이나 유물론 등의 무비판적이고 독단적인 견해에 따르지 말라고 깨우쳐줄 수는 있다. 이성의 이념들은 다른 점을 제쳐놓는다 할지라도 이상(理想)으로서의 가치를 지니고 있다. 더욱이 신, 자유, 영혼의 불멸성 같은 주제에 대한 형이상학의 관심은 도덕 철학에서 이런 문제에 부딪힐 때에 호의적으로 고려하도록 우리의 마음을 준비시켜 줄 수 있다. 칸트는 자신의 도덕 철학에서 신의 실존, 자유, 영혼의 불멸성을 인간의 인식 능력으로 증명할 수 없지만, 그래도 인간으로 하여금 도덕적 행위를 하며 살아가도록 하기 위해서 그런 것들이 성립한다고 가정해야 한다고 주장하였다.

비자연적 대상에 대한 탐구로서의 형이상학 —무어

영국의 철학자 무어는 형이상학이 현실적 사물이 아니라 가능한 사물을 다룬다는 입장을 취하고 있다. 무어는 실제로 존재하는 것은 무엇이든 "자연적 대상"이라 부른다. 그는 형이상학적 진술이 결코 자연적 대상에 관한 진술이 아니라고 믿었다. 형이상학적 명제는 언제나 초감각적인 것에 대한 진술이다. 즉 형이상학적 명제는 감각 지각의 대상이 아닌 것, 그리고 감각 지각의 대상이 되는 사물들을 근거로 삼고 추리될 수도 없는 것에 관한 명제다. 무어에 의하면 현실 속에는 없으면서 다만 존재할 가능성만 가진 것들의 영역에 대한 탐구가 결코 불합리한 기획이 아니다. 형이상학은 지식의 대상이 오로지 자연적 사물인 것만은 아니라고 깨우쳐주는 유익한 일을 하고 있다. 달리 말하면 형이상학은 현실로 드러나 존재하지는 않으나 흥미 있는 존재의 형식이 많이 있다는 것을 우리에게 알려줄 수 있다. 무어에 의하면 오늘날까지 대부분의 형이상학자에게서 발견되는 곤란한 문제는 저들이 실제로 존재하지 않는 대상들에 관해서 논의하고 있다는 것을 깨닫지 못하는 데 있다. 그들은 초감각적 실재—예컨대 영원한 형상들의 세계—에 관해서 언급할 때에 플라톤이 그랬던 것처럼 이 관찰 불가능한 영역이 실제로 존재하는 것으로 가정하는데, 이 점이 잘못이라는 것이다. 무어의 말을 들어보자.

> 나는 "형이상학"이 그러한 초감각적 실재에 대한 신념을 지닐 만한 어떤 이유가 있을 수 있는가를 탐구해야 한다는 것을 인정한다. 왜냐하면 나는 형이상학이 탐구해야 할 고유한 영역은 자연적 대상이 아닌 모든 대상에 관한 진리라고 생각하기 때문이다. 또한 나는 철학사에서 형이상학의 가장 두드러진 특징은 비자연적으로 존재하는 것들에 관한 진리를 증명하는 임무에 종사해 온 것이라고 생각한다. 따라서 나는 "형이상학적"이라는 말을 초감각적 실재에 관련시켜 정의한다. 그렇지만 나는 형이상학이 유일한 대상으로 삼고 진리를 발견하는 일을 계속해 온 비자연적 대상은 자연 속에는 전혀 존재하지 않는다고 생각한다.[26]

무어가 한 말을 다른 방식으로 말하면 다음과 같은 말이다. 형이상학자들이 산타야나가 "본질"이라 불렀던 대상들 즉 자연적 사실의 세계에서는 어떠한 격위도 갖지 못하지만 그들 나름대로 매우 훌륭한 것들에 관해서 논의하고

---

26) G. E. Moore, *Principia Ethica*(1902), London: Cambridge University Press, 1951, p. 112. (PB: Cambridge U. P.)

있다는 것을 깨닫기만 한다면 형이상학은 충분히 존경받을 만한 기획일 것이라는 뜻이다.

형이상학에 대한 경험주의자들의 비판

앞 절에서 고찰한 형이상학에 대한 생각들은 형이상학에 한계를 설정한다는 점에서 비판적이었다. 하지만 위의 견해들은 비록 제한된 것이기는 하지만 형이상학에 합당한 격위가 주어질 수 있다는 것을 인정하기 때문에 근본적으로는 우호적인 비판이다. 그러나 형이상학에 대해서 비판적일 뿐만 아니라 회의적인 태도를 취하는 현대 철학자들이 많이 있다. 이들은 형이상학이 제시할 수 있는 최고의 것은 시(詩)일 뿐이며, 이 시적 요소 이외의 것들은 모두 무의미한 것이라고 주장한다.

이들 반형이상학자들 가운데 대부분은 대륙의 실증주의와 휴움으로부터 유래하는 극단적 경험주의 전통에 속해 있다. 실증주의의 창시자인 콩트는 형이상학을 인간 지식의 발달 과정에서 과학 이전의 단계로 생각하였다.[27] 콩트는 인간을 실제로 유익하게 해주는 과학과 발맞추어 철학자들이 사변을 버리고 모든 과학을 통일한 하나의 백과사전을 구성하는 일에 노력을 기울여야 한다고 믿었다. 이미 살펴본 것처럼 휴움은 의의가 있는 진술들은 다만 두 종류가 있을 뿐이라고 믿었다. 그 두 종류의 진술은 수학에서 발견되는 진술처럼 형식적 관계를 취급하는 진술과 관찰 가능한 사실을 언급하는 진술이다. 형이상학은 이 두 범주 가운데 어느 것에도 속하지 못하는 진술로 이루어져 있다. 그러므로 이 학문은 헛된 연구이므로 단념되어야 한다. 휴움의 말을 들어보자.

---

27) 콩트는 인간의 지적 생활의 발전을 세 단계로 구별하였다. 그 세 단계는 사람들이 (1) 모든 것을 신과 정령에 의해서 설명했던 신학적 단계, (2) 본질과 숨겨진 원인에 호소함으로써 사물을 설명했던 형이상학적 단계, (3) 오로지 관찰할 수 있는 사실에 의해서 사물을 설명하려는 실증적 단계다.

> 만일 우리가 어떤 책, 예를 들어 신학이나 강단 형이상학에 관한 책을 집어들 경우, 다음과 같이 물어보자. 이 책은 양이나 수에 관한 추상적 추론을 조금이라도 포함하고 있는가? 아니다. 그러면 사실과 실제로 존재하는 것에 관한 경험적 추론은 조금이라도 포함하고 있단 말인가? 이것도 아니라면, 그 책을 불태워 버려라. 그 책에는 단지 궤변과 환상만 쓰여 있을 테니까.[28]

오늘날의 반형이상학적 경험주의자들과 "언어 철학자들"은 이미 앞에서 살펴본 바와 같이 형이상학적 명제가 감각 경험을 포함하는 절차에 의해서 검증될 수 없다는 것을 근거로 삼고 형이상학을 공격한다. 형이상학적 명제로부터 우리는 미래에 확인될 것이라고 기대할 수 있는 경험을 주장하는 어떠한 진술도 연역해낼 수 없다. 카르납은 형이상학적 명제가 아무 것도 주장하지 않는다고 말하고 있다.[29] 카르납을 지지하는 에이어는 휴움의 방식대로 형이상학에 대한 공격을 전개하고 있다.

> 우리는 … 형이상학적 문장을 참다운 명제를 진술하려고 의도하지만 실제로는 항진 진술이나 경험적 가설 가운데 어느 것도 아닌 것을 표현하는 진술이라고 정의할 수 있다. 그리고 항진 진술과 경험적 가설이 의의 있는 명제 전체이므로, 우리가 모든 형이상학적 주장이 무의미하다고 결론을 내리는 것은 정당하다.[30]

에이어는 브래들리(F. H. Bradley, 1846-1924)의 형이상학이 서술되어 있는 「현상과 실재」라는 책에서 임의로 뽑은 "절대자는 진화와 발전에 참여하지만 그 자신은 진화와 발전이 불가능하다."[31]라는 진술을 깊이 생각해

---

28) D. Hume, *An Enquiry Concerning Human Understanding*, La Salle, Ill., Open Court, 1935, sec.12, pt. 3.
29) Carnap *Philosophy and Logical Syntax*, p. 17.
30) A. J. Ayer, *Language, Truth and Logic*, rev. ed., London, Gollancz, 1948, p. 41. (PB: Dover, New York.)
31) F. H. Bradley, *Appearance and Reality*, rev. ed., New York: Oxford University Press, 1946, p. 442.

보라고 말한다. 이 명제가 옳은지 그른지를 결정할 수 있게 해줄 어떠한 구체적 방법도 있을 수 없다. 그러므로 이것은 참다운 명제가 아니라 사이비 명제다. "존재"나 "초월적 실재" 같은 문제에 관한 형이상학적 진술 대부분은 언어에 대한 잘못된 분석에서 만들어진다. 철학자들은 실제로 존재하는 것을 지시하지 않는 모든 종류의 이름에 대해서 논의할 수 있다고 생각했기 때문에, 이 비존재자들은 실제로 존재하는 것들이 보여주는 존재 양상과는 다른 "특별한" 존재 양상을 가져야 한다고 가정해 왔다.32) 에이어는 언어상의 혼동으로 인해 우리의 사고가 만들어내는 초월적 실재나 다른 추상적 대상을 제외한다면 형이상학에 남는 것은 순전히 신비스런 느낌을 표현하는 문장들과 도덕적으로나 미적으로 약간의 가치를 지닐 수 있는 문장들뿐이라고 단언하였다.

형이상학은 옹호될 수 있는가?

위에서 사이비 명제로 인용되었던 절대자와 진화에 관한 명제의 필자인 브래들리는 형이상학을 "인간이 본능적으로 믿는 것을 위해서 엉터리 이유를 찾는 일"이라고 농담조로 정의한 적이 있다. 그러나 브래들리는 보다 진지한 마음으로는 형이상학이 불가능하다는 것을 증명할 수 있는 사람은 다른 형이상학 이론과 대항할 그 자신의 형이상학 이론을 가진 동료 형이상학자라고 생각하고 있었다. 브래들리의 두 번째 주장에 대해서 브래들리에 대한 비판자들은 "너도 마찬가지!" 식의 이 논증("너도 그걸 하고 있지 않은가!")이 너무 지나치다고 지적하고 있다. 예를 들어 "신은 없다"고 말하는 사람에 대해서 바로 그 사람 자신이 신학적 진술을 하고 있다고 주장하는 것은 무신론을

32) 에이어는 하이데거가 소박한 언어적 과오를 범하고 있다고 지적하였다. 하이데거는 "무"(無)가 낱말이기 때문에 어떤 것의 이름이어야 한다고 믿고 있다는 것이다. 이렇게 믿게 되면, 어떤 사람이 "Nobody is in the room."이라고 말했을 때에 우리는 그 방 속에 아무도 없다고 결론을 내릴 수 없게 된다. 왜냐하면 "Nobody"가 그 방 속에 있을 것이기 때문이다. 그러나 하이데거는 자기의 "무"가 대상을 명명한다는 생각을 거부하고, 실증주의에 입각한 비판자들이 이 개념에 대한 자기의 분석을 더 주의깊게 읽어보기를 강력히 요구하였다.

논박하는 그다지 설득력 있는 논증은 못 된다. 그렇지만 브래들리의 독단적 주장 속에 함축되어 있는 반형이상학적 경험주의자들에 대한 고발에는 어느 정도 힘이 있다. 어떤 사람이 어떤 탐구 계획을 추진하는 일을 영원히 금지시키는 규칙을 자신의 철학적 신조 속에 포함하는 것은 그 탐구 계획이 아무리 무익하게 보일지라도 결코 현명하다고 할 수 없을 것 같다. 왜냐하면 이 태도는 그 비판자 자신만은 스스로가 "끝"이라고 표해 놓은 경계선 너머에 있는 것을 아주 잘 알고 있다고 가정하는 경향이 있기 때문이다.

그러면 이제 요점을 정리하기로 하자. 형이상학의 정당성은 대개의 경우 "형이상학"이라는 말을 어떻게 해석하느냐에 달려 있다. 물론 어떤 유형의 철학자들이 어떠한 방식으로도 인간의 경험과 관계를 맺고 있다고 인정받을 수 없는 설명 체계를 세우려는 경향을 가지고 있는 것은 틀림없는 사실이다. 형이상학에 대한 비판들이 이런 경향을 깨닫도록 해주고, 또 이 경향이 번번이 초래하는 어리석음을 폭로하는 한 그러한 비판들은 가치 있는 개선책이다. 그러나 흔히 경험주의자들은 형이상학이 바로 그 자체의 본성 때문에 경험과 연결되지 못함에 틀림없다는 관점에 서서 형이상학을 비판한다. 형이상학은 정의에 의해서 경험을 초월해 있는 것을 취급하는 학문이라고 규정되고 있다. 즉 형이상학은 "초월적 실재"나 다른 어떤 접근하기 어려운 영역에 대한 연구라고 주장되었다. 카르납은 "나는 모든 경험을 초월해 있는 것에 대한 지식을 제시하는 명제라고 주장되는 모든 종류의 명제를 형이상학적 명제라고 부른다"고 말했다.[33] 그러나 오늘날 이와 같이 정의되는 학문을 옹호하려는 철학자를 찾기는 매우 힘들 것이다.

형이상학은 경험을 초월한 것에 대한 탐구라고 반드시 정의되어야 한다고 강요할 수는 없다. 형이상학자는 감각의 세계와 전혀 관련을 맺을 수 없는 어떤 신비로운 영역이 실제로 있다는 신념에 반드시 매달릴 필요가 없다. "형이상학"은 약간 다른 방식으로, 예를 들면 우리가 경험하는 현격하게 다른 여러 종류의 수많은 경험에 대하여 어느 정도 통일되고 체계가 잡힌 설명을

33) Carnap, *Philosophy and Logical Syntax*, p. I5.

제시하려는 시도라고 이해될 수도 있다. 이렇게 되면 과학이 이런 설명을 제시할 수 있고 또 과학의 설명만이 이 일에 적합하다고 믿는 카르납 같은 사람들에게는 형이상학이 특수 과학들의 광범위한 결론들을 체계적인 형태로 정돈하는 역할을 맡는 학문으로 보이게 될 것이다. 반면에 과학적 진술들이 인간의 경험의 모든 측면을 적절하게 기술할 수 없다고 믿는 화이트헤드 같은 사람들에게는 형이상학이 과학적 설명으로는 불충분하다고 여겨지는 경험의 여러 측면에 대한 설명과 더불어 과학적 결론들을 통합하는 임무를 수행하는 학문으로 여겨질 것이다. 어느 쪽이건 형이상학은 전혀 흠잡을 데가 없다고 여겨질 것이며, 형이상학적 연구는 정당하고 중요한 지적 탐구로 간주될 수 있다고 하겠다.

형이상학과 경험 — 화이트헤드

형이상학에 대한 화이트헤드의 개념

화이트헤드는 형이상학 즉 사변 철학을 인간의 경험의 모든 요소를 해석할 수 있게 해주는 일반 개념들의 체계를 구성하려는 노력이라고 정의하였다.[34] 아무도 경험할 수 없는 것을 탐구하는 학문이라는 형이상학에 대한 개념과는 달리, 화이트헤드의 정의는 사변 철학이 경험에 기초를 두고 또 계속적으로 경험을 기초로 하는 한에서만 의미를 가질 수 있다고 강조한다. 화이드헤드의 견해로는 "경험"이란 말이 과학에서처럼 경험 속에서 특별히 선택된 한 면만을 뜻하지 않는다. 과학이 제공하는 자료는 타당성을 가졌다고

34) 화이트헤드의 말을 정확하게 옮기면 다음과 같다. "사변 철학은 인간 경험의 모든 요소를 해석할 수 있기 위해서 일반 개념들을 논리적으로 서로 정합하는 필연적 체계로 구성하려는 노력이다." *Process and Reality*, New York: Macmillan, 1929, p. 4. (PB: Torchbooks, Harper & Row, New York.)

자부하는 사변 철학의 어느 체계에도 중요하므로 도입되지 않으면 안 된다. 그러나 과학은 사물에 대해서 특수하고 추상적인 관점을 취한다. 화이트헤드는 과학적 방법이 놓치는 중요한 사실들이 있다고 믿고 있다. 과학적 개념들에 의해서 적절하게 기술될 수 없는 경험의 한 예로는 시인이 자연과 접촉할 때 형성되는 경험, 예컨대 다음과 같은 시를 쓸 때에 워즈워드(W. Wordsworth, 1770-1850)의 체험을 들 수 있을 것이다.

아, 자연의 모습들이여
하늘에, 그리고 땅 위의!
아, 아름다운 모습들이여
구릉들의,
쓸쓸한 울 넘어
오가는 마음들의! …

화이트헤드는 사변 철학이 경험의 모든 면을 기초로 하여 이루어져야 한다고 믿는다. 이것은 과학적 경험뿐만 아니라 시적 · 도덕적 · 사회적 · 종교적 경험을 포함하는 것을 뜻한다. 형이상학의 임무는 과학적으로 적절하게 설명할 수 없는 구체적 경험과 과학의 추상 개념들을 하나의 일반적 설명 체계 속에 통합하는 일이다.

화이트헤드 형이상학의 성격

화이트헤드가 내세우는 매우 개성적인 형이상학 이론을 받아들이지 않는다 할지라도, 형이상학은 무엇인가에 대한 그의 생각에는 동의할 수 있다고 하겠다. 그렇지만 형이상학에 대한 이 철학자의 정의가 자신의 특별한 우주관과 관계가 있다는 것은 아주 당연하다. 화이트헤드의 세계관에서 기본이 되는 것은 사물들의 상호 연관성(interconnectedness of things)에 관한 주장이다. 과학적 실험이나 종교적 명상 등등의 특정한 관심의 목적을 위해서 우리는 경험의 어떤 면에 마치 그것이 경험의 전체적 맥락 관계에서 분리되어 있는 것처럼 주의를 고정시킬 수 있다. 그러나 모든 사물은 그 전체적 맥락 관계 속에서 상호 연관되어 있다.

"사물"이라는 말은 판단을 그르칠 수 있다. 화이트헤드의 용어법으로 말하면 사물이 있는 것이 아니라 사건(事件, event)이 있을 뿐이다. 경험의 기본적 단위는 변화하는 성질들로부터 분리되어 고립될 수 있어서 고정된 채 변함없이 영속하는 실체(實體, substance)가 아니다. 변화는 "사물"의 바로 핵심에 일어난다. 화이트헤드는 "실제로 존재하는 모든 것의 본성에 내재하는 하나의 보편적 사실은 모든 사물이 변화한다는 것, 즉 어떤 것에서 다른 것으로 변해 간다는 사실"이라고 주장한다.[35] 인간도 서로 연관된 무수한 사건의 거대한 과정 속에 포함되어 있다. 이 변화하는 과정(過程, process) 속에서 우리는 산, 한국인, 장미 따위의 개체나 유형을 분별할 수 있다. 이러한 개체나 유형은 안정성과 명확성에서 가지각색의 정도 차이를 지니고 있다. 그러나 개체들 가운데서 가장 영속적인 것일지라도 끊임없이 변화하며, 한 개체의 윤곽은 그것과 융합되어 있는 다른 개체의 윤곽과 한계를 그을 수 없도록 계속 흐려져 간다. 유형들 가운데서 가장 안정된 것까지도 불안정해져 가며, 세계 과정에 창조적인 새로운 것이 생동하는 힘을 가지고 나타나면 마침내는 사라져버린다. 우리는 실제적 목적 때문에 마치 세계가 "사실들"로 이루어져 있는 것처럼 세계에 관해서 말한다. 그러나 사실은 궁극적인 것이 아니다. 과정이 궁극적인 것이다.

그래서 우주는 수동적이고 지속적인 물질이 아니라 활동의 중심들로 이루어져 있다. 세계를 구성하는 이 활동의 통일체들은 서로 연관되어 있다. 마치 유기체들이 환경과 뒤엉켜 있듯이 이들은 서로 뒤엉켜 있다. 그리고 유기체와 환경이 서로 영향을 미치듯이 우리가 세계 과정 속에서 분별하는 모든 사건이 서로 영향을 미친다. 다시 말해서 모든 사건은 다른 사건의

35) A. N. Whitehead, *Science and the Modern World*, New York: Macmillan, 1925, p. 135. (PB: Mentor, New American Library, New York.)

성격과 성질의 한 원인이 된다. 화이트헤드는 "독립적이고 자족적인 공간적 존재의 가능성은 없다."고 말했다. 즉 "환경은 개개의 사물의 본성에 침투한다."36)

화이트헤드는 자연을 이음매(솔기)가 전혀 없는 베라고 보고 있다. 세계 과정 전체에 걸쳐서 상호 자각의 감수성이 흐르고 있다. 각각의 개별적 활동은 그것에 관련된 모든 활동을 참작하고 있다. 우리는 자연적 과정에 참여하고 자연적 과정은 어떤 방식로든 인간에 관여하고 있으며, 또 인간들도 서로 관여하고 있다. 사물들의 본성에는 간격이 없으며, 명확한 구획도 없고, 갈라진 "갈래"도 없다. 감각과 의식 그리고 생명과 정신은 인간만의 전유물이 아니다. 이것들은 인간을 통합하고 있는 세계 과정의 성질이다. 우리가 심미적 · 도덕적 · 사회적 · 종교적 경험에서 감지하는 성질인 가치는 인간적인 영역에만 국한되는 주관적 반응이 아니다. 가치는 우주의 한 성분이며 형이상학적 상황 전체의 한 요소이지, 인간만이 점유하고 있는 부분의 성분이나 요소가 아니다. 이 모든 작용 인자를 구성 요소로 하고 있는 자연은 도덕적 · 시적 · 과학적 범주 체계들 가운데 어느 하나의 범주 체계만으로는 기술될 수 없다. 감각 지각에 의거해서 자연을 기술하는 것은 다른 무엇보다도 적합하지 못하다.

> 감각 지각은 그 모든 실제적 중요성에도 불구하고 사물의 본성을 매우 피상적으로 드러낼 뿐이다. … 내가 현대의 인식론과 싸우는 것은 자연에 관한 자료를 준비하는 일에서 감각 지각이 하는 역할을 현대 인식론이 배타적으로 강조하기 때문이다. 감각 지각은 우리로 하여금 감각 자료를 해석할 수 있게 해주는 자료는 제공하지 못한다.37)

이는 위대한 이성주의 전통 속에 있는 철학자의 말이다.

화이트헤드는 인간 경험의 다면성을 통해서 우리가 연루되어 있는 거대한

36) A. N. Whitehead, *Modes of Thought*, New York: Macmillan. 1938, p. 188. (PB: Capricorn, Putnam, New York.)
37) Whitehead, *Modes of Thought*, p. 182.

우주적 모험의 다양한 국면을 깨닫게 된다고 말했다. 수학자 · 시인 · 종교 지도자 · 물리학자 · 사회 개혁가 · 정치 지도자는 제각기 세계 과정의 특징에 대해서 부분적 통찰을 만들어내는 경험을 나름대로 하고 있다. 사변 철학의 임무는 우주의 전체적 성격을 보여주는 것이다. 형이상학자의 관점은 포괄적이어야 한다.

과정의 우위, 사물들의 상호 연관, 사건들의 상호 침투에 대한 화이트헤드의 강조는 독일의 철학자 헤겔을 연구했던 몇몇 관념주의 형이상학자(예컨대 브래들리)의 영향을 보여준다. 우리는 다음 장의 앞 부분에서 관념주의 전통에 대하여 간략하게 살펴볼 것이다.

더 읽어야 할 책들

Aquinas, Thomas, *Concerning Being and Essence*, C. G. Leckie, (trans.), New York, Appleton-Century-Crofts, 1937. (PB: Appleton-Century-Crofts.)

Arisrotle, *Metaphysics*, bks. 3-9. (PB: Ann Arbor Paperbacks. Ann Arbor, Mich.)

Ayer A. J., *Language, Truth and Logic*, rev. ed., London, Gollancz, 1948. (PB: Dover, New York.)

Bergson, Henri, *An Introduction to Metaphysics*, T. E. Hulme(trans.), New York, Putnam, 1912. (PB: Liberal Arts, Bobbs-Merrill, Indianapolis.)

Carnap, R., *Philosopby and Logical Syntax*, London, Kegan Paul, 1935.

Collingwood, R. G., *Metaphysics*, Oxford, Clarendon Press, 1940.

Kant, Immanuel, "Transcendental Dialectic," *Critique of Pure Reason*, Norman Kemp Smith(trans.). (PB: St. Martin's, New York, 1966.)

Kant, Immanuel, *Prolegomena to Any Future Metaphysics*. (PB: Liberal Arts, Bobbs-Merrill, Indianapolis.)

Plato, *Sophist*.

Santayana, G., *The Realm of Essence*, New York, Scribner, 1927.

Strawson, P. F., *Individuals: an Essay in Descriptive Metaphysics*, London, Methuen, 1959. (PB: Anchor, Doubleday Garden City, N.Y.)

Taylor, Richard, *Metaphysics*. (PB: Prentice-Hall, Englewood Cliffs, N.J., 1963)

Whitehead, A. N., "Nature and Life," *Modes of Thought*, New York, Macmillan, 1938. (PB: Capricorn, Putnam, New York.)

Whitehead, A. N., *Process and Reality*, New York, Macmillan 1929. (PB: Harper Torch books, Harper & Row, New York.)
Whitehead, A. N., *Science and the Modern World*, New York, Macmillan, 1925. (PB: Mentor, New American Library, New York.)

In Connection with Existentialism and Phenomology

Barrett, William, *What is Existentialism?*, New York, Grove Press, 1964.
Beauvoir, Simone de, *The Ethics of Ambiguity.* (PB: Citadel, New York, 1964.)
Heidegger, Martin, *Being and Time*, J. Macquarrie and E. Robinson (trans.), New York, Harper & Row, 1962.
Heidegger, Martin, "What Is Metaphysics?" *Existence and Being*, Chicago, Regnery, 1949. (PB: Gateway Regnery)
Husserl, Edmund, *Cartesian Meditations*(1929), The Hague, Martinus Nijhoff, 1960. (PB: Martinus Nijhoff, 1964.)
Husserl, Edmund, *Ideas: General Introduction to Pure Phenomenology*(1913), W. R. Boyce Gibson(trans.), New York, Macmillan, 1952. (PB: Collier, Crowell-Collier, New York.)
Kierkegaard, Søren, *A Kierkegaard Anthology*, Robert Bretall(ed.), Princeton University Press, 1946.
Kjerkegaard, Søren, *Either/Or*, Princeton University Press, 1944. (PB: Anchor, Doubleday, Garden City, N.Y., 2 vols.)
MacIntyre, A., "Existentialism," in D. J. O'Connor (ed.), *A Critical History of Western Philosophy*, New York, Free Press, 1964.
Merleau-Ponty, M., *Phenomenology of Perception*, Colin Smith (trans.), New York, Humanities Press, 1962.
Pascal, Blaise, *Pensées*, W. F. Trotter(trans.), Everyman's Library, Dutton, 1948. (PB: Anchor, Doubleday, Garden City, N.Y.)

Sartre, Jean-Paul, "Existentialism Is a Humanism," in W. Kaufmann (ed.), *Existentialism from Dostoyevsky to Sartre.* (PB: Meridian, World Publishing, Cleveland, 1946)

Sartre, Jean-Paul, *Being and Nothingness*, Hazel Barnes(trans.), Philosophical Library, 1956. (PB: Citadel, New York.)

Sartre, Jean-Paul, *Search for a Method*, Hazel Barnes(trans.), New York, Knopf, 1963.

"Search for a Method" is a sizable essay Sartre has placed before his *Critique of Dialectical Reason(Critique de la raison dialectique)*, a large work not yet available in English translation.

Unamuno, Miguel de, *The Tragic Sense of Life*, London, Macmillan, 1926. (PB: Dover, New York.)

7 정신과 물질과 자연

거의 모든 철학자가 사물에 관하여 혼란된 생각에 빠져 있다. 그들은 물질적인 것에 관해서는 정신적인 것에 사용해야 하는 용어로 말하고, 정신적인 것에 관해서는 물질적인 것에 사용해야 하는 용어로 말한다.

— B. Pascal

이 세계에는 두 가지 매우 다른 종류의 존재 또는 두 가지 매우 다른 상태의 존재가 있는 듯하다. 한편에는 물리적 대상과 사건이 있다. 다른 한편에는 우리의 사고와 감정이 있다. 우리는 이 차이를 흔히 정신(精神, mind)과 물질(物質, matter)로 구별하여 언급한다. 이 구별은 사고와 감정을 갖고 있는 우리 자신이 또한 물질적 대상에 속한다는 사실 때문에 복잡해진다. 아무리 인간의 사상이 고상하다 할지라도 층계에서 막대기로 발을 걸면 다른 모든 물리적 대상과 마찬가지로 아래로 굴러 떨어진다. 존재의 정신적 유형과 물질적 유형이 둘다 이 세계에서 어떤 종류의 격위를 갖는다고 가정하면 다음 문제가 제기될 것이다. 즉 어떤 종류의 존재가 일차적이고 기본적이며, 어떤 종류의 존재가 이차적이고 파생적인가? 아마 이 질문은 그것이 설정된 방식 때문에 훌륭한 답을 찾을 수 없을 것 같다. 우리가 정신적 사건과 물리적 사건을 두 가지 근본적으로 다른 유형으로 분리시키고, 그런 다음 그것들이 인간 속에 어떤 방식으론가 공존한다고 주장할 때에 우리는 과오를 범하고 있는지도 모른다.

형이상학자들은 흔히 자신의 연구 주제가 실재의 본성(實在의 本性,

nature of reality)이라고 말한다. 실재란 무엇인가? 실재는 우리가 사물의 본성에 대한 궁극적 설명을 강요받았을 때에 언급하게 되는 바로 그것이다. 그렇다면 정신적 존재와 물질적 존재 가운데서 어떤 것에 의해 실재가 가장 적절하게 기술될 수 있는가? 이 물음에 철학적 관념주의자는 실재의 근본적 성격이 정신 · 사고 · 의식과 흡사하다고 대답할 것이다. 이들은 물리적 존재는 인식하는 정신의 활동과 관련을 맺지 않고서는 이해될 수 없다고 본다. 그렇다면 물리적 사물과 사건의 질서는 정신과 지식의 질서에 의존하는 부차적 질서일 것이다. 반면에 철학적 유물주의자는 실재의 근본적 성격이 물리적 용어에 의해서 해석되어야 한다고 말할 것이다. 그들은 생명 · 의식 · 정신을 비롯해서 모든 사물과 사건은 물질이나 에너지의 특수한 상태라고 보아야 가장 적절하게 설명될 수 있다고 생각한다. 철학적 자연주의자는 관념주의자와 유물주의자 양쪽 모두 본질적으로 하나인 실재의 상황 즉 자연의 참다운 두 가지 모습 가운데 한쪽에만 편향적으로 집중하고 있다고 대답할 것이다. 자연주의자에게는 자연이 근본적 실재이며, 자연적인 것이 궁극적인 범주다. 자연으로부터 정신과 물질 둘 다 발생하므로 이 둘의 궁극적 근원은 자연이라고 설명되지 않으면 안 된다. 자연은 존재하는 모든 것이다. 따라서 어떠한 초자연적 질서도 존재하지 않는다. 우리가 지금 할 일은 관념주의, 유물주의, 자연주의라고 각기 불리는 이 세 가지 세계관에 대하여 좀더 깊은 이해에 도달하는 일이다.

관념주의

"관념주의"의 의미

일상의 대화에서는 "관념주의자"(觀念主義者, idealist)라는 말은 너무 높아서 완전히 도달할 수 없을 듯싶은 목표를 마음에 품고서 거기에 도달하려고 애쓰는 사람을 가리키는 말로 쓰인다. 이런 식으로 우리는 우드로 윌슨(W. Wilson)이 관념주의자(이상주의자)였다고 말하거나 U.N.을 지지하는 사람들은 관념주의적인 사람이라고 말한다. 철학적 관념주의(哲學的 觀念主義, philosophical idealism)는 다른 뜻으로 이해해야 하는 용어다. 매우 일반적으로 철학적 관념주의는 실재하는 것 즉 사물들의 본성에서 기본적인 것은 인간의 정신 · 사고 · 의식 · 영혼과 비슷하거나 어떤 중요한 유사점이 있다는 입장을 취한다. 관념주의자 브래들리의 "영혼의 밖에는 어떠한 실재도 존재하지 않고 존재할 수도 없으며, 어떤 것이 영적이면 영적일수록 그만큼 더 진정으로 '실재'에 가깝다."라는 말은 이 점을 잘 보여주고 있다.[1)]

관념주의 철학은 세 가지 유형으로 구별될 수 있다. (1) 고대 그리스의 관념론 특히 플라톤의 관념론 (2) 18세기에 버클리가 주장한 "경험적" 관념론 (3) 19세기 독일의 관념론과 이와 연관된 관념론들. 독일 관념주의 철학은 라이프니쯔, 칸트, 피히테(J. G. Fichte, 1762-1824), 쉘링(F. W. J. Schelling, 1775-1854), 헤겔, 쇼펜하우어를 비롯한 일련의 독일 철학자 전부의 주장을 포함한다. 소위 "절대적 관념론"(絕對的 觀念論, absolute idealism)은 헤겔의 관념론과 관련되어 있는데, 이에 대한 지지자들 가운데에는 19세기 후반의 영국의 철학자 보즌켓(S. Bosanquet, 1848-1923)과 브래들리, 이탈리아 철학자 크로체(B. Croce, 1866-1952), 하버드 대학에서 제임스의 동료였던 미국 철학자 로이스(J. Royce, 1855-1916) 등이 포함된다. 에머슨(R. W. Emerson 1803-1882)을 대표자로 하는 미국의 "초절주의"(超絕主義, transcendentalism) 운동의 형이상학도 어느 정도는 독일의 관념주의로부터 파생된 것이다.

---

1) F. H. Bradley, *Appearance and Reality*, rev. ed., New York: Oxford University Press, 1946, p. 489.

플라톤의 관념론

플라톤의 이데아들은 심리적 상태가 아니다. 이데아들은 단순히 "어떤 사람의 머리 속"에 있는 관념이 아니다. 이데아들은 버클리의 주관적 감각도 아니고, 칸트의 선천적 범주도 아니다. 플라톤의 이데아들은 천상의 무시간적 모형이다. 세계 속에 있는 많은 사물이 보여주고 있는 개개의 실례는 이들 완전한 단일체에 대한 불완전한 모사품에 지나지 않는다. 우리의 정신 속의 사고들은 이데아에 대한 희미한 반성이다. 플라톤은 스승인 소크라테스가 암시한 사상의 노선을 발전시켰는데, 다음과 같은 방식으로 이 입장에 도달하였다.

플라톤은 감각 기관에 의해 관찰할 수 있는 것치고 지속적인 것은 아무것도 없다는 진리를 누구나 경험을 통해서 알고 있다고 말했다. 감각 기관에 의해서 지각되는 모든 대상은 끊임없이 변하고 생성되고 소멸한다. 따라서 그것들은 결코 진실로 존재하지는 않는다. 감각의 세계를 이루는 다양하고 덧없는 대상들이 지닌 변하는 성질과는 대조적으로 인간의 대화에서 변함없이 사용되는 "인간"이나 "삼각형"이나 "정의" 등의 일반적 관념이나 일반적 개념이 지닌 성질이 있다. 우리는 이 일반적 개념에 대응하는 대상을 감각적 경험을 통해서는 확인할 수 없다. 왜냐하면 우리 가운데 누구도 삼각형 그 자체를 본 적이 없고, 단지 눈앞에 그려져 있는 삼각형만을 보기 때문이다. 또한 우리는 좋음(선, good)을 관찰한 적은 없고, 단지 한 개인으로서의 좋은 사람만 볼 따름이다. 그런데 어떤 특정한 삼각형은 지워질 수 있고, 어떤 개인으로서의 좋은 사람도 나이와 함께 변하고 끝내는 죽는다. 그렇지만 삼각형, 인간, 좋음, 정의 등의 개념은 이것들의 특정한 구체적 실례들이 소멸된 후에도 남아 있다. 소크라테스가 죽은 지 오래인 지금도 우리는 다른 개인과 관련시켜 "좋음"과 "인간"에 관하여 계속 논의하고 있다.

감각적 경험에 의해서는 결코 대응하는 원형이 밝혀지지 못함에도 불구하고, 감각 기관이 지각하는 대상보다 더 오래 지속하는 수많은 보편 개념(普遍

概念, universal concept)이 우리의 정신 속에 실재한다는 사실을 어떻게 설명할 수 있을까? 플라톤은 이 보편 개념들이 이성이나 지성의 산물이라고 주장하였다. 이 개념들에는 실재하는 대상이 대응한다. 한없이 다양하고 또 변하고 소멸할 수밖에 없는 감각 지각의 대상과는 달리, 이성이 우리로 하여금 접촉하게 해주는 대상은 한 종류에 한 개뿐이며 변하지도 않는다. 그러나 어디에 이 불변하는 단일체들이 있는가? 플라톤은 감각의 변전하는 세계와는 달리 안정되고 영원한 다른 세계에 그것들이 있다고 주장하였다. "도대체 속세의 어떤 시인이 이 세계를 초월한 예지계에 대해서 가치 있는 노래를 불렀거나 부를 수 있을 것인가? 내가 묘사하려는 것은 그러한 세계다. … 거기에는 참된 지식이 밝혀내는 바로 그것 즉 영혼의 안내자인 정신만이 알 수 있는 색깔도 없고 형태도 없고 만질 수도 없는 본질이 존재하고 있다."[2)]

이 영원한 이데아들의 체계야말로 이 세계가 보여주고 있는 불완전한 실재성의 원천이다. 우리가 감각의 세계에서 희미하게 발견할 수 있는 질서와 통일성에 대한 생각은 그것이 어떤 것이건 모든 질서와 통일성의 원형인 불멸의 이데아들로부터 오고 있는 것이다. 이 이데아 또는 형식(形式, form)은 단순히 모든 존재(存在, being)의 원인일 뿐만 아니라 모든 지식(knowledge)의 원인이기도 하다. 우리의 정신이 품는 보편적 개념이나 일반적 개념은 이 진짜 존재 영역에 있는 이데아가 우리의 정신에 비친 모습에 지나지 않기 때문이다. 감각 지각은 물리적 세계의 불안정하고 변해가는 특징만 보여준다. 감각적 관찰은 우리에게 수많은 사물의 끊임없는 변화를 드러낼 뿐이다. 그러나 정신은 변하지 않는 단일체를 밝혀낸다. 사물에 대한 참다운 설명은 그 사물을 그것의 영원한 원형 즉 이데아에 비추어봄으로써 이루어질 수밖에 없다. 그래서 플라톤은 "우리 앞에는 두 가지 양식의 세계가 펼쳐져 있는데, 하나는 축복받은 신적 세계이고, 다른 하나는 신 없이 비참한 세계다."라고 보게 되었고,[3)] 또 "세계를 지배하는 두 가지 힘이 있는데, 한 힘은 예지의

2) Plato, *Phaedrus*, 247. (PB: Liberal Arts, Bobbs-Merrill, Indianapolis.)

세계를 지배하고, 다른 힘은 눈에 보이는 세계를 지배한다."고도 주장했다.[4] 요컨대 플라톤에 의하면 감각 지각에 의해서 드러나는 세계는 현상이나 가상에 불과한 데 반하여, "참다운 존재"는 이 세계가 의존하고 있고 "정신"만이 통찰할 수 있는 이데아들이 이루어내는 최고의 이성적 질서다.

플라톤 학파의 학자들은 감관에 의해서 관찰되는 사물로부터 이데아가 어느 정도 분리되는가 하는 것뿐만 아니라 플라톤이 자신의 이데아들이 지닌다고 믿었던 존재 양상에 관해서도 의견의 일치를 보지 못하고 있다. 아리스토텔레스는 그의 스승의 "형식들"을 이 세계로부터 완전히 떠나 신적 세계에 존재하는 "개별적인 것들"(separate things)이라고 이해하였다. 근대의 몇몇 주석가는 관찰된 사물들을 올바르게 이해하기 위해서 우리가 사용할 수밖에 없는 과학적 법칙들이나 변하지 않는 논리적 개념들의 질서보다 더 위에 형식들이 있다고 믿었다. 플라톤의 이데아가 정확히 무엇을 뜻하는가를 파악하는 일이 어려운 한 가지 이유는 이데아의 역할이 여러 대화편 속에서 토론의 주제—절제, 정의, 국가, 사랑, 존재, 실존, 신 등—에 따라 다르게 보인다는 점이다. 하지만 그 모든 경우에 플라톤의 이데아는 우리가 사물에 대해서 합리적 설명을 하고자 할 때에는 언제나 사물에 반드시 적용해야 하는 보편 개념이나 초시간적 모형으로 보인다는 점은 같다.

버클리의 관념론

철저한 이성주의 지식 이론을 토대로 한 플라톤의 관념론과는 달리 버클리의 관념론은 지식에 대한 경험주의적 분석에서 비롯되었는데, 이러한 분석은 로크, 버클리, 흄이 똑같이 시도하고 있다. 이미 살펴본 바와 같이 이 분석은 감각 자료를 지식의 재료라고 생각하는 데에서 시작한다. 실재하는 세계가 정신적인 세계라는 명제를 정립하기 위해서 버클리가 사용한 논증의

3) Plato, *Theaetetus*, 176.
4) Plato, *Republic*, 509.

진행 과정은 이미 4장에서 살펴보아 잘 알고 있을 것이다. 버클리에 따르면 우리가 아는 것은 감각과 이것들이 결합해서 만들어지는 관념이다. 이 감각은 그에 대응하는 물질적 사물에 의해서 발생된다고 널리 믿어지고 있으나, 이는 잘못된 생각이다. 버클리는 우리가 지식을 가질 수 있는 모든 대상이 "감각되었거나 경험된 대상"이기 때문에 물리적 대상은 그것이 지니고 있는 것처럼 보이는 성질들을 가지면서 우리와 독립적으로 존재한다는 것을 증명할 방법이 없다고 주장한다. 우리는 대상을 경험하지 않고는 알 수 없기 때문에 대상의 성질들뿐만 아니라 대상의 실존까지도 지각하는 정신 즉 경험하는 의식에 의존한다는 것이다.

이런 논증을 근거로 하여 버클리는 바깥 세계가 전혀 "물질적인 것이 아닌 원인"에 의해서 우리의 의식 속에 만들어진 일련의 결과의 총합이라고 결론을 내렸다. 우리의 관념의 이 궁극적 원인은 유한한 정신들이나 영혼들의 사회를 관장하는 최고 정신이며 최고 영혼인 신이다. 버클리의 신은 데카르트의 사악한 악마에 비견될 수 있는 존재인 셈이지만 자비로운 신이다. 이 신은 악한 천재가 아니라 선한 천재이며, 가능한 신이 아니라 현실적인 신이다. 그러니까 신이 개개의 인간 정신을 자극하여 일관성 있고 합리적인 체계로 감각들이나 관념들을 정신 속에 만들어 놓는데, 이 결과를 우리는 "자연"(自然, Nature)이라 부르고 있는 셈이다. 신은 인간의 의식에 관념들을 일정하게 산출함으로써 세계의 실존을 유지한다. 아래의 인용 구절은 버클리의 생각을 잘 보여주고 있다.

> 인간의 정신에 아주 근접해 있고 또 명백하기 때문에 그쪽으로 눈만 돌리면 깨달을 수 있는 진리들이 있다. 나는 다음의 중대한 사실이 그러한 진리라고 생각한다. 즉 천상의 성가대와 이 땅의 부속물들, 한 마디로 세계의 거대한 골격을 구성하는 모든 사물은 정신이 없으면 실존하지 못한다. 그것들의 존재는 지각되거나 알려져야 한다. 따라서 그것들이 나에 의해서 실제로 지각되지 않거나 나의 정신이나 다른 인간의 정신 속에 존재하지 않는 한 그것들은 전혀 실존하지 않거나, 그렇지 않으면 어떤

영원한 영혼의 정신 속에 실존해야 한다. …[5]

헤겔의 관념론

칸트의 인식론은 관념주의를 함축하고 있다. 칸트에 의하면 우리가 아는 것은 오직 현상뿐이다. 우리에 대해서 독립적으로 존재하는 사물 즉 물체 자체는 알 수 없다. 그러나 현상의 세계는 겉보기와는 딴판인 환상은 아니다. 그것은 질서 있고 합리적인 세계다. 왜냐하면 세계의 구조는 인식하는 정신(mind)의 산물이므로 질서 있고 합리적인 것이다. 그렇다면 이 세계의 합리적 성격은 전적으로 경험이라는 자료를 선천적 범주들에 의해서 질서지우고 배열하는 인간의 정신의 소산인가? 아니면 사물들의 본성 그 자체가 인간의 정신을 초월해서 합리적이고 지적인 성격을 소유하고 있는가? 칸트는 이런 문제에 확연하게 명백한 답변을 한 적이 결코 없다. 그러나 칸트의 철저한 계승자 헤겔은 우리로 하여금 의심할 필요가 없게 만들었다. 헤겔의 견해에 의하면 인간의 정신은 그 자체로서 논리적이고 이성적인 구조를 갖고 있는 범세계적 체계 즉 우주 과정의 특수한 국면에 불과하다. 바로 이 점 때문에 헤겔의 관념론을 때로 "객관적 관념론"(客觀的 觀念論, objective idealism)이라고 부른다. 헤겔은 물질적 자연의 실재성을 부정하지는 않지만, 이 물질적 자연의 실재성은 "참으로 실재하는 것"인 정신(精神, spirit)에 비해서 제한되어 있다고 주장하였다.

헤겔은 인간의 "자의식"(自意識, self-consciousness)과 비슷한 어떤 것이 사물들의 핵심으로서 활동하고 있다고 생각하였다. "자의식"은 인간의 사고의 속성이다. 우리는 알 뿐만 아니라 자신이 알고 있다는 것도 안다. 그러나 헤겔이 말하는 자의식은 개별적 인간의 사고를 초월하거나 벗어나 있다. 우주는 모든 것을 포괄하는 유기적 전체이면서 그 자체의 더 위대한

5) G. Berkeley, *Principles of Human Knowledge*, La Salle, Ill.: Open Court, 1903, p. 32. (PB: Liberal Arts, Bobbs-Merrill, Indianapolis.)

의식을 향해서 끝없이 발전하는 상태에 있다. 이 우주 과정은 정신과 자연을 둘 다 포함하는 거대한 "논리적 사고 체계"와 비슷한 것이다. 세계는 헤겔이 절대 정신(絕對 精神, Absolute Spirit)이라 불렀던 최고의 무제약적인 자의식 상태를 향한 일련의 발전 과정의 한 단계다. 만일 우리가 현 단계의 사물과 사건—역사, 예술, 종교, 과학, 자연 그 자체—을 그것들이 서로 얽혀 있는 가장 넓은 관계 체계 속에서 고찰한다면, 현재의 사물과 사건은 바로 절대 정신이 이 세계를 통과해서 완전한 자의식에 도달하기 위해 점점 더 높은 성장 단계로 진보해 가면서 허물을 벗듯이 벗어버리는 한 단계라는 것을 깨닫게 된다. 그런데 이 이성적으로 움직이고 있는 절대 정신의 의미는 그 자신을 "부분으로 나누어 제약된 형태들로 드러낸 상태"로부터 시작하여 "모든 것이 융합된 통일체"에 이르기까지의 발전 과정 전체가 연구되어야 파악될 수 있다. 철학의 임무는 이 정신의 발전 과정을 체계적으로 밝히는 것이다. 이 일을 성취하기 위해서는 정신의 발전을 지배하는 법칙들을 우리가 알아야 한다.

헤겔의 「정신 현상학」

헤겔의 「정신 현상학」은 굉장히 어려운 책이지만 마르크스와 휘트먼(W. Whitman, 1819-1892)을 위시해서 많은 저명한 사람이 이 책의 특이한 매력에 사로잡혔다. 헤겔의 저작 대부분이 그런 것처럼 「정신 현상학」의 내용도 "3항 일조 규칙" 즉 "삼 단계 규칙"에 의해서 정리되어 있다. 지식이나 존재의 어떤 한 단계는 일면적이고 제한되어 있지 않을 수 없다. 만일 한 명제가 논리적 극단에까지 추궁당하면, 이 일면성은 첫 번째 입장과 다른 반대 입장 즉 부정으로 옮겨가야 한다는 필요성과 더불어 드러날 것이다. 그러나 이 둘째 단계도 역시 우리로 하여금 탐구에서 보다 더 높고 명료한 "자각 수준"으로 나아가도록 밀어내는 비슷한 일면성이나 한계를 드러내는 것은 마찬가지다. 이 때 우리가 탐구하면서 거쳐 온 단계들은 폐기되지만,

이전의 그 단계들은 그저 폐기되는 것이 아니라 보다 더 높은 수준으로 끌어올려 거두어진다. 이와 같은 방식으로 발전은 점점 더 높은 수준을 거치면서, 즉 개념의 더 높은 명료화와 더욱 명백하게 드러난 현실을 통해서 영원히 점진적으로 진행된다. 인식하는 주관과 인식되는 객관은 양쪽 다 그들의 이상적 상태 즉 "이념"에 영원히 점점 더 가까워져가는 이 계속적 반사 과정 속에 포함된다. 이 과정의 본성은 "변증적"(辨證的, dialectical)이다. "변증적"이란 말은 근본적으로 대립자들 사이의 길항 관계(拮抗 關係)에 의해 진행되는 어떠한 진보에 적용해도 괜찮은 말이다. 헤겔의 경우에는 이런 변증적 분석이 바로 철학의 방법이다.

「정신 현상학」에서 변증적 분석의 보기를 택해서 살펴보자. 나는 다른 여러 의식 있는 자아 가운데 한 의식 있는 자아로서 나 자신을 의식하고 있다. "다른 사람들"의 의식에 대한 나의 직접적 반응은 이중성을 지니고 있다. 즉 한편으로는 나의 자존심이 타격을 받고 자기 중심성도 감소되지만, 또 한편으로는 나는 경쟁을 일으키는 이 의식 있는 자아들을 지워버리기를 원한다. 원시 사회에서는 이 두 번째 반응이 완화된 형태나 승화된 형태로 실현되었다. 나의 자기 중심성은 내가 노예 위에 군림하는 주인일 수 있으면 만족 된다. 나의 경쟁자는 이제 열등한 격위에 영원히 고정된다. 그러나 주인과 노예의 관계는 주인에게 불리한 상황으로 변증적으로 진전된다. 노예는 제 자신의 일에 의해서 살기를 강요받기 때문에 어떤 자기 신뢰 즉 독립을 발전시키고, 반면에 자신이 노예에게 의존하고 있음을 아는 주인의 자유는 상대적으로 감소된다. 헤겔은 철학자이면서 황제였던 아우렐리우스(M. Aurelius, 121-180)와 철학자이면서 노예였던 에픽테투스(Epictetus, 55-135) 사이의 관계에서 자의식의 높은 수준에서 일어난 "주인 노예 이중성"의 전형적인 예를 찾아내었다. 아우렐리우스는 스토아 철학자였고, 스토아 철학자는 주인과 노예를 구별하지 않고 모든 사람을 다 형제로 여겼었다.

그러나 이성적이고 고상한 인간의 형제애에 대한 스토아 철학자들의 이상은 현실화되지 못하여 근본적으로 추상적인 것이었을 뿐이다. 스토아 철학의 이 결핍이 이 철학과 경쟁하는 학파의 주장 속에 반영된다. 이성적인 것에 대한 스토아 철학의 기준을 바라보는 이 회의학파의 태도는 부정적이다. 차례가 바뀌면 이번에는 회의학파의 철학이 자신의 한계와 일면성을 드러낸다. 왜냐하면 확실한 것은 전혀 없다고 주장하는 회의학파의 철학자가 일상 생활의 행위에 이 신념을 실제로 적용할 수 없기 때문이다. 회의론자의 이론적 신조는 자신의 실제 행동들에 의해서 암암리에 부정된다. 고전적 도덕 철학 속에 함축되어 있는 이중성은 그 뒤를 이은 기독교 속에서 더욱 선명해진다. 기독교 신자가 "불행 의식" 속에서 신으로부터 소외되고 버림받은 자신에 대한 통찰을 이루어내면 신은 인간으로부터 멀어져버린다. 이번에는 후세의 근대인이 고통 받는 피조물과 멀리 떨어져 있는 창조자를 접근시키거나 연결시키려고 노력할 것이다.

헤겔은 기독교가 정신의 본성을 지금까지의 어떤 종교보다도 더 잘 드러낸다고 믿었다. 기독교의 교리 자체가 변증적 해석을 제공하는 것을 볼 수 있다는 것이다. 태초의 축복 속에서 인간은 신과 일치해 있었다. 인간은 타락 때문에 신으로부터 버림받는다. 그러나 이 추방은 구원과 함께 극복된다. 신은 신으로서는 이 세계를 떠나 있으면서, 추상성에 이바지하는 본질이다. 인간이면서 구세주인 아들을 낳음으로써 이 추상적인 것은 구체화된다. 삼위일체(三位 一體)의 세 번째 위격인 성령은 세계의 구원자가 원래의 성부에게로 올라간 후에 이 세계와 함께 남아 있다. 신학적 기질을 가진 헤겔학파의 철학자들은 "생명을 구하고자 하는 자는 잃을 것이며 생명을 버리는 자는 구원을 받는다."는 예수의 도덕적 가르침의 변증적 성격을 강조한다. 자기실현에 이르는 길은 자기 부정의 길인 셈이다. 그러나 헤겔은 철학이 종교보다 더 높은 단계에 있다고 믿었다. 종교는 심상과 그림에 의해서 정신의 전진적인 발전을 드러낸다. 그러나 철학은 정신이 이루는 발전 과정을 바로 이 정신의 본성과 똑같은 본성을 지닌 이성적 범주들에 의해서 밝히기 때문이다.

헤겔의 「논리학」

헤겔의 「논리학」은 「정신 현상학」보다 더 체계적인 책이다. 이 책에서 변증적 과정은 더욱 선명하게 정의되고, 3항 일조 도식은 거의 스콜라 철학의 방식으로 나타나 있다. 이 논리학은 항진 진술 형식들로 구성되는 형식 과학이 아니라 내용을 가진 "실질적" 논리학이다. 인간의 사고와 자연은 우주의 이성적 과정 속의 상호 연관된 부분에 불과하기 때문에 사고의 법칙은 실재의 법칙과 분리될 수 없다. 이성적인 것은 현실적인 것이다. 그러므로 논리학은 형이상학을 포함한다. 헤겔은 존재(存在, Sein)라는 존재론적 개념을 생각해보자고 하면서 시작한다. 존재에 대한 분석은 이 개념이 너무 공허하고 추상적이어서 무(無, Nicht)라는 대립자로 건너갈 수밖에 없음을 밝힌다. 변증적 과정에서는 존재와 그 대립자인 무는 이 둘을 모두 포함하면서 그 둘다 초월하는 생성(生成, Werden)이라는 더 높은 개념으로 거두어 올려진다. "존재는 존재로서는 고정적인 것도 궁극적인 것도 아니다. 존재는 변증적 과정을 발생시켜 자신의 대립자인 무에 침투한다. … 무는 이런 식으로 직접적이어서 자기 자신과 동일하다면 거꾸로 존재와 같은 것이 되어버린다. 따라서 존재에 관한 진리와 무에 관한 진리는 이 둘의 통일에서 얻어진다. 이 통일이 바로 생성이다."[6] 이래서 사고의 과정은 더욱 더 분명해지면서 점점 더 높은 단계로 성공적으로 전진해 가는데, 헤겔은 이 발전의 최종 단계인 이성적 종합을 "이념"이라 불렀다. 사고의 최고의 통일 즉 그 속에서 모든 명제가 최종적으로 조화를 이루고 통합되는 사고의 최고의 통일이 절대 이념이다.

사고의 변증적 과정의 목표인 절대 이념은 실재적인 것의 궁극적인 변증적 과정에서 한 단계에 지나지 않는다. 우리는 전체의 이 최종 단계에서 정신 속에서 통일된 이념과 자연을 본다. 여기서 헤겔의 관념론의 "객관적 성격"이 거대한 규모로 모습을 드러낸다. 사물의 주관적인 면—정신 · 사

6) *The Logic of Hegel*, rev. ed., William Wallace, trans., Oxford: Clarendon Press, 1892, pp. 161, 163.

고 · 이념—은 실재의 한 지주에 불과하다. 다른 면은 객관적인 것의 영역 즉 자연이다. 그러나 주관(이념)과 객관(자연)이 현실적인 것의 전부는 아니다. 그 이유는 이들 두 영역이 "하나의 전포괄적 통일" 속에 거두어지기 때문이다. 대립자들의 이 궁극적 조화 작업이 절대 정신의 임무인데, 자기 완성을 향해서 전진하는 절대 정신의 역사가 모든 역사 즉 문화사뿐만 아니라 정치사의 기반이다. 이런 까닭에 철학은 한 개인의 정신에 의해서 자기 인식을 지향하고 노력하는 특수한 형태로 시작하지만, 결국에는 절대 정신의 자기 인식 속에서 우주적 규모로 완성을 이루게 된다. 역사의 각 발전 단계는 그것이 과학 · 예술 · 종교 · 철학 가운데 어느 단계이건 절대 정신이 자기를 완성해 가는 과정의 한 국면으로서 나타나는 것이다. 문화사에 나타난 각 요소—동양의 예술 · 그리스의 윤리 · 근대의 국가—는 더욱 더 위대하고 더욱 더 명석한 자기 인식에 도달하려고 노력하는 정신에 의해서 이를 테면 허물을 벗고 새 것이 드러나듯이 구체적 모습을 갖추게 된 것이다.

철학 그 자체는 "철학자들의 의견"의 모음 이상의 것이다. 헤겔의 말을 들어보자.

> … 의견은 철학 체계들의 차이를 진리의 전진적 발전의 견지에서 이해하지 못하고, 이 차이 속의 모순만 본다. 꽃봉오리는 꽃이 피어남으로써 사라지는데, 우리는 전자가 후자에 의해서 반박되었다고 말할 수 있다. 같은 방식으로 열매는 꽃이 식물의 거짓된 실존이라고 선언하고, 그보다 앞서 식물의 실존이었던 꽃을 대신한다.[7)]

철학의 역사는 서로 모순되는 개개의 특수한 주장들의 단순한 연대기 이상의 것이다. 철학은 하나밖에 없기 때문에 개개의 철학자의 가르침은 비록 부분적이고 편향적인 것일지라도 이 진리의 학문에 기여한다. 최후의 철학이 그보다 앞선 모든 업적을 보존한다. 어떤 것도 버려지지 않는다. 철학의 역사는 정신이 서양 방식의 사고를 통하여 이천 오백 년 동안 노력해

---

7) *Phenomenology*, in Walter Kaufmann, trans., Hegel, New York: Doubleday, 1965, Preface, p. 370.

온 구체적인 성과다.

헤겔의 형이상학은 많은 비판자에 의해서 말도 안 되는 헛소리의 뒤범벅이라고 비난받고 있다. 말도 안 되는 헛소리든 아니든 이 독일 철학자의 주장은 근대 사상에 깊은 영향을 끼쳤다. 헤겔을 추종한 많은 창조적인 사람이 헤겔의 책 속의 자구를 정확히 파악하는 일은 실패했다 하더라도, 자신의 견해를 조직하고 선전하기 위하여 자신의 가르침에 헤겔의 지적 활력을 이용해 왔다. 우리는 헤겔의 변증적 방법이 마르크스와 엥겔스에 의해서 공산주의의 이론적 기초를 마련하는 방법론으로 채용되는 것을 보게 될 것이다. 싸르트르의 중요한 저서들은 헤겔주의 철학을 기본 전제로 사용하고 있다. 또한 헤겔의 철학은 유럽과 미국에서 반세기 이상이나 대학의 강단 철학을 지배했던 절대적 관념론의 근원이기도 하다.

절대적 관념론

헤겔을 추종하는 관념주의자들 가운데 약간은 이 세계를 사고의 체계화 과정과 같은 종류의 과정으로 기술했는데, 이 사고 체계는 "모든 것의 기초이면서 그 모든 것을 포용하고 있는 작인(作因) 즉 절대자"의 한 측면이다. 이른바 절대적 관념론—브래들리, 크로체, 로이스 등이 내세운 주장—은 이 명제를 발전시킨 이론이라고 간주해도 좋을 것이다.[8] 절대적 관념론은 실재를 사고 체계(思考 體系, system of thought)라기보다는 보다 범위를 넓혀서 경험 체계(經驗 體系, system of experience)로 기술하려고 한다. 절대적 관념론자는 경험을 떠나서는 실재는 없으며, 이 실재는 내적으로는 결합하지만 외적으로는 서로 독립적인 경험들의 방대한 통일 체계라고 주장한다. 누구의 경험인가? 누가 또는 무엇이 이 경험의 주인인가? 인간의 경험은 부분적이고 한계가

8) 미국의 관념주의를 여러 각도에서 바라본 전반적 개관은 랜달(J. H. Randall, Jr.,)의 "Josiah Royce and American Idealism," *The Journal of Philosophy*, Feb. 3, 1966, 참조.

있다. 누구도 인간의 경험이 실재의 궁극적 기초와 동일하기를 기대할 수 없기 때문이다. 절대적 관념론자는 인간의 경험이 실재의 궁극적 기초와 다르다고 인정하지만, 인간의 경험은 항상 발전하고 있다고 주장한다. 즉 우리의 지식은 끊임없이 성장한다. 인간의 경험은 전진적으로 확장되므로, 어떤 단일한 경험도 전체적 조망으로부터 분리되어서는 완전히 이해될 수 없는 체계 즉 상호 연관된 전체 경험 체계에 점점 더 가까워져 간다. 인간의 지식이 증가함에 따라 인간의 지식은 어떠한 특수한 경험도 포섭하며, 그뿐 아니라 특수한 경험을 가능하게 해주는 전포괄적 경험 체계와 일치하기 위해서 점점 더 팽창하고 있다. 경험들의 이 전포괄적 체계가 실재이며 절대자다. 인간의 지식은 경험들의 이 최종적 체계에 대한 근사성만 나타내므로, 우리는 실재는 모르고 단지 현상들만 아는 것이다.

그러나 인간의 경험은 끊임없이 확장되고 있다. 동시에 인간의 경험은 경험의 한 영역과 그 다음 영역이 전체 속에서 상호 의존하고 있다는 사실이 밝혀짐에 따라서 점차적으로 더욱 체계적 해석을 해내는 주체가 되어 가고 있다. 그러므로 현상들은 점차적으로 실재적인 것이 되어 간다. 브래들리는 다음과 같이 주장했다.

> 실재는 하나다. … 그리고 그것은 본질적으로 경험이다. 전체 속에는 현상 이외에는 아무 것도 없으며, 모든 개개의 단편적 현상이 전체를 전체이게끔 한다. 반면에 현상들을 결합시키면 현상은 현상이기를 그친다. 우주 속의 어떤 것도 허비될 수 없으며, 모든 것이 단일한 실재에 기여할 수 있다. … 이래서 어떤 것도 결국 오로지 그 자체일 수는 없으므로, 마침내 어떤 현상도 현상으로서는 실재적일 수 없다. 그러나 현상은 변화하는 정도만큼만 비실재적이다. 따라서 전체적으로 보면 어떤 것이 다른 것이 지닌 가치 이상의 가치를 가질 수 없다고 주장하는 것은 근본적으로 옳지 않다.[9)]

아마 여러분은 이제 진리성에 대한 정합론이 왜 절대적 관념론에 필수적

9) Bradley, *Appearance and Reality*, p. 453.

인가를 조금 더 명백하게 알 수 있을 것이다. 판단은 경험을 기초로 하여 이루어진다. 판단의 진리성은 경험이 다른 경험과 결합되어 있는지 않는지에 의존한다. 나의 현재의 경험에 근거를 둔 나의 판단이 보다 더 넓은 범위의 경험에 기초를 둔 판단과 정합한다면 보다 더 높은 진리성을 얻는다. 그러나 이 더 넓은 경험 그 자체도 그보다 더욱더 넓은 경험과 결합되어 있다. 이 경험들은 순차적으로 올라가서 실재 그 자체인 "전포괄적 경험 체계"로부터 그들이 지니는 실재성을 부여받는다. 그러므로 경험으로부터 추출된 어떠한 판단의 진리성도 궁극적으로는 판단들의 완전한 체계와 정합함으로써 성립된다. 판단들의 이 완전한 체계는 인간의 지식이 "가능한 가장 넓은 경험들의 체계"와 동일해진다면 이루어질 터인데, 이 완전한 체계가 바로 실재이고 절대자인 셈이다.

유물주의

"유물주의"의 의미

우리는 도덕가들이 세계의 현재 상태의 나쁜 점들은 "유물주의"(唯物主義, materialism) 탓이라고 한탄하는 말을 자주 듣는다. 이러한 의미 맥락에서 이 말은 경멸하는 듯한 분위기를 느끼게 한다. 왜냐하면 유물주의자는 돈이나 재산이나 권력 따위에 지나치게 중요성을 부여하는 사람이기 때문이다. 철학에서는 이 단어가 상당히 다르게 사용된다. 철학적 유물주의(哲學的唯物主義, philosophical materialism)는 물리적 물질이나 에너지가 사물이나 사건의 기본 성격을 결정한다고 생각하는 형이상학적 견해다. 물리적 대상이나 사건이 보여주는 그런 종류의 존재가 근본적이다. 왜냐하면 우리가 정신적 경험이나 의식적 경험이라고 지칭하는 것은 물질이나 에너지로부터 파생되는 것이므로, 물질적 범주들에 의해서 가장 잘 설명될 수 있기 때문이다. 이 일반적인 철학적 견해는 물리주의(物理主義, physicalism)라는 이름으로 불리기도 한다. 유물주의의 근본적 신조는 아주 단순화시키면 세 개의 명제로 정리할 수 있다.

1. 생명 · 의식 · 정신을 비롯해서 모든 사물과 사건은 물리적 물질이나 에너지의 복합 및 동태의 서로 다른 수준을 나타낸다.
2. 우주에 발생하는 모든 것은—의식과 관련이 있든 없든—모든 사물과 사건이 따를 수밖에 없는 일정 불변한 물리 법칙들의 체계의 작용으로 인하여 일어난다고 설명될 수 있다.
3. 이 세계의 실존이나 본성을 설명하기 위해서 신이나 그 밖의 어떠한 초자연적 존재도 필요하지 않다.

유물론의 일원주의적 성격

관념론과 유물론은 둘다 일원주의적 설명 체계(一元主義的 說明 體系, monistic system of explanation)다. 모든 일원론은 세계를 하나의 기본 범주에 의해서 설명한다. 관념론자에게는 단 하나의 전포괄적 원리가 정신이고 유물론자에게는 물질이다. 이러한 맥락에서라면 일원주의의 반대가 이원주의(二元主義, dualism)라고 할 수 있다. 이원론적 입장은 두 가지 기본 범주에 의해서 사물을 설명한다. 인간의 본성을 육체와 영혼 두 가지를 가지고 설명하는 전통적 해설은 이원주의적 설명이다. 신과 세계라는 전통적 구분도 마찬가지다. 서양 철학에서 아마 가장 극단적인 이원론은 완전히 서로 다른 물질적 실체와 정신적 실체라는 두 가지 실체가 있다고 주장했던 데카르트의 형이상학일 것이다.

유물주의의 첫 번째 명제는 물질과 생명 또는 물질과 정신을 분리하는 어떠한 이원론도 부정하고 있다. 유물론자는 물리적 물질이나 에너지가 유일한 근본적 실재라고 주장한다. 즉 물질이나 에너지와 다르게 보이는 모든 것이 물질이나 에너지에 입각해서 설명될 수 있다는 것이다. 두 번째 명제는 사물들과 사건들 전체를 지배하는 하나의 법칙 체계가 있다고 주장한다. 이 법칙들은 물질과 에너지의 동태에 대해서 물리 과학의 탐구가 부분적으로 밝혀낸 규칙성이다. 유물론자는 물리적 법칙의 획일적인 지배에서 벗어난 특수한 종류의 사건을 인정하는 어떠한 이원론도 부정한다. 예를 들어 많은 사람이 인간의 행동은 "자유롭다"고 생각하지만 실은 자유롭지 못하다. 유물주의의 세 번째 명제는 물리적 자연이라는 전포괄적인 우주론적 범주 하나밖에 없다고 주장한다. 이 주장은 플라톤의 이데아 또는 전통 신학이나 종교에서 가정하는 초자연적 영역 등등의 물리적 우주를 초월하는 다른 세계가 존재한다는 신념이 함축하고 있는 이원론을 부정한다. 유물론은 세계와 분리되어 존재하는 신의 존재를 부정한다.

기계론

유물주의의 두 번째 신조는 모든 사물이 예외 없이 유일한 물리 법칙 체계에 의해서 지배된다고 주장한다. 이 주장 속에는 기계론(機械論, mechanism)이라고 불리는 신조가 암암리에 함축되어 있는데, 이 신조는 그 당연한 귀결인 결정론(決定論, determinism)과 함께 고전적 유물론자들 대부분의 지지를 받아 왔다. 기계론은 합목적적 인과 관계(purposive causality)와 현저히 다른 기계적 인과 관계(mechanical causality) 즉 누구나 잘 알고 있는 자연 현상의 인과 계열의 우위성을 주장한다. 어떤 당구공이 다른 공을 어떤 위치로 움직이도록 두드렸을 때에 우리는 굴러가는 당구공이 자신의 진로를 "선택했다"고 생각하지 않는다. 그보다는 당구공은 어떤 방향에서 어느 정도의 힘이 가해지느냐에 따라 진로가 "결정되게 마련이다"라고 추정할 것이다. 더 나아가 만일 그 일이 발생하기 이전에 공의 무게나 표면의 충돌 점, 타격의 방향, 힘의 세기 등 관련되는 모든 자료를 미리 안다면 충돌하기 전에도 계산에 의해 공의 움직임을 미리 예측할 수 있다고 주장할 것이다.

현대 과학의 초기 300년 동안의 탐구는 자연 전체를 통하여 어떤 종류의 획일적인 기계적 인과 관계가 작용하고 있다는 가정 아래서 진행되었다. 이 탐구의 방대한 성공은 극히 자연스럽게 과학자와 철학자로 하여금 어떤 사건이라도 원리적으로는 예측할 수 있다고 확신하게 만들었다.[10] 천문학자 라플라스(P. S. Laplace, 1749-1827)는 자연 속의 모든 물체의 상황과 그 물체들에 작용하는 힘을 아는 지성은 우주의 모든 과거 상태뿐만 아니라 모든 미래 상태까지도 분명하게 계산할 수 있다고 주장했다. 이와 비슷한 확신이 헉슬리(T. H. Huxley, 1825-1895)에 의해서 널리 퍼졌다.

> 만일 진화론의 근본적 주장이 옳다면, 즉 생명이 있는 것과 없는 것을 포함한 전 세계가 이 우주의 원초적 성운 상태를 형성했던 분자들이 가졌던 힘이 일정한 규칙에 따라 일으킨 상호 영향의 결과라면, 현존하는 세계가 아직도 어쩌면 우주적 기체 속에 있을 것이라는 것과, 충분한 능력을 지닌 지성이 그 기체의 분자들이 지닌 성질에 대한 지식을 가지고 1869년 영국의 동물성에서 발표했던 것처럼 추운 겨울 날 입김에 어떤 일이 일어날 것인지를 말할 수 있을 정도로 확실하게 예언할 수 있으리라는 것은 분명하다.[11]

유물론자는 기계적 인과 관계라는 개념을 가지고 무엇을 하는가? 유물론자는 우리가 일상적으로 기계론의 견지에서 보지 않는 것까지도 포함해서 모든 사물과 사건을 기계적 인과 관계가 지배한다는 식으로 그 개념을 확대하여

---

10) 독자는 현대의 물리학자들이 물리적 사건에 관한 보편적 예언 가능성에 대해 19세기의 선배들이 확신했던 것처럼 그렇게 전적으로는 확신하지 않는다는 것을 잘 알 것이다. 하이젠베르크의 불확정성 원리는 원자보다 작은 입자들이 개별적으로 취급되면 그 동태의 어떤 면을 예언할 수 없게 된다는 점을 암시하는 실험을 근거로 하여 세워졌다. 원자보다 작은 입자의 위치가 정확하게 측정되면 될수록 운동량은 점점 더 부정확하게 측정되며, 이 반대도 마찬가지다. 그러나 불확정성 원리가 인간의 선택의 자유라는 문제에 어떤 관계를 갖는지는 의심스럽다.

11) 베르그송이 *Creative Evolution*(A. Mitchell, trans., New York: Holt, Rinehart and Winston. 1918, p.38)에 인용한 헉슬리의 말이다.

적용한다. 인간의 행동이 당구공들의 움직임을 지배하는 법칙에 의해 설명될 수는 거의 없다. 유물론자는 인간의 상황에 훨씬 더 큰 복잡성이 있다는 것을 인정한다. 인간은 당구공과 같은 단순한 사물이 아니다. 그러나 우리가 인간 유기체의 물리적 구조에 관해서 인간보다 단순한 물리적 사물과 사건을 아는 만큼 잘 안다면, (그리고 과학을 통해서 우리는 점차 알아가고 있으므로) 그 차이가 본질상의 근본적 차이라기보다는 구조의 복잡성의 정도에 의한 것이라고 깨닫게 될 것이다. 만일 충분한 자료를 갖고 있고 또 변하는 것들을 통제할 수 있다면, 인간 유기체가 하는 어떤 일이든 그 유기체의 선행하는 신체 상태와 환경 상태에 의해서 설명될 수 있다는 것을 우리는 알게 된다. 이 일은 마치 전기적 입자의 운동을 관련된 모든 물리적 조건에 의거해서 설명할 수 있는 것과 마찬가지일 것이다.

자유와 결정론

만일 기계적 인과 관계라는 획일적인 체계가 자연 전체를 지배한다면, "합목적적 인과 관계"나 "목적론적 인과 관계"는 적절한 설명의 범주가 아니라고 버려야 하는가? 해바라기가 태양을 향한다는 사실은 해바라기가 그렇게 의도해서라든가 그렇게 함으로써 무의식적으로 목적을 달성한다든가 하는 식으로는 설명되지 못한다. 해바라기의 동태는 상황 속에 나타나는 물리적 요인들에 의해서 결정된다. 물리학적 · 화학적 · 생물학적 사건을 무목적적 인과 관계에 의해서 해석하는 것은 과학적 방법의 기본 방향이다. 이 과학적 방법의 놀랄 만한 성공에 영향을 받아 유물론자는 보통 목적을 갖는 것으로 간주되는 유형에 속하는 인간 행동을 포함해서 모든 것에 무목적적 설명을 시도하려고 한다. 어떤 유물론자들은 자연에 합목적적 원인이 존재한다는 것은 승인하지만 무목적적 인과 관계의 우위성을 주장한다. 그렇다면 인간의 자유는 환상일 수밖에 없다는 말인가? 그렇지는 않다. 그러나 만일 "자유"라는 말이 인간 행동의 어떤 부분이 기본적이거나 파생적인 물리 규칙에서 벗어난다는 것을 의미한다면 인간의 행동은 "자유롭지" 못하다. 미국의 저명한 행동주의 심리학자 왓슨(J. Watson, 1878-1958)의 주장에 따르면 인간의 행동은 전적으로 조건 반사의 결과다. 파블로프(I. P. Pavlov, 1849-1936)가 실험했던 개는 처음에는 종소리와 함께 나오는 불고기를 보고 침을 흘렸지만 나중에는 종소리만 듣고도 타액 분비의 반응을 일으켰다. 왓슨은 인간의 많은 행동 상황이 굉장히 복잡하다는 것을 물론 인정하면서도, 인간의 행동도 조건 반사에 의해서 완전히 설명될 수 있다고 주장했다. 또 왓슨은 사회가 원해서 결정하기만 한다면, 심리학자들이 필요한 조건을 적용해볼 수 있는 충분한 자료와 기술적 설비 아래서 원하는 어떤 종류의 인간이건 만들어낼 수 있다고 주장했다.

> 나에게 정상적인 열 두 명의 아이와 그들을 기를 내 자신의 특수한 세계를 준다면, 나는 그들 가운데 누구든 무작위로 선택해서 내가 원하는 어떠한 전문가로도 훈련할 수 있다고 보증한다. 그들의 재능이나 기호, 경향, 능력, 적성, 그 조상의 인종 따위에 관계없이 의사, 변호사, 예술가, 상업 경영주, 더 나아가서, 그렇다, 심지어는 거지나 도둑까지도 만들 수 있다.[12]

왓슨의 행동주의는 오늘날에는 지나치게 단순한 생각으로 여겨지고 있다. 그러나 행동주의는 압도적이지는 않지만 대체로 미국의 실험 심리학의 이론적 지주 역할을 하고 있다. 문제 학습에 관한 스키너(B. F. Skinner, 1904-1990)의 빛나는 업적은 형이상학으로서의 행동주의가 아니라 방법으로서의 행동주의가 지닌 계속적인 중요성을 입증하였다. 「과학과 인간 행동」이라는 스키너의 책은 행동주의가 지배하는 미래의 사회에 일어나기 쉬운 문제들을 고찰하고 있다. 흔히 유물론자들이 자신의 신조를 변호하기 위해서 행농수의자의 설명을 사용한다 할지라도, 모든 행동주의자가 유물론자라는 결론을 위의 사실로부터 끌어낼 수는 없다. 그렇긴 하지만 유물론과 결정론 사이에는 결정론이 유물론의 당연한 귀결이라고 말해도 좋을 정도로 긴밀하고

12) J. B. Watson, *Behaviorism*, rev., ed., New York, Norton, 1930, p. 104. (PB: Phoenix, U. of Chicago Press.)

적극적인 상호 관계가 있다.[13)]

자유 대 결정론의 문제는 미묘한 문제다. 우리는 유물론자이거나 아니거나 간에 모두 강요 아래서 이루어진 행위와 강요받지 않고 수행된 행위를 구별할 수 있다. 가난한 사람에게 돈을 주는 것은 후자의 경우다. 그러나 총을 가진 강도에게 돈을 주는 것은 전자의 경우다. 고문에 의해서 한 사람에게 비행을 승인시키는 일이나 억지로 짜낸 자백은 순수한 마음에서 이루어진 고백과는 중요한 차이가 있다. 아리스토텔레스로부터 싸르트르까지 이어져 내려온 모든 철학자가 어떤 행동이 자유롭기 위해서는 선택의 가능성이 있어야 한다고 의견의 일치를 보고 있다. 다른 사람이 나를 떠밀었기 때문에 지하도의 대합실에서 내가 넘어졌다고 가정하자. 이 사건은 내 쪽에 아무런 의도가 없었으므로 내 자신의 행동이라기보다는 오히려 우연히 나에게 일어난 일이다. 유물론자는 이 차이를 인정하기는 하지만, 이 차이는 모든 행동이 (1) 원인의 결과라는 주장과 (2) 모든 원인은 물질적 용어나 물리적 용어로 설명할 수 있다는 자기의 주장과는 관계가 없다고 주장한다. 어떤 일이 일어나면 우리는 원인을 찾는다. 문이 쾅하고 닫힌다. 바람이 불었나? 그렇지 않으면 누가 문을 세차게 밀었나? 어린 애가 아프다. 이 애가 과식을 했나? 그렇지 않으면 수두를 앓기 시작하는 건가? 우리가 X의 원인을 모른다고 인정할지라도 결코 "X는 일어났지만 어떤 것도 X를 일으키지 않았다."고 생각하지는 않는다.[14)] 그런데 왜 우리는 인간의 행동이나 행동의 어떤 부분을 인과 법칙의 지배로부터 제외하는가? 인간이 행하는 많은 행동이 성공적으로 예측될 수 있다. 개인 사업, 공공 사업, 그리고 산업은 이 법칙에 맞게 되어 있다. 해변 음식점의 조심성 있는 주인은 뜨거운 여름 주말의 군중을 예상하고

---

13) 모든 결정론자가 유물론자인 것은 아니다. 신학적 결정론자는 인간의 모든 행동이 전능한 신의 의지의 필연적 결과라고 주장할 것이다.

14) 어린 아이들은 흔히 눈물을 글썽이며 말한다, "그 애가 아무 이유 없이 나를 때렸어!" 이 말은 가해자가 근본적으로 나빴을지도 모르는 그 폭행의 원인이 없다는 뜻이 아니라 단지 어린 아이들이 왜 맞았는가에 대한 합리적 설명을 알 수 없다는 것을 뜻할 뿐이다.

햄버거와 소시지의 주문을 늘일 것이다. 젊은 남편들은 더 큰 보험에 가입할 것이다. 늙은 남편들은 자신이 사는 구역의 시장에 가 있을 것이다. 이런 예들은 근본적으로 통계적인 것이 사실이다. 이런 예들은 어떤 한 개인의 행위가 예측될 수 있다는 것을 보여주지 못하며, 또 어떤 사람들이 실은 "예측할 수 없는" 특성들을 갖고 있다는 것은 잘 알려져 있는 일이다. 결정론자는 이 설명이 실은 그러한 사람들이 일으키는 예기치 못한 행동의 선행 조건을 모르고 있다고 말하는 것에 지나지 않는다고 응수할 것이다. 그런 지식을 가졌다면 그 결과를 예측할 수 있을 것이다. 결정론자는 어떤 행동을 예측할 수 없었기 때문에 그 행동이 결정되어 있지 않았었다고 결론을 내리지는 못한다고 주장할 것이다.

그러나 만일 인간의 모든 행동이 결정되어 있다면, 그래서 어떤 행동도 자유롭지 않다면, 우리는 결정론자에게 사람을 칭찬하거나 비난해야 하는 이유가 무엇인지 물어보아야 할 것이다. 왜 어떤 행위를 한 사람에게는 보상을 주고, 다른 행위를 한 사람은 감옥에 보내는가? 결정론자는 칭찬과 비난은 결정론과 결코 양립할 수 없는 것이 아니라고 대답할 것이다. 칭찬과 비난 그리고 보상과 처벌은 원하는 어떤 방향으로 사람의 행동을 변화시키는 수단이다. 어린이들을 공인된 행동 양식으로 끌어들이기 위해서 부모들은 아이들을 칭찬하거나 꾸짖는다. 훈장은 그걸 받는 사람과 다른 사람들에게 싸움터에서 요구되는 방식으로 행동하려는 경향을 강화하기 위해서 군인들의 가슴에 채워진다. 범죄자들을 감옥에 가두는 것은 결정론의 진리성과 아주 잘 조화된다. 왜냐하면 우리는 그저 그들의 파괴적 행동으로부터 보호받기를 원할 수도 있기 때문이다.

결정론은 결정론자의 주장이 우리 자신에게 적용되었을 때에는 미치 잘못인 것처럼 우리가 본능적으로 반발한다 할지라도 논박하기는 어렵다. 언젠가 어떤 유명한 심리학자는 "나는 실제적 목적을 위해서 나 자신은 자유의지를 가졌지만 다른 모든 사람의 행동은 결정되어 있는 것처럼 행동한다."고 익살스런 체념으로 결정론을 승인한 일이 있었다. 일어나는 개개의 사건에 대해서 다른 어떤 사건이 아니라 바로 그 사건을 일어나게 하는 앞선 인과적 조건이 있다는 주장은 어떠한 예외도 허용하지 않는 것 같다. 그렇지만 가장 일상적인 경험이 우리가 때로 깊이 생각한다는 것—우리가 때로 이것을 할 것인가 아니면 저것을 할 것인가를 깊이 생각한다는 것—을 증명한다. 우리는 때로 이것을 하는 것과 저것을 하는 것 가운데서 어느 것이 나에게 적합한가를 직접적이고 단순한 방식으로 깨닫는다. 나의 직접 의식은 내가 스스로의 행동을 어떤 조건 아래서 조종할 수 있다는 것—산책을 나갈 것인지 아니면 집에서 기타를 연습할 것인지—을 알려 준다. 어떤 철학자들은 두 가지 유형의 결정을 구별함으로써 난점을 해결하려고 노력해 왔는데, 지금까지 살펴본 결정과 다른 이 "결정"은 인간의 자유에 대한 주장과 모순을 일으키지 않는다. 인간의 결정은 인간의 외부로부터 오는 강요를 필요로 하지 않는다. 인간은 어느 정도 스스로 결정할 수 있는 유기체다. 나는 행위자이므로 나의 행동의 근원과 기초는 내 안에 있다. 나는 지적 행위자이므로 내가 심사 숙고한 행동의 여러 가지 진행이 일으킬 결과를 예견할 수 있다. 나는 이 결과의 이익을 비교하여 저울질할 수 있고, 그에 따라서 선택할 수 있다. 그러나 선택하는 것은 나 자신이다. 이것이 바로 "스스로 결정한다"는 말이 의미하는 것이다.

결정론은 또 다음과 같은 반대 주장에 부딪치게 된다. 이 반론은 결정론자의 주장이 항진 진술이라는 것 즉 결정론이 순전히 정의에 의해서 옳을 뿐이라는 것을 결정론자에게 승인시키려고 한다. "모든 행동은 결정되어 있으므로 어떤 행동도 자유롭지 못하다."라는 명제를 생각해보자. 결정론자는 자신의 명제가 오직 자신이 그렇게 정의했기 때문에 옳다고 주장하는가? 그렇게 돼서는 안 된다. 왜냐하면 자신의 결론이 정의에 의해서 옳도록 만든다면 누구라도 모든 논쟁에서 이길 수 있을 것이기 때문이다. 그렇다면 "모든 행동이 결정되어 있다."라는 결정론자의 주장은 항진 진술이 아니라 사실에 대한 기술이어야 한다. 그러나 결정론자의 주장이 사실에 대한 기술이라면, 우리는 이 명제의 허위성을 증명할 수 있는 인간의 행동을 생각해낼 수 있어야 한다. 예를 들어 내가 "모든 포유류는 네 개의 심실을 갖춘 심장을 갖고 있다."라는 명제가 옳다고 믿을지라도 두 개의 심실을 갖춘 심장을 가진 포유류를 생각할 수는 있다. 그러나 결정론자에 따르면 다른 사건이 아니라 바로 이 사건을 일으키는 선행하는 인과적 조건이 있다는 결정론의 법칙에는 예외가 없다. 결정론자는 결정론의 법칙을 그르다고 증명해 줄 예외이었던 인간 행동의 예를 생각해내는 일이 불가능하지는 않을지라도 매우 어렵다는 것을 밝히려 할 것이다. 그러나 생각할 수 있는 어떠한 예외도 허용하지 않는 명제는 사실적 명제나 기술적 명제일 수 없다. 그러므로 결정론자의 주장은 정의에 의해서 옳을 수밖에 없다. 따라서 그것은 항진 진술이고, 항진 진술은 항상 옳기는 하지만, 세계 속 사물의 변화가 진행되는 과정이나 인간의 행동이 일어나는 과정에 대해서는 아무 것도 알려주지 못한다.[15]

정신, 생명, 가치

유물론은 생명 · 의식 · 정신이 물질이나 에너지의 활동에 의거해서 적절하게 설명된다고 주장한다. 스마트(J. J. C. Smart. 1920-)는 자신의 책에 "나는 정신이 자각하는 경험(conscious experience)은 단지 두뇌 작용(brain process)일 따름이라는 견해를 논증하고자 한다."고 썼다.[16] 유물론자는 우리가 정신적 활동의 본성을 아직 충분히 이해하지 못하고 있기는 하지만, 정신이 물리적 용어로 만족스럽게 설명되지 못할 이유가 없다고 주장한다. 우리는 뇌 속에서 전기 작용이 어떤 상태로 부단히 일어나고 있다는 것을 안다. 우리는 정신이 뇌에 의존한다는 것을 안다. 두개골의 안쪽에서 뇌로

15) 결정론에 대한 이 반박은 이 논증 자체가 정의와 기술적 진술은 근본적으로 다르다는 구별 즉 콰인(Quine)을 비롯한 몇몇 철학자에 의해 이의가 제기되어 온 일종의 이원론을 가정해야 한다는 반대 의견에 부딪칠 수 있다. 75-76쪽 참조.

16) J. J. C. Smart, *Philosophy and Scientific Realism*, New York: Humanities Press, 1963, p. 82.

비저 나온 조그만 뼈 조각이 뇌를 찌르면 정치가나 철학자도 천치가 되어버릴 수 있다. 정신적 기능들을 위시해서 모든 인식 기능이 뇌의 특정한 곳이나 영역에 상관 관계가 있다는 것은 고대 그리스 시대부터 알려져 온 일이다. 그러나 뇌는 일 내지 이 파운드의 물질이다. 그것은 조그만 해서 들고 무게를 잴 수도 있다. 정신을 "코뼈와 후두부 사이의 7인치 공간"이라고 말하는 것은 언어의 혼란일까? 우리는 정신 생활의 풍요함과 심오함이 조그마한 물질 덩어리의 움직임과 같다고 생각할 것인가? 정신의 창조력이 "오로지" 뇌의 상태라고 어떻게 말할 수 있을까? 19세기의 유물론자들은 정신이 작동 중인 기계 주위에 때로 떠도는 전기적인 빛과 마찬가지로 신체라는 유기체가 활동하는 과정에 수반되는 부수 현상(附隨 現象, epiphenomenon)이라고 주장했다. 뒤에 행동주의 심리학자들은 정신은 관찰할 수 있는 행동들에 의해서 충분히 기술될 수 있다고 말했다. 왓슨은 사고가 단지 소리를 내지 않는 말이기 때문에 정신적 생활이라는 것은 허구라고 주장했다. 즉 사고는 본질적으로 내연 기관의 수축 상태와 같다. 현대의 유물론자들은 오늘날의 발달된 컴퓨터가 인간의 사고와 관련된 신비의 많은 부분을 제거할 것이라고 확신하고 있다. 그들은 이 놀라운 장치는 인간의 두뇌와 같다고 말한다. 이 둘 사이의 중요한 차이점은 뇌가 무수히 많은 세포로 이루어지는 데 반해서 컴퓨터는 비교적 적은 수효의 전기 회로를 가졌다는 것이다.

유물론자는 물리적 우주를 구성하는 3천만 개 정도의 은하계 가운데 하나에 해당하는 거대한 규모의 수많은 항성 가운데서 그다지 중요하지 않은 태양을 선회하는 한 작은 혹성에 우리가 살고 있다는 사실을 상기시킨다. 생명은 원자들의 우연한 결합의 결과로 이 작은 혹성에서 발생한 것이다. 온도와 다른 조건이 생명의 발전에 우연히 적합했다. 생명의 진화는 생명체보다 낮은 수준으로 조직화된 물리적 환경에 생명체가 적응해가면서 발전되었다고 설명된다. 생명체가 진화사의 과정 속에서 지녀 왔던 복잡한 특성은 인간의 코의 형태가 안경을 쓰기에 알맞은 형태라는 것을 근거로 설명될 수 없듯이 이 생명체들 속에 내재하는 목적에 의해서 설명될 수는 없다. 우주 그 자체는 그 속에 내재하는 어떠한 합목적적 방향도 없다. "모든 피조물이 지향하여 나아가는 먼 미래의 한 신성한 사건"이 있다고 말한 사람은 과학자가 아니라 신학에 영향을 받은 시인이다.

유물론자는 인간이 가치와 이상을 가졌다는 것을 부정하지 않는다. 그렇지만 유물론자는 일반적으로 가치와 이상은 결과가 원인에 항상 부수되는 것처럼 외부의 물질적 요인에 본질적으로 종속되어 있다고 설명한다. 윤리적 가치는 자신의 생명과 복지를 유지하려는 유기체의 욕망에서부터 발전한다. 미적 가치는 생리 조건이나 환경 조건에 의해서 유기체에 야기된 정서적 긴장을 완화시키는 일이 필요하다는 사실에서 비롯된다. 종교적 가치는 물리적 현상에 의해서 두려움을 느끼고 또 우주의 광대성에 압도당한 고도로 민감한 동물로서의 유기체가 지니고 있는 공포와 불안에 그 기원을 두고 있다.

정신에 대한 유물론자의 견해는 수많은 곤란한 문제를 일으킨다. 그 가운데 어떤 문제들은 이 장의 마지막 부분에 전개될 정신적 사건에 관한 토론에서 간접적으로 다루어질 것이다. 여기서는 유물론에 반대하는 이론들이 공통적으로 비판하는 문제점들을 제시하는 것으로 구체적인 반대 이론을 대신하고자 한다.

1. 유물론자는 정신이 뇌에 의존한다는 사실은 정신적 사건이 근본적으로는 물질적 사건이라는 것을 보여준다고 주장한다. 베르그송은 이런 식의 논증은 "X에 대한 의존"과 "X의 본성"을 혼동하고 있다고 주장한다. 옷걸이에 걸려 있는 상의는 옷걸이에 의존한다. 그래서 옷걸이가 부서지면 상의는 바닥에 떨어진다. 그러나 상의가 옷걸이라는 결론은 성립하지 않는다. 마찬가지로 뇌의 손상은 정신을 파괴할 수 있다. 그러나 이것으로 정신적 사건이 뇌의 상태와 동일하다는 것을 증명하지는 못 한다.[17]

2. 정신의 본성이 물리적이라는 주장을 컴퓨터나 그 밖의 어떤 기계를

17) H. Bergson, *Matter and Memory*, London: G. Allen, 1911, p. 80. (PB: Anchor, Doubleday, Garden City. N.Y.)

들어 비유적으로 논증하는 것은 오류에 떨어질 위험이 있다. 우리는 흔히 유기적 기능을 기계에 비교한다. 예를 들어 인간의 신체가 활동의 형태, 노폐물의 배설 등으로 보아 연료를 태우고 에너지를 소비하는 기관차와 같다고 말할 수 있다. 또한 인간의 팔은 기중기와 같고 눈은 사진기와 같다고 말할 수 있을 것이다. 그러나 이러한 유비표현(類比 表現, analogy)은 유사와 동일을 혼동하는 경향이 있다. 한편으로 인간은 기관차에 비교될 수 있고, 거꾸로 기관차는 매우 과장되긴 하지만 제한된 근육 기능을 갖고 있는 조야한 인간이라고 생각될 수 있다. 우리는 기중기는 단순한 팔이라고 말할 수 있으며, 또 사진기는 성능이 좋지 않은 눈이라고 말해도 좋을 것이다. 마찬가지로 인공 두뇌학(人工 頭腦學, cybernetics)에 종사하는 전문가들은 인간의 사고를 계산기의 작동과 비교하는 것이 유용하다는 것을 알고 있으며, 적어도 컴퓨터는 단순화된 뇌라고 생각하는 것은 아주 그럴 듯할 것이다. 그러나 인간 유기체를 기계와 비교하는 어떤 경우에나 인간 유기체와 기계가 동일하다는 것을 증명하지는 못한다. 왜냐하면 만일 인간이 기계와 동일하다는 것이 증명되었다면, 거꾸로 방향을 바꾼 유비 논증이 기계가 인간 유기체라는 것을 증명하기 위해서 사용될 수 있어야 할 것이기 때문이다.

3. 어떤 것에 대한 과학적 설명은 중요하고 유용하다. 하지만 그러한 설명이 그 사물의 의미를 남김없이 해명해버렸다고 간주해서는 안 된다. 현대 과학에 따르면 번개는 이온화된 구름의 한 층으로부터 이온화된 다른 구름이나 지면으로 방전하는 운동이다. 그러나 이 설명은 "이것이 실제 그대로의 번개다."라는 결론으로 오도하고 있다. 어떤 것의 원인에 의거해서 이루어지는 설명은 실제로 존재하는 그것과 동일시되어서는 안 된다. 어린 아이는 이온화된 구름층에 대해서는 아무것도 모른다. 그렇지만 어린 아이가 폭풍우 치는 날 보는 번개는 "실제 그대로의" 번개의 한 모습이다.

4. 유물론은 환원주의 오류(還元主義 誤謬, fallacy of reductionism)를 범하고 있다. "오직 …일 뿐"(nothing-but)이라고 설명하는 "환원의 오류"는 "A는 오직 B일 뿐이다."라는 식으로 A를 설명할 때 일어난다. 우리가 어떤

것을 있는 그대로의 것 이외의 다른 어떤 것이라는 방식으로 설명하려고 할 때에는 언제든지 환원주의에 떨어질 위험이 있다. "환원의 오류"의 극단적인 예는 "낭만적 사랑은 눈물에 불과하다." 또는 "종교는 오직 마술일 뿐이다." 따위의 주장이 잘 보여주고 있다. 유물론자는 "모든 것은 운동하는 물질이다." 라는 신조를 증명하려는 조바심에서 진정으로 수준이 다른 여러 가지 경험을 오직 하나의 수준에 환원시켜 버린다. 생명이 단지 고도로 조직화된 물질이라고 말하는 것은 생명이 물질에 지나지 않는다고 말하는 것이다. 그러나 이 설명은 생물과 무생물의 참다운 차이를 무시하고 있다. 유물론자는 생명을 설명하는 대신에 설명하는 일을 교묘히 피해버린다. 정신이 오직 전기 활동일 뿐이라고 말하는 것은 정신을 경험의 중요한 유형으로 취급하는 일을 거부하는 것이다. 아래에 인용하는 구절은 이 세계의 온갖 것을 물리학과 화학의 범주들에 맞추려는 유물론자의 경향을 정확하게 비판하고 있다고 하겠다.

> 유물론의 주장은 어떤 종류의 사실은 "참다운" 사실이 아니라고 거부하는 것과 같다. 생명 있는 유기체의 현상들이 화학적 화합물의 배열에 지나지 않는다고 말하는 것은 경험이 명백한 증언을 해주는 관계들을 무시하고 있는 것이다. 가치가 순전히 물리적 상황에 부여된 명칭에 지나지 않는다고 말하는 것은 경험의 한 면에 너무 치우친 나머지 경험의 다른 부분을 깨끗이 잊어버리고 있는 것이다.[18]

유물론의 역사적 배경

세계의 궁극적 원인이 물리적 질료라는 주장은 초기의 서양 철학에서 발견된다. 레우키포스(Leucippos, 기원 전 5세기에 활동), 데모크리토스, 에피큐로스 등의 고대 그리스 원자론자들은 물리적 물질이 공간 즉 허공 속에서 사물에 내재하는 필연성의 원리에 따라서 운동하는 미세하고 분할할

18) I. H. Randall, Jr. and J. Buchler, *Philosophy: An Introduction*, New York: Barnes & Noble, 1946, p. 231.

수 없는 입자 형태의 원자들로 구성되어 있다고 주장하였다. 그러니까 모든 사물은 원자들의 결합체다. 인간의 정신은 특별히 가볍고 미세한 원자들로 이루어진다. 신들 역시 원자들로 구성된 물리적 존재다. 신들은 자연의 법칙에 대한 지배력이 없으며, 인간사에 간섭하지도 않는다. 로마 시인 루크레티우스(T. C. Lucretius, 99-55 B.C.)는 위대한 철학적 시 「사물의 본성에 관하여」에서 이 형이상학적 신조를 라틴어로 읊었다. 루크레티우스는 죽음은 우리를 구성하고 있는 원자 집단의 분해에 불과하므로 죽음을 두려워할 필요가 없다고 말했다. 그는 우리가 자신의 과오에 대하여 심판받거나 처벌받게 될 내세는 없다고 보았다.

유물론은 종교와 여러 가지 점에서 분명히 배치되기 때문에 중세에는 유물론이 사라졌었다. 근대에 진행된 유물론의 발전은 물리 과학들의 발전과 직접적으로 연관되어 있다. 세계는 물체들로 구성되어 있고, 이 물체들은 법칙에 따라 규칙적으로 상호 작용하므로 예측할 수 있다는 생각은 자연의 과정에 대한 이해와 통제에 관련된 광범위한 발전과 잘 조화를 이루었다. 우주를 기계론에 입각해서 설명한 뉴튼의 훌륭한 세계상과 신에 대한 뉴튼의 신앙은 뉴튼을 찬양하는 유물론자에 의해서 재빨리 분리되었다. 이보다 앞서 홉스(T. Hobbes, 1588-1679)는 운동하는 물체라는 관점에서 모든 것을 설명했었다. 홉스와 동시대 사람인 프랑스의 데카르트는 모든 것이 기계라고 주장했는데, 이 주장은 어쩔 수 없이 "왜 인간은 기계가 아닌가?"라는 문제에 부딪힐 수밖에 없다. 18세기 프랑스의 유물론자 라 메뜨리(J. O. La Mettrie, 1709-1751)는 「인간 기계론」이라는 책을 써냈다. 라 메뜨리는 약간 소박한 기계적 유물론을 대중화시키는 데 공헌한 사람인데, 프랑스의 계몽주의 운동을 이끈 사람들 가운데서 자유스런 사고 방식을 갖고 있으면서 성직자들에 반대하는 성향을 지녔던 일군의 저작가에 속하는 사람이었다. 여기에는 디드로(D. Diderot, 1713-1784), 돌바크(P. H. D. B. d'Holbach, 1723-1789), 달랑베르(J. R. d'Alembert, 1717-1783) 같은 사람들도 속해 있었다.

유물론의 역사는 유물론자들이 자신의 독단적 신조 속에 함축된 결정론에 대한 반론에 응수하기 위해서 여러 가지 방식으로 저들의 신조를 조정해왔음을 보여준다. 에피큐로스는 공간 속에서 떨어지는 원자들이 약하게나마 이탈 경향을 갖고 있어서 각도야 지극히 작지만 직선 진로에서 이탈한다고 주장했다. 이 일로 인하여 헤아릴 수 없이 많은 원소가 자연 속에 만들어지게 되고, 인간의 영혼에는 선택의 자유를 설명하는 "무명 원소"(無名 元素)가 주어지게 된다. 18세기의 프랑스 유물론자들은 아주 곤란한 문제에 정면으로 부딪혔다. 그들은 자신의 주장이 도덕적 책임을 근본적으로 부정하게 된다는 점을 인정할 수밖에 없었다. 따라서 그들은 범죄는 일종의 질병일 뿐이므로 사악한 자들을 병원에 맡기자고 주장했다. 어쨌든 그들은 법적 처벌이 사회적으로 유감스러운 편법이기는 하지만 필요하다는 것을 인정하였다. 그러나 그들은 교정이 가능한 한 부드러워야 한다고 주장하였다. 20세기에 와서 물리학자 슈뢰딩거(E. Schrödinger, 1887-1961)는 조금 더 진보되기는 했지만 냉혹한 유물론의 관점에서 생명 있는 유기체에 대한 분석을 시도한 「생명이란 무엇인가?」라는 책을 썼다. 그는 이 책에서 유기체의 생명은 그 기초가 오직 단백질 분자에 있을 뿐이며, 이 분자는 불규칙한 결정 방식으로 원자들이 복잡하게 배열된 것이라고 주장하였다. 그러나 슈뢰딩거 자신인 분자 집합체를 지배하는 것은 슈뢰딩거 자신이라는 흔들릴 수 없는 자기의 확신을 설명하게 되었을 때, 이 문제에 대해서 그럴 듯한 유일한 해답은 고대 인도의 철학자들의 대답 즉 "나는 신이다."라는 말일 것 같다고 슈뢰딩거는 털어 놓았다.

19세기에 있었던 다윈(C. R. Darwin, 1809-1882)의 진화론의 대승리는 물리학의 용어가 아니라 생물학의 용어를 사용한 유물론자들의 대중적 논문들이 밀물처럼 쏟아져 나온 뒤에 이루어졌다. 영국의 헉슬리와 독일의 헤켈(E. H. Haeckel, 1834-1919)은 인간을 비롯해서 모든 생명체가 방대한 우주 진화의 과정에서 분자 결합의 우연한 산물에 불과하다는 신념을 일반화시키는 데 공헌했다. 독일 철학자 헤겔의 제자들 가운데에는 종교와 신학 쪽으로 기울어진 헤겔 우파와 함께, 유물론에 공감하고 사회와 정치의 개혁에 관한 문제에 몰두한 헤겔 좌파가 있었다. 이 우파와 좌파 사이의 논쟁은 마르크스와 엥겔스가 근대의 유물론들 가운데서 가장 강력한 유물론을 발전시킬 수 있는 지적 배경을 제공하였다. 이것이 오늘날 소련에서 국가적으로 공인되고 있는 형이상학인 변증적 유물론(辨證的 唯物論, dialectical materialism)인데, 곧 이것만 따로 살펴보게 될 것이다.

변증적 유물론을 제외하면 이제는 유물론을 찾아보기가 매우 힘들다. 영국이나 미국의 일부 강단 철학자들이 지금도 유물론자라고 자처하고 있기는 하다. 그렇지만 대부분의 학자가 이들의 주장을 자연주의(自然主義, naturalism)라는 이름으로 부르고 있으며, 몇몇 학자만이 유물론의 수정된 형태로 보고 있을 뿐이다. 유물주의는 일반적 세계관인데 오늘날 순수한 정통 철학에서는 세계관의 문제를 약간 낡은 문제로 간주하고 있다. 유물론은 오히려 아마추어 지성인들 사이에 일반적으로 보급되어 있다. 실제로 유물론은 거의 언제나 아마추어 지성인들 사이에서만 논의되어 왔었다. 고대 그리스 원자론자들과 그들의 몇몇 선배 철학자를 제외하면 유물론자로 분류될 수 있는 일급 철학자는 철학사에서 찾아볼 수 없다. 그러나 이 사실이 필연적으로 유물론의 신용을 떨어뜨린다고 생각되어서는 안 된다. 전문적인 학자들이 주장하는 철학이 잘못되어 있을는지도 모른다. 날카로운 아마추어 철학도였던 레닌(N. Lenin, 1870-1924)은 철학이 거의 철학사 전체에 걸쳐서 지나치게 관념주의 경향에 물들어 있었다고 지적하였다. 독자는 스스로 판단해보기 바란다.

변증적 유물론

이 이론은 오직 물질만이 실재한다는 유물주의의 근본 주장에다 헤겔의 철학에 기원을 둔 아래의 세 가지 명제를 결합시킨 것이다. 그 세 가지 명제는 (1) 모든 사물은 상호 연관되어 있다, (2) 모든 사물은 발전하는 과정 중에 있다, (3) 이 발전은 변증적 규칙에 따라 진행된다는 것이다. 이 이론적 뼈대가 (a) 인간이 물질을 필요로 한다는 사실과 (b) 그 필요를 충족시켜 주는 생필품의 생산을 지배해 온 사회 계급에 의거해서 인간 사회의 발전과 경제의 발전을 밝혀보려는 설명을 지탱하고 있다.

우리가 당연히 그러리라고 생각하듯이 변증적 유물론은 물질의 우위성을 주장한다. 엥겔스의 말을 들어보자.

> 우리 자신이 속해 있고 감각에 의해서 지각할 수 있는 물질 세계가 유일한 실재다. … 우리의 의식과 사고는 육체적 기관인 뇌라는 물질의 산물이다. 물질이 정신의 산물이 아니라 정신 자체가 물질의 최고 산물일 따름이다.[19]

또 레닌은 이렇게 말했다.

> 물질은 우리의 감각 기관에 작용하여 감각을 만들어내는 바로 그것이다. 물질은 감각을 통해서 우리에게 주어지는 객관적 실재다. … 물질 · 자연 · 존재 · 신체적인 것이 일차적이고, 정신 · 의식 · 감각 · 심적인 것은 이차적이다. … 세계상(world picture)은 물질이 움직이는 방식과 물질이 생각하는 방식에 대한 상이다.[20]

변증적 유물론자에게는 물질 세계가 서로 분리되어 있고 또 서로 단절되어 독립해 있는 물체들의 단순한 기계적 집합으로 이루어진 것이 아니다. 그들은 이 생각을 18세기에 유행하던 "기계적 유물론"으로 간주하고 수정되어야 한다고 주장한다. 물질 세계는 "사물들과 현상들 모두가 서로 유기적으로 연결되어 있고, 서로 의존하고 있으며, 서로를 결정해주고 있는 하나의 결합체다."[21] 이 물질의 체계의 모든 부분은 다른 모든 부분과 연관되어 있을 뿐만 아니라 전체 체계는 끊임없이 변화와 발전을 겪고 있다. 마르크스는 과거의 기계적 유물론이 변화를 설명하지 못한다고 주장했다. 과거의 이론은

19) F. Engels, *Ludwig Feuerbach*, New York: International Publishers, n. d., pp. 39, 43.

20) V. I. Lenin, *Materialism and Empirio-Criticism*, in Selected Works, New York: International Publishers, 1943, vol. Ⅱ, pp. 207-208, 402.

21) J. V. Stalin, *Dialectical and Historical Materialism*, New York: International publishers, 1940, p. 7.

변화를 단순히 물질의 정적인 작은 조각이 새로운 위치에 재배치되는 것으로 취급한다. 그러나 이것은 전혀 변화가 아니다. 변증적 유물론은 변화가 자연의 핵심이라고 주장한다. 물질은 정적인 것이 아니라 동적인 것이다. 물질은 끊임없이 발전하고 있는데, 이 발전은 새로운 힘과 현상을 형성시키고 낡은 힘과 현상을 붕괴시키면서 계속 진행된다.

물질은 어떻게 변하는가? 마르크스와 엥겔스가 제시한 답변은 물질이 변증적으로 변한다는 것이다. 헤겔이 이념(Idee)과 정신(Spirit)의 우위성을 주장한 것은 잘못이었다. 헤겔의 관념론은 거부되어야 한다. 그러나 헤겔이 세계 과정이 변증적으로 진행한다고 믿은 점 즉 사물의 발전은 그 사물에 내재하는 대립자들에 의한다고 믿은 점은 옳다. 레닌은 "본래의 의미에서 변증론(辨證論, dialectic)은 사물의 본질 자체에 있는 모순에 대한 연구다."라고 말했다. 이에 따르면 개개의 사물과 사건의 역사는 그 사물이나 사건에 대한 대립자의 출현이나 모순 상태로 인하여 발전하며, 또 애초에 이 발전을 출발시켰던 것의 붕괴와 동시에 새로운 대립자가 또 출현한다는 식으로만 이해될 수 있다.

마르크스와 엥겔스는 물질 세계의 변증적 발전을 기술하기 위해서 헤겔의 세 가지 원칙을 응용하였다. 그것들은 (1) 양에서 질로의 변환 (2) 대립자들의 통일 (3) 부정의 부정이다.

1. 양에서 질로의 변환(transformation of quantity into quality)은 사물의 순수한 질적 차이를 올바르게 다룰 수 있게 하고, 또 질적 차이를 단지 물질의 양적 재배열로만 생각하던 과거의 유물론의 지나친 단순화를 피하려는 의도에서 끌어들었다. 변증적 유물론자는 물질의 발전에서 어떤 "임계점"이나 "교차점"에서 새로운 성질이 생겨난다고 말한다. 질적 변환은 점진적 변환이 아니다. 왜냐하면 교차점에 이르렀을 때에는 비교적 빠른 변화 즉 새로운 단계로의 "비약"이 일어나기 때문이다. 이것은 액체의 동결의 경우에서처럼 자연적 물질의 상태 변화에 의해서 예증될 수 있다. 물의 온도가 내려갈 때에 액체가 갑자기 질적으로 새로운 상태인 얼음으로 바뀌는 임계점이

있게 된다. 변증적 유물론자는 이 법칙이 물리학에서 뿐만 아니라 사회적 행동의 영역에서도 통한다고 생각한다. 질적으로 새로운 사회 질서인 산업 자본주의는 그 발전에 적합한 조건이 오랫동안 존재해 왔음에도 불구하고 비교적 급속히 발전하였다. 소련의 사회주의 질서도 마찬가지다.

2. 대립자들의 통일(unity of opposites)은 잘 알려져 있는 바와 같이 사물이 근본적으로 모순을 일으키는 성격을 갖고 있다는 주장인데, 이 주장은 변증적 유물론의 핵심이다. 어떠한 사건과 사물에서도 통일은 대립자들의 내적 양극성을 전제로 한다. 이 주장을 맨 처음 편 사람은 고대 그리스 철학자 헤라클레이토스인데, 그는 사물의 겉보기 안정성이 활이나 칠현금의 현의 경우에 그런 것처럼 대립하는 힘들 사이의 긴장의 결과라고 주장했었다. 헤겔은 「논리학」에서 긍정과 부정 따위의 대립자들은 결코 절대적 차이를 보여주는 것이 아니라 어떤 점에서 동일하다고 주장하였다. 채무자에게 부정적인 것이 채권자에게는 긍정적인 것이 된다. 동쪽으로 가는 길이 또한 서쪽으로 가는 길도 된다. 자석은 남극이 없이는 북극도 있을 수 없다. 마르크스는 이 도식을 사회 이론에 적용함으로써 사회적 갈등 즉 "계급 투쟁"의 근저에는 어떤 사회가 이용할 수 있는 생산 방식과 그 사회의 특질을 이루는 사회적 관계 사이의 모순이 성립해 있다고 주장했다. 자본주의 사회에 사는 무산 계급이나 노동 계급은 자본주의 속에서 이루어진 생산 방식에 의해서 사회적 관계들의 체계를 대대적이라 할 정도까지 확장하고 변화시키려고 시도한다. 그러나 무산 계급은 생산 방식을 통제하는 유산 계급의 반대에 부딪힌다. 유산 계급은 노동 계급이 요구하는 사회 개혁을 막거나 제한하려고 힘쓰기 때문이다. 대립하는 이 두 세력 사이의 갈등이 임계점 즉 극한점에 다다랐을 때에 세 개의 변증적 도식 가운데 첫 번째 도식에 따라 유산 계급의 자본주의로부터 새로운 사회 질서인 과학적 사회주의(科學的 社會主義, scientific socialism)를 지향하는 갑작스럽고 격렬한 비약이 혁명의 형태로 나타나게 된다는 것이다.

3. 부정의 부정(negation of the negation)은 발전하고 있는 사태의

어느 단계든 그 자체 내에 헤겔식 대립이나 부정이 있다는 사실에 생각이 미친다면 분명하게 이해될 것이다. 이 부정은 시간이 지나면 자신을 탄생시켰던 상태에 대립하고, 원래 상태와의 관계를 역전시키기 위해 그것을 붕괴시켜 버린다. 그러나 이 두 번째 상태(첫 번째 부정)는 다시 대립자를 생성시키고, 이것이 첫 번째 부정의 부정으로서 정립되게 된다. 마르크스에 의하면 자본주의는 그 자체에 대한 부정 요소들 없이는 존재할 수 없다. 그러나 이 부정 요소들은 결국에는 자본주의 자체를 부정할 것이다. 자본주의의 내적 모순의 한 예는 과잉 생산을 하게 되는 경향인데, 이것은 대규모 실업 상태를 일으킨다. 이번에는 다시 실업 상태가 생산된 재화를 노동자가 구매하지 못하도록 억제한다. 그리하여 자본주의 경제 자체의 균형이 흔들리는 경제 위기나 불황이 일어난다. 자본주의의 최후의 붕괴 이후에는 마르크스가 그렸던 사회주의 세계가 나타난다는 것이다. 따라서 이 새로운 사회 질서는 부정의 부정이다. 마르크스는 이 법칙에 대해 다음과 같은 예를 들었다. "자본주의적 생산 방식에 따르면 나타나게 마련인 자본가의 착복은 자본가의 사유 재산을 낳는다. 이것은 소유자의 노동에 의해 얻어지는 사유 재산 즉 개인적 사유 재산에 대한 첫 번째 부정이다. 그러나 자본주의의 생산은 자연 법칙의 냉혹함에 의해서 그 자신의 부정을 초래한다. 이것이 부정의 부정이다."[22]

변증적 유물론에 대한 비판

변증적 유물론을 공정하게 비판하기는 쉬운 일이 아니다. 이 신조는 마르크스의 사회 철학에서 끌어낸 여러 가지 기본 개념, 한 예를 들면 "유물사관"(唯物史觀, 유물론자의 역사관) 따위에 밀접하게 의존하고 있다. 이런 개념의 타당성은 역사학자들과 경제학자들에 의해서 광범위하게 공격을 받아왔다. "정통 철학"과 "순수 철학"의 입장에 서서 비판하는 철학자들은 마르크스가

22) Karl Marx, *Capital*, New York: International publishers, n. d. Vol. I, p. 789.

형이상학 체계—마르크스보다 더 현학적이었던 엥겔스에 의해 정립된 변증적 유물론—를 갖고 있지 않았다는 사실을 지적한다. (변증적 유물론의 유명한 세 법칙은 엥겔스의 미완의 저서 「자연 변증론」에 처음으로 나타난다.) 변증적 유물론의 타당성은 부분적으로 헤겔 철학의 개념적 얼개에 얼마만한 가치가 부여될 수 있는가에 달려 있다. 변증적 유물론은 헤겔 철학의 "존재적 측면"을 보여주는 「정신 현상학」보다는 오히려 더욱 추상적인 "체계적 측면"을 보여주는 「논리학」을 더 많이 반영하고 있다. 마르크스 자신은 「정신 현상학」에 매혹되어 있었기 때문에 초기에 "소외"(疏外, alienation)라는 개념을 이 책에서 빌려 왔었다.[23)]

초기의 변증적 유물론자들의 저작은 다른 입장들에 대한 격렬한 공격으로 가득 차 있어서, 그들의 이론에 대한 설명과 증거를 그들이 벌이고 있는 논쟁의 와중으로부터 분리시키기가 쉽지 않다. 레닌의 철학적 주저인 「유물론과 경험 비판」은 본질적으로 실증주의 지식 이론과 현상주의 지식 이론에 반대하면서 실재주의 지식 이론 즉 객관주의 지식 이론을 변호하고 있다. 그러나 지금은 잊혀진 십여 명의 이론가에 대하여 이 책 속에서 전개된 비난은 근본 주제로부터 우리의 주의를 빗나가게 한다. 이 논쟁은 스탈린 시대에 최고의 절정에 이른 변증적 유물론에 도움이 되었다. 다음은 그 당시에 출판된 소련 철학사 개관으로부터 뽑은 한 구절이다.

> 이 장의 임무는 제국주의 시대의 유산 계급의 보수적 이데올로기를 볼셰비키 사상의 입장에서 비판하는 일이며, 자본주의의 일반적 위기 및 현대의

---

23) 마르크스는 "소외"(alienation, Entaüsserung)와 "소원"(estrangement, Entfremdung)이라는 용어를 초기의 *Economic and Philosophical Manuscripts* 속에서 구별 없이 사용하고 있다. 헤겔은 이 두 용어를 소외자가 포기해버린 것이나 양도해준 것이 적대적 힘으로서 그 소외자와 맞설 때에만 "소외"가 "소원"을 포함한다고 구별하였다. 마르크스는 소외의 개념을 근대 사회 전체에 확장한다. 노동과 재산과 국가는 사람에 의해 창조되었지만 서로 용납하지 않고 적대적 힘으로서 인간에 맞서게 되어버린다. 생산의 도구, 공장, 제작 기계, 작업실은 인간의 통제 아래 있지 않고 오히려 인간을 따돌리고 위협하는 생소한 것으로서 인간과 맞선다.

> 모든 유산 계급 문화의 타락과 유산 계급의 보수적 이데올로기와의 관련을 밝히는 것이며, 볼셰비키 사상 특유의 엄격성을 가지고 오늘날 마르크스주의의 적들이 사용하는 보수성을 지닌 철학적 신조들과 사회적 신조들을 갈기갈기 찢는 일이며, 레닌과 스탈린이 부패한 반마르크스적인 관념주의적 신조들을 지칠 줄 모르고 공격했고 또 관념주의와 성직자들의 정략을 냉혹하게 폭로했다는 것을 보이는 것이며, 또한 오늘날의 유산 계급의 이데올로기가 제국주의적 유산 계급에 대한 아첨꾼인 우익 사회학자들을 위한 가증스런 보수 관념 틀을 만들어내는 병기 공장이라는 것을 강조하는 일이다.[24)]

스탈린이 죽은 후에 소련 철학의 욕설 섞인 말씨는 약간 누그러져 왔다. 1963년에 소련의 철학자들이 미국 철학회의 기념 모임에 참석해서 미국의 학술 단체인 "변증적 유물론 철학 연구회"가 후원한 토론회에 참석하였다. 이 때 이후로 서구의 철학자들과의 연합 모임을 갖기 위해서 소련의 철학자들이 초청되고 있다.

변증적 유물론에 대한 지지자들은 변증적 유물론의 출현이 유물론의 발전에서 중요한 진일보라고 주장한다. 변증적 유물론은 옛날의 유물론이 소홀히 했던 사회적 요인들의 인과적 역할을 유물론에 끌어들였다. 변증적 유물론 속의 헤겔적인 "이성적 핵"(理性的 核, rational kernel)은 "기계적 유물론"의 많은 부적합성을 수정할 수 있게 한다. 이 "이성적 핵"은 "서로의 주위를 돌아다니는 고립된 물체들로 이루어진 세계" 즉 근본적으로 "정적 체계로서의 세계"라는 생각에 기초를 둔 모든 유물론의 한계를 드러낸다. 마르크스의 형이상학은 이 "기계적 유물론"의 세계관을 변화와 발전은 공간 속에 영속하는 입자들의 우연한 겉보기 재배치가 아니라 입자들 내부에서 근본적으로 일어나는 일이라고 생각하는 세계관으로 대체시켰다.

그러나 변증적 유물론을 비판하는 철학자들은 "물질이 변증적으로 변한다."는 변증적 유물론의 근본 주장 자체가 중대한 문제 거리라고 단언한다. 전기의 양극성과 같은 "변증적 대립"의 뚜렷한 예를 자연 속에서 지적할

24) *A Soviet History of Philosophy*, William Edgerton, trans., Washington, D.C. Public Affairs Press, 1950.

수 있는 반면에, 특별히 변증적 방식으로 움직인다고 생각되지 않는 사물과 사건이 자연 속에 많이 있다. 이런 현상들은 사실을 이론에 억지로 왜곡시켜 맞추지 않고서는 변증적으로 설명될 수 없다. 또 변증적 유물론은 예측할 수 있는 힘이 없으며, 그래서 전혀 과학적 이론이 못 된다고 비판받고 있다. 그러나 변증적 유물론을 변호하는 사람들은 진화라는 개념이 예측하는 힘이 거의 없거나 전혀 없으면서도 철학적 사고를 자극할 뿐만 아니라 생물학의 여러 분야에서 설명 체계를 세우는 개념으로 유익하게 사용되고 있다고 지적한다.

자연주의

"자연주의"의 의미

유물주의의 근본 명제들 가운데 하나는 이 세계의 실존이나 본성을 설명하기 위해서 신이나 그 밖의 어떠한 초자연적 존재도 필요로 하지 않는다는 것임을 우리는 이미 알고 있다. 따라서 어떤 철학자가 유물론자라면 그는 거의 틀림없이 무신론자다. 에피큐로스와 루크레티우스 같은 고대의 유물론자들이 신들이 있다고 말한 것은 사실이다. 그러나 이 신들은 세계의 상위 영역에서 인간사에 관여하지 않고 축복된 평정의 상태로 살고 있는 존재이므로 고상하기는 하나 자연적 존재였다. 그뿐 아니라 어떤 학자들은 에피큐로스와 루크레티우스가 실제로는 전혀 신들을 믿지 않았지만, 당시 사람들의 애국심과 관습에 충돌하지 않기 위해서 그들의 우주론 속에 그런 존재를 포함시켰다고 주장한다. 게다가 신은 인간의 정신이 만들어낸 구성물로서가 아니라면 존재할 수 없다고 유물론은 주장한다. 그러나 유물론만 신에 관해서 이런 부정적 신념을 주장하고 있는 것은 아니다.

어떤 철학자는 유물론자가 모든 것이 물질이나 에너지라고 주장하는 점이나 기계적 결정론을 주장하는 점에서는 그르지만, 신이 존재하지 않는다고 주장하는 것은 옳다고 인정하기도 한다. 그렇다면 이런 철학자의 견해에 대한 적절한 이름은 무엇일까? 근래에 "자연주의"(自然主義, naturalism)가 적합한 이름으로 제안되어 사용되고 있다. 아주 일반적으로 말하면 자연주의는 사물과 사건이 초자연적 원인이 아니라 자연적 원인을 갖는다는 신념이라고 정의할 수 있다. 즉 우주는 초자연적 기원이 아니라 자연적 기원을 가지며, 인간은 초자연적 목적이 아니라 자연적 목적을 갖는다.[25]

자연주의는 사물에 대하여 "저 세상적인" 견해가 아니라 "이 세상적인" 태도를 취한다. 우리는 이런 이유로 예컨대 중국 고대 철학의 성격을 자연주의라고 규정할 수 있다. 공자는 어떤 형태의 초자연적 설명도 싫어해서 오로지 자연과 인간 관계 속에서 발견되는 문제에 대해서만 관심을 쏟았다. 마찬가지 이유로 아리스토텔레스가 이 세계와 구별되는 신을 믿었음에도 불구하고 문제들을 다루는 그의 일반적 탐구 방식은 "자연주의적 방식"이었다고 설명하게 된다. 왜냐하면 그의 신학에도 불구하고 아리스토텔레스는 대부분의 경우에 사물을 저 세상과 관련짓지 않고 설명하려는 경향이 있다. 이 점에서 아리스토텔레스는 사물에 대한 궁극적 설명이 이데아들의 예지계에서 찾아져야 한다고 주장했던 플라톤과 좋은 대조를 이룬다. 아리스토텔레스는 이 세계를 설명하기 위해 또 하나의 세계를 만들어내는 것은 불필요하다는 것을

25) 문예 비평에서의 "자연주의"라는 말은 졸라(E. Zola)와 드라이저(T. Dreiser)의 작품들 속에서 볼 수 있는 것처럼 주제를 사실적이고 현실적으로 취급함을 뜻한다. 미국의 소설가 화렐(J. T. Farrell)은 철학적 자연주의까지도 요구하고 주장했다. *Studs Lonigan*의 작가인 화렐은 다음과 같이 말했다. "나는 자연주의자로 불리어 왔고, 그것을 결코 부정하지 않았다. 그러나 자연주의에 대한 내 자신의 생각은 흔히 나에게 부여되는 그런 것이 아니다. 내가 자연주의라는 말로 뜻하는 것은 이 세계 속에서 일어나는 것은 무엇이든 이 세계에 속하는 사건들에 의해서 궁극적으로 설명될 수 있어야 한다는 것이다. 나는 모든 사건이 비자연적이거나 초자연적 기원에 의해서가 아니라 자연적 기원에 의해서 설명될 수 있다는 태도를 취하며 또 믿고 있다." *New York Times Book Review*, Sun., Nov. 21, 1957.

논거로 하여 이상 세계에 대한 플라톤의 가르침을 비판하였다. 이러한 비판은 전형적인 자연주의적 태도를 보이고 있다.

약간 좁은 의미로 이해되는 "자연주의"는 특정한 주장을 가리키는 것이 아니라 미국에서 실용주의자들이 우세하던 시기가 지난 다음에 널리 퍼지게 된 철학에 대한 일반적 접근 방식을 말한다. 19세기 말엽에 미국의 대학들에서 가르쳤던 철학은 일반적으로 관념주의의 어떤 형태였다. 퍼어스, 제임스, 듀이는 관념주의적 형이상학에 반대하는 세력을 이끈 철학자들인데, 이들은 포괄적 세계관에 대한 관심을 줄이고, 과학적 방법에 대한 탐구와 도덕적 문제와 사회적 문제에 대한 경험적 탐구에 더 큰 관심을 기울이도록 하는 데 기여하였다. 그럼에도 불구하고 미국의 새로운 경험주의는 자연 대 초자연이라는 문제에 대한 형이상학적 입장을 필요로 하였다.

일반적으로 경험주의자들은 자신이 자연의 편이라고 선언하였다. 이것이 오늘날 비종교적인 대학들에서 가르치는 미국 철학자 거의 대부분이 취하고 있는 입장이다. 그러나 이들은 한 세대 전의 철학자들보다 이 문제에 대하여 관심을 덜 기울이는 경향이 있다. 산타야나는 자기 스스로는 경험주의에도 과학적 방법에도 관심이 없었음에도 불구하고 "자연주의"라는 용어를 널리 퍼뜨리는 데 공헌하였다. 산타야나는 자신의 "이 세상적 사고 방식"이 이성이 꿈꾸는 이상들 그리고 고대 그리스의 고전적 조화와 잘 어울릴 수 있다고 생각하였다.

자연주의와 종교

자연주의는 신이 모든 것을 포괄하는 자연과 다른 존재로서 실제로 있다고 주장되면 신의 존재를 부정한다. 이 말은 모든 자연주의자가 반드시 무신론자라는 뜻일까? 그렇지 않으면 자연주의라는 신념과 종교적 가치의 중요성에 대한 확신이 조화를 이룰 수 있다는 뜻인가? 역사적으로 보면 유물론적 자연주의는 호전적인 무신론, 공격적인 세속주의, 반종교적이고 반교권적인 운동과 동일시되어 왔다. 그러나 미국의 자연주의에서는 종교적 경험에 참다운 격위를 인정하고 종교적 가치를 인식하며, 또 자연주의적 세계관에 종교를 통합하려는 꽤 많은 노력이 약간의 철학자에 의해서 진행되어 왔다. 현대의 자연주의자들은 "우익"과 "좌익" 또는 제임스의 용어로 표현하면 "유연한 사고 방식"을 가진 사람들과 "경직된 사고 방식"을 가진 사람들로 나누어질 수 있다. "경직된 사고 방식"을 가진 자연주의자들은 과거의 유물론자들의 사고 경향과 비슷하다. 그들은 종교적 가치에 관한 문제에 무관심하거나, 그렇지 않으면 어떤 의미로든 자연주의적 세계관에 종교를 끌어들이려는 기도에 적극적으로 반대한다. "유연한 사고 방식"을 가진 자연주의자들은 종교에 대하여 호의적이다. 그들은 일반적으로 교조적이고 전통적인 종교들을 거부하기는 하지만 종교적 가치가 중요하며 또 자연주의 철학에 통합될 수 있다고 믿고 있다.

종교에 대한 산타야나의 태도는 미국의 자연주의에 상당히 큰 영향을 미쳤다. 산타야나는 앞에서 본 것처럼 자연적 사실의 세계 외에 인간의 창조적 상상력을 통해 도달할 수 있는 본질의 세계가 있다고 주장했다. 이 본질들은 자연적 사실이 아니라 이상으로 이해된다면 삶에 의미를 부여할 수 있다. 본질들은 경험에 색채와 풍요와 가치를 부여할 수 있다. 이런 이상들 가운데 시와 종교라는 이상이 있다. "종교와 시는 본질적으로는 동일하며, 다만 실제적인 일에 관여하는 방식만 다르다. 시가 생활 속에서 삶을 조정할 때에는 종교라 불리고, 종교가 생활에 그저 부속될 때에는 시에 지나지 않는 것으로 여겨진다."[26] 산타야나에게는 신이 이상이지 사실이 아니다. 신학은 실존보다는 본질을 다룬다. 그러나 이상들과 본질들은 우리의 생활을 조직하고 의미 있게 해주는 구심점을 제공함으로써 생활과 연결될 수 있다. 이것들이 없으면 생활이 인간적일 수 있기는 매우 어렵다. 그러나 산타야나는 모든 자연적인 것이 이상의 실현을 지향하는 반면에 모든 이상은 자연적 기초를

26) 듀이가 *A Common Faith*(Yale University Press, 1934. p.17.)에 인용한 산타야나의 말이다. (PB: Yale U. P.)

갖고 있음을 우리에게 일깨워준다. 전통적 종교들이 자연적 사실에 대한 기술로 이해된다면 그것은 환상이 될 수밖에 없다. 그것들이 생활에 대한 상징적 해석으로 이해될 때에 그것들은 평정한 마음으로 운명에 자신을 조화시키도록 우리를 도와줄 수 있다.

듀이는 "우익" 즉 "유연한 사고 방식"을 가진 쪽으로 분류하면 잘못이 될 그런 자연주의자다. 그러나 그는 종교가 이상적 가치와 관련되어 있다는 산타야나의 생각을 칭찬하였다. 산타야나는 종교 속에서 두 가지 요소 즉 도덕적 의식과 사물에 대한 시적이거나 신화적인 개념을 구별하였다. 듀이의 관심을 끄는 것은 종교와 도덕적 생활의 관련이다. 그는 사람들로 하여금 목표를 설정토록 해주는 이상에 대한 종교의 관계와 이 이상이 실제적 행동에 대해 일으키는 계속적인 효과에 관심을 가졌다. 듀이는 종교적 생활이 이상과의 서약과 이상을 실현시키려는 계속적인 노력으로 이루어진다고 본다. 이상은 행동을 지도하는 힘을 갖고 있으므로 종교적 가치는 인간의 행위를 지배하는 규범들 가운데서 높은 위치를 차지한다. 그렇다면 신이란 말은 하나의 통일체로서 이해된 인간의 이상들을 가리키는 이름이라 할 수 있을 것이다.

> 만일 "신"이라는 말이 어떤 특정한 시간과 장소에서 사람의 의지와 정서를 지배하는 권위, 즉 사람이 최고로 헌신해야 할 가치들을 가졌다고 우리가 인정하는 이상적 목표들이 상상을 통하여 통일이 이루어지는 한에서 이 이상적 목표들을 뜻한다고 … 생각해보라. 만일 우리가 이 생각을 인정한다면 "신"이라는 말이 최고의 것이기 때문에 비이상적인 것으로 실재하는 어떤 존재를 지칭한다는 전통적 종교들의 교리와 대비되어 신에 대한 나의 주장이 명백하게 드러날 것이다.[27]

산타야나와 듀이가 취했던 대체적인 방향은 종교적 가치를 자연주의 철학 체계에 포함시키기를 열망하는 현대의 자연주의자들에 의해서 계속 추구되었다. 이들의 탐구는 인간 중심주의이다. 이들은 종교적 가치가 초자연

27) Dewey, *A Common Faith*, p. 42.

적 근원이 아니라 인간의 본성 그 자체에 근거를 갖고 있는 것으로 보기 때문이다. "우익" 자연주의자들은 종교가 인간의 경험에 속하는 하나의 사실이기 때문에 자연주의 철학 속에 종교가 포함될 수 있다고 주장한다. 그렇지만 자연주의자들이 "종교"라는 말로 흔히 의미하는 것은 역사에 실제로 나타났던 형태의 종교가 아니며 또 조직화된 종교도 아니다. 이 점에서 산타야나는 예외인데, 그는 자연주의자가 전통적 종교를 신봉할 수 있다고 믿었기 때문이다. 그는 어떤 사람도 일반적인 어투로는 말할 수 없고 오직 개인적인 어투로만 말할 수 있다고 말했다. 그러나 대부분의 미국의 자연주의자들은 듀이의 일상적 신앙(日常的 信仰, common faith)—사람들의 생활을 계도해주는 이상들의 통합 체제에 대한 헌신—을 종교로 보는 입장을 취하고 있기 때문에 "정통 종교"(正統 宗教, orthodox religion)를 외면하고 있다. 램프레히트(S. P. Lamprecht, 1890-1973)는 다음과 같이 주장하였다. "종교적 생활은 … 다각적 관심들과 다양한 가치들이 어떤 통합력 있는 이상을 지향하는 중점적인 충실을 통해서 효과적이고 유기적인 통일체를 이루게 되는 생활이다. … 종교는 고정된 약속에 대하여 강요되는 정열이 아니라 생활을 풍요롭게 하는 장식이지 않으면 안 된다."[28] 종교에 대한 이러한 개념이 전통적으로 전해 내려오는 종교의 의미와 대단히 다르다는 것은 명백하다.

"우익" 자연주의자들은 아무리 종교에 대하여 호의적이라 하더라도 우주와 다르면서 실제로 존재하는 신을 인정하는 것을 부드럽게 때로는 매우 완곡하게 거부한다. 이 문제에 대한 자연주의자의 일반적 입장은 "우주를 초월해 있는 신"이라는 생각이 자체 안에 모순을 포함하고 있지는 않지만, 그러한 존재의 실재성에 대한 신념을 입증해줄 경험적 증거가 없다는 것이다.

다음 장에서 우리는 신이 "현실적 존재"라고 생각하는 현대의 여러 가지 신 개념과 더불어 철학적 성격을 띠는 전통 신학의 기본 신조들을

28) S. P. Lamprecht, "Naturalism and Religion," in Y. Krikorian, ed., *Naturalism and Human Spirit*, Columbia University Press, 1944, pp. 20, 38.

고찰할 것이다. 그 때 독자는 이러한 신학적 주장들이 현대라는 비종교적 시대가 이미 오래 전에 벗어난 종교적 문화 속에서만 의의가 있는 것인지, 그렇지 않으면 지금도 고유한 의의를 갖고 있는 것인지 생각해보게 될 것이다.

요컨대 자연주의는 신이 현실적 존재로서 존재한다는 철학적 신조인 유신론을 배척한다. 자연주의는 신과 이 세계를 분리시키는 이원론을 부정한다. 따라서 자연주의는 자연적 질서와 맞세울 수 있는 초자연적 질서가 있다는 주장도 부정한다. 그러나 자연주의 가운데 어떤 형태는 신이 이상이며, 그래서 인간의 생활에 좋은 영향을 미칠 수 있다는 주장과 조화를 이루고 있다.

영혼과 정신

옛날의 철학자들은 인간을 우주 전체를 뜻하는 "대우주"(大宇宙, macrocosm) 속에 있는 소우주(小宇宙, microcosm)라고 비유하기를 좋아하였다. 대우주의 차원에서 자연주의 철학자는 자연과 초자연, 신과 세계를 구별하는 어떠한 이원론도 거부한다. 소우주 즉 인간의 차원에서 자연주의자는 정신이나 영혼을 신체로부터 분리될 수 있는 영적 본질이나 신적 본질로 간주하는 어떠한 "정신 신체 이원론"(精神 身體 二元論, mind-body dualism)이나 "신체 영혼 이원론"(身體 靈魂 二元論, body-soul dualism)도 거부한다. 자연주의자는 영혼이 신체와 근본적으로 "다르다"는 어떠한 견해도 거부한다. 동시에 자연주의자는 정신의 결정적 중요성과 인간 지성의 능력을 강조하며, 그렇기 때문에 정신이 복잡한 방식으로 활동하는 물질에 지나지 않는다는 낡은 유물론자의 주장을 거부한다.

정신에 대한 두 가지 개념 — 플라톤과 아리스토텔레스

서양의 사상 속에는 정신에 대한 두 가지 중요한 개념이 전개되어 왔는데, 이 두 개념은 플라톤과 아리스토텔레스가 출발시킨 이후로 철학사를 통하여 계속 논의되고 있다. 따라서 우리는 이 두 개념을 각기 정신에 관한 플라톤적 개념과 아리스토텔레스적 개념이라 불러도 좋겠다. 플라톤에게는 정신은 영혼의 한 가지 기능이었으며, 신체와는 근본적으로 달라서 신체와 대립하는 순수한 "영적 실체"(靈的 實體, spiritual entity) 즉 인간의 진정한 "자아"(自我, self)였다. 신체는 물질로 이루어졌으며, 슬픔과 우둔과 타성의 근원이다. 신체는 영혼을 압박하며, 영혼이 가진 최고의 힘인 정신을 통하여 열리는 영혼의 명료한 시야를 방해한다. 그러나 영혼은 신체와 함께 죽도록 운명 지워져 있지 않다. 본래부터 영혼은 불멸이다. 대화편 「파에돈」 속의 소크라테스는 이렇게 말한다.

> 신체는 음식을 필요로 한다는 이유만으로도 끝없는 근심의 원천이네. 게다가 덮치는 질병에 걸릴 가능성이 있고, 참다운 것을 추구하는 것을 방해하지. 신체는 우리를 사랑과 정욕과 공포와 온갖 종류의 공상과 끝없는 어리석음으로 가득 차게 하고, 사람들이 말하듯이 실제로 우리에게서 사고 능력을 온통 빼앗아 가네. … 현세의 생활에서 우리가 가능한 한 신체와의 교제와 교섭을 줄일 적에, 그리고 육체적 본성에 탐닉하지 않으면서 신이 풀어줄 때까지 자신을 순수하게 유지할 적에, 우리는 지식에 가장 가까이 접근할 수 있다고 나는 생각하네.[29)]

아리스토텔레스는 영혼에 관하여 다른 생각을 가졌었다. 플라톤과 마찬가지로 그는 정신이 영혼의 기능이라고 믿었다. 그러나 아리스토텔레스에게는 영혼이 새장 속의 새처럼 신체 안에 갇힌 "영적 실체"가 아니다. 그는 영혼이 "신체의 형식"(form of the body)이라고 생각했다. 다시 말하면 영혼은 어떠한 생명체에서나 조직 원리다. 한 사람의 영혼은 그 자신의 생명이며,

29) Plato, *Phaedo*, B. Jowett, trans., pp. 66-67.

정신 즉 "이성"은 그 생명의 최고의 활동이다. 이렇게 생각하면 어떤 것의 구조도 그것을 구성하고 있는 물질로부터 분리될 수 없는 것처럼 신체와 정신은 분리될 수 없다. 아리스토텔레스의 다음 말은 이 생각을 잘 보여주고 있다. "이렇기 때문에 우리는 신체와 정신이 하나인가라는 질문을 불필요하다고 폐기시킬 수 있다. 이 물음은 밀랍과 도장에 의해 그 밀랍에 찍힌 형상이 하나인가라고 묻는 것만큼이나 무의미하다."[30] 전통적 기독교는 신체와 분리될 수 있고 불멸하는 영혼을 기본 신념으로 믿었기 때문에, 영혼에 관하여 어느 정도 플라톤의 생각에 기울어져 있다. 초기의 교부들은 인간 영혼의 본성과 운명에 대한 종교적 가르침을 해설하기 위한 자신의 철학적 신조를 갖지 않았었다. 그래서 그들은 영혼에 관해서 가르칠 때 플라톤적 개념과 비유를 사용하였다. 그러나 신학자들은 플라톤에게는 영혼이 그 자체의 본성에 의하여 법칙적으로(de jure) 불멸이었음에 반하여, 기독교는 영혼의 불멸이 하나의 선물 즉 신의 은총의 권능이 이루어 내는 사실적인(de facto) 결과라고 가르친다고 주의를 환기시킨다. 더욱이 물질적 신체와 전적으 로 투쟁만 하는 신성한 영혼은 화신(化身, Incarnation)과 부활(復活, Res- urrection)의 교리에 잘 맞지 않는다. 테르툴리아누스(Tertullianus, 160- 220)는 구세주가 영혼을 구제하러 온 것이 아니라 사람을 구원하러 왔다고 주장하였다. 토마스 아퀴나스는 영혼이 "배 속의 선원처럼" 신체 속에 있다는 것을 부정하고, 영혼이 신체의 형식이라는 아리스토텔레스의 개념에 신체와 분리될 수 있는 영혼이라는 기독교 신앙이 갖고 있는 생각을 조화시키려고 노력하였다. 그러나 인간에 관한 신학자들의 "전인관"(全人觀, "totus homo" "whole man")에도 불구하고 영혼에 관한 기독교의 대중적 가르침의 내용은 오늘날까지도 플라톤주의에 짙게 물들어 있다.

30) Aristotle, *De Anima*, 512b6. 영혼에 관한 플라톤적 개념과 아리스토텔레스적 개념의 선명한 대립은 아리스토텔레스가 "능동적 지성"이 불멸하는가 않는가라는 문제에 대하여 주저한 사실에 의해서 흐트러진다. 한편 플라톤은 「국가」 속에서 영혼에 대한 자신의 개념을 오히려 "자연주의적 방향"으로 돌리고 있다. 그럼에도 불구하고 영혼에 관한 두 고전적 해석의 대비는 여전히 유지되고 있다.

정신과 신체 — 데카르트의 문제

데카르트는 "근대 철학의 아버지"라 불리는데, 이렇게 부르는 것은 그가 오늘날까지 내려오는 서양 철학의 진행 과정에 영향을 준 문제를 많이 제기했기 때문에 당연한 일이다. 그가 취급한 중요한 문제들 가운데 하나가 정신과 신체의 관계에 관한 문제다. 데카르트에 의하면 우주 속에는 두 종류의 실체 또는 두 종류의 사물 즉 이지적 존재인 정신과 물리적 존재인 물체가 있다. 이 두 종류의 존재는 근본적으로 다르다. 그러나 정신인 것 같기도 하고 신체인 것 같기도 한 인간은 어떤가? 나는 의식하고 생각하는 존재라고 데카르트는 말했다. 직접 경험은 나는 정신이고 나의 본성은 생각하는 일이라고 일깨워준다. "생각하는 실체"(thinking substance)로서의 나는 자신의 실존을 의심할 수 없다. 그러나 나는 물리적 사물인 신체를 갖고 있다는 것을 알고 있다. 이처럼 근본적으로 종류가 다른 두 가지 존재 즉 "생각하는 실체"와 "공간을 차지하는 물리적 실체"가 어떻게 "나"라는 단일체를 구성하여 공존하는가? 도대체 어떻게 이처럼 전혀 다른 것들이 서로 협동하는가? 정신과 신체가 정말로 상호 작용한다는 것은 너무나 명백한 것 같다. 정신이 언짢은 소식을 이해하면 얼굴이 창백해진다. 신체가 다치면 사고력이 저하되거나 없어질 수도 있다. 그러나 어떻게 이런 일이 가능한가? 어떻게 한 쪽의 존재가 그와 완전히 다른 것으로 보이는 다른 쪽의 존재에 영향을 줄 수 있는가?

데카르트는 "동물령"(動物靈, animal spirit)이라는 것의 매개에 의해서 정신과 신체가 서로 영향을 준다고 생각했다. 게다가 그는 정신적 사건(精神的事件, mental event)과 물리적 사건(物理的 事件, physical event)이 서로 영향을 주고받는 일이 뇌의 송과선이라는 중개소에서 일어난다고 믿었다. 이 주장은 데카르트의 시대에조차 불만족스러운 것으로 생각되었다. 그러나 "정신 신체 문제"에 대한 이 프랑스 철학자의 해답은 그가 이 문제를 제기했다는 사실보다는 덜 중요하다. 그의 후계자들 가운데 어떤 사람들은 인간 본성의 정신적 측면의 역할을 강조하고 물리적인 면은 낮추어 취급하였다. 이러한 사고 경향이 마침내 근대의 관념주의가 되었다. 데카르트 이후의 다른 철학자들은 물질적 사물의 중요성에 초점을 맞추고, 생명과 의식과 정신을 물리적 사건에 부속하는 것으로 설명하려고 노력하였다. 이 전통은 나중에 근대의 유물주의에 이르게 되었다.

정신과 신체는 어떤 관계인가?

유물론은 이 문제에 대하여 가장 단순한 답을 제시한다. 인간은 근본적으로 신체이고 신체는 물질적 사물이다. 그런데 인간은 동전이나 돌덩이 같은 단순한 물체는 아니다. 정확히 말하면 인간은 물질 조각들이 고도로 복잡한 양식으로 결합된 것이다. 인간의 모든 부분은 끊임없는 활동 속에 있다. 뇌의 활동은 우리가 정신적 사건이라 부르는 모든 사건 즉 사고 · 감각 · 감동 · 희망 등을 포함한다. 요컨대 인간은 물질의 고도로 복잡하고 활동적인 조직이다. 인간의 활동의 한 부분이 혈액의 순환이다. 이 활동은 매우 잘 관찰되므로 측정까지 할 수 있다. 인간의 활동의 다른 부분은 정신적 활동이다. 이것은 아직까지 잘 관찰되거나 측정될 수 없는데, 그 이유는 뇌의 구성과 활동이 혈액과 그 순환 운동에 비해 훨씬 더 복잡하기 때문이다. 뇌의 활동들 대부분은 본질적으로 전기적 활동이라고 알려져 있다. 이 전기적 활동들 가운데 어떤 것은 뇌파 전위 기록 장치에 의해서 측정될 수 있다. 우리가 한 사람이 생각하고 있는 내용을 뇌의 활동에 대한 관찰에 의해서 알아낼 수 없다는 것은 사실이다. 그러나 우리가 지금 그런 일을 할 수 없다는 사실이 정신적 사건은 물리적 사건과 진혀 "다르다"는 것을 뜻하지는 않는다. 실제로 우리는 흔히 신체적 사건에 대한 관찰에 의거해서 정신적 사건에 관하여 말할 수 있다. 사고는 행동주의 심리학자 왓슨이 주장한 바와 같이 단지 우리가 "아직까지 듣거나 기록할 수 없는 발언"인지도 모른다.

정신과 신체의 관계에 대하여 이원론(二元論, dualism)은 정신적 사건과 신체적 사건은 정도에서만이 아니라 본질에서도 다르다고 주장한다. 나의 정신과 나의 신체는 두 가지 전혀 다른 것이어서 한 쪽이 다른 쪽에 의해서 설명되지 않는다. 데카르트의 이원론은 극단적이었다. 그는 정신적 사건과 신체적 사건이 완전히 다르며, 더 나아가 그것들이 사람 속에서만 공존한다고 주장했기 때문이다. 그는 인간 이외의 동물들은 복잡한 기계라고 생각하였다. 상처 입은 강아지의 울음소리는 "고장 난 기계의 비정상적인 소리"였다. 그러나 데카르트의 것이든 수정된 형태의 것이든 정신과 신체의 본질적 차이를 주장하는 이원론은 모두 데카르트를 괴롭혔던 것과 똑같은 곤란에 부딪힌다. 만일 정신과 신체가 본질적으로 다르다면 도대체 어떻게 서로 영향을 주고받는가? 정신과 신체가 서로 영향을 주고받는 것은 확실한 것 같다. 그러나 만일 정신적 사건과 신체적 사건이 두 가지 다른 질서에 속한다면, 어떻게 한 쪽이 다른 쪽에 대하여 인과적 힘을 미칠 수 있는가? 나는 내 정신 속에서 진행되는 사건이 개인적이고 내적인 것으로 여긴다. 그리고 나는 동일한 일이 당신의 정신 속에서도 진행된다고 주장한다. 그러나 나의 신체는 공개적으로 관찰될 수 있고, 또 지하도에서 사람들을 밀어제치고 나아가는 힘을 갖고 있다. 그래서 나는 당신의 신체도 그렇다고 추정한다.

따라서 이원론자의 이론은 상식에 잘 맞는 것 같다. 왜냐하면 정신과 신체가 완전히 다르다는 선명한 구별을 일상 생활에서 끌어냈기 때문이다. 그런데 유물론자의 이론은 상식에 입각한 이 구별에 잘 맞지 않는 것 같다. 만일 유물론자가 옳다면 당신과 당신의 신체는 동일하다. 당신의 정신은 당신의 신체의 동태들 가운데서 복잡한 부분이다. 그렇지만 "나는 음악을 감상했다"는 말과 "내 신체는 음악을 감상했다"는 말이 똑같은 뜻이라고 말하는 것은 야릇하게 들린다. 만일 유물론자가 옳다면 사고는 뇌의 활동에 지나지 않는다. 그러나 원리상으로조차도 내가 생각하고 있는 것—이를 테면 내 어머니가 가장 좋아하는 의자—을 알아챌 수 있을 정도로 나의 뇌에 근사하게 필적할 수 있는 기계를 상상해내려고 노력하는 것은 기이하다. 이원론자도 제 입장에 서서 정신과 신체가 어떻게 상호 작용하는가를 선명하고 정확하게 설명하려다가 해결하기 어려운 곤란에 부닻혀 궁지에 몰리게 된다. 대철학자 라이프니쯔는 이 문제를 생각하다 못해 마침내 정신적 사건과 신체적 사건은 상호 작용을 하지 않는다고 선언해버렸다. 그런데도 그것들이 상호 작용을 하는 것으로 보이는 이유는 사건들의 두 질서 즉 정신의 질서와 신체의 질서가 실제로는 전혀 서로 영향을 주고받지 않는데도 상호 작용하는 것처럼 인간에게 보이도록 신이 자신의 자비와 권능으로 두 가지 질서를 평행시키고 있기 때문이라고 라이프니쯔는 설명하였다.

정신에 관한 라일의 견해

라일의 「정신이란 무엇인가」(*The Concept of Mind*)라는 책은 영국에서 1949년에 출간되었는데, 이 책은 정신 신체 문제에 관한 연구에 계속 영향을 미치고 있다. 라일은 정신적 사건과 물리적 사건을 분리시키는 이원론을 부정하며, 또 한편 정신적 사건이 특수한 종류의 물리적 사건일 뿐이라는 유물론자의 주장도 인정하기를 거부한다. 라일은 정신과 신체에 관한 곤란한 문제가 전적으로 다른 두 종류의 존재 즉 정신적 존재와 물리적 존재가 있다는 전통적 이원론자의 가정에 의해서 시작됐다고 강조한다. 라일은 개개의 인간이 두 개의 부분 즉 (1) 공간 속에 위치를 차지하며 공개적으로 관찰될 수 있는 물질적 신체와 (2) 공간 속에 위치를 차지할 수 없으며 전적으로 개인의 내부에 있기 때문에 공개적으로 관찰할 수 없는 비물질적 정신으로 이루어진다는 것은 가정이라고 본다. 라일은 이러한 그릇된 이원론이 개개의 신체적 자아가 정신적 자아를 수반하거나 배후에 두고 있어야 한다고 가정함으로써 이루어져 왔다고 생각한다. 나의 주위에는 산책하는 사람, 이야기하는 사람, 독서하는 사람, 어린이를 나무라는 사람, 엔진을 고치는 사람 등등의 관찰할 수 있는 사람들이 있다. 그런데 이 관찰될 수 있는 한 사람 한 사람은 그 자신의 신체에 대응하는 제2의 자아를 지니고 다닌다. 그러나 이 제2의 자아는 다른 누구에게도 보이도록 드러나 있지 않지만 그 사람에게는 직접 알려져 있다. 간단히 말하면 이것이 정신적 자아다. 전통적 이원론의 가정은 이런 것이다.

그러나 개개의 신체적 자아의 뒤나 내부에 있어야 하는 제2의 정신적 자아의 존재를 가정하는 사람은 누구나 라일이 말한 범주 착오(範疇 錯誤, category mistake)를 범하게 마련이다. 가령 내가 어느 대학교를 방문하여 안내받게 되었다고 가정하자. 나는 건물들을 보고, 몇몇 교수를 만나고, 강의실에 있는 학생들을 보고, 사무실과 기숙사를 둘러본다. 그러고 나서 "그렇습니다. 나는 학생, 교수, 건물 그 밖의 여러 가지를 보았습니다. 그런데 대학교는 언제 보여주시는 겁니까?"라고 내가 물었다고 하자. 이 질문은 왜 어리석은 것일까? 그 이유는 내가 대학교를 일군의 학생 · 교수 · 건물과 별개의 것이긴 하지만 똑같은 종류의 사물이라고 생각하고 있음을 이 질문이 보여주기 때문이다. 대학교가 건물이나 교수나 학생과 같은 사물들의 질서나 유형에 속하지 않는다는 것은 사실이다. 그러나 대학교는 이런 것들을 넘어서 있는 어떤 것이 아니며, 또 이런 것들에 부수되는 어떤 것도 아니다. 마찬가지로 나의 신체적 자아에 대응하면서, 이와 관련되어 있으나 오직 나만이 알 수 있는 순전히 개인적인 것이어서 누구도 볼 수 없는 정신이 있다는 신념도 역시 범주 착오에 빠져 있다. 원래 이원론자의 견해였던 이 견해는 개개의 인간의 보이는 신체가 그와 관련되어 있으나 보이지 않는 정신과 안팎의 관계에 있어야 한다고 가정한다.[31)] 라일은 이제는 낡고 "상식"에 뿌리박고 있는 이 정신 신체 이원론이 개개의 사람은 신체라는 복잡한 물리적 장치의 배후에 존재하는 정신적 자아라고 주장한 데카르트로부터 내려오고 있다고 주장한다. 라일은 이 데카르트의 이원론과 이 계열의 모든 이론을 "기계 속의 유령에 관한 교리"라고 부른다. 라일보다 먼저 정신 신체 이원론을 비판했던 산타야나는 이것을 "자동 인형과 유령의 서투른 결합"이라고 지적했

31) 하버드 대학 총장이었던 엘리어트(H. Eliot)가 여성에 대한 고등 교육을 반대하기 위하여 여성의 신체가 남성의 신체와 매우 다르기 때문에 여성의 정신이 남성의 정신과 같을 수 없다고 주장했을 때 범주 착오에 빠져 있었다고 할 수 있다.

었다.

라일은 정신은 일차적이고 순전히 개인적이며 관찰할 수 없는 것으로 그리고 신체는 이차적이고 생각 없는 물질적인 것으로 간주하는 어떠한 이원론도 거부한다. 인간은 단일체(單一體, unity)다. 신체의 동태와 정신의 사고 및 개념 사이에 통과할 수 없는 간격이란 없다. 제인 오스틴(J. Austen, 1775-1817) 같은 소설가들은 작중 인물의 관찰할 수 있는 행동이 "그 인물의 정신 속에서" 진행되고 있는 것을 아주 잘 보여준다고 가정하는 데 조금도 주저하지 않는다. 부모들과 교사들과 어린이들은 실제적인 일에 관한 대부분의 결론을 사람의 행동을 관찰한 후에 그 관찰을 근거로 해서 끌어낸다. 나는 당신이 어떻게 행동하는가에 의거하여 당신이 피곤하다든가, 흥미를 느끼고 있다든가, 전도가 유망하다든가, 사랑에 빠져 있다고 추측한다. 그리고 혹시 내가 통찰력 있는 관찰자라면 나의 추측이 부정확한 경우보다는 정확한 경우가 더 많을 것이다. 본질적으로 순전히 개인적이고 들어가 볼 수 없는 당신의 정신 세계나 나의 정신 세계가 있다는 신화에 대해서는 이 정도의 설명으로 족하다. 인간은 단일체다. 인간은 한 덩어리로서 힘을 발휘한다. 어떤 목적을 위해서 우리는 (a) 한 사람이 얼음 판 위에서 넘어질 때, 스키 리프트를 타고 올라갈 때, 백 야드를 10초에 달릴 때 진행되는 것과, (b) 한 사람이 지난 여름을 생각하고 있을 때, 강의가 끝나기를 원하고 있을 때, 새로운 정리나 옷맵시를 마음 속으로 검토하고 있을 때 진행되는 것을 구별한다. 그러나 우리가 사건들을 이처럼 두 종류로 구별한다는 사실이 인간은 두 개의 물샐 틈 없는 구획 즉 첫째 구획은 신체적이고 물질적이며 공개적으로 관찰될 수 있고, 둘째 구획은 내적이며 정신적이고 영원히 비밀에 싸인 두 개의 구획으로 나뉘어 포장되어 있다는 것을 뜻하지는 않는다. 라일은 우리가 일단 인간이 본질적으로 단일체라는 사실과 "물리적이고 공적인 측면"과 "정신적이고 사적인 측면"으로 구별하는 일이 인위적으로 이루어졌다는 사실을 깨닫는다면, 유물론자 대 이원론자의 논쟁의 기원을 헤아릴 수 있을 것이고 또 반박도 할 수 있을 것이라고 주장했다. 유물론자는 참으로 "정신적인"

사건은 없다, 즉 모든 사건이 물리적 사건이라고 주장하기 때문에 그르다. 하지만 이원론자도 그르다. 왜냐하면 이원론자는 유물론이라는 집의 근본적 흔들림을 그 집과 그 집의 그림자를 겹쳐 놓음으로써 수선하려 하기 때문이다. 집에는 내부와 외부가 있으므로 (a) 집의 내부가 실제로 외부의 복잡한 형태를 반영한다는 주장이나 (b) 외부와 내부는 그들 사이의 본질적 상호 관계가 영원한 신비일 수밖에 없는 종류가 전혀 다른 존재라는 주장은 둘다 조리에 맞지 않기 때문이다.[32] 정신 신체 문제에 대한 두 이론에 대하여 라일은 두 이론이 모두 그르다고 믿으면서도, 유물론보다는 이원론에 더 호의적인 편이다. 인간은 신비롭다. 그러나 이 신비는 인간을 기계로 환원시킴으로써 결코 해결될 수 없을 것이며, 더 나아가 이 기계를 작동시키려는 시도로 기계를 움직이게 하는 "그림자 기계"를 기계 속에 끼워 넣는다 하더라도 결코 해결되지 못할 것이다.

라일의 철학적 행동주의가 근래에 영국과 미국의 철학에 끼친 영향은 이미 괄목할 만한 것이 되었다. 그의 저작은 현대 철학에서 철학적 심리학이나 정신 철학(精神 哲學, Philosophy of Mind)으로 불리는 영역에 새로운 관심을 불러일으켰다. 후기 비트겐슈타인의 철학적 연구는 사고 · 정서 · 의도가 이루는 한 쪽과 행동이라는 다른 한 쪽의 관계에 관해서 물음들을 제기했는데, 이로 인해서 정신 철학에 관한 철학적 탐구열이 더욱 고조되고 있다.

32) 집의 내부와 외부를 사용한 이 비유는 라일이 사용한 예가 아니며, 독자의 판단을 오도할 가능성이 있다. 집의 경우에는 어쨌든 우리가 집의 내부를 직접 보기 위해 집 안으로 들어갈 수 있으며, 어떤 집의 외부는 그 집 내부의 특징에 대하여 아무런 자료도 제공하지 못할 수 있다.

더 읽어야 할 책들

Idealism

Berkeley, G., *Principles of Human knowledge*, La Salle, Ill., Open Court, 1903. (PB: Iiberal Arts, Bobbs-Merrill, Indianapolis.)

Blanshard, Brand, *The Nature of Thought*, New York, Macmillan, I941.

Bradley, F. H., *Appearance and Reality*, rev. ed., Oxford, Clarendon Press, 1946.

Ewing, A. C., *Idealism: A Critical Survey*, New York, Humanities Press, 1950.

Hegel, G. W. F., *Logic*, in *The Logic of Hegel*, rev. ed., William Wallace (trans.), Oxford, Clarendon Press, 1892.

Hegel, G. W. F., *The Phenomenology of the Spirit*, Translated as *The Phenomenology of Mind* by J. B. Baillie, rev. ed., New York, Macmillan, 1931.

Kaufmann, Walter(ed. and trans.), *Hegel*, New York, Doubleday, 1965.

Plato, *Phaedo*. (PB: Liberal Arts, Bobbs-Merrill, Indianapolis.)

Plato, *Phaedrus*. (PB: Liberal Arts, Bobbs-Merrill, Indianapolis.)

Royce, J., *The Spirit of Modern Philosophy*, Boston, Houghton Mifflin, 1892.

Materialism

Elliot, Hugh, *Modern Science and Materialism*, New Yark, Longmans, 1919.

La Mettrie, J. de, *Man a Machine*(1748), La Salle, Ill., Open Court, 1927. (PB: Open Court.)

Schrödinger, E., *What is Life*? New York, Macmillan, 1945.

Sellars, R. W., M. Farber, and V. J. McGill(eds.), *Philosophy for the Future: The Quest of Modern Materialism*, New York, Macmillan, 1949.

Smart, J. J. C., *Philosophy and Scientific Realism*, New York, Humanities Press, 1963.

Smith, H., "Kamango," in A. Woolcott(ed.), *The Woolcott Reader*, New York, Viking, 1935. (PB: Compass, Viking.)

Dialectical Materialism

Engels, Friedrich, *Dialectics of Nature*, New Yark, International Publishers, 1940.

Lenin, V. I. *Materialism and Empirio-Criticism*, in *Selected Works*, New York, International Publishers, 1943, vol. II.

Marx, Karl, *Karl Marx: Early Writings*, T. B. Bottomore(ed.), New York, McGraw-Hill, 1964. (PB: McGraw-Hill.)

Stalin, J. V., *Dialectical and Historical Materialism*, New York, International Publishers, 1940.

Wetter, G., *Dialectical Materialism*, New York, Praeger, 1958. (PB: Praeger.)

Naturalism

Dewey, John, *A Common Faith*, Yale University Press, 1934. (PB: Yale U. P.)

Dewey, John, *Experience and Nature*, New York, Norton, 1929. (PB:

Dover, New York.)

Krikorian, Y.(ed.), *Naturalism and The Human Spirit*, Columbia University Press, 1944.

Nagel, Ernest, "Naturalism Reconsidered," *Proceedings and Address*, American Philosophical Association, Oct., 1955, vol. 28. Reprinted in M. Mandelbaum et al.(eds.), *Philosophical Problems*, New York, Macmillan, 1957, p. 751 ff.; and Y. H. Krikorian and A. Edel (eds.), *Contemporary Philosophical Problems*, New York, Macmillan, 1959, p. 337 ff.

Randall, J. H., Jr., and J. Buchler, "The Broader Conception of Nature," *Philosophy: An Introduction*, New York, Barnes & Noble, 1942. (PB: Barnes & Noble.)

Santayana, *The Life of Reason*, Vol 4: *Reason in Religion*, New York, Scribner, 1905-1906. (PB: Collier, Crowell-Collier, New York.)

Santayana, G. *The Realm of Matter*, New York, Scribner, 1930.

Freedom and Determinism

James, William, "The Dilemma of Determinism," *The Will to Believe and Other Essays*, London, Longmans, 1908.

Lehrer, Keither(ed.), *Freedom and Determinism*. (PB: Random House, New York, 1966.)

Mill, J. S. "Of Liberty and Necessity," *A System of Logic*(1843), London, Longmans, 1925, chap. 2, bk. VI.

Morganbesser, S., and J. Walsh (eds.), *Free Will*. (PB: Prentice-Hall, Englewood Cliffs, N.J., 1962.)

Skinner, B. F., *Science and Human Behavior*, New York, Macmillan, 1953. (PB: Free Press, Macmillan.)

Taylor, R., *Metaphysics*. (PB: Prentice-Hall, Englewood Cliffs, N.J, 1963, chap. 4.)

Watson, J. B., *Behaviorism*, rev. ed., New York, Norton, 1930. (PB: Phoenix, U. of Chicago Press.)

Philosophy of Mind

Chappell V. C. (ed.), *The Philosophy of Mind*. (PB: Prentice-Hall, Englewood Cliffs, N.J., 1962.)

Descartes, Rene, *Meditations*. (PB: Liberal Arts, Bobbs-Merrill, Indianapolis.)

Ryle, Gilbert, *The Concept of Mind*, London, Hutchinson, 1949. (PB: Barnes & Noble, New York.)

Taylor, Richard, *Metaphysics*. (PB: Prentice-Hall, Englewood Cliffs, N.J., 1963, chaps. 1-4.)

8 유 신 론

세계는 신의 위풍으로 가득 찼네.
흔들리는 금박에 튀기는 빛발처럼
위엄은 찬란히 타오를지니.
— G. M. Hopkins

유신론(有神論, theism)은 신이 실제로 존재한다고 주장하는 형이상학적 입장이다. 앞 장에서 우리는 어떤 자연주의 철학자들이 "신"이라는 말을 인간의 가치들과 목적들을 하나의 통일체로 묶는 개념으로 사용하는 것을 보았다. 그러나 이 입장은 신을 "실존하는 존재"라기보다 "이상"으로 취급하기 때문에 일반적으로 유신론의 한 형태로는 간주되지 않는다. 서양의 전통 철학들 가운데 대부분은 유신론적 사상이었다. 유대교, 기독교, 이슬람교 등의 종교적 전통 속에서 발전한 형이상학적 체계들은 이 세계를 창조했지만 이 세계와는 다른 신이 존재한다는 사실을 모두 이의 없이 출발점으로 삼고 있다. 비록 초기 그리스 철학과 그로부터 발전한 원자론이 명백한 자연주의를 보여주긴 했지만 플라톤과 아리스토텔레스가 이끈 지배적인 형이상학적 전통은 유신론적 체계였다. 근대에는 자연주의가 발흥했었으나 이 시기에도 많은 유신론적 형이상학 체계가 형성되었다. 근대의 유신론적 주장들은 개인주의 성향이 강화된 반면에 종교적 전통이 내세우는 기본 전제들에 대한 신뢰는 약화됐다는 데에 특징이 있다.

신학은 형이상학의 한 분야로서 신의 존재와 본성 그리고 신과 세계의 관계를 연구하는 학문이라고 정의되어 왔다. 우리는 "자연 신학"(自然 神學, natural theology)과 대비되는 "계시 신학"(啓示 神學, revealed theology) 즉 "신성 신학"(神聖 神學, sacred theology)의 전통적 차이에 주의해야 한다. 중세의 종교적 문화에서는 신뢰할 만한 지식의 두 가지 주요한 근원으로서 계시와 인간의 이성이 일반적으로 인정되었다. 중세의 신학자들은 신학적 지식의 가장 풍부한 원천은 계시라고 믿으면서도, 한편으로 신에 관한 지식을 "자연적 이성의 빛에 의해서" 얻는 것도 완전히 가능하다고 믿었다. 후에 철학자들은 성경 · 신앙 · 전통 · 교회의 가르침의 도움을 받지 않고 신의 존재와 본성을 탐구하는 모든 일을 "자연 신학"이나 "변신론"(辯神論, theodicy) 또는 칸트의 경우처럼 단순히 "신학"(神學, theology)이라 부르게 되었다. 이 장에서 앞으로 고찰할 내용은 "계시 신학"이 아니라 "자연 신학"에 관한 것이다.

신의 실존에 관한 전통적 논증들

신의 실존에 관하여 흥미 있는 논증이 서양 철학의 진행 과정에서 많이 전개되어 왔다. 이 논증들은 적어도 네 가지 방식으로 이해될 수 있거나 해석될 수 있다는 것을 미리 말해두고 싶다.

1. **엄밀한 증명으로 보는 견해.** 이 견해는 이 논증들의 전제를 인정한다면 필연적으로 그러한 결론에 도달한다고 본다.

2. **좋은 이유를 제공한다고 보는 견해.** 이 견해는 논증들을 첫 번째 견해보다는 덜 엄밀한 것으로 본다. 논증들에 대한 이 두 번째 방식의 이해는 이 논증들을 신의 존재에 대한 형식적 증명이 아니라 신이 존재한다고 믿어야 하는 좋은 이유를 제시하는 것으로 해석한다.

3. **신에 대한 믿음의 비합리성에 대한 반증으로 보는 견해.** 이 견해는 이 논증들이 적어도 어떤 가치를 지녔다고 본다. 그러나 그 가치는 신이 실재한다는 사실이 이성에 거슬리는 일이 아니라는 것을 지적하는 데에만 있다고 본다.

4. **그릇된 논증으로 보는 견해.** 이 견해는 신의 실존에 관한 논증들이 근본적으로 오류 논증이라고 본다.

우리는 또한 과거에는 이런 논증들이 흔히 종교적 신앙의 맥락 속에서 나타났다는 것을 주의해야 하겠다. 전통적 신학자들은 신의 존재가 "무(無)로부터"(from scratch) 증명될 수 있다고 믿지 않았다. 그들은 자신이 찾고 있는 것이 어떤 종류의 것인가를 어떤 방식로든 먼저 알지 않고서는 그것의 존재를 증명한다는 일이 어렵다는 것을 깨닫고 있었다. 이 문제의 이런 사정에 고민했던 신학자들은 마음이 내키지는 않으면서도 흔히 신의 존재에 대한 논증이 신앙의 전제 조건과는 전혀 관련이 없다는 것을 허용해 왔다. 그러나 이러한 선입견에 구애받을 필요가 없다고 믿었던 철학자들—예컨대 아리스토텔레스나 스피노자 같은 철학자들—은 이런 논증들이 종교와의 관계를 떠나서도 타당할 수 있다고 공언하면서 이론을 전개하였다.

이제 먼저 신의 실존에 대한 전통적 논증들을 살펴보겠는데, 여기에는 아주 잘 알려져 있는 세 가지 유형이 있고, 또 각 유형은 몇 가지 변형된 모습을 보이고 있다. 이 세 가지 논증 유형은 보통 (1) 우주론적 논증 (2) 존재론적 논증 (3) 목적론적 논증으로 분류된다.

우주론적 논증

이 유형의 논증은 적어도 세 가지 형태를 취한다. 아리스토텔레스에 의해서 시작되어 전통 철학에서 여러 가지 방식으로 나타났던 운동에 의거하는 증명은 다음과 같이 진행된다. 세계는 움직이거나 변하는 사물들로 이루어져 있다. 이 가운데 어느 것도 스스로 움직일 수 있는 힘을 갖고 있지 않다.

사물은 모두 다른 사물에 의해서 움직인다. 그러나 이 다른 사물 역시 스스로 운동하는 능력이 없어서 또 다른 사물에 의해서 움직이며, 계속해서 이것은 또 다른 움직이는 것에 의해서 움직인다. 세계는 움직이는 사물들의 무한 계열이므로 우리는 이 사물들 가운데 어느 것이 자기 운동의 능력을 갖고 있다고 결론을 내리지 않는 한 결국에는 "그 자신은 움직이지 않는 원동자(原動者)"에 의해서 궁극적으로 이 세계가 움직이게 되었다고 결론내릴 수밖에 없다. 그래서 아리스토텔레스는 "제일 원동자가 오직 하나뿐이고 또 영원한 것임에 틀림없다는 것은 명백하다."고 결론을 내렸다.[1)] 아리스토텔레스는 이 "부동의 원동자"(不動의 原動者, unmoved mover)가 바로 신이라고 보았다.

물론 많은 사물이 "스스로 움직인다." 예를 들어 동물들은 운동력을 갖고 있다. 그러나 이 논증의 맥락에서 운동이라는 말은 보다 넓은 의미에서 "원인"과 같은 종류의 것으로 해석될 수 있다. 그래서 우리가 "운동"을 "원인"으로 대체시키면 인과 관계에 의거하는 증명으로 알려져 있는 우주론적 논증의 여러 가지 변형을 찾을 수 있다. 이 논증은 다음과 같이 진행된다. 우리는 존재하는 어떤 것도 스스로 존재하게 된 것이 없음을 경험을 통해서 알고 있다. 즉 존재하는 모든 것은 하나의 원인이나 여러 가지 원인을 갖고 있다. 그러나 사물의 원인에는 그 자체의 원인이 있고, 이 원인도 차례로 또 다른 원인의 결과다. 그렇다면 세계는 제 자신을 발생시키는 힘이 없는 사물들로 이루어져 있는 것이 분명하다. 그러므로 세계는 제 자신의 원인일 수 없다. 따라서 "원인 없는 원인"에 의해서 세계가 있게 되었다는 결론에 도달하게 된다. 이 "원인 없는 원인"이 신이다.

우주론적 논증의 세 번째 변형은 필연성과 우연성에 의거하는 논증이다. 이것은 토마스 아퀴나스의 책에서 다음과 같은 형태로 발견된다.

> 만일 개개의 사물 모두가 존재하지 않을 수 있다면, 한때 아무 것도 존재하지 않았을 것이다. 만일 이것이 사실이라면 지금 아무 것도 존재하지 않아야 할 것이다. 왜냐하면 존재하게 되는 것은 이미 존재하는 어떤 것에

1) Aristotle, *Physics*, 259a15.

> 의해서만 존재하게 되기 때문이다. 그러므로 만일 한때 아무 것도 존재하지 않았었다면 아무 것도 존재하게 될 수 없었을 것이다. 그래서 지금 아무 것도 존재하지 않을 것이다. 이는 (수많은 사물이 존재하니까) 불합리한 말이다. 그러므로 모든 존재자가 있을 수 있다는 것뿐만 아니라, 더 나아가 필연적으로 존재하는 어떤 것이 실제로 있지 않으면 안 된다. 바로 이 필연적 존재를 모든 사람이 신이라 부른다.[2)]

이 구절의 요점을 달리 말하면 한 사물이 존재할 수밖에 없어야 그것이 필연적으로 존재한다고 말할 수 있다는 것이다. 만일 어떤 것이 그저 어쩌다 존재하게 된다면 그것은 우연적 존재나 가능적 존재일 뿐이다. 경험을 통해서 우리는 이 세상의 어떤 것도 필연적으로 존재하지 않는다는 것을 알고 있다. 책상이 존재해야 할 필연성이 없다는 것은 책상을 토막토막 자름으로써 보여줄 수 있다. 인간이 존재할 필연성이 없다는 것은 인간의 죽음이라는 사실에 의해서 입증된다. 그렇다면 전체 세계는 우연히 있는 사물들로 이루어졌으므로 세계는 필연적으로 있다기보다는 우연히 있는 셈이다. 그러나 만일 세계가 우연히 있다면 우선 무엇보다도 세계가 존재해야 할 이유가 없어진다. 따라서 세계의 실존을 설명할 수 있는 다른 방도는 반드시 있어야 하는 것이고 필연적인 것이며 세계의 실존에 대한 "이유"가 되는 것이 있다고 인정하는 것이다. 이 "필연적 존재자"가 신이다.

우주론적 논증에 대한 비평

독자는 우주론적 논증에 대하여 합당한 비평을 해봄으로써 자신의 분석 능력을 증진시킬 수 있을 것이다. 이 점은 앞으로 고찰하게 될 다른 증명들의

2) Thomas Aquinas, *Summa Theologica*, pt. 1. q. 2, art. 3: Fathers of the English Dominican Province, trans., London: Burns and Oates, 1924, p. 26. 아퀴나스는 이런 논증에 의해 도달하는 것이 신이라고 말하는 것을 피한다. 그보다는 그것이 보통 사람들이 "신이라고 부르는 것"이라고 말한다. 아퀴나스는 신의 통일성 및 유일성과 관련하여 신의 본질이나 본성을 말할 경우에만 "그리고 이것이 신이다."라고 진정으로 말한다.(pt, I, q, 9, art. 3.)

경우에도 마찬가지다. 우주론적 논증에 대한 몇 가지 잘 알려진 반론을 요점만 간추려보면 다음과 같다.

1. 아리스토텔레스의 "운동에 의거하는 논증"은 "부동의 원동자"에 의해서 움직이는 비교적 불변적인 천상의 물체들이 지구에 운동을 일으킨다고 생각하는 잘못된 물리적 우주론에 의존하고 있다. 나아가서 아리스토텔레스의 논증은 운동하는 것들의 무한 계열이 불가능하다고 가정하고 있다. 그러나 무한 계열 그 자체로서는 자체 모순을 일으키지 않는다. 수학에서는 무한 계열을 구성하는 일이 얼마든지 가능하다.

2. "인과 관계에 의거하는 논증"은 "신은 누가 만들었지?"라는 어린 아이들의 질문에 대답할 수 없다. 이 논증을 옹호하는 사람들은 자연의 "자체 원인력"(自體 原因力, self-causing power)을 부정하고 그것을 신에게 돌리는 데 주저하지 않는다. 그러나 자연이 아니라 신을 일반적으로 경험된 인과 관계의 예외로 만드는 사람은 누구나 세계를 설명하는 어려움을 풀었다기보다는 회피하고 있다. 그런 일이 한 것은 자연을 벗어나 있고 자연 속의 원인과는 다른 어떤 원인을 자명한 것으로 설정함으로써 문제를 다음 단계로 미루어 놓은 것에 지나지 않는다.

더 나아가 이 논증은 자연 속에서만 경험되는 인과 관계가 자연 밖에서도 잘 유지된다고 가정하고 있다. 우리는 사정에 따라 변하는 유한한 사물들에 성립하는 인과 법칙을 경험한다. 그러나 우리는 전체로서의 자연과는 다르고 또 그것을 초월해 있는 가정된 어떤 존재와 이 세계 사이에 인과 법칙이 성립한다는 신념을 믿을 아무런 근거도 갖고 있지 않다.

3. 자연 속의 어떤 것도 그 자체로서는 존재 이유를 갖고 있지 않으며, 그러므로 사물과 사건은 우연히 존재한다는 주장은 승인할 수 있다. 그러나 개별적으로 취급된 사물과 사건의 우연성으로부터 자연 전체가 우연히 존재하는 것이며, 따라서 다른 존재에 의존한다고 추리하는 것은 "합성의 오류"를 범하는 것이다. 이 오류는 따로따로 파악된 부품의 속성을 그 부분들이 통합되어 이루어지는 전체의 속성이라고 주장할 때에 일어난다. 염소와 나트륨이

독성이 있다고 해서, 이 두 원소로 이루어진 식탁의 소금도 독성이 있다고 결론을 내릴 수는 없는 것이다. 자연의 어떤 부분도 단독으로 취급하면 우연히 있다 즉 다른 어떤 것에 그 존재를 의존하고 있다고 할 수 있다 할지라도, 이를 근거로 삼고 전체로서 파악된 자연 역시 우연히 존재한다고 결론을 내릴 수는 없다. 다시 말하면 자연의 각 부분이 서로 다른 부분에 의존하여 존재한다 할지라도, 자연이 모든 존재의 궁극적 근거라고 생각하지 못할 이유는 없는 것이다.

존재론적 논증

이 논증은 여러 가지 흥미 있고 미묘한 변형을 보이고 있는데, 11세기에 활동했던 신학자 안셀무스로부터 비롯되었다. 이 논증은 17세기에 유럽 대륙의 이성주의자들에게서 인기를 얻었다. 그래서 데카르트, 스피노자, 라이프니쯔 등의 저술에서도 발견되고 있다. 안셀무스의 논증의 형태를 안셀무스의 말에 구애받지 않고 표현하기로 하면 다음과 같이 알기 쉽게 설명할 수 있다. "완전자"(完全者, ens realissimus)를 생각해보자. 완전한 것은 모든 완전한 속성을 소유할 것이다. 우리는 완전자에 대해서 "존재하는 완전자"와 "존재하지 않는 완전자" 두 가지로 가정할 수 있다. 존재는 가정된 이 두 "완전자"가 소유하는 완전한 속성들 가운데 하나다. "존재하는 완전자"는 "존재하지 않는 완전자"가 갖지 않은 어떤 것을 소유하므로 "존재하는 완전자"만이 참다운 "완전자"가 된다. 그런데 완전자가 존재라는 속성을 갖고 있다고 말하는 것은 신이 존재한다는 것을 방식만 달리 말하는 것에 불과하다. 그러므로 신이라는 개념에서 신의 존재가 추론될 수 있다.

그러나 이런 논법에 의해서라면 어떤 종류의 가상적 존재라도 그것이 실제로 존재한다고 증명할 수 있기 때문에 반대에 부딪힐 것이다. 이 난점은 완전한 섬을 참으로 열심히 생각할 수 있었음에도 불구하고, 이 생각으로 인하여 그 완전한 섬이 있게 되지는 않았다고 반론을 폈던 가우닐론

(Gaunilon)이라는 수도사에 의해서 안셀무스에게 제시되었다. 그렇지만 존재론적 논증의 옹호자들은 신의 개념을 섬이나 그 밖의 어떤 피조물의 개념과 비교하는 것은 타당하지 않다고 주장한다. 우리는 섬으로서의 완전한 섬, 다시 말해 섬의 모든 완전성을 갖는 섬을 생각할 수는 있다. 그러나 하나의 "절대적으로 완전한 섬" 즉 모든 완전한 속성을 지닌 섬은 이미 섬이 아니라 신일 것이다. 이래서 신은 필연적 존재다. 신의 본질(what he is)과 신의 존재(that he is)는 완전히 동일한 것이다. 그러므로 신은 존재해야 한다. 한편 피조물의 경우에는 본질과 실존이 동일하지 않다. 어떤 특정한 꽃은 기술될 수 있으므로 본질을 갖고 있고, 공간과 시간 속에 있기 때문에 존재하는 것이다. 그러나 꽃의 본질과 실존이 두 가지 다른 것이라는 것은 꽃이 시들게 됨으로써 증명된다. 꽃의 존재가 사라진 뒤에도 그 특성은 시로 기술될 수 있다. 그러나 그 특성은 꽃을 존재하는 것으로 유지시키는 데 충분하지 못하다. 모든 피조물이 이 점에서는 마찬가지다. 그러나 신의 경우는 본질과 실존이 동일하다. 만일 그렇지 않다면, 다시 말해 신이 존재하지 않을 수 있다면, 신은 피조물과 마찬가지일 것이고, 꽃처럼 존재로부터 사라져 버렸어야 할 것이다. 그러나 그러한 신은 전혀 신이 아니다. 그런데 만일 신의 경우에 본질과 실존이 완전히 동일하다면, 신을 정의한다는 것—실제로는 완전자의 경우처럼 단지 그것을 생각한다는 것—은 신이 존재하는 것을 보여주는 일 바로 그것이다. 달리 말하면 데카르트가 말한 바와 같이 신이라는 관념에서 신의 존재가 추론되는 것은 삼각형이라는 관념에서 내각의 합이 180°라는 속성이 추론되는 것과 마찬가지라 하겠다.

존재론적 논증에 대한 비평

존재론적 논증은 아퀴나스와 칸트를 비롯하여 여러 유형의 철학자들에 의해서 거부되었다. 아퀴나스는 이 논증이 신의 존재를 자명하다고 주장하는 것으로 해석했다. 아퀴나스의 말을 들어보자.

> 누구도 자명한 것의 반대를 정신적으로 수긍할 수 없다. 철학자 아리스토텔레스는 논증의 제일 원리와 관련해서 그렇게 말했다. 그러나 "신이 존재한다."는 주장의 반대는 정신적으로 수긍될 수 있다. 바보는 마음속으로 신이 존재하지 않는다고 말한다(시편 14:1). 따라서 신이 존재한다는 것은 자명하지 않다.[3)]

아퀴나스의 생각을 현대의 용어로 표현한다면, "신이 존재한다."는 명제는 정의에 의해서 옳은 "삼각형은 세 변을 갖고 있다."와 같은 항진 진술이나 분석 진술이 아니라는 것이다. 아퀴나스에게는 "신이 존재한다."는 명제는 그 옳음이 오직 이 문장의 통사론적 구조를 검사함으로써 정립될 수 없는 종합 진술 즉 사실 진술인 셈이다.

칸트는 존재론적 논증이 논리적으로 가능한 존재와 현실적으로 실존하는 존재를 혼동하고 있다고 지적하였다. "실제로 존재한다."는 것은 "파랗다" "완전하다" 등이 속성이라고 말할 때의 의미로는 속성이 아니다. 우리가 신의 개념이 존재라는 속성을 포함한다고 주장할 때에 그런 존재는 결코 가능한 것 이상의 것일 수 없다. 존재론적 논증이 정말로 하고 있는 일은 아예 처음부터 신이 실제로 존재한다는 것을 암암리에 가정해 놓는 것이다. 우리는 은행에 있는 예금 잔고에 현재로서는 가능한 수입일 뿐인 금액을 보탬으로써 실제의 저금 액을 증가시킬 수 없는 것과 마찬가지로 어떤 것의 현실적 존재도 그것의 가능성으로부터 증명할 수는 없는 법이다.

존재론적 논증에 대한 비판자들은 이 논증이 증명해야 할 것을 미리 옳은 것으로 가정하는 "부당 가정 오류"에 빠져 있다고 의견의 일치를 보고 있다. 입증되지 않으면 안 되는 것은 신이 존재한다는 사실이다. 그러나 이 사실이 존재론적 논증의 전제 속에서 암암리에 승인된 것처럼 취급되고 있다. 따라서 존재론적 논증이 주장하는 모든 내용은 다음과 같은 말에 지나지 않는다. 만일 완전자가 있다면 그것은 실제로 존재할 것이다. 왜냐하면 만일 필연적 존재가 있다면 그것의 본질과 실존은 동일할 것이며, 그래서 필연적으

3) Aquinas, *Summa Theologica*, pt, 1, q. 2, art. I.

로 존재할 것이기 때문이다. 이 논증은 완전하고 필연적인 존재가 실제로 있음을 보여줌으로써 그러한 존재를 "사실로서 확인시키는 일"은 전혀 하지 못하고 있다.

목적론적 논증

이 논증은 "설계에 의거하는 논증"이라 부르기도 하다. 이 논증에는 밀접하게 관련을 맺고 있는 두 가지 형태가 있다. 첫 번째 논증은 먼저 인간이나 동물의 눈의 각 부분이 놀라운 통합성을 지니고 있다거나, 동물과 식물의 세계 속에 가득 차 있는 훌륭한 적응의 실례들을 들어서 자연적 사물들의 합목적적 특성을 지적한다. 그리고 나서 자연 속의 이러한 목적은 단지 우연의 결과일 수는 없으므로 자연은 이지적 창조자의 작품일 수밖에 없다고 결론을 내리고, 바로 이 창조자가 신이라고 주장한다. 목적론적 논증의 더욱 일반적인 형태는 물리적 자연 전체의 통일성과 질서에 호소한다. 이 논증은 자연의 질서를 이지적 설계의 증거로 해석하고, 이로부터 설계자로서의 신이 있다는 결론을 끌어낸다.

물리적 자연의 질서의 궁극적 원인이 정신이나 지성과 비슷한 어떤 것이라는 생각은 이미 고대 그리스의 철학자 아낙사고라스(Anaxagoras, 500?-428 B.C.)가 주장했으며, 플라톤과 아리스토텔레스의 철학에서 뚜렷하게 전개되었다. 키케로(M. Tullius Cicero, 106-143)는 이 설계에 의거하는 논증을 「신들의 본성」(*De Natura Deorum*)이라는 책에서 이용하고 있다. 중세의 신학자들은 우주론적 논증이 더 우월하다고 인정하는 경향이 있긴 했지만, 그들의 저술에 목적론적 논증도 사용했었다. 근대에는 물리과학의 발전이 지식인들 사이에 자연의 복잡한 조화에 대한 강렬한 찬탄을 불러 일으켰다. 이로 인해서 근대에는 목적론적 논증의 인기가 높아졌다. 설계에 의거하는 논증은 18세기의 "자연 신교" 신봉자들에게 특히 인기가 있었는데, 이들은 계시에 기초를 둔 종교나 교화하는 교회보다 이성과 경험에 기초를 두고 있는 최소한의 "자연 신앙"(自然 信仰, natural religion)을 우위에 두는 사람들이었다. 자연 신교 신봉자들은 우주를 신이 창조했지만 신의 간섭 없이 자체의 법칙에 따라 움직이도록 만들어진 훌륭한 기계—그 법칙들이 탁월한 뉴튼에 의해서 아주 선명하게 밝혀진 기계—라고 생각하였다.

설계에 의거하는 논증은 18세기에 영국의 성직자들에게도 인기가 있었다. 칼리의 부감독 페일리(W. Paley, 1743-1805)는 「자연 신학」이라는 책에서 "조직체들이 지니고 있는 형태를 고안하고 결정하는 이지적 설계자가 개개의 특수한 경우마다 반드시 필요하다."고 주장하고 있다. 페일리는 네델란드의 철학자 니외벤티트(Nieuwentyt)로부터 빌려온 유명한 "시계"의 예증을 들고 있다. 우리가 무인도에서 시계를 발견한다면, 이 정교한 기계가 우연의 산물이라고 생각하기보다는 이지적 기술자가 만든 것이라고 당연히 추론할 것이라고 페일리는 주장한다. 우주는 시계와는 비교도 할 수 없을 만큼 훨씬 더 훌륭한 기계다. 그렇다면 우주가 뛰어난 지성을 지닌 정신의 산물이며, 이 정신이 바로 신이라고 결론을 내릴 권리를 우리가 왜 갖지 못한단 말인가?

19세기에 생물학적 진화론이 성과를 올리게 되자 목적론적 논증은 새로운 활기를 띠고 나타나게 되었다. 물론 완고한 다윈주의자들은 진화의 자료를 유기적 생명체가 물질적 환경에 대하여 무목적적으로 적응함으로써 생긴 우연의 산물임을 증명하는 자료로 간주하였다. 그러나 다른 사람들은 생명체들이 발전해 온 인상적인 역사를 신이나 신과 비슷한 어떤 것에 기인하는 우주의 방향과 목적의 증거로 생각하였다. 베르그송의 「창조적 진화론」은 유기적 자연 속에서 발견되는 적응의 놀라운 예들로 가득 차 있다. 그는 이 예들을 근거로 하여 우주에 합목적적 힘이 실존한다고 추리하였다. 20여년 전에 생물학자 노위이(L. du Noüy)는 단백질 분자 하나가 우연히 유기화될 수 있는 확률은 정확히 2.02×10^{-321} 정도이므로, 그 가능성이 굉장히 적다는 것을 입증하기 위하여 확률 계산을 사용하고 있다.[4] 노위이는 대중을 상대로

4) L. du Noúy. *Human Destiny*, New York: Longmans, 1947. (PB: Mentor, New American Library, New York.)

한 책 「인간의 운명」에서 과학적 방법을 존중하는 모든 사람은 우주에는 "비우연적 요인"이 활동하고 있다고 추론할 수밖에 없다고 주장했다. 그는 이 비우연적 요인이 바로 신이라고 보았다.

목적론적 논증에 대한 비평

목적론적 논증에 대한 비판자들은 자연적 사물의 합목적적 성격에 의존하는 논증 유형이 역사적으로 보아 경험 과학의 개념들이나 기술들이 결핍되어 있던 시기에 발전했다는 점을 지적한다. 그런 시대에는 거의 한결 같이 자연적 대상의 동태를 "외재적인 물리적 인과 관계"(external physical causality)의 역할에 그다지 유의하지 않고, "내재적인 합목적적 인과 관계"(internal and purposive causality)라는 아리스토텔레스의 원리에 의존해서 해석하였다. 예를 들어 돌의 낙하는 외부의 영향의 결과로서가 아니라 돌 자체의 낙하하려는 성향에 의해서 설명하였다. 이 사고 방식은 볼테르(F. M. A. Voltaire, 1694-1778)가 「깡디드」라는 작품에서 웃음거리로 삼은 과장된 목적론을 만들어낸다. 「깡디드」 속의 형이상학 · 신학 · 우주 역사학 교수인 팽그로스 박사는 순진한 학생들에게 다음과 같이 강의한다.

> 사물이 지금과 다른 어떤 상태로도 될 수 없었음을 다음 사실들이 보여준다. 모든 것이 목적을 위해서 만들어졌으므로 모든 것은 필연적으로 최상의 목적을 위해서 존재한다. 코가 안경을 쓸 수 있도록 만들어진 것을 보라. 그래서 우리는 안경을 만들었다. 다리는 뚜렷이 바지에 맞도록 되어 있고, 따라서 우리는 바지를 만들어 입는다. 돌은 채석하여 성을 짓게끔 되어 있다. 그래서 우리의 성주는 매우 훌륭한 성에서 살고 있다. 그 지방에서 가장 위대한 귀족이 가장 좋은 것을 갖게 마련이기 때문이다. 돼지는 잡아먹히도록 되어 있으므로 우리는 일년 내내 돼지고기를 먹는다. 따라서 결론을 내린다면 모든 것이 잘 되어 간다고 주장한 사람들은 무의미한 소리를 한 셈이다. 실은 모든 것은 최선으로 되어 있다고 말했어야 할 것이기

때문이다.[5)]

세계의 질서라는 증거에 기초를 둔 이보다 더 일반적인 형태의 목적론적 논증은 휴움에 의해서 단호한 공격을 받았다. 휴움은 누구나 집이 실재함을 보고 건축자의 존재를 추측할 수 있는 것이 사실이라고 말한다. 우리는 집들을 경험하고 또 집을 건축한 건축자와 설계를 한 설계자를 경험하기 때문에 그런 추측을 할 수 있다. 그러나 자연의 질서가 사람들에게 경험적으로 알려진다 할지라도 우주의 설계자라는 존재는 사람에게 경험을 통해 알려지지 않는다고 휴움은 지적하였다. 그러므로 이 논증은 "그릇된 유비"(bad analogy)에 의존하고 있다. 게다가 우리가 비록 세계의 질서를 통달한 지성의 존재를 용인한다 할지라도 이 지성이 신이라고는 말할 수 없다고 휴움은 주장한다. 기껏해야 "설계에 의거하는 논증"은 자연 질서의 원인이 되고 있다는 것 이외에는 어떠한 언급도 보탤 수 없는 유한 존재가 있다고 주장할 수 있을 따름이다. 누구도 이 존재가 신이며, 그 신은 무한하고, 전능하며, 무한히 자비롭고, …하다라는 결론을 내릴 수 없다. 이 논증이 입증할 수 있는 최상의 결론은 "우주 질서의 한 원인이나 여러 원인이 인간의 지성과 아마 희미하게나마 유사성을 지녔을 것이다."라는 추측에 불과하다고 휴움은 주장하였다.[6)]

노위이가 우주에 "비우연적 요인"이 실제로 있음을 입증하기 위해 확률 계산을 사용한 것도 다음과 같은 반박을 당한다. 누군가가 어떻게 던지더라도 동전의 앞면이 나올 확률은 1/2이라고 말한다면, 그는 동전의 동태에 관해서 이미 가정을 세운 셈이다. 말하자면 어떻게 던지거나 동전이 두 가지 방법 가운데 한 가지로 나타날 "가능성은 동등하다."는 생각이 바로 그것이다. 이런 종류의 가정은 계산의 대상이 동전이나 주사위 따위의 단순한 물건일 경우에는 잘못이 없으나, 매우 복잡한 상황에 부주의하게 적용한다면 커다란

5) Voltaire, *Candide*, New York: Modern Library, 1930, p. 4. (PB: Anchor, Doubleday. Garden City. N. Y.)

6) D. Hume, *Dialogues Concerning Natural Religion*, E. D. Aiken, ed., New York: Hafner, 1948, p. 94. (PB: Liberal Arts. Babbs-Merrill Indianapolis.)

잘못을 일으킬 수 있다. 아직도 낮은 수준에 있는 이론인 수학적 확률론이 유기적 생명이나 우주 전체와 같은 복잡하고 포괄적인 영역들에 안전하게 적용될 수 있다고 확신할 수 없기 때문이다.

논증들에 대한 후기

신의 실존에 대한 전통적 논증들은 좋지 않은 평을 들어 왔다. 비판자들 대부분은 이 논증들이 칸트와 휴움의 맹렬한 반박을 결코 견디어 내지 못한다고 믿었다. 경험주의자들은 이 논증이 전혀 검증 가능성을 갖고 있지 않다고 주장한다. 실존주의적 신학자들은 과연 신이 "존재한다"고 말할 수 있는지 어떤지를 의문시한다. 왜냐하면 신은 실존의 근거이기 때문이다. 토마스주의자들조차도 아퀴나스의 다섯 가지 논증이 기독교를 변호하려는 신학자들의 목적으로 인해서 제대로 평가되지 못하고 왜곡되어 왔다는 것을 인정한다. 시인들은 이 논증들을 싫어했다. 앙드레 지드(A. P. G. Gide, 1869-1951)는 「지상의 양식」 속에서 다음과 같이 쓰고 있다.

> 물론 2+2=4에 의한 증명이 있지. —그러나, 나다니엘, 우리는 산술로 완전히 흡족해지지는 못하잖니?
> 제일 원인에 대한 증명이 있어. 그러나 그 앞에 놓이게 되는 또 다른 원인이 항상 있게 마련이야.

러셀과 예수회 신부 코플스톤(F. Copleston, 1907-1994)이 영국 방송협회의 방송에서 벌였던 유명한 논쟁은 이런 논증들이 불가지론자(agnostic, 不可知論者)와 유신론자가 토론의 공통 기초에 합의할 수 없음을 널리 알려준 한 예다.7)

그러나 최근 몇 년 동안에 상당수의 철학자와 신학자가 흥미를 가지고 옛 논증들을 재검토하고 있다. 오스틴 화러(A. Farrer)는 그의 「유한과

---

7) 이 논쟁은 히크(J. Hick)가 편집한 *The Existence of God*(New York: Macmillan, 1964)을 비롯해서 많은 논문 선집에 수록되어 있다.

무한」이라는 책에서 이 논증들을 주의 깊게 음미하고 있다. 마스콜(E. L. Mascall)은 아퀴나스가 정리하여 개진했던 증명들을 수정하여 지지하고 있다. 이 논증들에 대해서 미국의 철학자 테일러(R. Taylor)는 자신의 형이상학적 저술들 속에서 새로운 관점에서 변호하고 있다. 테일러는 "인과 관계로부터의 논증"이 어떤 것도 그 발생에 충분한 이유 없이는 존재할 수 없다는 "충족 이유 원리"(充足 理由 原理, principle of sufficient reason)에 호소함으로써 우주에 적용될 수 있도록 확장될 수 있다고 주장한다. 우주 전체가 이 법칙의 지배를 받지 않는다는 신념은 아무런 근거도 없는 것으로 생각된다고 테일러는 주장한다. 그러나 만일 이것이 사실이라면, 즉 우주가 충족 이유 원리의 지배를 받는다면, 우주의 출현에 대한 충분한 이유가 있어야 한다는 유신론자의 주장과 그 이유를 신이라 부르는 유신론자의 입장이 정당화된다고 할 수 있겠다. 그래서 테일러는 다음과 같이 결론을 내린다.

> 어쨌든 이 논증들에 대해서는 그것들이 잘 짜여진 논증이며, 또한 이 논증들의 전제를 인정한다면 그런 결론이 나오는 것으로 여겨진다는 정도의 주장밖에 할 수 없다. 설혹 이 논증들에 결함이 있다 하더라도 그 결함은 크거나 명백한 것은 아니다. 독자는 이런 논증들이 그 결론을 성립시키는지, 그리고 만일 성립시킨다면 그 결론의 인간적 의의가 무엇인지에 대해서는 나름대로 생각해도 좋을 것이다.[8)]

세계에 대한 신의 관계

우주의 원인으로서의 신 — 창조

전통적 유신론은 신과 세계가 원인과 결과의 관계에 있는 것으로 생각하

8) Richard Taylor, *Metaphysics*, Prentice-Hall, 1963, p. 56.

였다.9) 이 말은 모든 형태의 전통적 유신론이 신을 세계의 창조자로 본다는 뜻인가? 그러나 우리가 창조자를 "무(無)로부터"(ex nihilo) 세계를 만든 존재라고 생각한다면 그렇지 않다. 예를 들어 고대 그리스 철학자들의 신학에서 우리는 "무로부터" 창조하는 신 개념을 발견할 수 없다. 고대 그리스 사람들은 신과 세계가 관계를 맺는 방식에 대하여 두 가지 다른 생각을 갖고 있는데, 둘 다 "엄격한" 의미의 창조를 포함하지 않는다. 그 가운데 하나는 변형(變形, transformation)이라 할 수 있고, 다른 하나는 유출(流出, emanation)이라 할 수 있다.

고대 그리스의 거의 모든 신학에서 물질은 영원한 것으로 간주되고 있다. 신이 하는 일은 이 물질에 형식을 부여하는 것이다. 플라톤은 「티마에우스」에서 세계의 창조를 시적 신화에 의해서 설명하고 있다. 영원한 형식들을 바라보고 있는 신은 형식 없이 혼돈되어 있는 물질을 손에 들고서 그가 보고 있는 초시간적 모형들에 따라서 빚는다. 훌륭한 모델을 바라보며 자신에게 주어진 유일한 재료인 불완전한 진흙에 형태를 부여하는 조각가처럼 신은 세계를 빚는다. 아리스토텔레스의 설명도 거의 마찬가지로 시적이다. "부동의 원동자"인 신은 혼자 명상에 몰두해 있으며, 그 자신 이외의 어떤 것에 대한 지식도 갖고 있지 않다. 신이 실제로 존재하여 해내는 일은 다만 영원한 물질의 내부에서 형식을 유발시키는 것이다. 자석이 철을 끌어당기는 것이 의도적 작용이 아닌 것처럼, 또는 한 청년의 짝사랑을 받고 있다는 사실조차 모르는 아름다운 여인이 그러면서도 그 청년의 생활을 바뀌게 하는 것처럼, 신은 영원한 과거로부터 물질을 자기 쪽으로 끌어당기고 있다. 물질은 그것이 "욕구하고 있는 대상"인 신을 향하여 움직여 나감으로써 형식을 얻는다. 신의

9) 우주의 원인으로서의 신은 우리가 경험 속에서 부딪히는 유한한 원인-결과 관계와 동일시될 수 없다고 신학자들에 의해서 일반적으로 주장된다. 유한한 인과 관계와 얼마쯤 비슷할 뿐이다. 이 주장에 대해 회의론자들은 우리가 자연과 사회 속에서 원인과 결과라는 일상적 진행을 정리하는 인과 관계 속에서 신적 인과 관계를 경험할 수 없기 때문에 신과 세계 사이에 임의로 주장된 관계를 "인과 관계"라고 말하는 것이 옳은지 어떤지는 의문이라고 반대한다.

영향이 끊임없이 물질에 미치기 때문에 물질은 항상 어느 정도의 형식을 지니고 있다. 따라서 세계는 영원하다. 아리스토텔레스에게는 신이 세계의 욕구 대상이다.

신플라톤주의자라 불리는 후기 고대 그리스 철학자들은 신의 창조성을 변형이 아니라 유출에 의해서 설명하고 있다. 플로티노스에 의하면 신은 "유일자"(唯一者, The One)이며 존재 그 자체다. 존재의 포만으로 인하여, 그리고 그것을 나누어 주려는 소망으로 인하여, 신은 가득 찬 잔에서 술이 넘치듯이 존재를 유출시킨다. 다시 다른 비유를 들어 말하면, 해가 빛과 열을 발산하듯이 신은 존재를 방사한다. 이 방사나 유출은 높은 단계의 존재 양상으로부터 시작되어 낮은 단계의 존재 양상으로 계층 질서가 성립하도록 이루어진다. 이 세계는 이 방사 계층의 체계 속에서 상당히 낮은 단계들 가운데 하나다. 그리스 사람들이 "불완전성의 원리"로 간주했던 물질은 이 방사 과정에서 신으로부터 가장 멀리 떨어진 단계로서 생겨난다. 세계는 물질을 그 부분으로 지니고 있는데, 세계와 관련되어 있는 이 물질의 불완전성은 신의 내부의 어떤 근본적 한계에 의해서 설명될 수 없다. 오히려 물질은 방사 계열에서 마지막이기 때문에 형이상학적 관점에서 보면 창조의 근원으로부터 가장 멀리 떨어진 보잘 것 없는 우수리라 할 수 있다.

신이 세계를 무로부터 창조했다는 개념은 그리스적인 생각이라기보다는 유대적인 생각이며, 창세기에 나타나 있는 창조 설화의 영향을 받아서 생긴 것이다. 이 성경의 기록은 창조에 대하여 이상스럽게도 이중의 설명을 하고 있는데, 이 두 설명 가운데 하나는 변형주의의 한 형태로 해석될 수 있다. 역사를 되돌아보면 유대교와 기독교의 신학자들이 이 세계가 태초의 혼돈이나 물질적 재료에 작용하는 신의 창조력에 의해서 형성되었는지 신이 "무로부터" 이 세계를 창조했는지에 관해서 꽤 많은 토론을 해왔음을 알 수 있다. 일반적으로 전통적 신학자는 세계가 "무로부터" 창조되었다는 사실이 계시에 의해서 고지되지만, "자연적 이성"에 의해서는 증명될 수 없다는 주장에 동의하는 경향이 있었다. 좀 뒤에 우리는 신이 이 세계를 창조할 때 대체 어떤 방식으로 창조했을 것인가라는 문제가 신의 속성에 관한 문제와 이른바 악에 관한 문제에 상당히 깊이 관련되어 있다는 것을 알게 될 것이다.

신의 속성

서양의 전통 신학에서 신은 수많은 속성이나 성질을 지니고 있는 것으로 나타나 있다. 유대교와 기독교의 철학자들은 신에게 인간의 특성들을 부여하는 이른바 신인 동형 동성 이론(神人 同形 同性 理論, anthropomorphism)에 빠지지 않으려고 거의 전 기독교 역사를 통해서 애써왔다. 그들은 신이 인간의 지식을 훨씬 초월해 있다는 데에 의견의 일치를 보았다. 그러므로 엄격하게 말하면 우리는 신의 본성을 적절하게 나타낼 수 있는 어떠한 말도 할 수 없다. 신인 동형 동성 이론이라는 암초를 피하려는 신학자들은 또 한편으로는 신은 알 수 없는 것이므로 그에 관해서는 전혀 아무 말도 할 수 없다는 입장인 불가지론(不可知論, agnosticism)이라는 위험한 소용돌이에 휘말리는 것을 두려워했었다. 이 진퇴양난을 피하려고 많은 시도가 행해졌다. 유대교 철학자인 마이모니데스(M. Maimonides, 1135-1204)는 부정력(否定力, vis negativa)을 이용하였다. 이 이론은 우리가 신에 관해서 긍정 진술을 통하여 특성을 부여할 수는 없지만, 신의 본성에 대해서 부정 진술을 함으로써 그 본성을 간접적으로 기술할 수는 있다는 것이다. 예를 들어 신이 현명하다고 말할 수는 없지만 신이 현명하지 않은 것은 아니라고 말할 수는 있다. 이것은 단지 말장난을 하고 있는 것이 아니다. 마이모니데스의 속뜻은 만일 인간의 지혜에 어떤 완전성이 있다면 그 완전성이 신에게 결여되어 있지 않다는 것을 우리가 확신할 수 있다는 것이었다. 토마스 아퀴나스는 유비(類比, analogy)의 방법을 제안했다. 우리는 "지혜"나 "선"과 같은 용어를 이런 말이 신에 의해 창조된 질서 속의 사물에게 사용될 때와 똑같은 의미로 신에게 적용할 수 없다. 이러한 용어는 수정이 필요할 때에는 언제나 수정이 허용되는 비유적 방식으로만 신에 관해서 서술할 수 있을 뿐이라는 것이 아퀴나스의 생각이다.

전통적 신학자들은 신이 어떤 의미에서 무한성(無限性, 신에게는 한계가 없음), 자비(慈悲, goodness), 전능(全能, omnipotence), 전지(全知, omniscience) 등의 속성을 가진다는 데에 동의한다. 초기 교부들 가운데 어떤 사람들은 신이 비물질적 존재라고 이해하는 데에 어려움을 느끼기는 했으나, 신은 유형적 존재라기보다는 정신적 존재라는 생각이 일반적으로 유지되었다. 또 그들은 신이 생각한다는 것과 신이 정신이라는 것에도 의견의 일치를 보고 있었다. 따라서 그들은 신이 세계를 창조하는 일을 해나갈 때에 이성을 지닌 피조물 즉 인간이 계획이나 의도를 수행하면서 자신이 무엇을 하고 있는지를 아는 방식과 전적으로 다르지는 않은 방식으로 창조하는 일을 행하였다고 생각하였다.

악의 문제

신의 창조력과 속성에 관한 전통적 주장들은 어려운 문제를 많이 일으켰다. 그 가운데 가장 널리 알려져 있는 문제 하나가 악의 문제다. 이 문제는 다음과 같이 진술될 수 있다. 세계 속에는 이 세계가 질서 있고 훌륭하고 이치에 닿도록 이루어져 있다는 증거도 있는 반면에, 모든 것에 스며드는 악에 관한 더욱 강력한 증거도 있다. 기근이나 지진, 여러 가지 자연적 재앙 등의 자연적 악이 있다. 고통 · 질병 · 죽음이 있는가 하면, 불의 · 죄악 · 인간의 사악함 등의 도덕적 악이 있다. 자연적 악과 도덕적 악 둘다 날뛰며 아수라장을 이루는 전쟁도 있다. 만일 신이 이 세계의 악들을 막을 수 없다면 신이 전능하지 않은 것처럼 보이고, 만일 신이 이 세계의 악을 막으려 하지 않는다면 신은 완전히 자비롭지는 않은 것처럼 보인다. 다음의 두 입장 가운데서 하나를 선택한다고 생각해보라. (1) 신은 전능하지 못하다. (2) 신은 완전히 자비롭지는 않다. 고대 그리스의 철학자들은 첫 번째 입장을 택하는 경향이 있었다. 그들에게는 물질이 한계와 무질서의 원리였고, 그래서 모든 악의 간접적 원천이었다. 신은 물질을 창조하지 못한다. 물질은 신과 더불어 영원히 공존해 왔다. 신은 물질을 지배하는 절대적 군주가 아니다. 플라톤은 신 아닌 어떤 것 즉 그가 "필연성"이라 불렀던 어떤 것에 의해서 신이 제약을 받는다는 것을 명백하게 인정하였다. 실제로 세계를 형성시키는 물질의 유전 속의 부분적 질서를 플라톤의 신이 유도 할 수 있는 방법은 오직 "설득"(說得, persuasion) 뿐이다. 반대로 서구에서 한때 기독교를 거의 뒤엎을 정도로 번성했던 마니교(manicheism)는 신의 악 의지(惡 意志, ill will)를 인정하는 다른 입장에 훨씬 더 긍정적이다. 마니교도들은 "빛과 선의 신"과 "어둠과 악의 신"이 영원히 공존한다고 주장하는 이원적 유신론(二元的 有神論, theistic dualism)을 가르쳤다. 그들은 세계의 질서와 조화는 "빛의 신"이 주재하고 무질서는 "어둠의 신"이 주재한다고 믿었다.[10]

그러나 선택해야 할 이 두 입장 가운데 어느 것도 무한한 선과 능력을 신에게 돌리는 전통적 기독교 신학은 받아들이지 않는다. 신은 절대적으로 제약을 초월해 있으면서 완전히 선하다. 그래서 악의 문제에 대한 다른 해결책들이 강구되었다. 그렇지만 그것들 가운데 어느 것도 완벽하게 만족스럽지는 못하다. 고전적 해결책들 가운데 하나로서 어거스틴에 의해 처음으로 개발된 해결책은 악은 실재하는 것이 아니라 오히려 "있어야 하는" 질서의 결여나 결핍이라고 주장한다. 그래서 눈이 먼 상태는 정상적으로는 시력을 가능하게

---

10) 예언자 마니(Mani)에 의해서 설교된 교리는 페르시아에 기원을 두고 있는데, 페르시아는 이원적 유신론의 발상지였던 것 같다. 두드러진 한 예는 조로아스터교(Zoroastrianism)라는 불을 예배하는 페르시아의 종교다. 이 종교는 빛의 신(Ormuzd 또는 Ahura Mazda)과 어둠의 신(Ahriman)이 존재한다고 가르쳤다. 10세기 동안이나 마니교는 유럽 전역에 걸쳐 퍼졌었다. 플라톤주의의 우주론적 교리에다 그노시스주의자들(Gnostics)의 사변을 통합하여 교리를 만들었던 마니교는 영혼이 선의 원인이면서 또한 악에도 중요한 관련이 있다고 주장하였다. 신체와 영혼을 분리시키는 그들의 철저한 이원론은 중세의 기독교 교회가 참을 수 없었던 이상한 이론과 신행으로 마니교도들을 끌고 갔다. 종교적 열정보다 탐욕에 의해서 일어났던 한 운동을 통해서 북부 프랑스의 기사들이 남부 프랑스에 사는 마니교도들을 몰살해버렸다. 남부 프랑스의 마니교도들은 Albigensian이나 Cathar라고 알려져 있는 사람들이다. 이 지역에 구전되어 오던 음유시가 이 때에 소멸되었다.

할 생리적 질서의 결여나 교란이다. 도덕적 영역에서의 죄는 영혼에 있어야 할 적절한 영적 질서의 부족이다. 만일 악이 실재하는 피조물이 아니라 결여나 결핍이라면 신이 악을 창조했다고는 말할 수 없다.

악의 문제에 대답하려는 이 시도에 분명하게 반대하는 견해는 전능한 신이 결여나 결핍의 발생을 막을 수 있다고 주장한다. 그러나 신학자들은 결여의 결과로서의 악이 피조물의 존재 속에 본래부터 내재하는 한계의 필연적 결과일 수 있다는 더 일반적인 설명 방식에 우리의 주의를 돌려놓으려고 할 것이다. 신 자체는 완벽하고 무한한 존재다. 그런데 피조물은 신에 의해 만들어졌다는 바로 그 사실 때문에 완벽한 존재일 수 없다. 피조물은 필연적 존재가 아니라 일시적 존재일 뿐이다. 이 때문에 피조물은 존재로부터 비존재로 옮겨가려는 경향이 있다. 사물의 이 유한성(有限性, finitude)은 한계와 불완전을 포함한다. 피조물에서 유한성을 제거하라고 신에게 요구하는 것은 피조물을 신으로 만들라고 요구하는 것이다. 라크탄티우스(Lactantius, 240-320)는 이렇게 말했다. "사람들은 인간이 질병에 걸리고, 때 아닌 죽음을 당해야 한다는 것을 불평한다. 인간은 자신이 신으로 태어나지 않은 사실에 분노한다."11) 분별 있는 사람이라면 누구나 인간에게 무제약적 완전성이 결여되어 있음을 한탄하지는 않을 것이다. 악은 단지 사물이 지닌 이 유한성과 신에 의해 만들어진 사물들의 질서의 일시성과 의존성으로부터 발생한다. 오스틴 화러의 말을 들어보자. "공간과 시간 속에 존재하는 형체들의 혼돈스러운 상호 관계는 단지 유한성 즉 인간적 수준의 유한성의 조건일 뿐이며, 이 조건은 신의 마음을 적극적으로 표현하지 않고 또 표현할 수도 없을 뿐 아니라, 다른 것들에 비해서 더 높은 유한적 존재라고 우쭐대는 인간을 보살피기 위해 내려진 신의 지시에 의해 지배되는 것도 아니라는 건 당연하다."12)

악에 대한 이러한 형이상학적 사색이 흥미롭다 하더라도, 우리는 어거스

---

11) Lactantius, *The Workmanship of God*, chap. 4.

12) Austin Farrer, *Finite and Infinite*, Westminster, Glasgow: Dacre Press, 1943, p. 299.

틴을 비롯한 다른 기독교 신학자들이 세계 속에 악이 실제로 있다는 사실에 대한 기본적 설명을 오직 성서에만 기록되어 있는 어떤 역사적 사건에 근거해서 전개하고 있음을 잊지 말아야 한다. 이 설명에 의하면 인간은 고민을 자초했다. 인간은 너무 심각해서 신도 인간으로부터 돌아설 그런 어떤 근원적 과오를 범했다. 인간과 신 사이의 이 결별의 결과로 인간은 한때 축복받았던 땅에서 쫓겨났다.13) 이 타락의 결과로 인간의 본성이 파괴되고 고통과 죽음이 생겼다. 왜 신은 이 근원적 과오를 범하도록 인간을 버려두었을까? 왜 신은 자신이 지배력을 갖고 있는 피조물이 선 대신에 악을 택하도록 놓아두었을까? 신학자들은 신이 인간을 자신의 형상에 의거해서 만들었으므로 인간을 단순히 좋은 일만 하는 기계가 아니라 자유로운 존재로 창조했다고 대답할 수도 있을 것이다. 인간이 자유로운 이상 선과 악의 선택은 인간 자신에게 맡겨져 있는 것이 되기 때문이다.

어떤 철학자들은 악의 문제를 종교적 신앙의 맥락에 맡겨 두는 데 만족하지 않고, "자연 신학"이라는 관점에서 기독교의 견해와 모순을 일으키지 않는 해결책을 모색하였다. 예컨대 라이프니쯔는 「변신론」이라는 책에서 이른바 우주론적 낙관주의(宇宙論的 樂觀主義, cosmological optimism)라는 입장을 주장하였다. 라이프니쯔에 의하면 신은 세계를 가능한 최선의 계획에 따라 창조했다. 그러나 "악은 더 높은 선을 수반할 수도 있으므로 최선의 계획은 악을 항상 피하려 하지만은 않는다."고 라이프니쯔는 주장했다.14) 우리는 경험을 통하여 악이 선을 일으킨다는 것을 알기 때문에—예컨대 질병은 인간에게 낭비했던 과거의 생활을 반성시키고, 보다 고귀한 삶을 추구할 수 있도록 명상하는 시간을 줄 수도 있으므로—모든 악은 우리가 알지 못하는 어떤 보다 더 높은 선을 위해서 봉사한다고 결론지을 수도 있기는 하다. 그러나

---

13) 이 근원적 과오와 타락에 대한 교리는 여러 가지 문화 속에서 발생한 종교와 철학에 나타나 있다. 이런 생각은 인도의 형이상학에도 보인다. 플라톤은 대화편 「파에드루스」에서 이 생각을 신화적인 이야기를 빌어 자세히 설명하고 있다.

14) G. W. F. Leibniz, *Theodicy*, P. P. Wiener, ed., New York, *Leibniz: Selections*, New York: Scribner, 1951, p. 510 참조. (PB: Scribner)

이 문제에 대한 라이프니쯔의 생각은 거의 설득력이 없다. "이 세계가 가능한 모든 세계 가운데서 가장 좋은 세계"라는 라이프니쯔의 신조는 볼테르에 의해서 혹독하게 풍자되었다.[15)]

우주 전체로서의 신

신에 관한 스피노자의 개념

서양 사상이 1600년 동안이나 영향을 받아 왔던 전통적 종교의 얼개로부터 점차적으로 빠져 나옴에 따라서 형이상학 체계의 성격이 전보다 훨씬 자립적이고 개인주의적인 쪽으로 변하게 되었다. 데카르트를 비롯한 몇몇 철학자들은 그들의 새로운 체계를 전통적 신학에 연결시키려고 하였다. 17세기의 네덜란드 유대인 철학자 스피노자를 비롯한 다른 철학자들은 신에 대한 전통적 개념을 날카롭게 비판하고 그들 자신의 이론을 밀고 나아갔다. 스피노자의 신학은 신과 자연을 가르는 전통적 구별을 무너뜨렸기 때문에 특히 흥미롭다. 그는 자연과 신은 똑같은 것이며, 단연코 자연은 물리적 우주 이상의 것이라고 생각하였다. 우리는 이 말을 어떻게 받아들여야 하는지 잘 알 수 없다. 그래서 스피노자는 "신에 취한 사람"이라는 말로부터 "현대 자연주의의 선구자"라는 말에 이르기까지 여러 가지로 불리어 왔다. 알버트 아인슈타인은 말년에 신문 기자들로부터 신에 대한 신앙에 관하여 질문을 받았었는데, 그 때 그는 "나의 신은 스피노자의 신입니다."라고 대답하였다. 기자들은 이 말을 듣고도 그 깊은 속뜻을 거의 깨닫지 못했었다.

15) 이 책 328쪽 「깡디드」로부터의 인용 참조. 악이 더 높은 선에 봉사한다는 주장에 대한 또 하나의 비판이 현대 프랑스 소설가 까뮈의 소설 「페스트」에 드러나 있다. 빠늘루 신부는 흑사병에 습격당한 도시의 시민들에게 그 질병이 신의 뜻이라고 설교하지만, 어린 아이들의 고통과 죽음 때문에 혼란에 빠지게 된다.

스피노자에 의하면 신은 물리적 우주와 동일하지 않지만 물리적 우주로부터 분리시킬 수도 없다. 스피노자는 신에게 실체(實體, substance)라는 비인격적인 이름을 부여했다. 실체에 대한 전통적 정의는 "독자적으로 존재하는 것"이다. 외투는 실체다. 그러나 붉다든가 부드럽다는 외투의 성질은 "우연존재"(偶然 *存在*, accident)나 "양태"(樣態, mode)로 간주된다. 스피노자는 이 정의를 엄격하고 정확하게 적용하기 때문에 오직 하나의 절대적으로 독립적인 것만이 있다고 주장했다. 이것이 다른 모든 것이 의존하는 신이다. 스피노자는 다른 모든 존재자 즉 물리적 우주와 그 안의 모든 것은 이 무한한 실체의 양상이거나 양태로 간주하였다. 이 양상들은 어떤 기하학적 도형의 성질들이 바로 그 도형 자체로부터 나올 수밖에 없는 필연성과 똑같은 냉혹한 필연성에 의해서 실체의 본성으로부터 나오고 있다. 따라서 세계는 필연성에 의해서 신에게서 계속적으로 발생한다. 세계는 신의 본성의 필연적 귀결이며 또 그 본성의 일부분이다.

신과 세계 사이에 스피노자가 설정한 관계를 타당한 정언 논증의 전제와 결론 사이에 성립하는 관계와 비교해보면 유사점을 발견할 수 있다.

인간은 이성적이다.
그리스 사람들은 인간이다.

그러므로 그리스 사람들은 이성적이다.

이 정언 논증의 두 전제는 물론 정언 논증 전체의 부분인 결론을 필연적으로 "함의"하거나 "포함"한다. 이와 비슷한 방식으로 신 즉 실체는 신의 부분이면서 신의 본성에 필연적으로 따르는 세계를 "포함"한다. 만일 물리적 우주가 신의 본성의 필연적 귀결이라면 신은 반드시 물질을 암암리에 포함해야 할 것이다. 스피노자는 이 점을 기꺼이 인정한다. 무한한 실체는 전통적 신학자들이 항상 신에게 돌렸던 사고 즉 정신이라는 무한한 속성뿐만 아니라 물질의 무한한 속성 즉 연장(延長, extension, 공간을 차지하는 성질)도 포함한다고 스피노자는 주장하였다.

신에 대한 스피노자의 생각이 이끌어오는 귀결은 스피노자의 신과 전통적 신학의 신이 분명하고도 근원적인 차이가 있음을 보여준다. 첫째로 전통적 신학자는 신이 오로지 정신이라고 믿는다. 스피노자는 신이 정신이자 물질이라고 주장한다. 둘째로 전통적 신은 자신의 마음속의 어떤 계획이나 의도에 따라 자유로운 창조 행위에 의하여 세계를 만들었다. 스피노자는 신이 이처럼 임의적으로 또 인간이 하는 방식과 비슷한 방식으로 세계를 창조했다는 것을 부정한다. 세계는 무한한 실체의 양상이나 양태로서 영원히 존재해 왔으며, 이것은 그 실체의 본성에 따른 필연적 귀결이다. 셋째로 세계에 대한 신의 관계를 설명하는 전통적 교리는 신의 초월성을 강조한다. 다시 말하면 신은 자신의 창조의 결과인 세계로부터 떨어져 있고 초월해 있는 원인으로서의 힘이다. 스피노자는 신과 세계의 분리를 거부한다. 그에게는 신이 초월적 원인이 아니라 내재적 원인 즉 자신의 창조의 결과인 세계와 연결되어 있고, 그 결과 속에 깃들어 있으며, 그 결과로부터 분리될 수 없는 원인이다. 그러나 신은 전체 속에 있는 부분처럼 물리적 우주 속에 거주하는 것은 아니다. 오히려 그 반대다. 세계가 전체인 신 속에 부분으로서 존재한다. "신"과 "자연"이라는 용어가 서로 대체될 수는 있지만 신이 물리적 자연과 동일시되지는 못한다. 오히려 반대로 신이 물리적 우주를 포함하거나 담고 있는 것이다. 스피노자가 "주님 안에 우리가 존재하며 주님 안에서 움직이고 삶을 누린다."라는 바울의 말을 승인하는 것은 이 때문이다.

스피노자는 그리하여 다음과 같은 결론에 이르게 된다. 우주 안에 존재하는 모든 것이 신의 본성의 필연적 귀결이므로 세계에는 자유가 없다. 돌 하나 떨어지는 것으로부터 인간의 행동에 이르기까지 우주 안의 모든 사건은 냉혹하게 신의 본성이 지닌 필연성에 의해서 결정된다. 따라서 스피노자는 오직 신만이 자유로운 원인이고, 그 밖의 모든 것은 필연적으로 신으로부터 나온다는 것을 이해하는 사람만이 "자유로운" 사람이라고 보았다.

내재적 원인으로서의 신과 초월적 원인으로서의 신

스피노자의 형이상학 체계가 비록 독특하다 할지라도, 세계에 내재하거나 세계와 분리될 수 없는 원인으로서의 신이라는 생각이 스피노자에게만 특유하게 보이는 것은 아니다. 우리는 서양의 종교적 전통 속에서 신과 세계의 관계에 대하여 강조점이 다른 두 가지 사상 계열을 구별할 수 있다. 한 계열은 신의 의미를 고도로 이성적이거나 학문적인 용어로 해석하려고 노력하는 신학자들이다. 그 결과 "철학자들의 신" "우주의 무한한 원인" "존재의 계층 전체의 창조자이자 기초" 같은 용어가 나오게 되었다. 이 맥락에서는 거의 항상 신의 내재성보다 신의 초월성과 세계로부터의 구별이나 분리가 강조된다. 그러나 서구의 종교적 전통 속의 신은 단순히 세계의 비인격적 제일 원인만은 아니다. 그는 인간을 보살피는 사랑의 신이기도 하다. 기독교의 교리에 의하면 피조물에 대한 신의 사랑은 너무 커서 신 자신이 삼위 가운데 두 번째 위격이며 신의 아들인 예수(Jesus)로 이 세상에 왔었을 정도다. 더 나아가 삼위 가운데 세 번째 위격인 성신(聖神)은 보혜사로서 이 세상에 남아 있다.

무한한 제일 원리보다 사랑의 신에 매료된 경건한 기독교도 저술가들은 세계에 대한 신의 친밀성을 변함없이 강조하였다. 신비주의자들 가운데서 테레사, 존, 루이스부로액, 에크하르트, 뵈에메 등은 기독교 전통에 속하는데, 이들은 신의 내재성 즉 신성 안에서의 모든 것의 통일을 특히 강조했다. 그러나 정통 신학자들은 신의 내재성이라는 생각을 극한까지 밀고 나가기를 두려워했다. 비록 신비주의자들의 생각이 옳다고 상당히 인정받기는 하였지만 정통파의 저울은 초월성 쪽으로 기울었다. 신의 내재성에 대한 지나친 강조는 의심의 눈총을 받았다. 이러한 신 개념이 나중에 "범신론"으로 불리게 되었다.

범신론

"범신론"(汎神論, pantheism)이라는 말은 1705년에 톨랜드(J. Toland, 1670-1722)가 처음으로 사용한 용어인데, 글자 그대로 "모든 것이 신이다."라는 뜻을 가진 말이다. 유명한 사무엘 존슨은 범신론자를 "신과 자연을 혼동하는 사람"이라 정의하고, 스피노자를 추종하는 사람들을 범신론자라고 불렀다. 우리가 '범신론"을 (1) 신이 자연에서 분리될 수 없는 것이라고 정의하거나 (2) 신은 무한한 전체이고, 존재하는 모든 것은 그 전체의 부분이거나 "양상"이라고 정의한다면 물론 스피노자는 범신론자다. 우리는 시인들이 신 안에서 모든 것이 이루고 있는 통일을 노래한 시에 "범신론"이라는 말이 적용되는 것을 자주 볼 수 있다. 스피노자를 숭배했던 괴테(J. W. Goethe, 1749-1832)는 「삼라만상에 깃든 신」(One in All)이라는 시에서 자기 자신을 발견하는 최상의 방법은 무한 속에서 자기 자신을 잃는 것이라고 말하고 있다. 우리는 포프(A. Pope, 1688-1744)로부터 이를 교훈적으로 듣는다.

> 모든 것은 하나의 거대한 전체의 부분일 따름이니,
> 자연은 그 몸이요, 신은 그 영혼이니라.[16)]

에머슨은 인도 신비주의의 주술적 언어를 사용하여 이렇게 읊었다.

> 나를 저버리는 자
> 너희 모두 사악에 떨어질지니,
> 너희가 내게로 올 제
> 나는 너희의 날개가 되리라.
> 나는 의심하는 자요, 의심이요,
> 브라만이 부르는 찬가일지니.[17)]

자연 안에 살아 있는 신성은 밀레이(E. V. Millay, 1892-1950)가 쓴 「신생」

16) A. Pope, *Essay on Man.*
17) R. W. Emerson, "Brahma."

(新生, Renascence)의 주제다.

신이여,
들풀 헤집는 저의 손가락
마디마디는
당신의 맥동을 느끼옵니다![18]

모든 시인 가운데서 워즈워드가 자연 속의 신의 내재성에 가장 깊이 사로잡혔었다고 보아야 할 것이다.

… 그리고
높은 깨달음의 희열로
가슴 속 깊이 스미어 하나 된 장엄함으로
나를 뒤흔드는 당신의 모습.
석양 빛, 가없는 바다
살아 움직이는 대기와 파란 하늘, 그리고
인간의 마음에 당신이 살아 있나니.
모든 생각하는 생령들과 생각되어지는 것들
저들 대로이게 하고
저들의 맥으로 구비치는 당신,
오, 영(靈)이여![19]

보편 영혼(보편 정신)으로서의 신

스피노자의 경우와 마찬가지로 어떤 경우에는 "범신론"이라 불리는 또 하나의 포괄적인 신 개념이 있다. 이 신 개념은 고대와 근대 양쪽에 다 보이는 보편 영혼(普遍 靈魂, All-Soul) 또는 보편 정신(普遍 精神, All-Mind)의 교의에 나타나 있다. 고대 인도의 철학자들은 개개의 영혼(atman)은 모든 것을 품고 있는 무한한 영혼으로서의 범천(梵天, brahma)의 분신이라고

18) E. Millay, *Renascence*, New York: Harper & Row, 1917.
19) W. Wordsworth, "Lines Composed a Few Miles Above Tintern Abbey."

믿었다. 서양에서는 스토아 학파가 개인의 정신은 모든 것을 포함하는 보편 이성(普遍 理性, Universal Reason)의 일부라고 생각하였다. 아프로디시아스의 알렉산더(Alexander, 200년경에 활동) 같은 아리스토텔레스 주석가들은 "능동적 지성"의 불멸성에 대한 아리스토텔레스의 파악하기 어려운 주장을 불길에서 솟아오르는 불꽃들이 불길과 연결되듯이 개인의 정신이 신성에 연결되어 있다는 뜻으로 해석하였다. 기독교 철학자들이 오늘날 우리로서는 "범신론"이라 간주할 만한 이슬람교의 신학을 비난했던 것은 중세의 아라비아 철학자들이 아리스토텔레스에 대한 이 해석을 즐겨 택했기 때문이다. 보편 정신으로서의 신 개념은 미국의 뉴잉글랜드 지방에서 초절주의(超絕主義, transcendentalism)라는 이름을 가지고 미국적 사상으로 등장하였다. 에머슨의 "대신령"(大神靈, oversoul)이란 개념은 자아(atman)와 범천(brahma)이라는 개념에 상당히 의존하고 있다. 잉(W. R. Inge, 1860-1954) 승정의 다음과 같은 말은 보편 영혼에 대한 또 다른 견해를 보여주고 있다.

> 우주의 과정 전체는 신성한 말씀(the Divine Logos)인 보편 영혼의 생명의 틀이다. 개인의 일생의 시간과 임무가 우리에게 아무리 짧고 하찮게 보일지라도 우리는 이 생명과 떨어질 수 없도록 연결되어 있다. 만일 나의 특수한 삶의 의미가 활동을 그만 둔다면, 내가 예속되어 있는 더 큰 생명이 더 이상 그러한 형태의 표현을 필요로 하지 않기 때문일 것이다.[20]

절대자는 신인가?

관념주의 철학자들의 절대자라는 개념은 보편 영혼으로서의 신 개념과 관련이 없지 않다. 여러 가지 유형의 절대적 관념주의자들이 약간씩 다르게 절대자를 설명하고 있기 때문에 무엇이 절대자인지 정확하게 말하기는 쉽지 않다. 그렇지만 그들은 절대자가 모든 존재의 근거라는 것과 모든 사물이

20) William. R. Inge, *Outspoken Essays*(First Series), London: Longmans, 1923, p. 273.

절대자에 의존한다는 것에는 동의한다. 그러므로 절대자는 전통적 신학에서 신이 했던 기본적 역할을 하고 있는 셈이다. 절대자는 모든 사물을 그 자신의 유한한 단편들로서 포괄하고 있는 전체이다. 오직 하나의 실재가 있을 뿐이며, 그 밖의 모든 것은 현상이다. 절대자는 자연을 통해서 즉 자신의 일면들인 모든 사물을 통해서 자기를 들어내 보이는데, 이는 제품에 완전히 스며든 제작자의 생각이 그 부분품들을 통해서 구체적으로 드러나는 것과 비슷하다. 헤겔은 절대자가 세계를 초월해 있고 세계와 다른 "최고 존재에 지나지 않는 것이 아니다."라고 생각했으며, 그래서 다음과 같이 주장하였다. "평범한 상상은 절대자를 초월적 세계에 멀리 떼어 격리시킨다. 그러나 절대자는 오히려 우리가 생각하는 한—설령 명백하게 자각하지 못할지라도—항상 우리의 생각이 진행되는 그만큼 절대자 역시 발전될 수밖에 없고, 더욱이 항상 우리의 생각이 그에 대한 생각이 아닐 수 없도록 우리 앞에 직접적으로 존재하고 있다."[21]

로이스에 의하면 절대자는 모든 개별적 자아를 품고 있는 대자아(大自我, larger self)다. 로이스는 단연코 절대자가 적어도 한 인격이며, 인간보다 훨씬 더 명확한 의식을 갖고 있다고 주장한다. 세계에 관한 모든 문제는 절대자 안에서 해결된다. 우리로서는 도저히 알기 어려운 신비들까지도 절대자는 알고 있기 때문이다. 뿐만 아니라 우리는 절대자를 회피할 수도 없다.

> 우리가 어디로 도망하려 해도 … 우리는 대자아의 그물을 빠져나가지 못한다. 우리는 절대자라는 길을 찾을 수 없도록 뒤얽힌 수풀 속에서 길을 잃고 갇혀 있다. 개별적 자아는 의미를 지니고 있지 않기 때문에 전혀 그것 자체로서 있는 것이 아니다. 개별적 자아는 오직 초월적인 것과 관련되어서만 존재한다. 오직 대자아가 존재할 뿐이며, 개별적 자아는 이 대자아 때문에 있고 또 대자아의 유기적 부분으로서 있다. 개별적 자아는 사라지지

21) G. W. F. Hegel, *Logic*, rev. ed., William Wallace, trans., Oxford: Clarendon, 1892, p. 50.

> 만 대자아는 남아 있다. 개별적 자아는 그를 주재하고 있는 지극히 높은 인격 안에서만 참되거나 잘못일 수 있다. … 그렇다면 궁극적으로는 모든 개별적 자아를 사려 깊게 알면서 유기적 조직체로 품고 있고, 또 그처럼 진리도 품고 있는 오직 하나의 자아가 있을 뿐이다.[22]

브래들리는 절대자를 대자아나 인격으로 보지 않고 "초인격적인 것"으로 보았다. 절대자는 모든 실재의 기초이며 또한 실재 바로 그것이다. 절대자는 전통적 종교들의 신이 아니다. 브래들리는 신에 관해서 다음과 같이 주장한다. "신은 '모든 것을 구현한 전체'(all in all)가 되기까지는 신이 아니다. 그리고 … '모든 것을 구현한 전체'로서의 신은 종교의 신이 아니다. 종교의 신은 절대자의 한 양상일 뿐이며, 그래서 '신'이란 말은 절대자의 한 현상만을 의미하지 않을 수 없다."[23]

신이나 절대자를 전체로 간주하고, 그 밖의 모든 것을 그 전체의 한 양상이나 부분으로 간주하는 모든 형이상학 체계에서도 정통 신학에서와 마찬가지로 악의 문제가 고려되어야 한다. 왜냐하면 신이나 절대자가 모든 것을 포함한다면 선만이 아니라 악도 포함해야 하기 때문이다. 몇몇 절대적 관념주의자는 악이 절대자 속에서 부분적 규모로 일어나는 갈등과 부조화일 뿐이며, 전체 속에서는 모든 갈등이 해소된다고 말함으로써, 이 곤란한 문제를 변명하려고 애쓴다. 절대자 속에서는 메레디스(G. Meredith, 1828-1909)의 시에서처럼 악은 사라진다는 것이다.

> 잠깐! 한 생각을 저 구렁에서 붙잡았으니.
> 불협화음도 불협화음 그대로
> 선율이 저에게 맞으면 조화를 이룬다 했나니,
> 나는
> 단 하나 빗나간 음조의 이명(耳鳴)에 사로잡혀

22) J. Royce, *The Spirit of Modern Philosophy*, Boston: Mifflin, 1892, p. 379.

23) F. H. Bradley, *Appearance and Reality*, rev. ed., Oxford: Clarendon Press, 1946, p. 433.

모든 것을 잘못 판정하려는가?[24]

브래들리에 의하면 절대자가 부분적 요소로 악을 간직한 영지를 포함하므로 우리는 절대자가 악을 지녔다고 말할 수 있다고 말했다. 그러나 절대자 속의 그 "단편적이고 부수적인 부분들" 가운데 하나가 가진 특성을 근거로 하여 절대자는 악하다고 말할 수 없다고 브래들리는 주장하였다. 제임스가 "절대자 따위는 지옥에나 보내라!"라고 외쳤을 때 마음에 품고 있었던 비난의 대상은 아마 이런 종류의 주장이었을 것이다.

유한한 존재로서의 신

신에 관한 개념들은 두 종류로 구분할 수 있다. (1) 첫 번째 개념은 무한한 것으로서의 신 개념이다. 이 신은 궁극적인 형이상학적 작인이고, 모든 것의 기초이며, 모든 존재의 원인이다. 이 신은 무한하므로 자기 자신 이외의 어떤 것에 의해서도 제약받지 않는다. (2) 두 번째 개념은 유한한 것으로서의 신 개념이다. 이 신은 최소한 자신의 속성들 가운데 어떤 한 가지 속성에서라도 유한하다. 두 번째 개념에 따르면 신은 궁극적인 우주적 작인들 가운데 하나다. 그러나 유일한 작인은 아니다. 신은 자신이 아닌 어떤 것에 의해서 제약받는다. 고대 그리스 철학자들은 플라톤이 그랬던 것처럼 신이 모든 것의 원인이 되도록 하기를 주저했다. 그것은 세계 속에 나타나 있는 불완전과 무질서를 신이 책임지게 하지 않으려는 의도 때문이었을까? 플라톤은 신이 오직 좋은 것들만의 창조자라고 보았다. 「티마에우스」 속의 창조자와 주재자는 선성에서는 무한하지만 권능에서는 무한하지 못하다. 신은 질서와 이성을 반드시 받아들여진다는 보장 없이 권고할 수는 있으나

24) George Meredith, "Martin's Puzzle."

강요할 수는 없다. 그래서 플라톤은 물질을 신과 영원히 공존하는 우주적 작인으로 생각하였다. 이렇게 생각하면 신은 어느 정도는 유한하다. 왜냐하면 신은 자신 이외의 어떤 것 즉 자신의 완벽한 조정을 벗어나 있는 어떤 것에 의해서 제약을 받기 때문이다. 반면에 정통적 유대 기독교 신학의 신은 무한하다. 이 신은 자기 이외의 어떠한 것에 의해서도 제약받지 않기 때문이다. 이 신은 그 자신 이외의 다른 모든 것이 의존하는 최고의 존재이며, 유일하고 궁극적인 형이상학적 실재다. 아퀴나스가 그렇게 표현한 것처럼 신은 "존재 그 자체"다.

신에 관한 근대의 개념들도 같은 방식으로 분류할 수 있다. 스피노자의 신은 그 밖의 모든 것을 자신의 양상으로 지니는 유일한 자기 원인적 실체이므로 무한하다. 관념주의자들의 절대자는 이 점에서 스피노자의 신과 매우 흡사하다. 절대자 역시 그 자신 이외의 어떤 것에 의해서도 제약받지 않는다. 그것은 그 자체 속에 바로 이 세계인 현상들의 복잡한 체계 전체를 포함하는 유일한 실재다. 절대자는 모든 존재의 궁극적 기초다.

그러나 스피노자와 절대적 관념주의자들이 있음에도 불구하고 근대의 유신론은 "유한한 신"(finite deity)을 지지하는 강한 경향을 보여주었다. 이 "유한한 신"은 우주 속에서 중요한 역할을 하지만, 다른 형이상학적 요인들에 의해서 한계가 정해지고 방해를 받기까지 한다. 알렉산더(S. Alexander, 1859-1938)의 신성은 우주라는 모태로부터 아직 분만조차 되지 않았다. 화이트헤드의 신은 권고하는 힘은 있지만 억지로 시키는 힘은 없다. 베르그송의 생명력은 물질이 있는 모든 곳에서 투쟁하고 있다. 제임스의 편유아(遍有我, wider self)는 그 존재 자체가 그것에 대한 우리의 신앙에 어느 정도 의존하고 있다. 우리는 지금 신학에 대하여 간략하게 개관하고 있으므로 이처럼 제약을 받고 있는 신들을 조금 더 자세히 살펴보자.

진화하는 신성과 창발하는 신성

진화라는 개념이 지금 세대보다 한 세대나 두 세대 앞선 철학자들에게 미친 영향들 가운데 하나는 "진화론적 자연 신학"을 만들도록 자극한 일이다. 이 철학자들은 현재의 생물체들의 상태를 발전적으로 변해가는 거대한 생물학적 과정의 한 단계일 뿐이라고 생각하였다. 그들은 물리적 우주도 우주적 진화라는 거대한 진행 과정의 한 단계로만 보았다. 그렇다면 이 모든 과정의 배후에 어떤 힘이 있는가? 이 철학자들은 신이 바로 그 힘이라고 대답했다. 하지만 그것은 우주의 진행 과정 밖이 아니라 오히려 진행 과정 속에 있고 또 그 과정의 핵심을 이루는 힘으로 간주되는 신이다. 신은 진화 과정의 부분이다. 신성은 스스로 진화한다. 비유적으로 말하면 신은 우주라는 모태에서 점점 자라나 그 자신이 내재적 원인으로 활동해 온 그 과정을 초월하기 위해서 우주라는 거대한 알을 "깨려는" 바로 그 순간에 처해 있다고 말할 수 있다. 몬테규의 설명이 우리의 이해를 도와줄 것 같다.

> 우리는 "신" 또는 "집중화 · 조직화 · 생명을 향하여 분출하는 힘 · 작용력 · 추진력으로서 존재하는 … 신과 매우 흡사한 어떤 것"에 직면해 있다. 이 힘은 어려운 일들에 부딪쳐서 힘겹게 애써 일하는 것처럼 생각된다. 우리는 이 힘을 무질서한 물질에 골고루 퍼져서 물질을 정신으로 발효시키는 일을 무한히 긴 세월에 걸쳐 느릿느릿 계속하고 있는 효모에 비유할 수 있다.25)

베르그송은 「창조적 진화론」 속에서 신을 창조적 생명력(創造的 生命力, élan vital) 즉 창조적 힘의 일차적 근원으로 생각하였다. 플로티노스의 "유일자"와 마찬가지로 이 순수하고 분화되지 않은 생명은 물질에 의해 계획이 어그러지고 방해받고 있는데, 이 물질이란 것은 생명이 원해서 만든 것이 아니라 생명의 진행 과정 중에 간접적으로 만들어진 부산물이다. 창조적

25) W. P. Montague, *Belief Unbound*, Yale University Press, 1930, p. 74.

생명력은 위를 향해 분출하는 샘물이나 하늘을 향해 발사되는 로켓과 비슷하다. 그러니까 물질은 위로 솟구치는 샘물의 추진력을 거슬러 아래로 떨어지는 물방울이나 로켓으로부터 지구를 향해 떨어지는 타버린 재와 비슷하다. 창조적 생명력의 자유로운 창조 활동은 물질에 의해서 방해를 받으면, 그 격렬성이 저항하던 활동력 없는 질료 속으로 돌입하게 되는데, 이렇게 해서 생물체들의 저 불가사의한 다양성이 생긴다. 진화의 이야기는 생명력이 오래 전에 돌입해 들어갔던 물질을 정복하기 위해서, 그리고 원래의 분화되지 않았던 단일성을 되찾기 위해서, 또 원초적 자유에 완전히 도달하기 위해서 지금까지 해왔고 지금도 계속하고 있는 시도들의 역사다.

진화론적 유신론의 또 하나의 형태는 모건(C. L. Morgan, 1852- 1936)과 알렉산더가 주장하고 있는 창발적 진화론(創發的 進化論, emergent evolution)이다. 창발적 진화론자들에 의하면 우주의 진화는 원자들의 기계적 재결합이 아니라 우주 속에서 질적 수준이 다른 존재가 출현함을 우리가 인식할 수 있는 유기적 과정이다.

> 우주는 공간과 시간이라는 전포괄적 근본 소재 안에서 경험적 성질을 특성으로 갖는 유한한 존재가 수준에 따라 순서대로 제때 제때에 출현함을 보여준다. 우리에게 알려진 이 경험적 성질들 가운데서 가장 높은 것은 정신 즉 의식이다. 신성은 우리가 아는 가장 높은 경험적 성질 그 다음에 오는 더 높은 경험적 성질이다. …[26]

그래서 "공간 시간의 안"은 존재의 모든 연속적 질서가 그것으로부터 출현하는 사물의 원초적 모체이자 우주의 모태이며, 표면으로 떠밀어 올리는 창조적 작용 즉 위를 향한 돌진, 다시 말해서 질적으로 다른 창발의 연속은 지금도 진행 중이다. 물질은 창발의 과정에 나타나는 오직 한 단계 즉 물리적이면서 비유기적인 존재라는 비교적 원시적 수준을 보여주고 있다. 이 물질에서 생명이 출현하는데, 이 생명은 물질에 대하여 독립적 수준을 유지한다. 생명으

26) S. Alexander, *Space, Time and Deity*, London: Macmillian, 1934, vol. 2, p. 345.

로부터 의식 즉 생명보다 더 고도로 유기화한 상태가 출현한다. 의식 안에서 그보다 더 높은 자율적 존재의 영역을 형성하기 위하여 정신이 분리된다. 모건은 가치가 정신보다 더 높은 창발의 수준이라고 생각한다. 마지막으로 이러한 존재의 다양한 계층을 위로 즉 밖으로 느릿느릿 몰아오고 있었던 창조적 작용력 그 자체인 신성이 출현하게 될 것이다. 신성은 아직 출현하지 않았으며 우주로부터 나타나는 중이다. 지금으로서는 우리가 신성의 "신령스러운" 출현을 희미하게 지각할 수 있을 뿐이다. 다음 그림에서 신성은 우주라는 피라미드의 정상을 형성하고 있는데, 실선이 아니라 점선으로 그려진 것은 아직 출현하지 않았음을 나타낸다.[27)]

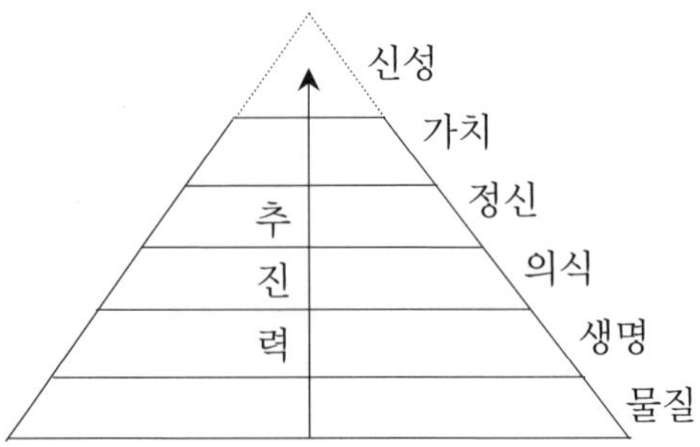

알렉산더는 전통적 유신론의 무한한 신을 현실적인 것이 아니라 이념적인 것으로 본다. 이런 식으로 이해되는 신은 아직 실제로 존재하지 않는 것이다. 현재 시점에서 실재하는 신은 신성을 지향하는 경향을 가진 것으로 보이는 우주다. 우주는 신의 몸이고, 그래서 지금까지 드러나 있는 모든 단계의 존재를 포함한다. 우주의 표면을 뚫고 나오려고 애쓰는 신성의 성질은 신의 정신(mind of God)이다. 신성은 창조되면서 창조하고 있으며, 내재하면서 또한 초월한다. 그래서 알렉산더는 이렇게 주장한다. "신은 그의 몸에 관해서는 내재적이고 그의 신성에 관해서는 초월적이다."

27) C. Lloyd Morgan, *Emergent Evolution*, New York: Holt, Rinehart and Winston, 1927, pp. 9-14.

샤르댕(P. T. Chardin, 1881-1955)의 진화론적 유신론도 창발 이론이다. 예수회 소속의 신부이면서 인간학자인 샤르댕의 「인간 현상」이란 책은 은밀히 이 책에서 주장되고 있는 종교적 견해를 시사하고 있는 신조어와 전문적 용어를 사용하고 있는 매우 개성 있는 저작이다. 우주 속에 내재하는 신적 추진력은 알렉산더, 모건, 베르그송, 화이트헤드에게서도 발견되는데, 샤르댕의 저작 속에서도 마찬가지로 발견된다. 진화는 물질, 생명, 의식, 정신의 순서로 진행되는 점진적 합성화의 과정이다. 인간의 사회는 앞으로 일어날 진화의 장이다. 샤르댕의 정신역(精神域, noosphere)은 알렉산더의 "정신"이라는 존재 수준에 해당하며, 한편 궁극점(窮極點, omega point)은 끊임없이 더 높은 수준으로 진화하고 발전하는 것처럼 움직이는 우주가 지향하고 있는 신성이다. 궁극점으로서의 신은 창발의 마지막 상태인 세계의 정상을 향하여 발전하는 영혼들의 영혼이다. 그래서 샤르댕은 "요컨대 우리의 사고가 창발의 원리를 일반 법칙으로 정립할 수 있는 무슨 방법이 없을까?"라는 문제를 자신의 철학적 문제로 삼았었다.

화이트헤드의 신

화이트헤드가 이 세계를 과정으로 보았다는 것은 이미 앞에서 언급한 적이 있었는데, 우리는 이 세계 과정 속에서 현실적 사건들—책상, 무지개, 한 사람의 생활, 별의 폭발 등등—이 모두 서로 연관되어 거대한 체계를 이루고 있음을 확인할 수 있다. 화이트헤드에 의하면 이 세계 과정 속의 현실적 사건 하나하나는 어느 것도 다른 사건과의 관련을 떠나서는 올바르게 이해될 수 없다. 그런데 실제로 일어나 세계를 구성하고 있는 것들은 화이트헤드가 "형이상학적 상황 전체"(the total metaphysical situation)라고 부르는 것의 한 부분일 뿐이다. 화이트헤드는 이 현실의 것들의 영역 위에 가능한 것들의 영역 즉 있을 수 있는 모든 것들의 영역이 있다고 본다. 그러나 이 두 영역은 서로 단절되어 있지 않다. 어떤 사건이든 말하자면 현실화한 가능성이기 때문에 가능한 것들의 영역은 현실의 것들과 접촉하는 구역을 가져야 한다. 가능한 것은 현실의 것으로 될 수 있다. 왜냐하면 가능한 것은 시공의 세계에 들어오는 입장권을 갖고 있기 때문이다.

그런데 이쯤에서 우리를 당황하게 하는 문제가 하나 생긴다. 세계는 현재 갖고 있는 특수한 특징들을 어떻게 갖게 되었는가? 무한히 많이 저장되어 있는 가능성들 가운데서 어떻게 바로 이 특수한 조합이 현실로 나타났는가? 왜 다른 세계가 아니라 이런 세계일까? 화이트헤드는 이런 물음에 대답하기 위해서는 이 특수한 양상의 원인이 되는 형이상학적 인자가 사물의 본성 속에 반드시 있어야 한다고 생각하였다. 그는 이 특수하고 구체적인 사물들의 체계 즉 지금 이 순간의 우주를 초시간적 가능성 영역으로부터 출현시킨 하나의 작인(作因, agent)을 가정한다. 이 작인이 신이다. 화이트헤드는 이것을 "구체화의 원리"(具體化의 原理, principle of concretion)라고 부른다. 신의 기능은 한정되어 있지 않는 가능성들의 체계에 제한을 강요하는 일이다. 신은 "형이상학적으로 말한다면 다른 방식으로 존재할 수도 있었을" 사건의 현실적 진행을 결정한다.

어째서 신은 이 세계를 이루어 놓은 일련의 가능성을 구체화시키고 현실화시킨 것일까? 만일 형이상학적으로 말해서 이 세계가 다른 방식으로 존재할 수도 있었다면, 다른 세계가 아니라 바로 이 세계를 현실화시키기로 한 신의 선택에 대하여 어떤 이유가 제시될 수 있는가? 화이트헤드의 대답은 어떠한 이유도 부여될 수 없다는 것이다. 이것이 우리가 신이 실제로 있다는 사실은 궁극적으로 비합리적인 일이라고 말하지 않을 수 없는 이유다. 그래서 화이트헤드는 다음과 같이 주장하였다. "신의 본성에 대해서는 어떠한 이유도 부여될 수 없다. 왜냐하면 신의 본성이 바로 합리성의 기초이기 때문이다."[28)]

그러나 이렇게 이해되는 신은 화이트헤드의 "구체화의 원리"와 상당히 비슷하다고 할 수 있는 아리스토텔레스의 "제일 원동자"만큼이나 인간의

---

28) A. N. Whitehead, *Science and the Modern World*, New York: Macmillan, 1931, p. 257.

심정과 멀리 떨어져 있는 것처럼 보인다. 따라서 화이트헤드는 오래된 문제인 "두 가지 신"에 관한 문제에 직면하게 된다. 한 신은 철학자들의 신인데, 이 신은 우주를 움직이는 힘이어서 인격을 갖지 않는 형이상학적 신성이다. 다른 하나의 신은 우리와 밀착되어 있고 자비로운 보살핌으로 모든 사물을 감싸는 사랑의 신이다. 유신론의 역사에서 이 두 신은 결코 만족스럽게 조화를 이룬 적이 없었다고 화이트헤드는 말했다. 화이트헤드는 자신은 신의 본성이 양극 즉 양면을 갖고 있다고 주장함으로써 조화를 꾀하였다. 신의 한 면은 선행성(先行性, antecedent nature)이고, 다른 한 면은 귀결성(歸結性, consequent nature)이다.

신은 선행성에서는 "구체화의 원리" 즉 가능성으로부터 현실을 끌어내는 우주적 인자다. 그러나 "구체화의 원리"로서 이해되는 신은 현실적인 신이라기보다는 개념상의 신이다. 이것은 막다른 골목에 부딪친 형이상학적 역설이다. 왜냐하면 신이 현실의 원리라고 할지라도 신 자신은 현실 속에 없기 때문이다. 가능한 것이 현실의 것으로 되도록 강요하는 형이상학적 작인으로서 생각되는 신은 전혀 "실재하는" 존재가 아니다. 이 점에서 화이트헤드의 신은 우주 안에 있는 존재의 모든 다양한 수준을 출현시키고 있는 창조적 추진력이면서도 그 자신은 현실화되지 않았던 알렉산더의 신성과 비슷하다.

그러나 화이트헤드의 신은 귀결성이나 파생성이기도 하다. 이 신은 그 자신이 실제로 존재하도록 해온 이 세계와 지금 여기서 관계를 맺고 있고, 이 세계에 의해서 영향을 받는 신이다. 신의 본성의 이 점에서 우리는 종교적 숭배의 대상으로서의 신을 발견한다. 이 신이 바로 세계 속에 살아 있고 또 세계가 그 속에서 살고 있는 신이다. 이 신은 우리 가까이 있고, 우리가 사랑하고 사랑받는 신이다.

> 신의 본성의 이 활동적 성장을 가장 잘 이해하도록 해주는 심상은 어떤 것도 저버리지 않는 자비로운 보살핌이라는 심상이다. … 신은 세계를 창조하지 않고 세계를 구제한다. 더 적절하게 표현하면 신은 진·선·미에 대한 조감도를 지니고서 자비롭고 참을성 있게 세계를 가꾸면서 이끌어가고

있는 시인이다.[29]

그러면 악은 어떻게 이해되어야 하는가? 만일 신이 전통적 유신론에서처럼 최고의 전능한 창조자로서거나 모든 존재의 무한한 기초인 절대자로서 간주된다면, 그러한 신은 선에 대한 공적이 있는 것과 마찬가지로 악에 대한 책임이 있다고 해야 할 것이다. 화이트헤드는 이 점에 대해서 다음과 같이 말했다. "만일 그렇다면, 그런 신은 선악 문제의 궁극적 연출가다. 그러므로 이 세계의 성공적인 면뿐만 아니라 결점까지도 신에 기인하는 것으로 돌리지 않으면 안 된다."[30] 그러나 화이트헤드에 의해서 파악된 신은 "형이상학적 상황 전체"의 기초가 아니다. 신은 우주론적 작인들 가운데 하나일 뿐이며, 그 기능은 현실의 것을 휩싸고 있는 가능한 것을 현실의 것 속에 끌어들이는 일이다. 신은 그 귀결성에서는 선을 지향하도록 설득함으로써 세계를 굴절시키는 힘이다. 플라톤과 마찬가지로 화이트헤드는 "신은 오직 좋은 것들만의 창조자다."라고 주장한다.

악의 궁극적 근원은 신에게 있지 않고 사물들의 본성에 있다. 우주의 근본적 성격은 과정 · 변화 · 변천이다. 현실의 세계 속에는 이 일시성을 피할 수 있는 것이 아무 것도 없다. 영원히 변하지 않는 것은 아무 것도 없다. 신은 사물들의 진행 과정을 막을 수 없다. 화이트헤드는 "시간의 규정을 받는 세계 속의 궁극적 악은 과거가 사라진다는 사실 즉 시간이 영속적 소멸이라는 사실에 있다."고 말했다.[31] 세계 속에 악이 출현하는 데에는 또 하나의 이유가 있다. 어떤 특정한 가능성이 현실화될 때에는 언제나 다른 가능성들의 실현이 그것에 의해서 배척된다. 삶의 비극 가운데 하나는 우리가 아름다운 것들 가운데서 선택하지 않으면 안 된다는 사실이다. 우리가 바라는 대상 하나를 받아들이는 일이 다른 것들에 대한 거부를 수반하는 수가 너무 흔하다.

29) A. N. Whitehead, *Process and Reality*, New York: Macmillan, 1928, pp. 525, 526.

30) Whitehead, *Science and the Modern World*, p. 258.

31) Whitehead, *Process and Reality*, p. 517.

양립할 수 없는 두 가지 좋은 것을 붙잡으려고 하는 것은 파국의 위험을 무릅쓰는 일이다. 우리는 과자를 먹으면서 동시에 온전히 갖고 있을 수 없다. 바꾸어 말하면 화이트헤드가 그렇게 표현한 것처럼 "악의 본성은 사물들의 성격이 서로 방해한다는 사실 바로 그것이다."

현대의 신앙주의—윌리암 제임스

제임스는 현대의 종교적 사고에 뚜렷한 영향을 미친 사람인데, 신에 관한 이런 모든 철학적 사변이 몹시 비위에 거슬렸다. 제임스에게는 자연신학이 성지를 짓밟는 배교자였다. 왜냐하면 그런 이성주의적 사변이 그 문제에 관해서 보여줄 수 있는 모든 것은 겨우 어떤 종류의 형이상학적 신성일 뿐이며, 그 신성의 믿어지지 않는 실존은 유신론적 경향을 가진 형이상학자들을 제외하면 누구에게도 거의 흥미롭지 못하기 때문이다. 제임스가 신에 관한 문제에 접근하는 방식은 전혀 다르다. 제임스의 접근 방식은 이성으로 접근하는 방식이 아니라 신앙으로 접근하는 방식이다. 제임스는 신은 지식의 대상이 아니라고 생각하였다. 신은 신앙의 대상이다. "기독교는 인간의 능동성 가운데 한 요소를 확연하게 인지하고 있다. 대부분의 철학자들은 불성실하게도 절대적 확실성을 가진 체계의 기초를 마련한다는 저들의 자부 속에 이 인간의 능동성을 비밀리에 끌어들이려고 해왔다. 내가 말하려고 하는 이 요소는 무조건적 믿음 바로 그것이다."32)

제임스를 비판하는 사람들에게는 신앙에 대한 제임스의 강조가 교부들이 신에 직통으로 이르는 유일한 방식으로 생각했던 그 길 즉 "나는 알기 위해서 믿는다."(Credo ut intelligam!)는 신조를 현대에 되살려야 한다고 제창하는 것으로 보였다. 무엇보다도 먼저 우리는 믿어야 한다. 그리고 나면 이해가 뒤따를 것이다. 그러나 제임스는 옛 교부들이 결코 감히 주장하지 못했던

32) William James, *The Will to Believe*, London: Longmans, 1912, p. 90. (PB: Dover, New York.)

한 가지 힘 즉 신을 존재하도록 만드는 힘 또는 최소한 신의 존재를 유지하고 증가시키는 힘을 신앙에 부여한다. 제임스는 "나는 우리 인간의 경험이 이 우주 속에 현존하는 최고 형태의 경험이라고는 전혀 믿지 않는다."고 말했다[33] 그는 우리가 종교적 경험 속에서 우리 자신과 "우리가 경험하지 않는 경험들을 수행하는 편유아(遍有我, wider self)" 사이의 연속성을 깨닫는다고 주장한다.[34] 이 편유아와 우리의 개인적 자아는 서로 의존하는 관계에 있다. "나는 보이지 않는 세계의 실재성이 우리 모두가 종교적 호소에 대해 보내는 개인적 호응에 왜 어느 정도 의존할 수 없는 것인지 모르겠다. 간단히 말하면 신은 우리의 충성(忠誠, fidelity)으로부터 자신의 생명력을 이끌어내고 또 자신의 존재를 강화할 수 있다."[35]

실용주의는 신념과 사실은 완전히 분리될 수 없다고 주장한다. 제임스는 도덕과 종교의 영역에서 그의 실용주의를 지지해주는 증거를 찾는다. 유명한 한 예화를 들어 말하면서 그는 어떻게 신념이 사실을 창조할 수 있는가를 설명하였다. 온 힘을 다하여 달아나고 있는 한 남자가 넓게 벌어져 있는 바위 벼랑의 한쪽 끝에 다다른다. 그것을 뛰어넘는 일은 간신히 가능하다. 성공적으로 뛰어넘으면 그 사람은 안전하게 될 것이다. 그러나 실수는 바로 죽음을 뜻한다. 이제 이 사람이 그 두 절벽 사이를 자기가 건너뛸 수 있다고 전혀 의심 없이 믿는다면 이 사람은 성공할 기회를 갖게 된다. 만일 그가 회의와 주저에 빠진다면 그는 실패할 것이다. 이런 사정은 도덕적 사태나 종교적 사태에 관한 판단에서도 마찬가지다. 우리는 신이 실제로 존재한다는 어떠한 결정적 보증도 갖고 있지 않다. 만일 우리가 그러한 보증을 가졌다면

33) William James, *Pragmatism*, New York: London, 1928, p. 299. (PB: Meridian World Publishing, Cleveland.)

34) William James, *Varieties of Religious Experience*, London: Longmans, 1908, p. 515. (PB: Collier, Crowell-Collier, New York.)

35) James, *The Will to Believe*, p, 61. 언젠가 어떤 냉혹한 비판자가 신에 대한 우리의 신앙이 신의 실존에 기여한다는 제임스의 생각을 요정에 대한 우리의 믿음이 요정을 실존하게 한다고 말하는 피터 팬(Peter Pan)의 생각에 비교하였다.

신에 대한 신앙이 종교의 일차적 요인은 아닐 것이다. 종교적 신앙은 그 결과가 보증되지 않은 상황에 적극적으로 참여하는 일이다.

제임스는 실용주의의 원리에 입각하여 만일 신에 관한 가설이 만족스럽게 일을 해낸다면 "옳다"는 말이 사용될 수 있는 가장 넓은 의미에서 그 가설은 옳다고 주장한다. 그는 신이 존재하는 경우와 존재하지 않는 경우 실제로 결과에 어떤 차이가 일어나는가라고 묻는다. 제임스는 이 두 가설이 결과에 차이를 일으킨다고 믿는다. 그는 유물론자가 옳다면 가장 중요한 것들이 가장 중요하지 못한 것들에 의해서 좌우되고 있는 셈이라고 지적했다. 어쨌든 우주 속에서 가장 강하고 심원한 힘—정신적 인격을 갖추고 영원히 일하는 힘—이 실제로 존재한다면, 삶은 측량할 수 없을 정도로 더욱 풍요로워지고 더욱 의미 있게 되며, 또 가치들에 대한 견줄 데 없는 전망이 우리 앞에 전개될 것이다. 우리가 택할 수 있는 이 두 번째 대안은 믿을 만한 가치가 없는 것일까? 오류에 빠질는지 모르니까 그것으로부터 뒷걸음질쳐야 할까? 제임스는 (파스칼이 그랬던 것처럼) 신을 믿는 일을 앞으로 다른 어떤 것을 선택할 수 있는 선택권을 선택하는 일 즉 도박사의 모험에 맞먹는 중대한 선택이라고 생각하였다.

신과 언어 분석

영국의 철학자 위즈덤(J. Wisdom, 1905-1999)은 "신"(Gods)이라는 글 속에 지금은 유명해진 이야기를 하고 있는데, 그 이야기는 다음과 같다. 오랜 동안 집을 떠나 있던 두 사람이 버려두었던 그들의 집 정원에 다시 와서 잡초들 사이에 사라는 꽃들을 발견한다. 한 사람이 다른 사람에게 말한다. "이 정원을 찾아와서 돌보는 정원사가 틀림없이 있다고 생각되네." 다른 사람은 꽃들이 그저 나서 보살핌 없이 자라고 있으니 정원사는 없다고 말한다. 그러나 처음 사람은 "저 꽃들이 가지런히 정리되어 있는 상태를 보게나. 예쁘게 가꾸려는 의도와 성의가 보이고 있네." 다른 사람은 머리를 가로 흔든다.

정원사가 있다면 저 잡초들을 저렇게 놔두지는 않았을 것 아닌가! 두 사람은 서로 조사해 보지만 정원사가 오는 것을 본 적이 있는 사람을 하나도 만날 수 없었다. 그들은 정원에 다시 돌아와서 더욱 자세히 정원을 살핀다. 두 사람 다 똑같은 정원을 본다. 두 사람 다 똑같은 증거들을 검사하고 음미한다. 그러나 두 사람은 그것을 제각기 다르게 해석한다. "나는 정원사가 돌본다고 아직도 믿네!" 첫 번째 사람이 말한다. 그러나 그의 동료는 말한다. "정원사는 없네!" 이 두 번째 사람은 첫 번째 사람이 속아 넘어가기 쉬운 사람이라고 생각한다. 그러나 첫 번째 사람은 두 번째 사람이 눈이 멀었다고 생각한다.

위즈덤은 비트겐슈타인의 제자인데, 비트겐슈타인이 관점을 바꾸어 신학의 명제를 무의미하다고 추방해버리지 않았던 "제2기"에 속하는 제자다. 이 시기에 비트겐슈타인은 농담에서 "신 이야기"(God-talk)에 이르기까지 경험적으로 검증될 수는 없지만 그 때문에 의미가 전혀 없다고 말할 수 없는 명제가 실제로 많이 있다고 인정하고 있다. 다른 종류의 많은 담화와 마찬가지로 신 이야기는 "언어 게임"이다. 중요한 일은 이 게임 판을 깨버리는 것이 아니라 규칙들을 명료하게 하는 것이다. 위즈덤은 경험적으로 검증될 수는 없지만 그럼에도 불구하고 유용하고 의미 있는 진술들의 예로 정신 분석학의 명제를 들었다. 우리는 신학적 진술을 일상적 관찰 방법으로 검증할 수 없지만 의의 있고 가치 있는 정신 분석학의 진술과 동일한 유형에 속하며 또 같은 정도로 의의 있고 가치 있다고 생각해도 좋을 것이다. 그러나 이 말은 위즈덤이 신학의 명제는 정신 분석학의 진술로 환원될 수 있다는 주장에 동의하고 있음을 뜻하지는 않는다. 다시 말하면 프로이트는 신학의 문제나 종교의 문제에 대해서 철저한 실증주의 입장을 취하기 때문에 신에 대해서도 신이란 어린 시절 권위의 화신으로 비친 아버지가 일으켜 놓은 지워지지 않는 심상에 불과하다고 설명하는데, 위즈덤이 이러한 프로이트의 실증주의에 동의한다는 것을 뜻하는 것은 아니다. 위즈덤의 관점은 오히려 정신 분석학의 명제와 신학의 명제는 우리가 과학적 탐구나 일상의 행위에서 기준으로 사용하는 통상의 경험적 시험에 의한 검증을 필요로 하지 않고, 그 자신의 특수한 방식으로 의의를 발휘하는 특별한 종류의 진술이라는 것이다. 그러므로 어떤 어머니가 방 안에서 어린 아이에게 "신은 눈에 보이지 않는 것이다."라고 말했다면, 우리는 이 말을 신이 사람의 눈에 보이지 않는 방식으로 그 방안 어디에 있다는 뜻이 아니라, 단지 "신을 찾기 위해서 주위를 둘러보는 일은 아무 쓸모없는 일이다."라는 뜻으로 이해하지 않으면 안 된다.

신의 죽음

근래에 "신은 죽었다."라는 명제에 관해서 활기찬 논쟁이 많이 일어나고 있다. 대체로 이 토론은 신학적 맥락이나 종교적 맥락 속에서 그리고 대중적 간행물 지상을 통해서 진행되고 있다. 이 주제 자체와 이 주제에 대한 빈번한 토론에 사용되는 엉성하고 산만한 언어 두 가지 모두 적어도 20세기에는 철학자들의 관심을 끌지 못했다. 그렇지만 철학은 이 주제에 대해서 어느 정도 책임을 져야 한다. 왜냐하면 "신의 죽음"이라는 생각을 19세기 사상의 흐름 속에 끌어들인 사람이 철학자인 나이체이기 때문이다. "신의 죽음"이라는 주제는 나이체의 「즐거운 지혜」(1881)와 「짜라투스트라는 이렇게 말하였다」(1883) 속에 주장되어 있다. 이 두 책은 열광적이고 예언적인 문체로 쓰여 있어서 나이체가 사용한 우화들이 정확히 어떤 뜻으로 이해되어야 하는가를 밝히기는 쉽지 않다. 지금 논의되고 있는 주제가 잘 표현되어 있는 대목을 좀 길기는 하지만 원문 그대로 「즐거운 지혜」로부터 옮기는 것이 도움이 될 것 같다. 이 대목의 제목은 "미친 사람"이다.

> 당신들은 한 광인의 이야기를 들은 적이 있는가? —빛나는 아침에 등불을 켜들고 시장 안을 뛰어다니면서 "나는 신을 찾는다! 나는 신을 찾는다!"고 외쳐댄 광인의 얘기를! 시장에는 신을 믿지 않는 사람이 여기저기 많이 있어서 그는 굉장한 웃음거리가 되었다. 아니! 신이 없어졌단 말인가?

한 사람이 말했다. 어린애처럼 신이 길을 잃고 방황하고 있단 말인가? 다른 사람이 말했다. 아니면, 어디로 숨어버렸나? 우리를 두려워하는가? 배 타고 바다에 떠도는 중인가? 외국으로 이사 갔나? —사람들이 웃으면서 떠들어대어 온통 왁자지껄해졌다. 그 미친 사람은 그들 가운데 뛰어들어 번뜩이는 눈으로 그들을 쏘아보았다. "신은 어디로 가버렸는가?" 그는 부르짖었다. "나는 당신들에게 말하겠소! 우리가 신을 죽였소. 당신들과 내가! 우리 모두가 신을 죽인 살해범이오! 하지만, 어떻게 우리가 바다를 마셔버릴 수 있었을까? 누가 우리에게 가없는 수평선을 지워버릴 해면을 주었는가? 우리가 태양 궤도로부터 지구를 풀어 놓아버렸을 때 도대체 우리는 무슨 일을 했단 말인가? 지구는 지금 어디로 가고 있는가? 우리는 도대체 어디로 가고 있는 걸까? 모든 태양으로부터 떠나가는가? 우리는 끊임없이 저돌만 해대려는가? 뒤로, 옆으로, 앞으로, 모든 방향으로? 아직도 위 아래가 있는가? 우리는 무한한 무(無) 속을 헛되이 헤매는 게 아닐까? 공허한 공간이 우리에게 입김을 뿜어대지 않는가? 더 추워지지는 않았는가? 밤은 점점 더 어두워지지 않는가? 우리는 아침에도 등불을 켜야 되지 않을까? 신을 묻어버리려는 자들이 무덤 파는 소리를 진정 듣지 못하는가? 신의 시체가 썩는 냄새를 당신들은 맡지 못하는가? —신들조차도 썩기 때문이다! 신은 죽었다! 신은 죽어버렸다. 우리가 그를 죽였다. 우리는 모든 살해범 가운데 가장 흉악한 살해범인 우리 자신을 어떻게 위로할 것인가? 세계가 이제까지 가졌던 것 가운데서 가장 성스러운 것, 가장 강력한 것이 우리의 칼 아래 피를 흘리며 죽어버렸다. —누가 우리에게 튄 피를 씻어줄 것인가? 어떤 물로 우리 자신을 순결하게 할 수 있을까? 어떤 제계 의식과 어떤 신성한 유희를 고안해내야 할까? 이러한 행위의 중요성은 우리에겐 너무나 중대하지 않을까? 우리는 우리 자신을 신으로 만들어야만, 아니, 다만 신이 된 것처럼 보이도록만이라도 해야 하지 않을까? 이보다 더 큰 사건은 결코 없었다. —그리고 이 사건으로 인하여, 우리 다음에 태어나는 사람들 모두가 이제까지의 어떠한 역사보다도 더 높은 역사에 속할 것이다. —여기서 그 광인은 침묵하고, 청중들을 다시 쏘아보았다. 그들 역시 침묵에 잠겼고, 놀란 눈으로 그를 바라보았다. 마침내 그는 등불을 땅바닥에 내던졌다. 등은 깨져 조각나고 불은 꺼져버렸다. 그러자 그가 말했다. "내가 너무 일찍 왔구나. 아직 때가 익지 않았구나. 이 놀라운 사건은 아직도 이루어지고 있는 중이며 오고 있는 중이다. —그것은 사람들의 귀에 아직 이르지 않았다. 번개와 천둥이 친 다음일지라도, 별빛일지라도, 사실이 이루어졌을지라도, 그것이 보이고 들리려면 시간이 필요한 법. 이 사건은 아직까지도 저들에게는 가장 멀리 있는 별보다도 더 멀도다. —이미 그 일을 저들이 해버렸음에도 불구하고!"—들은 바에 의하면 그 광인은 그 날 여러 교회를 돌아다녔으며, 교회에서마다 "신에게 영원한 안식을!"하고 읊조렸다고 한다. 교회 밖으로 끌어 내놓고, 왜 그런 말을 하느냐고 다그치면, 그 때마다 이렇게 대답했다고 한다. "이 교회들이 신의 무덤이나 기념비가 아니면 도대체 무엇이란 말이오?"[36]

신과 인간을 단절시키는 심연에 대한 키에르케고르의 생각, 인간의 의식의 밑바닥에 깔려 있는 비합리성에 대한 도스토예프스키(F. M. Dostoyevsky, 1821-1881)의 표현, 그리고 실존의 부조리에 대한 카프카(F. Kafka, 1883-1924)의 우화들과 마찬가지로, 신이 죽었다는 니이체의 생각은 제2차 세계 대전을 겪은 세대와 그 다음 세대를 이룬 사람들의 예민한 심금을 울려왔다. 무신론은 조금도 새로운 것이 아니다. 계몽 시대의 철학자들과 백과사전파 학자들은 무신론이 상당히 존경받도록 만들었으며, 그래서 19세기에는 수많은 인본주의자(人本主義者, humanist)가 인간의 초자연적 운명에 대한 신앙을 잃어버리고 그 대신 이상적 인간상(理想的 人間像, Idea of Man)에 대한 신념에 열광적으로 빠져들었다. "신의 죽음"을 알리는 공고는 전통적 종교에 대한 신앙심의 전반적 쇠퇴와 관련해서 나온 것이 아니고, 오히려 인본주의의 이상—인간성의 선함, 합리성, 완전 가능성—에 대한 믿음의 상실에 더 뚜렷하게 관련되어 있는 듯하다. 교육이 널리 보급되고 인도주의가 널리 계몽되어 있는 20세기에 인간에 의해서 인간에게 저질러진 소름끼치는 일들은 신앙을 부수어버렸다. 이 신앙은 이미 부서져 있었던 신의 선성에 대한 신앙이라기보다는 오히려 인간성 속에 있는 신뢰할 만한 것들에 대한

36) Nietzsche, *The Joyful Wisdom*, T. Common. (trans.), p. 125. (이 책의 출판 사항은 이 장의 끝에 있는 "더 읽어야 할 책들"을 참조하기 바란다.

신앙이었다. 싸르트르는 "히틀러가 승리를 눈앞에 두고 있는 지금 나는 이백년 뒤의 인간들에게는 인간성을 기대조차 하지 않을 작정이다."라고 말한 적이 있다.

도스토예프스키의 작품들이 여기에 관계있는 것으로 여겨지는 이유는 그의 작품 속의 인물들—예컨대 「까라마조프 형제들」—하나하나가 만일 신이 존재하지 않는다면 난처한 문제들이 일어날 수밖에 없다는 것을 실감나게 보여주는 것으로 생각되기 때문이다. 도스토예프스키는 인간성을 거의 믿지 않았다. "인간은 승리한다!"는 말은 그에게는 전혀 의미가 없었다. 요컨대 인본주의의 이상에 대한 믿음의 상실은 사람들로 하여금 신의 부재와 또 신의 부재가 일으키는 문제들을 자각하도록 하였다. 신이나 인간에 대한 믿음이 없다면 인간의 상황은 완전히 쓸쓸하고 불합리할 것처럼 보인다. 제2차 세계대전 직후의 몇 년 동안에 발표된 까뮈(A. Camus, 1913-1960)의 작품은 인본주의를 다시 정의하기 위해 그가 벌린 시적이기도 하고 논쟁적이기도 했던 노력과 더불어, 이미 기독교적일 수도 없고 인본주의적일 수도 없는 상황 속의 인간 문제들에 관한 이 소설가의 자각에 대하여 일반 대중이 공감했기 때문에 많은 찬사를 받았다.

"신의 죽음"을 인정하는 사고 경향을 부추긴 더욱 특수한 자극은 20세기 유럽의 신학에서 왔다. 세계의 절반이 마르크스주의에 찬성한다고 선언해버릴 정도로 사회적 문제들에 압박당하고 있는 세계로부터 기독교가 멀어져버렸다고 느낀 몇몇 신학자들이 그리스도의 사명은 중산 계급의 권리를 보호해주는 것이 아니라는 것을 일깨워줄 필요가 있다고 생각하게 된 것이다. 19세기에 키에르케고르는 기성의 기독교계—일상 교회에 다니고 재산이 넉넉하여 흐뭇하게 살아가는 중산 계급의 생활—로부터 기독교 신앙 즉 그리스도에 대한 증인을 분연히 분리시켜 버렸다. "만일 한 사람이 진심으로 그리스도의 수난과 죽음에 관해서 들을 필요가 있고 듣기를 원한다 할지라도 교회가 주제넘게 끼어들어 '좋습니다, 10달러를 내면 당신을 보살펴드리겠습니다.'라고 말할 아무런 권리도 없다."고 키에르케고르는 단언하였다. 제2차 세계대전 후의

20세기 신학은 유한한 인간과 무한한 신 사이의 커다란 간격을 강조하는 정도가 키에르케고르보다 더 심하다. 틸리히(P. Tillich, 1886-1965)는 신에 관해서는 누구도 신이 존재한다는 말조차 할 수 없다고 선언했다. 왜냐하면 신은 존재의 "기초"이기 때문이다. 발트(K. Barth, 1886-1968)는 세속화된 유럽에 대하여 종말론적이고 성서적인 신학에 복귀하라고 촉구하였다. "신은 죽었다."는 편에 생기 있는 추진력을 제공한 또 한 사람은 과거로부터 답습해 오는 낡은 전통과 환상들이 지우는 무거운 짐을 제거해버린 기독교 신앙 즉 "신화가 추방된" 기독교 신앙을 주장했던 불트만(R. Bultmann, 1884-1976)이다. 유럽의 많은 신학자가 이제 인간이 유사 이래 처음으로 신을 모르는 문화 속에서 살고 있다는 주장에 대해서 긍정적인 말들을 하고 있는 형편이다. 나치스 치하에서 죽은 루터교 목사인 본회퍼(D. Bonhöffer, 1906-1945)는 감옥에서 써 보낸 편지에서 "우리는 전혀 종교가 없는 시대를 앞서 살고 있다."고 말했다. 그는 이 말 다음에 우리가 신 없이 사는 것을 배우지 않으면 안 된다고 덧붙였다.

"신의 죽음"이라는 주제에 관하여 최근 미국에서 일고 있는 그처럼 많은 토론을 일으킨 "근본 신학"(根本 神學, radical theology)은 구호로서 "신은 죽었다."를 내걸었다. "근본 신학"을 진전시켜 온 그룹은 미국의 신학교와 대학에서 공부한 젊은 사람들로 구성되어 있다. 이 그룹은 특출한 지적 독창성을 지니고 있지는 않다. 그들은 위에서 언급한 학자들의 저작에 거의 전적으로 의존하고 있으나, 이 자료에 대한 대중적 관심을 환기시키는 데 성공했다. "신의 죽음"이라는 주제와 관련 있는 위에서 말한 자료와 이보다 먼저 성립된 자료에서 간추린 도서 목록을 "더 읽어야 할 책들"의 끝 부분에 소개하였다. 철학적 신학에 관한 일반적 독서 안내는 "더 읽어야 할 책들"을 참고하기 바란다.

더 읽어야 할 책들

Alexander, S., "Deity," *Space, Time and Deity*, London, Macmillan, 1934, vol. 2, bk. 4

Aquinas, Thomas, "The Existence of God," *Summa Theologica*; pt. I, q. 2. This may be found in Anton Pegis (ed.), *The Basic Writings of Thomas Aquinas*, New York, Random House, 1945, vol. I, pp. 18 ff.

Aristotle, *Metaphysics*, in *The Basic Works of Aristotle*, New York, Random House, 1941, bk. 12.

Bergson, Henri, *Creative Evolution*, A. Mitchell(trans.), New York, Holt, Rinehart and Winston, 1911. (There is a Modern Library edition.)

Du Noüy, Lecomte, *Human Destiny*, London, Longmans, 1947; New York, New American Library, 1949. (PB: Mentor, New American Library.)

Farrer, Austin, *Finite and Infinite*, Westminster, Glasgow, Dacre Press, 1943.

Flew, A., and A. Macintyre(eds.), *New Essays in Philosophical Theology*, London, Macmillan, 1955. (PB: Free Press, Macmillan, New York.)

Hartshorne, Charles, and Wm. L. Reese (eds.), *Philosophers Speak of God*, University of Chicago Press, 1953. (PB: Phoenix, U. of Chicago Press.)

Hick, John (ed.), *The Existence of God*, New York, Macmillan, 1964.

Hume, David, *Dialogues Concerning Natural Religion*, E. D. Aiken (ed.), New York, Hafner, 1948. (PB: Liberal Arts, Bobbs-Merrill, Indianapolis.)

James, William, *Varieties of Religious Experience*, London, Longmans, 1908. (PB: Collier, Crowell-Collier, New York.)

James, William, *The Will to Believe and Other Essays*, London, Longmans, 1912. (PB: Dover, New York.)

Kant, Immanuel, "The Ideal of Pure Reason," *Critique of Pure Reason* rev. ed., F. Max Müller(trans.), New York, Macmillan, 1922, pp. 459-516. (PB: St. Martin's, New York.)

Leibniz, G. W: F., *Theodicy*(abridgment), in P. P. Weiner(ed.), *Leibniz: Selections*, New York, Scribner, 1951, pp. 5I0 ff. (PB: Scribner.)

Lloyd Morgan, C., *Emergent Evolution*, New York, Holt, Rinehart and Winston, I927.

Mascall, E. L., *Existence and Analogy*, New York, Longmans, 1949.

Mascall, E. L., *He Who Is*, New York, Longrnans, 1943.

Montague, W. P., *Belief Unbound*, Yale University Press, 1930.

Plato, *Timaeus*.

Spinoza, Baruch(Benedict), *Ethics*(Everymans Library), New York, Dutton, 1938. (PB: Hafner Library of World Classics, Hafner, New York.)

Taylor, Richard, *Metaphysics*. (PB: Prentice-Hall, Englewood Cliffs, N. J., 1963, chap. 7.)

Teilhard de Chardin, *The Phenomenon of Man*, New York, Harper & Row, 1956. (PB: Harper Torchbooks, Harper & Row.)

Whitehead A. N., *Process and Reality*, New Yark, Macmillan, 1929. chap. 3, sec. I. (PB: Harper Torchbooks, Harper & Row, New York.)

Whitehead, A. N., *Science and the Modern World*, New York, Macmillan, 1925, chap. II. (PB: Mentor, New American Library, New York.)

Wisdom, John, "Gods," in A. G. N. Flew(ed.), *Essays on Logic and Language*, Oxford, Blackwell, 195I. (PB: Anchor, Doubleday,

Garden City, N. Y.)

Readings in Radical Theology

Altzer, T. J. J., and W. Hamilton, *Radical Theology and the Death of God*. (PB: Liberal Arts, Bobbs-Merrill, Indianapolis, 1966.)

Bonhoeffer, Dietrich, *Letters and Papers from Prison*, New York, Macmillan, 1962. (PB: Macmillan.)

Bultmann, Rudolf, "New Testament and Mythology," in *Kerygma and Myth*. (PB: Harper Torchbooks, Harper & Row, New York, 1961.)

Harper, Ralph, *The Seventh Solitude*, Baltimore, Johns Hopkins, 1965.

Kierkegaard, Søren, *The Last Years: Journals 1853-1855*, R. G. Smith (trans.), New York, Harper & Row, 1965.

Nietzsche, Friedrich, *The Joyful Wisdom*, T. Common(trans.), in Oscar Levy(ed.), *The Complete Works of Friedrich Nietzsche*, London, T. N. Foulis, 1910, vol. 10. Reprinted, New York, Russell & Russell, 1964. (PB: Ungar, New York.)

Nietzsche, Friedrich, *Thus Spake Zarathustra*(vol. II of *The Complete Works*). (PB: Gateway, Regnery, Chicago.)

Tillich, Paul, *The Courage to Be*, Yale University Press, 1952. (PB: Yale U. P.)

Vahanian, Gabriel, *The Death of God*, New York, Braziller, 1961. (PB: Braziller.)

제4부

가치에 관한 문제

9. 윤리학
10. 미학 (예술 철학)

9 윤 리 학

立於禮 —
인격은 예의에 의해 이루어진다
— 공자

윤리학(倫理學, ethics) 또는 도덕 철학(道德 哲學, moral philosophy)은 어떤 행동이 올바르고 어떤 목적이 좋은가를 결정할 때 기준으로 사용할 수 있는 원리를 연구하는 학문이라고 흔히 정의된다. 이 정의는 어느 정도까지는 유용하지만 너무 넓은 정의다. 도덕적 올바름이나 좋음과는 종류가 다른 올바름과 좋음이 많이 있기 때문이다. 철학자들이 윤리적 탐구의 대상으로 삼아 온 것은 도덕적으로 올바른 것과 도덕적으로 좋은 것이었다. "ethics"(윤리, 倫理)와 "moral"(도덕, 道德)이란 말은 어원을 살펴보면 둘다 관습(慣習, custom)을 뜻하는 말에서 유래하였다. 그렇다고 해서 도덕에 관한 문제가 관습에 관한 문제에 지나지 않는다고 단정하는 것은 너무 안이한 생각일 것이다. 흔히 "ethics"라는 말이 "윤리"라는 좁은 의미로 사용되어 직업적 행위가 따라야 할 규칙들을 가리키는 것은 사실이다. 우리가 동료 의사들로부터 환자를 빼돌리는 의사에 대해서 설사 그가 국가의 법률을 위반하지는 않았다 하더라도 의료업의 "윤리"를 어겼다고 말하는 경우가 바로 그런 경우다. 그러나 더욱 일반적으로는 "ethics"라는 말이 "윤리학"을 뜻한다. 즉 인간의 행위를 지배하는 규칙들이 근거로 삼고 있는 원리의 본성이 무엇인가를 밝힐 목적으로 인간의 행위를 지배하는 규칙들을 연구하는 학문을 가리키는 뜻으로 사용된다. 이런 경우에 윤리학은 흔히 "사실 과학"(事實 科學, positive science)에 반대되는 것으로 생각되어 "규범 과학"(規範 科學, normative science)이라 부르기도 하는데, 그 이유는 사실로서의 행위가 아니라 당연히 그렇게 해야 하는 행위에 관한 문제들을 다루기 때문이다. 그러나 이러한 연구를 윤리학으로 보기에는 논의되어야 할 문제가 너무 많다. 놀이의 규칙이나 통조림통을 딸 때의 규칙처럼 우리가 "도덕적"이라는 말을 적용하는 인간의 행위에 관한 문제와 전혀 관련이 없으면서도 인간의 행위를 지배하는 많은 유형의 "해야 할 것"과 "규칙"이 있기 때문이다.

고대와 근대의 철학자들 대부분은 윤리학의 근본 문제가 "훌륭한 삶(good life)의 본성은 무엇인가?"라고 생각했었다. 그들은 이성이나 쾌락이나 사회적 공리를 기본으로 삼아 "훌륭한 삶"을 규정하고, 그러한 삶에 요청되는 것들을 분석해낸 다음, 이것들보다 더 높은 수준의 가치라고 믿는 것에 의거해서 정당화하는 식으로 이 물음에 대한 답을 마련하려고 했었다. 한편 윤리학의 임무를 이처럼 넓게 생각하지 않은 철학자들은 "윤리적 판단의 본성은 무엇인가?"를 윤리학의 주요한 문제로 보고 연구하였다. 이런 철학자들은 "약속을 지키는 것은 올바르다."나 "훔치는 일은 잘못이다." 같은 도덕적 판단의 근거가 되는 제일 원리를 밝히려고 노력한다. 또 한편 영국과 미국의 철학 전통 속에 있는 최근의 철학자들은 윤리 문제를 다룰 적에 이차 질서 방책 즉 언어 분석 방법을 채택하고 있다. 이들은 도덕적 좋음(선)의 창설과 관련이 있는 실질적 물음(substantive question)에 관여하는 것을 좋아하지 않기 때문에 윤리적 용어와 윤리적 진술의 의미를 탐구하는 것이 윤리학의 적절한 임무라고 생각한다. 이들은 도덕 철학의 문제를 "올바른 것(the right)과 좋은 것(the good)의 본성은 무엇인가?"가 아니라 "도덕적 의미로 사용되는 '올바르다' '좋다' 같은 용어의 의미는 무엇인가?"라고 생각한다.

윤리학의 언어 — "좋다"(good)의 의미

고전적 도덕 철학자 모두가 한결 같이 도덕 철학에 관한 탐구에서 이차 질서(二次 秩序, second order)의 중요성을 깨닫지 못한 것은 아니다. 소크라테스 시대 이래로 윤리학자들은 자신이 사용하는 용어를 정의하려고 참으로 고심해 왔다. 오래 전부터 도덕 철학자들은 세 종류의 좋음(善, good) 또는 (이차 질서에 입각한 방식으로 표현하면) "좋음"("善," "good")이라는 말의 세 가지 의미를 구별해 왔었다. 그 세 가지 좋음은 (1) 유용으로서의 좋음(bonum utile), (2) 쾌락으로서의 좋음(bonum delectabile), (3) 순전한 도덕적 좋음(bonum honestum)이다. 이 세 종류의 좋음은 우리가 일상의 담화에서 사용하는 "좋다"라는 말이 지닌 세 가지 의미와 대응하고 있다. 흔히 "좋은 시계"는 시각을 잘 맞추는 시계를 뜻하고, "좋은 펜"은 선명하고 부드럽게 글씨가 써지는 펜을 뜻한다. 즉 좋은 시계와 좋은 펜은 그것을 만든 목적을 충족시킨다. 따라서 그것들의 좋음은 유용성에 있다. 그러나 우리는 자신을 즐겁게 하거나 기쁘게 하는 것에도 역시 "좋다"는 말을 쓴다. 아이스크림을 맛 본 어린이는 "그것 참 좋은데!"라고 말할 것이며, 입맞춤을 나누는 연인들은 어른들의 도덕적 반대에도 불구하고 같은 말을 할 것이다. 도덕적 의미에서의 "좋다"는 말의 의미는 "사람을 친절하게 대하는 것은 좋은 행위다."라든가 "아들라이 스티븐슨은 좋은 사람이다." 같은 진술 속의 "좋다"라는 말이 보여주고 있다. 그러나 비록 우리가 "좋음"의 다른 뜻들로부터 도덕적 의미를 구별할 수 있다 할지라도, 도덕적으로 좋은 것을 명확하게 도덕적으로 좋게끔 해주는 바로 그것이 무엇인가를 말하기는 쉽지 않다. 더욱이 우리는 흔히 "좋다"는 말의 세 가지 뜻이 분명히 가려질 수 없도록 막연히게 사용히기나 중첩되게 사용한다. 예를 들어 우리가 좋은 남편을 이야기할 때에 이 세 가지 뜻 가운데 어느 한 뜻만으로 "좋다"는 말을 쓰지는 않는 것 같다. 좋은 남편은 유능한 사람일 것이고, 가족을 기쁘게 해주거나 적어도 그러려고 노력할 것이며, 게다가 도덕적으로도 칭찬받을 만한 사람일 것이다.

"좋다"라는 말이 지닌 모든 뜻에 공통하는 어떤 인자가 있을까? 첫째로 그 속에는 항상 칭찬이나 승인의 요소가 있다. 헤어(R. M. Hare, 1919-2001)는 우리가 어떤 것이 좋다고 말할 때마다 칭찬하고 있다고 주장하였다. 둘째로 표준과의 일치 즉 일련의 속성이나 명세 내용과 부합한다는 요인이 있다. 좋은 시계는 시간이 잘 맞을 것이며, 빈번한 수선이 필요 없고, 멋진 모양일 것이며 등. 좋은 남편은 아내와 자식들을 사랑하고, 충실한 부양자일 것이며 등. 내가 "좋다"고 말하는 사람은 내가 마음속에 품고 있는 어떤 종류의 표준이나 속성에 일치하는 성질을 갖추고 있을 것이다. 이렇게 보면 "좋다"라는 말은 앞에서 "참답다"(진짜)와 거의 같은 뜻으로 보았던 "true"라는 말의 어떤 의미와 비슷하다. "그는 참다운 군인이다."와 "그는 좋은 군인이다." 라는 두 진술은 의미가 똑같다. 헤어는 "좋다"라는 말의 용법 속에 언제나 따라다니는 이 두 요소를 이 용어의 평가적인 면과 기술적인 면이라고 부른다. 그러니까 내가 "X는 좋다."라고 말할 때에 나는 두 가지 일을 하고 있다. 나는 (1) X를 칭찬하거나 승인하고 있으며, (2) X는 어떤 표준—일련의 성질이나 속성—에 일치한다고 주장하고 있다.[1] "좋다"라는 말은 어떤 용법—예컨대 "이건 좋은 교통 지도인데!"—에서는 평가적인 요인이 약하고 기술적인 요인이 강하고, 어린이에게 너는 좋은 아이라고 말하는 경우와 같은 용법에서는 칭찬하는 면이 기술적인 면보다 더 우세하다.

그러나 문제는 남아 있다. 우리는 어떻게 도덕적 좋음(선)을 유용으로서의 좋음(선)과 쾌락으로서의 좋음(선)으로부터 구별할 수 있는가? 윤리학자들은 도덕적 좋음은 사물이 아니라 인간에게만 고유한 것이라고 주장함으로써 이 문제에 답했다. 좋은 시계는 정확한 시간을 가리키고, 좋은 비행기는

---

1) R. M. Hare, *The Language of Morals*, New York: Oxford Univ. Press, 1952, chap. 7. (PB: Galaxy, Oxford U. P.) 그러나 "좋다"라는 말의 사용에 표준과의 일치라는 요인이 항상 있을까? 한 어린이가 전에 본 적도 없고 먹은 적도 없는 어떤 것을 받은 경우를 생각해보자. 그 아이는 그걸 받아들고 "이거 좋은데!"라고 말했다. 이 경우 이 어린이가 사용하는 "좋다"라는 말의 기술적 의미는 무엇인가?

우리를 먼 거리에 있는 곳에 빨리 안전하게 실어 나른다. 그러나 우리는 그 때문에 시계와 비행기를 도덕적으로 좋은 것이라고 칭찬하지는 않는다. 그것들은 도구로써 좋은 것일 뿐이지 그 자체가 목적은 아니다. 물론 어린이가 아이스크림이 좋다고 말할 때에 이 말이 목적에 대한 승인이 아님은 분명하다. 그 어린이는 아이스크림 자체를 즐긴다. 그러나 아이스크림 역시 사물이지 사람이 아니다. 도덕적 좋음에 관한 문제들은 인간다운 인간(human being as human being) 사이에 맺어지는 관계와 관련이 있는 것 같다. 칸트는 사물이 아니라 인간만이 도덕적 행위자 즉 진정 도덕적으로 행동 할 수 있는 존재일 수 있다고 보았다. 오직 인간의 행동에 대해서만 도덕적으로 올바르거나 잘못이라고 판단할 수 있다. 그러므로 도덕적 "당위"는 오직 인간에게만 문제가 되는 것이다.

"올바르다"(right)와 "해야 한다"(ought)

"좋다"는 말의 경우에 성립하는 위의 구별과 비슷한 구별이 "올바르다"라는 말이 지니는 특별히 도덕적인 뜻과 도덕에 관계없는 뜻에도 성립하는데, 이 두 가지 뜻에는 차이가 있다. 이 두 가지 의미의 차이는 때로는 희미하지만 대개는 분명하다. 당신이 통조림통을 따고 있거나 모형 자동차를 맞추고 있다고 가정해보자. 내가 "당신은 그 일을 올바르게(right) 하고 있지 않다!"거나 "그것은 그 일을 하는 데는 잘못된(wrong) 방식이야!"하고 말할 때에 나는 당신의 행동이 도덕적으로 그르다고 주장하고 있지 않다. 어떤 원하는 목적을 성취하는 데에는 여러 가지 방법이 있다. 만일 당신이 통조림통을 매끈하게 빨리 따고 싶어서 서둘고 있다면, 위의 말은 당신이 지금 시도하고 있는 방법은 그 일을 할 수 있는 여러 가지 방법 가운데 어느 것도 아니라는 뜻이다. 이런 말은 산술 문제를 올바르게 푸는 방식과 올바른 해답의 경우에도 마찬가지로 적용된다. 잠정적으로 우리는 도덕적으로 올바른 행동이 어떤 원리나 규칙에 따르는 행동 즉 인간다운 인간을 지향하는 행동이라고 말해보

자. 그리고 당신이 주운 돈을 잃어버린 사실조차 깨닫지 못하고 있어서 찾지도 않을 임자에게 돌려준다고 가정하자. 나는 이 경우 당신의 행동이 "올바르다"고 말한다. 첫째로 당신의 행동은 한 사람이 강요받지 않은 상태에서 자유롭게 의도적으로 행한 참다운 행동이다. 그것은 진정한 선택에 따른 행동이다. 그것은 인간다운 인간이고자 마음을 쓰는 행동이다. 이 행동은 어떤 규칙에 따르고 있고, 그 규칙은 일반성 즉 보편성을 지니고 있다. 그 규칙은 자기 자신이 설정했을 수도 있고, 다른 사람들에 의해 당신의 마음에 심어졌을 수도 있다. 그 규칙은 당신의 의식에 희미하게 나타날 수도 있고, "남의 물건은 항상 주인에게 돌려주어라!" "도둑질하지 말라!"라는 문장으로 책에 명백하게 쓰여 있을 수도 있다. 요컨대 당신의 행동은 내가 "올바르다"는 말이 지닌 순전히 도덕적인 의미로 "올바르다"고 칭찬하는 행동이다.

이와 비슷한 구별이 도덕 철학자들이 커다란 관심을 갖고 있는 용어인 "해야 한다"(ought)에도 이루어진다. 여기에도 "윤리적 당위"와 "비윤리적 당위"가 있다. 당신이 나를 자동차에 태우고 운전하고 있는데, 내가 "당신은 여기서 돌아야 한다."고 말한다면, 나는 도덕적 의무를 말하고 있는 것이 아니다. 도덕에 대해서 중립적인 "올바르다"의 경우처럼 나는 "만일 당신이 가장 가까운 지름길로 농장에 가고 싶다면, 또는 당신이 공사 중인 5킬로미터의 길을 피하고 싶다면, 당신은 여기서 다른 길로 접어들 것이다."라는 뜻으로 말하고 있다. 순전히 도덕적인 뜻을 지니는 "해야 한다"의 용법은 위에서 간단히 살펴본 도덕적인 뜻을 지니는 "올바르다"의 용법과 대체적으로 일치한다. 철학자 칸트는 앞으로 알게 되는 것처럼 항상 "도덕적 행위"는 곁따르는 어떠한 단서 조건도 갖지 않으며, 자기에게 이익을 도모하는 어떠한 동기도 갖지 않은 행위라고 주장했다. 도덕적 의무 이외에 어떠한 이유도 "윤리적 당위"에 이유로서 부여될 수 없다. 인간은 누구나 정직해야 한다. 정직이 이익을 갖다 주거나 밤잠을 잘 자도록 해주기 때문이 아니라 그렇게 하는 것이 올바르기 때문이다. 다시 말하면 정직은 인간의 의무다.

휴움은 사실에 관한 진술이 "이다"(하다, is)나 "아니다"(안 하다, is not)라고 주장하는 반면에 도덕적 판단을 표현하는 진술은 "해야 한다"(ought)나 "하지 말아야 한다"(ought not)라는 말을 포함하는 경향이 있다고 지적하였다. 휴움은 도덕적 진술은 사실적 진술이나 기술적 진술과는 전혀 다른 종류의 진술이라고 결론을 내렸다. 그래서 휴움은 사실에 관한 전제에서 도덕적 결론을 끌어내는 논증은 타당할 수 없다고 주장하였다. 다시 말하면 "해야 한다"를 "이다"(하다)에서 논리적으로 끌어낼 수 없다는 것이다. 그 이유는 사실적 진술은 기술적인 반면에 도덕적 진술은 규범적이기 때문이다. 칸트는 윤리적 판단이 명령(命令, command) 또는 지상 명령(至上 命令, imperative)이라고 주장함으로써 윤리적 판단과 다른 판단들의 차이를 강조하였다. 칸트는 모든 지상 명령은 "해야 한다"는 말로 표현된다고 주장하고, 또 이들 가운데서 "윤리적 당위"와 "비윤리적 당위"를 구별하였다. 현대의 도덕 철학자들은 윤리적 판단이 명령이나 지상 명령으로 간주되어야 한다는 칸트의 주장에 찬성하면서도, 윤리적 진술이 그 외견상의 형식 때문에 실제로 성립되어 있는 사실에 관한 주장으로 쉽게 오해될 수 있다는 점을 주의해야 한다고 지적하고 있다. 그러나 "너는 그 돈을 빼앗았다."와 "너는 그 돈을 빼앗지 않았어야 한다."라는 두 진술의 논리는 완전히 다르다. 첫 번째 진술은 사실에 관한 기술이고, 두 번째 진술은 위장된 명령이다. 처음의 진술은 성립되어 있는 사실을 주장하고, 나중의 진술은 행위를 지시하거나 어떤 행동을 금지하고 있다. 따라서 "당신은 다른 사람들을 돕는 데 시간을 할애해야 한다."는 당위 진술은 "당신은 다른 사람들을 돕는 데 시간을 할애하라."라는 명령으로 바꾸어 표현할 수 있다.

윤리, 정치, 종교

윤리학과 정치학

고대 그리스 사람들은 일반적으로 윤리학을 정치학에 종속하는 것으로 간주하였다. 윤리학은 단지 개별적 인간에 관해서 좋은 것을 취급하는 반면에, 정치학은 개별적 인간들이 구성원인 공동체에 관해서 좋은 것을 다루기 때문이었다. 플라톤은 "정의(正義, justice)는 무엇인가?"라는 중대한 문제가 개별적 인간의 행위에만 국한되어 탐구된다면 만족스럽게 해결될 수 없을 것이라고 믿었다. 유명한 정치론인 「국가」 속에서 플라톤은 정의에 관한 문제를 국가를 연구해야 해결되도록 확장해서 설정했는데, 그는 국가를 개인으로서의 한 인간을 "확대시켜 놓은 것"이라고 생각하였다.

고대 그리스 사람들이 윤리학과 정치학의 차이점으로 보았던 것들 가운데 어떤 내용은 윤리를 개인 윤리와 사회 윤리로 나누어 생각하는 일상인들의 실제 생활 속에 오늘날까지 남아 있다. 그러나 개인과 국가의 관계에 대한 우리의 생각은 그리스의 이론가들의 생각과 상당히 다르다. 왜냐하면 그들은 국가가 개인보다 우선적으로 중요하다고 생각하였다. 개인과 국가 가운데 어느 쪽이 우위에 있는가에 대해서 현대인들은 선명한 생각을 갖고 있지 못하다. 르네상스 이후 정치 이론과 도덕 이론이 갈라져 아직도 완전히 통합되지 못하고 있는 점을 비롯하여 몇 가지 역사적 이유 때문에 동일한 얼개 속에서 정치와 윤리를 함께 고찰하는 일이 우리에게는 그리스 사람들의 경우에 비해서 어렵다. 그렇지만 오늘날 거의 모든 사람이 개인 윤리와 정치 행위가 더욱 밀접하게 융합되는 것이 매우 좋은 일이라고 동의할 것이다.

종교적 윤리와 자율적 윤리

어떤 사람이 종교적 전통 속에서 성장했다면 당연히 궁극적으로는 자신의 종교를 근거로 삼아 올바름과 잘못을 구별할 것이다. 서양의 신학자들은 정당성의 원천이고 좋은 것 그 자체인 신으로부터 모든 특수한 좋은 것들이 연유한다고 일반적으로 주장해 왔다. 우리가 비종교적 시대에 살고 있음은 사실이다. 그러나 1600년가량이나 서양 문화를 차지했던 신앙 시대의 관념과 현대의 관념 사이의 연속성은 아직도 완전히 깨지지는 않았다. 이러한 상황이 흔히 서양 사람들로 하여금 도덕 원리에 대한 이중적 태도를 갖게 만들었다. 그래서 서양 사람들은 때로는 도덕 원리의 권위를 그 자체로서 당연하다고 인정하기도 하고, 때로는 도덕 원리가 종교에 기원을 두고 있다는 점을 강조하여 권위를 부여하려고 하기도 한다. 이 이중적 태도는 전 미국 대통령 트루먼이 일단의 법률 시행관에게 행한 연설 속에서 피력한 견해에 잘 나타나 있다. 트루먼은 "올바른 행동은 그 행동이 올바르기 때문에 행해야 한다고 가르쳐야 합니다."고 말했다. 그러면서도 그는 한 걸음 더 나아가 이 주장을 법으로 구현된 "정의"의 근원적 기초는 "시나이 산에서 모세에게 주어졌으며" 또 "우리가 출애급기와 마태복음에서 배운 가르침에서 유래하는" 것이라고 기독교와 연결시켜 말하고 있다.2)

여기서 "인간의 존엄성"(人間의 尊嚴性, human dignity)이라는 개념에 관하여 잠깐 생각해보자. 개개의 인간 속에 분명하게 깨달을 수 있는 고귀함과 가치가 있다는 신념은 아마 인간 사회를 지탱하는 기본 전제들 가운데 하나일 것이다. 이 존엄성을 성립시키는 것은 무엇인가? 이 존엄성의 기초는 무엇인가? 서양의 종교적 전통들 가운데 어느 한 전통 속에서 살고 있는 사람들에게는 이 도덕적 문제에 대한 답이 어렵지 않다. 인간의 존엄성의 기초는 신이 자신의 형상대로 인간을 창조했으며, 신에게는 모든 사람이 조건과 관계없이 동등하게 소중하다는 사실에 있다. 다시 트루먼 대통령이 한 말을 빌려 말해보

2) 1950년 2월 16일자 *The New York Times*에 보도되었다.

자. "우리는 신과 인간의 관계 때문에 인간이 평등하다고 믿으며, 모든 개인이 자신 속에 존엄성과 개인으로서의 고귀성을 지니고 있다고 믿고 있습니다."3) 인간의 존엄성의 기초에 관한 문제에 대해서 답하고 있는 이 말은 전통적 신학자들이 주장하던 단순한 견해를 보여주고 있다.

그런데 오늘날에는 자연주의 철학자들이 "인간의 존엄성"에 관한 전통적 입장에 대하여 이의를 제기하고 있는데, 그 이유는 윤리적 개념의 타당성을 초자연적 형이상학을 기초로 하여 정립하는 데 반대하기 때문이다. 예를 들어 듀이는 "민주주의를 성립시키는 권리와 자유가 자연을 벗어난 어떤 중심축이나 권위와 관련되지 않고는 아무런 타당성이나 의의를 갖지 못한다는 주장은 인간성을 본질적으로 회의하고 냉소하는 비관적 견해를 반영하고 있다."고 생각하였다. 듀이에 의하면 "이 문제의 진상은 자연주의가 파악하고 있는 것처럼 문제의 두 가치 즉 남성과 여성으로 태어나는 인간의 고귀성과 존엄성이 인간성 그 자체 속에 살아 있다는 것이다."4)

윤리학을 개괄적으로 살펴본다는 이 장의 목적에만 한정해서 생각한다면, 어떠한 문제점도 자연주의와 초자연주의에 의해서 일어날 필요가 없다. 도덕 철학자들의 배경이 종교적이든 아니든 대부분의 도덕 철학자는 윤리적 신조가 종교적 신념 체계와 적어도 직접 관련 없이 구성될 수 있다고 의견의 일치를 보고 있다. 예를 들어 칸트는 독실한 루터교 신자였지만, 자신의 종교적 전통에서 벗어나 하나의 윤리체계를 만들어 내었는데, 이 윤리 체계는 분별 있는 모든 사람이 수긍할 수 있을 만한 도덕적 신조의 실제적 기초로서 주장되었다. 유대 기독교적 전통이 지닌 형이상학적 가정들을 철저히 불신하는 철학자라고 해서 윤리에 관해서 가치 있는 책을 못 쓰는 것은 아니다. 실제로 서양에 유대 기독교적 전통이 정립되기 훨씬 이전에 이교도인 아리스토텔레스는 실제적인 일에 예민하고 상식을 존중하는 특징을 보이고 있는 자연주

3) 1950년 5월 15일자 *The New York Times*에 보도되었다.

4) John Dewey, "Anti-Naturalism in Extremism" in Y. Krikorian. ed., *Naturalism and the Human Spirit*, Columbia University Press, 1944, pp. 8-9.

의적 윤리학 책을 썼는데, 후대의 신학자들은 이 두 가지 요소를 그들의 윤리학 책 속에 받아들여 자기 것으로 삼아 왔다. 이들 신학자들은 윤리에 관한 학문이 상대적이기는 하지만, 그럼에도 불구하고 참다운 자율성을 가진다고 확신했는데, 이 확신은 그들이 아리스토텔레스의 윤리학 책을 연구하면서 받은 영향에 의해 이루어진 것이다. 그들은 모든 사람이 "자연적 이성의 빛"에 의해서 윤리의 원리를 알 수 있다고 인정하였다. 다시 말하면 그들은 우리가 초자연적 목적이 아니라 인간의 자연적 목적에 어울리는 학문적 인식에 도달할 수 있다고 인정하였다.

윤리 이론들은 고전적인 것이든 현대적인 것이든 몇 가지 유형으로 정리될 수 있다. 이제 윤리 이론들을 유형 별로 나눈 다음, 각 유형에 속하는 특정한 이론을 실제로 주장했던 철학자의 견해를 좇아가보는 방식으로 개관하고자 한다.

이성과 자기 실현 — 아리스토텔레스와 듀이

이성주의 윤리학(倫理的 理性主義, ethical rationalism)은 도덕적 행동이 지성 있는 선택에 의해서 그 성격이 규정되어야 한다고 주장한다. 자기 실현의 윤리학(自己 實現의 倫理學, ethics of self-realization)은 인간에게 훌륭한 삶은 한 사람의 모든 능력이 잘 발전해서 조화를 이룬 삶이라고 주장한다. 아리스토텔레스와 듀이의 윤리학을 음미해보면, 고대와 현대의 도덕적 신조가 어떻게 이러한 요소를 종합하고 있는지 드러날 것이고, 아울러 훌륭한 삶은 사회적 관계를 떠나서는 이루어질 수 없다는 점이 크게 강조되고 있음을 깨닫게 될 것이다.

아리스토텔레스와 좋음(선)

아리스토텔레스에 의하면 좋음(선)은 모든 사물이 목적으로 삼는 바로 그것이다. 인간에게 좋은 것은 사람이 그 자체로서 원하는 것 즉 그것을 위해서 그 밖의 모든 일이 행해지는 바로 그것이다.[5] 행복은 바로 이처럼 좋은 것이다. 그런데 행복은 수동적 상태가 아니라 덕과 일치해가는 활동이다. 우리는 덕을 타고나지 않는다. 우리는 교육과 습관과 실천을 통해서 덕을 쌓는다. 덕에는 두 가지 종류가 있는데, 예지적 덕과 실천적 덕이 그것이다. 최고의 예지적 덕은 지혜(智慧, wisdom)다. 실천적 덕은 많이 있는데, 과도와 부족 사이에 성립하는 중용(中庸, mean)에 의해서 규정될 수 있다. 예를 들어 용기는 무모함과 비겁 사이의 중용이고, 관대는 낭비와 인색 사이의 중용이다. 아리스토텔레스의 말을 들어보자.

> 덕은 조정의 역할을 목표로 삼는 성질을 가졌음에 틀림없다. … 그러므로 덕을 행하기는 쉬운 일이 아니다. 왜냐하면 어떤 일에서든 그 일의 핵심을 발견하기는 쉬운 일이 아니기 때문이다. 예컨대 원의 중심을 발견하는 일은 아무나 할 수 있는 일이 아니라 원을 잘 아는 사람만이 할 수 있는 것과 마찬가지다. 또한 누구든지 화를 낼 수 있고, 돈을 남에게 주거나 아낌없이 쓸 수 있는데, 이런 일은 쉬운 일이다. 그러나 꼭 주어야 할 사람에게, 적당한 양만큼, 꼭 적절한 시기에, 올바른 동기를 지니고, 가장 좋은 방법으로 돈을 주거나 쓰기는 누구나 할 수 있는 일이 아니며, 쉬운 일도 아니다. 이런 까닭으로 미덕이 드물며, 그래서 미덕은 상찬할 만하고 고귀하다.[6]

---

5) 전 미국 대통령 케네디는 행복에 대한 아리스토텔레스의 정의를 인용하기 좋아했다. "사람이 추구해야 하는 선(善, 좋음, 행복)은 영혼의 능력을 덕(德, virtue, excellence)의 수준으로 훌륭하게 발휘하는 것이며, 만일 여러 수준의 덕이 있다면 그 가운데 가장 훌륭하고 가장 완벽한 수준의 덕으로 탁월하게 발휘하는 것이다."(*Nichomachean Ethics*, 1098a17.)

6) Aristotle, *Nichomachean Ethics*, W. D. Ross, trans., 1106b14, 1109a24. (PB: Penguin Baltimore, Md.)

아리스토텔레스의 철학에서는 윤리학이 실천 철학(實踐 哲學, practical philosophy)에 속한다. 윤리학의 근본적 관심사는 아는 일이 아니라 행하는 것이다. 윤리적 정언 논증 즉 실천적 정언 논증의 결론은 우리를 행하도록 이끌지 않으면 안 된다. 그런데 도덕적 행동의 필수적 요소는 선택이라는 요소다. 선택에 따른 행동은 의지적 행동들 가운데 일부분이다. 하지만 선택에 따른 행동은 의지적 행동이긴 하지만 인간 본성 속의 이성이나 예지라는 요소를 반영하는 다른 의지적 행동과 구별되어야 한다. 도덕적 행동은 자유롭고 이성적인 행동이다.

아리스토텔레스에 의하면 어떤 것의 완전한 발전(실현)은 최고로 좋은 것이다. 발전은 잠재 상태(潛在 狀態, potentiality)를 현실 상태(現實 狀態, actuality)로 전환시키는 일을 필요로 한다. 발전은 "실현된 능력"을 의미한다. 묘목의 목적이나 목표는 가능한 만큼의 큰 나무가 되는 것이다. 인간의 경우 한 인간의 목적은 될수록 훌륭하게 인간다운 인간이 되는 것이다. 그런데 인간은 이성적 동물이다. 인간은 다른 동물들과 더불어 공유하는 여러 가지 능력—예컨대 영양 섭취와 생식 등—이 실현되지 않으면 안 된다. 인간은 동물이기 때문이다. 그러나 인간은 이성적 동물이다. 따라서 인간이 다른 동물들과 더불어 공유하고 있지 않는 여러 가지 능력—인간을 인간으로서 독립시켜 주는 힘들—이 우선권을 갖고 있으며, 그것이 인간의 동물적 능력들의 발전을 통제하면서 스스로를 실현하지 않으면 안 된다.

그렇다면 좋은 사람은 다른 동물들로부터 제 자신을 구별할 수 있게 하는 자신의 본성의 양상에 따라서 행동할 것이다. 도덕적 삶은 인간에게만 특유한 인격을 이룰 것이다. 먹는 일, 육체적 안락, 싸움, 성적 쾌락이라는 면에서만 파악되는 삶은 비이성적 동물들이 영위하게 되어 있는 삶이다. 그러한 삶은 인간다운 특성을 나타내지 않으며, 그렇기 때문에 인간에게는 좋은 것이 아니다. 아리스토텔레스는 먹는 일, 성적 행위 등이 나쁘다고 말하지는 않았다. 그런 일들이 인간에게만 특유한 활동들의 통제 아래에서 성취된다면 그것들은 좋은 것이다. 이렇게 해서 좋은 삶은 "이성이나 예지의 통제 아래에서 이루어지는 인간의 모든 능력의 실현"이라고 정의할 수 있다. 아리스토텔레스는 이성적 능력들 가운데서 최고의 것은 사물들에 대한 관조의 능력 즉 사물들에 대하여 이론적이고 공평 무사한 지식을 얻는 능력이라고 생각하였다. 그러나 이 모든 것은 좋은 삶에 대한 부분적 정의일 뿐이다. 왜냐하면 이 정의는 사회적 요소—아리스토텔레스의 말을 그대로 쓰면 정치적 요소—를 고려하지 않고 있기 때문이다. 인간의 능력들은 혼자 고립해서는 실현될 수 없다. 인간의 능력들은 인간과 인간의 정치적 공동체 사이에 이루어지는 더 큰 관계 체계 안에서만 결실을 거둘 수 있다. 자기가 타고난 사회적 환경을 떠나서 살려고 하는 사람은 인간으로서 살지 않으려고 하고 있는 셈이나 마찬가지다. "인간은 본래 정치적 동물이다. … 개인은 고립되면 자급 자족할 수 없다. 그러므로 개인은 전체와의 관계 속에 있는 부분과 같다. 사회 속에서 살 수 없거나 스스로 자급 자족하기 때문에 사회 속에서 살 필요가 없는 개인은 짐승이거나 신이어야 할 것이다."[7)]

절제와 이성

아리스토텔레스는 실천적 덕을 중용에 의해 정의하기 때문에 그의 가르침은 행위의 이상으로서 절제(節制, moderation)를 지지하는 일군의 윤리 강령 가운데 하나라고 할 수 있다. 이러한 강령들에는 우리가 "과도를 피하라." 라든가 "덕은 중간에 있다." 등의 상투 어구를 빌어다 쓰는 스토아 철학의 전통도 포함된다. 고대 중국의 도덕 철학도 중용(中庸, mean)을 가르쳤다. 공자가 이상적 인간상이라고 가르쳤던 "군자"(君子)는 양극을 이루는 두 주장을 파악한 다음에 항상 중용을 판정하며, 또 그것을 국민을 위한 정치에 적용하였다. 몇몇 비평가들은 절제가 자연주의적 윤리 이론의 특징을 이루는 이상이며, 또 이 절제는 종교적 윤리 체계에서 이상으로 삼는 신에의 완전한 귀의나 자기 희생과는 현저히 다르다고 지적한다. 공자와 아리스토텔레스가

7) Arietotle, *Potitics*, B. Jowett, trans., bk. 1253a1, 27.

제자들에게 가지고 있는 모든 것을 팔아서 그 돈을 가난한 사람들에게 주라고 훈계하는 것을 상상하는 것은 과도와 부족 사이의 중용에 의한 덕을 설법하는 예수를 상상하는 것만큼이나 어렵다. 그러나 아리스토텔레스가 말하는 덕은 단지 세속적 타협이 아니다. 그가 좋은 사람을 묘사하기 위해 내세우는 사람은 형세를 관망하다가 유리한 쪽에 붙는 기회주의자가 아니라 과녁의 중심을 쏘아 맞히는 사람이다. 하지만 항상 과녁의 정곡을 맞히기란 쉽지 않다. 이것이 아리스토텔레스가 "덕을 행하기는 어렵다."고 말하는 이유다.

도덕적 행동에서 이성의 역할을 강조하는 아리스토텔레스의 윤리 이론은 윤리적 이성주의로 분류될 수 있다. 윤리적 이성주의의 여러 형태가 지니는 공통 요소는 진실로 도덕적인 행동은 이성적 행동이라는 신념이다. 휴움이 단호하게 "도덕의 규칙들은 … 추리의 결론이 아니다."라고 지적했음에도 불구하고 대부분의 도덕 철학자가 어떤 의미에서든 다소라도 윤리적 이성주의자다. "지성"과 나중에 기독교적 전통에 의해 강조된 "의지"를 선명하게 구별하지 않았던 고대 그리스 사람들은 윤리적 좋음(선)을 지혜의 한 종류로 생각하는 경향이 있었다. 전통적으로 소크라테스는 지식이 덕이라고 가르친 사람으로 여겨져 왔다. 자연 속의 모든 사물이 보편 이성(普遍 理性, universal reason)이라는 형이상학적 원리에 따라서 진행된다고 믿었던 스토아 철학자들은 합리성(合理性, rationality)을 도덕적 행동의 기준으로 아주 자연스럽게 받아들였다. 스콜라 철학자들은 "올바른 이성"(right reason)은 무엇이 좋은가를 알아낼 수 있다고 주장했다. 스피노자는 이성을 우리가 자연의 힘들을 통제할 때에 사용할 수 있는 수단으로서만이 아니라 우리를 속박하고 있는 정욕을 분해하여 지배할 수 있게 해주는 도구라고까지 생각하였다. 올바른 행위는 지식보다는 오히려 의지로부터 비롯된다고 주장했던 칸트조차도 윤리적 문제에서 합리적 원리에 따라 의지를 인도하는 기능을 이성이 갖고 있다고 믿었다. 칸트는 진정으로 좋은 의지는 이성적 의지라고 말했다. 듀이는 "이성"을 "욕구가 일으키는 결과들을 완벽하게 멀리까지 내다보는 이지적 통찰"이라고 해석한다면 이성은 도덕적 행위 속에서 지배적 역할을 한다고 주장하였다.

매일의 실제 생활에서 우리 모두가 어느 정도는 윤리적 이성주의자다. 행위의 올바름과 그릇됨에 관한 문제에서 이성이 우리를 인도한다는 것은 인간 사회의 전제 조건이다. 법률에서는 어떤 상황에서 피고가 한 행동을 그와 같은 상황에서 "이성적인 사람"이 했을 법한 행동에 비추어 평가한다.

실행의 도구로서의 도덕적 관념 — 듀이

아리스토텔레스와 마찬가지로 듀이는 지성이 도덕적 행위에서 지배적 역할을 하며, 또 좋은 삶은 사회적 관계 속에서의 자기 실현에 있다고 믿었다. 우리가 독특하게 현대적인 주장을 만나게 되는 것은 듀이가 도덕적 행위의 본성을 도구적 개념에 의거해서 설명하는 대목이다. 듀이에 의하면 모든 사람이 태어나면서부터 갈망할 수밖에 없는 영원히 고정되어 있는 좋은 것은 없다. 여러 가지 좋은 것이 있을 따름이다. 건강 · 부유 · 우정 · 심미적 감흥 같은 자연적으로 좋은 것이 있는가 하면 정의 · 절제 · 자비심 같이 도덕적으로 좋은 것이 있다. 그러나 이러한 것들조차 너무 일반적이고 추상적인 것이므로 그 자체로서는 추구될 수 없다. 실제 행위의 목적이 되는 좋은 것은 항상 어떤 특수한 상황 속에 있다. 이 점을 듀이는 "개개의 도덕적 상황은 그 자체에 고유하고 대체할 수 없는 좋은 것을 지니고 있는 독자적 상황이다."라고 표현하고 있다.8)

도덕적 행동이 성취하려고 지향하는 목표나 목적은 한 번 정립된 채로 영속하는 것이 아니다. 목표나 목적은 자연적 환경과 사회적 환경에 의해 발생되는 문제들을 우리의 지성으로 해결해 나갈 때에 사용되는 도구(道具, instrument)다. 듀이는 이렇게 묻고 있다. "어째서 사람들은 영원히 고정되어 있는 목적에 그처럼 애착심을 갖게 되었을까? 하나의 목적은 지성이 행동을 안내하기 위해서 만들어 낸 고안물 즉 혼란되고 분열된 경향들을 혼란에서

---

8) John Dewey, *Reconstruction in Philosophy*, Holt, Rinehart and Winston, 1920, p. 163. (PB: Beacon Press, Boston.)

벗어나게 하고 조화를 이루게 하는 데 쓰일 수 있는 하나의 고안물이라는 사실이 어째서 보편적으로 인식되어 있지 않을까?"[9] 과학적 방법은 우리로 하여금 자연적 환경을 통제하도록 해주고 있다. 도덕 속의 방법은 다른 사람들과의 관계에서 발생하는 여러 가지 문제를 처리하도록 우리를 도와준다. 그렇지만 이 두 방법론은 서로 단절되어 있지 않다. 오히려 이 두 가지 방법론은 일맥 상통하고 있다. 과학은 거대한 도덕적 잠재 능력을 지니고 있고 또 인간의 조건을 개선할 수 있는 힘을 갖고 있기 때문이다. 따라서 도덕적 문제들은 과학적 방법을 이용하여 해결될 수 있다. 도덕적 문제는 실은 행동이 가로막혀서 반성, 가설, 지적 선택, 경험에 의한 확증을 필요로 하는 상황이기 때문이다. 다른 목적들과 마찬가지로 도덕적 목적은 우리가 실제적 행동을 방해하고 있는 장애물들을 제거할 때에 사용하는 도구다. 말하자면 그것들은 목적이면서 동시에 수단이다.

듀이는 인간의 진정한 관심사가 실제적 활동이라고 본다. 아리스토텔레스가 관조 능력을 가질 수 있는 사람은 약간뿐이라고 제한했다 할지라도, 관조를 인간이 지닌 가장 높은 능력의 실현이라고 단정해버린 것은 잘못이었다. 명상하는 생활에 대한 존경은 자연과 인간 사이의 관계에 대한 잘못된 "구경꾼 이론" 때문에 생기게 된다. 관조는 아무런 일도 해내지 않기 때문에 아무런 가치도 없다. "성자들이 자기 성찰에 빠져 있는 동안에 세상에서는 힘센 놈들이 판을 치고 있다."고 듀이는 꼬집었다.[10] 실제적 활동들은 영원히 발전하는 자연적 환경과 사회적 환경이 우리에게 제기하는 문제들의 해결에 관련되어 있는 목표를 달성하려고 항상 몰두한다. 어떤 윤리적 행동의 도덕적 내용은 그 행동과 무관하면서도 그 행동을 고압적으로 강요하고 있는 영원한 도덕 법칙 덕분에 성립하는 것이 아니라 오히려 눈앞의 실제 상황에 대한 그 행동의 적절성에 따라 확립되는 것이다.

9) John Dewey, *Human Nature and Conduct*, New York: Modern Library, 1930, p. 231.

10) Dewey, *Reconstruction in Philosophy*, p. 154.

지성적 선택으로서의 도덕적 행위

듀이는 아리스토텔레스와 마찬가지로 도덕적 행위는 선택이라는 요인을 포함하고 있어야 한다고 주장하였다. 듀이는 "오직 계획된 행동 즉 사려 깊은 선택이 한 요인으로 개입하고 있는 행위만 분명하게 도덕적 행위다. 그래야만 그 행동이 좋은가 나쁜가라는 문제가 등장하게 된다."고 주장한다.11) 아리스토텔레스와 마찬가지로 듀이도 도덕적 행위 속에서 수행되는 이성의 비판적 역할을 강조한다. 그러나 듀이가 말하는 도덕적 행위를 인도하는 "이성"은 고대 그리스 철학자들이 은근히 주장했던 것으로 여겨지는 천부의 신적 능력이 아니라 행동에 옮겨 볼 수 있는 가능한 방도들의 차이점을 식별하게 해주는 일련의 습관이라고 하는 쪽이 정확한 말이다. 덕행 속의 이성은 실제 상황 속에서 이루어지는 지성적 선택 능력이다. 그것은 계획된 행위의 결과를 상상에 의해 예견하는 능력이고, 우리가 선택해야 하는 결과를 성취하기 원하는 목표에 비추어 서로 비교하고 평가하는 능력이며, 그 결과에 의해 영향을 받을지도 모르는 다른 사람들의 권리를 요량하는 능력이다. 듀이는 "도덕적 통찰은 물론이고 도덕 이론까지도 단지 천을 마름질하고, 못을 박고, 밀을 사고 팔며, 전화기를 발명하는 일상적 지성이 해내는 매일의 작업 바로 그 속에 있다."고 주장하였다.12)

여러 해 동안 어떤 직업에 종사하다가 불만을 느끼게 되어 직업을 바꾸고 싶어 하는 사람을 생각해보자. 이 도덕적 상황(정신적 상황)은 다른 모든 도덕적 상황과 마찬가지로 일상 생활의 판에 박힌 틀이 의심과 불안정에 의해 혼란스러워진 종잡을 수 없고 난처한 사태로부터 시작한다. 진정한 도덕적 결심은 의심을 제거하고, 평정을 회복시키며, 행동할 방법을 명확히 해준다. 자신의 직업을 바꾸려고 생각하고 있는 사람은 이성적 반성에 의해서

11) Dewey, *Human Nature and Conduct*, p. 279.
12) John Dewey, "Moral Theory and Practice," in *The Philosophy of John Dewey*, J. Ratner, ed., New York: Holt, Rinehart and Winston, 1928, p. 310.

만 건전한 도덕적 결단을 내릴 수 있다. 이 일은 그 사람의 마음 속에서 움직이는 욕구들을 더욱 분명하게 체계화하는 일, 이 길이나 저 길을 택할 때에 따라올 피할 수 없는 결과에 대한 숙고, 그의 결심에 의해서 위태롭게 될지도 모르는 그의 가족을 비롯한 다른 사람들의 요구에 대한 고려 등등을 반드시 수반할 것이다. 이 경우에는 아무리 큰 구속력을 가진 도덕 법칙이라 할지라도 이 사람을 도와줄 수 없다. 대부분의 도덕적 상황이 그렇듯이 이 사람이 처한 도덕적 상황은 이 사람이 처한 특수 상황으로부터 도저히 추상될 수 없다. 이 상황에 대한 성공적 해결은 이 사람의 처지에 정확하게 알맞도록 구체적이어야 할 것이며, 또 그가 선택할 수밖에 없는 방도 하나하나에 예상되는 정확한 결과와 이 결과가 그가 성취하기를 원하고 있는 목표에 적절한가를 파악할 수 있는 그 사람의 이성적 통찰력의 우수성 여하에 달려 있을 것이다.

우리는 듀이의 견해로부터 "도덕적 판단들의 근본적 본성은 무엇인가?" 라는 물음에 대한 간명한 답을 끌어낼 수도 있다. 과학적 판단이 자연 환경에 의해서 발생되는 문제를 다루는 지성적 판단인 것과 마찬가지로 도덕적 판단은 인간의 사회 환경에 의해서 제기되는 문제, 다시 말하면 우리 자신과 다른 사람들 사이에 맺어진 관계에서 일어나는 문제를 처리하는 지성적 판단이다. 그렇다면 도덕적으로 결함이 있는 판단은 비지성적 판단이다. 따라서 이런 판단에 따르는 행위는 자기와 다른 사람들 사이의 관계를 포함하는 문제를 적절하지 못하거나 어리석게 처리해버린 결과에 도달할 수밖에 없을 것이다. 헨리 제임스(H. James, 1843-1916)의 「황금 주발」이라는 소설 속의 애싱함 부인은 말한다. "도를 벗어난 어리석음은 당신도 아시다시피 부도덕입니다. 그럼요, 도덕이라는 것이 높은 지성이 아니라면, 도대체 뭐란 말입니까?"

민주주의 안에서의 자기 실현

듀이의 윤리 이론은 도덕적 행위의 사회성에 대해서 강조하고 있는데, 이 사회성은 아리스토텔레스가 인간의 행위에 대하여 강조한 사회성과 같은 종류의 것이다. 듀이는 "사회에 대한 인간의 관계와 사회적 조직체에 대한 개인의 의존에 관한 아리스토텔레스의 통찰"을 존경한다. 그러나 듀이는 도덕적 행위의 의미는 행위와 현대의 사회 구조와의 관련에 있다고 생각하는데, 이 현대의 사회 구조는 그 복잡성에서 그리스 사람들의 생활을 그처럼 단단하게 얽매었던 조그만 도시 국가의 민주주의를 훨씬 능가해 있다. 듀이는 현대의 민주주의가 인간의 사회 생활에서 가장 개방적이고 가장 포용성 있는 범주라고 믿고 있다. 그러나 민주주의는 고대 그리스 사람들이 자신의 국가에 대하여 그렇게 생각했던 것처럼 "개인보다 더 중요한 것"은 결코 아니다. 민주주의는 "헤아릴 수 없이 많은 상황에 대응해 온 무수히 많은 조정—그 중의 어떤 것도 서로 같지 않지만 공통의 결과에 수렴해 가는 조정—의 에누리 없는 결과 비슷한 것으로서 나타났다." 인간은 민주주의 사회에서 자신의 개인적 능력을 가장 잘 실현할 수 있다.

> … 모든 사회적 제도에는 의미가 있고 목적이 있다. 그 목적은 인종, 성, 계급, 재정 상태에 관계없이 개인의 능력을 해방시키고 발전시키는 것이다. 그리고 이 말은 그 제도들이 모든 개인을 그가 지닌 가능성의 최고 수준에까지 교육시키는 범위 바로 그것이 그 제도들의 가치에 대한 시금석이라고 말하는 것이나 마찬가지다. 민주주의는 많은 의미를 지니고 있는데, 만일 그것이 "도덕적 의미"를 지닌다면, 그 의미는 다음과 같은 결의 속에서 찾아야 할 것이다. 그 결의는 모든 정치 제도와 산업 조직이 그 사회를 이루고 있는 모든 구성원의 균형 있는 성장을 위해서 이바지하는 정도 즉 공헌도를 이 제도의 좋고 나쁨을 판정하는 가장 좋은 시금석으로 삼겠다는 결의다.13)

위의 인용문에서 가장 중요한 말은 "성장"(成長, growth)이다. 이 표현은 생물학적 은유다. 아리스토텔레스는 어떤 것이 지닌 좋음은 그것의 가장 높은 발전이라고 규정하였다. 유기체의 목표는 성숙이다. 이것은 인간의 경우에도 마찬가지다. 듀이는 사람도 한 번 이루어져 고정된 상태로 머무르는

13) Dewey, *Reconstruction in Philosophy*, p. 147.

것이 아니라 계속 향상하고 진보해 나가야 좋다고 본다. 민주 사회에서 이루어지는 개인적 능력의 창조적 발전이 바로 가장 좋은 것이다. 그래서 듀이는 "성장 그 자체가 유일한 도덕적 '목적'이다."라고 결론을 내렸다.[14)]

쾌락으로서의 좋음과 유용성으로서의 좋음

쾌락주의

도덕적으로 좋은 것을 포함해서 모든 좋은 것들의 좋음(선)이 쾌락과 동일하다고 주장하는 좋음의 본성에 관한 고전적 이론이 있다. 이 이론은 인간에게 가장 좋은 것은 소극적으로는 고통의 회피이고 적극적으로는 최대 쾌락의 획득이라고 규정한다. 이 이론은 쾌락주의(快樂主義, hedonism, 그리스어 ἡδονή에서 유래)라고 불리는데, 퀴레네 학파와 에피큐로스 학파 같은 고대 그리스의 윤리학파들이 주장하였다. 전해 오는 이야기로는 "짧은 인생 먹고 마시고 즐기자!"라는 구호를 에피큐로스 학파가 만들어 냈다고 하지만, 에피큐로스 자신은 물론이고 이 학파에 속하는 철학자 어느 누구에게도 좋은 것을 감각적 쾌락으로 가득 찬 지상 낙원과 동일시한 증거는 전혀 없다. 오히려 에피큐로스는 정신의 쾌락을 신체의 쾌락보다 더 높이 평가하였고, 신들이 머물러 사는 경지인 "고통 없는 상태"(평정심(平靜心), ataraxia)에는 그의 학원에서처럼 친구들과 철학을 담론하는 현인들의 고요한 사색에 의해 가장 가까이 도달된다고 주장했다. 지상 낙원 식의 미국적 쾌락주의는 나단(George Jean Nathan, 1882-1958)에 의해 개인적 신조로 피력되었다.

14) *Ibid.*, p. 141.

거의 모든 사람에게 죽음이 행복일 수는 없기 때문에, 우리가 갖기 원하고, 가지려고 노력하고, 주어지기를 희구해야 할 가장 좋은 것은 살아가면서 조건이 갖추어질 때마다 얻을 수 있는 순간적 행복이다. 쾌락은 어떤 종류의 것이든 사막에서 마시는 물 한 모금이다. 그것은 노고와 고통에 대한 즐거우나 일시적인 대가다. 아직도 내세를 믿을 정도로 원시적인 사람들을 제외한다면 누구도 다른 어떤 대가를 찾을 수 없다.

신들이 먹는 진미, 사랑스러운 천사, 영원한 푸른 하늘과 평화, 황금의 하프에서 흘러나오는 선율은 내 자신의 형이상학에 따르는 한 너무 멀리 떨어져 있고 미심쩍다. 나는 오히려 나에게 더욱 현실적인 것으로 여겨지고 또 눈으로 볼 수 있는 것들인 지금 여기 있는 궁중 요리, 아름다운 소녀, 지중해 해안과 교향악단을 믿는 편을 택하겠다.15)

쾌락은 무엇인가? 그것이 꼭 무엇이라고 말하기는 어렵다. “쾌락”의 반대말은 “고통”이다. 그러나 고통과는 달리 쾌락은 그 소재를 파악하기가 어렵다. 우리는 “발이 아프다.”거나 “어깨가 아프다.”는 말을 망설임 없이 한다. 그러나 우리는 쾌락을 느낄 때에 “아프다”는 말의 경우처럼 자신의 특정한 부위에 쾌락을 느낀다고 말하는가? 때로 우리는 “그는 칭찬에 기쁨을 느껴 얼굴이 빨개졌다.”는 말에서 보듯이, 마치 쾌락이 단순히 이런 저런 시점에 우리에게 일어나는 느낌인 것처럼 쾌락에 대해 말한다. 또 ”나는 그 모임 후 빌과 대화를 매우 즐겁게 나누었다.”는 말에서 보듯이, 우리가 무언가를 하고 있는 동안에 일어났다가 사라지는 것을 암시하지 않는 방식으로 말하는데, 이 경우에는 쾌락이 즐기는 일로 암시되고 있다. 또 종종 우리는 “궁중 요리와 예쁜 소녀를 좋아하는 사람은 쾌락을 추구하는 사람이다.”라는 말에서 보듯이, 마치 쾌락이 어떤 종류의 목적이나 목표인 것처럼 쾌락에 대해 언급한다. 철학자들은 쾌락에 관해서 많은 이야기를 하였지만, 항상 쾌락이라는 개념에 대하여 완전히 똑같은 이해에 도달해 있었던 것은 아니다.

---

15) 1958년 4월 9일자 *The New York Times*. 독자는 마음을 가라앉히고 다음 사실을 확인하기 바란다. 이 유명한 연극 비평가는 말년에 자신의 신조를 수정하였을 뿐만 아니라 정통 기독교에 귀의하고 죽었다.

플라톤은 쾌락이 결핍을 채우는 것 즉 보충물이라고 설명했다. 때로 그는 쾌락이 가려운 데를 긁는 일에 지나지 않는 것처럼 대수롭지 않게 처리한다. 그러나 그는 장미의 향기처럼 맑고 순수한 쾌락이 실제로 있음을 인정하였다. 아리스토텔레스는 간섭을 당하지 않는 활동에 따라오는 쾌락을 얻고자 했다. 이것은 목적지에 가기 위해서가 아니라 "걷는 즐거움" 때문에 산책을 하는 사람의 쾌락 같은 것이다. 어거스틴은 쾌락을 우리의 의지를 실현시키려는 정열을 불러일으키는 열정이라고 주장했다. 아퀴나스는 욕망이 갈구하던 대상을 포착하는 기쁨 즉 "욕구가 약해지지 않고 있을 때에 대상을 소유하는 기쁨"이 쾌락이라고 주장한다.[16] 상당히 많은 철학자가 쾌락은 잠깐 사이에 덧없이 사라져 버린다는 것을 이유로 들어 행복과는 다른 것으로 본다. 그렇지만 밀을 비롯한 다른 철학자들은 쾌락에 의해서 행복을 정의하고 있다.

공리주의 — 쾌락의 종류

"공리주의"(功利主義, utilitarianism)라는 말은 벤담(J. Bentham, 1748-1832)에 의해 처음으로 자세히 개진된 신조에 존 스튜어트 밀이 붙인 이름이다. 존 밀은 아버지인 제임스 밀(J. Mill, 1773-1836)로부터 벤담의 사상을 철저하게 배웠다. 존 스튜어트 밀은 공리주의를 다음과 같이 정의한다.

> 공리 즉 최대 행복의 원리를 도덕의 기초로 삼는 신조는 행동이 행복을 증가시키는 경향에 비례하여 올바르게 되고, 행복에 반대되는 것을 산출하는 경향에 비례하여 그릇되게 된다고 본다. 행복은 쾌락을 그리고 고통이 없음을 의미하고, 불행은 고통을 그리고 쾌락이 없음을 의미한다.[17]

이 진술의 처음 부분은 쾌락주의와 직접적으로 관계있는 것을 아무

16) 내가 여기에 인용하고 있는 쾌락에 관한 견해들은 안스콤(E. Anscombe)의 분석을 이용하였다. —브렌넌.

17) John Stuart Mill, *Utilitarialism*, 1949, p. 7. (PB: Liberal Arts, Bobbs-Merrill, Indianapolis.)

것도 갖고 있지 않다. 지금 우리에게 흥미로운 것은 행복을 쾌락과 동일시하고 있는 둘째 부분이다. 벤담은 쾌락을 양적인 것 즉 측정될 수 있는 것으로 생각하였다. 쾌락의 양적 증가는 단적으로 쾌락의 질적 고양이며, 이 쾌락의 증가는 최소한 이론적으로는 계량될 수 있다는 것이다. 그런데 밀은 이와 같은 벤담의 쾌락주의를 중요한 면에서 수정하였다. 밀은 행복과 쾌락을 동일시하면서도 쾌락의 종류를 구별한다. 밀은 쾌락들에는 질적 차이가 있다고 보았다. 어떤 쾌락은 "낮거나" "천박하고" 어떤 쾌락은 "높거나" "고상하다." 일반적으로 전자는 신체적 쾌락이며 후자는 지성적 쾌락이다. 밀은 "어떤 종류의 쾌락이 다른 종류의 쾌락보다 더 가치가 있다는 사실을 인정하는 것은 공리의 원리에 조금도 어긋나지 않는다."고 생각하였다.18) 그는 쾌락주의를 순전히 쾌락의 양만을 중시하는 형태로 주장하는 것은 해결하기 어려운 결론에 부딪칠 것이라는 것을 재빨리 파악했다. 왜냐하면 쾌락이 오로지 양적인 것일 뿐이라면, 다시 말해서 모든 쾌락이 질적으로 동일하다면, 행복에 대한 인간의 이상이 돼지의 행복의 수준보다 높은 수준에 있다고 생각할 이유가 전혀 없게 될 것이기 때문이다. 밀은 "배부른 돼지보다 배고픈 인간이 되는 것이 낫고, 배부른 바보보다 배고픈 소크라테스가 되는 것이 낫다."19)고 확신하였기 때문에 벤담의 분화되지 않은 쾌락주의를 거부한다.

그런데 만일 "높은" 쾌락과 "낮은" 쾌락을 구별해야 하고, 후자보다는 전자를 추구해야 한다면, 다음과 같은 문제가 일어난다. 우리는 어느 쾌락이 더 높고 어느 쾌락이 낮은가를 어떻게 알게 되는가? 정통적 경험주의자인데다가 "신비주의" 기미가 보이는 것은 무엇이거나 의심스럽게 생각했던 밀은 경험의 보증이나 공개적 확증과 전혀 관련이 없는 직접 승인의 한 형태라고 이해하고 있던 직관에 호소함으로써 이 문제를 해결하려는 어떠한 시도도 단호하게 거부한다. 그는 오히려 "높은" 쾌락과 "낮은" 쾌락을 둘다 경험한 사람들 가운데 압도적으로 많은 사람이 "높은" 쾌락이 바람직하다는 것을

18) *Ibid.*, p. 8.
19) *IbId.*, p. 10.

그들의 행동으로 보여주며, 또 그렇게 주장하고 있다는 것을 지적하는 편을 택한다. 밀의 말을 들어 보자. "두 가지 쾌락을 양쪽 다 경험해본 모든 사람 또는 거의 모든 사람이 어떠한 도덕적 의무감에도 전혀 관계없이 그 두 가지 쾌락 가운데 하나를 결정적으로 선택한다면 이 선택된 쾌락은 보다 더 바람직한 쾌락이다."[20]

공리주의의 이타주의적 성격

밀은 또 하나의 방향으로 벤담의 쾌락주의를 수정하려고 노력했는데, 이 수정은 인간의 사회적 특성을 중시하고 있는 밀의 생각을 얼마간 반영하고 있다. 아리스토텔레스와 마찬가지로 밀은 인간이 사회적 동물이므로 사회를 떠나서는 훌륭한 삶을 누릴 수 없다고 확신하였다. 밀은 "인간이 이루고 있는 사회적 상태는 인간에게 더 말할 나위 없이 자연스럽고 필연적이고 습관적인 것이므로, 어떤 비정상적 사정 아래서거나 아니면 고의적으로 분리시키려고 노력하지 않는 한 누구도 집단의 일원이 아닌 자신의 모습을 결코 생각조차 할 수 없다."고 말하고 있다.[21] 그런데 벤담은 사회를 구성하는 인간들은 자신의 이기적 관심사에 따라 움직인다고 믿었다. 그러나 밀은 벤담의 이기주의를 사람들은 흔히 다른 사람을 행복하게 해주려는 욕구를 갖는다는 것과 더욱이 이런 일이 좋은 일이라는 것을 인정하는 입장으로 수정한다. 왜냐하면 가장 많은 양의 전체 행복을 성취하기 위해서는 우리가 다른 사람들의 쾌락을 위해서 자신의 개인적 쾌락을 희생시켜야 할 경우가 있기 때문이다. 간호사가 죽음의 위험을 무릅써야 할 전쟁터에서 자기에게 맡겨진 환자들을 살리기 위해 제 자리를 지키는 경우가 바로 그런 경우다.

밀의 윤리적 신조는 다른 사람들을 좋게 해주기 위해서 개인적 행복을 희생시킨다는 요소를 공리주의 속에 포함시키기 때문에 이타적 쾌락주의(利他

20) *Ibid.*, p. 9.
21) *Ibid.*, p. 55.

的 快樂主義, altruistic hedonism)라고 분류되어 왔다. 그렇지만 밀은 자신의 이타주의를 솔직하게 자연주의적 전제들에서 끌어내었다. 그는 동물들에게서도 자기 보존이나 자기 방어에 대한 욕구뿐만 아니라 동정의 본능까지도 발견된다고 지적한다. 이 동정이 동물의 세계에서는 직계 자손을 넘어서는 거의 미치지 못하지만, 인간의 경우에는 동정이 모든 사람을 포함하는 데까지 확장될 수 있다. 밀은 이렇게 논의를 함으로써 다시 이기주의 쪽으로 되돌아온다. 인간은 뛰어난 지성을 지니고 있으므로 그 자신의 개인적 복지가 공동 사회의 복지와 분리될 수 없다는 것을 깨달을 수 있으며, 따라서 공동 사회가 어떤 방식으로든 위태롭다는 것을 알 때에는 그 자신이 위협받고 있다고 느낀다고 밀은 주장한다.

쾌락은 좋은 것인가?

밀의 공리주의에 대한 몇몇 비판자들은 행복 및 사람이 추구해야 하는 좋음(선)에 관한 원리와 쾌락 원리를 동일시하는 밀의 고집이 밀의 학설을 약화시킨다고 주장하였다. 그들은 밀이 자신의 공리주의를 쾌락주의와 혼합하지 않고서도 성립시킬 수 있었을 것이라고 평한다. 밀의 학설은 그가 행복을 쾌락으로 규정한 정의—그것이 잘못된 그만큼 그의 이론 체계에 불필요한 공리—로부터 끌어내려고 노력한 "사회적 공리의 윤리학"이다. 많은 도덕 철학자가 윤리에 대한 쾌락 이론이 틀렸다고 믿는 이유는 다음의 반대 의견들을 고찰해보면 매우 분명해질 것이다. 아래 반대 의견들 가운데 둘은 쾌락주의 전반에 걸쳐 적용되는 것이고, 나머지 둘은 쾌락주의에 대한 밀의 견해에 더 밀접하게 관련되어 있는 것이다.

1. 쾌락이라는 말의 가장 일반적인 용법들 가운데 하나는 쾌락이 비교적 짧은 감흥 즉 비교적 짧은 동안의 고양된 즐거운 감정을 뜻한다. 만일 쾌락주의자들이 쾌락은 좋은 것이고 또 유일하게 좋은 것이라고 주장한다면—어떤 사람이 쾌락을 좋은 것이라고 주장한다 해서 쾌락주의자일 필요가 없다는

것은 말할 것도 없으니까—많은 훌륭한 사람의 생애가 일반적 의미의 쾌락 이외의 다른 목표들에 의해서 결정된다는 것을 보여주는 공통적 경험이 반드시 설명되지 않으면 안 된다. 반면에 만일 "쾌락"이 짧은 동안의 고양된 즐거운 감정 이외의 어떤 것을 의미한다면—예컨대 사회적 복지를 위한 지성적 노력이나 활동에 수반되는 만족을 뜻한다면—"쾌락"이라는 말은 너무 넓은 경험 영역을 포괄하도록 과장된다. 이런 경우에는 "행복"이라는 말도 쓰일 수 있을 것이며, 어쩌면 그 편이 더욱 적합할 것이다. 왜냐하면 "행복"이라는 말은 "지속되는 만족"을 가리키는 뜻으로 일반적으로 사용되기 때문이다. 밀 자신도 쾌락과 행복의 이 차이를 인정하지만, 행복한 생활은 가장 적은 고통과 가장 많은 쾌락을 지닌 생활이라고 주장한다. 그렇지만 밀이 존경했던 훌륭한 사람들이 최대의 쾌락을 추구한다는 관점에서 그들의 삶의 목표를 규정했는지는 의심스럽다. 쾌락과 행복 그 자체를 목표로 삼지 않는 활동에 대해 생각이 미친다면, 쾌락과 행복 그 자체는 그러한 활동으로부터 발생하는 부산물인 것처럼 보인다. 병자는 행복 그 자체를 원하는 것이 아니라 건강의 회복을 바란다. 학자는 행복 그 자체를 바라는 것이 아니라 자신의 저술이 완성되기를 원한다. 사랑하는 사람이 열망하는 것은 행복이 아니라 바로 그 자신의 연인이다.

2. 우리는 밀이 그랬던 것처럼 어떤 쾌락은 "낮은" 종류에 속하고 어떤 쾌락은 "높은" 종류에 속한다고 생각하여 쾌락의 종류가 있다고 인정할지라도, 그와 동시에 쾌락을 "보다 낮고" "보다 높은" 것이 되도록 해주는 사실적 요인이 있다는 것까지 인정하지는 않지 않은가? 또 이 사실적 요인을 승인한다 할지라도, 밀이 거부한 바와 같이 더 높은 쾌락이 오로지 쾌락의 질적 증가만을 뜻하는 것이 아니라면, 우리로 하여금 쾌락의 질들을 구별하도록 해주는 이 요인이 쾌락 원리와 동일한 것일 수는 없다.

3. 밀이 주장하는 것처럼 다른 쾌락보다 더 바람직한 쾌락이 있다고 주장하는 것은 앞에서 말한 곤란에 부딪친다. 게다가 밀이 "바람직하다"(바라야 한다)라는 말과 "바라다"라는 말을 동의어로 사용하는 것은 혼동을 일으킨다.

그는 (A) "행복(쾌락)은 오직 하나의 바람직한 것이다."라고 주장하고, 이 주장을 (B) "행복(쾌락)은 실제로 바래진다."라는 주장에 의거하여 입증한다. 그러나 "바람직하다"와 "바라다"라는 두 어구는 똑같은 것을 의미하지 않는다. "바람직하다"라는 말은 "해야 한다"는 뜻을 함축하고 있으므로 행동을 판정하는 기준이나 표준과 관련되어 있어서 규범적으로 언급한다. 그렇지만 "바라다"라는 말은 단순히 실제로 있는 것만 서술하므로 단지 사실적으로 언급할 뿐이다.

4. 쾌락을 곧바로 좋은 것이라고 주장하는 것은 윤리적 판단들의 독립성과 자율성을 부정하는 것이다. 왜냐하면 누군가가 도덕적 좋음은 단지 쾌락의 한 종류에 불과하다고 주장하는 경우에 그 사람은 윤리적 가치에 이차적이고 종속적인 격위를 부여하고 있기 때문이다. 다시 말하면 일차적이고 기본적인 것은 쾌락이고, 도덕적 좋음은 쾌락의 한 종류이므로 단지 부차적 현상에 불과한 것이 되어버리기 때문이다. 쾌락주의자가 윤리적인 것을 쾌락에 관한 문제로 환원시키는 일은 무어가 주장하는 자연주의적 오류(自然主義的 誤謬, naturalistic fallacy)의 한 예다.

사회적 공리는 좋은 것인가?

공리주의 속의 쾌락주의적 요소는 이 정도로 논의를 접기로 하고, 공리주의의 나머지 내용에 눈을 돌린다면, 다음의 명제로 요약해볼 수 있겠다. 도덕적으로 좋은 것과 사회적으로 유용한 것은 같은 (종류의) 것이다. 좋은 것에 대한 이 정의는 아주 이치에 맞는 것 같다. 정당 방위를 제외한다면 살인은 도덕적으로 잘못이다. 그것은 그러한 행동이 피해자에게 해롭기 때문만이 아니라 사회 집단의 복지까지도 위협하기 때문이다. 가난한 사람에게 음식과 의복을 주는 일은 도덕적으로 좋은 일이다. 그것은 그러한 자선이 가난한 사람을 더 행복하게 해주기 때문만이 아니라 사회 전체의 조건을 향상시키기도 하기 때문이다. 다른 사람들을 유익하게 해주는 일을 제외한다면 인간의 삶의 목적으로 무엇이 있겠는가? 누구나 어린이들이 민주주의 사회에 유익한 시민으로 성장하도록 좋은 학교에 보내는 것 아닌가? 기독교의 본질적 교의는 도덕과 남을 돕는 일을 같은 것으로 간주하는 것처럼 보인다. 굶주린 자를 먹여야 하고 벗은 자를 입혀야 한다는 예수의 가르침은 밀이 선언한 "공리주의 도덕의 이상적 완성"을 이룩하지 않을까?

좋음에 대한 이처럼 온정적이고 이타적인 정의가 비판받을 수 있을까? 몇몇 비판자들은 모호하다는 점을 이유로 하여 "사회적으로 유용하다"는 말을 반대한다. 그들은 "도덕적으로 좋다"라는 말을 정의하기가 어려운 것과 마찬가지로 "사회적으로 유용하다"라는 말을 정의하기도 어렵다고 주장한다. 우리 모두가 사회적 공리라는 관점에서 살인은 사회적으로 해로운 것이니까 당연히 도덕적으로 나쁘고, 반면에 가난한 사람들의 생활 조건을 개선하는 일은 사회적으로 유익하니까 도덕적으로 좋다고 의견의 일치를 볼 수 있을 것이다. 그러나 여생을 기도와 명상 속에서 지내려고 수도원에 들어가려는 사람의 경우를 검토한다고 가정해보자. 이 사람의 행동이 도덕적으로 올바른가라는 문제와 이 사람의 목표가 도덕적으로 바람직한가라는 문제에 관하여 의견의 일치에 도달하기 위해서는 사회적 공리의 의미를 음미해볼 필요가 있을 것이다.

다른 비판자들은 사회적 공리라는 관점에서 내린 좋은 것에 대한 정의가 결코 부차적 정의 이상의 것일 수 없다고 주장한다. 왜냐하면 우리가 좋은 것을 유용한 것과 같은 종류의 것이라고 주장할 때는 언제나 "좋은 것은 유용하다."라는 결론에 도달하게 되는데, 이렇게 되면 원래의 주장으로부터 벗어나는 하나의 예외를 인정하지 않을 수 없게 된다. 다시 말하면 모든 것은 그 자체 이외의 사태를 일으키는 데 도움이 될 때만 유용하다고 말할 수 있다. 그래서 망치는 나무에 못을 박을 적에 편리하게 사용된다는 점에서 유용하다. 그런데 사회적으로 유용한 것이 유용하게 쓰일 곳은 도대체 어디인가? 만일 좋은 학교의 목적이 쓸모 있는 시민들을 만드는 일이라면, 이 시민들은 또 무엇을 위해서 쓸모 있단 말인가?

물론 밀은 이 마지막 반대 의견에 답변하려고 했었다. 밀은 먼저 그 자체로서 좋은 오직 하나의 사태가 있는데, 그것은 전체에 공통되는 행복이 최대의 양에 도달한 상태라고 규정한다. 그렇다면 다른 모든 좋은 것은 이 일을 이룩하는 데 기여하는 유용성에 의해서 규정될 수 있다. 듀이는 이와 반대로 위의 반대 의견과 밀의 답변 둘 다 그른 생각이라고 주장하였다. 왜냐하면 위의 두 견해는 둘 다 도덕적으로 좋은 것에 대한 정의는 유일하게 좋은 어떤 것 즉 모든 다른 좋은 것들이 수단으로서 종속되어 있는 그 자체로서 좋은 것에 의해서 이루어져야 한다고 가정하고 있기 때문이다. 듀이는 이미 앞에서 살펴보았던 것처럼 그 자체로서 좋은 유일한 것이 최대 행복이나 사회 집단의 복지 또는 다른 어떤 것으로 이해되든 그러한 것은 없다고 주장한다. 듀이에게는 단 하나의 좋은 것이 아니라 수많은 좋은 것들이 있다. 단 하나의 목적이 아니라 수많은 목적들이 있다. 그리고 그 목적들은 항상 누군가가 "고려 중인 목적"(end-in-view)이다. 도덕적 목적이라는 이름에 손색없는 내용을 갖추고 있는 유일한 것은 사회 속에서 이루어지는 개인들의 창조적 성장이다. 그러니까 도덕적 목적에 관한 듀이의 생각은 결국 일정하게 고정되어 있는 목적은 도덕적 목적일 수 없다고 배제해버리는 것이다.

어떤 비판자들은 좋은 것에 관한 "사회적 공리 이론"이 이타주의에 너무 치우쳐 있다고 지적한다. 그들은 "도덕적으로 좋은 것"이 "사회적으로 유용한 것"과 완전히 같을 수 없다고 주장한다. 왜냐하면 도덕적으로 좋은 행동들 가운데에는 다른 사람과의 관계를 포함하지 않는 것이 있기 때문이다. 사람들은 다른 사람에 대해서만 도덕적 의무를 지는 것이 아니라 몬테규가 말한 것처럼 자기 자신에 대해서도 도덕적 의무를 지고 있다. "로빈슨 크루소는 이웃이 없었기 때문에 도덕적 의무가 없었다고 말하는 것은 한 사람의 가장 가까운 이웃이 바로 그 사람 자신의 미래의 자기라는 것을 잊은 것이다."[22] 공리주의자들과 "사회적 공리 이론"을 주장하는 사람들 가운데 기독교 윤리를 빌어서 자신의 이론을 지탱하는 사람들은 어떨까? 그들이 예수의 가르침

22) W. P. Montague, *Ways of Things*, Englewood Cliffs N. J.: Prentice-Hall, 1940, p. 149.

속에 전혀 있지 않을는지도 모르는 "과장된 이타주의"가 예수의 가르침 속에 있다고 가정하는 것은 가능한 일인가? 융(C. G. Jung, 1875-1961)은 이런 사람들에게 다음과 같은 물음을 제기하고 있다.

> "스스로를 어떻다고 인정하는 것"(자기 수용)이 도덕 문제의 본질이며 또 인생관 전체의 축도다. 예수의 이름으로 배고픈 자에게 음식을 주는 것, 모욕을 참는 것, 적을 사랑하는 것, 이 모든 것이 의심할 나위 없이 크나 큰 미덕이다. 내가 형제들 가운데 가장 미천한 사람에게 베푸는 것은 하느님께 바치는 것이나 마찬가지다. 그러나 만일 세상 사람들 가운데서 가장 미천한 사람, 모든 거지 가운데서 가장 가난한 거지, 가장 흉악한 죄인 즉 사랑받지 않으면 안 되는 바로 그 적, 이러한 사람이 바로 나 자신이고, 그래서 나 자신이 스스로의 보살핌을 필요로 하는 처지에 있다고 내가 생각하다면, 그 때는 어찌 할 것인가?[23]

동기와 직관

결과, 의도, 동기

어떤 행위를 도덕적으로 올바르거나 그릇되게 만드는 것은 무엇인가? 그 행위의 결과나 성과인가, 아니면 행위자가 지닌 동기나 의도인가? 우선 우리는 의도(意圖, intent)와 동기(動機, motive)를 구별해야 한다. 자동차로 다른 사람을 치어 죽인 사람의 경우를 생각해보자. 희생자가 죽었으니까 그 행위의 결과는 매우 분명하며 또 나쁘다고 하기에 족하다. 이제 의도라는 문제를 살펴보자. 운전한 사람은 그 사람을 죽이려고 의도했었는가? 대부분의 이런 경우에 그 답은 "아니다."이다. 운전한 사람이 저지른 부주의라는 요인이

23) C. G. Jung, *Modern Man in Search of a Soul*, New York: Harcourt, Brace & World, 1933. (PB: Harvest, Harcourt, Brace & World.)

있었다 할지라도 그 사람이 죽게 된 것은 우연한 사고였다. 다시 말하면 그 사람을 죽게 한 것은 운전한 사람이 의도한 바가 아니었다. 그렇지만 이 실례에서 운전한 사람이 그 희생자를 죽이려고 의도했으며, 그 희생자의 죽음을 우연한 사고처럼 보이도록 하기 위해서 자동차로 치었다고 가정해보자. 이렇게 되면 기준이 되어 있는 결과 즉 행인의 죽음이 동일함에도 불구하고 두 상황은 도덕적으로 커다란 차이가 있게 된다. 법적으로 말하면 두 번째 경우는 살인이다. 그래서 죽인 사람이 살의를 가졌었다는 것이 배심원들에 의해서 확인되면 법은 그 사람에게 매우 가혹한 형벌을 내릴 것이다.

이제 그 운전한 사람이 실제로 의도적으로 그 희생자를 죽였다는 것이 밝혀졌다고 생각해보자. 그렇다면 우리는 그런 짓을 저지른 그의 동기가 무엇인가를 찾게 될 것이다. 우리는 그 살인이 고의적이었다는 것을 알게 되었지만, 아직도 그가 왜 그런 짓을 했는가에 대해서는 의문이 남아 있다. 그는 질투심에 사로잡혔었나? 오래 된 원한에 대한 복수심에 휩싸였었던가? 공갈 협박에서 벗어나려고 그랬나? 요컨대 의도는 어떤 특정한 목표를 성취시키려고 하는 행위자의 욕구에 관련되어 있지만, 동기는 그 특정한 목표를 원하는 행위자가 지닌 이유와 관련되어 있다.

대부분의 사람이 의도가 행위의 도덕성을 판단할 적에 고려되는 중요한 요인이라고 인정하겠지만, 오로지 행위자의 의도만을 근거로 하여 어떤 행위가 도덕적으로 올바르다든가 잘못이라고 단언하는 일은 주저할 것이다. 꽃병을 깨뜨린 어린이가 "어마! 이러려는 게 아니었는데!"라고 외치는 것은 실수를 저질러버린 자신의 행위를 꾸짖는 것이다. 그러나 어떤 사람에 관해서 "가엾게도, 그 사람의 원래 뜻은 좋았는데!"라고 말하는 것은 분명히 도덕적인 평가에서 나온 찬사는 아니다. 덕 그 자체가 보상이라는 말도 있지만 지옥으로 가는 길이 선의(善意)로 포장되어 있다는 말에서 볼 수 있듯이 결과를 중시하는 경우도 있다. 때로 어떤 행위는 그 행위자의 의도를 생각해본다든가 의도를 고려하여 논의하는 것조차 거부해버리고 싶을 만큼 악한 결과를 수반하기도 한다. 다음의 예를 검토해보라.

X라는 나라가 그 나라의 국시와 동맹국에 적대하여 일어난 폭동을 진압해 가고 있다. 계속되는 전투에서 많은 비전투원이 X의 폭격에 의해서 죽거나 부상을 당한다. X에 대하여 비판하는 사람들은 X의 행동이 비도덕적이라고 주장하고, 그 비도덕성의 증거로서 폭격에 의해서 살상된 수많은 무고한 민간인을 지적한다. X를 옹호하는 사람들은 이 증거가 X의 비도덕성에 대한 비난을 정당화하지 못한다고 응수한다. X의 군사 지휘관들은 무고한 비전투원을 살상하려는 의도가 없으며, 할 수만 있다면 그런 사태를 피하려 하고 있다. X가 의도하는 일은 군사 목표들을 파괴하는 것이며, 반란군들에게 점령된 지역 내의 수송 활동을 방해하자는 것이다. 비판자들은 그처럼 많은 수효의 무고한 민간인을 살해한 것은 군사 목적을 달성하는 일과 뒤얽혀 있을 뿐만 아니라 그 자체로서도 아주 나쁜 일이므로, X의 의도는 관계없는 것으로 도외시하고 판단해야 할 결과라고 응수한다. 이번엔 X를 옹호하는 사람들이 나설 차례다. … 그러나 여기서부터는 독자 스스로 이 문제에 대해서 생각해보는 것이 더 좋을 듯하다.[24)]

우리가 행위의 윤리성을 동기에 의거하여 판단하는 것은 의심의 여지가 거의 없다. 돈 없는 사람에게 돈을 주는 일은 도덕적으로 승인할 만한 행동이다. 그러나 어떤 교사가 주위에 있는 몇 명의 학생에게 자신의 관대함에 감동하게 하려는 동기를 갖고 길거리의 거지에게 약간의 돈을 준다고 생각해보자. 거지 쪽에서만 생각한다면 그 행동의 결과는 단순히 가난한 사람을 도와주어야 한다는 의무에 생각이 미쳐서 거지에게 돈을 주는 다른 사람이 준 그만한 양의 자선과 똑같다. 첫 번째 사람이 준 돈이나 두 번째 사람이 준 돈이나

24) 이 차이를 설명하는 옛날 방식은 어떤 행위가 사실적으로는 나쁠지 모르지만 근본적으로는 나쁘지 않을 수 있다고 말하는 것이다. 환자의 다리를 절단하는 외과 의사는 환자의 다리를 절단함으로써 사실적으로 악의 상황을 만들어낸다. 그러나 그 외과 의사가 의도하는 사실적 대상은 환자의 다리를 절단하는 일이지만, 근본적 대상은 환자의 생명을 구하는 일이다. 더 평범한 말로 표현하면 그 외과 의사는 큰 악을 막기 위해서 그보다 작은 악을 선택한 셈이다. 독자는 이 예와 위에서 개략적으로 보여준 전쟁 상황 사이에 유사성이 있는지 어떤지 판단해보기 바란다.

그 액수만큼의 식량을 살 수 있는 돈이다. 그렇지만 학생들이 그 교사가 관대한 행동을 했던 동기를 안다면 그를 그렇게 높이 평가하지는 않을 것 같다. 마찬가지로 만일 우리가 X라는 나라가 폭동을 진압하기 위하여 취한 군사 행동의 일차적 동기가 사회 정의를 구현하는 것보다는 경제적 시장을 보호하기 위한 것이었다는 것을 알게 된다면 틀림없이 X의 목적이 지닌 도덕적 가치를 아주 낮게 평가할 것이다.

윤리학의 이론은 때로 그 이론의 일차적 강조점이 동기인가 결과인가에 따라서 분류된다. 그러나 행동의 도덕적 내용이 전적으로 행위자의 동기에만 있다고 주장하는 유력한 윤리 이론은 없으며, 또 도덕성을 전적으로 결과에만 의거해서 판단하려고 하는 주요한 윤리 이론도 없다. 흔히 밀의 공리주의와 듀이의 도구주의는 좋은 것에 관해서 설명할 때 결과를 중시하는 경향이 있고, 칸트의 이론과 같은 윤리 이론은 도덕적 행위에서 동기의 역할을 강조한다고 말한다. 밀은 도덕적 상황에서 의도의 근본적 중요성을 잘 알고 있었다. 그는 "행동의 도덕성은 전적으로 의도 즉 행위자가 하려고 마음먹고 있는 것에 의존한다."고 말했다. 그러나 밀이 자신의 주장을 단정적으로 피력하고 있는 동기 문제는 지금까지 논의한 동기 문제와는 전혀 다른 것이다. 밀은 "동기가 행위자의 인격에는 많은 관련을 가질 수 있겠지만 행위 자체의 도덕성과는 전혀 관계가 없다."고 주장하였다.[25)]

그러나 행위자의 동기가 지닌 순수성이라는 문제가 칸트에게는 참으로 중요하다. 이 독일 철학자에 따르면 진정한 도덕적 행위는 결코 개인적 이익을 위해 하는 행위일 수 없다. 윤리적 행위는 무사(無私)하다. 다시 말하면 자기 자신을 이롭게 하는 어떠한 요인도 그 속에 섞여 있을 수 없다. 칸트는 도덕적 판단에 관해서 성서에 있는 "너희 마음을 깨끗이 하라!"는 명령에 잘 들어맞는 이론을 발견하였다. 칸트에 의하면 도덕적 행위는 이익을 위해서가 아니라 의무(義務, duty)이기 때문에 수행된다. 칸트에게는 "정직은 최선의 방책이다."라는 말이 순수한 윤리 법칙이라기보다는 분별 있는 실천 규칙일

25) Mill, *Utilitarianism*, chap. 2.

것이다. 칸트는 우리가 이익을 목표로 하는 어떤 행동이 의무와 조화를 이루면서 수행될 수도 있다는 것을 인정한다. 그러한 행동들은 도덕적으로 나쁘지 않다. 현실적으로 사회에는 허영에 찬 마음으로 막대한 돈을 자선하는 부자도 있다. 그리고 이러한 행동은 칭찬할 만하기조차 할 것이다. 그렇지만 칭찬할 만하다는 그 점이 모든 결정적인 점에서 도덕성과 일치하지는 않는다. 이제 칸트의 도덕 이론을 좀더 자세히 살펴보자.

칸트의 의지주의

윤리 이론에서의 의지주의(意志主義, voluntarism)는 도덕적 상황에서 의지가 해내는 역할이 중요하다고 강조하는 입장이다. 칸트는 인간에게는 인식 능력(認識 能力, knowing faculty)과 의지 능력(意志 能力, willing faculty)이라는 두 가지 기본적 능력이 있다고 주장하였다. 지식은 학문(學問, science)을 성립시킨다. 그러나 도덕의 기초는 물론이고 "그 자체로서 좋은 유일한 것"의 오직 하나의 근원은 의지다. 칸트는 "누구도 선 의지(善 意志, good will)를 제외하고는, 이 세계 안에서, 아니 이 세계 밖에서라 할지라도, 무조건적으로 좋다고 할 수 있는 것은 어떤 것도 생각할 수 없을 것이다."26)라고 말했다.

그런데 칸트는 이성이 그 자신의 합리적 원리에 따라 의지를 인도할 수 있고 또 인도하기 때문에 이성과 의지는 서로 완전히 단절되어 있지 않다고 주장한다. 그러나 의지적 존재로서의 인간 즉 도덕적 존재로서의 인간은 인식적 존재로서의 인간에게는 알려질 수 없는 심오한 것도 통찰할 수 있다. 인식적 존재로서의 인간이 이룰 수 있는 이해는 정신의 범주들에 의해서 체계적 질서가 부여되는 현상들에만 한정되어 있다. 예를 들어보자. 칸트는 누구도 이성을 통해서는 결코 신의 존재를 알아낼 수 없다고 말한다. 인식적 존재로서

26) I. Kant, *Fundamental Principles of Metaphysics of Morals*, T. Abbott, trans. (PB: Liberal Arts, Bobbs-Merrill, Indianapolia, 1949, p. 11.)

의 인간에게는 신이 언제까지나 단지 가능한 것일 따름이다. 그러나 결코 신이 있다는 것을 논증으로 증명할 수 없다 할지라도 의지는 우리가 실재하는 신을 필연적으로 요청해야 한다고 직접적으로 깨닫도록 해준다. 우리는 별들이 반짝이는 저 하늘을 가리킴으로써 신을 증명할 수 없지만, 우리의 가슴 속의 도덕 법칙은 우리에게 신을 납득시킨다. 마찬가지로 이성은 우리에게 단지 영혼 불멸의 가능성만 알려주지만 의지는 우리로 하여금 영혼 불멸의 현실성을 주장하지 않을 수 없도록 한다. 의지가 이룩하려고 애쓰고 있는 덕과 행복의 통합(summum bonum)은 이 세상의 삶에서는 이루어질 수 없기 때문이다. 그럼에도 불구하고 칸트는 선 의지를 가장 좋은 상태인 덕과 행복의 통합으로 인정할 만하다고 생각하였다.

칸트의 직관주의, 양심, 지상 명령

윤리학에서 "직관주의"(直觀主義, intuitionism)라는 말은 도덕의 기초 원리를 우리의 밖에서 주어지는 근거에 의지하는 논증이나 확증을 전혀 필요로 하지 않고 우리 자신의 힘으로 직접 안다고 주장하는 모든 견해를 뜻한다. 칸트에 의하면 우리는 스스로의 힘으로 올바른 것과 그릇된 것을 알 수 있으며, 이 직접적이고 즉각적인 지식은 내적인 도덕적 자각으로 말미암아 이루어진다. 도덕 법칙에 대한 이 내적 이해력을 사람들은 보통 양심(良心, conscience)이라 부른다. 그런데 칸트에 의하면 양심은 지상 명령(至上 命令, imperative)의 형식을 취하는 도덕 법칙을 우리에게 알려준다. 양심의 지상 명령은 가언 명령(假言 命令, hypothetical imperative)과 구별하기 위해서 정언 명령(定言 命令, categorical imperative)이라 부른다. 정언 명령과 가언 명령은 언어로 표현되면 둘다 "해야 한다"는 말을 포함한다. 그러나 정언 명령은 무조건(無條件)인데 반해서 가언 명령은 어떤 방식으로든 행위자를 이롭게 하는 결과와 관련되어 있다. "진실을 말하는 것이 이롭다."와 "정직이 최선의 방책이기 때문에 너는 정직해야 한다."는 말은 가언 명령에 속하는 예다.

그러나 정언 명령은 단지 "너는 해야 한다."고 명령할 뿐이다. 만일 우리가 "왜 해야 하는가?"라고 묻는다면 "너는 해야 하기 때문에 해야 한다."는 말 이외의 다른 답변을 들을 수 없다.

칸트는 정언 명령이 여러 가지 방식으로 명확하게 표현될 수 있다고 말했다. 그 가운데 하나는 다음과 같다. "네 의지의 준칙이면서 동시에 도덕의 보편적 입법 원리로서도 언제나 타당할 수 있는 그런 준칙에만 의거하여 행동하라." 행위자가 자신이 계획 중인 어떤 행위의 도덕성을 알아보려면 "내가 하려는 일이 보편적으로 그렇게 실행되어야 한다고 나는 거짓 없이 염원할 수 있는가?" 또는 "나는 나 자신만을 위한 예외를 만들고 있지 않는가?" 라고 자문해보아야 한다.[27] 우리는 정언 명령의 이러한 표현이 성서의 "황금률"(黃金律, golden rule) 즉 "너희가 남에게서 대접받고자 하는 그대로 너희가 남에게 행하라."와 관련 있다는 것을 알 수 있다.[28] 칸트는 정언 명령을 다음과 같은 또 하나의 진술로 표현하였다. "네 자신의 인간성이나 다른 모든 사람의 인간성을 단지 수단으로서가 아니라 언제나 목적으로서 대우하는 것이 되도록 행동하라."[29]

칸트 이론의 의의

동기가 도덕적 판단에 대해 갖는 관련성을 강조하는 점에서 칸트의 도덕적 신조는 공리주의 윤리나 실용주의 윤리에서 논의되지 않는 한 면을 드러내고 있다. 독일의 이 도덕가는 윤리적 판단의 독립성 즉 도덕의 자율성에

27) *Ibid.*, p. 38.

28) 황금률은 성서의 다음과 같은 "산상 수훈"(山上 垂訓)에 근거하고 있다. "여러분이 남에게 바라는 그대로 여러분이 남에게 해주시오."(신약성서, 마태 7:12). 황금률은 인(仁)에 관한 공자의 가르침에도 나타나 있는데, 공자는 똑같은 뜻을 부정문으로 표현하고 있다. 그러나 내용은 긍정적 주장이다. "己所不欲 勿施於人."(남이 나에게 하지 않기 바라는 일을 남에게 하지 말라.) (論語, 제12편 顏淵, 제2장.)

29) Kant, *Fundamental Principles*, p. 47.

대하여 역설하고 있는데, 이 주장은 우리가 도덕적 판단을 단순히 심리적 신념이나 사회적 신념에 속하는 특수한 종류라고 해석하기 전에 신중을 기해야 할 필요가 있다는 것을 우리에게 일깨워준다. 칸트가 도덕적 판단에 내재하는 유일무이한 성질을 주장한다는 의미에서 그의 도덕 이론은 일종의 윤리적 절대주의(倫理的 絕對主義, ethical absolutism)로 분류될 수 있다. 기초적인 윤리적 판단들이 지상 명령이라는 칸트의 학설은 윤리적 주장은 참다운 기술적 진술이 아니라 명제 형식으로 위장된 명령이라고 주장하는 20세기 분석 윤리학자들의 생각을 앞질러 예견한 셈이라는 것은 앞에서 이미 언급하였다(374-375쪽). 또한 칸트가 도덕적 판단 속에서 보편화 가능성(普遍化 可能性, universalization)이라는 요소가 있다고 주의를 환기시킨 점도 중요한 의의가 있다. 누군가가 "당신은 약속을 저버려서는 안 된다."고 말한다면, 이 말은 당신의 특수한 경우에만 한정되어 있는 것이 아니라 "누구도 약속을 저버려서는 안 된다."거나 "약속을 지키지 않는 것은 나쁘다."와 같은 보편적 준칙에까지 미치고 있다.

칸트가 윤리학적 분석에서 보여준 재능에도 불구하고 많은 비판자가 칸트의 도덕 이론에 함축되어 있는 어떤 내용은 받아들이지 않았다. 독자가 앞으로 칸트의 윤리 이론을 공부한다면 반드시 몇 가지 문제에 부딪힐 수밖에 없기 때문에, 칸트의 이론에 대한 여러 가지 비판을 간명하게 간추린 몇 가지 문제점을 아래에 덧붙인다.

1. 칸트의 의지주의는 이론적 영역 즉 "학문적 영역"과 도덕적 영역 즉 "실천적 영역"을 분리시키는 과장된 이원론을 만들어내는 것으로 보인다. 인식적 존재로서의 인간과 의지적 존재로서의 인간을 분리하는 이런 과격한 이원론이 옹호될 수 있을까?

2. 우리가 그 자체로서 좋은 것이라고 생각할 수 있는 것은 오직 선 의지뿐이라는 칸트의 주장과 선 의지만으로 행복할 수 있다는 그의 주장은 일관성이 있는 것일까? (그렇다면 행복이 그 자체로서 좋은 것으로 되어버리는 것 아닐까?)

3. 칸트는 도덕감을 인간이 획득하는 능력이라기보다는 인간에 부여되어 있는 능력 즉 본래적 능력이라고 가정하고 있는 것처럼 보인다. 이 가정은 옹호될 수 있을까?

4. 양심의 지상 명령에 권위를 부여하는 것은 무엇인가?

5. 정언 명령의 여러 가지 형식 가운데 어느 것이든 우리가 어떤 특수한 상황에서 어떻게 해야 하는가를 우리에게 알려주는가? 만일 구체적 행위를 알려주지 못한다면 정언 명령이 참으로 발휘하는 기능은 무엇인가?

정의할 수 없는 것으로서의 좋음(선) — 무어

영국의 분석 철학자 무어는 매우 개성적인 윤리적 직관주의를 주장했는데, 무어의 직관주의는 칸트의 직관주의와 매우 다르다. 무어는 모든 윤리적 명제가 "좋다"라는 개념에 기초를 두고 있다고 주장한다. 그런데 우리는 "직접적 익숙"에 의해서만 좋음이 무엇인가를 알 수 있다. 왜냐하면 좋음은 유일무이한 성질의 것이기 때문이다. 좋음과 비슷한 것은 아무 것도 없다. 좋음은 비교해볼 대상이 전혀 없다. 좋음은 단순한 것 즉 부분으로 나누어질 수 없는 것이며, 그렇기 때문에 정의될 수 없다. 그래서 "좋다"는 개념을 포함하고 있지 않은 명제로 "좋음"이라는 말의 의미를 설명할 수 없다고 무어는 주장한다.

> 따라서 "좋음"이라는 말이 우리가 어떤 사물이 좋다고 말할 때에 그 사물 속에 있다고 생각하는 그런 성질을 의미한다면, 가장 중요한 의의를 지니고 있는 정의 방식으로는 결코 좋음을 정의할 수 없다. "정의"라는 말이 지닌 가장 중요한 의미는 어떤 전체를 일정불변하게 구성하고 있는 부분을 자세히 진술하는 일을 정의가 해낼 때에 성립되는 의미다. 이러한 의미에서 보면 "좋음"은 단순하여 부분을 갖지 않기 때문에 아무런 정의도 이루어지지 못한다. 좋음은 정의될 수 없는 무수히 많은 사고 대상 가운데 하나다. 이러한 대상들이 정의될 수 없는 이유는 이 대상들이야말로 정의될 수 있는 것은 무엇이건 이것들과의 관계에 의해서 정의되지 않으면 안

되는 궁극적인 것들이기 때문이다.[30)]

무어는 좋음은 노랑이라는 지각된 성질이 분석될 수 없는 것과 마찬가지로 분석될 수 없다고 본다. 물론 노랑은 빛의 진동에 의해 정의될 수 있다. 그러나 우리가 노랑을 지각할 때에 실제로 지각하는 것은 빛의 진동이 아니다. 우리가 노랑을 경험할 때에 참으로 즐기는 것은 유일무이하고 정의할 수 없는 노랑이라는 성질이며, 또 그것이 노랑이 지니고 있는 모든 것이다. 이와 마찬가지로 경험된 것으로서의 좋음은 그 자체 이외의 어떤 것에 의해서도 설명될 수 없다. 그렇다면 좋음을 다른 어떤 것에 의해서 설명해 온 윤리학자들은 어떻게 이해해야 할까? 쾌락주의자들은 좋음이 쾌락이라고 주장하고, 공리주의자들은 좋음이 최대 다수의 최대 행복이라고 주장한다. 무어는 그들의 주장이 틀렸다고 본다. 좋음을 좋음 이외의 다른 어떤 것—이를 테면 쾌락이나 공리 같은 것—에 의해서 정의하려는 사람은 누구나 자연주의적 오류(自然主義的 誤謬, naturalistic fallacy)를 범하고 있다는 것이다. 무어는 "쾌락은 좋다."거나 "사회적 공리는 좋다."와 같은 명제를 반대하지는 않는다. 그가 인정하기를 거부하는 것은 "쾌락이 유일하게 좋은 것이다." "우리가 '좋다'라는 말로 의미하는 것은 사회적 공리다."와 같은 진술이다. 이와 똑같은 이유로 무어는 특수 과학들의 기술적 문장을 빌어서 좋음을 정의하려는 어떠한 시도도 거부한다. 예를 들어 "좋음"이 어떤 심리적 상태라는 견지에서 설명될 수 있다는 주장을 무어는 자연주의적 오류를 범하는 또 하나의 실례로 처리해버릴 것이다.

"좋음"이 정의될 수 없다는 무어의 주장은 "천하다"라는 성질에 대하여 체스터튼(G. K. Chesterton, 1874-1936)이 지녔던 태도의 어떤 면을 상기시킨다. 체스터튼에 의하면 당신은 어떤 사람을 천하게 만드는 것이 무엇인가를 설명할 수 없다. 천한 사람은 다만 명백히 천하다. 오직 그뿐이다. 무어의 입장에 대하여 조금 더 진지하게 비판하는 사람들은 무어가 두 종류의 지식

30) G. E. Moore, *Principia Ethica*, London: Cambridge University Press, 1951, pp. 9-10. (PB: Cambridge U. P.)

즉 익숙 지식과 기술 지식이 각각 성립시키는 두 종류의 정의가 보여주는 중요한 차이를 깨닫지 못하고 있다고 믿고 있다.[31] 무어는 노랑은 노랑일 뿐이므로 노랑이 이러이러한 종류의 빛의 진동이라고 진술하는 것은 노랑이 지닌 유일무이한 지각적 성질을 참으로 나타내지 못한다고 주장한다. 그러나 우리는 파장에 의거하여 규정된 정의에 의해서 노랑이 무엇인가를 이해할 수 있으며 또 노랑에 관하여 알 수 있다. 우리가 좋음을 알 때에 이 직접 경험에 특유한 성질이 "좋다"라는 말 이외의 다른 용어들에 의해서 분석될 수 없다고 주장하는 점에서 무어가 옳다는 것은 당연하다. 그러나 좋음이 지닌 분석될 수 없는 성질에 대하여 언급하지 못하는 용어에 의해서는 좋음에 관해서조차 알 수 없다고 주장하는 점에서는 무어가 옳을 수 없지 않을까? 만일 옳지 않다면 "좋음"을 "좋다"라는 말 이외의 용어에 의해서 정의하려는 시도가 적어도 원리상으로는 잘못이 아닌 것으로 보인다. 그러나 "좋다"라는 말 이외의 용어로 "좋음"을 정의한다는 말이 그러한 정의가 환원주의(還元主義, reductionism)를 포함하는 경우—예컨대 "좋음은 쾌락일 뿐이다." "양심은 주관화된 권위에 지나지 않는다." 같은 경우—까지도 반드시 인정한다는 뜻이 아님은 말할 것도 없다.

감정 표현으로서의 윤리적 진술

찬성과 불찬성

윤리적 명제들은 어떤 사람의 감정에 관한 진술로 환원될 수 있을까? 이 문제는 최근의 도덕 철학자들로부터 굉장히 주목을 받아 왔다. 오래 전에 러셀은 윤리적 명제는 본질적으로 찬성과 불찬성을 함축하고 있는 표현(表現,

31) 이 책의 191쪽을 참조하라.

expression)이라는 견해를 주장했었다. 다시 말하면 어떤 사람이 "X는 좋다." 거나 "Y는 도덕적으로 올바르다."라고 말할 때에 그 사람은 X와 Y에 대한 찬성을 표현하고 있으며, 암암리에 다른 사람들도 같은 방식으로 느낄 것을 권고하고 있다는 것이다. 마찬가지로 어떤 사람이 "X는 나쁘다."거나 "Y는 도덕적으로 잘못이다."라고 말할 때에 그 사람은 X나 Y에 대한 불찬성과 더불어 다른 사람들도 불찬성하도록 권고하려는 그 자신의 욕구를 표현하고 있다는 것이다. 윤리적 명제가 근본적으로 찬성이나 불찬성의 표현이라는 견해는 가지각색의 유형을 보여주고 있는 윤리적 진술에 대하여 언어적 분석을 해온 많은 현대 철학자에 의해 진지하게 검토되었다. 예컨대 스티븐슨(C. L. Stevenson, 1908-1979)은 "윤리적 의미" 분석의 첫 번째 단계에서 실제로 활용할 수 있는 분석 모형으로 다음과 같은 도식을 제안하였다.

1. "이것은 잘못이다.(wrong)"라는 말은 "나는 이것에 찬성하지 않는다. 너도 그렇게 하라."는 말과 같은 뜻이다.

2. "그는 이것을 해야 한다.(ought)"는 말은 "나는 이것을 그가 하지 않는 것에 찬성하지 않는다. 너도 그렇게 하라."는 말과 같은 뜻이다.

3. "이것은 좋다.(good)"는 말은 "나는 이것에 찬성한다. 너도 그렇게 하라."는 말과 같은 뜻이다.[32)]

에이어가 나눈 윤리적 진술의 네 가지 유형

1930년대 후반에 에이어는 논쟁의 초점이 되었던 주장 즉 대부분의 윤리적 판단이 찬성과 불찬성에 관한 위장 표현(僞裝 表現, disguised expression)에 지나지 않는다는 주장을 내세웠다. 이 주장에 의하면 "그 돈을 훔친 것은 잘못이다."라는 진술은 비난하는 어조로 터뜨리는 "너는 도둑질했다!"는 외침과 똑같다는 것이다.

32) C. L. Stevenson, *Ethics and Language*, Yale University Press, 1944, p. 21. (PB: Yale U. P.)

에이어는 「언어와 진리와 논리」라는 책에서 윤리학에 등장하는 서술 문장들을 네 가지 유형으로 구별하였다. 그 네 가지 유형은 (1) 윤리적 용어의 의미를 표현하는 문장, (2) 도덕적 경험이라는 현상을 기술하는 문장, (3) 도덕적 덕을 권유하는 문장, (4) "훔치는 것은 잘못이다" 같은 사실적 윤리 판단을 표현하는 문장이다. 에이어는 이렇게 유형을 나눈 다음 윤리학이 첫 번째 유형의 문장 즉 윤리적 용어의 의미를 분석하는 진술만 연구해야 한다고 주장하였다. 그렇다면 윤리학의 정당한 탐구 영역은 바로 이차 질서 연구(二次 秩序 研究, second-order study)의 영역이다. 두 번째 유형의 문장은 도덕적 경험이라는 현상과 그 원인을 기술하는데, 이 일은 철학의 고유한 임무가 아니므로 심리학이나 사회학에 넘겨주어야 한다. 도덕적 덕을 권유하는 세 번째 유형의 문장은 결코 명제를 표현하는 문장이 아니며, 읽는 사람이나 듣는 사람이 일정한 방식으로 행동하게 하려고 갑자기 외치는 소리를 적어놓은 문장일 따름이다. 네 번째 유형의 문장 즉 "훔치는 것은 잘못이다." 같은 사실적 윤리 판단을 표현하는 문장 역시 참다운 명제를 주장하는 문장이 아니다. 이런 진술은 그 진리성을 정의가 보증해주는 분석 진술도 아니고, 사실을 기술하는 종합 진술도 아니다. 이런 진술은 사이비 명제(似而非 命題, pseudo-proposition)다. "내가 어떤 유형의 행동이 정당하거나 잘못이라고 말할 때에 나는 아무런 사실적 진술도 성립시키지 못하고 있음은 물론이고, 내 자신의 정신 상태에 관한 진술조차도 성립시키지 못하고 있다. 나는 단지 도덕적 감정을 표현하고 있을 뿐이다. 또한 나의 의견에 대하여 구체적인 반대 의견을 말하는 사람들도 단지 자신의 도덕적 감정을 표현하고 있을 뿐이다. 그래서 우리들 가운데 누가 옳은가라고 묻는 것은 명백히 무의미하다. 왜냐하면 우리들 가운데 누구도 진정한 명제를 주장하지 못하고 있기 때문이다."[33] 에이어의 견해에 따른다면 "살인은 나쁘다." "자선을 베푸는 일은 올바르다." 등의 윤리적 판단에 관해서는 아무런 논의가 있을 수 없는 것처럼

33) A. J. Ayer, *Language, Truth and Logic*, rev. ed., London: Gollancz, 1948, pp. 107-8. (PB: Dover, New York.)

보일 것이다. 왜냐하면 이런 말들에 관해서 논쟁을 하는 어느 편도 "도덕적 감정"이라는 일종의 감정 표현 이상의 일을 하지 못할 것이기 때문이다. "약자를 옹호하는 일은 올바르다." 같은 윤리적 발언은 기술적 진술이나 기술적 명제가 지닌 문법적 형식을 취하고 있지만, 이러한 발언은 사실적 진술이나 기술적 진술과는 아주 다른 기능을 하므로, 이러한 발언은 사실적 진술이나 기술적 진술이 지닌 것과는 완전히 다른 논리적 형식을 갖는다고 결론지을 수 있다. 라스꼴리니코프가 노파를 죽인 것은 사실이다. 그렇지만 그가 행한 일이 올바르다든가 잘못이라는 것은 "사실"이라는 말이 앞 문장에서 보여주는 그런 의미로는 사실이라 할 수 없다. 요컨대 윤리적 문장은 사실에 관한 진술이 아니라 사실에 대한 태도를 표현하는 문장이다.

오직 감정일 뿐인가?

많은 도덕 철학자가 윤리적 진술이 어떤 사람의 감정이나 태도를 표현하는 것에 지나지 않는다는 견해에 강경하게 반대한다. 반대론자들은 설령 윤리적 판단이 근본적으로 태도의 표현이라고 인정한다 하더라도 올바른 태도와 그릇된 태도가 반드시 있으며, 그렇지 않다면 최소한 다른 태도보다 더 좋은 태도는 있다고 주장한다. 이들 비판자들은 사형 집행을 지휘하고 있는 나치스 친위대 장교들과 "유대인 · 폴란드인 · 집시를 독가스로 죽이는 것은 나쁘다."고 주장하면서 항의하는 성직자들이 각기 보여주는 두 가지 태도를 깊이 생각해보라고 권한다. 이 경우 비록 친위대 장교가 자신의 태도를 올바르다고 믿는다 할지라도 두 태도 가운데 하나는 올바르고 다른 것은 잘못이지 않을까? 더 나아가 "엄격하게 윤리적인" 판단들은 결코 명제가 아니라는 바로 그 진술은 만일 이 진술이 의존하고 있는 전제가 진정한 명제는 오직 두 가지 종류—분석 진술(항진 진술)과 종합 진술(사실적 진술, 기술적 진술)—뿐이라는 주장이라면 정의에 의해서만 옳은 것으로 보인다. 그러나 반대론자들은 진정한 명제의 유형이 오직 이 두 종류뿐이라는 주장이 결코 자명하지 않다고 주장한다.[34] 물론 "X는 올바르다." "Y는 잘못이다."라는 식의 윤리적 진술이 "만 명의 유대인이 독가스 실에서 죽었다."와 같은 경험적 진술이 아니라는 것은 틀림없다. 그렇다고 해서 윤리적 진술은 오직 찬성과 불찬성에 관한 주관적 감정만 표현한다고 결론을 내리지는 못한다. 러셀 자신도 이 문제에 대해서 의심을 가졌었다. 그는 좋음(선)이 욕구에 의해서 규정되어야 한다는 것, 더 나아가 "X는 좋다."고 판단하는 사람은 다른 사람들도 그러한 욕구를 느끼기를 원하고 있다고 단호하게 주장한다. 그러나 러셀은 다음과 같이 문제를 남겨 놓았다.

> "좋은" 욕구는 어떤 것인가? 그것은 우리가 공유하는 욕구 이상의 어떤 것일까? 확실히 내게는 그 이상의 어떤 것으로 생각된다. 예를 들어 한 사람이 우리나라에서도 투우를 즐기자고 주장한다고 가정하자. 나는 이 제안에 반대할 적에 내 자신의 욕구를 표현하고 있을 뿐만 아니라, 이에 관련된 내 욕구가 ("올바르다"는 말이 무얼 뜻하건) 올바르다고 분명히 느낄 것이다. 논리적 면만 본다면 내가 윤리적 용어를 위와 같이 해석하고, 그와 동시에 나의 강한 윤리적 선호를 표현할 적에 아무런 논리적 부정합성도 범하고 있지 않음을 보여줄 수 있다고 나는 생각한다. 그러나 내 느낌은 만족스럽지 못하다. 나는 윤리에 관한 내 자신의 견해가 불만스럽지만 다른 사람들의 의견은 더 불만스럽다고 말할 수 있을 뿐이다.[35]

에이어 자신도 한편으로는 윤리적 판단이 근본적으로 정서적인 것이라는 자신의 주장을 옹호하면서도 앞에서 예로 들었던 행동의 방향에 대한 두 가지 태도가 둘다 동등하게 바람직하다고 주장하려 하지는 않을 것이다. 왜냐하면 "동등하게 바람직하다"는 말은 모순을 포함하기 때문이다. 그래서 에이어는 다음과 같이 말했던 것이다. 도덕적 문제는 "나는 무엇을 할 것인가?"

---

34) 이 책 31-32쪽과 75-76쪽의 분석 진술과 종합 진술의 구별에 관한 논의를 참조하라.

35) Bertrand Russell, "Reply to Criticism," in P. A. Schilpp, ed., *The Philosophy of Bertrand Russell*, Northwestern University Press, 1944, p. 724.

"나는 어떤 태도를 취할 것인가?"이다. 그리고 이렇게 생각한다면 도덕적 판단은 목표를 지시하고 행동을 인도하는 지침이다.36)

윤리적 상대주의 — 힘의 윤리

도덕의 상대성

앞에서 우리는 상당수의 철학자가 언어 분석을 근거로 하여 "X는 잘못이다." "X는 올바르다." 같은 윤리적 진술들의 차이가 단지 태도의 차이에서 오는 문제일 뿐이라고 결론짓는 입장을 살펴보았다. 그런데 도덕적 문제에 관한 모든 진술의 정당성은 개인이나 그 개인이 속해 있는 특수한 집단과 관련이 있다고 주장하는 또 하나의 논증에 의해서도 이와 분명히 닮은 결론에 도달하게 된다. 도덕적 올바름과 그릇됨이 개인과 집단에 따라 상대적이라는 견해는 고대 그리스에서 몇몇 소피스트(sophist)가 주장했는데, 소크라테스는 이런 주장을 맹렬하게 공격하였다. 소크라테스는 도덕 원리는 개인의 의견이나 특별한 관심사를 초월하는 객관적인 것이라고 믿었다. 오늘날 매우 일반적인 견해는 도덕 원리는 그 기초를 이루고 있는 문화나 민속에 전적으로 상대적인 것이라는 견해인데, 도덕 철학자들은 이 견해를 취하는 사람이 드물다. 문화적 상대주의(文化的 相對主義, cultural relativism)라고 불러도 좋을 이 견해는 인류학과 이에 관련된 연구에서 얻은 증거에 대한 통속적 해석에 의해 만들어졌다. 19세기에 프레이저(J. G. Frazer, 1854-1941)의 「황금 가지」와 웨스터마크(E. A. Westermark, 1862-1936)의 「도덕 관념의 기원과 발전」 같은 훌륭한 책은 올바름과 그릇됨에 관한 생각이 개개의

36) A. J. Ayer, "On the Analysis of Moral Judgment," *Horison*, XX, no. 117, 1949. 9.

문화 속의 관습과 신념에 얼마나 밀접하게 관련되어 있는가를 보여주는 자료를 많이 열거하고 있다. 20세기에 들어와 원시 문화에 대하여 계속 진행된 연구 결과 도덕의 기원과 성장 그리고 도덕이 관습 및 금기(禁忌, taboo)와 맺고 있는 관련성이 많이 밝혀졌다. 문화적 상대주의자들은 이러한 증거를 바탕으로 하여 도덕의 원리는 객관적 격위(客觀的 格位, objective status)를 갖지 않는다고 주장한다. 도덕적 규약들은 그것들을 발전시켜 온 특별한 문화에 의존하고 있기 때문에 어떤 일련의 도덕적 원리가 다른 것들보다 "더 좋은" 것은 아니라는 것이다. 그러므로 윤리적 문제에 대해서 논쟁하는 것은 헛된 일이다. "윤리적 문제는 전적으로 상대적이다!"

유감스럽지만 우리는 여기서 일반 대중의 지지를 받고 있는 이런 유형의 견해를 자세히 검토할 수는 없다. 이 견해를 지나치면서 다만 이런 견해에 대하여 제시된 아래와 같은 비판들을 상기시켜 둘 수밖에 없다. 먼저 도덕이 관습에서 유래한다고 인정해보자. 그렇다 해도 어떤 관습이 당연히 다른 관습만큼 좋은 것으로 인정받는 것과 똑같은 식으로 어떤 일련의 도덕적 가르침이 반드시 다른 가르침만큼 훌륭하다고 단정할 수 없다.37) 둘째로 도덕은 관습과 어느 지방의 특유한 풍습에서 시작될 수 있다. 그러나 이 말이 도덕은 관습이나 풍습과 동일하다는 말은 아니다. 종교가 무격에서부터 시작되었다고 해서 종교는 무격 신앙(巫覡 信仰, shamanism)에 지나지 않는다고는 결코 말할 수 없다. 셋째로 많은 도덕가의 가르침이 그 시대에 인정되고 있던 도덕적 신조와 눈에 띄게 큰 차이를 보여 왔으며, 이 차이는 때로 이 새로운 도덕가들이 그 사회의 문화를 공식적으로 대표하는 사람들의 손에 비참하게 죽임을 당하는 결과를 가져 왔다. 소크라테스와 예수가 바로

---

37) 고대 카르타고 사람들은 몰록(Moloch) 신을 날래기 위해 산 어린이를 세물로 하여 번제를 드리는 관습을 갖고 있었다. 누구나 단호하게 그 관습이 나쁘며 또 그런 관습에서 끌어내는 도덕적 원리는 무엇이건 그르다고 말할 수 있다. 그 이유는 다음과 같다. 그 관습은 좋지 않다. 있지도 않는 몰록 신 같은 초자연적 존재에게 희생을 바치는 것은 헛짓이니까. 그 습관은 대단히 나쁘다. 무고한 어린이들을 고통스럽게 죽게 하니까. 독자는 고대 카르다고보다 훨씬 더 문명화된 20세기에 일어난 이와 비슷한 예들을 찾아보기 바란다.

이런 일을 당한 사람들이다.

어떤 사람도 인간에게 위로부터 영원히 강요되고, 모든 사람을 속박하고, 경험적 사실을 도외시하면서 영원히 변할 수 없도록 고정되어 있는 도덕 법칙을 주장하는 절대적 윤리 객관주의(絕對的 倫理 客觀主義, absolute ethical objectivism)라는 신조를 받아들이지 않을 것이다. 그러나 그렇다고 해서 우리가 택할 유일한 대안이 도덕적 신조는 전적으로 주관적이고 상대적이어서 누구도 속박하지 못한다고 주장하는 과격한 형태의 윤리적 상대주의일 뿐이라고 주장해야 하는 것은 아니다. 도덕적 행위가 의거하는 예절은 어느 것이건 다른 예절이 훌륭한 만큼 훌륭하다는 주장은 어떤 의견이건 다른 의견이 훌륭한 만큼 훌륭하다는 주장보다 더 나을 것이 없다. 윤리적 상대주의에 빠진 주장들은 아마 논리적으로 반박될 수는 없을 것이다. 다만 누구나 이런 주장에 빠지게 되면 지성적 논의의 유효성을 암암리에 거부하게 되고, 또 판단하고 식별하고 평가하는 인간의 능력을 암암리에 부정하게 된다는 사실을 지적함으로써 반박할 수 있을 따름이다.

도덕적 행위는 이미 정립되어 있는 원리와 이것을 실제로 응용하는 개인적 결단을 둘다 필요로 한다. 이미 정립되어 있는 원리에 지나치게 의존하는 사회는 도덕적 경직성에 의해서 불리한 입장을 자초할 수 있다. 베르그송은 「종교와 도덕의 두 근원」이라는 책에서 법칙의 영원한 지배에 추종하는 것만을 도덕적 행동으로 여기는 사회를 그리고 있다. 다른 한편으로 오로지 개인적 결정의 가치나 개인적 양심의 명령에 쏠려 있어서 도덕적 원리에 거의 또는 전혀 유의하지 않는 사람들은 도덕적 안정성이 부족할 수 있다. 절대 확실한 원리와 새로운 개인적 결정에 대한 본능적 탐구 사이를 오락가락하는 옛날부터 내려오는 변동 과정을 살펴보면, 우리는 반역을 일으키는 사람들의 역할을 명료하게 알게 될 것이다. 기존의 도덕에 대한 반역자들은 낡은 도덕 원리들 가운데 일부나 전부가 가치 없다고 세상에 외쳐댄다고 헤어는 논평하였다.

> … 이 반역자들 가운데 어떤 사람은 자기의 새로운 원리를 기어이 옹호하고

> 자 할 것이며, 어떤 사람은 제안할 것을 전혀 갖고 있지 않을 것이다. 비록 이들이 혼란을 심화시킨다 할지라도, 이 반역자들은 그들의 원리와 그들이 대항하고 있는 원리를 부각시켜 사람들로 하여금 결정을 내리도록 하는 유익한 기능을 수행한다. 또 만일 그들이 새로운 원리를 옹호할 뿐만 아니라 그것에 의거하여 살려고 진지하게 노력한다면, 그들은 인간에게 지극히 가치 있는 존재가 될 수도 있고(이런 경우에는 그들이 위대한 도덕 교사로 역사에 기록된다), 다른 한편으로는 그들과 그들의 제자 모두에게 비참한 불행을 끌어들일지도 모르는 도덕적 실험을 행동에 옮기고 있는 셈이다. … 도덕은 일상적인 사람들이 어떤 원리에 의거하여 살기 원하는가를 새로이 결정했을 때에 특히 그들의 어린 자식들에게 어떤 원리를 가르칠 것인가를 새로이 결정했을 때에 활기를 되찾는다.[38]

힘이 도덕을 만든다—자연적 도덕과 관습적 도덕

윤리적 원리의 뿌리가 관습과 민속에 있다는 주장은 도덕에 관한 발생 이론 즉 도덕적 판단의 참다운 특성은 그 기원과 발전 과정 속에서 발견될 수 있을 것이라고 주장하는 이론이다. 도덕에 관한 발생론적 설명은 또 한편으로 정의(正義, justice)는 우세한 힘이 지닌 기능이라는 신조를 지지하려고 시도해 왔다. 이 견해를 주장하는 도덕가들은 흔히 도덕을 두 종류로 구별한다. 첫째는 자연적 도덕(自然的 道德, natural morality)인데, 이 도덕은 정의로운 것과 강한 사람이 할 수 있는 것을 동일시하며, 둘째는 관습적 도덕(慣習的 道德, conventional morality)인데, 첫 번째 것과 대립되는 이 도덕 체계는 스스로를 보호하려는 약한 사람들이 만들어낸다. 서양 문화사에는 "힘의 윤리"에 대한 가지각색의 체계적 주장이 여러 시대에 나타났었다. 우리는 르네상스 시대에 군주(君主)의 힘을 옹호하는 마키아벨리(N. B. Machiavelli, 1469-1527)의 주장 속에서, 또 "적자 생존"(適者 生存)이라는 생물학적 원리로부터 "힘의 윤리"를 끌어냈던 19세기의 일부 다윈주의자들에게서,

38) Hare, *The Language of Morals*, p. 83.

그리고 독재적 국가 사회주의(獨裁的 國家 社會主義, fascism)를 대변했던 자들의 사회 정치적 이론들 속에서 "힘의 윤리"에 대한 체계적 주장을 발견한다. 강자의 도덕에 대한 고전적 설명은 플라톤의 대화편 「고르기아스」 속에서 칼리클레스에 의하여 전개되고 있다.

> 소크라테스, 왜냐하면 진리를 탐구하는 일에 종사한다고 자부하는 당신이 이제 정의에 대한 대중적이고 저속한 생각 즉 자연적인 정의가 아니라 오직 관습적일 뿐인 정의에 호소하고 있는 사실이야말로 진실을 보여주고 있기 때문이네. 관습과 자연은 일반적으로 서로 상충하는 것일세. … 법률을 만든 사람들은 약한 대중이네. 그들은 자신과 저들의 이익을 염두에 두고 법률을 만들며, 칭찬과 비난을 퍼뜨리는 법일세. 또 그들은 자기들 가운데서 더 좋은 것을 가질 수 있는 강한 사람들이 자기들보다 더 좋은 것을 갖지 못하게 하기 위해서 강한 사람들을 위협하네. 그래서 그들은 부정직이 수치스럽고 정의롭지 못하다고 주장하는데, 그들이 말하는 부정의는 이웃보다 더 많이 가지려는 욕망이라는 뜻일세. 나는 그들이 자신의 열등성을 잘 알고 있기 때문에 평등조차도 감지덕지하는 것이 아닌가 하는 생각이 드네. 그러므로 일반 대중보다 더 많이 가지려는 노력이 관습적으로는 수치스럽고 불공정하다고 주장되고 부정의라고 지적되지만, 자연 그 자체는 이와 반대로 훌륭한 쪽이 그보다 못한 쪽보다, 강자가 약자보다 더 많이 갖는 것이 정의롭다고 드러내 보여주고 있네.[39)]

귀족 도덕과 노예 도덕 — 니이체

프리드리히 니이체는 어떤 점에서 칼리클레스와 비슷한 방식으로 도덕의 발전을 설명한다. 19세기의 이 독일 철학자는 「도덕 계보학」이라는 책에서 도덕이 귀족의 의지와 동일했던 원시 귀족 시대가 있었다고 주장한다. 이렇게 생각하면 자연적 도덕은 열등한 다수에게 강요되는 뛰어난 소수의 의지 이외의

39) Plato, *Gorgias*, B. Jowett, trans., pp. 482-83. (PB: Liberal Arts, Bobbs-Merrill, Indianapolis.)

다른 것일 수 없으며, 그래서 귀족적이다. 니이체는 근대 유럽의 도덕적 전통이 기독교로부터 발생하였으며, 이 기독교는 원래 노예들이 대군주들의 귀족적 의지를 좌절시키기 위해서 꾸민 모반이었다고 주장한다. 이리들의 습격을 당하기만 하는 양들이 "양고기를 먹는 것은 나쁘다."고 예외 없이 의견의 일치를 볼 수 있는 것과 꼭 마찬가지로, 기독교인들은 약함과 겸손은 덕으로, 강함과 힘의 행사는 죄악으로, 그리고 그들 자신의 능력은 불멸하는 것으로 전환시킨 도덕 체계를 고안해내었다고 니이체는 주장하였다.

> 이 약질들! 그들 또한 어이없게도 언젠가는 강해지기를 소망한다. 의심할 나위 없이 그들의 왕국 역시 오지 않으면 안 된다. 그 때를 그들은 "하느님의 왕국"이라고 전해오는 대로 부른다. 그들은 매사에 이처럼 참을성이 있다. 하지만 그 왕국에 살기 위해서는 기어코 오래 살아야 할 것이니, 죽음을 넘어서, 그렇다! 영원한 삶을 …40)

니이체는 기독교인들이 교활하게도 그들의 노예 도덕을 사회 통제의 수단으로 이용할 때에 강자의 귀족적 포부를 비난하는 데에 효과적으로 적용해 왔기 때문에 귀족인 주인의 지배에서 벗어날 수 있었고, 또 노예 도덕이 지닌 열등성과 허약함을 서구 세계에 끌어들일 수 있었다고 주장한다. 니이체는 여성적인 덕(feminine virtue) 즉 동정 · 고상함 · 남을 해치지 않음을 강조하고 있다고 보았던 이 전통적 도덕이 용해되어 남성에서 추상되어 이상화된 용기 · 엄격 · 강건 등의 남성적인 덕(male virtue)과 융합될 날을 기대하였다. 이 "모든 가치의 전도"로부터 새로운 유형의 인간 즉 힘과 덕을 다시 하나로 통합해서 지닌 초인(超人, Übermensch)이 탄생한다는 것이다.

니이체의 도덕 이론의 개요는 위에서 말한 바와 같다. 그런데 흔히 정신 병원에서 생애를 마친 니이체의 죽음에 대하여 비꼬는 종교적 풍자와 더불어, 그러한 혐오스러운 신조는 스스로 거꾸러질 수밖에 없다는 뜻을

40) F. Nietzsche, *Genealogy of Morals*, in O. Levy ed., *The Complete Works of Friedrich Nietzsche*, H. B. Samuels, trans., New York: Macmillan, 1924, pp. 50-51.

암시하는 말들이 니이체의 이론에 따라다닌다. 니이체 사상의 이 측면은 많은 사람에 의해 "오해"되어 왔고, 또 히틀러와 나치 이론가들에게 이용당했다고 주장되는 측면인데, 실은 철학적으로는 거의 매력이 없는 측면이다.[41] 어쨌든 니이체 자신의 초인 사상 속에는 초인이라는 말이 흔히 그렇게 해석되었던 것처럼 새로운 "지배 종족"으로 하여금 세계를 지배하도록 만들어 줄 "금발의 게르만 짐승"이란 뜻으로 해석될 만한 내용은 없는 것으로 보인다. 니이체는 인간성과 문화에 관해서 두 가지 원리를 구별하였다. 첫째는 디오니소스적 원리(dionysian principle)인데, 이것은 인간의 동적이고 비이성적인 측면 즉 충동·감정·본능·힘을 가리킨다. 둘째는 아폴로적 원리(apollonian principle)인데, 이것은 이성과 질서 즉 인간의 합리적이고 윤리적인 측면을 말한다. 니이체는 유대 기독교적인 도덕적 전통이 만들어낸 역사적 결과는 인간성의 본능적이고 동적인 면에 대해서 겉보기에 독립해 있는 듯이 보이는 가공의 지배력 즉 이성과 도덕만을 우리가 따르려고 한 때문에 일어난 인간성의 두 측면의 분열이라고 주장한다. 니이체가 초인을 말할 때에 참으로 마음에 품고 있었다고 여겨지는 것은 인간성의 동적이고 본능적인 요소들과 이성적이

---

41) 히틀러의 다음 말을 니이체의 사상과 비교해보라. "자연의 전 역사는 강자와 약자 사이의 격렬한 투쟁이어서 약자 위에 군림하는 강자의 영원한 승리로 귀착한다. 만일 그렇지 않다면 자연 전체에 걸쳐서 계속되는 쇠퇴만 있어야 할 것이다. 이 기초적 법칙을 위반하는 국가는 쇠퇴해버린다." 또는 "신과 세계 앞에서는 항상 강자가 그 의지를 성취할 권리를 갖는다. 역사는 증명한다. 힘을 갖지 못한 자, 그에게는 '천부의 권리'라는 것이 전혀 도움이 되지 못한다는 사실을!" Alan Bullock의 *Hitler: A Study in Tyranny*, London: Odhams Press, pp. 362-63에 인용되어 있다.

비록 히틀러가 니이체의 흉상 옆에서 사진을 찍었고 또 무쏠리니에게 니이체 선집을 생일 선물로 주었다 할지라도, 그가 니이체의 저작에 대해 피상적인 관심 이상의 것을 가졌었는지는 의심스럽다. 히틀러는 아마추어 수준이긴 하더라도 그림과 음악에는 매우 큰 관심을 가졌지만—바그너는 그가 좋아하는 작곡가였고, 브룩크너는 보잘 것 없는 이류 작곡가라고 생각하였다—상상력을 필요로 하는 문학이나 철학의 저작들에 대해서는 거의 관심을 보이지 않았었다. 우리는 니이체가 지녔던 관념과 감정의 특별한 근원—광적 천재와 죽음을 예찬했던 이른바 "독일 낭만주의"라는 이데올로기와 문화적 유산—에 히틀러가 접촉한 적이 있었는가 라는 문제는 이 방면의 전문 학자들에게 남겨 두고 나아가지 않으면 안 된다.

고 윤리적인 성분들의 이상적 통합이다. 이렇게 생각하면 초인은 미화된 나치스의 돌격대원보다는 괴테에 더 가깝다.

맺 음 말

니이체에 대한 몇몇 비판자는 그의 도덕 이론이 지니고 있는 문제점은 일반적으로 본능·충동·권력에의 의지, 그리고 인간성의 동적이고 비이성적인 면이 지성과 도덕의 침해로부터 방어되어야 한다는 가정에 있다고 주장한다. 비판자들은 이성의 힘에 대한 지나친 신뢰가 피상적 낙관주의에 떨어질 수 있다는 것, 다시 말해서 문명화된 도덕적 신조의 효용성에 대한 안일한 만족이 인간성에 관하여 피상적이고 일방적인 견해를 만들어낼 수 있다는 니이체의 주장을 인정한다. 그러나 비판자들은 인간의 본능적이고 자연적인 면이 정말로 인간의 이성적이고 도덕적인 면의 횡포에 의해서 줄곧 심각하게 위협을 받아 왔는가라고 의문을 제기한다. 확실히 우리는 충동과 추진력의 중요성을 인정해야 하며 또 그것들이 강력하고 인간 속에 깊이 뿌리박고 있다고 동의하지 않을 수 없다. 우리는 그것들의 본성과 영향을 이해하도록 해주는 연구를 환영해야 한다. 그러나 충동과 "권력에의 의지"가 이성과 도덕에 대하여 보호받을 필요가 있었던 시대가 언제 있었던가? 사람들의 상습적 행위들과 생각들이 보여주는 현실의 실상은 "힘의 도덕"이 대중의 인기를 잃을 위기 속에 빠져 있지 않다는 것을 명백하게 보여주고 있지 않은가?

20세기에 들어와서 일어났고 또 오늘날 일어나고 있는 세계적 사건들은 인간이 지니고 있는 이성적이고 윤리적인 능력이 아직도 연약하고 허약한 상태에 있으며, 또 문명화한 인도주의라는 표면 바로 밑에 겉잠이 들어 있어서 까딱만 하면 곧바로 튀어 일어나는 비이성적이고 비도덕적인 강력한 돌진력을 겨우겨우 힘겹게 누르고 있다는 것을 실제로 증명할 필요가 전혀 없는데도 실증하고 있다. 고대 그리스의 이성주의, 유대 기독교적 윤리, 근대의 과학 등으로 구성되어 있는 서양의 우아한 인문적 전통(人文的 傳統, humane tradition)은 이천 오백 년 이상의 세월에 걸쳐 천천히 고통스럽게 이룩되어 왔다. 그리고 그 어느 시점에서도 인간의 격정과 잔인성의 극도로 난폭한 부절제와 어떤 희생을 치르더라도 정복자가 되려는 돌진을 막는 힘으로서 결코 입증된 적이 없다. 우리는 이 전통으로부터 이성적인 윤리적 침전물을 얻어 왔으며, 그리고 그것은 아직도 지키고 보호할 필요가 없을 만큼 강하지는 못하다.

더 읽어야 할 책들

Aristotle, *Nicomachean Ethics.* (PB: Penguin, baltimore, Md.)

Ayer A. J., *Language, Thuth and Logic*, rev. ed., London: Gollancz, 1948, chap. 6. (PB: Dover. New York.)

Dewey John, *Human Nature and Conduct*, New York: Modern Library, 1930.

Dewey, John, "Moral Reconstruction," *Reconstruction in Philosophy*, 1920. (PB: Mentor, New American Library, New York, 1950; also Beacon Press, Boston.)

Hare, R. M., *The Language of Morals*, New York: Oxford University Press, 1952. (PB: Galaxy, Oxford U. P.)

Hume, David, *An Enquiry into the Principles of Morals*, Oxford, Clarendon Press, 1894. (PB: Liberal Arts, Bobbs-Merrill, Indianapolis.)

Kant, Immanuel, *Critique of Practical Reason and Other Writings in Moral Philosophy*, L. W. Beck(trans.), University of Chicago Press, 1949. (PB: Liberal Arts, Bobbs-Merrill, Indianapolis.)

Kant, Immanuel, *Fundamental Principles of the Metaphysic of Morals*, L. K. Abbott (trans.), (PB: Liberal Arts, Bobbs-Merrill, Indianapolis, 1949.)

Mill, John Stuart, *Utititarianism.* (PB: Liberal Arts, Bobbs-Merrill.

Moore, G. E., *Principia Ethica*(1902), London: Cambridge University Press, 1951. (PB: Cambridge U. P.)

Nietzsche, Friedrich, *The Birth of Tragedy, Thus Spake Zarathustra, and The Geneatogy of Morals*, in *The Works of Nietzsche*, New

York: Modern Library, 1931.
Nowell-Smith, P.H., *Ethics*. (PB: Penguin, Baltimore, Md.)
Plato, Gorgias, *Protagoras*. (PB: Liberal Arts, Bobbs-Merrill, Indianapolis.)
Stevenson, C. L., *Ethics and Language*, Yale University Press, 1944. (PB: Yale U. P.)

10 미학 (예술 철학)

成於樂 —
심성의 지극한 경지는 음악을 통해 이루어진다
— 공자

일반적으로 윤리학(倫理學, ethics)과 미학(美學, aesthetics)은 둘다 가치(價値, value) 즉 좋음(善, good)에 대해 연구하지만, 미학은 "아름다운 것"을 대상으로 하는 반면에 윤리학은 "도덕적으로 좋은 것"을 대상으로 한다는 데 차이가 있다. 미학을 이보다 약간 좁은 의미로 생각할 때에는 예술 작품의 창작과 감상에 관한 일반 원리를 연구하는 예술 철학(藝術 哲學, philosophy of art)으로 간주한다. 이렇게 정의하는 경우 미학은 특정한 예술 작품을 분석하고 평가하는 일을 수행하는 비평(批評, criticism)과는 뚜렷하게 다르다.

철학의 한 독립 분야로서의 미학은 역사가 비교적 짧다. "미학"이라는 용어는 독일의 철학자 바움가르텐(A. G. Baumgarten, 1714-1762)이 1735년에 처음 공식적으로 사용하기 시작했는데, 그는 나중에 「미학」이라는 책을 출판하였다. 바움가르텐을 연구했던 칸트는 미학을 독자적인 철학 분야로 간주하였고, 최초로 본격적인 연구를 계속한 끝에 「판단력 비판」이라는 책을 출판하여 후세에 영향을 끼쳤다. 그러나 18세기 이전에도 철학자들은 이미 미의 본성, 예술의 기능, 예술가의 역할에 대하여 논의했었다. 플라톤,

아리스토텔레스, 플로티노스 등 고대의 철학자들이 이 주제에 관하여 많은 논의를 남겼다. 중세 철학자들은 철학의 신데렐라랄 수 있는 미(美, 아름다움)보다 별로 예쁘지 않은 두 자매 진(眞, 참다움·옳음)과 선(善, 좋음)에 마음이 더 쏠려 있었다. 그러나 그러한 중세 철학자들조차도 형이상학적 관점에서는 그 분방함을 탐탁하지 않게 여겼음에도 불구하고 미에 대하여 호의적인 말들을 남겼다.

미학의 용어

미학적 속성에 관하여 언급할 때에 우리는 특별한 어휘들을 사용한다. 이러한 어휘들 가운데에는 "아름답다" "예쁘다" "고상하다" "우아하다" "매력적이다" "눈부시다" "강렬하다" "단아하다" 같은 낱말들이 있다. 우리가 특정한 예술 작품에 관해서 논의할 때에는 그 작품의 조화·긴장·온기·소원함·박자·상징·억제·평정·열정 등에 관하여 말한다. 우리는 이 어휘들을 공허한 소리로서가 아니라 사물의 성질에 대하여 언급하는 말로 사용한다. 그러나 이러한 성질들이 무엇인가를 설명하기는 쉽지 않다. 이 성질들은 "노랑"이나 "자주" 등의 낱말로 언급되는 색깔의 성질과는 다르며, 인간이나 인간의 행동에 적용하는 "올바르다" "정직하다" 등의 도덕적 성질과도 다르다. 논의를 위해서 "아름답다"는 말을 올바르게 사용하기 위한 기준으로서 다음과 같이 구체적 성질들을 규정할 수 있다. 다시 말해 "아름답다"는 말은 어떤 대상이 A, B, C라는 세 가지 속성을 모두 가졌을 때 그리고 오직 그 때에만 그 대상에 적용할 수 있다고 가정해보자. 이렇게 미의 구체적 내용을 규정하면 어떤 대상을 "아름답다"고 하는 말이 올바를 수 있는 필요 충분 조건이 세워질 것이다. 즉 위와 같이 구체적 내용들을 규정지을 수 있다면, 이 내용들을 구비한 대상을 아름답다고 말하는 진술은 아름답다는 말을 올바르게 사용하고 있다고 할 수 있다. 반대로 이 속성들을 갖지 않은 어떠한 대상에도 "아름답다"는 말을 올바르게 사용할 수 없다. 우리가 어떤 대상에 "염소" "빨갛다" "뜨겁다"

라는 말을 올바르게 사용할 수 있는가를 미리 알고 있듯이, 이러한 조건 아래서는 어떠한 대상을 "아름답다"고 말할 수 있는지 미리 알 수 있다. 그러나 현대의 어떤 철학자도 "아름답다"는 말이나 그 밖의 다른 미학적 용어에 대해서 올바른 사용을 위해 구체적 내용을 미리 규정할 수 있다고 주장하지 않고 있다. 이 일이 어려운 이유는 이 문제에 관하여 논란이 있기 때문이거나, 미학적 성질들이 "상대적"이거나 "주관적"이기 때문은 아니다. 색깔이라는 속성에 대해서도 이러한 논란은 있지만, 이 사실이 "빨갛다" "푸르다"라는 말이 어떤 객관적 성질을 언급하지 못 한다는 것을 뜻하지는 않는다. 우리가 빨강색 교통 신호등을 무시하고 길을 통과한 경우에는 톡톡히 벌금을 물게 될 것이다.

몇몇 도덕적 용어의 운명과 마찬가지로 미학의 용어들도 널리 통용되기도 하고 사라지기도 한다. 오늘날 "의롭다"(righteous)라는 말로 어떤 사람을 칭찬하는 경우는 거의 없다. 불과 수 세대 전에만 해도 "숭고하다"라는 단어는 어떤 유형의 미적 경험, 예컨대 천지를 뒤흔드는 폭풍우와 별들이 찬란하게 빛나는 하늘을 바라보는 미적 경험을 지칭하는 용어였다. 현대에는 어떤 미적 경험을 숭고한 경험으로 간주하는 경우는 거의 없다. "아름답다"라는 용어조차도 우리가 알아야 할 모든 것은 "아름다움이 곧 참다움이요, 참다움이 곧 아름다움이다."라는 사실이라고 키이츠가 "그리스 도자기에 부치는 노래"에서 읊고 있는 낭만주의 시대보다는 훨씬 덜 포괄적인 뜻으로 사용된다. 아름다움이라는 관념은 아마 우리 시대의 문화와 문명에서는 그 의미가 급격히 희미해져 가고 있는 것 같다. 고대 그리스 사람들은 평정과 질서와 조화라는 고전적 이상을 찬양하였는데, 이는 아마 그들 자신이 흥분하기 쉬었던 데서 기인했던 것 같다. 이러한 이상은 르네상스 시대에 다시 존중되었고, 18세기와 19세기에 유럽에서는 낭만적으로 묘사되기도 하였다. 아직도 "아름답다"는 용어가 미학에서 널리 통용되고 있을지라도, 미학적 관심을 끌고 또 미학적 가치를 지닌 많은 대상 가운데에는 아름답다고 하기에는 부적절한 것들이 있다. 이를테면 조이스(J. Joyce, 1882-1941)의 「율리시즈」, 베르그(A.

Berg, 1885- 1935)의 〈보제크〉, 피카소(P. Picasso, 1881-1973)의 〈게르니카〉 등이 그러한 예이고, 소포클레스(Sophocles, 495?-406 B.C.)의 「외디프스 왕」도 그런 예라 할 수 있다.

자연의 아름다움

아름다움이 결코 유일한 미학적 속성은 아닐지라도 중요한 한 속성이라고 상정하자. 이처럼 미학의 연구 주제가 아름다움이라고 간주하면 미학의 연구 영역은 "예술 철학"보다 넓어진다. 왜냐하면 예술적 대상들 이외에도 우리가 "아름답다"라는 형용사를 적용할 수 있는 사건들이 많기 때문이다. 석양이나 호랑이 그리고 꽃과 여인의 아름다움은 자연미(自然美, natural beauty)의 영역에 속한다. 고대의 선조들보다 우리 현대인은 자연의 아름다움을 더 많이 느끼는 듯하다. 눈 덮인 산정에 비치는 햇살보다 과연 무엇이 더 아름다울 수 있단 말인가! 그러나 17세기까지만 해도 상당한 감수성을 지녔다는 인물들이 "높고 추악한 알프스"라고 썼었다. 실제로 엘리스(H. H. Ellis, 1859-1939)는 루소 이전의 대부분의 여행자에게 "알프스는 리비(Livy)와 아미아누스(Amianus)에게 그랬던 것처럼 누구도 즐거움을 얻기 위해서는 접근할 수 없는 완전한 공포의 모습으로 여전히 거기에 서 있었다."고 썼다.[1)]

로마 사람들이 즐긴 자연미는 호라티우스(Q. Horatius, 65-8, B.C.)의 정원이 지녔던 자연미처럼 깔끔하게 다듬어진 것이었다. 대시인이었던 플라톤조차 자연의 경관을 아름답다기보다는 안락한 것으로 묘사하고 있다. 「파에드루스」라는 대화편에서 일리서스 강둑에 앉은 소크라테스는 제자 파에드루스에게 다음과 같이 말한다.

> 헬라 여신께 맹세코, 여름의 소리와 향기로 가득한 이 곳은 아름다운 안식처로군. 한껏 가지를 펼친 키 큰 이 플라타나스며, 꽃이 만발하여

---

1) Havelock Elis, *From Rousseau to Proust*, Boston: Houghton Mifflin, 1935, p. 78.

> 아름다운 향기를 발하면서 하늘 높이 울창하게 우거진 아그너스 카스터스. 나무 밑을 흐르는 물살은 시원하고 기분 좋게 발에 와 부딪고. … 미풍은 또 얼마나 감미롭고 유쾌한가. 매미들의 합창에 대꾸하는 양 날카로운 여름 특유의 소리가 대기에 가득하네. 하지만 무엇보다도 매혹적인 것은 베개처럼 부드럽게 머리에 눌리는 잔디일세. 여보게, 파에드루스, 자네는 대단히 훌륭한 안내자였네.[2]

발에 부딪는 차가운 물, 머리맡의 베개처럼 푹신한 잔디, 이 모든 것의 안락함이 소크라테스에게는 가장 커다란 인상을 남긴 듯하다. 그는 자신이 전원에 잘 안 나온다고 제자에게 말한다. 소크라테스는 "나는 지혜를 사랑하는 사람일세. 그래서 수목이나 전원이 아니라 도시에 사는 인간들이 나의 스승이네."라고 말한다. 워즈워드와는 얼마나 다른 태도인가!

> 봄 숲에서의 한 충동이
> 도덕적 선악이나
> 인간에 관해
> 그 숱한 현인들보다도
> 더 많은 것을 가르쳐 주네.

예술과 예술가

자연미 이외에 예술미 또는 다른 미학적 성질들이 있다. 그러면 예술이란 무엇인가? 예술에는 실용 예술(實用 藝術, useful art)과 순수 예술(純粹 藝術, fine art)이 있으며, 이 두 성격을 함께 지닌 예술도 있다. 현대 이전의 시대에는 "예술"(藝術, art)과 "기술"(技術, craft)이라는 개념이 오늘날처럼 커다란 차이를 보이지 않았다. 장인이 자신의 수공품을 유용할 뿐만 아니라 즐거움을 주는 것으로 만들고자 하는 욕망을 지닌 데서 모든 예술이 비롯되었다고 어떤 예술 이론가는 주장한다. 수수한 그릇에도 음식을 담을 수 있으나,

---

2) Plato, *Phaedrus*, B. Jowett, trans., 220.

선사 시대의 도공은 그릇에 화려한 색깔로 아름다운 무늬를 그렸던 것이다. 사르디니아나 시실리를 여행하는 사람들은 그 곳의 농부들이 소박한 달구지를 전통대로 다채로운 그림으로 장식한 것을 보고 매료당한다. 페르시아나 중국의 양탄자는 그 위를 걷는 것도 즐겁지만 바라보기에도 좋은 것이다. 고대 그리스의 신전이나 중세의 성당은 공공의 예배 의식을 위해서 건축되었다. 현대 미국의 훌륭한 기계 제품이나 건축물은 대개 아름다움과 유용성을 겸비하고 있다. 뉴욕 시의 RCA 탑은 그보다 높은 건물인 엠파이어 스테이트 빌딩보다 훨씬 우아하게 하늘로 치솟아 있다. 그리고 화이트스톤 다리는 전혀 무게조차 없는 듯 사뿐하게 궁형을 이루고 이스트 강 위에 걸려 있다. 철학자 산타야나와 듀이는 현대인들이 예술을 일요일 오후에 무덤과 같은 "박물관"이라는 이름의 별난 건물에 가서 얼빠진 채로 바라보아야 되는 것, 다시 말해 경험(생활)과 단절된 것으로 생각하게 된 것은 유감이라고 개탄했다.

플로베르(G. Flaubert, 1821-1880) 이후로 "예술가"(藝術家, artist)라는 말은 화가와 조각가뿐만 아니라 시인 · 작곡가 · 소설가에도 사용하게 되었다. 그러나 고대와 중세에는 "예술가"라는 말이 이보다 더 넓게 쓰였다. 이 말은 모든 기술자와 장인을 뜻하는 말이었다. 고대 그리스 사람들은 도자기를 만드는 사람이나 조각을 하는 사람이나 모두 "artificer"라고 불렀다. 지금은 시인을 가리키는 "poet"는 원래는 만드는 사람 즉 제작자를 뜻하는 말이었다. 중세 사람들에게는 예술가가 "자기를 표현하는 사람이 아니라 물건을 만드는 사람"이었다.

순수 예술

순수 예술은 건축 · 조각 · 회화 · 소묘 등의 공간적이고 시각적인 예술과 음악이라는 시간적이고 청각적인 예술을 포함한다.[3] 문학 예술은 시와 극,

3) 18세기에 이르러서야 순수 예술(Les beaux arts)은 프랑스 백과사전파에 의해서 "기계적 예술" 즉 "실용적 예술"과 공식적으로 분리되었다. 그들은 순수 예술에

그리고 이것들보다 늦게 나타난 소설을 포함한다. 예술사는 이 예술 형태들 가운데 많은 것이 과거에 어떻게 서로 결합되어 있었고 또 서로 어떻게 도움을 주었는가를 보여준다. 고대 그리스의 극은 음악과 무용을 수반했다. 중세 성당은 외관에는 조각된 상으로 계단은 회화로 장식했으며, 미사를 드릴 때에는 단선율 성가라는 음악을 사용하였다. 셰익스피어, 괴테, 라신느(J. B. Racine, 1639-1699) 등의 극에서는 연극과 시가 하나였다. 그러나 현대에는 예술의 각 형식이 분리되어 각각 독자적인 길을 가는 경향이 있다. 현대의 오페라에는 음악과 극 심지어는 무용까지도 결합되어 있는 것이 사실이지만 어떤 사람들은 이를 부자연스럽다고 생각한다. 러시아 고전 무용은 포오킨(M. Forkine, 1880-1942)과 니진스키(V. Nijinsky, 1890-1950)의 무용, 스트라빈스키(I. F. Stravinsky, 1882-1971)와 라벨(M. Ravel, 1875-1937)의 음악, 박스트(L. N. Bakst, 1888-1965)의 배경 그림을 훌륭하게 종합하고 있다. 그리고 현대에는 주로 엘리어트(T. S. Eliot, 1914-1953)와 토마스(D. Thomas, 1888-1965)의 작품에서 시극(詩劇)이 부활하였다. 그러나 일반적으로 말해서 현대에는 개별 예술 형식이 독립적 차원에서 발전하고 있다.

예술에 대한 관례적 분류는 예술의 역사적 발전을 보여주지는 못한다. 어떤 예술 형식은 쇠퇴하고, 어떤 예술 형식은 저급의 상태에서 상승하였다. 현대의 시인은 이제는 서사시를 쓰지 않으며, 그 일을 소설가에게 넘겨버렸다. 실제로 오늘날에는 어떤 종류의 시든 시를 읽는 독자가 감소한 듯하다. 위대했던 조각의 시대는 지난 것 같다. 그러나 한때 보잘 것 없고 부수적인 예술이었던 음악이 이제는 그 자체로서 애호를 받고 있다. 사람들은 음악이 현대 서구 문화의 가장 큰 특징을 이루는 예술이라고 말하고 있다. 쇼펜하우어는 음악이 "예술들 중의 예술"이라 하였고, 페이터(W. H. Pater, 1839-1894)는 모든 예술이 음악과 같은 상태에 도달하기를 열망한다고 보았다. 몇몇 비관론자

회화·조각·시·음악·무용 등이 속한다고 보았다. 수사학(웅변술)과 건축은 쾌락과 유용성을 둘다 목적으로 삼는다고 간주되었다.

는—어쩌면 그들이 옳을지도 모른다—서구에서 위대한 예술적 창조의 시대는 지났으며, 현대의 예술에 남은 일은 반복(反復)과 희화(戲化)뿐이라고 주장하고 있다.

순수 예술이 인습적 범주에만 국한되어야 할 이유는 없는 듯하다. 18세기에는 수력학(水力學)과 조원(造園)을 매우 진지하게 예술의 한 형태로 생각했었고, 현대에는 헤밍웨이(E. M. Hemingway, 1898-1961)의 소설 「오후의 죽음」을 읽은 많은 독자가 투우에 그 자체의 미학이 있다고 믿게 되었다. 영화는 방대한 요소들을 종합적으로 사용하여 때로 예술적 걸작을 낳고 있다.

미학 이론의 유형

지금 중국산 화병을 바라보고 있던 사람이나 슈베르트의 사중주를 듣고 있던 사람이 "참 아름답군!"하고 감탄했다고 가정하자. 이런 경우에 예술 철학자가 아름다움에 관한 문제 또는 이름이야 무어라고 부르든 미학적으로 탁월한 특성에 관한 문제를 어떻게 취급할 것인가를 생각해보자. 예술 철학자는 화병과 음악이 공유하는 성질에 관하여 논하는가? 아니면 그것들이 인간에게 일으키는 효과에 관하여 논하는가? 표현을 바꾸어 말하면, 예술 철학자들은 미가 대상 안에 존재하는 어떤 것으로 가정하고, 그 대상을 예술품이게 해주는 성질을 분석하는가? 아니면 아름다운 것을 접하여 즐기는 인간 안에 일어나는 어떤 일에 더 흥미를 갖고 논하는가? 예술 철학자들은 흔히 아름다움이 상보적인 것이라고 답변하는 데 주저하지 않는다. 즉 예술은 주체나 객체 어느 한 쪽에만 치우쳐서 논의할 수 없다고 본다. 심미적 경험에는 주체와 객체 사이에 두 현의 공명과 같은 조화와 일치감이 있기 때문에 미학에 관한 어떠한 논의에서도 둘다 고려되어야 한다고 예술 철학자들은 주장한다. 파커(D. Parker)는 "예술은 공감적 표현이다. 그것은 어떤 대상을 우리에게 드러내 보여줄 뿐만 아니라 우리를 그 대상과 결합시키려는 노력이다."라고 말했다.[4] 시각 예술의 경우에 한정해서 지각의 역할을 분석해보면, 지각된 대상은 그 자체의 형태, 색깔, 심지어는 "느낌" 등 일련의 복잡한 속성을 지니고 있으며, 한편 지각자 쪽에서도 대상과 관련 있는 일련의 복잡한 태도를 지니고 있다.

그럼에도 불구하고 예술과 미학적 탁월성에 관한 문제를 객체(客體, object) 쪽에서 탐구하는 이론과 주체(主體, subject) 쪽에서 탐구하는 이론으로 (개략적으로) 구분해볼 수 있다. 이 대비는 때로 미학의 이론들을 형식(形式, form)에 관한 이론과 표현(表現, expression)에 관한 이론으로 구분하는 것과 일치한다. 형식 이론은 "객관적 방식"으로 문제에 접근한다. 이 방식에 따르는 철학자는 무엇이 대상을 아름답게 해주는가, 달리 말하면 무엇이 대상을 미학적으로 가치 있게 해주는가를 설명하려고 한다. 이를테면 그는 미적 대상이 통일성 · 전체성 · 조화 · 균형 등의 성질들 가운데 어떤 성질을 지닌다고 말할 것이다. 표현 이론은 매우 "주관적 관점"에서 출발한다. 이 입장에 서 있는 철학자는 아름다운 대상의 형식적 성질(객관적 성질)보다는 심미적 경험의 본성에 관한 논의에 더 흥미를 느낀다. 그는 우리가 아름다운 사물을 즐길 때에 우리의 내부에서 어떤 일이 일어나는가를 설명하려고 한다. 앞으로 예술에 관한 형이상학적 이론들 특히 개별적인 것을 통해 보편적인 것을 예술이 드러낸다고 주장했던 플라톤적 이론들과 감상자의 정신 상태를 강조하는 심리학적 이론들을 비교해보면, 위의 구분과 비슷한 대비가 예술 이론의 두 유형에서도 발견된다는 것을 알 수 있을 것이다.

심리학적 유형의 이론들은 예술에 대한 발생론적 설명과 관련이 있다. 이 경우에 철학자는 처음에 예술이 어떻게 발생하게 되었는가를 설명하려고 노력한다. 그는 예술을 그 기원을 통해서 설명한다. 이 계열의 철학자는 예술이 실용적 물건들을 장식하는 데에서, 혹은 유희에서, 혹은 모방에서 비롯되었다고 설명한다. 그렇지 않으면 발생론적 이론가는 예술이 생물학적 기원을 갖는다고 주장하면서, 동물들이 배우자를 택하는 상황에서 화려하고

4) D. H. Parker, *The Principles of Aesthetics*, rev. ed., New York: Appleton-Century Craft, 1946, p. 82.

아름다운 색깔이 담당하는 역할이라든가, 예쁜 돌을 모으는 어떤 새들의 습성에 대해서 우리의 주의를 환기시킨다.

형이상학적 이론 — 예술과 보편성

모방으로서의 예술과 통찰로서의 예술 — 플라톤

플라톤의 저작 속에는 예술과 아름다움에 관하여 플라톤 이후에 전개된 몇몇 이론이 내세우는 기본 주장의 원형이 보인다. 예술을 모방(模倣, imitation, mimesis)으로 보는 플라톤의 신조는 오늘날까지도 비평가들을 괴롭히는 문제들을 제기했다. 또한 플라톤은 어떤 대화편에서는 예술이 쾌락(快樂, pleasure)이라고 주장함으로써 심리학적 입장을 보이고 있다. 다른 대화편은 미적 대상을 바라보는 감상자의 정서 상태에 대하여 놀라운 서술을 보여주고 있다. 플라톤은 예술의 병리학적 본성과 연관되는 낭만주의적 개념까지도 이미 그 원형을 보여주었다. 즉 시인을 괴롭히는 광기가 신적인 것이긴 하지만 그래도 시인은 광인이라는 것이다. 그의 가장 특색 있는 주장은 우리가 미에 대한 경험을 통하여 보편적 형상(普遍的 形相, universal form)을 통찰한다는 주장이다. 플라톤의 미학의 이러한 측면은 쇼펜하우어와 크로체에 이르기까지 많은 예술 철학자를 거치면서 오늘날까지 이어지고 있다.

플라톤이 예술을 모방으로 생각할 때에는 예술가를 의심쩍은 눈으로 보는 경향이 있었다. 예술가에 대한 플라톤의 회의적인 의견은 형이상학적 근거와 정치적 근거 양쪽에 기초를 두고 있다. 배우는 인간의 행동을 모방한다. 그는 타인들의 주체를 흉내하기 위하여 자신의 주체를 텅 비운다. 화가는 침대의 모습을 그리는데, 침대의 실제 제작자는 목수다. 그러나 플라톤의 이데아 이론에 의하면 오직 영원한 형상들만 참으로 실재하며, 침대를 위시한 모든 사물은 이 영원한 형상들의 모방이다. 목수는 특정한 침대를 "침대의 이데아"에 따라 만든다. 화가는 목수가 만든 침대를 모방한다. 그러므로 화가는 모방된 것을 모방하는 사람이다. 화가의 작품은 두 번이나 모사된 현상이므로, 그의 예술은 참다운 실재로부터 이중으로 멀어져 있는 셈이다.5) 이처럼 예술가들은 그림자의 그림자에 얽매어 있기 때문에 모방만 일삼는 예술가가 건실한 시민이 되기는 힘든 일이다. 본질적으로 시인은 왜곡하여 표현하게 마련이다. 그러므로 그는 정치적으로 믿음직하지 못하다. 따라서 정치 철학자로서의 플라톤은 시인을 달갑지 않게 생각하여 「국가론」에서는 자신이 이상 국가라고 생각했던 국가에서 시인을 추방해버렸다.

그러나 시인이자 철학자로서의 플라톤은 예술가들에 대하여 보다 호의적인 발언을 하고 있다. 이 경우에도 플라톤의 생각은 형이상학적 이유에 입각해 있다. 플라톤에게는 영원한 형상들만 실재하는데, 이것들은 눈에 보이지 않는다. 이 형상들은 감관을 통해서는 지각되지 않고 이성에 의해서만 파악될 수 있다. 그러나 하나의 예외가 있다. 적어도 부분적으로는 감각 기관에 드러나는 오직 하나 불변의 본질이 있다. 그것은 미의 형상이다.

> 내가 설명한 대로 미의 본질은 다른 본질들과 함께 우리의 눈에 보인다. 그러나 감각 기관들 가운데서 가장 명석한 감각 기관을 통하여 이 세계에서 가장 분명하게 빛나는 것으로 우리가 파악하는 것은 미 즉 아름다움이다. 왜냐하면 시각이 우리 육체의 감각 기관들 가운데서 가장 예리한 것이기 때문이다. 지혜는 우리가 볼 수 없다. 만일 지혜가 생생한 가시적인 상을 지닐 수 있다면, 우리는 지혜나 그 밖의 사랑할 만한 본질들에 대하여 열정적인 사랑에 빠지게 될 것이다. 그러나 실제로는 오직 아름다움만이 특권을 지니기 때문에, 아름다움이 모든 것 가운데서 가장 명백하고 사랑스러운 것이다.6)

---

5) Plato, *Republic*, pp. 595-97. 오늘날 우리가 예술에 관한 모방 이론에서 사용하는 "모방"이라는 말을 글자 그대로 모사(模寫, copying)라는 좁은 의미로 받아들이지 않는다면 이 이론은 유지될 수 있다. 시인 아폴리네르(G. Apollinaire, 1880-1918)는 "인간이 보행을 모방하고자 했을 때에 인간은 자신의 다리를 닮지 않은 바퀴를 창조했다."고 말하였다.

플라톤은 연인들의 사랑은 사랑하는 사람이 지닌 아름다움에 의하여 불붙는다고 말하였다. 연인들 역시 시인처럼 일종의 신적 광기에 사로잡힌다. 그리고 이렇게 될 수밖에 없는 것은 좋은 일이다. 왜냐하면 인간의 아름다움은 그것이 가리키는 바를 좇다 보면 한 단계 한 단계를 반드시 지적 훈련의 도움으로 오를 수밖에 없는 "실재를 향해 올라가는 사다리"를 어느 새인가 다 올라와 버리도록 우리를 인도할 수 있는 것이기 때문이다. 상승의 매 단계마다 우리는 실재의 왕국에 점점 더 접근하게 되며, 마침내 일종의 백열로 달아오른 우리의 영혼은 더 이상 아무 것도 인식하지 못하고 단지 아름다움 그 자체의 형상을 보게 되는 눈부신 개안(開眼)의 순간을 맞게 된다.

미에 관한 플라톤의 비유가 암시하고 있는 내용은 아름다운 사물들이 보편적 형상을 드러내준다는 생각뿐만 아니라 미적 경험이 직관적 성격을 가진다는 생각이다. 플라톤 이후 많은 예술 철학자가 미를 아는 데 필요한 직각성과 직접성에 대해서 주의를 환기시켜 왔다. 그들은 미가 정언 논법에 의해서 도달되거나 정리들에 의해서 설명될 수는 없는 것이라 말한다. 미는 직접적으로 감지되는 것이다. 베르그송의 말을 빌린다면 예술적 대상의 주변을 맴돌아서는 예술적 대상을 알 수 없다. 즉 우리는 예술적 대상을 그것이 다른 것들과 갖는 외적 관계를 근거로 해서 진행되는 추론을 통해서 알 수 없다. 그 예술적 대상에 침투해 들어가 우리 자신이 그것과 하나가 되는 순간을 붙잡아야 한다. 크로체가 예술은 개념적 지식의 성격을 갖고 있지 않다고 단정하고, 직관을 자신의 미학 이론 전체의 실마리로 삼고 있는 것도 이와 같은 생각에서라고 할 수 있다.

빛나는 보편적 형상 — 아리스토텔레스와 아퀴나스

아리스토텔레스는 예술을 철학적으로 성찰하는 여러 가지 방식을 보여주었는데, 그 모든 방식이 제각기 표준 방식으로 인정되어 왔다. 우선 예술의

6) Plato, *Phaedrus*, E. F. Carritt, trans., 250.

기원에 관한 아리스토텔레스의 견해가 있다. 예술은 모방에서 비롯된다. 인간이 타인을 모방하는 것은 자연스러운 일이며, 사물을 성공적으로 모방한 뛰어난 작품을 즐기는 것도 자연스러운 일이다. 심리적 측면에서는 예술이 감정을 불러일으키는 효과에 대한 이론을 주장하고 있는데, 아리스토텔레스는 이를 카타르시스(catharsis) 즉 승화(昇華)라고 불렀다. 이에 대해서는 우리가 더 이상 부연할 바가 별로 없다. 마지막으로 "객관적 측면"에서 보면 예술은 보편적인 것을 구체화시켜 표현한다고 아리스토텔레스는 보고 있다.

아리스토텔레스에 의하면 시인의 기능은 이미 일어난 일 즉 특수한 것을 모사하는 데 있지 않다. 시인의 임무는 일어날 법한 일 즉 보편적인 것을 묘사하는 일이다. 아리스토텔레스는 "역사를 서술하는 진술들은 제각기 유일한 사건을 언급하는 데 반해서 시를 이루는 진술들은 다소 보편적인 것을 표현하는 편이기 때문에, 시는 역사보다 철학에 더 가까우며 또 더 중요한 의미를 지닌다."고 보았다.

아퀴나스 역시 아름다운 대상에서는 보편적인 것이 개별적인 것을 통해서 나타난다고 가르쳤음을 발견할 수 있다. 적어도 많은 아퀴나스 주석가들은 이렇게 이해하여 설명하고 있다. 아퀴나스에 의하면 아름다운 대상들은 다음 세 가지 형식적 속성(객관적 속성)을 공유한다. (1) 인테그리타스(integritas)—전체적 통일성, (2) 콘소난티아(consonantia)—조화, 균형, 각 부분의 질서, (3) 클라리타스(claritas)—명석성, 밝음, 광휘.[7] 그런데 미가 지니는 처음 두 가지 속성은 미학의 전통에서 고전적 성질이다. 아리스토텔레스는 찬탄할 만한 미적 대상이 지니는 통일성과 단순성을 중시했었다. 플로티노스는 각 부분의 조화와 균형을 미의 속성으로 자세히 논했었다. 그러나 "클라리타스" 즉 "광휘"는 도대체 무엇인가? 조이스의 소설 「젊은 예술가의 초상」을 읽은 독자는 주인공 디달러스가 바로 이 문제를 숙고했던 것을 기억할 것이다.

7) Aquinas, *Summa Theologica*, pt. I, q. 39, art. 8. 미에 관한 아퀴나스의 견해는 예술 작품에 관해서가 아니라 신의 삼위 일체에 관하여 논하는 맥락 속에 나타나 있다. 아퀴나스의 경우에는 "예술"이 모든 종류의 숙련된 작업을 뜻한다.

아퀴나스의 클라리타스는 지각할 수 있는 대상을 통해서 보편적 형상이 구현되는 것인가? 아니면 대상 자체의 형상이나 성격을 직각적으로 파악함을 뜻하는 것인가?

> 그〔아퀴나스〕가 말하는 광휘는 스콜라 철학의 퀴디타스(quidditas) 즉 사물의 본성(whatness)이다. 이 최고의 성질은 예술가가 상상력을 통해서 미적 영상을 인지한 순간에 느껴진다. 셸리(P. B. Shelley)는 이 신비로운 순간의 정신 상태를 찬연한 주홍빛 석탄불에 비교하여 멋지게 표현하였다. 미의 지극한 성질 즉 미적 영상의 밝은 광휘가 그 전체성에 사로잡히고 그 조화에 매혹된 인간의 마음에 명석하게 감지된 순간은 미적 쾌감으로 빛나면서도 고요한 정지 상태다.[8)]

캐리트(E. F. Carritt)는 아퀴나스의 클라리타스를 다음과 같이 설명한다. 아퀴나스는 우리가 궁극적 실재 즉 신을 안다면 개념적 지식에 의해서가 아니라 직접적으로 그리고 직관적으로 알 것이라고 믿었다. 아름다운 것을 볼 때에 우리는 그 본성을 직각적 이해를 통해서 파악할 수 있다. 지각할 수 있는 사물에 대한 이 직관적 지식은 규모는 작으나 궁극적 실재에 대한 인식과 흡사하다. 참으로 궁극적 실재는 지각할 수 있는 이 아름다운 대상들 안에 또는 이 대상들을 통해서 나타난다고 말할 수 있다.

> 궁극적 실재가 개별적으로 지각될 수 있는 어떤 대상의 내부나 그 대상을 통해서 그렇게 나타나는 이유는 그 대상을 대하는 인간의 태도의 차이가 아니라 그 대상들에 실제로 차이가 있기 때문이다. 이 대상은 내용과 형상—근본적 성격—이 서로 적절하며, 그래서 이 대상은 완결성과 부분들의 적절한 균형과 색깔의 명도가 지니는 명석성을 지닌다. 이렇게 그 형상이 빛을 내거나 광휘를 발하는 대상은 특별히 우리의 지각 능력에 알맞으며 또한 아름답다.[9)]

8) James Joyce, *Portrait of the Artist as a Young Man*, New York: Modern library, 1928, p. 250.
9) E. F. Carritt, ed., *Philosophies of Beauty from Socrates to Robert Bridges*, Clarendon Press, 1931, p. 50.

이런 방식으로 보편적인 것이 개별적인 것을 통하여 나타난다.

플라톤적 형상과 영겁회귀의 바퀴 — 쇼펜하우어

19세기 독일의 철학자 쇼펜하우어에 의하면 우리는 이 세계를 의지와 관념이라는 두 양상으로 파악한다. 관념으로 파악했을 때의 세계는 칸트가 말한 대로 공간과 시간 그리고 인과율 등 정신이 지닌 형식들에 의해서 질서가 부여되는 현상이다. 말하자면 인식이라는 관점에서 보면 이 세계는 조리 있는 꿈이나 질서 있는 환상에 불과한 것이다. 그러나 이 관념으로서의 세계를 현재의 상태대로 유지되게 하는 본질적 세계가 또 있다. 이것이 의지다. 실재는 영원히 분투하는 하나의 의지다. 그것은 모든 사물 속에 존재하며 맹목적이고 무도덕적이다. 우주 속에 있는 의지의 편재성(遍在性)은 우리 자신의 들떠 있는 상태, 열정, 결코 채워지지 않는 욕망 등을 통하여 직접 우리에게 드러난다. 유일한 실재인 의지는 하나뿐이다. 그러나 인간적 관점 즉 공간 · 시간 · 인과율(인과 관념)이라는 형식에 의거하여 파악될 때 의지는 다양해진다. 의지는 성체 성사에서 성체들에게 신성(神性)이 나뉘어 들어가듯이 그 자신의 구성원들 즉 피조물들로 나누어지고 또 그것들 속에서 스스로를 구현한다. 이런 식으로 무한한 의지는 수많은 유한한 부분의 내부에 자신을 객관화(구체화)한다. 자연적 사물들의 다양성은 인간의 지식이라는 이차적이고 파생적인 차원에서 본 의지 자체에 지나지 않는다.

그렇다면 한편으로는 유일하며 영원하고 또 언제나 분투하는 우주적 의지가 있다. 그리고 다른 한편으로는 이 의지가 나누어진 것으로 보이는 유한한 사물이 다양하게 존재한다. 이 두 영역 사이에는 플라톤적 이데아들이 개입하고 있다. 이데아들은 사물의 보편적 유형 즉 자연이 헛되이 모방하려 애쓰는 원형이다. 이 형상들은 인간의 지식의 영역 밖에 일종의 반실존(半實存, demi-existence)으로서 있고, 따라서 시간과 다양성의 영향을 받지 않는다. 우리가 세계 의지를 무분별한 힘으로 말미암아 맹목적이고 불가항력적으로 포효하며 떨어지는 폭포에 비유해 본다면, 시간과 공간에 의해서 규정받는 세계 속에 있는 다양한 개체는 격노한 물살이 떨어져 부서질 때에 일어나는 셀 수 없이 많은 물방울과 같다. 이 경우 뒤끓는 격류 위에 움직임 없이 아름답게 걸려 있는 무지개가 바로 모든 사물의 원형인 보편적 형상들의 영역을 보여 준다고 말할 수 있겠다. 정신이 지닌 범주들에 대하여 독립적으로 존재하는 플라톤적 형상들은 말하자면 하나의 분할되지 않은 우주 의지와 이 의지가 그 자신을 객관화시킨 구물구물한 수많은 개체와의 사이 어딘가에 존재하는 아름다운 반세계(半世界, half-world)에 있다고 할 수 있다.

예술가의 통찰 대상은 사물들의 투쟁과 강압에서 벗어나 있고, 의지의 맹목적 분투에서 분리되어 있는 이 보편적 형상들이다. 예술가는 "대자연이 매일 수천 명씩 대량 생산해내는 평범한 인간"이 아니라 특별한 인간 즉 천재다. 동료 인간들 가운데서 예술가만이 특수한 대상의 뒤에 숨어 있는 초시간적 형상을 관조할 수 있다. 자연이 스스로 지니고 있는 모든 다양성과 분할성을 통해서 표현하려고 하지만 성공하지 못하는 그것을 예술가만은 이해할 수 있다.

> 진정한 천재는 이데아를 개별적 사물에서 인식하며, 그리하여 이를테면 자연이 어설프게 하는 맡을 이해하고, 나아가서 자연은 더듬기만 하고 마는 내용을 명백하게 표현한다. 예술가는 자연이 수천 번이나 만들고자 시도했으나 실패한 미의 형상을 견고한 대리석에 새긴다. 말하자면 그는 미의 형상을 자연에게 보여주면서 "이것이 바로 네가 말하고자 했던 것이다!" 라고 말하는 셈이다. 그리고 이에 대한 판단을 내릴 수 있는 사람이라면 누구나 이렇게 단언한다. "그렇다, 바로 그것이다!"[10]

예술은 플라톤적 형상에 대한 관조라는 입장에서 전개된 이 형이상학적 설명으로부터 쇼펜하우어는 예술의 기능에 관해서 심리학적이고 도덕적인

10) A. Schopenhauer, *The World as Will and Idea,* R. B. Haldane and J. Kamp, trans., London: Routledge, 1948, vol. I, p. 287. (PB: Bolphin, Doubleday, Garden City, N.Y.)

결론을 끌어내기에 이른다. 그는 예술은 도피(逃避)라고 주장한다. 무엇으로부터의 도피인가? 우리 내부의 쉴 새 없는 의지의 발동으로부터의 도피다. 우리 내부에서 의지의 무한한 요구에 의해 생겨나는 결코 만족되지 않는 갈망으로부터의 도피다. 왜냐하면 우리는 수천 가지 욕망의 갈증에 의해 고통을 받도록 의지를 타고난 피조물이기 때문이다. 욕망들 가운데서 가장 강력한 것은 의지의 맹목적이고 비이성적인 성격이 가장 적나라하게 드러나는 성욕이다. 성(性, sex)은 의지가 계속 투쟁하기 위해서 다른 피조물들 속에 자신을 항구화하려고 사용하는 수단에 불과하기 때문이다. 우리는 한 욕망을 만족시키는 일이 바로 그 자리에서 열 가지의 다른 욕망을 생기게 하는 일이라는 것을 쓰라린 경험을 통해서 잘 알고 있다. 욕망을 충족시키는 것은 거지에게 동냥을 주는 것과 같다. 그 동냥은 오늘 거지를 살아 있게 하여 내일 또다시 굶주리게 할 것이다.

우리는 전설 속의 영원히 도는 징벌의 바퀴 익시온(ixion)에 묶인 죄수들처럼 욕망의 노예다. 그러나 우리는 예술에서 삶의 고민으로부터의 해방, 비록 그것이 일시적인 것일지라도 현실 속에서의 해방을 맞는다. 예술은 단지 상처에 바르는 유쾌한 진통제와 같다. 예술은 우리를 욕망으로부터 벗어나게 하는 힘을 갖고 있으며, 그래서 고통으로부터 우리를 떼어 놓기 때문이다. 우리는 아름다운 것을 바라보고 있을 때에 의지로부터 그 축복받은 휴식의 순간 동안만큼 해방된다. 이럴 때 우리는 순수하고 객관적이며 무의지적인 관조를 통하여 사물 속의 보편적인 것을 응시한다.

> 그 때 우리가 욕망이 일어날 때마다 추구해 왔지만 지금까지는 항상 우리를 피해 달아났던 그 평화가 한 순간에 자진하여 우리를 찾아온다. 그리고 우리는 아주 평화로워진다. 이것이 에피큐로스가 신의 경지라고 상찬했던 "고통 없는 상태"다. 왜냐하면 우리는 저주받은 의지의 끝없는 발동으로부터 한 순간 자유스러워지기 때문이다. 우리는 쉴 새 없이 의지해야 하는 형벌을 받은 노예 상태로부터 안식일을 허락받는다. 익시온의 바퀴는 가만히 멈춰 서 있다.11)

심리학적 이론 — 미적 경험의 본성

정서 표현으로서의 예술

예술의 기원에 관한 다음 이야기를 읽어보라. 어떤 원시인이 언젠가 이상하게 생긴 동물 들소를 만났다. 그 거대한 짐승은 아주 가까이까지 접근하여 원시인을 두렵게 했다. 그 원시인은 자신의 피신처인 동굴로 재빨리 도망쳐 왔다. 안전한 곳에 이르렀으나 여전히 들뜬 상태에서 원시인은 색깔 있는 연석을 집어 들고 그 무서운 짐승의 윤곽을 그렸다. 그림을 다 그리고 나자 그는 마음이 가라앉는 것을 느꼈다. 동굴에서 함께 사는 사람들이 그림 주위에 모여서 공감을 느끼고 고개를 끄덕이거나 불평으로 툴툴거리거나 했다. 예술이 탄생한 것이다.

이 짤막한 이야기는 예술의 기원에 관하여 완전히 상상에 의한 설명을 전개하고 있다.[12] 그렇지만 이 이야기는 예술을 근본적으로 정서 표현(情緒表現, expression of emotion)이라고 간주하는 일반적인 생각과 일치한다. 이 주장은 초등학교 학생들이 대대로 배우는 이론이다. 초등학교 6학년 학생들이 처음으로 미술 박물관을 견학할 경우에 단순화시키는 정도야 어떻든 예술에 관한 정서적 이론을 배우지 않고 가는 경우는 거의 없을 것이다. 한 예로 현대 미술 박물관을 참관한 뉴욕 시립 중학교의 예술 감상 담당

---

11) *Ibid.*, p. 254.

12) 원시 예술에 대하여 현대의 전문가들은 그러한 동굴 벽화들이 일차적으로는 주술적 의의를 지녔다고 널리 의견의 일치를 보고 있다. 하우저(A. Hauser)는 "원시 예술이 적어도 의도적 목적에서는 예술적 효과가 아니라 주술적 효과와 관련이 있다는 가장 믿을 만한 증거는 이 그림들에 나오는 동물들이 흔히 창이나 화살을 맞은 것으로 그려지거나 그림이 완성된 후에 그러한 무기로 그림을 실제로 쏘아 대었다는 사실이다."라고 논하고 있다. *The Social History of Art*, New York: Knopf, 1951. vol. I, p. 28. (PB: Vintage, 2 vols., Random House, New York.)

교사와 학생들의 다음 보고서를 보자.

> "예술가는 여러분에게 무언가를 느끼게 해줍니다. 그것은 정서입니다." 화려한 색깔로 그려진 만도린 모양의 그림 앞에 섰다. 그 색깔이 그들에게 어떠한 영향을 미쳤는가? 한 여학생은 그 색깔이 자신을 현기증 나게 한다고 말했다. 안드레아는 그 색깔이 속을 매슥거리게 한다고 말했다. "그래요. 잘 말했어요!" 밀그램 여사는 말했다. 다음 그림으로 발걸음을 옮기면서 그녀는 학생들에게 비록 그림이 구역증을 일으킨다 하더라도 자기가 느끼는 것을 자유롭고 강하게 표현했으면 좋겠다고 말했다. … 그녀는 어떤 그림을 바라보다가 경련을 일으켰던 소녀의 생각을 떠올렸다. …[13]

프루스트의 소설 「잃어버린 시간을 찾아서」를 읽은 독자는 벵떼이으의 소나타 연주를 들을 때마다 너무나 깊이 감동한 나머지 반드시 심한 두통을 앓는다고 말한 베르듀랑 부인의 말을 기억할 것이다. "제발, 제발, 소나타는 그만둬요." 그녀는 소리 지른다. "나는 코가 막혀 숨쉬기 곤란할 때까지, … 얼굴이 온통 쑤시고 아플 때까지, … 울고 싶지 않아요!"[14]

예술에 대한 모든 정서적 이론이 우리의 육체적 반응(肉體的 反應, somatic reaction)과 감성적 감응(感性的 感應, aesthetic response)을 동일시할 정도로 단순하고도 철저한 것은 아니다. 그러나 많은 탁월한 예술 비평가와 예술 철학자가 어떤 근본적인 면에서 예술은 감정의 표현이나 전달과 관련이 있다고 주장하였다. 클리브 벨(C. Bell, 1881-1964)은 "창조된 형상은 그것이 창조자의 감정을 표현하기 때문에 그처럼 깊이 우리를 감동시키는 것이다. … 송나라 시대의 도자기나 로마네스크 양식의 교회가 이제까지 그려진 모든 그림과 마찬가지로 감정의 표현이라는 것을 누구도 의심하지 않는다."고 말했다.[15] 또 예술가는 그가 살아오면서 지녀왔던 감정을 다른

---

13) "The Day They Discovered Art," *The New York World-Telegram and Sun*, Feb. 7, 1966, p. 17.

14) *Swanns Way*, New York: Modern Library, 1928, p. 294.

15) Clive Bell, *Art*, London: Chatto & Windus, 1914, pp. 49, 58. (PB:

사람들에게 전달하며, 이들은 그 감정에 감화되고 그 감정을 경험하게 된다고 톨스토이(L. Tolstoy, 1828-1910)는 말했다. 톨스토이의 말을 들어 보자. "어떤 사람이 한때 경험했던 감정을 자신의 내부에서 불러일으키고, 일단 불러일으켜진 이 감정을 동작 · 선 · 색깔 · 소리 · 언어 형태의 표현을 통하여 타인들이 같은 감정을 경험하도록 전달하는 것, 이것이 예술 활동이다."[16]

그러나 예술에 대한 정서적 이론을 지지하는 경향이 있는 사람들일지라도 어떠한 감정의 표현이건 모두 다 심미적 반응이 될 수는 없다는 것을 알고 있다. 정강이를 차인다거나 교통 사고를 바라보는 것은 우리의 감정을 흥분시킬 테지만, 그렇다고 해서 그런 감정의 흥분이 바로 심미적 반응은 아니다. 정서적 이론을 신봉해 온 대부분의 예술 철학자가 미적 경험을 통하여 우리의 감정이 일깨워지지만 이 감정은 어떤 특별한 상태로 전환된다고 본다. 아리스토텔레스는 우리가 비극을 볼 때에는 연민과 공포의 감정이 일깨워지며, 이러한 감정들은 카타르시스 즉 승화를 겪게 된다고 주장했다.[17] 최근의 영국 비평가 리차즈(I. A. Richards, 1893-1979)는 미적 경험에서 일깨워진 감정은 그가 공감각(共感覺, synaesthesia)이라 부르는 조화나 평형의 상태(equilibrium)로 전환된다고 말했다. 리차즈는 일상적인 사람이 충동을 혼란에 빠지지 않고 조절할 수 없기 때문에 십중팔구는 자신의 충동을 억제한다고 말했다. 그러나 시의 가장 가치 있는 효과는 충동의 전화와 조화라는

Capricorn, Putnam, New York.)

16) L. Tolstoy, *What Is Art*? A. Maude trans., London: Oxford University Press, 1931, p. 123. (PB: Liberal Art, Bobbs-Merrill, Indianapolis.)

17) Aristotle, *Poetics*, 1449b28. 제임스 조이스의 「젊은 예술가의 초상」 속의 스티븐 디달러스는 미적 감응 상태에 있는 감정들의 상태를 "정지"(停止, stasis)나 "억류"(抑留, arrest)라고 부르고 있다. 진정으로 미적이지 못한 상황에 의해 일어나는 감정들은 역동적(力動的, kinetic)이다. 욕망이나 혐오 같은 "역동적 감정"은 우리를 지각된 대상 쪽으로 밀어붙이거나 그것으로부터 떠밀어버리는 반면에, 진정한 미적 상태에서는 우리가 욕망과 혐오감의 위로 상승되는 것이다. 스티븐의 "정지"는 칸트의 "무사"(無私, disinterest)나 쇼펜하우어의 "무의지적 상태"(無意志的 狀態, will-less state) 또는 그림을 제대로 통찰했을 때에 우리의 예견과 기억이 억류된다는 클리브 벨의 생각과 상당히 비슷하다고 하겠다.

견지에서 설명되어야 한다고 주장했다.[18]

리차즈의 미학 이론은 미학에서 정서적 이론에 기우는 경향을 지녔던 1930년대의 논리 실증주의에서 영향을 받았다. 우리가 이미 알고 있듯이 많은 실증주의자들이 "사실적 진술"과 "사이비 진술"을 엄격하게 구별하였다. 그들은 과학적인 사람만이 참다운 진술을 만들어낸다고 주장했다. 그러나 시인은 감정으로 글을 쓴다. 시적 표현은 비록 그것이 사실에 대한 진술과 동일한 겉모습을 취한다 할지라도 사실에 관한 진술이 아니다. 정서적 발언들이 이 세계에 관하여 무엇인가 말하려는 문장으로 분류된다면 사이비 진술에 불과한 것이 된다. 엄밀한 의미에서 진리성과 허위성은 오로지 과학적 진술 즉 사실적 진술의 성질일 뿐 다른 어떤 종류의 진술의 성질일 수 없기 때문에 시적 표현을 진리라고 주장할 수는 없다. 엄밀한 의미에서 진리성은 "실험실 안에서 이해되는 바와 같이 궁극적으로는 검증의 문제다." 시를 이루는 발언을 포함하는 정서적 진술에 대하여 "진리"라는 말을 쓴다면 "어떤 태도에 의해서는 받아들여질 수 있는 정도"라는 선의의 우의적 의미(寓意的 意味)에서만 적용이 가능하다. 미학에 대한 루돌프 카르납의 "'아아!' 이론"은 다음과 같이 주장한다.

> 많은 언어적 발언이 서술적 기능을 갖지 않고, 오직 표현적 기능만 발휘한다는 점에서 웃음과 비슷하다. "아아!" 같은 외침들이나 더 높은 수준의 것으로는 서정적 운문들이 그런 예다. "햇살"과 "구름"같은 말이 나타나는 서정시의 목적은 기상학적 사실을 무언가 알려주는 것이 아니라, 시인의 어떤 감정을 표현하여 독자에게 비슷한 감정을 일으키려는 것이다. 서정시는 서술적 의미나 이론적 의미를 전혀 갖지 않아서 지식을 포함하지 않는다.[19]

18) I. A. Richards, C. K. Ogden, and J. Wood, *The Foundations of Aesthetics*, New York: Lear Publishers, 1929, p. 14.
19) Rudolf Carnap, *Philosophy and Logical Syntax*, London: Kegan Paul, 1937, p. 61.

랭거(S. Langer, 1895-1985)는 미학 연구서인 「감정과 형식」이라는 책에서 예술을 순전히 정서를 표현하려는 일로 이해하려는 어떠한 시도도 거부하고 있다. 예술이 감정의 표현에 불과하다면 훌륭한 예술과 훌륭하지 못한 예술을 구별할 수 없을 것이다. 정말로 자기 표현이 예술의 목적이나 목표라면 예술가 자신만이 예술 작품의 가치를 평가할 수 있을 뿐이다. 예술가의 유일한 목표가 정서적 흥분 상태를 유발시키는 것이라면, 예술가는 자기 작품의 감상자들을 연구해야 할 것이고, 이 연구에서 얻은 심리학적 발견들이 광고 대리인의 경우에 그런 것처럼 그의 작품을 지배해야 할 것이다. 철학에서 경험주의가 지닌 일반적 경향에 찬동하는 사람들에 의해서 주장되는 심리적 접근은 예술에 대한 진정한 문제 영역으로 우리를 인도하지 못해 왔다고 랭거는 주장한다. 랭거는 감정이 미적 경험에서 중요한 역할을 한다는 데에 반대하는 것은 전혀 아니다. 그녀가 예술에 관한 거친 정서적 이론에 반대하는 점은 이 이론들이 심미적 경험이 지닌 인식적 성분을 올바르게 취급하지 못한다는 데에 있다. 예술에서 형식은 감정과 분리될 수 없다. 예술의 일차적 목표는 과학과 마찬가지로 다른 사람들에게 이해되어야 한다는 것이다. 그렇다면 예술은 무엇을 표현하는가?

> 예술이 표현하는 것은 실제의 감정이 아니라 감정에 관한 관념이다. 이것은 마치 언어가 실제의 사물이나 사건을 표현하는 것이 아니라 그것들에 관한 관념을 표현하는 것과 같다. … 예술은 감정이 아니라 감정에 관한 인식을 표현한다. … 예술은 인간의 감정에 대한 상징적 형상의 창조다.[20]

랭거의 견해에 대한 비판자들은 예술의 인식적 측면에 대한 그녀의 강조에는 찬성하면서도, 한편으로 그녀 자신이 예술에 관한 정서적 이론에 포함되어 있는 문제점들에서 벗어나지 못했다고 주장한다. 왜냐하면 예술이 실제의 감정이 아니라 감정에 관한 관념을 표현한다고 말하는 것은 비록 간접적이긴 하지만 정서적 이론을 고수하는 것이 되는 것이다. 만일 예술이

20) Susanne K. Langer, *Feeling and Form*, New York: Scnbner, 1953, pp. 28-39.

인간 감정의 상징적 형상이라면, 예술에서 상징화되는 것이 감정이라는 결론을 피할 수 없는 듯하다. 그러나 이 결론은 예술에 관한 거의 모든 정서적 이론에 부합되는 것이다.

"감정"이나 "정서"라는 개념은 너무나도 막연하고 포괄적이어서 이 개념에 근거를 두고 있는 미학 이론들이 무엇을 의미하는지 밝히기 힘든 경우가 많다. 플라톤 시대부터 철학자든 철학자 아닌 사람이든 모든 사람이 (가슴이나 내장에 자리 잡고 있는) 감정이나 정서보다 훨씬 고귀하여 (상징적으로 머리 속에 있다고 생각한) 이성이나 인식을 지닌 인간의 모형을 계속 굳게 믿어왔다.

그러나 인식과 정서를 근본적으로 분리하는 것은 오해를 일으킨다. 왜냐하면 이렇게 분리하는 경우에 우리의 지성과 감정들이 결합(통일)되는 방식을 제대로 설명하지 못하기 때문이다. 인식은 정서적 내용을 지니며 감정은 인식적 측면을 지닌다. 예를 들어 호랑이에 대한 공포감을 느끼는 경험을 생각해보자. 공포감은 육체적 측면에서는 오금을 펴지 못하게 하고 심지어는 근육을 마비시키는 결과를 일으킨다. 그러나 공포의 인식적 측면은 마비가 아니라 실제로 행동을 일으키게 하는 명료한 지각이다. 즉 공포는 우리로 하여금 호랑이와 맞닥뜨리는 것을 성공적으로 피할 수 있게 해준다. 호랑이와 맞닥뜨릴 때나 어떤 예술 작품을 볼 때에 기본적인 것은 지각이고, 지각은 인식하는 일이다. 우리의 지각이 긴장이나 흥분 상태로 채워질 수도 있을 것이다. 호랑이와 그림 앞에서 우리의 주의는 서로 다른 방식으로 강렬하다. 그러나 이 사실이 지각을 보다 덜 인식적인 것으로 만드는 것은 아니다.

예술과 표현 — 크로체

20세기에 접어들면서 가장 저명한 예술 철학자 가운데 한 사람인 이탈리아의 크로체는 예술을 표현(表現, expression)이라고 정의했다. 정서의 표현인가? 그렇지 않다. 단순히 표현일 따름이다. 그러나 무엇을 표현한단 말인가? 예술은 직관(直觀, intuition)을 표현한다. 실제로 예술은 직관이다. 직관과 표현은 서로 연관되어 있다. 직관하는 일은 바로 표현하는 일이며, 그 밖의 어떤 것도 아니다.

비록 크로체의 예술 이론이 대단히 중요하다고 널리 인정되어 있는 것이 사실이라 할지라도 이 이론은 이해하기가 대단히 어려운 이론이다. 이 이론이 난해한 한 가지 이유는 크로체가 존재하는 모든 것은 정신적이거나 영적일 뿐이며 물리적 사물들 따위는 존재하지 않는다고 주장하는 철학적 관념주의자라는 데에 있다. 예술 작품은 어떠한 형식적 성질도 지니지 않는다. 왜냐하면 우리가 예술 작품에서 발견하는 것은 우리에게 미소를 보내는 우리 자신의 영혼이기 때문이다. 예술은 직관이며, 직관은 감정으로부터 오는 상상적이고 비개념적인 인식이다. "직관은 감정을 표현하며 또 감정으로부터만 나올 수 있기 때문에 참으로 그러하다."[21] 표현하지 못하는 직관은 어느 누구도 지닐 수 없다. 기하학적 모형에 대하여 순수한 직관을 갖는 일은 그 도형을 그리는 능력과 다른 것일 수 없다. 따라서 예술에서 직관하는 일은 그것을 표현하는 일이다.

그러나 예술적 직관이나 미학적 직관이 다른 종류의 직관—이를테면 삼각형에 대한 직관—과 어떻게 다른가? 크로체는 두 유형의 직관은 중요한

---

21) B. Croce, *A Breviary of Aesthetics*, E. F. Carritt, trans., in Carritt *Philosophies of Beauty*, p. 241.

차이가 없다고 대답한다. 모든 직관은 아름답다. 민감한 사람들이 어떻게 모든 것 심지어는 낡은 구두에서조차도 미를 발견할 수 있는가를 이 사실이 설명해준다. "한 예술가는 미소 짓는 경치에, 다른 예술가는 넝마 더미에, 또 다른 예술가는 어린 소녀의 예쁜 얼굴에, 다른 예술가는 늙은 악한의 비열한 용모에 도취된다."[22] 일상적 직관과 예술적 직관 사이에 차이점이 있다면 그건 양적 차이지 질적 차이는 아니다. 즉 예술적 직관은 우리가 일상적으로 경험하는 직관보다 넓고 복잡하다. 대중적 연가가 지닌 직관은 참으로 아름답지만 레오파르디의 연가에서 볼 수 있는 복잡한 직관에 비하면 하찮은 정도의 아름다움이다.

예술에서의 직관은—당신이 원한다면 상상력이라 불러도 좋은데—심상(心象, image)을 통하여 자신을 드러내며, 이 심상들은 어휘 · 색깔 · 선· 악음을 통하여 밖으로 형상화된다. 이 심상들은 좋은 것도 나쁜 것도 아니고, 현실적인 것도 비현실적인 것도 아니며, 유용한 것도 무용한 것도 아니다. 그것들은 아름답다. "예술은 통찰 즉 직관이다. 예술가는 심상이나 꿈을 만들어낸다. 그리고 예술을 감상하는 사람들은 예술가가 지시한 방향으로 눈길을 돌려 예술가가 만들어 준 구멍을 통해 들여다보고 자신들의 내부에 이 심상을 재생시킨다."[23]

쾌락으로서의 예술

산타야나는 미를 쾌락이라고 말했다. 미는 어떤 사물의 성질로 간주된 쾌락 즉 객관화된 쾌락(客觀化된 快樂, objectified pleasure)이다. 어떤 사람들은 산타야나가 미의 형식적 성질들을 희생시키고 미의 주관성을 강조한다고 반대할지도 모른다. 그러나 산타야나는 적어도 예술이 어떤 의미에서는 오락

22) B. Croce, *Aesthetics*, D. Ainalie, trans., London: MacmIllan, 1929, p. 99.

23) B. Croce, *A Breviary of Aesthetics*, cited In Carritt, *Philosophies of Beauty*, p. 223.

이고 즐거움이라는 것을 깨닫게 해준다. 미적 경험은 감정을 고조시키지만 이 흥분 상태는 고통스러운 것이 아니라 즐거운 것이다. 예술은 종종 고통스러운 것과 추한 것을 다루지만, 이러한 것들에 대한 표현은—설명하기는 어렵지만—우리에게 만족을 줄 수 있는 방식으로 이런 것들을 취급한다. 이것은 아리스토텔레스가 말한 것처럼 성공적 모방은 비록 그 주제가 추한 것일지라도 언제나 즐거움을 주기 때문인가? 아니면, 우리가 예술에서는 고통스러운 상황을 결코 문자 그대로 받아들이지 않고, 마치 고통스러운 것처럼 가상만 하기 때문인가? 우리가 사물의 비극적 측면에 대한 표현(작품)을 관조할 때에 예술가가 개별적인 것을 통해서 보편적인 것을 파악하는 감탄하지 않을 수 없는 방식에 압도적 만족을 얻는다는 쇼펜하우어의 말이 어쩌면 산타야나에게도 타당할 듯하다. "그렇다, 바로 그것이다!"라고 산타야나가 말했을 듯하다. 산타야나의 말을 들어 보자.

> 우리는 추상적 아름다움에 대한 추상적 표현보다는 아름답지 않은 진실이 아름다운 형상으로 표현되었을 때 더욱 고마움을 느낀다. 따라서 우리가 쾌락에 대한 순결을 고집할 때 잃어버리게 되는 바로 그것이 실제 생활에서 우리의 영혼 위에 폭군처럼 군림하는 그 사물들에 대하여 영혼이 심미적 거리를 두고서 평안하게 바라다보고 또 주의 깊게 고무될 때에는 얻어진다. …[24]

아퀴나스는 아름다운 것은 바라보는 사람에게 즐거움을 주는 것이라고 말했다. 물론 우리에게 즐거움을 주는 모든 것이 다 아름다운 것은 아니다. 그러나 예술 작품이 즐거움을 주지 못한다면, 그러한 예술 작품은 실패한 것이라고 비평가들은 말한다. 이 말은 예술 작품이 모든 사람에게 즐거움을 주어야 한다는 말이 아니다. 아름다운 사물이 난해하여 우리에게 쉽사리 쾌락을 주지 않을 수도 있다.[25] 예술은 오로지 온정적 감정을 일으켜 행복하게

---

24) G. Santayana, *The Sense of Beauty*, New York: Scribner, 1896, pp. 207-208.(PB: Dover, New York.)

25) 베토벤은 한 바이올린 연주자가 어떤 사중주에서 자신이 맡은 부분을 연주할 수

해주는 것만은 아니다. 쇤베르크(A. Schönberg, 1874-1951)의 "피에로 루네르"는 음악의 전통적 아름다움을 느끼게 해주지는 않는다. 미적 쾌락이 지닌 독특한 성질은 어떤 세대의 예술 철학자들에게는 흥미 있는 문제였다. 플라톤은 장미꽃의 향기같이 "혼합되지 않은" 쾌락에 관하여 언급하고, 예술이 일으키는 쾌락은 고통을 겪은 후에 오는 것이 아니기 때문에 순수한 쾌락이라고 말한다. 칸트는 우리가 아름다운 것에서 느끼는 쾌락이 무사한 쾌락이라고 말한다. 우리가 아름다운 것에서 얻는 만족감에는 유용성이나 이익에 관한 시사가 전혀 없다. 예술적 대상은 수단이나 도구로 간주되지 않는다. 다시 말해서 예술적 대상은 그 자체가 목적으로서 우리를 즐겁게 해준다. 그러므로 미를 파악하고 있는 상태는 "사심 없는 쾌락"에 잠겨 있는 상태다.

오락으로서의 예술

칸트는 미적 경험에 대해서 우리가 어떤 대상을 즐길 때에 그 이익이나 유용성을 위해서가 아니라 오직 그 자체가 즐겁기 때문에 즐기는 경험이라고 설명하였는데, 이 주장은 예술을 오락(娛樂, play)이라고 본 그의 견해에 관련되어 있다. 일은 어떤 목적을 위한 활동이다. 오락은 그 자체가 유쾌한 활동이다. 따라서 예술은 일이라기보다는 오락과 더욱 밀접하게 관련되어 있다.

시인 쉴러(F. Schiller, 1759-1805)는 칸트의 이 생각을 채택하여 자신의 「미학 서간집」에서 예술의 발생에 관한 이론으로 발전시켰다. 예술은 오락하려는 충동에서 비롯되며, 오락은 일종의 잉여 에너지의 범람이나 방출이다. 인간은 어떤 필요성에 의해 동기가 유발될 때에는 일을 한다. 그러나 남아돌아가는 생명력이 넘쳐흘러 그 자체가 목적인 즐거운 활동을 일으키는

없노라고 불평하자 이렇게 말했다. "쉬판찌히, 자네는 내가 자네를 위해서, 자네의 그 삑삑거리는 바이올린을 위해서 사중주를 작곡한 줄 아는가?"

경우 이 활동을 즐기는 사람은 오락을 한다. 쉴러에게서 암시를 받은 스펜서(H. Spencer, 1820-1903)는 쉴러가 잉여 에너지의 표현이라고 설명하는 동물의 오락 행위에서 미적 행위의 기원을 찾았다. 그는 자신의 「심리학의 원리」라는 책에서 고등 동물의 경우에는 육체적 필요성을 충족시키고도 완전히 소모되지 않고 남아 있는 에너지가 모든 종류의 유쾌한 감정을 불러일으키는 오락에 사용된다고 하였다. 미적 경험에서는 유기체의 능력이 최소의 긴장 속에서 최대의 활동을 수행하도록 작용한다는 것이다.

그루스(K. Groos, 1861-1946)는 예술이 시늉 내기 놀이(game of make-believe)의 일반적 형태들 가운데서 최상의 형태라고 보았다. 장난을 거는 강아지는 주인에게 덤비는 시늉을 한다. 레슬링이나 테니스 같은 사람들의 운동도 우월성을 쟁취하기 위한 투쟁을 시늉 내는 양식화된 투쟁 즉 싸움 시늉이다. 그리고 이것들은 "실재의 사실"보다 훨씬 즐거운 것이다. 예술가도 우월성을 얻으려고 한다. 그는 쾌락만을 얻기 위해서 창조하지는 않는다. 예술가는 자신의 "시늉 내기"에서 동료 인간들을 넘어서는 정신적 우월성을 얻는다. 그루스는 "정신적 우월성이 예술의 최고 목적이며, 진정한 천재치고 이 정신적 우월성을 바라지 않는 사람은 없다."고 주장하였다.[26)]

소원 실현으로서의 예술 — 프로이트

예술가가 "시늉 내기"를 통해서 우월감을 얻는다는 그루스의 생각은 정신 분석학의 창시자인 프로이트의 이론과 별로 다르지 않다. 예술가가 하는 일에 관한 프로이트의 주장은 고전적 무사 이론(無私 理論, disinterest theory)과는 반대다. 프로이트에 의하면 예술은 마음속의 욕망을 환상에 투사하는 것이다. (내성적이면서 거의 신경 과민의 심리 상태에 있다고 할 수 있는) 예술가는 다른 모든 사람과 마찬가지로 깊이 뿌리박힌 본능적 충동에 의하여 동기가 유발된다. 예술가는 권력 · 명성 · 명예 · 부 · 여인 등을 원한다.

26) K. Groos, *The Play of Animals*, New York: Appleton, 1898, p. 295.

그러나 그는 이러한 소원을 채울 수 있는 수단을 갖고 있지 못하다. 그래서 예술가는 자신의 욕망을 환상으로 투사한다. 이러한 일은 정신력이 허약한 사람으로 하여금 비현실적 성격을 갖게 하고 결국 신경병에 걸리게 할 것이다. 그러나 예술가는 그렇지 않다. 환상의 산물들이 먼 길을 이리저리 돌아 그가 참으로 원하는 것들을 그에게 가져다주기 때문에 예술가는 현실로 되돌아오게 된다. 예술가는 일상인이 즐거움을 느낄 만한 환상들을 창조할 수 있다. 왜냐하면 일상인은 자신의 보잘 것 없는 백일몽으로는 만족에 도달할 수 없는 사람들이기 때문이다. 다른 사람들이 쾌락과 위안을 발견할 수 있는 환상을 만들어낼 수 있는 능력으로 말미암아 예술가는 감사와 사랑이라는 대가를 얻는 것이다. 그리하여 예술가는 "자신이 표현한 환상에 의해서 그가 단지 환상 속에서만 얻을 수 있었던 명예 · 권력 · 여인의 사랑 등을 현실에서 얻게 된다."[27]

감정 이입

위에서 설명한 프로이트의 이론에서 자아를 예술 속에 투사한다는 설명은 상당히 단순한 생각이다.[28] 이 생각을 간추려 정리하면, 예술가는 어떤 기본적 열망을 지니고 있는데, 이 열망은 환상으로 투사되며, 이 환상은 다시 예술 작품으로 객관화된다는 것이다. 그러나 미학 이론들 가운데에는 매우 파악하기 힘든 "자아 투사"(自我 投射, self projection)라는 개념을 포함하고 있는 이론이 있다. 감정 이입 이론(感情 移入 理論, empathy theory,

27) S. Freud, *A General Introduction to Psychoanalysis*(1920), Garden City, New York: Doubleday, 1952, pp. 327-328. (PB: Washington Square Press, New York.)

28) 이 말은 프로이트가 「정신 분석에 대한 일반적 입문」(*A General Introduction to Psychoanalysis*)이라는 책에 예술가에 관하여 써놓은 내용이 그렇다는 말이다. 프토이트는 다른 책 예컨대 「레오나르도 다빈치」에서는 예술과 예술가에 대하여 훨씬 더 복잡한 논의를 하고 있다. (PB: Vintage, Random House, New York.)

Einfühling("in-feeling") theory)이 그것이다. 이 이론은 립스(T. Lipps, 1851-1914)와 그 제자 리(V. Lee, 1856-1963)의 미학 이론이다.

미적 경험에서 우리는 심리학자들이 "공감적 운동 반응"(共感的 運動 反應, sympathetic motor response)이라 부르는 상태를 내부에서 느낀다. 이 현상을 예증하기 위한 실례는 관례적으로 건축에서 빌려 온다. 도리아식의 기둥이 그 기초를 굳게 내리 누르고 있는 것처럼 보일 때에 우리는 자신의 근육의 긴장감을 기둥에 이입한다. 멋진 마천루를 대했을 때에 유기체로서의 인간은 마치 나르려는 듯이 긴장된 공감적 근육 반응을 일으킨다. 만일 이처럼 미적 즐거움에 대한 감정 이입 이론이 예술에 의해 일깨워지고 예술 속에 투사되는 공감적 심리 상태나 공감적 근육 자세에 주의를 환기시키는 데에만 그친다면 이 이론을 이해하기는 별로 힘들지 않을 것이다.

그러나 감정 이입 이론은 대상 속에 근육적 긴장을 투사한다는 것 이상의 것에 관하여 주장하고 있다. 립스는 미적 경험에서는 자아와 대상이 너무 완벽한 결합을 이루기 때문에 우리가 공감적 신체 자세를 지닐 수 있다는 것은 사실이라고 말한다. 그러나 이것은 "감정 이입"이 행동으로서 밖으로 나타난 표시에 지나지 않는다. 예술에서 주체와 객체가 참으로 통합되는 때는 우리가 대상에 대한 단순한 신체적 태도에서부터 인간 정신의 가장 발전된 과정에 이르기까지의 모든 종류의 활동과 감정을 대상에 투사하는 때다. 운동을 하고 있는 사람을 보고 즐기는 경우를 생각해보자.

> 나는 지금 운동하고 있는 사람의 모습에서 완전히 내가 뛰고 있다고 느끼고 있다. 만일 우리의 자아가 공간적 영역을 갖는다고 말할 수 있다면 공간적으로도 나의 자아는 그 모습이 움직이는 바로 그 곳에 있다. 나는 그 움직이는 모습에 도취되었다. 의식에 관한 한 나의 전체가 완전히 그 모습과 동일하게 되었다. 이처럼 나는 내가 관찰하고 있는 사람의 모습에서 나 자신이 활동하고 있음을 느끼며 또한 그 속에서 자유롭고 경쾌해지며 자부심을 느낀다. 이것이 미적 모방이며, 이런 모방은 또한 미적 감정 이입이다.29)

립스의 감정 이입 이론은 미적 경험에서 "자아"가 감상의 대상에 투사된다고 주장한다. 리는 감정 이입에 대한 이 "형이상학적 해석"으로부터 그녀의 이론을 분리시키고, 감정 이입을 "보통의 인간 활동을 통해 인식하게 된 근본적인 활동 양상을 대상에 부여하는 복잡한 정신 작용"이라고 정의하고, 이 정의에 만족하고 있다.[30)]

예술과 생활

형식과 내용

순수 예술은 감각적 매체를 사용한다. 건축과 조각의 경우에는 돌·나무·금속·유리를 사용하고, 그림과 스케치의 경우에는 색과 선을 사용하며, 음악에서는 악음과 박자를 사용한다. 문학 예술은 위의 매체들에 견줄 만한 문학 예술 전용의 감각적 매체를 갖고 있지 않다. 문학 예술은 상당히 개념적인 언어를 사용해야 한다. 그래서 철학으로서의 미학이 "순수" 예술과 "문학" 예술 양쪽을 모두 조명할 수 있는 하나의 원리를 수립하기는 어려운 일이다. 우리는 예술 작품에서 형식(形式, form)과 내용(內容, content)을 구별할 수 있을까? 시는 마귀나 대장장이나 여인의 머리 자락 등의 무엇인가에 관련되어 있는 듯하다. 작곡을 할 때에는 어떤 주제에 맞추어서 한다. 그림은 다른 것이 아니라 선택된 바로 이 제재(題材)—이를테면 여신, 코르시카풍의 방, 회색 사각형 속의 노란 사각형—를 보여준다. 그렇지만 모든 개개의 예술에서 내용은 그 예술에 특유한 방식으로 처리된다. 제재는 형태가 부여되

29) T. Lipps, cited in M.M. Rader, ed., *A Modern Book of Esthetics*, Holt Rinehart and Winston, 1935, p. 298.

30) V. Lee, *The Beautiful*, London: Cambridge University Press, 1913, p. 66.

고 질서가 잡히고 조절된다.

덩실한 짐마차꾼 잿빛 말,
떨그럭거리게 번쩍이는 구두를 신겨야지!

이 구절은 그 내용에 관해서만 생각한다면 아래 구절과 똑같다.

짐마차를 끄는 커다란 회색 말을 위해서 빨갛게 달군 쇠를 망치로 두들겨 편자를 만들어 신기자.

그러나 예술적 견지에서는 이 둘 사이에 차이가 있는데, 이 차이는 "구두"라는 말이 "편자"라는 말보다 근사하기 때문만은 아니다. 예술 철학자들은 최고 수준의 예술 작품에서는 내용과 형식이라는 두 요소가 완벽한 결합과 균형을 이루고 있다고 흔히 주장한다. 그들은 예술 작품에서의 형식은 과자에 크림을 입히거나 바닐라 향을 치듯이 예술 작품에 덧붙여진 것이 아니라 그보다 훨씬 더 중요한 것이라고 주장한다. 심상(心象, imagery)과 은유(隱喩, metaphor)는 시를 아름답게 장식하려고 시의 주제에 덧붙여지는 것이 아니다. 형식은 예술의 장식이 아니라 작품 전체를 구성하는 데에 없어서는 안 되는 요소다. 주제가 형식을 희생시키고 우세하게 드러나면 예술 작품의 가치는 손상된다. 그림에서 의미가 선보다 더 큰 비중을 차지하면 그림을 망치게 된다.

표현과 생활

예술 작품에서 내용과 형식의 관계에 대한 의문들이 온갖 종류의 어려운 문제를 일으키는 원인이다. 그림에서의 표현 문제를 예로 들어보자. 어떤 그림들은 나무나 인물을 그린 그림처럼 실재하는 대상을 표현한다. 이런 경우에는 이 그림의 "주제"(主題, subject matter)가 무엇인가를 말하기는 아주 쉬운 것처럼 생각된다. 그러나 다른 중요한 종류의 그림에서는—예컨대 흔히 "추상 미술"이라 부르는 그림의 경우에는—실재하는 대상과는 흡사하지 않은 제재를 보여준다. 어떤 비평가들은 그림에서 표현적 요소가 그림 자체와 관계가 없다고 주장한다. 그들은 어린이를 그린 그림을 감상할 때에 우리가 일상생활에서 지니는 어린이들에 대한 호의적 태도를 끌어들임으로써 그림을 평가하는 일에 어떤 영향을 미칠까봐 두려워한다. 모든 사람이 죽 그릇을 들고 있는 어린 소녀를 그린 피카소의 그림을 좋아한다. 이 그림에 대한 우리의 반응들 가운데 얼마나 많은 것이 미리 준비되어 있는가? 클리브 벨은 그의 미학 이론에서 모든 시각 예술의 작품에 공통하는 성질은 "의의 있는 형식"(意義 있는 形式, significant form)이라는 주장이 가장 중요한 통찰로 인정받고 있는 비평가인데, 그는 다음과 같은 규칙을 수립했다.

> 예술 작품에서 표현적 요소는 해로울 수도 있고 해롭지 않을 수도 있다. 표현적 요소는 항상 예술 작품과 관련이 없다. 왜냐하면 예술 작품을 감상하기 위해서는 우리 생활 속의 관념과 사건에 관한 어떠한 지식도, 생활 속에서 익숙해진 어떠한 정서도, 다시 말하면 생활과 관련 있는 어떠한 것도 필요로 하지 않기 때문이다. 예술은 우리를 인간이 활동하는 세계로부터 예술적 고양(高揚)이라는 세계로 옮겨 놓는다. 잠깐 동안 우리는 인간적 관심사로부터 차단된다. 따라서 우리의 예견과 기억은 억류되고, 우리는 삶의 흐름 위로 떠오른다.[31]

화가가 그림을 그리는 주제가 인간이건 사과건 주제보다도 "입체감"(立體感, solid)이나 "양감"(量感, volume)을 처리하는 방식이 더 중요하다는 주장이 널리 알려져 있다. 그러나 그림의 주제는 그림에서 완전히 말살할 수 없는 어떤 역할을 하고 있다. 우첼로(P. Uccello, 1397-1475)의 그림은 고체들을 그린 것인가? 아니면 말들을 그린 것인가? 시마부(G. Cimabue, 1240?-1302)와 같은 시대에 살았던 사람들은 시마부의 그림 〈마돈나〉를 근본적으로는 채색된 평면이라고 생각해서 가치를 부여했을까? 선정적 나체

31) Bell, *Art*, p. 25.

화를 그린다는 비난에 마띠스(H. Matisse, 1869-1954)는 "그건 여자의 몸이 아니라 그림이다."라고 응수했다. 그러나 르노와르(P. A. Renoire, 1841-1919)의 그림이 여인의 여성다움보다도 여체의 양감에 더 깊이 관련되어 있다고 말할 수 있을까?

우리가 생활 속에서 얻은 태도와 신념이 예술에 무관하다는 생각은 그림에서 표현적 요소가 예술에 무관한 것과 마찬가지로 예술과 생활이 어떤 근원적인 면에서 양립할 수 없다는 현대의 영향력 있는 전통을 보여주는 단지 한 가지 방식일 따름이다. 이 전통은 미적 쾌감이 무사하다고 가르쳤던 칸트의 주장을 철학적 신조로 삼고 있다. 즉 미적 즐거움은 개인적 이익의 만족과는 전혀 관계가 없다. 쇼펜하우어는 이 견해를 발전시켰다. 그는 참다운 미적 상태는 각자에게 좋은 것을 얻으려는 우리의 모든 욕망이 활동을 중지해버린 무의지적 명상의 상태라고 주장하였다 19세기 중엽에는 프랑스의 고티에(T. Gautier, 1811-1872)가 "예술 그 자체를 위한 예술"(l'art pour l'art, art for art's sake)이라는 지금은 널리 알려져 있는 구호를 찬양하였다. 그 뒤 상징주의자들은 예술에 대한 시인의 의무가 자신의 삶을 등질 것을 시인에게 요구한다고 주장하였다. 아담(V. l. Adam, 1838-1889)은 "삶에 관한 한 노예들로 하여금 우리 대신 살게 할 수 있다."고 말했다. 현대의 소설가 말로(A. Malraux, 1901-1976)는 인간이 삶에서부터 예술을 만들어 내는 것이 아니라고 선언하였다. "모든 예술은 인간의 운명에 대한 반란이다."[32] 말로는 예술이 삶에 맞서는 경쟁자라고 보았다.

예술과 도덕성

"도덕"(morality)이란 말은 넓은 의미로는 인간들 사이의 올바른 관계를 뜻한다. 좁은 의미의 도덕은 올바른 성 관계를 뜻한다. 예술은 이 두 가지

32) André Malraux, *The Voice of Silence*, Garden City, N.Y.: Doubleday, 1953, p. 39.

의미의 도덕에 모두 관련되어 있다. 여러 시대를 내려오면서 도덕가들은 수없이 되풀이하여 예술이 나태를 조장하며 성적 열정을 자극한다고 비난해왔다. 어느 시대에나 사회적 도덕의 수호자들은 조각을 덮어 가리고, 그림을 벽을 향해 돌려놓고, 시를 금하고, 책을 불태우고, 오페라를 중단시키고, 연극을 검열하였다. 이 모든 경우에 유일한 근거는 문제가 되어 있는 작품이 도덕적 고상함에 위배된다는 것이었다. 저명한 예술 철학자들도 이 점에 대하여 근심을 표명했었다. 플라톤은 음악과 시가 영혼의 긴장을 느슨하게 만들고, 젊은 사람들을 나태와 백일몽의 삶으로 이끌어간다고 믿었다. 톨스토이는 예술이 정욕을 불러일으키는 위험한 경향을 갖고 있다고 생각하여 두려워했다. 그는 나체 여인을 그린 그림과 간통을 다루는 소설을 비난하였다. 톨스토이는 어떻게 음악이 열정을 불지를 수 있는가를 보여주기 위해서 「크로이체르 소나타」를 썼다.

오늘날에는 도덕가들과 속물들의 격노한 외침을 미소로 대하거나 아니면 못 들은 척 무시해버리는 경향이 있다. 하지만 어떤 점에서는 그들이 옳을 수도 있다. 만일 예술이 우리의 모든 능력을 일깨울 수 있는 힘을 지녔다면 우리의 본성의 성적인 면이 불붙지 않고 그대로 남아 있으리라고 기대할 수는 없다. 산타야나는 "우리의 미적 감수성이 지닌 모든 감상적 측면은—이 감상적 측면이 없다면 감수성은 미적이라기보다는 지각적이고 수학적인 것이 되어버릴 것이다—희미하게 일깨워진 성적 조직(性的 組織, sexual organization)에 기초를 두고 있다."고 지적했다.[33] 미적 경험에서 얻는 쾌락은 무사한 것이라는 칸트의 말을 쇼펜하우어는 예술에 관여할 적에 우리의 능력이 모든 의지, 그 가운데 무엇보다도 성적 욕망으로부터 분리되어 있다는 것을 뜻한다고 해석하였다. 예술이 의지로부터의 도피라는 주장을 통하여 쇼펜하우어는 미적 상태는 육욕이 활동을 중지해버린 순수한 무의지적 관조의 상태라고 간주하였다. 니이체는 이를 부정했다. 예술은 의지를 가라앉히지 않는다. 예술은 의지를 정화시킬 때조차도 오히려 의지를 고조시킨다. 예술은 영적

33) Santayana, *The Sense of Beauty*, p. 59.

영역으로 날아오르는 능력을 지녔음에도 불구하고 그 기초는 감각, 심지어는 관능적 감각에 뿌리박고 있다. 모든 시대의 화가와 조각가가 여인의 나체로부터 영감을 발견해 왔다는 사실은 칸트가 주장한 "무사"와 대단히 다른 어떤 것이 예술에 개입되어 있다는 것을 보여준다. 이와 관련해서 니이체는 피그말리온(pygmalion)의 예를 들었다.

"도덕"이라는 말을 넓은 의미로 사용하는 경우에는 어떻게 될까? 예술과 도덕이 전혀 서로 다른 영역이라는 주장은 미학에서 거의 고전적인 견해이다. 도덕의 영역은 실용적 영역이라고 크로체는 말했다. 즉 도덕은 의지의 문제다. 그러나 미적 활동은 근본적으로 명상적이며, 명상 그 자체로서는 실용적 활동과 전혀 관계가 없다.

> 실제로 예술은 이미 오래 전에 파악된 바와 같이 의지의 활동에 의하여 생겨나는 것이 아니다. 사람을 선량하게 만드는 선의가 예술가를 만드는 것은 아니기 때문이다. 그리고 예술은 의지적 행위에 의해서 생겨나는 것이 아니므로 어떤 면제의 특권에 의해서가 아니라 그저 도덕적 특성들을 적용할 수 없기 때문에 도덕성을 지녀야 된다는 의무가 면제된다. 예술가는 도덕적 칭찬이나 비난을 받을 만한 행위를 상상하여 표현할는지도 모른다. 그러나 그 표현은 상상이기 때문에 칭찬이나 비난을 받을 만한 것이 아니다. 어떤 형법도 상상적 표현을 사형에 처하거나 감옥에 집어넣을 수는 없을 뿐만 아니라 아무리 도덕적 분별을 중시하는 사람일지라도 상상적 표현을 도덕적 판단의 대상으로 삼을 수는 없다. 단테의 부도덕한 프란체스카라든가 셰익스피어의 도덕적인 코딜리아라고 평가하는 것은, 사악한 삼각형이나 도덕적인 사각형이라고 판단하는 것보다 더 나을 바가 없다. 왜냐하면 단테의 프란체스카라든지 셰익스피어의 코딜리아의 기능은 순전히 예술적인 것이어서, 이를테면 단테나 셰익스피어의 영혼 속에서 이루어지는 음악의 음표들과 같기 때문이다.[34]

그러나 비록 예술과 도덕이 영역을 달리 한다 할지라도 예술가는 그렇지

34) Croce, *Breviary of Aesthetics*, cited in Carritt, *Philosophies of Beauty*, p. 36.

않다고 크로체는 덧붙인다. "한 인간으로서의 예술가는 인간의 법률의 구속을 받으며, 인간의 의무로부터 결코 벗어날 수 없다."[35)]

예술 그 자체를 위한 예술

19세기 후반의 몇몇 비평가와 문학가의 견해는 예술과 도덕성의 분리를 철저히 강조하는 특징을 보여주고 있다. 많은 논란을 일으켰던 「모펭 양」의 작가 고티에는 예술 그 자체를 위한 예술이라는 슬로건을 속물적인 중산층을 매도하기 위하여 휘둘렀었다. 페이터는 젊은 예술가들에게 "눈부신 보석 빛살 같은 불꽃으로 타오르라!"고 고무하였고, 짧은 인생 동안 "가능한 한 빠른 박동(搏動)으로 살라!"고 격려하였다.

> 네게서 소생하는 활기차고 다양한 의식이라는 이 열매를 가져다주는 것은 정열이라는 것을 분명히 깨달으라. 이 지혜로 비추어 보면 시적 정열, 미에 대한 열망, 예술 그 자체를 위한 예술에 대한 사랑이 극치임을 알 수 있다. 왜냐하면 예술은 지나쳐 흘러가는 당신의 삶의 순간들에게 다만 그 순간 자체만을 위해서 그리고 오직 최고의 성질만을 부여하려고 당신을 찾아오기 때문이다.[36)]

오스카 와일드(O. Wilde, 1856-1900)는 다음과 같은 경구를 썼다. "모든 예술은 전혀 실용과는 무관하다. … 도덕적인 책이나 부도덕한 책 따위는 없다. 책은 단지 잘 써졌거나 잘못 써졌을 따름이다. 그것이 전부다. … 어떤 예술가도 윤리적 공감을 지니지 않는다. 예술가의 경우에는 윤리적 공감은 용서할 수 없는 문체상의 매너리즘이다."[37)] 예술이 도덕이나 "생활"과 근본적으로 분리되어 있다고 보는 모든 견해와 아울러 고티에,

---

35) *Ibid*., p. 237.
36) W. Pater, *The Renaissance*, rev. ed., London: Macmillan, 1925, pp. 238-239. (PB: Mentor, New American Library, New York.)
37) O. Wilde, *The Picture of Dorian Gray*, Preface. (PB: Dolphin, Doubleday, Garden City, New York.)

페이터, 와일드의 태도는 때로 "유미주의"(唯美主義, aestheticism)라고 불린다.

"예술 그 자체를 위한 예술"이라는 신조에 대한 비판자들은 "예술가가 작품 안에서 도덕적이고 윤리적인 문제를 다루리라고 기대해서는 안 된다는 것을 인정한다. 그러나 그들은 일반적으로 보면 예술 그 자체를 위한 예술이라는 주장 속에는 미적 가치가 어떤 방식으로든 인간적 가치로부터 분리되어 있다는 잘못된 신념이 암암리에 내포되어 있다는 것을 발견하였다. 그러나 예술은 고도로 인간적인 일이어서 그것만을 인간적 가치로부터 분리시킬 수 없는 것이다. 이 점에 대해 산타야나는 이렇게 지적한다. "아름다움이 일종의 좋은 것인 한 그것은 도덕적으로 좋은 것이다. 그리고 예술의 창조와 감상은 … 적어도 우리가 도덕이라는 말로 도덕적 미신이 아니라 도덕적 경제성을 의미한다면 … 도덕의 영역 안에 속한다."[38] "예술 그 자체를 위한 예술"이라는 신조에 대한 니이체의 다음과 같은 비판은 고전적인 것으로 인정되고 있다.

> 만일 예술이 도덕을 가르쳐 인류를 향상시키는 일을 거절한다면 예술은 결국 완전히 무의미하고 목적도 없고 무분별한 것, 요컨대 제 꼬리를 먹는 뱀이랄 수 있는 "예술 그 자체를 위한 예술"이 되어버리는 수밖에 없다. … 모든 예술은 도대체 무엇을 하는가? 예술은 무언가를 상찬하지 않는가? 예술은 무엇을 찬미하지 않는가? 예술은 무엇을 선택하지 않는가? 예술은 어떤 것을 탁월하게 드러내지 않는가? 이 모든 일을 통하여 예술은 어떤 가치 평가를 강화하거나 약화시킨다. … 〔예술가의〕 가장 기본적인 본능은 예술과 관련 있는 것일까? 오히려 예술의 목적인 삶과 더 깊이 관련 있는 것 아닐까? 보다 바람직한 삶과 관련 있는 것 아닐까? 사실 예술은 삶에 대한 커다란 자극이다. 어떻게 예술을 무목적적인 것으로, 무의미한 것으로, "예술 그 자체를 위한 예술"로 간주할 수 있단 말인가?[39]

---

38) G. Santayana, "A Brief History of My Opinions," in Irwin Edman, ed., *The Philosophy of Santayana*, New York: Modern Library, 1963, p. 20.

맺 옴 말

사람들은 마치 예술이 일상의 언어와 비슷한 의사 소통의 특수한 형태인 양 이야기하는 경우가 많다. 우리는 때로 음악을 "정서의 언어"라고 말한다. 조각품을 바라보고 있던 사람이 "저 조각은 나에게 아무 말도 하지 않는다."고 말하는 수도 있다. 교사는 학생들에게 "호오돈(N. Hawthorne, 1804-1864)은 소설 「주홍 글자」에서 무엇을 말하고자 하는가?"라고 물을 수도 있을 것이다. 또는 어떤 그림을 가리키면서 "이 화가는 인생에 대하여 무엇을 말하려고 하는가?"라고 물을 수도 있다. 이런 식의 말을 하는 사람은 시나 그림의 목표나 목적이 어떤 "전갈"(傳喝, message)을 전달하는 데에 있는 것으로 보고 있다. 다시 말해 예술 작품을 어떤 "관념"을 전달하는 매개물이라고 보고 있는 것이다. 이런 사람은 예술가가 어떤 "관념"을 색깔로 그리거나 음악 속에 짜 넣는다고 믿을 수도 있다. 예술에 관한 이와 같은 생각은 예술가들을 당황하게 만든다. 심지어는 예술 활동에서 언어를 사용하기 때문에 이 면에서는 다른 비언어적 예술들보다 개념들의 질서에 훨씬 더 직접적 관련을 맺고 있는 예술을 창작하고 있는 문학가들조차도 당황하게 만든다. 괴테는 이런 저런 희곡을 쓸 때에 무슨 생각을 하면서 썼냐는 질문을 받자 이렇게 대답했다. "생각이라고? 모르겠는 걸. 사람들은 나에게 「파우스트」를 쓸 때에 무슨 생각을 가졌었느냐고, 마치 내가 그것을 알고 있어서 그걸 말할 수 있다는 듯이 묻지만 말이야!"[40] 앙드레 지드는 "예술 작품은 관념의 노예가 아니다. 오히려 미에 봉사하는 일이 언제나 관념의 역할이어야 한다."고 말했다.[41]

---

39) F. Nietzsche, *Twilight of the Idols*, in Oscar Levy, ed., *The Complete Works of Friedrich Nietzsche*, New York: Macmillan, 1924, vol. 16, pp. 79-80. (PB: The Portable Nietzsche, W. Kauffman, ed., Viking, New York.)

40) *Conversation with Eckerman*, New York: Dutton, Everyman's library, 1930, p. 205. (PB: Ungar. New York.)

41) Preface to *King Candaulus*.

예술 철학자들은 예술이 언어인가 아닌가, 그리고 예술이 언어라면 어떤 의미에서 그러하며, 그렇지 않다면 어떤 의미에서 그렇지 않은가라는 어려운 문제에 관해서 서로 다른 태도를 보이고 있다. 그러나 그들은 (톨스토이를 제외하고는) 일반적으로 예술의 일차적 기능이 도덕적 내용을 전달하는 데 있다고 보는 모든 입장을 거부하는 일에는 어느 정도 의견의 일치를 보고 있다. 그들은 그러한 견해가 예술의 자주성을 부정하는 것이라고 본다. 즉 그러한 주장은 예술 작품을 단지 사상을 전달하는 매개물로 만들어버리며, 또 그렇게 함으로써 예술 그 자체를 2급의 격위로 떨어뜨린다고 생각한다. 그러나 우리가 예술에 대한 "전갈" 이론을 소박하고 유치한 것으로 거부한다고 할지라도, 이 사실은 예술가들이 그들의 작품 속에서 사회 생활 속의 도덕적 가치를 지지할 수 없다는 것을 뜻하는 것은 결코 아니다. 예술가들은 종종 어떤 가치를 지지하는 수가 있다. 예술가가 가치에 대해서 개인적 지지나 비난을 드러내 보이지 않는다—또는 비록 표현했다 할지라도 원래는 그러지 않았어야 한다—는 생각은 칸트와 쇼펜하우어가 철학적으로 정당성의 기초를 마련해준 미적 경험에 대한 고전적 무사 이론의 결론이다.

소설가인 플로베르와 조이스는 예술가가 아리스토텔레스의 신 즉 자기가 창조한 세계에서 물러서서 어느 쪽도 편들지 않고 손톱을 다듬고 있는 신처럼 개인적 사연을 벗어나 있어야 한다고 생각했다. 하지만 이런 생각은 예술 이론의 한 가지 전통에 불과하다. 필자의 취향은 우연히 이 전통과 일치하고 있다.

그러나 또 하나의 전통이 있다. 이 전통은 예술이 목적 지향적 활동(目的指向的 活動, interested activity)이라고 주장하는데, 우리는 귀를 기울여 이 주장도 들어보아야 한다. 제2차 세계대전이 발발하기 직전에 아르토(A. Artaud, 1896-1948)는 극장을 위한 새로운 미학을 공개하는 격렬한 선언문을 발표했었다. 그는 "진정한 문화는 예술에 대한 무사하고 무기력한 관념을 거부하고, 철저히 자기 본위적이고 마력적인 관념 즉 유목적적 예술관을 요구한다."고 주장하였다. "잔혹극"(殘酷劇, Theatre of Cruelty) 운동의 창시자인 아르토는 예술의 목적이 삶 자체에 접촉하기 위하여 언어를 돌파하는 일이라고 주장한다. 아르토가 말하는 "삶"은 대체 어떠한 삶인가? 그의 말을 들어보자.

> 내가 말하는 삶은 겉으로 보이는 사실 표면을 통해 아는 삶이 아니라 형식이 결코 도달할 수 없는 덧없고 유동적인 중심을 뜻한다는 것을 깨닫기 바란다. 그러니 만일 우리 시대에 아직도 참으로 저주받은 소름끼치는 일이 있다면, 그건 우리가 화형주(火刑柱) 위에서 불꽃으로 타오르면서 이처럼 살라고 신호를 보내던 순절자(殉節者)처럼 살지는 않고 형식들과 더불어 예술적 희롱이나 일삼고 있다는 사실이다.[42]

---

42) *The Theatre and its Double*(1938), M. C. Richards, trans., Grove Press, 1958, p. 83.

더 읽어야 할 책들

Aristotle, *Poetics*. (PB: "On the Art of Poetry," Liberal Arts, Bobbs-Merrill, Indianapolis.)

Bell, Clive, *Art*, London: Chatto & Windus, 1914. (PB: Capricorn, Putnam, New York.)

Carritt, E. F.(ed.), *Philosophies of Beauty, from Socrates to Robert Bridges*, Oxford: Clarendon Press, 1931.

Croce, Benedetto, *Aesthetics*, D. Ainslie(trans.), London: Macmillan. 1929. (PB: Noonday, Farrar, Straus & Giroux, New York.)

Dewey, John, *Art as Experience*, New York: Macmillan, 1934. (PB: Capricorn, Putnam, New York.)

Ducasse, C. J., *Art, the Critics and You*, O. Piest, New York, 1944. (PB: The Liberal Arts, Bobbs-Merrill, Indianapolis.)

Edman, Irwin, *Arts and the Man*, New York: Norton, 1939. (PB: Norton.)

Gilbert, K. E., and H. Kuhn, *A History of Esthetics*, New York: Macmillan, 1939.

Gombrich, E. H., *Art and Illusion*, Pantheon Books, Inc., 1960.

Hauser, Arnold, *The Social History of Art*, New York: Knopf, 1951, 2 vols. (PB: Vintage, Random House, New York, 2 vols.)

Kant, Immanuel, *Critique of Judgment*, J. H. Bernard(trans.), London: Macmillan, 1892. (PB: Hafner Library of World Classics, Hafner, New York.)

Langer, Susanne K., *Feeling and Form*, New York: Scribner, 1953.

Lee, Vernon, *The Beautiful*, London: Cambridge University Press,

1913.

Malraux, André, *The Voices of Silence*, Garden City, N.Y.: Doubleday, 1953.

Margolis, J.(ed.), *Philosophy Looks at the Arts*. (PB: Scribncr, New York. 1962.)

Panofsky, Erwin, *Meaning in the Visual Arts*, Garden City, N.Y.: Doubleday, 1957. (PB: Anchor, Doubleday.)

Parker, DeWitt, H., *The Principles of Aesthetics*, New York: Appleton-Century-Crofts, 1946.

Parkhurst, Helen Huss, *Beauty: An Interpretation of Art and the Imaginative Life*, Harcourt, Brace & World, 1930.

Plato, *Phaedrus*. (PB: Liberal Arts, Bobbs-Merrill, Indianapolis.)

Plato, *Republic*, F. M. Cornford(trans.). (PB: Galaxy, Oxford U. P., New York, pp. 400-402, 597-607.)

Plato, *Symposium*, Socrates Speech, 199-212. (PB: Liberal Arts, Bobbs-Merrill, Indianapolis.)

Rader, M. M.(ed.), *A Modern Book on Esthetics*, 3rd ed., Holt, Rinehart, and Winston, 1960.

Richards, I. A., C. K. Ogden, and J. Wood, *The Foundations of Aesthetics*, New York, Lear Publishers, 1929.

Santayana, G., *Reason in Art*, Scribner, 1934. (PB: Collier, Crowell-Collier, New Yark.)

Santayana, G., *The Sense of Beauty*, New York, Scribner, 1896. (PB: Dover, New York.)

Schopenhauer, A., *The World as Will and Idea*, R. B. Haldane and J. Camp(trans.), London, Routledge and Kegan Paul, 1948, vol. I, bk. 3. (PB: Dolphin, Doubleday, Garden City, N.Y.)

Tolstoy, Leo, *What Is Art?* A. Maude(trans.), London, Oxford U. P., 193I. (PB: Liberal Arts, Bobbs-Merrill, Indianapolis.)

Vivas, E., and M. Krieger(eds.), *The Problems of Aesthetics*, New York, Holt, Rinehart and Winston, 1953.

철학자들의 짤막한 전기

철학자들의 짤막한 전기

소크라테스(Socrates, 469-399 B.C.)

소크라테스의 아버지는 석수(石手)였고 어머니는 산파(產婆)였다고 전한다. 소크라테스는 평생을 아테네에서 살면서 플라톤과 크세노폰(Xenophon, 434?-355? B.C.)을 비롯해서 많은 젊은이를 가르쳤다. 노년에 "신들에 관하여 이상한 내용을 가르치고" "청년들을 타락시킨다"는 모호한 죄목으로 재판에 회부되어, 아테네 법정에서 유죄 판결을 받고, 감옥에서 사형되었다. 플라톤이 전하는 바에 의하면 소크라테스는 옥리가 슬피 울면서 그에게 건네준 독약을 마시기 전에 사랑하는 제자들에게 마지막 강의를 하였다.

아테네 정부가 소크라테스에게 적개심을 갖게 된 발단은 분명하진 않지만, 당시 집권 중이던 민주파가 과두파가 세운 공포 정치 정권을 기원전 403년에 전복시킨 후에도 소크라테스가 계속 아테네에서 활동하는 것을 염려했던 데에 있는 것 같다. 소크라테스는 플라톤을 비롯한 수많은 제자를 두었는데, 이 제자들의 부모나 형제들이 그 증오의 대상인 "30인 과두 체제"의 단기간에 걸친 정치에 가담했거나 찬성했던 것이다. 아테네의 통치자들은 소크라테스를 죽일 작정은 아니었던 것 같다. 오히려 그들은 소크라테스가 아테네를 떠나 망명하기를 원했던 것으로 짐작된다. 그러나 소크라테스는 이에 전혀 개의치 않고 활동을 계속했었다.

소크라테스는 저작을 한 권도 남기지 않았다. 소크라테스에 관한 이야기는 플라톤이 "소크라테스의 대화"를 충실히 기록했다고 여겨져 "소크라테스적 대화편"으로 불리는 「변론」(*Apology*)과 「크리톤」(*Crito*)을 통해 전해지고 있고, 또한 크세노폰이 고도의 상상력으로 소크라테스의 가르침을 재구성한 것으로 보이는 「소크라테스에 대한 회상」(*Memorabillia*)을 통해 전해지고 있다. 두 사람의 책은 모두 소크라테스의 관심의 주된 대상이 도덕적 가치였고, 또 소크라테스의 교수 방법인 "질의 응답 방식"은 논의의 대상 개념이 정의, 경건, 절제 또는 다른 어떤 도덕적 탁월성이건 언제나 그 개념에 대한 만족스러운 정의(定義, definition)에 도달하는 것을 목표로 삼았다는 데에 일치하고 있다.

전해 오는 이야기로는 소크라테스가 크산티페라는 부인의 손에 쥐어 살았다고 하지만 소크라테스의 결혼 생활이 불행했다는 이런 이야기는 나중에 주석가들이 꾸며낸 이야기로 보인다. 옛날부터 전해 오는 풍문으로는 미르토라는 둘째 부인이 있었다는 이야기도 있다. 소크라테스의 생애가 실제로 어떠했든 간에 소크라테스는 그를 알았던 사람들에게 잊을 수 없는 인상을 준 사람이었다. 제자 플라톤은 "소크라테스는 그가 살았던 시대에 내가 알았던 모든 사람들 가운데서 가장 현명하였고 가장 정의로웠으며 가장 훌륭하였다."고 전하고 있다.

플라톤(Plato, 427-347 B.C.)

플라톤은 아테네의 귀족 집안에서 태어났으며, 일생의 대부분을 고향 아테네에서 살았다. 청년 시절에는 소크라테스의 충실한 제자였다. 그래서 스승이 사형을 당한 일은 일생 동안 그의 마음에 나쁜 정부에 대한 공포심을 불러일으켰다. 소크라테스가 사형을 당하자 아테네를 떠났던 플라톤은 후에 아테네로 돌아와서 고등교육을 위한 학교 〈아카데미〉(academy)를 세웠다. 이 학교는 9세기 동안 유지되다가 서기 592년에 "유스티니아누스 칙령"에 의해서 폐교되었다. 〈아카데미〉의 상급 학생을 위한 교육 과정은 수학과 철학을 집중적으로 연구하도록 되어 있었다. 아리스토텔레스는 〈아카데미〉가 배출한 가장 뛰어난 졸업생이다.

플라톤은 시라큐스의 젊은 통치자 디오니시우스 2세의 궁정에서 가르치기 위해 두 차례 시실리에 갔었다고 한다. 그러나 플라톤은 거기서 경험했던 것들에 환멸을 느꼈으며, 정치적 혼란기에 한 번은 생명의 위협을 받았던 것 같다. 플라톤은 아테네로 돌아와서 80세에 죽을 때까지 〈아카데미〉에서 가르치는 일에 전념하였다.

플라톤의 철학은 대화의 형식으로 쓰여 있다. 이 대화편들은 지금도 모두 남아 있다. 초기의 대화편에는 소크라테스의 사상이 지배적으로 나타나 있다. 「국가론」(*Republic*), 「파에드루스」(*Phaedrus*), 「파에돈」(*Phaedo*) 등의 중기의 중요한 대화편 속에는 두 개의 주요한 개념 즉 철학, 종교, 문학에 막대한 영향을 미쳤던 이데아 이론 즉 형상 이론과 영혼에 관한 이론이 자세히 설명되어 있다. 플라톤의 이데아 이론은 아마도 모든 형이상학 이론 가운데서 가장 유명한 이론일 것이다.

플라톤은 평생 결혼하지 않았는데, 어쩌면 그가 동성애를 하지 않았나 하는 낌새도 보인다. 누구나 잘 아는 "플라톤적 사랑"이라는 관념은 아마 대화편 「향연」(*Symposium*)에서 나왔을 것이다. 「향연」 속에서 연회에 초대된 주요 손님이면서 화자인 소크라테스는 "사랑"에 관하여 성적 매력에서부터 이야기를 시작하고 있다. 그러나 눈으로 볼 수 있는 육체의 아름다움으로부터 눈에 보이지 않으면서 더욱 숭고한 정신의 아름다움에까지 고양되는 사랑에 대하여 설명하고 있다. 에로스(Eros)는 천상계와 이 세상 사이를 자유로이 왕래하면서 신과 인간을 맺어 주어 "최고의 사랑"을 실현시키는 위대한 힘이다. 르네상스 시대의 인문주의자들은 플라톤을 성자로 추대하자고 거론할 정도로 플라톤을 크게 찬양하였다. 플라톤 이후의 모든 서양 철학은 "플라톤 철학에 대한 주석"이라고 했던 화이트헤드의 말은 플라톤의 위대성을 짐작케 한다.

아리스토텔레스(Aristotle, 384-322 B.C.)

아리스토텔레스는 마케도니아의 한 의사의 아들이었다. 청년 시절에 플라톤에게 배우기 위해서 아테네에 유학했다. 아리스토텔레스는 20년 동안 아카데미에서 연구하고 또 가르쳤다. 아리스토텔레스가 마케도니아 출신이 아니었다면 아카데미의 학장이 되었을 것이라고 전해진다. 얼마 동안의 여행 후에 아리스토텔레스는 훗날 "알렉산더 대왕"이 된 알렉산더 왕자의 개인 교사로 일하라는 부름을 받고 마케도니아의 필립 왕의 궁정에 들어가게 되었다. 그 뒤 그는 아테네로 돌아와서 〈뤼케이온〉(Lyceum)이라는 학교를 설립하고 교육에 전념하였다. 아리스토텔레스가 죽기 직전 아테네에서는 마케도니아 사람들에 대한 반감이 폭발하였다. 그러자 소크라테스의 운명을 떠올린 아리스토텔레스는 전해 오는 이야기대로라면 "아테네 사람들로 하여금 두 번씩이나 철학에 죄를 짓게 하지는 않겠다."는 결심을 하고 아테네를 떠났다고 한다. 아리스토텔레스는 에우보에아 섬에서 세상을 떠났다.

아리스토텔레스는 플라톤의 가장 뛰어난 제자다. 그는 철학적 관심뿐만 아니라 폭넓은 과학적 관심을 가졌으며, 각 분야에 걸친 그의 놀라운 전문적 능력은 오늘날에도 믿기 어려울 정도다. 물리학, 천문학, 발생학, 동물학, 정치론, 윤리학, 시론, 형이상학, 논리학 등에 걸친 그의 논문들은 이 모든 과목에서 최초의 교과서였다. 오늘날까지 전해 오는 아리스토텔레스의 저작들은 상급 학년의 학생들을 위한 강의록이거나 아니면 그 강의록으로부터 발췌한 것으로 생각된다. 이렇게 생각해보면 그의 저작들이 비교적 무미건조하고 간결한 특징을 보이는 이유를 이해할 수 있다. 아리스토텔레스의 초기 저작은 거의 다 유실되었다. 이 초기 저작은 훨씬 더 훌륭한 문학적 매력을 지녔었다고 전해지고 있다.

아리스토텔레스는 철학과 과학이 사물(실체)을 깊이 사고함으로써 시작되지 않으면 안 된다고 가르쳤다. 그는 모든 사물이 질료(사물을 이루는 재료)와 형상(질료를 조직하여 어떤 사물을 바로 그 사물이게 하는 조직 원리)으로 구성된다고 생각하였다. 또한 그는 모든 사물에서 잠재 상태(한 사물로 될 수 있는 가능성)와 현실 상태(한 사물로 될 수 있는 능력이 실현된 상태)를 구별할 수 있다고 생각하였다. 한편 아리스토텔레스는 정의하는 방식을 개발했다. 우리가 어떤 사물을 정의하려면 먼저 그 대상을 그것이 속하는 자연적 집단(自然的集團, natural kind, 類, genus) 속의 종(種, species)으로 확정한 다음, 그 집단에 포함되는 다른 종들로부터 그 종을 구별하는 종차(種差, differentiating property)를 찾아내어 제시해야 한다. 아리스토텔레스의 이 분류 방식은 생물학자들에게 최초로 분류 기술을 마련해주었다.

아리스토텔레스는 결혼하였다. 전해 오는 이야기로는 정식 부인 외에 헤르필리스라는 매력적인 애인이 있었으며, 이 애인에게 집 한 채와 제일 좋은 것은 아니지만 쓸만한 가구들을 주었다고 한다. 도덕 철학에 관한 논문 「니코마코스 윤리학」(*Nichomachean Ethics*)의 제목은 아들의 이름인 니코마코스에서 따온 것이다. 중세의 대학에서는 "철학자"하면 아리스토텔레스로 통할 정도로 아리스토텔레스의 권위가 대단하였다.

플로티노스(Plotinos, 205-270)

플로티노스는 자신이 육체를 가졌다는 것을 수치스럽게 여겼다 한다. 비록 플로티노스가 자신의 책 속에서는 밤새 우리를 환대해 준 주인의 집을 비난해서는 안 되는 것과 마찬가지로 우리의 육체를 비난해서는 안 된다고 좋게 말하고 있기는 하지만, 적어도 그의 제자인 포르퓌리(Porphyry, 234-305)는 그렇게 전하고 있다. 포르퓌리의 책들은 신플라톤 학파의 철학자들 가운데 맨 마지막 사람이자 가장 위대한 사람인 플로티노스의 생애에 관해서 불충분하지만 유용한 전기적 자료를 제공하는 원천이다. 사실 포르퓌리는 플로티노스가 자신의 출생지, 혈통, 가족에 관해서는 어떠한 것도 말하기를 꺼린다고 생각한 나머지 플로티노스가 육체라는 껍질을 주체스럽게 여긴다고 믿었던 것이다.

플로티노스는 232년에 철학을 공부하기 위해 알렉산드리아에 가서 수수께끼 같은 인물 암모니우스 삭카스(Ammonius Saccas)의 제자가 되었다. 이 암모니우스라는 인물은 제자들이 스승의 가르침을 공개하는 일을 금지시켰던 이를테면 고대의 비트겐슈타인이었다. 그 내용이 무엇이었건 암모니우스의 가르침은 플로티노스의 철학 연구의 진로에 결정적 영향을 미쳤던 것으로 보인다. 암모니우스 밑에서 11년 동안 수학한 다음, 플로티노스는 페르시아와 인도의 지혜를 배우기로 결심하고, 황제 골디우스 3세의 페르시아 원정 부대와 함께 동방 여행 길에 올랐다. 그런데 골디우스 3세가 244년 메소포타미아에서 살해당했다. 황제의 원정대가 해산해버리자 플로티노스가 안토니오로 돌아가는 일도 난감하게 되어버렸었다. 플로티노스가 동방의 철학이나 종교를 충분히 배웠고 또 그 영향을 받았다는 것을 보여주는 증거는 아무 것도 없다.

나이 40세에 플로티노스는 로마에 돌아와 철학을 가르쳤다. 그는 자기가 갈리에누스 황제의 총애를 받고 있음을 기화로 황제를 부추기어 플라톤의 대화편 「법률」(*Laws*)을 모방한 헌법에 입각해서 플라톤 식의 국가를 남부 이탈리아에 창건하도록 거의 설득했었다. 만일 이 이상적인 도시 국가가 세워졌다면 당연히 "플라토노폴리스"(Platonopolis)라고 불렸을 것이다. 플로티노스는 나병과 비슷한 병으로 오래 동안 앓다가 죽었다. 그는 자신의 사명에 대한 존경할 만한 불굴의 정신으로 고통을 참아 내었다.

모든 행위를 명상의 약화된 형태라고 보았던 이 위대한 명상가는 54편의 논문을 9편 씩 묶어 6권으로 간행한 「엔네아데스」(*Enneades*)를 남겼다. 플로티노스의 저작은 모두 생애의 마지막 16년 동안에 이루어졌던 것으로 보이는데 탐구라기보다는 교의적 성격을 띠고 있다. 그의 가르침은 그리스도교 신학 특히 카파도니키아의 교부들—동방 교회에서는 배실과 니사의 그레고리, 서방 교회에서는 어거스틴—에게 지속적으로 영향을 미쳤다.

어거스틴(Augustin, 353-430)

어거스틴은 고대 카르타고의 유적에서 그리 멀지 않은—오늘날의 알제리아와 튜니지아의 국경 지방에 가까운—로마 영토 누미디아의 타가스테에서 태어났다. 이 기독교 성자를 그린 독창적인 그림들 가운데에는 그의 몸을 검은 색깔—그가 아프리카 태생이라는 사실과 어울리는 피부 색깔—로 그린 것이 가끔 눈에 띈다. 아버지는 로마의 관원이었는데 신앙이 없는 사람이었다. 어머니 모니카는 기독교도였다. 어거스틴이 자라서 기독교로 개종할 마음을 갖게 된 것은 아들의 정신적 행복을 끊임없이 염려하는 어머니의 정성에 감동했기 때문이었다. 어거스틴은 그의 격렬하고 정열적인 젊음을 공부와 쾌락의 추구에 바쳤다. 어거스틴의 부모는 그를 성공시키겠다는 욕심으로 그를 훌륭한 교사들에게 보내 수사학을 공부하도록 했다. 어거스틴은 영혼 불멸에 관한 아리스토텔레스의 초기 논문에 기초를 두었을 것으로 짐작되는 키케로이 유실된 저작 「호르텐시우스」(*Hortensius*)를 동해서 철학을 좋아하게 되었다. 어거스틴은 진리를 탐구하기 시작한 초기에 곧바로 마니교에 빠졌다. 빛의 원리에 반대되는 어둠의 원리에 의해서 악을 설명하는 마니교의 교리가 한동안 그를 사로잡았던 것이다. 그러나 어거스틴은 그 뒤 회의주의로 기울었으며, 또 그 뒤에는 신플라톤주의자들의 가르침에 관심을 돌렸다가,

결국에는 플라톤을 고대의 가장 현명한 철학자로 여기게 되었다.

아프리카를 떠나 이탈리아에 가 있을 때에 어거스틴은 밀라노에서 수사학 교수로 임명되었다. 그는 여기서 밀라노의 대주교 암브로우스(Ambrose, 340?~397)를 만나게 되었고, 암브로우스와 어머니 모니카가 합심하여 노력한 결과로 어거스틴은 기독교로 개종하게 되었다. 그는 교회 속에서 자신이 해야 할 일들을 확연히 발견하여 노력을 기울였다. 어거스틴은 395년에 히포(오늘날 알제리아의 본느)의 주교가 되었다. 어거스틴의 수많은 저작 가운데서도 「고백록」(*Confessions*), 「신국」(*The City of God*), 「삼위 일체에 관하여」(*On the Trinity*)가 두드러진다.

어거스틴은 고대의 정통 철학을 교육받았지만, 본질적으로 철학자라기보다는 신학자이자 종교 교육자였다. 어거스틴은 가장 중요한 진리를 이성이라는 자연적 빛으로부터가 아니라 계시를 통해서 얻었다. 그는 철학적 논증을 통하여 진리에 도달하기보다는 성서에 의거하여 진리를 발견하는 방법을 취했다. 그럼에도 불구하고 지식, 확실성, 시간, 역사, 자유 그리고 인생의 미묘한 상황에 관한 어거스틴의 심오한 통찰은 현대에도 종종 독특한 감명을 불러일으키는 깊은 맛이 있다. 어거스틴은 서방 교회에서는 아주 중요한 인물이다. 이는 서구 역사에서 어거스틴이 서 있었던 결정적 시점, 즉 고대 세계의 고전 문화가 유럽의 신생 야만 세계에 흘러들어 이 야만 세계가 기독교 사회로 전환되기 시작한 바로 그 시점에 어거스틴이 활동했기 때문에 더욱 중요성이 돋보이고 있다. 어거스틴은 반달족 병사들이 히포의 성문을 부수고 있을 때에 히포의 감독 관저에서 죽었다.

마이모니데스(Moses Maimonides, 1135-1204)

유대 철학자들 가운데서 가장 위대한 이 인물은 스페인의 코르도바에서 태어났다. 지배 민족인 무어 사람들은 예술과 학문을 사랑했다. 무어 사람들은 유대 사람들과 사이좋게 살았고, 유대 사람들이 종교와 문화의 독자성을 유지하는 데 대해 관대한 조처를 취했다. 마이모니데스의 아버지는 가족과 함께 보석 상점을 경영하는 한편, 코르도바에 있는 랍비 대학의 설립자 가운데 한 사람으로 활약하였다. 청년 모세는 채 스물이 되기도 전에 「탈무드」(*Talmud*)에 관한 최초의 주석서를 펴낸 천재적인 학자였다. 그러나 이 평화로운 학자 생활은 1148년에 코르도바를 빼앗은 북아프리카의 모슬렘 교도들 사이에 광신적인 엄숙주의 교파인 알모하데스의 세력이 강해지자 파괴되었다. 코란 아니면 칼을 택하라는 강요는 유대인이 부딪힌 힘겨운 진퇴양난의 곤경이었다. 마이모니데스의 가족은 코르도바를 떠나 훼쯔로 도피했는데, 그 곳으로 간 이유는 분명치 않으나 아마도 알모하데스가 모로코까지도 지배하고 있어서 모로코로는 가지 못한 것 같다. 마이모니데스는 「배교에 관한 편지」(*Letter Concerning Apostasy*)를 쓸 때에 북아프리카에 있었다. 이 글은 모슬렘 교도들이 목에 칼을 들이대고 모슬렘의 교리를 암송하라고 강요함에도 불구하고—그리고 그처럼 강요되어 그렇게 하는 일이 잘못이 아님에도 불구하고—조상의 종교를 충실히 보존하기 위해 차라리 고통을 당하는 동포들을 위로하고 있다. 몇 년 후에는 이와 유사한 글 「남쪽 사람들에게 보내는 편지」(*Letter to the South*)가 나왔는데, 이 글은 예멘에서 고통당하고 있던 유대인을 위로하고 있으며, 지중해 세계에 널리 흩어져 사는 유대인 사회에 마이모니데스의 명성을 높였다.

마이모니데스는 1165년에 모로코를 떠나 성스러운 땅 팔레스티나에 가서 잠시 머물다가, 이집트로 다시 이주하여 생을 마칠 때까지 거기서 살았다. 이집트에서는 처음에 알렉산드리아에서 살다가 나중에는 포스타트라는 아라비아의 옛 수도에 정착하였다. 1168년에 마이모니데스는 「미쉬나」(*Mishnah*)에 관한 주석서를 완성하였다. 「미쉬나」는 예루살렘의 「탈무드」와 바빌로니아의 「탈무드」가 편찬될 때에 근거로 사용되었던 유대인의 의식과 율법을 편집한 것이다. 마이모니데스는 세 권의 위대한 저서를 남겼다. 두 번째 저서가 10년 동안의 노고를 잘 보여주는 방대한 크기의 율법 주석서 「미쉬나 토라」(*Mishnah Torah*)다. 세 번째 저서는 가장 잘 알려져 있는 「혼란된 신앙을 위한 지침」(*The Guide to the Perplexed, "Moreh Nebukim"*)이다. 이 책은 마이모니데스를 유럽의 비유대인 지식 사회에 유명한 인물로 만들었다. 알베르투스 마그누스(A. Magnus) 그리고 마그누스를 통해서 토마스 아퀴나스도 마이모니데스가 신앙과 이성에 관한 주장을 아주 정교하게 균형을 잡아 놓은 이 「지침」을 공부하였다.

마이모니데스는 말년에 살라딘 대왕의 궁정에서 의사로 일했다. 살라딘을 정복한 사자왕 리차드 1세는 마이모니데스에게 영국 왕실에서 어떤 직위를 맡기를 제안했으나 정중히 거절당했다는 이야기가 있다. 마이모니데스의 일생 가운데 마지막 몇 년은 그의 가르침에 대한 반론과 비난 때문에 편하지 못했다. 많은 경건한 유대 사람들은 랍비 모세가 이성이라는 자연적 빛에 지나치게 의존했으며, 그가 성서의 구절들을 글자 그대로 해석함으로써 성서를 손상시켰다고 생각하였다. 세상사에 지친 마이모니데스는 70세로 세상을 마쳤다. 이슬람 교도들도 유대 사람들과 더불어 그의 죽음을 슬퍼하였다. 유대 교회당에서 신도들은 "신의 방주가 마련되니 영광이 이스라엘을 떠나도다."라고 애도하였다.

아퀴나스(Thomas Aqninas, 1225-1274)

토마스 아퀴나스는 나폴리 왕국의 로카섹카에서 노르만 롬바르트계 귀족 가문에서 태어났다. 아버지는 아퀴노의 란돌프 백작이었다. 소년 아퀴나스는 몬테 카시노에 있는 베네딕트파 수도원에 입학해서 기회 있을 때마다 "신은 무엇입니까?"라고 반복하여 물음으로써 선생들을 기겁하도록 만들었다. 1236년에 아퀴나스는 나폴리 대학에 가서 아일랜드 사람인 페터에게 논리학과 자연 과학을 배웠다. 그는 1240년(또는 1243년) 도미니코 수도회에 가입하겠다고 결심하여 주위 사람들을 놀라게 했다. 아들을 자랑스럽게 여기던 어머니에게는 이 귀한 아들이 일생을 탁발 수도사로 살아가는 모습을 생각하는 것은 너무나도 견딜 수 없는 일이었다. 그래서 토마스의 어머니와 형제들은 토마스를 납치하여 꼼짝할 수 없는 안전한 곳에 2년 동안 가두어 두고 토마스의 마음을 돌리려 하였다. 이들은 수도사를 천직으로 삼겠다는 토마스의 마음을 돌이켜 보려고 심지어는 토마스의 거처에 바람둥이 여자를 넣어보기도 했었다. 그러나 토마스는 자기를 유혹하는 여자를 불에 달군 소인을 들고 몰아붙여 끝내는 여자가 비명을 지르고 달아나게 만들었다. 토마스의 마음씨 고운 누이는 「성경」, 아리스토텔레스의 「형이상학」(*Metaphysics*), 롬바르드(P. Lombard, 1100-1160)의 「명제집」(*Sentences*)의 사본을 몰래 넣어 주었다.

마침내 토마스의 어머니는 마음을 바꾸어 토마스가 도미니코 수도회에 가입하는 것을 허락했고, 이 수도회에서는 알베르투스 마그누스의 가르침을 받도록 아퀴나스를 콜로뉴에 보냈다. 알베르투스는 그를 파리로 데려 갔다. 토마스는 파리에서 신학사 학위를 취득했다. 그는 콜로뉴에 돌아와 1250년에 이 곳의 사제로 임명되었다가, 얼마 후 파리 대학에서 가르치기 위해 콜로뉴를 떠났다. 아퀴나스와 그의 동료 보나벤투라(Bonaventura, 1221-1274)는 1257년 같은 날에 신학 박사 학위를 받았다고 전해지는데, 이는 별로 신빙성이 없는 말이다.

아퀴나스는 파리에 도착한 지 얼마 안 되어 교육자로서 유명해졌지만, 그의 활동은 이 도시에만 한정되지는 않았다. 그는 오래 동안 프랑스와 이탈리아를 여행하면서 설교도 하고, 기념비적 저서인 「신학대전」(*Summa Theologica*)의 원고도 정리하였다. 아퀴나스는 대주교를 맡아달라는 제안을 받았으나 겸손하게 사양했다. 그는 수도회와 대학으로부터 초청 공세를 받았다. 교황은 그를 교황청의 자문 위원으로 위촉하였다. 프랑스의 루이 9세(재위 1226-1270)는 아퀴나스를 만찬에 초대한 적이 있었는데, 이 학자가 열심히

먹는 모습을 보고 재미있어 했다고 한다. 아퀴나스의 과중한 체중은 일찍이 그의 건강을 해치는 데 한 몫 했다. 그는 리용의 제 2 자문 회의에 가는 도중 포사노바에서 죽었다. 영혼에 관한 아퀴나스의 논문들은 파리에서 비난을 받았으며(아퀴나스는 아리스토텔레스의 노선에 따라 형상이 질료에 관여하듯이 영혼이 육체에 관여한다고 보았다), 죽은 뒤이기는 하지만 나중에는 옥스퍼드에서도 비난을 받았다. 그러나 이러한 배척은 잠시 있었던 일이었다. 교황 요한 22세는 관례적 기적 사문(奇蹟 査問)도 하지 않고 아퀴나스를 성자로 추대하였다. 교황이 토마스 아퀴나스의 저작들이야말로 충분히 기적일 수 있다고 생각했기 때문이었다.

데카르트(René Descartes, 1596-1650)

어떤 프랑스 학자는 데카르트의 진정한 일대기는 데카르트의 "사고의 역사"라고 말했다. 데카르트는 일생을 궁정 출입, 외국 여행, 군 복무를 하면서 보냈지만, 이 위대한 프랑스 철학자의 일생에 걸친 외적 사건들은 그의 내부에서 진행된 성찰의 발전을 이해하는 데 도움을 주는 경우에만 흥미로운 뿐이다. 데카르트는 르네 시의 시의원인 이른바 "귀족"의 셋째 아들로 뚜레노의 라예에서 태어났다. 열 살 때에 소년 데카르트는 라 플레쉬의 유명한 예수회 학교에 입학하여 8년 동안 공부했다. 데카르트는 아침에 일어날 수 없는 특이한 체질이었으므로, 신부들은 그가 정오까지 침대에서 공부하는 것을 너그러이 허락하였다.

"수학의 증명이 지닌 확실성과 수학의 추리가 보여주는 명석성 때문에" 수학은 데카르트가 아주 좋아하는 과목이었지만, 그는 푸아티에 대학에서 법학사 학위를 취득하였다. 데카르트는 연구에 권태를 느낀 나머지 낫소의 모리스 공의 군대에 입대하여 유럽의 몇몇 전쟁에도 참전했다. 독일의 작은 도시에서 데카르트는 학문들의 불가사의한 상호 관계가 계시되는 꿈을 꾸었다. 데카르트는 옳은 결론에 도달하는 확고한 방법을 정립하려고 과학과 철학에 관해서 여러 해 동안 고심해 왔었는데, 이제 명석한 확신의 순간을 맞은 것이었다. 데카르트는 이 탐구 과정을 「방법론」(*Discourse on Method*)에 간추려 서술하였다. 이 책은 1637년 뤼든에서 출간되자마자 지식인과 과학자 사이에서 대단한 평판을 얻었다.

데카르트는 1629년에 홀랜드로 옮겨 가서 여생의 대부분을 거기서 보냈다. 그는 수학, 물리학, 철학에 관한 논문을 썼다. 그는 우리가 "해석" 기하학 또는 "좌표" 기하학이라 부르는 기하학을 고안해냈다. 그는 코페르니쿠스의 이론을 지지하는 우주론에 관한 책을 썼었지만, 교회의 권위와 충돌할 가능성이 있었기 때문에 출판하지 않고 원고로 갖고 있었다. 데카르트의 가장 중요한 철학적 저서인 「성찰」(*Meditations*)은 1642년에 암스테르담에서 출판되었다. 이 무렵 데카르트는 페르마(P. Fermat, 1601-1665), 갈릴레오(G. Galilei, 1564-1642), 토리첼리(E. Torricelli, 1608-1647), 호이헨스(H. Huyghens, 1629-1695), 하비(W. Harvey, 1578-1657)를 비롯한 이 시대 지식인들의 지적 지도자였다.

1647년에 데카르트는 이따금 프랑스를 방문했는데, 한 번은 파리에서 그 당시 젊은이였던 파스칼을 만났다. 2년 후 그는 스웨덴의 크리스티나 여왕을 가르치는 교수직에 취임하기 위하여 마지못해 암스테르담을 떠나 스톡홀름으로 갔다. 여왕은 데카르트의 옛날 교사들보다 훨씬 엄해서 데카르트가 매일 아침 5시에 나올 것을 요구했다. 데카르트는 어느 추운 날 아침 궁궐에서 돌아올 때에 오한을 느끼면서 시작된 병이 결국 폐렴으로 악화되어 스웨덴에 도착한 지 다섯 달 만에 죽었다.

로크(John Locke, 1632-1704)

존 로크는 영국의 서머싯에서 상업 계층의 청교도 집안에서 태어났다. 조부는 부유한 옷감 상인이었고, 아버지는 변호사이면서 소지주였다. 로크는 크라이스트 교회에서 주는 장학금을 받으면서 웨스터민스터에 있는 대학에서 공부했다. 이 대학은 당시 옥스포드에서 가장 유명한 학교였다. 로크는 1656년에 문학사 학위를 받았고, 2년 후에는 문학 석사 학위를 받았다. 흔히 로크는 정열이 없는 사람이었다고 전해진다. 그러나 적어도 이 무렵에는 그가 처녀들과 활발히 교제했는데, 편지를 쓸 때에 상대방 성명의 첫 글자를 부호로 삼아 썼기 때문에, 그가 사귄 여인들 대부분의 정체가 밝혀지지 않고 있다. 로크는 본래 비밀을 즐기는 편이어서 자신의 많은 행적을 속기나 부호를 사용하여 적음으로써 은폐시켰다. 로크는 평생 결혼하지 않았다.

1660년에 스튜어트 왕정이 복구되자 로크는 옥스포드에 머물러 개인 교사로 일하면서 의학 공부에 전념하였다. 이 일로 해서 로크는 성직에 종사하지 않고서도 크라이스트 교회에 남아 있을 수 있게 되었다. 1667년에 그는 뒤에 초대 샤프츠베리 백작이 된 애슐리 쿠퍼 경의 초청을 받아들여 비서 겸 주치의로서 그와 함께 살았다. 상업 제국주의 옹호자인 샤프츠베리는 "청교도 혁명"에 가담하였다는 이유로 왕실의 미움을 사서 홀랜드로 망명했다가 거기서 죽었다. 그 뒤 로크는 왕의 엄명에 의하여 옥스퍼드 대학에서 추방당했고, 또 그를 체포하라는 명령과 구속 영장이 공포되었다. 로크는 1682년에 일찌감치 홀랜드로 망명하여 1688년 윌리암 왕이 홀랜드 해군의 지원 아래 자신의 군대를 이끌고 영국에 상륙하여 왕위에 즉위한 "명예 혁명" 때까지 거기서 살았다.

로크는 1689년 영국에 돌아왔다. 이 해에 로크는 세 권의 책 「지성론」(*An Essay Concerning Human Understanding*), 「통치론」(*Two Treatises of Government*), 「관용론」(*A Letter Concerning Toleration*)을 출판

하였다. 일 년 후에는 널리 알려져 있는 교육학 논문인 「교육에 관한 몇 가지 소견」(*Some Thoughts on Education*)이 세상에 나왔다. 이 책은 공교롭게 루소가 「에밀」을 탈고하자 루소 앞에 나타난 셈이었다. 로크는 이제 유명 인물이 되었다. 정치에 관한 로크의 견해는 관대하고 자유주의에 따르고 있다. 로크의 이러한 생각은 당시의 지배적 사고 체계 속으로 침투하여 들어갔다. 로크는 화학자 보일(R. Boyle, 1627-1691)과 친구였고 뉴튼과도 교분이 있었다. 로크는 1695년에 무역 감독으로 임명되었다. 이 자리에 있을 때에 로크는 실업과 빈곤이 자원의 부족 상태 때문이 아니라 훈련의 부족과 예절의 타락 때문에 일어난다고 주장하였다. 미성년자의 노동에 대한 로크의 태도는 150년쯤 후에 디킨즈를 소름끼치게 했던 바로 그런 태도였다.

로크는 객관적 입장에서는 성서라 할지라도 이성의 시험을 거쳐야 한다고 보았지만, 개인적으로는 신약 성서의 진리를 믿는 독실한 기독교도였었다. 로크는 영국 안의 유대교도와 그가 국제적 힘의 앞잡이로 여긴 가톨릭교도를 제외하고는 영국 국교를 반대하는 다른 교파에 대하여 관용하는 태도를 지닌 자유주의적 영국 국교도였다. 로크는 인간에게 자연권이 있으며, 정부의 권력은 국민의 동의를 반드시 필요로 하고, 극악무도한 부정이 빚어지는 통치 아래에서는 반역이 국민의 권리라는 한 시대를 앞지른 견해를 주장하였다. 이러한 생각은 미국을 건국한 사람들의 정치적 견해가 형성되는 데에 아주 큰 영향을 미쳤다고 평가되고 있다.

스피노자(Benedict Spinoza, 1632-1677)

스피노자는 암스테르담에서 태어났다. 원래 이름은 바루흐 스피노자였으나 후에 스스로 베네딕트 스피노자로 이름을 바꾸었다. 집안은 스페인 말로 "마라노스"(Maranos)라고 불리는 스페인계 유대교도였다. 마라노스는 탄압을 피하기 위해 명목상으로 가톨릭교도가 되었던 유대교도였다. 스피노자의 부모나 어린 시절에 관해서는 거의 알려져 있지 않다. 그는 암스테르담의 유대 교회에서 탁월한 랍비인 마나세 벤 이스라엘 밑에서 공부하여 마이모니데스와 크레스카스의 저서에 정통하게 되었다. 이 온화한 학자 이스라엘과 혁명적인 프란시스쿠스 반덴 엔덴은 당시의 과학적 경향을 지닌 젊은이들에게 가장 완벽한 것으로 생각되었던 데카르트의 저작을 스피노자가 라틴어로 숙독할 수 있도록 도와주었다. 노총각 스피노자는 반덴 엔덴의 딸 클라라와 사랑에 빠졌었는데, 연적이 그녀에게 진주 목걸이를 선사함으로써 그녀를 빼앗아 갔다는 이야기가 전해오고 있다.

젊은 시절에 이미 스피노자의 비정통적 견해는 유대 민족 회의에서 심각한 논란거리가 되었고, 그런 견해를 포기하도록 강요당했다. 스피노자는 마음을 돌리라는 후원자들의 설득에 굽히지 않고 유대 교회와 결별하였다. 유대 민족 회의에서는 스피노자에게 종교 의식에 따른 파문을 선고함으로써 유대인 사회에서 추방해버렸다. 이 조치는 당시 암스테르담에 사는 유대인들이 스피노자의 배교가 신교도들에게 불경건이라는 비웃음거리가 될 것을 염려해서 취해진 것 같은데, 스피노자에게는 가혹한 조치였다. 스피노자는 저술을 하거나 연구를 하지 않을 때는 렌즈를 갈면서 고독한 학자의 길을 걸었다. 그러나 그가 렌즈를 가는 일을 해서 생계를 유지할 수 있었는지는 의문이다. 아마도 좋은 신분에 있는 지지자들로부터 재정적 도움을 받았던 것 같다.

스피노자에 관하여 주목할 만한 한 가지 사실은 사후에 출판된 저술들의 양에 비해서 살아 있는 동안에는 거의 출판을 하지 않았음에도 불구하고 그의 재능이 지식인들 사이에 많은 관심을 끌었고 또 높이 평가되었다는 사실이다. 데카르트에 대한 주석서가 스피노자의 생존 시에 그의 이름으로 출판된 유일한 책이었다. 유명한 「윤리학」(*Ethics*) 책은 사후에야 출판되었고, 「신학 정치론」(*Tractatus Theologico-Politicus*)은 익명으로 세상에 나왔다. 스피노자는 대부분의 저서를 비공식적으로 배부하였다. 어쨌든 그는 당대의 중요한 인물들로부터 찬양받았다. 그는 호이헨스와 알고 지냈고, 영국 학술원의 간사 올덴버그와는 엄청나게 많은 편지를 주고받았다. 라이프니쯔는 헤이그에 있는 스피노자의 마지막 거처로 스피노자를 방문했었다. 신성 로마 제국의 선제후가 스피노자를 하이델베르크 대학의 교수로 초빙하였으나 스피노자는 이 명예를 사양하였다.

스피노자는 44세에 결핵으로 죽었다. 아마도 렌즈를 갈 때에 날리는 유리 가루가 죽음을 앞당겼으리라 짐작된다. 오랜 동안 스피노자의 이름은 정통파를 두렵게 했지만, 유럽 사람들이 계몽되자 그의 명예는 회복되었다. 스피노자를 열광적으로 찬미했던 사람들 가운데에는 괴테와 코울리지가 있다. 제2차 세계대전 후 몇 해 지나 암스테르담에서 열린 랍비들의 회의에 스피노자에 대한 파문을 해제할 것을 건의하는 탄원서가 접수되었다. 그러나 전후 암스테르담에 거주하던 랍비들은 그러한 조처를 취할 수 없다고 고백했다. 스피노자에게 내린 파문을 해제하려면 스피노자를 정죄했던 그 사회의 랍비들보다 자신들이 더 현명하다는 것을 증명하는 일이 필요하기 때문이었다. 유감스럽게도 그들은 자신들에게 그러한 증명을 할 힘이 없다고 결론을 내렸다.

라이프니쯔(Gottfried Wilhelm Leibniz, 1646-1716)

데카르트와 마찬가지로 라이프니쯔는 교수로서가 아니라 정신(廷臣)으로 실았기 때문에 철학에 대한 대작을 저술하지 못하였다. 그 대신 일련의 평론, 특정 주제에 대한 소논문, 편지, 논문 등등의 많은 글이 그의 펜으로부터 쏟아져 나왔다. 이들 대부분은 그의 날카로운 천재적 통찰을 모호하게 표현하고 있다. 라이프니쯔는 아버지가 도덕 철학 교수로 있던 라이프찌히에서 태어났다. 소년 라이프니쯔는 열 다섯 살에 라이프찌히 대학에 입학하여

5년 후에는 법학 박사 학위 취득 희망자로 등장했다. 그가 너무 어리다는 이유로 이 학위는 거절되었지만, 라이프니쯔는 재빨리 뉴렘베르크에 있는 알트도르프 대학에서 박사 학위를 취득하였다. 이 대학에서 그에게 교수직을 제공하였으나 마인즈의 선제후 밑에 들어가 일하기 위해 교수직을 사양하였다. 라이프니쯔는 이 선제후를 위해 정치에 관한 연구를 많이 하게 되었다. 심지어는 프랑스의 압력을 독일 여러 주로부터 다른 곳으로 돌려 놓으려는 생각으로 프랑스가 이집트를 침략하도록 부추기는 계획을 마인쯔 선제후에게 제안하기까지 하였다. 라이프니쯔가 애써서 도모했던 루이 14세와의 회담은 끝내 이루어지지 않았지만, 프랑스 국민은 라이프니쯔를 파리로 몹시 초청하고 싶어 했다.

라이프니쯔는 파리를 방문했을 때에 많은 재사와 교류할 기회를 갖게 되었다. 당시 파리는 유럽의 문학과 과학의 수도였기 때문이다. 그는 많은 사람 가운데서도 아놀드, 말르브랑슈, 호이헨스와 가까이 지냈다. 라이프니쯔는 이 때 후일 그에게 런던에 있는 영국 학술원의 회원 자격을 얻게 해준 수학적 계산기를 만들어 공개하였다. 라이프니쯔는 계속 수학을 연구하여 마침내 미적분을 발명하였다. 한편 일종의 "보편 기호 언어"를 만들려는 그의 계획은 현대의 연역 논리학이 성취한 업적들의 가능성을 예고한 셈이었다.

라이프니쯔는 마인쯔의 선제후를 떠나 브룬쉬크 가문에 들어가 40년 동안 거기 머물면서 이 가문을 위해 일했다. 그는 유럽 여행을 하는 동안 암스테르담에 있는 스피노자를 여러 차례 방문했고, 스피노자의 「윤리학」을 주의 깊게 읽었으며, 당시의 지식인들과 굉장히 많은 양의 편지를 주고받았다. 라이프니쯔는 1690년 베를린에 학술원을 설립하고 초대 원장이 되었다. 라이프니쯔는 대부분의 철학적 저술을 생애의 마지막 20년 동안에 썼다. 격식을 갖춘 유일한 철학 책인 「신정론」(*Theodicy*)은 1710년에 나왔다. 1714년에 라이프니쯔는 사보이의 오이게네 공을 위하여 자신의 형이상학 체계에 관한 개요를 썼다. 이 책은 「단자론」(*Monadology*)이라는 제목으로 출판되었다. 이 책에서 라이프니쯔는 지각의 명료성에 따라 등급이 매겨지는

"힘의 점"인 단자에 관한 이론을 상세히 설명하였다. 단순하고 스스로 움직이는 이 정신적 원자들은 외부로부터 전혀 영향을 받지 않는다. 라이프니쯔는 이 점을 단자들에는 창이 없다는 말로 표현하였다.

라이프니쯔는 생애의 마지막 몇 해 동안 병으로 우울했고, 당연히 자기를 명예롭게 높이고 받들어야 할 귀족들과 지식인들이 정작 그를 대수롭지 않게 여겼기 때문에 슬픔에 잠겼다. 라이프니쯔 장례 때에 관을 따라 무덤까지 갔던 사람은 오직 비서 한 사람뿐이었다.

버클리(George Berkeley, 1685-1753)

9세기에 프랑크 왕국의 찰스 왕을 가르치기 위하여 아일랜드를 떠났던 존 스코투스 에리게나(J. S. Erigena, 810-877)를 제외하면, 버클리야말로 크게 중요성을 인정받는 유일한 아일랜드 철학자다. 버클리는 킬케니에서 영국인 혈통의 가문에 태어났다. 1710년에 더블린의 트리니티 대학에서 문학사 학위를 받았고, 거기서 17년 동안 특별 연구원 겸 교수로 지냈다. 1704년에 그는 아일랜드 교회(영국 국교회)의 성직에 임명되었다. 이 무렵 버클리의 가장 훌륭한 저작들이 나왔다. 「시지각에 관한 새 이론」(*An Essay Towards a New Theory of Vision*, 1790), 「인간 지식의 원리」(*The Principles of Human Knowledge*, 1710), 「하일러스와 필로너스의 세 대화」(*Three Dialogues between Hylas and Philonous*, 1713) 등이 그것이다. 이 젊은 성직자는 "비유물론적" 철학자루 유명하게 되었다.

버클리는 1713년에 런던에 가서 당시의 탁월한 지식인들과 많이 사귀게 되었다. 그는 포프(Pope), 에디슨(Addison), 스티일(Steele), 스위프트(Swift)와 알고 지냈다. 스위프트의 여자 친구 베네사는 「걸리버 여행기」의 저자에게 그녀의 얼마 안 되는 재산을 주려했으나, 이 풍자가가 제자 슈텔라와 결혼했다는 소식을 듣자 새로운 유언장을 만들었는데, 이 유언장에는 버클리가 마샬(Marshall)과 함께 상속인으로 지명되어 있었다. 버클리는 런던에 다녀온 후 유럽 대륙을 여행하였다. 이 여행 중에 파리에서 철학자 말르브랑슈를 만났다. 두 번째 해외 여행 도중에 그는 나폴리 만에 있는 아이쉬아 섬을 사랑하게 되어 그가 1721년 신학 박사 학위를 받았던 트리니티 대학이 있는 더블린에 돌아올 때까지 석 달 동안 거기서 지냈다.

버클리는 데리의 감독이 되었던 1724년까지 트리니티 대학에 머물렀다. 그는 결혼한 지 얼마 안 되는 1728년에 버뮤다에 대학을 세우려는 뜻을 품고 아메리카를 향해 출범하였으나 대학을 세우려는 뜻은 이루지 못했다. 버클리가 구상한 바울 대학은 백인 농부와 인디언을 위한 고등 교육과 기독교 교육의 본산 역할을 하도록 되어 있었다. 버클리의 활동은 약 3년 동안 살면서 설교를 했던 로드 아일랜드와 뉴포트를 벗어나지 못하였다. 그는 지금의 예일 대학인 뉴헤븐 대학을 후원하였으며 재정적으로도 기여하였다. 그는 하버드 대학을 방문하여 사뮤엘 존슨(S. Johnson) 총장에게 훗날 컬럼비아 대학이 된 킹스 칼리지의 설립과 경영에 관한 훌륭한 조언을 해주었다.

1732년 런던에 돌아온 버클리는 미국에서 쓴 「알시프론」(*Alciphron*)을 출판하였다. 카로린 여왕은 얼마 동안의 지연 끝에 그를 코크(Cork)의 감독에 거의 맞먹는 클로인의 감독으로 임명함으로써 마침내 노고를 인정하였다. 버클리는 1744년에 클로인에서 「사이리스」(*Siris*)를 출판하였다. 이 책은 삼위일체에 대한 사이리스의 이론보다 일반적 치료약으로서의 타르수(tar water) 처방으로 더 유명한 책이다. 이 저명한 인물은 1752년 불편한 몸이었으나 옥스퍼드 대학에서 교편을 잡고 있는 아들을 보기 위해 옥스포드를 방문하였다. 버클리는 마음이 끌린 이 도시에서 살다가 67세에 뇌일혈로 생애를 마쳤다.

휴움(David Hume, 1711-1776)

휴움은 단지 스코틀랜드의 가장 위대한 철학자라고만 평가해서는 안 될 철학자다. 휴움의 저작들은 영국 경험주의에 속하는 저명한 철학자들 가운데서 다른 어떤 사람의 저작보다도 더 근대 철학과 현대 철학에 깊고도 지속적인 영향을 미치고 있다. 휴움은 에딘버러에서 태어났다. 아버지는 시골의 소지주였는데, 아주 어린 아들에게 얼마 안 되는 재산을 남겨 놓은 채 일찍 죽었다. 소년 휴움은 열두 살에서 열다섯 살까지 에딘버러 대학에서 공부하고 학위를 받지 않은 채 대학을 떠났다. 그는 마지못해 상인의 길로 뛰어들었으나, 3년 동안 프랑스에 유학하려고 곧 그 일을 그만 두었다. 데카르트가 다녔던 학교가 있는 라 플레쉬에서 그는 야심만만한 「인성론」(*Treatise of Human Nature*)의 상당히 많은 부분을 썼다. 그는 이 책에서 뉴튼과 허치슨(Hutcheson)에게서 암시를 받아 "추론의 실험적 방법을 도덕적 주제에 도입하는 일"을 시도했었다. 1737년 그가 런던에 돌아오자 곧 「인성론」의 처음 두 권이 출판되었는데, 이 책들은 휴움의 말대로 "인쇄되어 나오자마자 죽어버렸다." 그는 연이어 몇 년 사이에 다소 큰 성공을 거둔 두 권의 책을 내놓았다. 1745년에 휴움의 지지자들이 그를 에딘버러 대학의 윤리학과 심리 철학(심리학) 교수로 임명하였지만, 휴움이 종교에 관하여 회의적 견해를 가졌다는 평판 때문에 이 임명은 취소되고 말았다. 휴움은 정신 이상인 아난달레 후작을 돌보는데 실패한 후에 제임스 스튜어트 클레어 장군의 개인 비서로서 함께 여행하자는 초청을 받았다. 이 지위는 이 철학자로 하여금 그가 몇 년 후에 종사하게 되었던 외교계와 접촉하게 해주었다. 우리가 오늘날 「인성론」의 제1부에 대한 개정판이라고 알고 있는 「지성론」(*An Enquiry Concerning the Human Understanding*)은 1748년에 나왔다. 1751년에 「도덕 원론」(*An Enquiry Concerning the Principles of Morals*)이 출판되었고, 뒤이어 「정치론」(Political Discourses)이 나왔다. 휴움은 퇴직해 있던 10년 동안의 연구 끝에 방대한 「영국사」(*History of England*)를 간행하였다. 이 책은 휴움의 명성을 참으로 드높여준 책이다.

1763년 휴움은 허트포드 경이 이끄는 외교 사절단과 함께 파리에 갔다가, 그 길로 한 동안 이 도시에서 영국 대리 대사로 일했다. 휴움은 언제나 루소를 찬양하였으며, 1766년에는 박해받는 「에밀」의 저자가 영국으로 피난하여 왕으로부터 연금을 받도록 주선하였다. 루소는 피해 망상에 사로잡혀 휴움이 계획적 착취를 감추기 위한 미봉책으로 환대를 베풀었다고 비난하면서 자신의 후원자를 적대시하였다. 휴움이 공무원으로 마지막 봉직한 것은 국무차관을 지낸 일 년이었다. 1766년에 그는 고향 에딘버러에 돌아와 죽을 때까지 여기서 살았다. 논쟁의 초점이 되었던 휴움의 「자연 종교에 관한 대화」(*Dialogues Concerning Natural Religion*)는 사후인 1779에 출판되었다.

휴움은 신문에 기고한 "나의 삶"(My Own Life)이라는 글에서 자신을 "온화한 성격을 지녔고, 기분을 조절할 줄 알며, 개방적이고, 사교적이며, 또한 유쾌한 유머 감각을 지녔고, 애착할 줄 알면서도, 적개심은 쉽게 느끼지 않으며, 모든 정열을 매우 절제하는 사람"이라고 묘사하였다.

칸트(Immanuel Kant, 1724-1804)

18세기 중의 평온한 시절에 동 프러시아의 쾨니히스베르크라는 도시는 프러시아 공국의 지적 생활과 정치 생활의 중심지였다. 여기서 독일의 가장 위대한 철학자가 가난한 마구 제조업자의 넷째 아들로 태어났다. 칸트의 친조부는 스코틀랜드 사람이었다. 교육을 받지는 못했지만 높은 수준의 타고난 지성과 강인한 성격을 지녔다고 칸트가 묘사한 그의 어머니는 성경, 단순한 신앙, 꾸밈없는 실행에 헌신하는 루터교의 한 종파였던 경건파의 전통 속에서 칸트를 양육하였다. 칸트는 프레드릭 고등학교에 다닐 때 철저한 라틴어 교육을 받았다. 그는 1740년에 쾨니히스베르크 대학에 입학하여 수학·물리학·철학을 공부하면서, 특히 라이프니쯔와 뉴튼의 이론을 세밀히 연구하였다. 자연 과학에 대한 칸트의 초기 관심은 많은 과학 논문으로 결실을 맺었다. 칸트는 이 과학 논문들 가운데 하나에서 태양계가 성운으로부터 비롯되었다는 주장, 즉 오늘날 "칸트 라플라스 가설"로 알려져 있는 이론을 전개하고 있다.

1755년 칸트는 쾨니히스베르크 대학에서 공직이긴 하나 무급인 사강사 직을 얻어 철학과 자연 과학을 15년 동안 강의도 하고 개인 지도도 하였다. 그는 또한 화공술과 축성술 같은 특수 과목도 가르칠 것을 제안했다. 1770년 프레드릭 빌헬름 2세의 임명에 의해서 칸트는 논리학과 형이상학의 교수로 발탁되었다. 그가 57세였던 1781년에 오래 동안 준비해 온 「순수 이성 비판」(*Critique of Pure Reason*)이 출판되었다. 이 명저는 난해함에도 불구하고 모든 방면에 걸쳐 높은 수준의 정밀한 연구를 자극하였고 또 쾨니히스베르크 대학에 많은 학생을 끌어들이는 대성공을 거두었다. 칸트와 프러시아 당국 사이의 유일한 충돌은 1793년에 「순전히 이성의 한계 안에서의 종교」(*Religion within the Bounds of Mere Reason*)라는 책이 출판된 후에 일어났다. 문교부 장관은 이 철학자가 자신의 능력을 성서의 진리에 잘못 적용한 데에 대한 왕의 노여움을 칸트에게 전하고, 종교에 관하여 더 이상 글을 쓰지 않도록 권고했다. 칸트는 이를 받아들여 왕이 죽을 때까지 이 주제를 피했다.

칸트는 헤르더(Herder)와 하만(Hamann) 그리고 독일 계몽 운동파의 작가들과 가깝게 지냈다. 그는 루소를 찬양했으며, 이성에 기초를 누고 정치 제도를 조직하려는 시도라고 보았던 프랑스 혁명에 갈채를 보냈다. 칸트는 신체적으로는 몸집이 작고 빈약하였다. 그는 출생지에서 100 마일 이상 떨어진 곳에 나가 본 적이 전혀 없었지만, 런던 다리를 이루고 있는 석재 하나하나의 위치를 모두 알았다고 한다. 칸트는 결혼하지 않고 독신으로 살았는데, 그가 오후에 산책을 하면 이웃들이 선천적(a priori)으로 시간을 알 수 있을 정도로 규칙적 생활을 했다. 1790년에 이르러 칸트는 건강이 쇠약해져 가르치는 일을 그만둘 수밖에 없었지만 저술하는 일은 멈추지 않았다. 그는 명예와 위엄이 넘치는 80의 나이에 세상을 떠났다. 그는 임종의 순간에 "좋다!"(Es ist gut!)는 말을 남겼다.

헤겔(Georg Wilhelm Friednch Hegel, 1770-1831)

헤겔은 독일의 슈투트가르트에서 태어났다. 아버지는 세무관이었고, 어머니는 훌륭한 고전 교육을 받은 사람이어서 아들에게 라틴어를 가르칠 수 있었다. 헤겔은 슈투트가르트 고전 문법 학교에서 공부한 다음, 1788년에 신학도로서 튀빙겐 대학에 입학했다. 그는 튀빙겐 대학에서 신학 졸업 증서뿐만 아니라 철학 박사 학위를 받았으나, 교회 계통의 직업에 대해서는 거의 관심을 보이지 않았다. 이 대학 시절에 헤겔에게 영향을 준 사람이 둘 있다. 한 사람은 헤겔보다 먼저 철학적 명성을 떨친 쉘링(F. W. J. Schelling)이고, 한 사람은 고대 그리스를 동경하는 재기는 있으나 불안정한 시인 횔더린(H. Hölderin)인데, 헤겔은 이 시인에 감동되어 열중하였다. 헤겔은 스위스로 가서 베른 시에 머물며 개인 교사로 지냈다. 이 곳에서 헤겔은 예수의 생애와 가르침을 철학적으로 정당화시키려고 노력했었다. 횔더린을 통해서 헤겔은 프랑크푸르트 대학에서 사강사 직을 얻고, 이 도시에서 자신의 철학 사상을 체계화시키기 시작했다.

헤겔은 1799년에 죽은 아버지로부터 물려받은 얼마 안 되는 유산을 믿고, 당시 학문 활동과 문학 활동이 활발히 이루어지고 있던 예나로 갔다. 그는 예나 대학에서 무급의 사강사 직을 얻었다. 헤겔은 논리학과 형이상학을 강의하기 시작했는데, 나이 들어 느지막이 시작된 그의 강의는 적당한 정도로 학생들의 관심을 끌었다. 1805년에 헤겔은 정원 외 교수가 되었는데(정원 내 교수가 정규 교수였다), 이 무렵부터 아주 난해한 철학 체계를 구성해 나갔다. 그는 주저 「정신 현상학」(*The Phenomenology of the Spirit*)을 1806년 예나에 울린 나폴레옹의 대포 소리를 들으면서 썼다. 오늘날까지 헤겔의 책들 가운데서 가장 흥미를 끄는 저서인 이 「정신 현상학」은 그 다음 해에 출판되었다. 그러나 가난해진 이 철학자는 예나를 떠날 수밖에 없었다.

1808년 헤겔은 뉘른베르크의 인문 중학교(gymnasium)의 교장 직을 받아들여 1816년까지 거기 머물렀다. 뉘른베르크에 있는 동안 그는 귀족 태생의 젊은 여인과 결혼했다. 결혼 생활은 행복했던 것으로 보인다. 두 아들의 출생과 때맞춰 이 시기에 헤겔의 방대한 저서 「논리학」(*Science of Logic*) 1, 2권이 나왔고, 하이델베르크 대학 철학 교수 직에 초빙되었다. 헤겔이 하이델베르크에 머문 기간은 짧았다. 얼마 되지 않아 베를린 대학에서 명성을 떨치던 피히테(J. G. Fichte)가 죽자 공석이 된 철학 교수 자리를 맡아달라는 초청장이 왔기 때문이다. 베를린 대학에서 헤겔은 지위와 명성이 절정에 달했다. 헤겔의 견해가 프러시아 정부 당국자들의 마음에 썩 들었던 것이다. 그는 훈장을 받았고, 1830년에는 총장으로 임명되었다. 헤겔이 강의를 통해서는 학생들을 거의 감동시키지 못함에도 불구하고, 전 유럽에 걸친 그의 명성은 많은 뛰어난 학생이 그의 강의를 수강하도록 만들었다. 헤겔은 신경질적인 청년 쇼펜하우어에게 친절을 베풀어 베를린 대학의 사강사 자리를 마련해 주었다. 그러나 이 후배 철학자는 나중에 은혜를 저버렸다.

헤겔은 베를린에 퍼진 전염병 콜레라로 인하여 예순 한 살에 죽었다. 그는 괴테보다 넉 달 먼저 죽었다. 두 사람은 상면한 적이 있었다. 괴테는 헤겔의 철학 체계가 불필요하게 복잡하다고 생각하기는 했지만 이 철학자를 찬양하였다.

쇼펜하우어(Arthur Schopenhauer, 1788-1860)

쇼펜하우어라는 이름은 염세주의 철학과 동일시되어 오고 있는데, 단찌히에서 태어났다. 부친은 번창 일로에 있는 사업가였으나 아주 일찍 죽었다. 아마 자살이었던 것 같다. 아르투르는 늘 찌푸린 얼굴을 하고 다니는 청년으로 성장해서, 매력 있는 어머니가 여는 파티에 그가 나타나면 매번 흥이 깨져버릴 정도였다. 쇼펜하우어의 어머니 요안나 쇼펜하우어는 소설을 쓰는 데 천부적 재능을 가진 여인이었다. 그녀는 예술가와 작가를 즐겨 초대하였다. 바이마르로 이사하게 되자, 그녀는 괴테를 그녀의 살롱에 초대하여 환대하였다. 올림퍼스의 신과도 같이 거룩한 이 「파우스트」의 저자는 친절하게도 그녀의 아들이 글을 쓰도록 용기를 북돋아주었다. 그러자 다음에는 아르투르가 뉴튼의 광학 이론에 반대하는 괴테의 광학 이론을 일생 동안 옹호하였다.

쇼펜하우어는 괴팅겐 대학에서 공부한 후 「충족 이유율의 4중 근거」(*The Fourfold Root of the Principle of Sufficient Reason*)에 관하여 박사학위 논문을 썼다. 학위를 마친 뒤 주저 「의지와 관념으로서의 세계」(*The World as Will and Idea*)의 집필을 시작했다. 이 책은 그가 설흔 살 때 출판되었으니까 젊은 사람이 쓴 책이라 할 수 있다. 그는 이 책 이외에는 큰 책을 쓰지 않았지만, 해를 거듭함에 따라 네 권으로 늘어날 만큼 새로운 내용을 추가하였다. 쇼펜하우어는 철학 교수가 되려고 애를 썼다. 헤겔은 자기가 근무하는 베를린 대학에서 교수 직을 맡을 수 있도록 쇼펜하우어를 도와주었다. 이 후배 강사가 그 당시 인기의 절정에 있던 헤겔과 대적하기는 힘든 일이었다. 몇 년 후 은혜를 잊은 쇼펜하우어는 피히테와 쉘링뿐만 아니라 헤겔까지도 궤변가이고 다변가에 지나지 않는다고 비난했다.

쇼펜하우어는 젊은 시절에 어머니와 다투고 집을 나와 버렸다. 그는 유럽 여행을 하거나, 독일의 하숙집에 심술난 모습으로 쭈구리고 앉아 있거나, 자신의 책에 덧붙일 새로운 글을 쓰면서 여생을 보냈다. 쇼펜하우어는 말년에 이르러서야 어느 정도 명성을 얻게 되었다. 학자들과 시인들이 프랑크푸르트에 있는 그의 집을 방문하였다. 바그너(R. Wagner)는 리베룽겐의 반지의 사본에 "존경하는 마음으로"라는 헌사를 붙여 쇼펜하우어에게 보냈다. 쇼펜하우어는 이에 감동하지 않았다.

「의지와 관념으로서의 세계」 속에 설명된 예술 철학은 예술가, 작곡가, 문학가에게 깊은 감명을 주었다. 또한 많은 사람이 비이성적인 본능적 의지에 관한 쇼펜하우어의 이론 속에서 정신 분석학의 형이상학적 기초를 발견할 수 있다고 말한다. 젊은 시절에 철학을 공부했던 토마스 만(T. Mann)은 "쇼펜하우어는 의지에 관한 심리학을 창시한 셈인데, 이 점에서 그는 모든 현대 심리학의 아버지다."라고 논평했다. 쇼펜하우어로부터 시작된 이 흐름은 니이체의 심리적 급진주의를 거쳐 프로이트에 이어지고 있다.

밀(John Stuart Mill, 1806-1873)

존 밀의 아버지는 런던의 동인도 회사에 봉직하는 동안에 최고의 검사관에 오른 스코틀랜드 사람이었다. 후에 존 밀도 이 지위에 올랐다. 제임스 밀은 제레미 벤담과 친구였는데, 이 박식한 두 기인이 존의 교육을 맡았다. 나이 겨우 세 살의 어린 아이가 고대 그리스어 공부를 시작하여 일곱 살에—존 자신은 "아직 「테아에테투스」를 완전히 이해하지 못했다"고 고백하였지만—플라톤의 대화편 대부분을 원서로 통달시키는 식이었다. 이 무시무시한 가정 학습의 과정은—밀은 결코 정식 학교 교육을 받은 적이 없다—밀의 어린 시절 내내 계속되었다. 1832년에 존 밀은 동인도 회사에 사무원으로 근무하면서, 여가 시간에는 논리학, 형이상학, 심리학, 정치 경제학에 관한 책을 읽었다. 이십 세의 청년 밀은 신경 쇠약 비슷한 증상을 겪었다. 밀은 그 원인이 지나치게 지능 발달 교육에 집중하고 정서 교육을 소홀히 한 데 있다고 생각하였다.

밀이 해리엣 테일러 부인을 열렬히 사랑한 일은 아벨라르의 연애를 제외하면 철학자들의 연애 가운데서 가장 유명하다. 이 철학자가 스물 네 살 되었을 때 아름다운 테일러 부인이 그의 마음을 사로잡았는데, 그와 동시에 밀의 인생 전체의 행로와 생활이 바뀌어버렸다. 해리엣의 남편은 친절하게도 해리엣이 마음의 평정을 회복하도록 그녀를 유럽 대륙으로 보냈지만, 사랑에 빠진 철학자가 프랑스에서 그의 여신을 만나 함께 쏘렌토로 가버렸다. 이 때부터 밀은 테일러 부인과 순수한 관계로 가까이 지냈다. 이 연인들은 그녀의 남편이 죽고나서야 비로소 결혼할 수 있었다. 해리엣은 밀에게서 얻었다고 추측되는 결핵으로 인해 1843년 아비뇽에서 죽었다. 슬픔에 잠긴 밀은 그녀의 무덤 가까이에 집을 한 채 사서 여생의 대부분을 거기서 보냈다. 밀은 자신의 저서들 대부분이 해리엣과의 "공동 저작"이라고 말했다. 1843년에 출판된 「논리학 체계」(*A System of Logic*)만 그녀의 손을 거치지 않았던 것 같다.

「논리학 체계」 외에 또 하나 규모가 큰 책은 1848년에 나온 「정치경제학 원리」(*Principles of Political Economy*)였다. 자유, 공리주의, 여성의 예속 상태에 대하여 쓴 밀의 유명한 논문들은 오십 대에 이루어졌다. 밀의 「자서전」과 「종교에 관한 세 논문」(*Three Essays on Religion*)은 사후에 출판되었다. 밀의 저술들 대부분은 급진적 자유주의 운동을 옹호했던 〈웨스트민스터 평론〉(*Westminster Review*)에 게재되었다. 밀은 미국의 연합, 아일랜드의 민족주의, 여성의 참정권, 종교의 온당성, 산아 제한, 매춘부의 권리를 지지하였다. 밀은 1865년 하원 의원으로 선출되어 3년 후 재선에 실패할 때까지 국회의원으로 봉직했다. 육십 칠세로 죽기 조금 전에 이 "이성주의의 성자"는 어린 대자(代子) 버트란드 러셀에게 은잔을 보냈다.

퍼어스(Charles Sanders Peirce, 1839-1914)

제임스와 듀이를 고무시켰고, 많은 현대 철학자가 미국의 가장 위대한 실용주의자라고 칭송하는 찰스 샌더스 퍼어스는 생전에 한 권의 책도 출판하지 않았으며, 시간 강사 이상의 교직을 가져본 적도 없었다. 이 기이한 천재는 하버드 대학의 저명한 수학 교수 벤자민 퍼어스의 아들이다. 퍼어스는 하버드 대학에서 수학과 화학의 박사 학위를 받았는데, 철학 박사에는 도전하지 않았다. 그는 쉴러(J. F. Schiller)의 「미학 서간집」(*Aesthetic Letters*)을 읽고 나서 칸트를 연구하게 되었으나, 나중에는 독창적인 철학을 열광적으로 연구해 나갔다. 제임스는 퍼어스와의 대화를 통해서, 그리고 메사츄세츠 주의 케임브리지에서 퍼어스가 주도한 〈형이상학 클럽〉에서 논의되었던 논문들로부터 실용주의의 기초 개념과 "실용주의"라는 용어를 배운 셈이었다. 제임스는 이 은혜에 대하여 기회가 있을 때마다 감사했다. 퍼어스는 미국 연안 측지국에서 오래 근무했는데, 한 동안은 하버드 대학 천문대에서 연구 중인 아버지를 도왔다. 제임스는 퍼어스에게 하버드 대학 철학과 교수 직을 마련해 주려고 애썼으나, 퍼어스의 불행한 결혼 생활이 좋지 않게 소문났기 때문에 엘리어트 총장은 그를 부적합한 인물이라고 생각했다. 퍼어스는 5년 동안 존스 홉킨스 대학에서 간간이 강의했지만 퍼어스보다 더 신임을 얻은 사람이 정규 교수로 임명되었다.

퍼어스는 이것저것 닥치는 대로 받아들이는 정신력의 소유자여서, 그의 논문들은 수학, 논리, 언어, 지식론, 과학적 방법, 형이상학적 문제에 대해서 치밀히면서도 재치히게 분석하고 있다. 그는 중세 라틴어에 능통했기 때문에 윌리암 옥캄의 아주 이해하기 어려운 논리적 탐구들을 이해할 수 있었다. 이 일은 그에게 기쁨을 주었고 도움도 되었다. 퍼어스는 둔스 스코투스의 형이상학을 좋아하였다. 그는 일생 동안 수많은 철학 논문을 썼지만, 이 논문들 대부분은 「찰스 샌더스 퍼어스 논문집」(*Collected Papers of C.*

S. Pierce)이 1931년부터 1958년에 걸쳐 단행본으로 간행되기 전에는 출판되지 않은 채로 있었다. 이 논문집은 퍼어스를 20세기의 주요한 철학자라고 평가할 정도로 완전히 평판을 높였다.

1891년 퍼어스는 연안 측지국을 사직하고 얼마 안 되는 유산으로 펜실베이니아 주 밀포오드에 집을 한 채 샀다. 그는 거기서 둘째 부인인 프랑스 여자와 함께 1914년에 죽을 때까지 살았다. 퍼어스의 유고를 정리했던 필립 위너는 "초라하지 않을 정도의 장례식을 치를 돈도 없었다. 퍼어스 부인은 퍼어스의 원고 뭉치를 오백 달러에 하버드 대학에 팔지 않을 수 없었다." 고 전하고 있다.

제임스(William James, 1842-1910)

윌리암 제임스의 조부 역시 이름이 윌리암 제임스였는데, 그는 18세기 말엽에 아일랜드에서 이민하여 뉴욕 주 알바니에 정착하여 사업으로 큰 돈을 벌어 땅을 샀다. 그의 아들 헨리 제임스는 안정된 직업도 없이 단지 형이상학적 문제들과 신비주의자 스베에덴보리(E. Swedenbory)의 주장을 비롯한 종교적 문제들에 관하여 깊은 관심을 가지고 뉴욕 시로 떠났다. 윌리암은 다섯 형제 가운데 맏이였다. 아버지의 친구 에머슨(R. W. Emerson)이 그가 갓난이였을 적에 보러 온 적이 있었다. 둘째 아들 헨리는 자라서 미국의 가장 유명한 소설가가 되었다. 제임스의 가족이 보스턴으로 이사할 때까지 윌리암은 학교에 입학하여 공부하지 않고 집에서 개인 지도를 받았다. 보스턴에 있는 동안 제임스는 하버드 대학에서 의학 공부를 시작하여 의학 박사 학위를 취득했지만 의사로 개업하지는 않았다. 그는 유럽 여행을 하는 동안의 연구 특히 독일에서의 연구를 통하여 관심의 폭을 넓힐 수 있었다. 전혀 건강한 편이 아니었던 윌리암 제임스는 곧잘 우울증에 빠지곤 했다. 거의 신비에 가까운 어떤 경험이 그의 자신감을 회복시키는 데 도움이 되었다. 1878년에 그는 엘리스 기벤과 결혼하였다. 제임스의 전기를 쓴 페리(R. B. Perry)는 "그녀의 온화한 감화력이 남편의 행복을 좌우했다 해도 과언이 아닐 것이다."라고 썼다.

제임스는 하버드 대학에서 생물학을 가르쳤으며, 나중에는 심리학도 가르쳤다. 그는 하버드 대학에 있는 동안 실험적 방법을 심리학에 도입했다. 이는 제임스의 학문적 공적으로 평가되고 있다. 그는 나이 48세 때인 1890년에 「심리학 원리」(*Principles of Psychology*)를 출판했다. 어떤 비평가들은 이 책이 제임스의 저서들 가운데 가장 유명하고 영향력 있는 책이라고 평가하고 있다.

제임스는 늘 철학에 관심을 가져오다가, 찰스 퍼어스와 사귀면서 크게 자극을 받아 결국은 유명한 「실용주의」(*Pragmatism*)라는 책을 쓰게 되었다. 제임스는 1885년에 하버드 대학의 철학 교수가 되었다. 제임스의 취임은 조시아 로이스와 조오지 산타야나 교수와 더불어 하버드 대학 철학과의 황금시대를 열었다. 20세기의 전환기에 제임스는 에딘버러 대학에서 기포드 강의를 했다. 이 강의 내용은 후에 「종교적 경험의 양상들」(*The Varieties of Religious Experience*)이라는 이름으로 출판되었다. 1898년 제임스는 캘리포니아 대학으로 옮기고, 여기서 후일에 "실용주의"로 불리게 된 철학 활동을 시작하였다.

그가 1906년에 행한 로웰 강의는 「실용주의」라는 제목으로 출판되었다. 이 「실용주의」라는 책은 제임스의 세계적 명성을 확고하게 만들어 주었다. 이 무렵에 베르그송과 존 듀이와의 교제와 우정이 무르익었다. 제임스는 언젠가는 철학에 관한 체계적인 책을 쓰리라고 마음먹고 있었지만, 빈번한 강의 요청과 공적 초청으로 인하여 기력이 떨어지게 되었다. 일찍이 정신과로로 허약해져서 수년 동안 고생한 적이 있었던 제임스는 예순 여덟에 뉴햄프셔 주 코코루아의 자기 집에서 그가 좋아하는 여름에 세상을 떠났다.

철학자로서의 제임스는 본질적으로 도덕가였다. 그가 「믿으려는 의지」

(*Will to Believe*)라는 책에서 제기했던 물음 즉 "인생은 살 만한 가치가 있는가?"에 대해서 제임스는 "그렇다."고 대답했다. 제임스는 우리가 대담하고 불요불굴한 활동으로 인생을 대한다면 살 만한 가치가 있는 인생을 만들 수 있다고 주장하였다.

니이체(Friedrich Nietzsche, 1844-1900)

언젠가 니이체는 "나는 음악과 눈물을 떠나서는 아무 것도 말할 수 없다."고 말한 적이 있다. 그의 철학적 일생은 이 음악과 눈물의 홍수에 흘러가버렸다. 프리드리히 니이체는 목사의 아들로 독일의 켄에서 태어났다. 아버지는 그가 아직 어렸을 때에 죽었다. 니이체는 집안의 헌신적인 여러 부인들 손에서 자라면서 일찍이 경건한 청년으로서 그리고 훌륭한 학자로서 주목받았다. 그는 유명한 포르타 고등학교를 졸업하고 라이프찌히 대학에 진학하여 고전문헌학을 배우면서, 개인적으로는 반종교적인 감정을 길렀다. 니이체는 박사학위를 받기도 전에 교수들의 추천으로 스위스에 있는 바젤 대학의 교수가 되어 취임하였다. 그는 고국을 떠나 스위스에서 사는 동안 바그너와 가깝게 지냈다. 니이체는 바그너가 그 자신의 예술 이론을 선전하기 위해 자기의 철학을 잘못 인용함으로써 자기를 일개 공론가로 만들어버렸다고 생각하게 된 후 바그너와 그의 음악을 싫어하게 되었다고 흔히 얘기되고 있다. 하지만 바그너는 이 젊은 교수 니이체를 참으로 좋아해서, 훗날 바이로이트에서 성공적으로 공연된 바그너의 가극과 바그너 자신에 대하여 니이체가 공격하는 글을 발표했을 때조차도 여전히 친구 니이체를 그리워했다는 것은 의심할 여지가 없다.

세상 사람들의 흥미를 끈 니이체의 첫 번째 저서 「비극의 탄생」(*The Birth of Tragedy*, 1872)을 니이체는 바그너의 음악에 심취된 상태에서 썼다. 이 책에서 니이체는 가장 유명한 개념들 가운데 한 개념, 즉 그리스 문화에는 아폴로적인 것과 디오니소스적인 것으로 나누어지는 양극성이 있다는 생각을 전개했는데, 전자는 인간의 이성적인 면을 가리키고 후자는 인간의 본능적이고 동적인 면을 가리킨다. 이 무렵 그는 건강이 나빠져서 바젤 대학에서 퇴직할 수밖에 없었다. 「선과 악을 넘어서」(*Beyond Good and Evil*), 「도덕 계보학」(*The Genealogy of Morals*), 「짜라투스트라는 이렇게 말했다」(*Thus Spake Zarathustra*)를 비롯한 일련의 저서는 날카로운 통찰을 보여주고 있다. 니이체는 이 책들을 스위스와 북부 이탈리아의 여러 휴양지로 옮겨 다니면서 그 곳의 여러 하숙집에서 힘겹게 썼다.

니이체는 자기 자신을 부도덕가(immoralist)라고 선언하였다. 즉 자기는 자신의 주장에 충격을 받은 세상 사람들에게는 "부도덕한 것으로 보이는" 새로운 가치를 기존의 기준과 가치에 대체시키기 위해 기존의 기준과 가치를 파괴하는 사람이라고 선언하였다. 기독교에 대한 니이체의 냉혹한 공격은 니이체를 찬양했던 앙드레 지드가 "니이체는 그리스도를 질투한다."고 말할 정도다. 니이체보다 앞선 키에르케고르와 마찬가지로 니이체는 체계적이고 이론적인 철학이 쓸모없다고 주장한다. 또 한편 그 자신의 작품들 속에서도 경구 식의 문장보다는 체계적인 이론이 더 많이 제시되어 있음에도 불구하고, 역시 키에르케고르와 마찬가지로 니이체는 이론 철학이 인간의 상황을 추상적 개념에 환원시켜버리는 것이 아닌가하고 염려하였다. 그는 "생활이 진리보다 더 중요하다."고 단언하였다.

니이체의 최후의 저작은 자신의 철학적 저작들을 개관하고 있는 「이 사람을 보라」(*Ecce Homo*)인데, 날카로운 통찰과 뚜렷한 과대망상증의 폭발이 빈번히 나타나 있다. 그 다음 해인 1889년 투린에서 건강을 해쳐버린 니이체는 심신이 병약한 상태로 삶을 10년 동안이나 질질 끌어갔다. 이 철학자가 시달려 온 고통과 정신 착란은 매독성이었던 것 같다. 니이체는 결혼하지 않았다. 1900년 니이체의 죽음을 당해 가장 슬퍼한 사람은 누이 엘리자베트였다.

베르그송(Henri Bergson, 1859-1941)

「창조적 진화론」(*Creative Evolution*)의 저자 베르그송은 파리에서 태어났다. 그의 집안은 프랑스 사회에 잘 동화된 교양 있는 유대인 가계였다. 베르그송의 어머니는 영국사람이었고(어떤 사람은 아일랜드 사람이라고 한다), 형은 가명으로 소설을 쓰면서 영국에서 살았다. 베르그송의 아버지는 바르샤바의 부유한 상인이었던 사무엘 쯔비트코베르의 자손이다. 마르셀 프루스트는 1891년에 이 철학자가 프루스트의 어머니의 조카인 뇌베르제와 결혼하자 베르그송의 이종 사촌 처남이 되었다. 이 미래의 소설가 프루스트는 이 결혼식에서 안내 역을 맡았었다.

베르그송은 꽁도르세 공립 고등학교와 에꼴 노르말르 고등 사범학교에서 공부했다. 그는 과학과 문학 중 어느 길을 택해야 할지 망설이다가 마침내 문학 쪽을 택하기로 결정하였다. 수학 선생은 이 일에 크게 실망하여 베르그송의 부모 앞에서 큰 소동을 벌였었다. 베르그송은 파리에 있는 앙제에르 공립 고등학교와 끌레르몽 공립 고등학교, 롤리 꼴레쥬, 그리고 앙리 4세 공립 고등학교에서 교편을 잡았다. 그는 1881년에 철학 교수 자격을 얻었고, 1889년에는 「의식의 직접 소여」(*Essai sur les données immédiates de la conscience*)라는 논문으로 박사 학위를 받았다. 1897년부터 베르그송은 에꼴 노르말르 고등 사범학교에서 가르치다가, 몇 년 후에 꼴레쥬 드 프랑스의 교수가 되었는데, 처음에는 그리스어 강좌를 맡다가 나중에야 철학 강좌를 맡았다. 어느 날 방과 후 산보를 하던 베르그송이 환한 깨달음의 순간을 경험했던 곳이 바로 여기 끌레르몽이었다. 그는 제논의 역설에 대하여 생각하고 있었는데, 시간은 단지 공간 속에서 일어나는 운동의 척도가 아니라 인간의 지속적인 내적 존재의 한 요소라는 생각이 갑작스럽게 머리를 쳤던 것이다. 사실 베르그송의 철학은 그 전부가 지속(持續, duration)이라는 이 핵심 개념에 기초를 두고 있다. 베르그송은 파리에서 굉장한 성공을 거두었으며,

제1차 세계대전 전에 꼴레쥬 드 프랑스에서 행한 공개 강의는 관광객들에게 에펠탑 다음의 관심거리였다. 제1차 세계대전 중 두 차례에 걸친 미국 방문을 통하여 그는 컬럼비아 대학에서 수여하는 명예 박사 학위를 받았고 또 루즈벨트 대통령이 베푼 조찬에 초대되었는데, 이 조찬은 이 섬세한 프랑스 사람을 어리둥절케 할 정도로 아주 이른 시간에 너무 거창하게 차려진 식사였다. 베르그송은 1941년에 프랑스 학술원의 회원이 되었다. 7년 후에는 노벨 문학상을 수상했다.

「의식의 직접 소여」에 뒤이어 「물질과 기억」(*Matter and Memory*, 1896)과 「창조적 진화론」(*Creative Evolution*, 1907)이 나왔다. 이 책들의 출판 이후 베르그송은 책을 쓰지 않다가 1932년에 이르러 「도덕과 종교의 두 근원」(*The Two Sources of Morality and Religion*)을 출판하였다. 이 유명한 마지막 저서는 그로 하여금 가톨릭교에 개종할 생각을 갖게 했을 정도로 베르그송의 인격 형성에 강력한 영향을 미쳤던 종교적 현상 즉 신비 경험을 진지하게 다루고 있다. 제2차 세계대전 당시 비시 정부는 늙고 병든 베르그송이 유대인으로 등록하지 않아도 좋다고 허가하였다. 그러나 베르그송은 이 수상쩍은 특혜를 거절하고 유대인 등록을 하려고 늘어 서 있는 처량한 대열 속에 유대인 고유의 옷을 입고 끼어들어가 "다비드의 별"을 받아 내었다. 베르그송은 유언장에서 "만일 내가 여러 해 동안 세상을 휩쓸고 있는 반유대 운동을 절박한 상태라고 생각하지 않았다면 나는 개종하였을 것이다."라고 말하고 있다.

듀이(John Dewey, 1859-1952)

존 듀이는 생생한 흥미와 실용적 관심에 입각해서 교육이 이루어져야 한다고 주장했던 몇 사람 안 되는 주요한 철학자들 가운데 하나다. 그는 실제로 철학을 교육에 관한 이론이라고 정의하였다. 듀이는 그가 태어난 버몬트 주의 버얼링톤 공립학교에서 소년기의 교육을 받았다. 아버지는 태평한 성격을 지닌 식료품 상인이었고, 어머니는 아버지 쪽보다 부유한 집안에서 태어난 버몬트 주 사람으로 인생에 대해 보다 엄숙한 태도를 지녔었다. 청년 존은 버몬트 대학을 졸업하고, 2년 동안 펜실베이니아 주의 사우스 오일 시에 있는 고등학교에서 교편을 잡다가, 비교적 짧은 기간이긴 하나 버몬트 주의 샤알럿에 살면서 마을 학교를 운영하였다. 듀이의 첫 철학 논문인 "유물론의 형이상학적 가정들"이 그가 존스 홉킨스 대학의 대학원에서 철학을 공부하기 시작했던 1882년에 해리스 박사가 편집자로 있던 「사변 철학」에 게재되었다. 박사 학위를 받자 듀이는 곧 미시간 대학의 철학 강사로 갔는데, 여기서 선배 모리스(G. S. Morris) 교수의 헤겔주의에 영향을 받았다. 그러나 젊은 철학자 듀이는 윌리암 제임스의 「심리학 원리」를 읽고 훨씬 더 깊은 감명을 받았다. 얼마 동안 미네소타 대학에서 가르치다가, 듀이는 다시 미시간 대학으로 돌아왔다. 1893년 그는 시카고 대학으로 옮겨 심리학과와 철학과에서 교육학에 대한 교육을 지도했다. 듀이는 학부형들의 도움을 받아서 소속 학과의 주관 아래 "실험 학교"(Laboratory School)로 알려진 초등학교를 개설하였다. 듀이가 일찍이 시카고 대학에서 쓴 교육에 관한 논문들은 그를 "진보주의 교육"의 대변자로 여기게 만든 핵심 개념들 즉 사회 환경과의 연속체로서의 학교, 민주주의의 성장 과정으로서의 교육을 내용으로 담고 있다. 교육에 대한 듀이의 생각은 19세기 말경의 진보주의와 개혁의 풍토 속에서 발전하였다. 제인 애담스(J. Addams)는 듀이의 친구였다. 듀이는 애담스가 운영하는 인보관(隣保館, Hurl House)을 종종 방문했다.

듀이는 실험 학교 운영에 대하여 대학 당국과 의견이 갈라지게 되자 시카고 대학을 사직하였다. 1905년에 컬럼비아 대학 철학과로 옮긴 듀이는 주당 2시간 씩 교육 대학에서도 가르쳐야 했다. 듀이는 컬럼비아 대학의 분위기가 완전히 마음에 들어서 25년 후 퇴직할 때까지 이 대학에서 가르쳤다. 「민주주의와 교육」(*Democracy and Education*, 1916), 「철학의 개조」

(*Reconstruction in Philosophy*, 1920), 「인간성과 행위」(*Human Nature and Conduct*, 1922), 「논리학: 탐구 이론」(*Logic: The Theory of Inquiry*, 1938). 「경험으로서의 예술」(*Art as Experience*, 1934) 등은 산을 이룰 만큼 많은 저서 가운데 큰 봉우리들이다. 듀이는 영국, 중국, 일본, 멕시코, 터키, 소련을 방문하여 강의하였다. 1936년에 그는 소련에서 진행된 트로츠키 궐석 재판에 관여하여 트로츠키의 죄과를 검토하는 서방측 위원회의 일원이 되었다. 심문회는 멕시코에 있는 트로츠키의 집에서 열렸었다. 위원회는 소련 정부에 "무죄" 판결을 통보하였다. 듀이는 두 번 결혼하였다. 첫 번째 아내는 1927년에 죽었다.

듀이는 품위 있게 강의하는 사람은 아니었다. 목소리는 허스키였고 강의 방식은 듀이의 말 그대로 사람들로 하여금 문제가 풀릴 때까지 애써 생각하게 하는 방식이었다. 이 철학자의 90회 생일이었던 1949년 10월 20일에 뉴욕 시에서 열었던 축하 행사는 전 세계의 위대한 인물들이 축하 인사를 보내온 감명 깊은 행사였다.

훗설(Edmund Husserl, 1859-1938)

훗설의 「순수 현상학의 이념」(*Ideas Pertaining to a Pure Phenomenology*, 1913)의 출간은 유럽 대륙의 철학자들에게는 제1차 세계대전 직전에 일어난 눈에 띄는 철학적 사건이었다. 훗설은 보헤미아 토박이인데 모라비아 지방에서 태어났다. 그는 수학자로서 학구 생활을 시작했으나, 독일의 철학자 프리드리히 파울젠(F. Paulsen)의 영향을 받아 철학으로 전향했다. 훗설의 초기 철학적 경향은 데카르트적 착상을 보여주고 있다. 훗설은 초기에 철학을 엄밀하고 완전히 확실한 학문으로 만들려는 야심을 갖고 있었다. 훗설에게 가장 직접적인 영향을 준 것은 철학적 심리학자 프란쯔 브렌타노(F. Brentano,

1838-1917)의 저서였다. 훗설은 또한 베른하르트 볼짜노(B. Bolzano, 1781-1848)의 「과학론」(*Wissenschaftslehre*)에서 입은 은혜에 대해서도 감사하고 있다.

훗설은 할레 대학과 괴팅겐 대학에서 철학을 가르쳤다. 1916년에 훗설은 프라이부르크 대학의 철학 교수로 임명되어 1926년에 퇴직할 때까지 거기에 머물렀다. 본 대학에서 명예 박사 학위를 수여받았고, 이 대학의 추밀원 고문관이 되었다. 훗설은 만년에 나치스 정권 치하에서 고통을 당했다. 그는 유대인계였지만 이 무렵은 히틀러 통치의 초기여서 해를 입지는 않았다. 그럼에도 불구하고 모든 것이 그에게는 불쾌하게 돌아갔다. 키일 대학 법대 학장이었던 훗설의 아들은 그 직위를 잃자 미국으로 이주해버렸다.

훗설의 현상학은 20세기의 유럽 대륙에서 지배적인 철학적 영향력을 갖게 되었다. 그는 학생을 제자로 바꿀 수 있는 힘을 갖고 있었다. 독일과 프랑스의 뛰어난 젊은 철학자들 가운데 몇 사람은 훗설을 존경하였다. 훗설은 1929년에 파리에서 강의했으며, 마지막 저서인 「데카르트적 성찰」(*Cartesian Meditations*)을 프랑스어로 써서 출판하였다.

훗설은 프라이부르크에서 죽었다. 프라이부르크 대학에서 그가 맡았던 철학 교수 직은 전에 제자였던 하이데거가 계승하였다.

화이트헤드(Alfred North Whitehead, 1861-1947)

영국 국교회 목사의 아들인 알프렛 노오스 화이트헤드는 캔트 주의 아일 오브 다넷에 있는 람스케이트에서 태어났다. 이곳에서 켄터베리 대성당까지의 거리는 16마일 정도다. 화이트헤드는 1170년에 베키트(Beckett)가 켄터베리 대성당 안 어느 곳에서 어떻게 살해되었는가를 마음속으로 환히 그려볼 수 있을 정도로 역사에 밝았다. 그는 자신이 이 사건을 어떻게 상상하여 재구성했는가를 이야기하곤 했다. 화이트헤드는 로마 시대로부터 중세까지의 고고학적 유물들이 남아 있는 시골에서 젊은 시절을 보냈는데, 자신의 저술에 널리 스며 있는 역사적 비교의 취향을 이 시골 생활의 덕으로 돌렸다. 이 시골의 자연은 생기에 차 있었고, 세상은 감정의 유동과 흡사한 과정으로 충만해 있었다.

화이트헤드는 셔본에 있는 학교를 마친 다음, 케임브리지 대학교의 트리니티 대학에 진학하여 공부한 후, 거기 남아서 수학을 가르쳤다. 버트란드 러셀은 그가 처음으로 가르친 학생들 가운데 하나였다. 이 두 사람은 수학의 기초를 탐구하는 데 흥미를 가졌기 때문에(화이트헤드의 첫 번째 저서는 「보편대수론」(*Treatise on Universal Algebra*, 1898)이었다) 저 위대한 「수학원리」(*Principia Mathematica*)를 공동으로 연구했는데, 그 결실인 제1권이 1910년에 나왔다. 이 해에 화이트헤드는 결혼하고, 케임브리지를 떠나 런던으로 옮겨 런던 대학의 교수로 근무하기 시작하였다. 1914년부터 1924년까지 화이트헤드는 임페리얼 이공대학의 수학 교수였다. 이 기간에 그는 과학 철학에 관한 책을 세 권 출판하였다. 그 가운데 가장 잘 알려져 있는 책이 「자연이란 무엇인가」(*The Concept of Nature*, 1920)이다. 대부분의 교수가 퇴직할 생각을 할 나이인 예순 세 살에 화이트헤드는 하버드 대학의 철학 교수 직을 수락하였다. 이리하여 "제2의 일대기"가 미국에서 시작되었다. 화이트헤드의 철학적 저서들 가운데 아주 잘 알려져 있는 책들은 이 곳에서 출판되었다. 「과학과 현대 세계」(*Science and the Mordern World*, 1925), 「과정과 실재」(*Process and Reality*, 1929), 「관념의 모험」(*Adventures of Idea*, 1933)이 그것이다. 하버드 대학에서 강의할 때에 화이트헤드는 강의의 주제를 플라톤의 후기 대화편 가운데서 신정하여, 「티마에우스」의 관점에 입각한 새로운 이념 즉 수학과 좋음(선)을 연결시켜 생각해보는 우주론적 탐구를 학생들에게 강조하였다.

화이트헤드는 생애의 대부분을 전문적인 수학자로 지내다가 늦은 나이에 철학을 시작하였다. 게다가 미국에서 철학적 활동을 함으로써 영국 철학과의 접촉이 끊어졌기 때문에 그의 저작은 현재 영향력을 발휘하고 있는 현대 철학의 주류에서 벗어나 있다. 젊은 영국 철학자 스테픈 토울민(S. Toulmin)은 화이트헤드에 대하여 다음과 같이 논평하였다. "현대의 영국 철학사에서 알프렛 노오스 화이트헤드는 분명히 고립되어 있다. 형이상학자로서의 화이트헤드에게는 직접 선배가 하나도 없으며, 또한 눈에 띄는 후배도 없다. 철학에 호기심을 갖고 있는 일반 사람들은 찬양했으나 영국에 있는 대부분의 동료 철학자에 의해서는 무시되어 버린 그의 위대한 '유기체 철학'은 이미 역사적 기념비가 되어가는 듯하다. … 그뿐만 아니라 오늘날 가장 높이 평가되고 있는 그의 저서일지라도 조립식 간이 주택처럼 보이거나 아니면 기껏해야 정교하게 세워진 공장처럼 보일뿐이다."

산타야나(George Santayana, 1863-1952)

산타야나는 마드리드에서 태어나 어린 시절을 아빌라라는 고대 도시에서 살았다. 아버지는 필리핀 주재 스페인 대사관에서 봉직했다. 어머니는 첫 번째 남편이 보스턴의 스터기스 가문 사람이었기 때문에 한 동안 보스턴에서 산 적이 있었다. 여덟 살의 어린 조오지는 이 스터기스 가문 사람들과 함께 살기 위해 보스턴에 갔다. 그는 브림머 학교, 보스톤 라틴어 학교, 하버드 대학에서 연이어 공부했다. 그는 라틴어 학교에 다닐 때에는 학도 훈련단을 지휘하는 간부로 활동하면서 한편으로 문학 잡지에 기고도 하였다. 젊어서 산타야나는 호평을 받을 만큼 훌륭하지는 못했으나 시를 많이 썼으며, 만년에는 「최후의 청교도」(*The Last Puritan*, 1936)라는 소설을 발표했다.

하버드 대학에서 산타야나를 가르친 교수들 가운데에는 윌리암 제임스와 조시아 로이스가 있다. 그는 로체(R. H. Lotze, 1817-1881)에 관한 논문으로 철학 박사 학위를 받았으나, 이 논문은 출판되지 않은 채로 남아 있다.

1889년에 하버드 대학의 교수로 임명됨으로써 산타야나는 마침내 철학 교수가 되었다. 산타야나는 교수라는 직업이 자기에게는 기질적으로 부적합하다고 항상 불평해 오다가 1912년에 영원히 하버드 대학과 미국을 떠났다. 그는 긴 생애의 나머지를 유럽에서 살았는데, 주로 이탈리아에서 살았다.

산타야나의 첫 번째 철학적 저서인 「미에 대한 의식」(*The Sense of Beauty*)은 1896년에 나왔다. 10년 후에 산타야나는 「이성의 생활」(*The Life of Reason*) 다섯 권을 완성했다. 다른 저서로는 「세 철학적 시인」(*Three Philosophical Poets*, 1910), 「교의의 허세」(*Winds of Doctrine*, 1913), 「독일 철학의 자아 중심주의」(*Egotism in German Philosophy*, 1915), 「회의론과 동물적 신앙」(*Scepticism and Animal Faith*, 1923)이 있다. 네 권으로 출판된 「존재의 나라」(*Realms of Being*) 가운데서 가장 잘 알려져 있다고 여겨지는 제1권 「본질의 나라」(*The Realm of Essence*, 1927)는 1940년에 이르러서야 완성되었다. 일련의 자서전적 저작으로 「인물과 장소」(*Persons and Places*, 1944), 「중년 시절」(*The Middle Span*, 1945), 「나의 주, 세계」(*My Host, the World*, 1953)가 있다. 사회와 정치에 관한 이론을 논하고 있는 마지막 저서 「지배와 권력」(*Dominations and Powers*)은 그가 죽기 바로 전 해인 1951년에 나왔다. 산타야나는 마지막 10년을 로마에 있는 요양소에서 블루 자매의 보살핌을 받으면서 지냈다.

산타야나는 어떤 특정한 학파에 속하지 않으며, 미국 철학자로 보통 분류되지만, 그의 정신적 고향은 지중해와 고전적 세계였다. 부모는 자유주의적 경향을 지닌 사람이었지만, 산타야나는 신앙으로서는 아니었다 할지라도 계속 가톨릭에 공감하였다. 그는 미국의 신교가 종교를 성실성이나 외형적 업적과 혼동하고 있다고 생각하여 항상 경멸하는 대도를 보였다. 산타야나는 끝내 미국 시민이 되지 않고 스페인 국민으로서 죽었다.

러셀(Bertrand Russell, 1872-1970)

버트란드 러셀이 태어난 지 사흘 째 되던 날 그의 어머니는 일기에 이렇게 썼다. "아기가 고개를 번쩍 들고, 아주 힘차게 주위를 휘둘러보았다." 이 철학자는 이 자세를 거의 백년이나 그대로 유지하였다. 아버지인 자유사상가 엠브리 자작은 영국의 자유주의 정치가이며, 러셀 집안에서 처음으로 백작이 된 존 러셀 상원 의원의 아들이다. 버트란드 러셀의 대부는 존 스튜어트 밀이었다. 러셀의 부모는 그가 어린 아이였을 적에 세상을 떠났기 때문에 그는 엄격한 청교도적 환경 속에서 할머니 러셀 백작 부인에 의해서 양육되었다. 러셀은 정규 학교 교육은 전혀 받지 않았지만, 개인 교사들의 교육과 폭넓은 독서 덕분에 1890년 트리니티 대학에 입학하였다. 그는 케임브리지의 트리니티 대학의 수학 과목에서 우등을 차지했고, 철학에서는 특별 연구원 겸 강사가 되었다. 러셀은 한때 맥타가르트(J. M. E. Mctaggart, 1866-1925)의 영향을 받아 독일 철학을 공부했다. 그가 쓴 첫 번째 중요한 책이 라이프니쯔에 관한 책이었던 이유가 여기에 있다. 러셀은 1900년 파리에서 이탈리아 수학자 페아노(G. Peano, 1858-1932)를 만났다. 이 때 러셀은 수학적 논리학에 새로이 강한 흥미를 느끼게 되어, 친구이자 전에 선생이었던 화이트헤드와 「수학 원리」(Principia Mathematica, 1910)에 관한 공동 연구를 시작했다. 러셀이 대수학의 기초에 관하여 프레게(G. Frege)와 편지로 나눈 의견 교환은 현대 논리학의 경전이자 백과사전이 된 「수학 원리」의 연구에 도움을 주었다. 러셀은 후에 이 「수학 원리」가 자신의 사후에도 여전히 살아남을 수 있는 저서일 것으로 생각했다. 케임브리지에서 러셀은 무어와 함께 철학 활동을 해나갔는데, 나중에는 "논리 원자주의"로 러셀에게 큰 영향을 준 비트겐슈타인과도 함께 연구했다.

러셀이 주요한 업적을 남긴 분야로는 수학적 논리학 외에 지식론이 있다. 20세기의 철학에 그가 끼친 영향은 지식과 의미에 관한 문제를 다른 중요한 저서들 즉 1914년에 나온 「바깥 세계에 관한 지식」(*Our Knowledge of the External World*)에서부터 1948년의 「인간의 지식: 그 범위와 한계」(*Human Knowledge: Its Scope and Limits*)에 이르는 일련의 저서를 통해서 이루어졌다. 두 세대에 걸친 후배 철학자들은 러셀을 존경심과 격노가 뒤섞인 태도로 대했는데, 이 사실은 "20세기 철학사는 버트란드 러셀의 과오들에 대한 수정이다."라는 어떤 비평가의 말이 간명하게 잘 설명하고 있다.

사회 문제에 대한 러셀의 관심은 기질적으로 타고났을 뿐만 아니라 가문의 전통의 일부분이었다. 사회 문제에 대한 러셀의 저서는 도대체 그 양이 얼마나 되는가가 논쟁거리가 될 정도로 방대하다. 러셀은 제1차 세계대전 중에는 평화주의적 견해로 인하여 감옥에 갇혔다. 그는 여성의 정치 참여를 옹호했다. 러셀은 네 번 결혼했는데, 두 번째 아내인 도라 러셀과는 보수주의자들이 공공연히 악평과 비난을 퍼부었던 진보주의적 학교를 운영했다. 1940년 러셀은 뉴욕 시립 대학 교수로 초빙되었지만, 어떤 납세자가 러셀이 무신론자이며 부도덕을 가르친다는 이유를 들어 뉴욕 시를 상대로 소송을 걸어 방해하였기 때문에 결국 취임하지 못하고 말았다. 러셀은 일종의 사회주의자였지만 소련 식의 변종 사회주의에는 거의 공감하지 않았다. 러셀은 히틀러가 너무 악독하다고 생각했기 때문에 나치스의 협박에 대항하여 싸우는 연합국의 명분을 지지하였다. 제2차 세계대전 후 러셀은 다시 원래의 평화주의로 되돌아가서 미국이나 소련이 핵무기로 무장된 힘을 빙자하여 야심을 채우려고 벌였다고 생각되는 사태를 고발하였다.

무어(George Edward Moore, 1873-1958)

분석 철학 학파에 속하는 어떤 젊은 미국 철학자가 대학 당국으로부터 서양 철학사 강의를 부탁받은 뒤 일어난 일화가 있다. 선배 교수들이 강의를 소크라테스로부터 시작할 계획인지 아니면 소크라테스 이전의 철학자들로부터 시작할 계획인지 물었을 때에 이 젊은 철학자는 서양 철학사 강의를 무어의 저서 「윤리학 원리」(*Principia Ethica*)가 출판된 1903년에서부터 시작하지 않으면 안 된다고 생각한다고 말하고, 강의를 시작해서 처음 얼마 동안은 무어의 철학에 전념할 계획이라고 대답했다고 한다. 이 이야기는 20세기에 들어와 영어를 사용하는 철학계에 무어 한 사람이 끼친 막대한 영향을 암시하고 있다.

조지 에드워드 무어는 여덟 명의 아들 가운데 다섯째 아들이었다. 아버지는 퇴직한 뒤 자기만 아는 수입으로 살아간 런던의 한 의사였고, 어머니는 퀘이커교도 집안 출신이었다. 무어의 부모는 둘다 침례교도였다. 어린 조지는 덜위치에 있는 학교에 통학하면서, 그리스어와 라틴어를 놀라운 수준까지 익혔다. 그는 음악 특히 독일의 가곡을 좋아했다. 케임브리지 대학의 교수 시절에 슈만의 “두 사람의 척탄병”을 독창한 적이 있었는데, 노래 솜씨가 매우 훌륭하였다고 한다. 무어는 케임브리지의 트리니티 대학에서 장학금을 얻어 공부하다가 그에게 전공을 철학으로 바꾸도록 종용했던 버트란드 러셀을 만났다. 이 무렵에는 러셀과 마찬가지로 무어도 헤겔 류의 관념론에 매혹되었었으며, 한동안은 시간이 비실재적이라는 것을 증명하는 브래들리(F. H. Bradley)의 논증이 반박될 수 없다고 믿었다. 그러나 무어는 곧 미망에서 벗어나 철학적 논쟁 속에 등장하는 용어들에 일상적 용법이라는 시금석을 적용하는 방법을 채택하였다.

「윤리학 원리」는 철학적인 면에서나 사회적인 면에서나 무어의 명성을 확고히 해주었다. 이 책의 “이상”이라는 장에서 무어가 우정과 미적 쾌락은 무조건 좋은 것이라고 논하고 있기 때문에 클리브 벨, 울프가의 사람들, 존 메이나드(J. Maynard), 케인즈(J. M. Keynes), 포스터(E. M. Forster) 등을 비롯한 브룸스배리 그룹(Bloomsbury group)의 사랑을 받게 되었다. 1911년에 무어는 케임브리지 대학의 강사가 된 후 제2차 세계대전 중의 4년간 미국 생활을 제외한 나머지 일생을 케임브리지에서 보냈다.

그는 중요한 논문은 많이 썼지만 「윤리학 원리」 이외에 체제를 갖추어 쓴 책은 1912년에 홈 유니버시티 라이브러리에 기고했던 「윤리학」(*Ethics*) 단 한 권뿐이었다. 무어의 동료 교수 한 사람은 무어가 이처럼 적은 수효의 책을 쓴 이유는 충분히 변호할 수 있다고 자신할 만큼 명석하게 정리되지 않은 자신의 견해가 부딪힐 반대 의견들을 스스로 미리 잘 알고 있었기 때문이라고 말하였다. 브레이즈웨이트(R. B. Braithwaite, 1900-1990)는 이렇게 전하고 있다. "1922년에서 1923년에 걸쳐 내가 무어 교수의 연속 강의 두 강좌를 들었을 때였다. 우리는 일년 내내 월요일 · 수요일 · 금요일 아침에는 자아에 관한 명제들에 대한 분석을 정확히 해보려고 세심한 노력을 기울였고, 화요일 · 목요일 · 토요일 아침에는 '이것은 연필이다.'와 같은 형식의 명제들에 대한 분석을 올바르게 해보려고 노력하였다. 1923년 5월말까지는 이 두 가지 일이 끝났어야 했는데도 무어는 시도해볼 수 있는 분석 방법들 가운데서 겨우 절반만을 검토했을 뿐이었다." 무어는 케임브리지에서 비트겐슈타인을 자주 만났으며, 「논리 철학론」을 쓴 오스트리아 출신의 이 천재에게 철학 박사 학위를 수여할 것을 추천했던 심사 위원회를 러셀과 함께 구성했었다. 무어는 26년 동안 철학 학술지 「마음」(*Mind*)의 편집 책임자로 일했다. 그는 뉴햄 대학의 대학원생 도로시 일리와 결혼하여 행복하게 살면서 두 아들을 두었다. 그가 건강이 쇠약해져서 활동적인 생활에서 물러난 후 여왕은 그에게 메릿 훈장을 수여하였다.

하이데거(Martin Heidegger, 1889-1976)

하이데거는 남서부 독일의 바덴에서 태어나 일생 동안 거기서 살았다. 그는 프라이부르크에 있는 인문 중학교에서 공부할 때에는 가톨릭교 성직자가 되려고 진지하게 마음먹었었다. 그러나 그는 중세 철학에 대한 열렬한 관심을 지닌 채 교회를 떠났다. 하이데거는 스승 훗설의 지도 아래 둔스 스코투스의 범주에 관하여 박사 학위 논문을 썼다. 그는 1915년 프라이부르크 대학에서 무급의 사강사 직을 얻었다가, 1923년에는 마르크 대학에서 정규 대학 교수가 되었다. 하이데거는 1928년 훗설이 물러나서 공석이 된 프라이부르크 대학의 철학 교수 직을 계승하여 1943년에 퇴직할 때까지 그 자리에 있었다. 하이데거의 가장 잘 알려진 저서 「존재와 시간」(*Being and Time*)은 1927년에 나왔다. 하이데거의 철학은 신교의 신학과 유럽의 철학 · 문헌학 · 문학에 큰 변화를 일으키는 영향을 미쳤지만, 미국에서는 그의 저작이 잘 알려져 있지 않다.

불행히도 하이데거는 1933년에 프라이부르크 대학의 총장 직을 맡았던 일로 인해서 그 뒤 거의 은둔자가 되다시피 살았다. 대부분의 청중들은 약간 애매모호한 그의 취임 연설을 새로이 대두한 국가 사회주의자들을 전력을 다하여 지지할 것을 요구하는 것으로 해석하였다. 그의 연설은 나치스가 정해 놓은 목표들이 독일 학문의 주체 의식을 위한 길을 열어주었다고 주장하는 것처럼 들렸다. 총장 직에 있는 동안에 하이데거가 행한 공적 연설에 대해서 칼 뢰비트(K. Löwith)는 그의 연설을 주의 깊게 듣는 사람들이 다시 소크라테스 이전의 철학자들에 관하여 공부하기 시작해야 할지 나치스의 돌격대가 입는 군복을 걸쳐야 좋을지 전혀 알 수 없었다고 말하고 있다. 어쨌든 하이데거는 재빨리 미망에서 깨어나 다음 해에 총장 직을 사임했다. 1945년에 점령군은 하이데거가 나치스에 대한 열성분자가 아니라고 판정하였다. 그러나 이 철학자는 자기가 쓴 많은 논문을 챙겨가지고 흑림 속에 있는 작은 집(스키를 위해 만든 집)에 은거하였다. 그렇지만 얼마 안 되어 강의에 대한 요청이 크게 늘어나자 하이데거는 이에 설복되지 않을 수 없어서 때로 프라이부르크 대학에 공적으로 모습을 나타내게 되었다.

1962년에 한 신문의 특파원은 하이데거를 이렇게 묘사하였다. "이제 73세가 된 하이데거는 보통 사람들이 생각하는 독일 철학자상을 보여주고 있다. 그는 금욕적이고, 은둔적이고, 다소 기이하고, 참으로 불가해한 인물이다. 중키의 땅딸막한 몸집과 회색 머리카락, 얇은 입술, 꿰뚫어 보는 듯한 검은 두 눈을 가진 얼굴은 금욕 생활의 분위기를 풍기고 있다. 그는 학자와 흑림의 농부가 뒤섞여진 인물로 묘사되어 왔는데, 여전히 짧은 바지와 두꺼운 울 스타킹을 좋아한다. 때로 그는 많은 사람들의 인기를 끄는 강의를 계속하기 위해 프라이부르크 대학에 모습을 보이곤 한다. 그의 마지막 강의를 듣기 위해 천여 명의 학자와 학생이 대학 강당에 몰려들었다. 그렇지만 지방 신문의 기자들은 그 많은 청중 가운데 이 사람(하이데거)이 무엇을 말하고 있는지 정확히 안 사람이 과연 20명이 넘을는지 의심하였다.

비트겐슈타인(Ludwig Wittgenstein, 1889-1951)

기인이자 천재인 비트겐슈타인은 20세기의 영국 철학과 미국 철학에 가장 크게 영향을 주었다고 인정받는 철학자인데, 로마 가톨릭교도로 세례를 받은 유대 혈통의 오스트리아 사람이었다. 아버지는 유명한 기사였다. 형들 가운데 파울 비트겐슈타인은 전문 피아니스트였는데, 제1차 세계대전 때에 오른쪽 팔을 잃었다. 라벨(Ravel)의 「왼손을 위한 협주곡」은 바로 이 파울 비트겐슈타인을 위해 만든 작품이다. 루드비히는 베를린에 있는 공업 고등학교에서 기술을 배웠다. 그는 영국에 유학하여 항공 공학을 계속 공부하다가 수학의 기초에 관한 러셀의 저서에 흥미를 느끼게 되었다. 비트겐슈타인은 케임브리지 대학으로 옮겨 러셀의 제자로 공부하면서, 무어와 프레게를 비롯한 많은 철학자와 수학자를 방문하거나 서신을 교환하였다. 비트겐슈타인은 러셀의 격려를 받고 「논리 철학론」(*Tractatus Logico-Philosophicus*)을 집필하기 시작했으나, 제1차 세계대전이 터져 오스트리아 군대에 지원병으로 종군하게 되자 원고를 여기저기 전쟁터에 갖고 다니면서 썼다. 「논리 철학론」은 1922년에 출판되었다.

비트겐슈타인의 아버지는 1912년에 별세하면서 비트겐슈타인에게 많은 유산을 남겨 주었다. 비트겐슈타인은 전쟁터에서 귀향하여 유산을 전부 남에게 나누어 주었다. 그는 몇 해 동안 오스트리아의 시골 지방을 이리저리 돌아다니면서 여러 가지 잡일도 하고, 교사로서 가르치기도 하고, 정원사로도 일하였다. 그는 한때 수도원에 들어갈 생각을 했으나 그만 두기로 결정했다. 1929년에야 비트겐슈타인은 케임브리지 대학과 철학에 되돌아 왔다. 그는 강사가 되어 가르치면서 몇 사람 되지는 않았지만 열성 있는 제자를 얻었다. 비트겐슈타인은 1939년에 무어의 뒤를 이어 철학 교수가 되었다. 비트겐슈타인은 보통 자기 연구실에서 수업을 했는데, 얌전히 앉아 있는 제자들 앞에서 힘겹게 철학하곤 하였다.

케임브리지 대학에 있는 동안 비트겐슈타인은 「철학적 탐구」(*Philosophical Investigations*)를 쓰고 있었다. 히틀러가 오스트리아를 점령한 후 비트겐슈타인은 영국 국민으로 귀화했다. 그는 제2차 세계대전 동안에는 여러 병원에서 처음에는 수위로 나중에는 실험실의 기술자로 일했다. 전쟁 후에 그는 한 동안 아일랜드의 서해안 갈웨이에 있는 작은 외딴 집에서 살았다. 1949년에 비트겐슈타인은 코넬 대학에서 가르치고 있는 옛날 제자 노만 맬컴(N. Malcolm)의 집에 머물 예정으로 미국을 방문했다. 그는 암에 걸린 것을 확인하고 영국에 돌아와 케임브리지에서 세상을 마쳤다. 비트겐슈타인은 임종 때에 이런 말을 남겼다고 한다. "나는 멋진 한 세상을 살았노라고 전해주십시요!"

싸르트르(Jean-Paul Sartre, 1905-1980)

프랑스의 인명사전은 싸르트르를 철학자가 아니라 "문학가"로 분류하고 있다. 싸르트르의 참으로 다양한 수많은 저작—철학 · 정치 · 비평 · 소설 ·

희곡에 걸친 저작—은 20세기적 성격보다는 19세기적 성격을 더 많이 지니고 있다. 싸르트르는 장 벱띠스트 싸르트르와 안네 마리 슈바이처를 부모로 하여 파리에서 태어났다. 그의 어머니의 삼촌이 바로 신학자이면서 인도주의자인 알버트 슈바이처(A. Schweitzer)다. 싸르트르는 자서전적 회고록 「말」(*The Words*) 속에서 가족을 묘사하고 있다. 싸르트르는 파리의 앙리 4세 고등학교와 에꼴 노르말르 고등 사범학교에서 공부하고 여기서 철학 교수 자격을 취득하였다.

그는 로운과 르 아브르에 있는 고등학교에서 교사로 있었는데, 르 아브르는 첫 소설 「구토」(*La Nausée*)의 배경이 되었다. 1934년에 싸르트르는 정부의 장학금으로 베를린에서 철학을 공부할 수 있었다. 그는 여기서 훗설의 철학과 하이데거의 철학에 영향을 받았다. 유학을 마치고 귀국한 뒤 싸르트르는 노일리의 파스퇴르 고등학교와 파리의 꽁도르세 고등학교에서 철학을 가르쳤다. 그러나 1944년 싸르트르는 온 정력을 저술 활동에 쏟기 위해 교사 직을 그만두었다. 싸르트르가 자신의 철학을 전개한 최초의 대작 「존재와 무」(*Being and Nothingness*)는 1943년에 나왔다. 싸르트르의 후기 철학을 보여주는 저서는 1960년에 나온 「변증적 이성에 대한 비판」(*The Critique of Dialectical Reason*)이다.

제2차 세계대전 중에 싸르트르는 독일군에 포로로 붙잡혔다가 종전이 되어 석방되었다. 그는 알베르 까뮈(A. Camus)와 그 밖의 다른 사람들과 함께 지하 운동 신문인 〈투쟁〉(Combat)을 위해 일했고, 전후에는 〈현대〉(Temps Moderne)의 주간으로 일했다. 싸르트르의 "실존주의"(싸르트르의 작품에 맨 처음 이 이름을 적용한 사람은 가브리엘 마르셀(G. Marcel)이다)는 제2차 세계대전 뒤에 선풍적으로 유행하였다. 싸르트르와 그의 동반자 시몬느 드 보봐르(S. Beauvoir)는 카페 플로르에 몰려든 극성인 구경꾼들 때문에 자리를 뜨지 않을 수 없었던 적이 있을 정도였다. 보봐르는 나중에 싸르트르와의 수년 동안의 생활을 작품화시킨 「거물들」(*Les Mandarins*)이라는 소설을 내놓았다. 싸르트르의 희곡—「파리떼」(*The Flies*), 「출구 없는 방」(*No*

Exit), 「더러운 손」(*Dirty Hands*) 등—은 3권까지 발표한 연작 소설 「자유에의 길」(*Les Chemins de la Liberté*)보다 더 큰 성공을 거두었다. 싸르트르가 쟝 주네(J. Genet)의 희곡을 편집하여 출판하면서 부친 서문은 나중에 578쪽에 달하는 한 권의 책으로 간행되었다.

1946년에 싸르트르는 몇몇 프랑스 작가와 함께 정부의 도움으로 미국에 건너가 하버드 · 컬럼비아 · 예일 · 프린스턴 대학에서 강의했다. 싸르트르는 공산주의자는 아니었지만 마르크스주의자들의 폭동에 공감을 표했고, 나중에는 미국에 대항하여 쿠바와 북부 베트남의 편을 들었다. 싸르트르는 1964년에 코넬 대학에서 하기로 약속한 플로베르에 관한 강의를 취소해버렸다. 그가 말한 이유는 "하노이가 폭격당하고 있는 시간에 뉴욕에 있고 싶지 않다."는 것이었다.

싸르트르는 1945년에 레종 도뇌에르 훈장을 거절했고, 1964년에는 노벨 문학상을 사양하였다. 보나파르뜨 거리에 있는 싸르트르의 파리 아파트는 콩트(A. Comte)의 옛 집에서 몇 집 건너 있다. 이 구역의 모퉁이에는 발자크(H. Balzac)가 인쇄소를 차렸던 집이 있다.

찾아보기

(ㄴ)

(ㅅ)

(ㅊ)

지은이 소개

보스톤대학, 하버드대학, 컬럼비아대학(Ph.D.)에서 수학
현재 컬럼비아대학교 바나드대학 교수

옮긴이 소개

전북대학교 문리과대학과 대학원 철학과에서 수학
현재 전북대학교 철학과 교수

역 서

자연과학철학(C. G. Hempel, 양영각, 1981)
철학적 사고에의 초대(M. Beardsley, 서광사, 1985)
분석철학(M. Corrado, 서광사, 1986)
서양의 지혜(B. Russell, 서광사, 1990)
언어철학(W. P. Alston, 민음사, 1991)
논리와 철학(R. Carnap 외 서광사, 1993)
철학적 분석 입문(J. Hospers, 담론사, 1999)
콰인과 분석철학(G. D. Romanos, 한국문화사, 2002)
논리학(W. C. Salmon, 박영사, 2004)

제 3 판
철학의 의미

1982年 7月 15日 初版發行
1987年 2月 5日 改訂版發行
2007年 5月 5日 第 3 版印刷
2007年 5月 15日 第 3 版發行

著 者 조셉 G. 브렌넌
譯 者 郭 江 濟
發行人 安 鍾 萬
發行處 (株) 博 英 社
서울 特別市 鍾路區 平洞 13-31番地
電話 (733)6771 FAX (736)4818
登錄 1959. 3. 11. 제300-1959-1호(倫)

www.pakyoungsa.co.kr e-mail: pys@pakyoungsa.co.kr

定 價 25,000원 ISBN 978-89-7189-455-2